NEUKIRCHENER

Werner H. Schmidt

Alttestamentlicher Glaube

8., vollständig überarbeitete und erweiterte Auflage

Neukirchener

Neukirchener Verlag
Verlagsgesellschaft des Erziehungsvereins mbH
Neukirchen-Vluyn

Umschlaggestaltung: Hartmut Namislow
Gesamtherstellung: Breklumer Druckerei Manfred Siegel KG
Printed in Germany
ISBN 3-7887-1585-5

Die Deutsche Bibliothek – CIP-Einheitsaufnahme

Schmidt, Werner H.:
Alttestamentlicher Glaube / Werner H. Schmidt. – 8., vollst. überarb. und erw. Aufl. – Neukirchen-Vluyn: Neukirchener, 1996
7. Auflage u.d.T.: Schmidt, Werner H.: Alttestamentlicher Glaub in seiner Geschichte
ISBN 3-7887-1585-5

Inhalt

Vorwort

Dieses Buch, angeregt durch *H.-J.Kraus*, erschien zuerst 1968 mit dem Titel »Alttestamentlicher Glaube in seiner Umwelt«. Es wurde in Wien geschrieben und hat mich über Kiel und Marburg nach Bonn begleitet; hier gibt mir die 8. Auflage Gelegenheit, es noch einmal zu überarbeiten.

Ursprünglich war es als Ergänzung zu der – durch ihr Einfühlungsvermögen in die Aussagen der Texte grundlegenden – »Theologie des Alten Testaments« von *G.v.Rad* gedacht. Die Situation hat sich tiefgreifend geändert: *G.v.Rads* »Theologie« ist keineswegs mehr selbstverständlich; Fragestellungen, Erklärungen und Interpretationsansätze haben sich gewandelt.

Seinem Thema nach steht dieses Buch zwischen einer »Religionsgeschichte« und einer »Theologie« des Alten Testaments, enthält Elemente von beiden und möchte zwischen beiden vermitteln. Entspricht eine solche Verbindung nicht der gegenwärtigen Sicht der Dinge oder auch einem Erfordernis? Jedenfalls ist eine exegetisch bestimmte »Theologie« nicht denkbar ohne Blick auf die Religionsgeschichte, wie umgekehrt eine »Religionsgeschichte« nach den theologischen Intentionen des Alten Testaments zu fragen hat.

Entspricht eine solche Verbindung nicht zugleich dem Alten Testament selbst? Immerhin kann es um des Glaubens willen zum Vergleich der Religion auffordern: »Geht doch hinüber . . . und seht . . ., ob je so etwas geschehen ist! Hat je ein Volk seine Götter vertauscht? . . . Mein Volk aber hat die Herrlichkeit seines Gottes . . . vertauscht« (Jer 2,10f; vgl. Dtn 4,6ff u.a.). So engagiert verfährt wissenschaftlicher Religionsvergleich gewiß nicht, auch er hat jedoch die Besonderheit einer Religion gegenüber anderen herauszustellen.

Zwar bin ich gebeten worden, dieses Buch »Grundriß alttestamentlicher Theologie« zu nennen, möchte aber bei dem angestammten, jetzt auf das Wesentliche verkürzten Titel bleiben, der seiner Intention entspricht. Seit meiner Dissertation (»Königtum Gottes in Ugarit und Israel«, 1960/1) bin ich überzeugt, daß »Religionsgeschichte« und »Theologie« sich nicht gegenseitig ausschließende Weisen der Darstellung bilden. Können beide nicht sogar gewinnen, wenn sie sich der jeweils anderen Fragestellung öffnen? Die Eigenart des Alten Testaments könnte sogar klarer, deutlicher hervortreten. So möchte dieses Buch beide, »Theologie« und »Religionsgeschichte«, entgegen gelegentlich vertretener Auffassung nicht als Gegensätze erscheinen lassen, vielmehr miteinander in ein Gespräch bringen – im Dienst des Verständnisses alttestamentlicher Texte.

Bei der Beschäftigung mit dem Thema »Königtum Gottes« hat sich mir die Bedeutung der Ausschließlichkeit des alttestamentlichen Glaubens, wie sie im ersten Gebot gebündelt zum Ausdruck kommt, aufgedrängt – im Vergleich mit der Umwelt sowie in der Abwandlung der von ihr aufgenommenen Traditionen und Vorstellungen (vgl. BZAW 80, ^{2}1966, 87ff). Das Phänomen suchte dann eine eigene Studie (Das erste Gebot: TEH 165, 1970) vor einem weiteren Hintergrund zu entfalten. Die Ausschließlichkeit ist gewiß nicht das einzige, aber das die verschiedenartigen Überlieferungen, Motive oder Themen prägende Element. So geht die vorliegende Darstellung im Grundansatz aus meiner Dissertation hervor; insofern ist es mein persönlichstes Buch.

Nach Hebr 1,1 hat »Gott einst vielfach und auf vielerlei Weise zu den Vätern durch die Propheten geredet«. Der Exegese steht die Vielfalt eindringlich, wenn nicht beherrschend vor Augen. Wie kann aber das Bekenntnis, daß in ihr der eine Gott »geredet« hat, zum Ausdruck kommen? Kann wissenschaftliche Theologie die Identität in der Diskontinuität durch den Hinweis auf Gott gewinnen? Die gesuchte Einheit sollte an alttestamentlichen Texten auch sprachlich aufweisbar und so aussagbar sein. Diese Aufgabe muß und kann eine »Theologie« aufnehmen, indem sie das alttestamentliche *Reden* von Gott, damit das Zeugnis des Glaubens, bedenkt. Es findet seine besondere Ausdruckskraft und Gestaltung in der wiederum vielfältig sprachlich gefaßten Ausschließlichkeit. Sie bildet zugleich eine Gemeinsamkeit mit dem christlichen Glauben.

Das Buch möchte nicht die »israelitische Religionsgeschichte« insgesamt mit allen Formen der Volksfrömmigkeit, sondern vor allem Eigenart und Geschichte des alttestamentlichen Gottesverständnisses darstellen. Dabei sollte etwas von der Bewegung dieses Glaubens deutlich werden, der jeweils über seine eigenen Grenzen hinauswächst.

Um den Zusammenhang eines Themas zu verdeutlichen und verwandte Motive gemeinsam behandeln zu können, wird beim Auftreten eines Phänomens seine Wirkungsgeschichte meist mitbedacht, so vom geschichtlichen Verlauf abgewichen. Auf diese Weise kommen Aspekte der nachexilischen Zeit keineswegs nur in dem Abschnitt IV, sondern mehrfach schon vorher (etwa § 9 oder § 15) zu Wort. Die Behandlung des Phänomens an *einem* Ort hat einen doppelten Vorteil: Die chronologische Einordnung der Texte oder Textgruppen kann zurücktreten, da die Datierung bzw. zeitliche Ansetzung oft unsicher bleibt. Außerdem können zusammengehörige Phänomene gemeinsam behandelt werden, so daß der Zusammenhang deutlicher hervortritt.

Da das in der jeweiligen Gegenwart Gegebene mehr oder weniger selbstverständlich erscheint und nur selten ausdrücklich hervorgehoben wird, sind die gewiß notwendigen und hilfreichen sozialgeschichtlichen

Fragestellungen mit Umsicht und oft auch nur mit Vorbehalt zu beantworten. Wer weiß beispielsweise sicher anzugeben, ob Amos (1,1; 7,14) – als Maulbeerfeigenritzer – ein armer Hirte oder – etwa wegen der sich in seiner Sprache zeigenden Bildung – ein eher wohlhabender Herdenbesitzer war? Gehörte Amos zu der Gruppe der Armen (2,6f; 5,12 u.a.) oder nicht? Wieviel Vorstellungskraft verbirgt sich oft im Rückschluß auf die Träger von Bewegungen oder Gruppen, wie gering sind manchmal die Anhaltspunkte, wie mehrdeutig die Sachverhalte! So übt dieses Buch in der Vermutung von Gruppen »hinter« den Texten bewußt Zurückhaltung, sucht eher die Texte selbst sprechen zu lassen.

Auch wenn – umgekehrt – die Bevölkerungs»schicht« erkennbar ist, der der Autor des Textes entstammt, vermag der Text zu allgemeinen oder gar allgemeingültigen Aussagen zu kommen. Der »Prediger« Kohelet gehörte vermutlich der Oberschicht an (1,12: »Ich war König«), urteilt aber über das Los des Menschen (1,3: »Was hat der Mensch für Gewinn?«). Bedarf es gerade angesichts der Vielfalt des Menschlichen und der zutage liegenden Unterschiede nicht allgemeiner Einsichten, der Reflexion auf das Gemeinsame? Schon im vorliegenden Alten Testament sind die Erfahrungen und Erzählungen von Gruppen, vom Volk oder vom einzelnen in den Rahmen von Aussagen vom »Menschen« (Gen 1ff) gestellt.

Mit dem Aufriß des Buches ist der Grundgedanke im wesentlichen gleichgeblieben, wenn mehr und mehr auch weitere Themen und Bereiche einbezogen wurden. In der Neuauflage ist es noch einmal gründlich überarbeitet worden; mehrere Abschnitte (wie § 1 oder § 14b) wurden erheblich erweitert, einige (wie § 16 und 20) sind neu hinzugekommen. Dabei habe ich versucht, die Eigenart der Botschaft der Schriftprophetie – nach ihren Redeformen – deutlicher zu erfassen; jedoch gehört die Verkündigung der *einzelnen* Schriftpropheten kaum zu den Aufgaben einer solchen Darstellung; es sei mir gestattet, in diesem Fall auf meine »Einführung in das Alte Testament« (^{5}1995) zu verweisen. Überhaupt habe ich eine Wiederholung der dort behandelten Themen, etwa auch eine Begründung der sog. Quellenscheidung, zu meiden gesucht.

Der Gegenstand erlaubt oft keine eindeutigen und unumstößlichen Urteile, die nicht durch weitergehende Forschungen berichtigt und überholt werden könnten. So wird im ganzen Buch, vornehmlich im ersten Hauptteil über Israels »Vorzeit«, notgedrungen – zumindest auch – mit Vermutungen gearbeitet. Insbesondere die Fragen nach der Religion der Erzväter, nach der Struktur des vorstaatlichen Israel, nach dem Aufkommen des sog. Monotheismus oder nach dem Recht der Quellenscheidung, dabei nach der Datierung des sog. Jahwisten, sind ungewöhnlich umstritten. Es sind Bereiche, auf denen man sich bloß tastend bewegen, Rückfragen nur vorsichtig-behutsam stellen kann. Gelegentlich wird bereits die Fragestellung als nicht mehr zeitgemäß abgelehnt.

Gewiß bleiben hier und andernorts Unsicherheiten. Es fällt manchmal schwer, frühere Antworten zu übernehmen. Allerdings sind die Beobachtungen festzuhalten, die Sachverhalte oder Phänomene aufzuweisen, die im biblischen Text den Anstoß für die entsprechenden Fragestellungen gaben und auch weiterhin geben. Dabei möchte die – in einem »Lehrbuch« üblicherweise wenig benutzte – Stilform der Frage auf offene Punkte hinweisen, ohne voreilig Behauptungen aufzustellen oder Lösungen festzulegen, so das Problem ein Stück weit aushalten.

Obwohl die Darstellung eine gewisse Kürze erfordert, habe ich mich bemüht, Gründe für die vorgetragenen Erwägungen oder Entscheidungen zu nennen, so daß sich der Leser selbst ein Bild von der Tragfähigkeit der Argumentation zu machen vermag. Zudem habe ich Einseitigkeiten zu meiden gesucht, um des Lehrbuch-Charakters willen mir auch Einschränkungen gegenüber meiner eigenen Auffassung auferlegt.

Bei allem hofft dieses »Studienbuch« – über die zunächst angesprochenen Studentinnen und Studenten hinaus – für Leserinnen oder Leser, die an der Fragestellung interessiert sind, auch ohne Vorkenntnisse verständlich zu sein. Dem wollen insbesondere die knappen Geschichtsüberblicke zu Beginn der Hauptabschnitte dienen. Als Einstieg mag sich statt § 1 eher § 2 empfehlen.

Den großen Konzeptionen der alttestamentlichen Wissenschaft in der jüngeren Vergangenheit (wie *M.Noths* und *G.v.Rads*) tritt man zunehmend skeptischer gegenüber, grundlegende Neuentwürfe sind aber noch nicht in Sicht. In der Forschung ist vieles in Bewegung geraten; was zu Recht, was zu Unrecht angezweifelt wird und was sich in der Vielfalt der Neuansätze und der weit auseinanderklaffenden Auffassungen bewährt, ist oft noch nicht wirklich erkennbar. Darum bleibt jeder Versuch einer Zusammenschau ein Wagnis. Die Gegenwart scheint eine Zwischenzeit zu sein, die Altes abbaut, mehr nach der zeitlichen Ansetzung oder den Entstehungsbedingungen als nach der Intention der Texte fragt, verschiedenartige Ansätze erprobt, in Einzelerkenntnissen mannigfache Fortschritte erzielt, ihr Wissen zusammenstellt, selbst zu einer echten Synthese aber noch nicht fähig ist. So hat die alttestamentliche Wissenschaft guten Grund, bei ihrem »Gegenstand«, dem alttestamentlichen Glauben, zu lernen, auf Hoffnung hin zu existieren.

Daß dieser Versuch einer Zusammenschau in einer Auslegungsgeschichte steht, wollen auch die Zitate, etwa durch charakteristische Aussagen der Autoren, deutlich machen. Kommentare werden gelegentlich nur mit Name und Seitenzahl oder der Angabe »z.St.« angegeben. – Bei Querverweisen auf Kapitel innerhalb dieses Buches steht das Komma jeweils vor dem im Inhaltsverzeichnis nicht mehr angegebenen Unterabschnitt.

Die Literaturhinweise, geschlossen am Ende des Buches, wurden überarbeitet und vermehrt. Dabei wurden möglichst die jeweiligen Standardwerke, Literaturreferate und neueren Publikationen angeführt; die Beifügung »Lit.« möchte die Auffindung weiterer einschlägiger Untersuchungen erleichtern. Wer wird bei der heute kaum mehr übersehbaren Fülle der Sekundärliteratur nicht trotzdem ihm Wesentliches vermissen! »Vollkommenheit« ist auch in dieser Hinsicht nicht zu erreichen.

Zum Schluß bleibt die Aufgabe, den Mitarbeiterinnen und Mitarbeitern herzlich zu danken, ohne deren Mitdenken und Einsatz das Buch in dieser Form nicht zustande gekommen wäre: Dr. Holger Delkurt, Dr. Alexander Ernst, Dr. Axel Graupner, Christian Justen, Tanja Kraski, Peter Mathäus, Judith Pschibille, Oliver Schuegraf, insbesondere Frau Rosemarie Hack für alle freundliche Geduld bei der Gestaltung des Manuskripts. Gerne danke ich auch dem Neukirchener Verlag, zumal Herrn Dr. Volker Hampel, für seine Mühe und Hilfe.

Bonn, Mitte Februar 1996 W.H.Schmidt

§ 1
Die Fragestellung
Ein Brückenschlag zwischen »Theologie« und »Religionsgeschichte« des Alten Testaments

Glaube richtet sich auf Unbedingtes, ist selbst aber bedingt, durch die geschichtlich vorgegebene Überlieferung wie die jeweilige Situation mitgeprägt. Er bekennt in der Anrede: »Du, Gott, von Ewigkeit zu Ewigkeit« (Ps 90,2); auch wenn Himmel und Erde, das Werk deiner Hände, »vergehen – du aber bleibst« (Ps 102,27). Gleichwohl kann Glaube um eine Zeit wissen, in der er noch nicht war: Die Väter »verehrten andere Götter« (Jos 24,2).

Der Glaube hat einen Anfang, nicht aber der Grund des Glaubens, an den er sich als im Wandel der Zeit jeweils gegenwärtig bleibende »Zuflucht« (Ps 90,1; vgl. 27,1 u.a.) vertrauensvoll wendet. So vermag der Glaube zwischen der von ihm eingesehenen, formulierten Wahrheit und sich selbst zu unterscheiden.

Dieses Zeugnis des Glaubens ermöglicht beides: religionsgeschichtliche Fragestellung, welche die Geschichte des alttestamentlichen Glaubens (einschließlich seines Zusammenhangs mit der Umwelt) zu erforschen sucht, und exegetische Theologie, welche die in den alttestamentlichen Texten erkannte Wahrheit des Glaubens aufdecken und entfalten möchte.

1. Eine Grund-Unterscheidung des Glaubens bezeugt das dem Alten Testament voranstehende, zeitlich und räumlich unendlich weit ausgreifende Bekenntnis:

»Im Anfang schuf Gott Himmel und Erde.«

Gen 1,1 bildet das Tor, das man durchschreiten muß, um in das Alte Testament hineinzukommen; der Satz gleicht einem Vorzeichen für das Verständnis des Ganzen.

Ursprünglich als Eröffnung der sog. Priesterschrift um die Exilszeit gedacht, ist er eine Art Überschrift oder eine das Folgende prägende und deutende Themaangabe,

zunächst für die in Gen 1 aufgenommene Tradition, so für die unmittelbar folgende Beschreibung des Zustands V. 2, und den weiteren Verlauf der Schöpfungswerke,

dann für die in der Priesterschrift insgesamt dargestellte Geschichte,

schließlich – über den ursprünglichen Zusammenhang hinaus – im vorliegenden Kontext für den Pentateuch (die Tora) oder gar das ganze Alte Testament.

Entsprechend umfaßt der »Anfang« den Anfang der Welt, der Zeit (mit dem Siebentage-Rhythmus) und der Geschichte, wie sie zunächst die Priesterschrift, dann der Pentateuch insgesamt mit den sich anschließenden Geschichtswerken darstellt.

Insofern bildet die Einsicht, Bekenntnis wie Erkenntnis, von Gen 1,1 zwar nicht den Hintergrund für die Entstehung des Alten Testaments, umreißt – bei fortlaufender Lektüre – aber den Horizont für dessen Verständnis, wirft ein Licht auf das Ganze, gibt an, wie die (älteren) Überlieferungen und Erzählungen gelesen werden wollen oder sollen.

Dabei umfaßt Gen 1,1 mehrere Aspekte:

a) die Ausschließlichkeit (des Glaubens)

Der *eine* Gott steht dem Ganzen gegenüber, ja umgreift vorzeitlich das Ganze. Der Satz ist nicht eigentlich ein Urteil, daß Gott, nur ein Gott, existiert, sondern ein Bekenntnis zum Wirken des Schöpfers und damit zum Dasein Gottes, zugleich zur Unterscheidung von Schöpfer und Schöpfung bzw. Geschöpf, von Gott und Welt bzw. Gott und Mensch sowie von göttlichem und menschlichem Handeln. So läßt Gen 1 für andere Mächte keinen Raum frei (u.§ 11f,3).

b) andeutungsweise die Bildlosigkeit, Unvorstellbarkeit

Gottes »Schaffen« wird mit einem Verb (*bara'*) ausgesagt, das im Alten Testament nie auf Menschen, nur auf Gott bezogen wird, so daß sein Tun analogielos ist und sich damit der Vorstellung entzieht. Gott »schafft« nicht »so – wie«.

c) die Identität von Schöpfer und Gott des Volkes

Eben der Ursprung und Grund des Seins, der Schöpfer und Gott der Welt, wendet sich den Menschen – zumal den Vätern, in ihnen dem Volk – zu. Die Vorordnung von Gen 1f vor die Geschichte der Väter und des Volkes bezeugt also die Identität des Schöpfers mit dem Gott der Verheißungen, des Heils und der Geschichte des Volkes (vgl. Jes 43,1; Ps 121 u.a.). Der Schöpfungssegen (Gen 1,22.28; 9,1.7) wird in der Zusage der Volkwerdung (17,2ff; 28,3; Ex 1,7) bekräftigt und weitergeführt.

Bezieht man die sog. Urgeschichte (Gen 1–11) einschließlich der Fluterzählung ein, so erscheint Gott als Gebender zugleich als der Fordernde (2,16f; 4,6f), der Richtende (3,14ff; 4,10ff; 6,3.5ff) und wiederum Erhaltende (8,1.20ff; 9,1ff).

Die drei Aspekte Schöpfung, »Zerstörung« und Erhaltung, die in anderen Religionen als Wirken dreier Gottheiten verstanden werden können, verteilen sich im Alten Testament nicht auf drei Erscheinungsweisen oder Gestalten des Göttlichen, sondern haben ihre Einheit in dem einen Gott.

In der Verstehens- und Ausdrucksweise von *R.Otto* gesprochen, ruft »Das Heilige« (1917 u.ö.) als »das ›Ganz Andere‹« beim Menschen unterschiedliche, wenn nicht gegensätzliche Reaktionen hervor, äußert sich als *mysterium tremendum* (Jes 6,5; Gen 3,10; Ex 3,6) und *mysterium fascinans* (Ex 3,3). Wiederum hat für das Alte Testament beides in dem »Heiligen« (Jes 6,3; Ps 22,4; 99,5.9 u.a.; vgl. u.§ 11b) einen einzigen Ursprung.

So empfängt der Mensch – schon nach der Urgeschichte – Gabe und Aufgabe, Fürsorge und Forderung aus ein und derselben Hand, begegnet in Gnade und Zorn wie rettender Bewahrung demselben Gott.

2. Der theologischen Einsicht entspricht eine anthropologische Weite. Die besonderen Aussagen über das Volk sind im Alten Testament den allgemeinen Aussagen über den Menschen (Gen 1–3 u.a.) nachgeordnet und insofern in sie eingefügt.

Alttestamentlicher Glaube beginnt nicht bei und mit sich selbst. In den universalen Rahmen, den die Schöpfungserzählungen entwerfen, in die Geschichte des Kosmos und der Menschheit ist die im Folgenden erzählte Geschichte des eigenen Volkes eingebettet. Den Überlieferungen von den Vätern gehen Aussagen über die Menschheit voraus.

Israel weiß, daß es entstand, als andere Völker längst existierten (vgl. die Völkertafel Gen 10; auch Gen 5), berichtet also von einer Welt- oder Völkergeschichte, in der es selbst noch nicht existierte.

»Man bedenke, wie nahe es gelegen hätte, die Linie von der Schöpfung direkt auf Israel hin zu ziehen und Israel als die Mitte der Völker zu verstehen.« Israel fand sich »als ein Glied der geschichtlichen Völkerwelt vor« (*G.v.Rad*, TheolAT I[4], 175f).

Nur auf dem Weg über die Völker, also gebrochen oder mittelbar, geht die Darstellung von der Schöpfung auf die Väter- und Volksgeschichte zu.

Erst vor dem universalen, die Menschheit betreffenden Horizont entwickelt sich die partikulare Überlieferung, erst im Rahmen der Welt- und Völkergeschichte die Volksgeschichte.

Der Glaube wagt umfassend-generelle Aussagen über die Menschheit, damit exemplarisch oder prototypisch über jeden Menschen – unabhängig von der Zugehörigkeit zu einer Gruppe, zu einem Volk oder Stand, von seiner Religion, von Geschlecht oder Alter, ohne Bedingung oder Einschränkung, ja ohne sein Wissen und seine (persönliche) Zustimmung. Jeder Mensch ist Gottes Geschöpf (Gen 2,7ff), beschenkt und gefordert (2,16f; 4,6ff), verschuldet sich (3,1ff; 4,7; 6,5ff) und bleibt dennoch angenommen (3,21; 4,15; 8,21f; 9,1ff u.a.). Als Gottes »Bild« (1,26ff) unter den Geschöpfen ausgezeichnet, ist er zugleich geschützt (9,6).

Auf diese Weise wird etwas allen Menschen Gemeinsames und sie Verbindendes aufgedeckt (vgl. u.§ 12c). Dies Besondere, Eigenartige, was der Mensch »von Natur aus«, genauer: von der Schöpfung aus, hat oder vielmehr ist, ist ihm vor-gegeben. Aus dem, was der Mensch weder zu begründen noch durch sein Handeln erst zu erwerben braucht, auch nicht erreichen kann, sondern – ohne sein Zutun und Verhalten – bereits ist, werden Folgerungen für das Handeln gezogen; es ist statt Voraussetzung vielmehr Konsequenz.

Weil der Mensch ein ihm verliehenes Leben hat, ja als Gottes »Bild« erscheint, wird die Herrschaft des Menschen (1,28) eingegrenzt, der Mensch vor sich selbst geschützt. So wird der Menschheit insgesamt, nach der Flut durch Noah und seine Söhne repräsentiert, eine allgemein-menschliche Grundgegebenheit und Grundforderung, ein lebensnotwendiges ethisches Minimum, vor Augen gestellt. Damit reichen die Würde und der Schutz, die der Glaube an Gott, den Schöpfer, dem

Menschen zuspricht, erheblich weiter als der Glaube selbst, letztlich unbegrenzt weit.

Bei allem wird der Unterschied zwischen menschheits- und volksbezogenen Einsichten nicht verwischt; die Eigenart des Glaubens bleibt in aller Schärfe bewahrt. Ergeht an Noah und in ihm an die Menschheit der Kern der sog. zweiten, ethischen Tafel des Dekalogs (Gen 9,6), so an Abraham das Hauptstück der sog. ersten Tafel mit der Zusage »dein Gott« und der sich aus der Ausschließlichkeit des Glaubens ergebenden Forderung der Ganzheit (17,1; vgl. 12,1ff).

3. Diese *allgemeinen* Aussagen über die Menschheit, die grundsätzliche Einsichten über den Menschen zu formulieren und weiterzugeben wagen, sind allerdings erst im Laufe der *Geschichte* »gewonnen«. Erscheinen sie jetzt an ihrer hervortretenden, das Folgende prägenden Stellung allgemein und insofern gar zeitlos gültig, so haben sie ihre Ausprägung doch in der Zeit, in der Geschichte des eigenen Glaubens, erhalten. In ihnen kommt die Verarbeitung und Gestaltung von Überlieferung in bezug auf wechselnde Situationen zum Ausdruck.

Etwa die Aussagen des Dekalogs, mögen sie auch – naturrechtlich – als allgemeine Bestimmungen über das Zusammenleben der Menschen verstanden werden, sind keineswegs unabhängig von der Geschichte des Glaubens und ethischen Handelns, sondern in ihr gewachsen.

Als Zeugnis des *einen* Gottes will das Alte Testament gelesen werden. In seiner vorliegenden Gestalt sagt es die im Ersten Gebot betont zur Geltung kommende Ausschließlichkeit aus oder setzt sie voraus. Sie bildet das die verschiedenartigen Motive, Traditionen und Erzählungen prägende Element – unabhängig von der Frage, wann sie aufkam. Es ist strittig und fällt schwer, die Ausschließlichkeit bis in die Anfänge zurückzuverfolgen, um ihre Bedeutung im Wandel der Zeit zu bestimmen (u.§ 6b). Jene in Gen 1,1 enthaltenen Aussagen sind in dieser Gestalt kaum seit je gegeben.

4. Wie das Leben nicht isoliert verläuft, vielmehr notwendig Kontakte bringt, so steht mit ihm auch die Religion, der gelebte Glaube, von vornherein in Beziehungen oder gerät jedenfalls in wechselnde Zusammenhänge.

Der *Vergleich* der *Religionen* ist keine dem Alten Testament aufgezwungene, ihm dem Wesen nach völlig fremde Fragestellung, sondern ihm wenigstens ansatzweise bereits bekannt.

Ausdrücklich heißt es etwa (1 Kön 5,10): »Salomos Weisheit war größer als die Weisheit aller Leute des Ostens und als alle Weisheit Ägyptens.« Schon der alte Orient kennt sog. Unvergleichlichkeitsformulierungen, die Götter miteinander in Beziehung setzen: »Wer ist wie . . .?« o.ä. und die Besonderheit eines Gottes bezeugen. Vermag bereits der Prophet Amos vergleichend zu fragen: »Seid ihr besser als jene Königreiche?« (Am 6,2; vgl. 9,7), so kann Jeremia seinem Volk den Spiegel vorhalten; Israels Geschichte spielt sich vor weltweitem, ja kosmischem Horizont ab:

»Geht doch hinüber zu den Inseln der Kittäer und seht
(d.h. nach Zypern bzw. weiter gen Westen)
oder sendet nach Kedar
(d.h. in die arabische Wüste, nach Osten)
und gebt wohl acht und seht zu,
ob so etwas je geschehen ist!
Hat je ein Volk Götter vertauscht?
Dabei sind sie keine Götter!
Mein Volk aber hat seine (meine) Herrlichkeit vertauscht
gegen einen Nichtsnutz.« (Jer 2,10f)

Der Prophet ruft dazu auf, selbst Erfahrungen zu machen; die Absicht dieser Aufforderung zum Religionsvergleich ist dabei keineswegs eine wertneutrale, »objektive« Beobachtung von Sachverhalten, sondern im Gegenteil mit der anschaulich-bildhaften Darstellung der engagierte Aufweis der Übertretung des Ausschließlichkeitsanspruchs des Glaubens, der Widersinnigkeit des Abfalls vom wahren, darum letztlich eben unvergleichlichen Gott.

Dabei geht es Jeremia nicht um die Lehre eines »Monotheismus«, der die Existenz anderer Götter leugnet, sondern um das Bekenntnis oder die Erkenntnis der Wirkungslosigkeit der Götter, von denen überhaupt nur allgemein-andeutend gesprochen wird. Vertrauen verdient nur der eine, der Leben gibt.

Jeremias ähnliche Aufforderung »Fragt doch unter den Völkern, wer je so etwas gehört hat!« (18,13; vgl. 2,10) scheint vom Deuteronomium (in einer späten Erweiterung) aufgegriffen und zugespitzt zu werden. Es führt den Vergleich – durch Rückblick bis zur Schöpfung sowie durch Betonung der Ausschließlichkeit bis zur monotheistischen Intention verschärft – weiter:

»Frage doch in den früheren Zeiten nach, die vor dir gewesen sind, seit der Zeit, als Gott Menschen auf der Erde geschaffen hat, und von einem Ende des Himmels bis zum andern, ob je so große Dinge geschehen sind oder ob je dergleichen gehört wurde ... Du hast solches zu sehen bekommen, damit du erkennen solltest, daß Jahwe der (wahre) Gott ist, keiner ist außer ihm.« (Dtn 4,32.35; vgl. 4,7f; auch Jes 46,9)

So »voreingenommen« kann wissenschaftlicher Religionsvergleich nicht verfahren. Die Einsicht in die Besonderheit einer Religion kann nicht die unbefragt-selbstverständliche Voraussetzung einer Untersuchung darstellen, sich wohl aber in deren Verlauf ergeben, sich bei dem Versuch, das Phänomen zu betrachten und angemessen zu würdigen, herausstellen und erweisen.

Wissenschaftlicher Religionsvergleich hat zweifellos aber auch nicht die Aufgabe, Besonderheiten zu nivellieren, den Werdegang einer bestimmten – in diesem Fall: der israelitischen bzw. alttestamentlichen – »Religion als die normale Geschichte einer normalen Religion neben anderen zu schildern« (*G.Fohrer,* Geschichte der israelitischen Religion, 1969, 7f).

Der Grundsatz vergleichender Betrachtung oder auch die Erkenntnis, hier handele es sich um eine Religion neben anderen, kann nicht als Voraussetzung die Annahme einschließen, daß alle auch gleich seien. Vielmehr gilt es, im Vergleich das Gemeinsame wie das Unterschiedene und damit in der Geschichte zugleich das Individuelle hervorzuheben, um so mit dem Allgemeinen auch das Eigenartige oder gar Einmalige des Phänomens zu erfassen.

Religionsgeschichtlicher Vergleich hilft nicht nur die Zusammenhänge mit der Umwelt, sondern mit ihnen zugleich das Charakteristische, Typische und Individuelle zu erkennen, was schon in der Absicht der sog. Religionsgeschichtlichen Schule lag: Es sind nicht nur Verbindungsfäden zum Vorderen Orient zu ziehen, sondern es gilt auch – um *H.Greßmann* zu zitieren – die »Originalität Israels« zu erfassen; das Besondere tritt »durch den Gegensatz nur um so schärfer« heraus.

»Darum soll man Israel getrost in die Entwicklungsgeschichte des Orients hineinstellen und viel mehr als bisher Ernst machen mit dem Heranziehen und Vergleichen des Stoffes, der bei den verwandten oder benachbarten Völkern bereit liegt, in der festen Zuversicht, daß das AT und seine Religion dadurch nicht verlieren, sondern nur gewinnen können.« »Das letzte Ziel der Forschung« ist, »die Abweichungen, die andersartigen Färbungen, die Akzentverschiebungen festzustellen«, »die Originalität Israels, seiner Literatur und seiner Religion« zu erfassen (Die Aufgaben der alttestamentlichen Forschung: ZAW 42, 1924, 9f).

Gerade im Gegenüber zu den unmittelbaren Nachbarn, den Kanaanäern, scheint schon früh ein Gespür für die Andersartigkeit vorhanden gewesen zu sein (Gen 9,21ff; 19,1ff; 34, bes. V 7; 2 Sam 13,12 u.a.; u.Exk. 3,1). Indem Israel in seine Umwelt eingefügt ist, hebt es sich, wie *M.Noth* (Geschichte Israels, ^{3}1956, 11) dezidiert urteilte, von ihr ab:

»Und doch erscheint gerade angesichts dieser Zusammenhänge und Vergleichsmöglichkeiten ›Israel‹ als ein Fremdling in dieser seiner Welt . . .; und das nicht nur so, wie jede geschichtliche Größe ihre individuelle Sonderart hat und daher niemals anderen geschichtlichen Größen wirklich gleich ist, sondern vielmehr so, daß im Zentrum der Geschichte ›Israels‹ Erscheinungen begegnen, für die es keine Vergleichsmöglichkeiten mehr gibt, und zwar nicht deswegen, weil dazu bislang noch kein Vergleichsmaterial zur Verfügung steht, sondern weil nach allem, was wir wissen, dergleichen Dinge in der sonstigen Völkergeschichte überhaupt nicht begegnen.«

Mit der Wiederaufnahme religionsgeschichtlicher Fragestellung übernimmt neuere Forschung zugleich das Ziel der sog. Religionsgeschichtlichen Schule: Die

»ins Zentrum zielende Frage« richtet sich auf die »Besonderheit Israels innerhalb der Welt der altorientalischen Religionen« (*R.Rendtorff*, GSt 125), »die unverwechselbare Einzigartigkeit Israels innerhalb der Religionen des Altertums« (*K.Koch*, Studien 38).

Die Einsicht, daß Israel ein »Fremdling« (*M.Noth*) in seiner Welt ist, fordert dazu auf, nach dieser Eigenart zu suchen. Sie hängt zweifellos mit seinem – durch die Ausschließlichkeit geprägten – Gottesverständnis und, daraus folgend, mit seinem geschichtlichen Bewußtsein zusammen.

Die Charakteristika des alttestamentlichen Glaubens erlauben nur in höchst eingeschränktem Maß das Urteil:

»Die israelitische Religion hat sich aus dem Heidentum erst allmählich emporgearbeitet; das eben ist der Inhalt ihrer Geschichte.« (*J.Wellhausen*, Israelitische und jüdische Geschichte, [9]1958, 32)

Ein solcher Glaube begegnet im alten Orient trotz mancher Parallelen und Zusammenhänge nicht und hat über verschiedene Stadien mündlicher und schriftlicher Überlieferung zu der Weitergabe in einem »Buch« geführt.

5. Im Verlauf seiner Geschichte war Israels Glaube vielfältigen *Einflüssen* der *Nachbarreligionen* ausgesetzt. Die Begegnung mit ihnen war teils von entscheidender Bedeutung. Im Wechsel der Beziehungen lassen sich grob *drei Stadien* unterscheiden:

a) In der Vor- oder Frühzeit bestanden wahrscheinlich Verbindungen zu den *Aramäern* (Dtn 26,5; Gen 24ff) und *Midianitern* (Ex 2,16ff; 18,12; vgl. 4,24–26) bzw. Kenitern (Gen 4,15; Ri 1,16; 4,11), vielleicht auch nach Nordarabien. Der Erhellung der Vorgeschichte sind durch die Quellenlage allerdings enge Grenzen gesetzt (vgl. u.§ 6a,3).

b) Darum gilt die religionsgeschichtliche Forschung vorzugsweise den Einflüssen des Kulturlandes auf das in Palästina ansässige Volk, insbesondere in der Königszeit.

Haupteinfallstor für fremde Vorstellungen war die von David eroberte und wohl schonend behandelte Stadt *Jerusalem* mit der sog. Ziontradition (Gen 14,18ff; Ps 46; 48; Jes 1,21–26; 8,18; Ez 16,3 u.v.a.; u.§ 13).

Aus *Ägypten* hat Israel vor allem gewisse Elemente, Erscheinungs- und Redeformen der Institution des Königtums (sog. Hofstil, vgl. Ps 2,7; Königsnovelle; Beamtenwesen) und weisheitliches Gedankengut (Spr 22–24) entlehnt. *Mesopotamien* bot etwa Vorbilder für mythische Erzählungen der Urgeschichte, Strukturen bestimmter Psalmen (zumal der Klagelieder) und Rechtstraditionen, auch für die Hiobdichtung.

Ob oder wieweit die hethitische Form der Staatsverträge die Gestalt des Bundes Jahwes mit Israel mitgeprägt hat, ist umstritten.

Solche Einwirkungen aus den Kulturen der Großreiche fanden teils direkt statt, waren vermutlich weitgehend aber durch die *Kanaanäer* vermittelt; von ihnen scheint Israel Vorstellungen vom Drachen- oder Chaoskampf, von der Schöpfung, von Gottes »Königtum« u.a. übernommen zu haben (u.§ 11). Vielfältige Ausgrabungsfunde, auch Inschriften, geben Kunde vom palästinischen Raum.

c) Schließlich steht zur Diskussion, ob die in der Spätzeit des Alten Testaments aufkommenden apokalyptischen Erwartungen von Auferstehung und Weltgericht (sowie der Titel »Gott des Himmels«) durch *iranische* bzw. persische Endzeitvorstellungen wohl nicht erst angeregt und hervorgerufen, aber mitgeprägt sind (vgl. u.§ 19,5). Anders als das Zweistromland kannte der Zoroastrismus nämlich eine ausgeprägte Eschatologie.

Demnach waren die Beziehungen zu den Nachbarreligionen vielfältig, wechselten im Lauf der Geschichte und bleiben im einzelnen oft auch nur schwer durchschaubar. Darum läßt sich das Verhältnis des alttestamentlichen Glaubens zu seiner Umwelt kaum mit einer einzigen allgemeinen Formulierung – ausreichend und eindeutig – bestimmen.

Die verschiedenartigen, mannigfachen Einflüsse von außen haben nicht nur entfaltet, was von Anfang an angelegt ist, sondern haben unvorhersehbar Neues entstehen lassen – auch in Gottesaussagen.

6. Die Begegnung mit Andersartigem läßt nicht bei dem erreichten Zustand verharren, sondern gewährt neue Möglichkeiten, treibt den Gang der Dinge weiter – mit Anlockendem und Anfechtungen. Anderes oder Fremdes hat einen Doppelaspekt, ist anziehend und befremdend-fremdartig, beunruhigend oder gar drohend-gefährlich, weckt Erwartung und Mißtrauen. So ist die zu gewinnende oder gewonnene Identität mehr als eine »Position«, die man erreicht und eingenommen hat, oder ein Stand, in dem man »beharren« kann, nicht nur etwas ein für alle mal Vorhandenes, sondern auf dem Weg, im Gang der Geschichte, zumindest zugleich immer auch Angefochtenes, Zu-Bewahrendes und Zu-Bewährendes oder gar neu Zu-Gewinnendes. Sie zeigt sich im Festhalten, das sich nicht – auf Dauer – verschließt und abschirmt, sondern sich zugleich aufschließt, Grenzen überschreitet. So spricht sich Identität nicht nur auf verschiedene Weise selbst aus, sondern äußert sich, bewährt und erweist sich zugleich im Aufnehmen und Umformen, im Verwandeln und damit Sich-Anverwandeln.

Bei der Begegnung von Religionen läßt sich im Alten Testament ein Weg aufspüren, der zwischen vorschneller Gleichsetzung und völligem Widerspruch liegt. Verschiedene Einflüsse ließen Neues entstehen; trotzdem erfaßt der Terminus »Synkretismus« das Phänomen nicht ausreichend. Die Übernahme fremden Guts ist ein höchst kritischer Prozeß, der Auswahl und Umgestaltung einschließt, so eine Auseinandersetzung verrät: Unverträgliches wird abgelehnt, das Aufgenommene wird dem Eigenen angeglichen, damit angeeignet und nur so eingegliedert. Bei der Übernahme altorientalisch vorgegebener Vorstellungen, Überlieferungen, Motive oder Attribute können sich charakteristische, zumal durch die Ausschließlichkeit – auch die Bildlosigkeit und die Geschichtsbezogenheit – des Glaubens angestoßene Umwandlungen vollziehen.

Zeigt sich in der Umgestaltung und Aneignung vorgegebener und übernommener Vorstellungen, in diesem Vorgang, der bereichert, ohne sich aufzugeben, die Eigenart zu verlieren oder gar im andern aufzugehen, nicht auch eine Kraft des Glaubens?

»Es gehört zum Wesen des alttestamentlichen Glaubens, daß er ›polemischen und usurpierenden Charakter trägt, daß er nicht in sich selbst ruht, sondern in steter Auseinandersetzung lebt, aus den anderen Religionen assimilierbare Gedanken, Vorstellungen und Begriffe an sich reißt und sie umformend sich eingliedert‹, aber auch scharf von sich weist, was ihn gefährdet.« (*E.Würthwein*, Wort und Existenz, 1970, 198, mit einem Zitat von *J.Hempel*, ZAW 54, 1936, 293f)

Von der »Forderung der Alleinverehrung Jahwes aus konnte die Übernahme neuer Elemente aus den Traditionen anderer Religionen niemals einfach in der Form der Addition des Neuen zum schon Vorhandenen hinzu geschehen, sondern es mußte sich jeweils ein Prozeß der Assimilation und Resorption vollziehen, bei dem das Aufgenommene so weit umgeformt wurde, daß es sich dem schon Vorhandenen einfügen ließ, anderes aber als nicht assimilierbar abgestoßen wurde.« (*R.Rendtorff*, GSt 133f; vgl. 150)

Sind in solcher Assimilation nicht »Anpassung« an die Situation und »Widerspruch«, Annäherung und Bewahrung vereint? Durch die Eingliederung wird ursprünglich Fremdes zu Eigenem.

7. Diese Verwandlung kann an Einzelwörtern ablesbar sein, braucht sich – im Extremfall – aber nur durch ihren Sinn im vorliegenden Kontext zu ergeben, in dem sie eine neue Aussageabsicht erhalten können. Derselbe Begriff kann sogar doppeldeutig sein.

Das Alte Testament schildert eine Szene, in der sich Vertreter zweier verschiedener Religionen in gegenseitiger Toleranz begegnen. Melchisedek, »König von (Jeru-)Salem« und »Priester El Eljons (des höchsten Gottes)«, bringt im Namen dieses »Höchsten, des Schöpfers Himmels und der Erde« (vgl. u.§ 10a,1–2) Abraham Brot und Wein dar und segnet ihn, überreicht ihm gleichsam die auf der Erde gewachsenen Gaben des Schöpfers und spricht ihm die Segensworte (seines) Gottes zu; Abraham antwortet mit der Ablieferung des Zehnten (Gen 14,18ff). In diesem Miteinander, dem Anteilgeben und Empfangen, kommt eine gegenseitige Anerkennung zum Ausdruck.

Jene Szene der Begegnung, die ältere Überlieferungselemente enthält, ist schwer zu datieren; sie könnte Verhältnisse widerspiegeln oder nachträglich in die Frühzeit verlegen, die mit der Einnahme Jerusalems durch David im Zusammenhang stehen. Wie komplex und spannungsreich die historische Wirklichkeit auch ausgesehen haben mag, in der alttestamentlichen Darstellung treten bestimmende, die Überlieferung umprägende Momente hinzu.

So erhält jene Szene, in der Abraham und Melchisedek zusammentreffen, über das Neben- und Miteinander hinaus im vorliegenden Kontext einen anderen Sinn, in dem die »Identität« des Glaubens zum Ausdruck kommt. Die Gottheiten El Eljon und Jahwe werden, eher oberflächlich geurteilt, »identifiziert«; näher besehen, wird der ehemalige Eigenname (El) Eljon in der ausdrücklich vorgenommenen Übertragung auf den einen Gott Jahwe (Gen 14,22) zum Beinamen oder Prädikat »der höchste Gott« (vgl. Ps 47,3; 50,14; 97,9 u.a.). Für dieses Verständnis bietet der Text ein Zeugnis vom Wirken des einen Gottes: Beide, Abraham und Melchisedek, treten im Namen »Jahwes, des höchsten Gottes, des Schöpfers Himmels und der Erde« (Gen 14,22), auf.

Demnach befragt religionsgeschichtliche Rückfrage den alttestamentlichen Text gegen seine Intention im vorliegenden (von vornherein auch schon nach Gen 1f gegebenen) Zusammenhang, der die Ausschließlichkeit voraussetzt.

Das Alte Testament konnte die vielfältigen Gottesnamen wie El Olam (Gen 21,33) oder (El) Eljon (14,18ff) nur deshalb bewahren, weil El nicht nur als Name eines bestimmten Gottes, sondern auch als Appellativ »Gott« deutbar ist, so daß die ehemaligen Eigennamen nur noch als Beinamen oder Attribute Jahwes erscheinen: »der ewige Gott« (Gen 21,33), »der Höchste« (Ps 47,3 u.a.). Darum können dieselben Prädikationen unterschiedlich – gleichsam religionsgeschichtlich und theologisch – akzentuiert und gedeutet werden (vgl. § 11g).

So brauchen sich religionsgeschichtliche und theologische Sichtweise keineswegs gegenseitig auszuschließen. Exegetisch gesehen, handelt es sich – in einem solchen Fall – eher um verschiedene Aspekte, um zwei Betrachtungsweisen des Textes: Die eine erklärt ihn aus der Geschichte, die andere liest ihn im vorliegenden Gesamtkontext.

Die Intention alttestamentlichen Glaubens konnte auch in die Überlieferung und Gestaltung des Textes einwirken. So hat die Forderung, »den Namen anderer Götter nicht auszusprechen bzw. zu erwähnen« (Ex 23,13), oder auch die prophetische Verheißung (Hos 2,18f bzw. 2,16f), nach der Gott nicht mehr »mein Baal« (etwa: »mein Eheherr«) genannt wird und »die Namen der Baale entfernen« wird, Nachwirkungen gehabt: Der Gottesname Baal ist im Alten Testament gelegentlich durch Boschet »Scham, Schande« (Jer 3,24; 11,13; Hos 9,10) ersetzt oder in Eigennamen wie dem Namen von Sauls Sohn Isch-baal zu Isch-boschet entstellt (vgl. 2 Sam 2,8 gegenüber 1 Chr 8,33; auch 2 Sam 11,21 gegenüber Ri 6,32ff u.a.).

Demnach hat, zusammenfassend formuliert, der Religionsvergleich eine doppelte Zielsetzung –

(a) Gemeinsamkeiten *und* Unterschiede, im Verbindenden auch das Besondere und Typische, damit zugleich die jeweilige *Eigenart* einer Religion gegenüber vergleichbaren, zumal den benachbarten Religionen herauszuarbeiten,

(b) die spezielle, diffizilere Frage zu stellen und Antworten zu suchen: Nach welchen *Maßstäben* bzw. Kriterien wählt alttestamentlicher Glaube aus der Vielfalt der fremdreligiösen Phänomene diejenigen aus, welche er übernimmt, umwandelt oder auch als mit seinem Wesen unvereinbar abstößt?

Damit gewinnt religionsgeschichtliche Forschung zugleich eine theologische Aufgabe oder geht in theologische Fragestellung über.

8. Im Bewußtsein der Verschiedenartigkeit kann das gleichzeitige Nebeneinander der Religionen wahrgenommen werden. So verbindet sich das Wissen um die Vielgestaltigkeit des Glaubens und Lebens, in einem – eher der Spätzeit angehörenden – Bekenntnis mit der Bewahrung und Bekräftigung des Eigenen:

»Alle Völker wandeln jeweils im Namen ihres Gottes,
wir aber wandeln im Namen Jahwes, unseres Gottes,
auf immer und ewig.« (Mi 4,5; vgl. Jes 26,13)

Angesichts einer Vielfalt von religiösen Möglichkeiten und Gegebenheiten äußert dieses vom »Wir« der Gemeinde gesprochene Wort eine Entschiedenheit, die das »Gewähren-lassen« der anderen einschließt. Wird, wenn Religion als Weg gilt, der zu »gehen« ist, nicht der Zusammenhang zwischen vorgegebener Überlieferung, persönlicher Einstellung und Handeln, zwischen Glauben und Lebensführung angedeutet? Wieder ist die Leugnung der Existenz fremder Götter nicht eigentlich die Absicht des Alten Testaments. Die Andersartigkeit anderer Wege oder Religionen wird nicht bestritten, vielmehr hingenommen, im Urteilen hier eher Zurückhaltung geübt. Der Unterschied wird allerdings nicht verkannt, an der eigenen Überlieferung mit ihrer Besonderheit festgehalten und so ihre Zukunftsbedeutung bekräftigt. Unausgesprochen ist in dem Bekenntnis wohl ein Aufruf an spätere Generationen enthalten, die überkommene Glaubenseinsicht zu übernehmen und sich, wie es im Paralleltext (Jes 2,5) heißt, auf sie einzulassen: »Auf, laßt uns wandeln im Licht Jahwes!«

Gelegentlich finden sich Aussagen, die zugleich die Allmacht des einen Gottes bekennen und eine gewisse Toleranz üben: Jahwe »teilte« den Völkern die Mächte, die sie anbeten, »zu« (Dtn 4,19; auch 29,25; bes. 32,8; u.§ 8,1).

Übrigens fehlt dem Alten Testament ein »Religion« entsprechender Begriff von ähnlicher Ausrichtung und ähnlichem Umfang. Mögliche Äquivalente wären etwa: »Gottesfurcht«, das den allgemeinen Sinn von »pietas«, fast Gottesverehrung oder Gottesbeziehung überhaupt, annehmen kann, *mischpaṭ* »Brauch« (vgl. 1 Kön 18,28; 2 Kön 17,26f u.a.) oder *däräk* »Weg, Brauch«. Der Ausdruck *ʿabodah* »Kulthandlung, -brauch« bezieht sich im Alten Testament nur auf die eigene Religion; *ʿabodah zarah* »Fremdkult« ist noch unbekannt. Selbst *hᵃʾämin* »glauben« kann gelegentlich so verallgemeinert werden, daß »Glauben« das Verhältnis des Menschen zu Gott schlechthin bezeichnet (2 Kön 17,13ff).

Schließlich wird das aramäische *dat* »Befehl, Gesetz« in der Verbindung »Gesetz Gottes« ein- oder zweimal durchweg mit »Religion« übersetzt (Dan 6,6; vgl. 7,25).

Dieses Ergebnis ist nicht ungewöhnlich. Dem Alten Testament sind auch sonst Phänomene wohlvertraut, für die es keinen eigenen Begriff hat (vgl. § 6d,5).

Entsprechend hat das Alte Testament keinen Ausdruck, der als solcher zwischen eigener und fremder Religion unterscheidet und über die verschiedenartigen Schriften hinweg entscheidende Bedeutung erlangt. Dem Alten Testament ist gleichsam nicht eine Definition von Religion wichtig, sondern was sich in Religion vollzieht, sich mit ihr verbindet, was Religionen bestimmt und sich in ihnen äußert.

Dagegen kann beim Gottesbegriff mindestens in jüngerer Zeit eine solche Differenz auch sprachlich zur Geltung kommen. War die Trennung zunächst durch die Namen »Jahwe« bzw. »Baal« usw. gegeben, so kennt man später eigene Ausdrücke für fremde Götter, auch Spottnamen, wie »Götzen(bilder)«, »Scheusale«, »Nichtse«, »Machwerke von Menschenhand« (Ps 115,4; 135,15; vgl. § 19,2) u.a.

9. Religionsvergleich erscheint letztlich nur dann sachgemäß, wenn die zu vergleichenden Größen jeweils in ihren Kontext eingeordnet bleiben und so zugleich in ihrer *Geschichte* verstanden werden. Die Eigenart einer Religion läßt sich nur im Rahmen ihrer Geschichte recht verstehen – in ihren Anfängen, Entfaltungen und Brüchen. So geht Religionsvergleich sachnotwendig zur *Religionsgeschichte* über.

Wiederum ist eine solche Fragestellung dem Alten Testament nicht prinzipiell fremd, sondern wenigstens ansatzweise bekannt.

Der schon erwähnte Geschichtsrückblick Jos 24,2 erinnert daran, daß sich der Glaube nicht endlos zurückverfolgen läßt, Israels Vorfahren noch nicht den einen Gott verehrten:
»Eure Väter ... wohnten seit je jenseits des Stromes und dienten anderen Göttern.«

Die sog. Priesterschrift (Ex 6,2f), die in der Frühgeschichte verschiedene Stadien der Gottesoffenbarung oder Phasen des Glaubens unterscheidet, läßt bei Moses Berufung Gott sagen:

»Ich bin Abraham, Isaak und Jakob als El Schaddai (allmächtiger Gott) erschienen, aber unter meinem Namen Jahwe habe ich mich ihnen nicht offenbart.«

So bekennt der Glaube im Wandel der Zeiten und Namen die Identität Gottes, der sich auf verschiedene Weise als der eine kundtut: Er wirkte schon, auch als er noch nicht unter seinem Namen bekannt war. Eine solche Einsicht erschließt sich allerdings erst im Rückblick. Auf diese Weise umgreift theologisches Bekennen im Nachhinein das Ganze, während religionsgeschichtliche Betrachtung dem Gang der Zeit, dem Verlauf der Geschichte, zu folgen sucht.

Dabei stößt Religionsgeschichte eher auf die Vielfalt der Phänomene, für die der Glaube die Einheit – die Identität in der Diskontinuität – bekennt.

Ist es derselbe Gott, der den Vätern Verheißungen gibt, Mose beauftragt und geleitet, den König als seinen »Sohn« erklärt, im Tempel ein »Haus« findet, sich in den kritischen Worten der Propheten äußert, bei den Exulanten wie der Diaspora anwesend geglaubt und von der (nachexilischen) Kultgemeinde verehrt wird?

In der vorliegenden Textgestalt, also zumindest im Nachhinein, ist die Vielfalt der Traditionen und Situationen durch den Jahwenamen mit der Eigenart dieses Glaubens überbrückt und verbunden.

Wie läßt sich das Zeugnis der Identität im Wandel – mit jener Frage – exegetisch (nachvollziehbar) aufnehmen?

Auch der Glaube hat eine Geschichte, ist von ihrer Bewegung, ihrem steten Fluß und ihren Umbrüchen, erfaßt, ist eingebettet in das umfassende Phänomen der Geschichte. Religion, die sich auf die jeweils gegebene Situation einläßt, ist dem geschichtlichen Veränderungsprozeß nicht entzogen, keineswegs unveränderlich-gleichbleibend, sondern ständig in Wandlung begriffen.

Die Bedeutung der Geschichte ist stets – in besonderem Maße für die Religion – problematisch, zwiespältig; denn die Geschichte ist janusköpfig, hat ihre positive wie ihre negative Seite, so relativierenden Charakter.

Zeigt sich in diesem Wandel aber nichts beharrlich Festes, das allen Veränderungen trotzt? Die Geschichte birgt beides zugleich in sich: Überkommenes und Neues, Bleibendes und Veränderliches, Kontinuität und Diskontinuität. Dennoch ist diese Unterscheidung eigentlich unangemessen. Im strengen Sinne gibt es in der Geschichte nichts Stetiges, das sich dem Wandel entzieht; auch das Konstante ist variabel, unterliegt geschichtlichen Umbrüchen. Alles, was in der Geschichte erscheint, ist selbst Geschichte. So läßt sich bei geschichtlichen Phänomenen nicht eine unwesentliche Schale von einem wesentlichen Kern lösen oder ein allgemeingültiger, bleibender Inhalt von einer besonderen, sich wandelnden Form abgrenzen. Das eine ist nicht ohne das andere gegeben, ja eine solche Unterscheidung läßt sich gar nicht erst durchführen. Aus dem gleichen Grunde ist gegenüber dem Begriff der »Entwicklung« Vorsicht geboten, falls man ihn nicht völlig abgeblaßt als »Werden«, sondern wörtlich nimmt. Die Ereignishaftigkeit der Geschichte wird übersehen, wenn man sie als Entfaltung einer keimhaft vorgegebenen Anlage deutet.

Wenn es aber ungeschichtlich ist, in allen Veränderungen nach Unveränderlichem zu suchen, ist dann die Frage unsachgemäß: Was ist an Israels Glauben durch die Jahrhunderte hindurch beständig? Israels Eigenart am Ende wird doch wohl nur aus Anstößen verständlich, die schon früh wirksam waren (vgl. bes. § 4–6).

Demnach hat auch die Religionsgeschichte eine doppelte Zielsetzung:

(a) diesen geschichtlichen *Wandel*, die mannigfachen Veränderungen, nachzuzeichnen.

Eben diese Variabilität nötigt religionsgeschichtliche Betrachtung zu der weiteren Aufgabe:

(b) die Frage nach der *Einheit*, Kontinuität und Identität alttestamentlichen Glaubens in seinen sich wandelnden Erscheinungsformen zu stellen, »die Frage nach dem für die verschiedenen Perioden und Richtungen Gemeinsamen, das schwerer als die Unterschiede wiegt und von *einer* israelitischen Religion zu sprechen berechtigt, zu beantworten« (*G.Fohrer* 8).

Gibt es bei und in aller Diskontinuität auch Identität? Vorsichtiger gefragt: Finden sich Phänomene, die helfen, in dem Ablauf einen gewissen Zusammenhang zu entdecken, so daß die Geschichte im Rückblick nicht als Chaos erscheint, sondern sich verstehend nachvollziehen läßt?

10. Eine »Theologie« kann sich aus exegetischen bzw. historisch-sachlichen Gründen religionsgeschichtlicher Rückfrage nicht entziehen. Ja, die religionsvergleichende wie die religionsgeschichtliche Fragestellung bedenkt zugleich theologisch gewichtige Sachverhalte. Dabei bedeutet sie nicht bloß »Vorurteilsfreiheit«, welche die »Bevorzugung« einer bestimmten Religion bestreitet, sondern auch angemessene, sachgerechte Wahrnehmung des Phänomens. In dieser Aufgabenstellung überschneiden sich Religionsgeschichte und Theologie.

Einerseits kann eine alttestamentliche Theologie – um ein Votum von *W.Zimmerli* (GAufs II, 38.27) aufzunehmen – also an den »religionsgeschichtlichen Bewegungen nicht einfach vorbeisehen«. Andererseits braucht religionsgeschichtliche Betrachtung den »vehementen Einheitswillen der alttestamentlichen Aussagen, die durch ihre weite Geschichte hin nicht von vielerlei Gott Israels, sondern von dem *einen* zu reden behaupten«, keineswegs zu übersehen.

So ist, zusammengefaßt, die Integration der Religionsgeschichte in eine »Theologie« zumindest aus zwei Gründen notwendig:

a) Die Frage nach einer oder der Eigenheit oder Eigenart, der Identität, dem Unverwechselbaren oder Wesentlichen, ist grundlegend, aber nicht ausreichend, als solche zu eng, muß vielmehr die Begegnung mit dem anderen, damit auch die Aufnahme und Umgestaltung fremden Guts, einschließen.

b) Die Religion ist ein wesentlicher *Erfahrungs*raum des Menschen. Mit und in ihr verstehen Menschen ihr Leben, gerade auch seine Höhen und Tiefen. Da sich in der Religion die Deutung dessen verbirgt, was dem Menschen widerfährt, stößt die Religionsgeschichte auf – in unterschiedlichen Deutungsmöglichkeiten gegebene – Erfahrung damaliger Zeit. Insofern integriert die Exegese, die religionsgeschichtliche Fragestellung aufnimmt, ein Stück Lebens- und Traditionsbezug.

Müssen »Theologie des Alten Testaments« und »Religionsgeschichte Israels« »in ein direktes Konkurrenzverhältnis zueinander« treten (*R.Albertz* I, 37)? Jedenfalls braucht kein sich wechselseitig ausschließender Gegensatz zu bestehen (vgl. o.Abs. 7).

Allgemein ergibt sich ein Unterschied zunächst im Arbeitsschwerpunkt: Religionswissenschaft wird sich eher anderer, »fremder« Religion, Theologie eher der eigenen Religion zuwenden. Allerdings besteht hier – zumindest nach der sog. Religionsgeschichtlichen Schule – kein grundsätzlicher Unterschied.

Wenn Religionswissenschaft oder Religionsgeschichte den Zugang »von außen«, Theologie dagegen »von innen«, aus der »Binnenperspektive« sucht, wie ist dann die Situation des Alttestamentlers zu bestimmen? Befindet er sich nicht zugleich »außen« und »innen«?

Zudem setzt jede sachgemäße Betrachtung Abstand und Nähe voraus, eine theologische Verständnisbemühung »von innen« auch (kritische) Distanz, religionswissenschaftliche Erkenntnis »von außen« auch Anteilnahme. Ist der biblische, zumal der alttestamentliche, Text selbst nicht zugleich »eigen« und »fremd«, scheinbar vertraut und andersartig?

Der Alttestamentler ist sowohl Religionswissenschaftler, indem er die Texte in ihrer Situation (einschließlich der Beziehungen zu den Nachbarreligionen) zu verstehen hat, als auch Theologe, indem er für die Wahrheitsgewißheit der Texte aufgeschlossen ist. Durchweg wird Religionsgeschichte – unter methodischer Enthaltung bzw. Ausklammerung der Frage nach der Wahrheit – erkennen, Wissen gewinnen und vermitteln, während Theologie die in den Texten enthaltene – nicht ohne Einbezug der eigenen Person und Gemeinschaft, damit nicht ohne Gegenwartsbedeutung formulierbare – Wahrheitsgewißheit zu beachten, auszusprechen und weiterzugeben sucht.

Allerdings wird auch der Religionswissenschaftler sein Fach oder das von ihm ausgesuchte Arbeitsthema in seinem Fach nicht ohne »Interesse« oder Beteiligung betreiben. So ist das Verhältnis von Theologie und Religionswissenschaft verschieden bestimmbar; Abgrenzungen lassen sich unterschiedlich vornehmen oder bleiben umstritten.

Beide, Theologie wie Religionswissenschaft, müssen bemüht sein, dem Phänomen gerecht zu werden, angemessen zu verfahren; beide haben Texte mit ihrer Intention zu verstehen und haben ihr Verständnis allgemein nachvollziehbar zu vermitteln.

11. Zur Religion gehört nicht nur die Wendung nach außen, sondern auch nach innen, nicht nur die Auseinandersetzung mit anderen, sondern auch die Kritik am Eigenen, die Selbst-Kritik. Religionskritik wird nicht nur von außen an den Glauben herangetragen, sondern kann aus ihm selbst erwachsen. Sie kommt nicht nur, aber in besonderem Maße in der Prophetie zu Wort.

Das Alte Testament kann nicht nur das Verhalten seiner »Vorbilder«, wie Abrahams, Moses oder Davids, oder auch des Volkes (u.§ 20,2e) beklagen und im Bilderverbot einen kritischen Vorbehalt des Glaubens zum Ausdruck bringen, sondern seine eigenen »Grundlagen« in Zweifel ziehen. Die Propheten gehen über einen Schuldaufweis am aktuellen Handeln hinaus, gehen bis zu den Anfängen der Geschichte des Volkes zurück, üben Kritik etwa am Erwählungsbewußtsein und am Gottesdienst, prüfen nicht nur ihr Volk und Gruppen, sondern auch Glaubensaussagen – bis hin zur Umkehrung und Bestreitung entscheidender, zuvor grundlegender Glaubenstraditionen (u.§ 14b3).

Dabei können sich die Propheten der Sache nach gegen ein Denken wenden, das einer fernen Vergangenheit eine alles bestimmende Kraft für die Gegenwart zuschreibt, und zur Ausrichtung auf Zukunft auffordern (vgl. bes. Jes 43,18f). Eher noch härter ist ihre Kritik an einem Wunschdenken, das Gott zum Garanten eigener Sehnsüchte macht, Sicherheit gegen die Wechselfälle des Lebens, gegen Unbilden oder Schicksalsschläge sucht; vielmehr künden die Propheten ein drohendes Geschick als Gottes Gericht an. Sie üben, zugespitzt geurteilt, Kritik der Religion aus Religion, aus tiefer Gewißheit.

Später tritt etwa Kohelet (1,17; 8,17 u.a.) auch weisheitlichen Einsichten entgegen.

So enthält eine Geschichte des alttestamentlichen Glaubens zugleich ein doppeltes Moment der Religionskritik: Es zeigt sich einerseits in der Auseinandersetzung mit den Umweltreligionen und den von ihnen übernommenen Vorstellungen, andererseits in der Selbstkritik, die alttestamentlicher Glaube an sich, an seinen eigenen Überlieferungen, übt.

12. Das Verhältnis von »Theologie« und »Religionsgeschichte« des Alten Testaments, das sich von der Sache, den verschiedenen Aspekten des Textes, und von unterschiedlichen (etwa synchronen und diachronen) Betrachtungsweisen her stellt, drängt sich auch von der Forschungsgeschichte her auf. Nachdem sich »die rechte Unterscheidung biblischer und dogmatischer Theologie« (*J.Ph.Gabler*, 1787) durchgesetzt hatte, erhielt die biblische Theologie als historisches Fach die Aufgabe, die biblischen Autoren und Begriffe jeweils aus ihrer Zeit zu verstehen und eine Entwicklung darzulegen. Dem 19. Jahrhundert verdankt die alttestamentliche Wissenschaft die Erkenntnis, »daß wirklich die Religion Israels eine Geschichte hatte und nicht von Anfang an fertig wie vom Himmel gefallen ist« (*K.Marti*, Geschichte der Israelitischen Religion, ^{5}1907, 3). Dadurch ergaben sich unverzichtbare Einsichten in die Individualität des Alten Testaments, seiner einzelnen Epochen und Schriften, den Unterschied zwischen vor- und nachexilischer Zeit, die Besonderheit der Prophetie u.a. Gegen Ende des Jahrhunderts zog *R.Smend* mit der Umbenennung der Disziplin nur die Konsequenz: »Lehrbuch der alttestamentlichen Religionsgeschichte« (1893); entsprechend änderte *K.Marti* den ihm vorgegebenen Titel »Theologie des Alten Testaments« (^{2}1894) in »Geschichte der Israelitischen Religion« um.

So wird der Gang der Disziplin zunächst als Geschichte zunehmender Differenzierung begreifbar. Ließ die Erkenntnis der Andersartigkeit und Geschichtlichkeit der Einzelphänomene aber nicht zu leicht das Gesamtphänomen Altes Testament, seine Eigenart und Einheit, aus dem Blickfeld geraten?

Nach dem Ersten Weltkrieg erfolgte eine Gegenbewegung, die dem

Alttestamentler neben dem Aufweis der Geschichtlichkeit seines Stoffes eine neue Aufgabe übertrug. Dieser Umschwung, der sich seit 1920 abzuzeichnen begann, beruhte allem Anschein nach zunächst noch *nicht* – zumindest nicht direkt – auf dem Einfluß der Dialektischen Theologie (*K.Barth* u.a.), sondern erwuchs aus dem Empfinden, daß geschichtliche Darstellungen das Phänomen Altes Testament nicht ausreichend erfassen. So suchte man die historische oder phänomenologische Betrachtungsweise durch eine andere zu ergänzen, die nicht die Bedingtheit, sondern die Wahrheit, nicht die Relativität, sondern die »Absolutheit« des Alten Testaments aufzeigt.

Man forderte, nicht nur »die Lebensäußerungen und Lebensformen der alttestamentlichen Religion zu beobachten«, sondern weiterzuschreiten zur religionssystematischen »Darstellung des Wesens und Kerns der Religion und ihrer *Wahrheit*« (*R.Kittel*, ZAW 39, 1921, 96f). Weil man stärker die Zugehörigkeit der alttestamentlichen Wissenschaft zur Theologie betonte und den Anspruch erkannte, der daraus erwächst, erstrebte man statt einer Ablösung der Theologie durch die Religionsgeschichte nun ein Neben- und Miteinander von Theologie und Religionsgeschichte. Haben beide Fragestellungen bzw. Betrachtungsweisen nicht verschiedene Aufgaben?

»Wenn es damals (z.Z. Gablers, um 1787) notwendig war, die biblische Theologie aus den Fesseln der Dogmatik zu befreien, so gilt es heute, . . . die alttestamentliche Theologie von den Fesseln der alttestamentlichen Religionsgeschichte zu befreien, in denen sie völlig zu verkümmern droht.« Die Parole muß lauten: »nicht 'Religionsgeschichte des AT anstelle der Theologie des AT', sondern 'Alttestamentliche Theologie neben der alttestamentlichen Religionsgeschichte'.« (*C.Steuernagel*, FS K.Marti. BZAW 41, 1925, 266.269)

Dieser Ausgleichsversuch, der Schule machte, nahm wie selbstverständlich das Erbe auf, daß eine »Theologie« eine *systematische* Darstellung sein müsse – auch wenn sie als alttestamentliche ihre Disposition nicht aus der Dogmatik, sondern aus ihrem Stoff empfangen dürfe und ihre Einzelthemen wiederum geschichtlich behandeln könne. Diese Voraussetzung haben die Nachfolger aufgenommen. Bringt eine systematische Gliederung die bleibende Wahrheit nicht besser zum Ausdruck?

Für diese Auffassung stellen »israelitisch-jüdische Religionsgeschichte« und »alttestamentliche Theologie« zwei verschiedene Größen dar, die sich nicht ausschließen, sondern ergänzen. Zugespitzt: Die »Religionsgeschichte« entspricht historischem Erkennen, die systematisch aufgebaute »Theologie« dem Glauben (*O.Eißfeldt* [1926], KS I, 109ff).

Gemäß der Grundauffassung – Geschichte bzw. Längsschnitt hier, Systematik bzw. Querschnitt da – stellte man den alttestamentlichen Glauben entweder in zwei zusammenfassenden Werken dar, einer »Religionsgeschichte« und einer »Theologie« (so *E.König*; *E.Sellin*; zuletzt *G.Fohrer*), oder unterschied innerhalb der »Theologie« zwischen »Geschichts- und Glaubenswelt« (so *O.Procksch*; ähnlich schon *H.Schultz* und *A.Dillmann* im 19.Jh.).

Innerhalb der systematischen Gliederung suchte man die verschiedenen Momente der Darstellung dadurch in ein Verhältnis zu bringen, daß man sie auf *einen Grundansatz*, einen Grundgedanken oder eine Grundüberzeugung, bezog, um so den Zusammenhang der geschichtlichen Offenbarung wie ihre Verbindlichkeit aufzuweisen.

Auffälligerweise wurden jedoch Einheit oder »Mitte« des Alten Testaments auf verschiedene Weise bestimmt: die Heiligkeit Gottes (*A.Dillmann, J.Hänel*), der Bund (*W.Eichrodt*), der gebietende Herr (*L.Köhler*), die Grundverheißung »Ich bin der Herr, dein Gott« (*F.Baumgärtel*), die Königsherrschaft Gottes (auch *W.Eichrodt; G.Klein*), die Gottesherrschaft und -gemeinschaft (*G.Fohrer*) u.a.

Immerhin suchte die Mehrheit der Ansätze eine im engeren Sinne theologische »Mitte«, erkannte im Gottesverständnis die Besonderheit des Alten Testaments. Die Verschiedenartigkeit der Versuche, dem Alten Testament einen Einheitsgedanken zu entnehmen, zeigt jedoch, daß auf diese Weise ein allgemein anerkanntes Ergebnis kaum zu erzielen ist.

Ein »Begriff« vermag nicht das Ganze zu erfassen. Entweder verdeckt die systematische Darstellung die historische Vielfalt, oder der systematische Ansatz wird bei der Besprechung der Einzelphänomene in den wechselnden Bereichen recht bald verlassen. Die alttestamentlichen Aussagen lassen sich auf Grund ihrer Verschiedenartigkeit und Geschichts- wie Situationsbezogenheit nicht oder nur höchst behutsam systematisieren.

Jene Frage deshalb überhaupt aufzugeben, fällt allerdings schwer, weil sie in der Diskontinuität die Kontinuität, in der Vielfalt die Einheit, im Kontingenten das Beharrende sucht, in der Wahrnehmung der Details den Versuch des Zusammendenkens wagt.

G.v.Rad bricht in seiner epochemachenden Darstellung »Theologie des Alten Testaments« (I, 1955; II, 1960) mit der bisher herrschenden Zweiteilung von Geschichte und Lehre – aus der Einsicht, »daß sich eine alttestamentliche Theologie nicht beschränken darf auf eine Darstellung der Gedankenwelt ohne Einbeziehung der Geschichtswelt«. D.h., »daß wir uns der Abfolge der Ereignisse, wie sie der Glaube Israels gesehen hat, überlassen müssen ... Die legitimste Form theologischen Redens vom Alten Testament ist deshalb immer noch die Nacherzählung« (I^4, 134). Thema des Alten Testaments und damit entscheidender Einsatz einer alttestamentlichen Theologie ist die Glaubensaussage von Gottes Handeln in der Geschichte.

Im Grunde sucht *G.v.Rad* in vierfacher Hinsicht als Zusammenhang zu verstehen, was historisch-kritschem Denken auseinanderzufallen droht:

1) »Was Israel selbst von Jahwe direkt ausgesagt hat«, also das Glaubens-Zeugnis oder Bekenntnis Israels, und die (überlieferungs- bzw. redaktionsgeschichtlich gewonnene) Intention der Texte in ihrer Situation. »Der Theologe muß sich vor al-

lem unmittelbar mit den Zeugnissen beschäftigen, also . . . nach der jeweiligen kerygmatischen Intention fragen« (I^4, 118).

2) Die Geschichte – *G.v.Rad* kann sagen: die »Geschichtstatsachen«, »Fakten« (118) – und die alttestamentliche Deutung der Geschichte aus dem Glauben.

3) Die Offenbarung Gottes – »Der wesentlichste Gegenstand einer Theologie des AT . . . das lebendige Wort Jahwes, wie es an Israel . . . je und je ergangen ist« (125); »Was Israel selbst als den eigentlichen Gegenstand seines Glaubens angesehen hat, nämlich die Offenbarung Jahwes« (127) – und Israels Glaube, der bekenntnishafte Bericht von Gottes Wirken.

4) Gottes Taten und Gottes Wort, »die Offenbarung Jahwes in der Geschichte in Worten und Taten« (127; vgl. II^4, 381ff).

Von diesem Ansatz aus gelingt es *G.v.Rad,* statt Einzelaussagen aus verschiedenen Zusammenhängen zu einem Gedankenkomplex zusammenzustellen, in einem hohen Maße, Theologie als Exegese zu betreiben und umgekehrt die Exegese in die Theologie einzubeziehen, die Texte selbst zu Wort kommen zu lassen und dabei Feinheiten theologischer Differenzierungen in den einzelnen Literaturwerken aufzunehmen.

»Erzählenden« Charakter hat das Alte Testament vor allem im Pentateuch und in den Geschichtswerken, gelegentlich im Psalter, weniger in der Prophetie, soweit man Zukunftsansage nicht auch als »Erzählung« versteht, und in der Weisheit. Außerdem vermag *G.v.Rad* bei den Psalmen und der Weisheitsliteratur sein Programm – die Orientierung an der Geschichte – im strengen Sinne nicht durchzuhalten, wie schon die Überschrift des beide Bereiche zusammenfassenden Abschnitts »Israel vor Jahwe (Die Antwort Israels)« zeigt (ähnlich *W.Zimmerli*).

Ausdrücklich möchte *G.v.Rad* mehr und anderes bieten als eine geschichtliche Darstellung der alttestamentlichen Religion oder eine »Geschichte des Jahweglaubens« – so nur der einleitende I. Hauptteil. Da Israel in seinen Geschichtszeugnissen »nicht auf seinen Glauben, sondern auf Jahwe hingewiesen« hat (I^4, 124), der Glaube also nicht »Gegenstand«, vielmehr nur »Träger, Mund« des Bekenntnisses war, wird eigentlich »die Offenbarung Jahwes in der Geschichte in Worten und Taten« (127) zum Gegenstand einer Theologie des Alten Testaments.

Gewiß unterscheidet sich der Glaube von seinem Grund; denn er bezieht sich nicht auf sich selbst; nach seinem eigenen Verständnis ist er nicht durch sich selbst, sondern durch Gott ermöglicht. Die Unterscheidung von Offenbarung und Glauben, Gottes Tat und des Menschen Wort, Geschehen und Auslegung läßt sich aber nicht sprachlich fixieren und damit zum Gegenstand einer »Theologie« machen, weil von Offenbarung nur im Glauben, in menschlichen Sätzen, geredet werden kann. Von Gottes Tat kann »nie anders als in einer menschlichen Sprache, durch menschliches Denken geformt, gesprochen werden« (*R.Bultmann,* TheolNT^8 589). D.h., Gegenstand der Theologie kann nur das *Zeugnis* des Glaubens, die *Rede* von Gott, die Aussage des Offenbarungsverständnisses sein. Ist die »Theologie« nicht auch insofern zur »Religionsgeschichte« hin offen?

13. Nach *G.v.Rad* (II^4, 386) ist »die Frage nach der Einheit des Alten Testaments von ihm selbst aus tatsächlich schwer zu beantworten«. Die einzelnen Geschichtszeugnisse bilden weder eine gedankliche Einheit, noch

berufen sie sich alle auf dasselbe Offenbarungsgeschehen. Gerade diese Einsicht nimmt *G.v.Rad* aber als Leitfaden: Die Geschichtsgebundenheit wird der Beurteilungsmaßstab für die einzelnen theologischen Entwürfe. Allerdings gibt *G.v.Rad* die Frage nach der Einheit des Alten Testaments nicht auf. Er stellt sie nur – geschichtlich – als »die Frage nach dem für den Jahweglauben ... Typischen« (II[4], 447; vgl. GSt II, 295).

Von seinem Ansatz her, das Zeugnis des Alten Testaments »nachzuerzählen«, arbeitet *G.v.Rad* eher phänomenologisch, d.h., er stellt den Glauben dar, wie er sich in einzelnen Literaturwerken in ihrer geschichtlichen Folge ausspricht. Eine interne Kritik übt *G.v.Rad* am Geschichtsverständnis jüngerer, nachexilischer Texte, wie Kohelets oder der Apokalyptik, darüber hinaus kaum.

Später spricht *G.v.Rad* (GSt II, 296) dagegen selbst die Notwendigkeit aus, »von einer mehr phänomenologischen zu einer kritischeren Darstellung der alttestamentlichen Theologie« zu kommen.

Die Frage nach der »Geltung«, »Wertung« oder auch »normativen Verbindlichkeit« findet nicht nur höchst unterschiedliche Antworten; teils wird ihr Recht oder ihre Notwendigkeit in einer »Theologie des Alten Testaments« bestritten, teils wird sie gefordert (etwa *F.Baumgärtel* gegenüber *G.v.Rad*; *A.H.J.Gunneweg*).

Gegenüber einem wertenden Gesamturteil bedeutet es eine Befreiung, auf das Alte Testament möglichst vorurteilslos zu hören, »nicht dreinzureden« (*G.v.Rad*), es seine Sache selbst ausreden zu lassen und zu verstehen zu suchen. Insbesondere erscheinen Pauschalurteile, wie »Partikularismus« oder »Gesetzlichkeit«, unsachgemäß. Sachkritik ist einfühlsamer, behutsamer anzugehen. Muß sich der Ausleger, will er sachgemäß verfahren, nicht fragen: Entspricht die Fragehinsicht, die Voraussetzung oder der Wertmaßstab der Intention des Textes selbst?

Kritik ist wohl nur dann angemessen, wenn sie nicht nur von außen kommt und äußerlich bleibt, sondern innere Kritik ist, mit der Sache vermittelt wird und an ihr selbst Anhalt findet.

Das Alte Testament vereint höchst unterschiedliche Auffassungen und »theologische« Entwürfe. Die jeweilige Besonderheit der Literaturwerke, Überlieferungen, Redeformen und Denkweisen macht aber die Frage dringlich: Gibt es nicht nur ein Nebeneinander, sondern auch ein Miteinander, eine Gemeinsamkeit oder einen inneren Zusammenhang? So stellt sich die wechselseitige Aufgabe, in der Vielfalt die Einheit aufzuspüren und in der Einheit die Vielfalt zu sehen, ja die Vielgestaltigkeit als Reichtum wahrzunehmen.

Die gesuchte Gemeinsamkeit oder innere Verbundenheit des Alten Testaments wird traditionell mit der umstrittenen Metapher »*Mitte*« umschrieben, für die man andere – ebenfalls nur mehr oder weniger, letztlich kaum besser geeignete – Begriffe wie »Wesen« (in und gegenüber den Erscheinungen), »tragendes Grundmotiv« oder »Leitfaden« vorziehen mag. Gewiß verdient der vorliegende Gesamtkontext einschließlich der späteren Wirkungsgeschichte Beachtung; gedacht ist aber nicht nur an eine spätere Sicht des Textes mit dem Ziel, die »jeweils älteren Schriften und Schichten im Lichte seiner jüngeren neu zu lesen«, etwa als Tora oder von der Tora als Auslegungskanon her (*O.Kaiser* I, 350). Schließlich ist weniger ein Zentrum als ein roter Faden oder ein in sich nuancenreicher, variationsfähiger, sich durchhaltender Grundzug gemeint.

Zusammenfassend geurteilt, schließt diese Frage jedenfalls fünf gewichtige, ja unumgängliche Einzelfragen ein:

1) die Frage nach der Eigenart (Besonderheit) des Jahweglaubens in Abgrenzung von der Umwelt: Was unterscheidet ihn sachlich-wesensmäßig von den Nachbarreligionen?

D.h. zugleich: Was ändert sich, wenn man Jahwe statt etwa Baal »nachfolgt« (1 Kön 18,21), wenn in »religiösen« Aussagen Jahwe an die Stelle Baals tritt?

Der kritische Umgang des Alten Testaments mit den Vorstellungen der Nachbarreligionen darf in einer »Theologie« nicht unberücksichtigt bleiben. So ist in dieser Aufgabe zugleich die diffizilere Frage nach den Maßstäben des Alten Testaments im Umgang mit den Vorstellungen seiner Umwelt verborgen: Nach welchen Kriterien wählte alttestamentlicher Glaube aus der Vielfalt der fremdreligiösen Phänomene aus, gestaltete Übernommenes um und stieß mit seiner Eigenart Unvereinbares ab?

2) die Frage nach der Kontinuität in der Diskontinuität der Geschichte (nach dem Gemeinsamen, dem Einheitsmoment im Wandel): Welche Ansätze und Anstöße halten sich – insbesondere in bezug auf das Gottesverhältnis – in den überlieferungsgeschichtlichen Umbrüchen und im Wandel der Epochen durch?

Allerdings wird jede Bemühung, im Wechsel Stetiges zu suchen, auch das Konstante nicht ohne Variabilität finden; darum genügt die Unterscheidung von Wesen und Erscheinung oder Kern und Schale nicht.

3) die Frage nach dem Gemeinsamen des vielgestaltigen alttestamentlichen Schrifttums: Gibt es ein Grundanliegen, das die so unterschiedlichen Redeformen und Literaturwerke – ausgesprochen oder unausgesprochen – verbindet? Zweifellos kann eine gemeinsame Intention wiederum nur in wechselnder Sprachgestalt zur Geltung kommen.

4) die Frage nach dem Erbe des Alten Testaments, der Nachwirkung über Israel hinaus: Wird das Alte Testament erst durch seine Wirkungsgeschichte »christianisiert«, oder gibt es eine tiefgehende, letzte Übereinstimmung zwischen Altem und Neuem Testament? Ist das »Eigenartige, Eigene, Eigentliche« des Alten Testaments zugleich das mit dem Neuen Testament Gemeinsame?

5) schließlich die Frage nach der »Geltung« bzw. »Wertung« des Alten Testaments: Läßt sich diese Frage, statt sie nur »von außen« an das Alte Testament heranzutragen, auch exegetisch – mit einem benennbaren Kriterium – aufnehmen?

Die Frage nach der »Mitte« bzw. Einheit des Alten Testaments sucht jene systematische Frage nach der »Geltung«, damit auch nach dem »Wesen« der Sache, nach der Intention und nach angemessenen Beurteilungsmaßstäben oder gar nach einer persönlichen »Wertung« – habe ich von meinem jeweiligen »Standpunkt« aus angesichts der verschiedenartigen biblischen Überlieferungen und Denkansätze nicht schlicht zu wählen? – exegetisch rückzubinden, nämlich noch einmal mit den Texten selbst bzw. deren Auslegung zu vermitteln, so ein Stück weit der Antwort ihren individuellen Charakter zu nehmen.

Zugleich geht die Exegese mit der Bemühung um ein das ganze Alte Testament Verbindendes einen Schritt zu auf die Frage nach dem Verbindlichen.

Nach allem will die gesuchte Einheit in der Vielfalt weder die große Spannweite des Alten Testaments, seine unterschiedlichen Erfahrungen oder gar gegensätzlichen Aussagen, noch den langen geschichtlichen Weg verdecken, kann also nicht auf eine statische Größe zielen.

Zudem darf die Einheit nicht abstrakt, über-begrifflich bleiben, sondern sollte am Alten Testament aufweisbar, die »Mitte« bzw. das Beurteilungskriterium muß in alttestamentlicher Sprache aussagbar sein.

Auf die genannten Grundfragen gibt es wohl eine mögliche Antwort: Die Ausschließlichkeit des Glaubens, die das Alte Testament auf verschiedene Weise prägt und (später) im Ersten Gebot zugespitzt zum Ausdruck kommt, könnte diese Bedingungen – der Sache nach – erfüllen und in diesem Sinne als Einheitsmoment des Alten Testaments und der Bibel verstanden werden.

I
Die Vorzeit
Grundlegende Überlieferungen in ihrer Ausgestaltung

Die Anfänge der Geschichte und Religion Israels bleiben im Halbdunkel. Die frühere Forschung suchte es dadurch zu erhellen, daß sie Israels Vorgeschichte auf Grund bestimmter urtümlicher Züge rekonstruierte. Den Leitfaden bildeten gewisse Überbleibsel von Ahnen-, Toten- oder gar Tierkult bzw. Baum- oder Steinverehrung. Man sprach von Geister- und Dämonenglauben, Totemismus oder Fetischismus. Der Aberglaube der späteren Zeit galt als der Glaube der Frühzeit. Solche »primitiven« Züge, die es sicher auch gegeben hat, erschließen aber nicht die sog. »Religion der Patriarchen«; was in der Spätzeit fremdartig wirkt, braucht für die Frühzeit keineswegs konstitutiv zu sein. Der alte Orient – sowohl die Hochkulturen Ägyptens und Mesopotamiens als auch die Stadtkulturen von Syrien/Palästina – waren längst zum Glauben an persönliche Götter, damit zum mythischen Stadium der Religion, vorgedrungen (vgl. § 6a1). So ist Israel auch in dieser Hinsicht kaum durch zunehmende Lösung vom Heidentum zu sich selbst gekommen, wie die umgekehrte Annahme – am Anfang war das reine Gottesverhältnis, die Folgezeit brachte den Abfall zur Kulturlandreligion und die Erstarrung zum Judentum – nicht weniger vereinfacht.

§ 2 Bekenntnisse und Überlieferungen

1. Noch in der Spätzeit beruft sich das Alte Testament zur Begründung für das Verhältnis von Gott und Volk auf Ereignisse der Frühzeit. Nach einem Lobpreis setzt das große Bittgebet (Neh 9,5ff) mit einem Bekenntnis zum Schöpfer ein, dessen Wirken »alles« und »alle« vom höchsten Himmel bis zum gegenwärtigen Leben umfaßt:

»Du, Jahwe, bist es allein (der einzige).
Du hast den Himmel gemacht,
des Himmels Himmel und all sein Heer,
die Erde und was auf ihr ist,
die Meere und alles, was in ihnen ist.
Du gibst ihnen allen das Leben.« (V 6)

Vor diesem weltweiten Horizont und in diesem Lebensraum entfaltet sich die Geschichte der Beziehung Gottes zu dem einen Volk von der Väterzeit an:

»Du, Jahwe, bist der Gott, der du Abram erwählt,
ihn aus Ur in Chaldäa herausgeführt
und seinen Namen in Abraham geändert hast.
Du fandest sein Herz (glaubens)treu dir gegenüber
und schlossest mit ihm den Bund,
das Land ... seinem Samen zu geben.
Du hast deine Worte gehalten und bist gerecht.
Du sahst das Elend unserer Väter in Ägypten ...
Du spaltetest das Meer vor ihnen ...
Mit einer Wolkensäule geleitetest du sie am Tage
und mit einer Feuersäule bei Nacht ...
Auf den Berg Sinai fuhrst du herab
und redetest mit ihnen vom Himmel her ...« (V 7–13)
»Sie aber, unsere Väter, waren vermessen
und wurden halsstarrig und hörten nicht auf deine Gebote ...
Du aber bist ein Gott der Vergebung,
gnädig, barmherzig, langmütig und von großer Güte.« (V 16f)
»In deiner großen Barmherzigkeit machtest du es nicht
gar aus mit ihnen.« (V 31; vgl. Klgl 3,22f)

Die Erinnerung reicht von der Erwählung Abrahams über die Befreiung aus der Bedrückung in Ägypten (mit zeichenhaften Plagen und dem Untergang der Verfolger im Meer), die Führung und Bewahrung in der Wüste, die Offenbarung Gottes am Sinai mit der Gabe der Rechtsordnungen (einschließlich der Sabbatheiligung) bis zur Einnahme des Landes und darüber hinaus.

In der Nachfolge prophetischer Geschichtsrückblicke (wie Ez 20) wird die Schuld des Volkes (Neh 9,26–37) breit ausgeführt. Der trotz Gottes Heilstaten aufbrechende Ungehorsam überhörte selbst die Warnungen der Propheten, wurde aber von Gottes Barmherzigkeit und Gnade geduldet (V 33): »Du hast Treue geübt, wir aber haben unrecht gehandelt.« So faßt der Rückblick, der die im Pentateuch gegebene Darstellung (einschließlich der sog. Priesterschrift) voraussetzt, Heils- und Unheilsgeschichte zusammen. Die Vergangenheit wird um ihrer bis in die Gegenwart reichenden Bedeutung willen (vgl. V 36f) erzählt, wie sie hier auch in die Anrede des Gebets hineingenommen ist.

Voran steht die Aussage: »Du *allein*«; Gottes Einzigkeit zeigt sich in seinem Wirken als Schöpfer (vgl. 2 Kön 19,15). Das Gebet bezeugt Gottes Transzendenz (»vom Himmel« V 15.27f) und Zuwendung. Zwischen die erzählenden Partien sind Aussagen über Gottes »Eigenschaften« oder »Wesen«, wie Gnade, Güte oder Barmherzigkeit (V 17.31ff), eingestreut.

Ähnlich verweist Ps 136 auf bestimmte geschichtliche Begebenheiten.

Das Lied scheint aus dem Gottesdienst zu stammen; jedenfalls ist leicht vorstellbar, daß ein Vorsänger jeweils den ersten Halbvers vorträgt, der von den Taten Gottes erzählt, während die Gemeinde den gleichbleibenden Kehrvers »denn seine Güte währet ewiglich« anstimmt. Sie dankt Gott für die »großen Wunder, die er *allein* vollbringt«. Zu ihnen rechnet der Psalm

die Schöpfung (V 5–9):
»der die Himmel in Weisheit schuf . . .
die Erde auf den Wassern festmachte . . .«,
die Führung aus Ägypten (V 10–15):
»der die Erstgeburt schlug in Ägypten . . .,
Israel aus ihrer Mitte führte . . .«
und die Führung durch die Wüste ins Kulturland (V 16–24):
»der sein Volk durch die Wüste führte . . .,
der große Könige schlug . . .
und ihr Land zu eigen gab . . .,
zu eigen Israel, seinem Knecht . . .«

Der Abschluß dieser umfangreichen Aufzählung von Gotteswerken in Schöpfung und Geschichte:

»der Brot gibt allem Fleisch« (V 25)

läßt Sinn und Ziel der Ausführungen erkennen. Der Psalm will nicht Geschichtstatsachen festhalten, sondern die Ereignisse sollen Gott als Brotspender ausweisen. Die Nahrung, die man jetzt zu sich nimmt, ist eine Gabe des Gottes, der bisher geleitet hat. Jene Vergangenheit wird wegen ihres Gegenwartsbezugs weitererzählt; sie hat Folgen, die das tägliche Leben bestimmen.

Ähnlich spricht der Bauer nach Dtn 26,5–11 bei der Ablieferung der ersten Feldfrüchte ein Gebet, das Einst und Jetzt gegenüberstellt:
»Ein umherirrender *Aramäer* war *mein* Vater . . .
Und nun bringe ich die ersten Früchte des Landes,
das du, Jahwe, *mir* gegeben hast.«

In das Gebet ist anscheinend nachträglich ein geschichtlicher Abriß eingeschoben, der (mit Personenwechsel) an Ägyptenaufenthalt, Volkwerdung, Herausführung und Landnahme erinnert. Dabei sind wiederum Vergangenheit und Gegenwart auffällig ineinander verwoben; die lebende Generation kann mit der damaligen gleichzeitig gesehen werden:
»Die Ägypter mißhandelten *uns*; *wir* schrien zu Jahwe . . .«

Dieses »kleine geschichtliche Credo« (*G.v.Rad*) gehört nicht zu den »ältesten Darstellungen der Heilsgeschichte« (TheolAT I^4, 135), sondern setzt die Pentateucherzählung – wohl einschließlich der jungen Priesterschrift (vgl. »harte Arbeit« V 6b mit Ex 1,14 P) – voraus, stellt also eine spätere Zusammenfassung dar.

Überraschenderweise erfolgt der Dank für die Gabe des Brotes nicht im unmittelbaren Zusammenhang mit Schöpfungsprädikationen. Die Aussagen von Schöpfung und Erhaltung – gleichsam die Antworten auf die beiden Fragen: Wer schuf die Welt? Wer gibt Fruchtbarkeit und Leben? – sind offenkundig nicht identisch; hier klingt noch nach, daß beide, religionsgeschichtlich gesehen, verschiedenem Ursprung entstammen (u.§ 10a,2). Der Erntedank findet seine Begründung vielmehr in der geschichtlichen Führung; Israel deutet seine Gegenwart im Lande mit Hilfe der längst vergangenen Zeit vor der Einwanderung. Auch Ps 136 ist wahrscheinlich erst in einer späteren Epoche israelitischer Geschichte anzusetzen, um so erstaunlicher ist der Verweis auf die Frühzeit. Entscheidende Gotteserfahrungen machte Israel nach eigener Überlieferung vor der festen Seßhaftwerdung und Staatenbildung. Im Gegensatz zu den Nachbarvölkern hat es seine Herkunft nicht vergessen, vielmehr dieses Erbe im Kulturland bewahrt, indem es neue Erfahrungen den früheren einzuordnen suchte. Seine engsten verwandtschaftlichen Beziehungen bestanden gerade nicht zu den Kanaanäern. Im Lande wurde der Hirte zum Bauern, er sah in seinem Acker aber eine in der Väter- und Wüstenzeit verheißene Gabe. Der Beter von Ps 136 weiß, daß er in einer Geschichte göttlicher Führung steht, und versteht sich darum aus ihr. Sie hat ihm den Ort zugewiesen, in dem er lebt. Bestimmte Ereignisse der Vergangenheit werden in ihrer Einmaligkeit festgehalten und – im Gegensatz zu mythischen Geschehnissen – nicht im Kult »wiederholt«, vielmehr wird an sie »erinnert« (Ex 12,14; Dtn 16,3.12; Ps 111,4 u.a.; vgl. § 9b). Auch in der Familie werden sie von Generation zu Generation weitergetragen (Ps 78,3ff; Ex 12,26f; 13,8.14; Dtn 4,9f; 6,7.20ff; Jos 4,6ff.20ff).

Neben dem Credo, das auf Gottes Taten in der Geschichte verweist, oder auch in es eingefügt (Neh 9,17), kennt das Alte Testament jene anders strukturierte Bekenntnisformel, die – ohne ausdrücklichen Bezug zur Geschichte, scheinbar allgemein-zeitlos – Gottes Wesen beschreibt. Sie findet sich mit gewissen Abwandlungen mehrfach, durchweg in jüngeren Texten, und stellt (trotz Ex 34,6f) keine Selbstprädikation Gottes, sondern eine Aussage über seine Hinneigung zum Menschen dar:

»Barmherzig und gnädig ist Jahwe, langmütig und reich an Güte.« (Ps 103,8; vgl. 86,15; 145,8; Jon 4,2 u.a.)

Ähnlich lautet die ebenfalls mehrfach belegte liturgische Formel (Ps 100,5; 106,1; 118,1.29; 136,1 u.ö.):
»denn er ist freundlich, und seine Güte währet ewig.«

Wie verhält sich ein so grundsätzliches Bekenntnis zu Gottes Güte, Geduld und Vergebungsbereitschaft zur menschlich-geschichtlichen Erfahrung: Wird es auch »im finsteren Tal« (Ps 23,4), angesichts von Not und Leid, festgehalten, so daß es der Wirklichkeit zu widersprechen vermag? »Deine Gnade ist besser als Leben« wagt Ps 63,4 zu formulieren (vgl. Exk. 8).

2. Da für Israels geschichtliches Selbstverständnis der Rückverweis auf die Wüstenzeit grundlegend ist, wird eine religionsgeschichtliche Frage-

stellung ebenfalls zu unterscheiden haben: Wo erhalten sich im Alten Testament noch frühe Überlieferungen, wo liegt Kulturlandeinfluß vor? Dabei sind der Forschung durch die Quellenlage allerdings gewisse Grenzen gesetzt. Die Erinnerungen aus Israels Vorzeit, die sich im Pentateuch niedergeschlagen haben, sind nach einer langen Zeit mündlicher Überlieferung von späterem Gut tief durchdrungen und miteinander verwoben. Vor jeder historischen Auswertung müssen die einschlägigen Texte also auf ihre Eigenart befragt werden.

Der Pentateuch zerfällt selbst in verschiedene Einzelkomplexe; denn die Nahtstellen zwischen den großen Überlieferungsblöcken – Erzväterverheißung (Gen 12–50), Auszug aus Ägypten (Ex 1–15) und Sinaioffenbarung (Ex 18 bzw. 19 – Num 10) – halten kritischer Prüfung nicht stand. Am schwächsten ist zunächst die Verbindung der Erzväterzeit mit dem Ägyptenaufenthalt; hier liefern nur zwei Verse, die vom Anwachsen der Familie Josephs zum Volk Israel berichten (Ex 1,6–7), ein Zwischenglied. Die Landnahmeerzählungen des Josuabuches bilden kaum den ursprünglichen Schluß der Auszugsgeschichte. Am umstrittensten ist aber das umfangreiche Mittelstück. Schon längst hat man (*J. Wellhausen, H. Greßmann* u.a.) angenommen, daß Exodus- und Sinaitradition wohl nicht seit je eine Einheit darstellen, sondern anfänglich unabhängig voneinander bestanden. Mehrfach unternommene Versuche, doch einen vorgegebenen Zusammenhang nachzuweisen, sind bisher kaum befriedigend gelungen, haben jedenfalls nicht allgemein überzeugt. Selbst in den Gottesaussagen unterscheiden sich beide Überlieferungen recht erheblich: Ist der rettende »Kriegsgott«, der die Verfolger ins Meer wirft, der gleiche, der sich am Sinai mit Begleiterscheinungen in der Natur offenbart? Immerhin sind beide Überlieferungen durch denselben Gottesnamen Jahwe (und die Person Moses) verbunden.

Der fortlaufende Geschichtsentwurf von der Erzväterzeit bis zur Landnahme ist erst nachträglich gestaltet. Eher sind Einzelüberlieferungen ursprünglich. Ihre Verbindung ist allerdings schon so früh erfolgt, daß sie von den drei Quellenschriften oder -schichten des Pentateuchs gemeinsam bezeugt wird. Dennoch wuchsen die verschiedenen Traditionen erst spät zu völliger Einheit zusammen. Noch die Propheten können sich auf bestimmte Überlieferungsstränge gesondert berufen, und in solchen Aufzählungen von Gottestaten, wie sie der genannte Ps 136 bietet, klingt ihre Eigenständigkeit vielleicht noch nach.

Wenn die grundlegenden Gottesbegegnungen offenbar unabhängig voneinander geschahen, vollzogen sie sich auch nicht an »Israel« insgesamt. Die späteren Träger der Überlieferung sind ein viel weiterer Kreis als die ursprünglich Betroffenen. So erklären sich manche Änderungen und Ausgestaltungen der frühen Traditionen. Das Zwölfstämmevolk hat sich wohl erst nach Festsetzung in Kanaan aus einzelnen Stämmen oder gar kleineren Verbänden und Sippen zusammengefunden, die anscheinend mit großem zeitlichem Abstand und von verschiedenen Richtungen ins

Land eingewandert waren; einheimische Gruppen stießen dazu. Anstelle einer durchlaufenden Geschichte mit einer innerlich verbundenen Abfolge von Begebenheiten bieten sich dem historischen Blick daher nur Einzelüberlieferungen oder Überlieferungsstränge. »Diesen disparaten Sagenkomplexen ist eine geschichtliche Kontinuität nicht abzugewinnen« (*M.Buber*, Werke II, 12). So bezeichnet man den ersten Abschnitt der »Geschichte Israels« besser als »Vorzeit«.

Vom Aufkommen des Königtums an liegt der Verlauf der Geschichte im wesentlichen fest; denn seitdem zeigen sich in Israels eigener Überlieferung zumindest Ansätze zur Geschichtsschreibung. Den älteren literarischen Hinterlassenschaften bis zum Richterbuch kommt keine gleich große geschichtliche Zeugniskraft zu, so daß die Ursprünge des Zwölfstämmevolkes bis zur Richterzeit oder gar bis zum Anbruch der Königszeit weithin im Bereich mehr oder weniger wahrscheinlicher Vermutungen liegen. Archäologische Überreste aus nomadischer Zeit sind nicht direkt zu erwarten. Gerade die Ereignisse aus der Zeit vor der Seßhaftwerdung, auf die sich Israels Glaube beruft, sind also historisch schwer greifbar, obwohl sie nicht schlechthin »mythisch« sind. Gewiß haben sie einen geschichtlichen Anlaß, meist ist aber alles Nähere umstritten.

3. Daß Israels Vorzeit auch religionsgeschichtlich keine Einheit ist, gibt das Alte Testament selbst noch zu erkennen. Die *drei Quellenschriften* oder -schichten des Pentateuchs entwerfen nicht dasselbe Bild von der Frühzeit, lassen jedenfalls die Jahweverehrung zu verschiedenen Zeiten beginnen. Nun bieten diese Quellenschriften oder literarischen Schichten bereits eine spätere Entwicklung in der Überlieferungsgeschichte, durch drei oder mehrere Jahrhunderte von den Ereignissen getrennt, die sie erzählen. Außerdem bringen sie jeweils ihre theologischen Ansichten durch Ergänzungen und Deutungen der Überlieferungen zur Geltung. Trotzdem sind ihre Unterschiede untereinander belangvoll.

Nach der *elohistischen* Darstellung (E, etwa um 800 v.Chr.) gibt Jahwe erst in der Offenbarung an Mose (Ex 3,6.9–14) seinen Namen zu erkennen, und zwar indirekt durch die Deutung des Namens »Ich werde sein« (u.§ 6a2,4). In der vorhergehenden Väterzeit bleibt Gott ohne Eigennamen und heißt statt dessen Elohim »Gott« (daher die Bezeichnung dieser nur fragmentarisch erhaltenen Quellenschrift).

Auch die *Priesterschrift* (P, um 550 v.Chr.), die sich durch ihre Eigenarten in Ausdrucksweise und Aufbau (u.Exk. 5,5) am deutlichsten als selbständige Größe ausweist, läßt die Jahweverehrung mit Mose beginnen (Ex 6,2–8; allerdings in Ägypten, nicht am Horeb). In der Urgeschichte (Gen 1,1ff) verwendet die Priesterschrift ebenfalls den Begriff Elohim, um den Gott Israels als Gott der Menschheit zu bezeichnen. Dagegen nennt sie den Vätergott (von Gen 17,1 bis Ex 6,3) El Schaddai. Der Namenswechsel macht noch deutlich, daß die Trennung der Erzväter- und Mosezeit beiden Quellen vorgegeben war.

Nur die *jahwistische* Darstellung (J; Abgrenzung und Datierung in die frühe Königszeit sind besonders strittig) sieht in der gesamten Geschichte von der Schöpfung an (Gen 2,4bff) »Jahwe« als Gott der Völker wirksam, und seit Gen 4,26 »Damals fing man an, den Namen Jahwes anzurufen« wird er ausdrücklich unter seinem Namen verehrt. In der Offenbarung an Mose stellt sich Gott nicht mit einem neuen Namen vor; dennoch klingt an (Ex 3,16), daß der Jahwename Israel neu ist.

In dieser Darstellung stehen einige Überlieferungen noch so unverbunden und unausgeglichen nebeneinander, daß man manchmal eine vierte Quellenschrift herauslöst; eher ist mit jüngeren Ergänzungen zu rechnen.

Wenn sich in den einzelnen Entwürfen eine historisch getreue Erinnerung verbirgt, so entsteht die Frage: Seit wann besteht ein Jahweglaube? Ist die universale Ausweitung, wie sie die jahwistische Tradition bietet, jünger? In welcher Tradition ist Jahwe ursprünglich, wissen die anderen Überlieferungen etwa von einer anderen Gottheit? Vielleicht haben auch beide so grundverschiedene Auffassungen der Quellenschriften recht: Es gab eine Jahweverehrung vor Mose (u.§ 6a3–4), wie der Jahwist andeutet, aber Israel lernte Jahwe erst am Sinai kennen, wie der Elohist und die Priesterschrift überliefern.

§ 3 Der Gott der Väter

Israel erkannte seinen Ursprung als Volk Gottes mehr und mehr in der Sinaioffenbarung. Zugleich hat es von diesem Ereignis aber eine frühere Zeit unterschieden, die durch ein anderes Gottesverhältnis, das der Ahnen des Volkes, bestimmt war. So folgen wir dem Alten Testament selbst, wenn wir mit der Frage nach dem Glauben der Erzväter einsetzen.

Die elohistische Darstellung beginnt überhaupt erst mit der Patriarchenzeit (wohl Gen 20ff); was die anderen Erzählwerke darüber hinaus von der Urgeschichte berichten, betrifft nicht Israel allein, sondern die Menschheit insgesamt. Späterer Zeit erscheint Abraham als erwählter Ahnherr des Volkes, Empfänger der Verheißung und Vater des Glaubens (vgl. Mt 3,9; Röm 4; Gal 3) – als Anfänger eines neuen Glaubens.

1. Jos 24 erinnert in einer Gottesrede daran, daß Israels Vorfahren noch nicht den einen Gott, sondern fremde Götter verehrten (V 2):

»Eure Väter – Terach, der Vater Abrahams und der Vater Nahors – wohnten seit je jenseits des (Euphrat-)Stromes und dienten anderen Göttern.«

Diese Angabe ist im Alten Testament singulär, dabei überraschend allgemein gehalten. Den Ahnen – allerdings nur aus der Zeit *vor* Abraham (vgl. Jub 11f) – wird Polytheismus zugeschrieben. Welche Götter aber sind gemeint? Von der Übernahme der mesopotamischen Religion mit ihrer Götterwelt, etwa der des Mondgottes Sin, weiß das Alte Testament sonst nichts. Liegt überhaupt eine historische Erinnerung vor, oder will die Aussage in aktueller Warnung vor assyrisch-babylonischen Einflüssen allein die Forderung (V 14ff) begründen, grundsätzlich alle fremden Götter zu entfernen? Jedenfalls ist die für altorientalische Vorstellungen ungewöhnliche Ausschließlichkeit des Gottesverhältnisses hier sogar noch verschärft: Die Verwandtschaft mit den Vorfahren jenseits des Stromes wird festgehalten, die Glaubensgemeinschaft aber geleugnet.

Ähnlich sagt die Erzählung vom Vergraben der fremden Götter (Gen 35,2–4) nicht ausdrücklich, welche Gottheiten diese Aktion trifft. Beiden Überlieferungen ist es wichtiger, die Trennung zur Vergangenheit zu markieren, als die Art der früheren Religion näher zu bestimmen. Die Berichte lassen auf diese Weise die religionsgeschichtliche Frage unbeantwortet, gewinnen dadurch aber umfassendere Bedeutung – sie belegen beispielhaft die Verwirklichung der Ausschließlichkeit des Glaubens.

2. Jene Erinnerung (von Jos 24,2), nach der die Vorfahren der Väter Israels »anderen Gottheiten dienten«, überträgt die Forschung auf die Väter selbst – mit welchem Recht? Ist im Alten Testament noch andeutungsweise erkennbar, welche Götter die Väter Israels vor Jahwe verehrten?

Bei Moses Berufung läßt der Elohist (Ex 3,6; vgl. Gen 46,3) Gott sagen: »Ich bin der Gott deines Vaters, der Gott Abrahams, der Gott Isaaks und der Gott Jakobs«, und nach dem Jahwisten (Ex 3,16) soll Mose den Ältesten Auskunft geben: »Jahwe, der Gott eurer Väter, . . . ist mir erschienen.« Lassen diese Worte verschiedene Phasen der Gottesoffenbarung nur erahnen, so unterscheidet die jüngere Priesterschrift (Ex 6,3) ausdrücklich:

»Abraham, Isaak und Jakob bin ich als El Schaddai
(›der allmächtige Gott‹) erschienen,
aber meinen Namen Jahwe habe ich ihnen noch nicht kundgetan.«

Bevor sich Gott Mose und in ihm Israel zuwandte, gab es eine Zeit, in der er den Erzvätern auf andere Weise begegnete – sei es unter dem Namen »Gott deines Vaters«, »Gott Abrahams« oder »El«.

Welche religionsgeschichtlichen Vorgegebenheiten verbergen sich hinter diesen Gottesbezeichnungen, und wie verhalten sie sich zueinander? Die verschiedenen Namen gelten im Alten Testament – der Ausschließlichkeit des Glaubens entsprechend – dem *einen* Gott Jahwe. Es bezeugt die Identität; der Gott Abrahams und der Gott Moses ist derselbe. Israel verehrte seinem (späteren) Selbstverständnis nach nicht verschiedene Gottheiten, auch nicht im zeitlichen Nacheinander. Doch hat sich die

Identifikation der Väter- bzw. Elgottheiten mit Jahwe wohl erst im Verlauf eines geschichtlichen Prozesses ergeben. So lassen sich nur *gegen* den Sinn des vorliegenden Textes (o.§ 1,7) auf Grund der Namenstypen und einzelner Überlieferungsbruchstücke frühe, eigenständige Religionsformen erschließen, die der Identifikation mit dem Jahweglauben vorausgingen.

Genauer sind *drei* verschiedene Namensformen oder Titel zu unterscheiden: der in Ex 3 begegnende Titel »Gott der Väter« (in den beiden Ausprägungen »Gott Abrahams«, »Gott meines Vaters« o.ä.), die Bezeichnung »El«, die sich in unterschiedlicher Zusammensetzung (wie Gen 16,13; 35,7) findet, und Jahwe.

Bilden sie ein gleichzeitiges Neben- und Miteinander, oder erklären sie sich auch aus einem Nacheinander? Die Antwort ist strittig und kaum ganz eindeutig zu geben.

Weil die Belege für die Rekonstruktion aus jüngerer Zeit stammen und sich in der Genesis in unterschiedlichen Zusammenhängen finden, bleibt im einzelnen oft schwer zu entscheiden, ob die Überlieferung jeweils in ihrem Frühstadium vorliegt oder die Folgezeit von ihrem Glauben aus prägend und verändernd eingegriffen hat. Daher kann die Gottesverehrung der Patriarchenzeit nur unter *Vorbehalt* und in groben, idealtypischen Zügen nachgezeichnet werden; zudem bleibt die *Unsicherheit* jeder Rekonstruktion deutlich. Allerdings kann man – auch angesichts der kritischen Einwände der hier besonders umstrittenen Forschung – die Rückfrage nicht schlicht aufgeben, da alttestamentliche Textzeugnisse der Erklärung bedürftig bleiben.

Die Vätererzählungen (von Abraham Gen 12–25, Isaak Gen 26 und Jakob Gen 25; 27 – 35) tragen höchst unterschiedliches Gepräge. Zumal die Abrahamerzählungen sind durch gewichtige Verheißungen bestimmt (vgl. Gen 12,1–3; 15; 18 mit Gen 17 P; auch den Kauf der Grabstätte Gen 23). Die nur knapp erhaltenen Überlieferungen von Isaak zeigen Gemeinsamkeiten mit Abraham (die sog. Gefährdung der Ahnfrau Gen 26,7ff bzw. 12,10ff; 20; der Vertrag mit Abimelech 26,26ff bzw. 21,22ff u.a.). Der Jakobgestalt, die mit dem Namen »Israel« (32,23ff; 33,20) und auch Ägypten (46,1ff) verbunden ist, scheint in der Überlieferungsgeschichte ein gewisser Vorrang zugekommen zu sein (Dtn 26,5; Hos 12). Nur in diesem weiten Rahmen und vielgestaltigen Bereich läßt sich nach frühen Traditionen zurückfragen.

Umgekehrt lassen sich die Väterüberlieferungen nicht insgesamt aus jüngerer Zeit herleiten. Die Genesis spiegelt kaum nur den – familiären – Kult der Königszeit wider. Außerdem wendet sich nach 1 Sam 1 Hanna in persönlicher Angelegenheit gerade im Tempel an Jahwe. Sind »persönlich-familiäre« und offizielle Religion also grundsätzlich unterschieden?

a) Wichtige Traditionselemente, die den Verlauf der späteren Geschichte Israels prägen, fehlen in der Väterzeit. So spielt Jerusalem mit der Ziontradition noch keine Rolle. (Eine Ausnahme bildet die Szene der Begegnung von Abraham und Melchisedek Gen 14,18ff; o.§ 1,7.)

b) Auch kündigt sich die scharfe Auseinandersetzung mit dem Baalkult, die die Königszeit zumal im Nordreich (1 Kön 18 u.a.) beherrscht, noch nicht an.

c) Außerdem haben sich, auch abgesehen von Personennamen (wie Abraham, Isaak, Jakob) und Ortsnamen (wie Bet-El), alte, aus der Spätzeit schwerer erklärbare Traditionselemente erhalten:

1) Die Väter hatten verwandtschaftliche Beziehungen zu den Aramäern (Gen 25,20; 28,5 u.a.); das Dtn 26,5 erhaltene Credo stellt sogar direkt fest: »Ein umherirrender Aramäer war mein Vater.« Möglicherweise sprachen Israels Vorfahren ursprünglich eine dem Aramäischen nahestehende Sprache (vgl. § 6a2).

2) Die Väter führten eine (halb-)nomadische Lebensweise im allmählichen Übergang zur Seßhaftigkeit (vgl. Gen [4,20;] 13,3.5.7; 26,17.25; 31,25; 46,32ff mit 26,12; auch die Streitigkeiten um Brunnen Gen 21,25; 26,15ff). Mit ihren Schaf- und Ziegenherden waren sie, wie immer ihre Lebensform im einzelnen ausgesehen haben mag, zu einem Wechsel der Weideplätze genötigt (vgl. Ex 3,1: »er trieb die Schafe . . .«).

Kamelnomaden, damit beweglicher und kriegerischer, scheinen erst die Midianiter gewesen zu sein (Ri 6f; Gen 37,25). Entsprechend der Situation von sog. Kleinviehnomaden fehlen in der Genesis (wiederum mit Ausnahme von Kap. 14) wirklich kriegerische Züge.

Zwischen (halb-)nomadischen Gruppen und der seßhaften Bevölkerung gab es seit je Handelsbeziehungen mit dem Austausch von Nahrungsmitteln (wie Milch, Käse, Butter, Fleisch einerseits, Getreide, Brot andererseits) und Kulturgütern (vgl. Gen 4,20ff). So bestanden die verschiedenen Lebensweisen gleichzeitig neben- oder miteinander. Darum kann die Frage nach der Datierung in ihrer Bedeutung zurücktreten.

3) Analoge Bildungen zur Namensform »Gott Abrahams« sind später selten (Gen 9,26; 2 Kön 2,14; 20,5; 1 Chr 28,9 u.a.), ähnlich zur Bezeichnung »Gott meines/deines Vaters« (Ex 15,2; 18,4; 2 Kön 20,5). Teilweise handelt es sich dabei eher um Analogiebildungen (Ex 15,2 in einem jüngeren Lied; 18,4 vielleicht in einem Zusatz; 2 Kön 20,5 in Übertragung auf den König). Insbesondere fehlt in der Auszugs- und Sinaitradition eine Form wie »Gott Moses« (vgl. Ex 3,6).

So ist das Familien- bzw. Sippenmilieu der Vätergeschichten gewiß nicht nachträglich entworfen.

4) Gottesprädikate wie »Gott Abrahams« finden sich merkwürdigerweise auch im jahwistischen Geschichtswerk (Gen 28,13; 32,10; Ex 3,16), obwohl es von Anfang an den Jahwenamen gebraucht. Allerdings bezeugt es die Einheit des Gottesglaubens in den verschiedenen Namen.

5) Schließlich ist eine Einzelnachricht wie Gen 31,53, die in ihrer pluralischen Formulierung eher anstößig klingt (s.u.), aus späterer Zeit schwer erklärbar.

Dieser Text läßt eher an einzelne Gottheiten denken, die als Beschützer je einer bzw. ihrer Gruppe wirken. Dagegen ist Gen 28,11f; 32,2 (vgl. 18,2b) von mehreren Gottwesen die Rede, die zudem an einem bestimmten Ort erscheinen. Diese Zeugnisse scheinen aus anderem Milieu zu stammen oder gar eine andere Religionsform zu repräsentieren.

Fehlt nach den Zeugnissen der Genesis dem Glauben der Väter nicht auch die Strenge der Sinaitradition?

a) Der Name der Gottheit

Auffällig ist schon, wie mannigfaltig die Bezeichnungen der Vätergötter sind. Es ist zunächst zwischen »Gott Abrahams, Isaaks, Jakobs« einerseits und »Gott der Väter« andererseits zu unterscheiden. Auch der letzte Begriff ist als Sammelname noch weiter aufzugliedern. Nur der singularische Ausdruck »Gott meines/deines Vaters« scheint alt zu sein (z.B. Gen 31,5.29.42; 43,23), während sich der Plural »Gott deiner/unserer Väter« außer in Ex 3f vor allem in späteren Schriften findet. Er setzt die Vereinigung der einzelnen, ursprünglich wohl von verschiedenen Sippen verehrten Vätergötter zu *einem* Vatergott voraus. Insofern gibt die Kapitelüberschrift »Der Gott der Väter« ein Spätstadium der Überlieferungsgeschichte wieder. Ganz entsprechend ist bei den mit Eigennamen zusammengesetzten Titeln die Einzelformulierung »Gott Abrahams« älter als die Zusammenfassung »Gott Abrahams, Isaaks, Jakobs« (Ex 3,6.15f), die auch erst nach der genealogischen Verbindung der Erzväter möglich wurde.

Muß man außerdem noch zwischen den beiden alten Möglichkeiten »Gott + Vater« und »Gott + Eigenname« wählen? Die Vermutung liegt nahe, daß die erste Formel »Gott meines Vaters« ursprünglich wirklich den eigenen Familienvater meinte (vgl. Gen 26,24; 46,1). Ein Name wie »Gott Abrahams« wäre dann erst nach einem größeren Zeitraum von Dritten oder den folgenden Generationen eingeführt worden, um vielleicht diesen Vatergott von anderen abzuheben.

Gerade die Form »Gott + Eigenname« erscheint allerdings an einer besonders altertümlichen, vertrauenswürdigen Stelle, und zwar doppelt (Gen 31,44ff).

Die Erzählung vom Vertrag zwischen Jakob und Laban geht wahrscheinlich auf eine Grenzabmachung zwischen ostjordanischen Israeliten und Aramäern (die in der Königszeit Israel feindlich gegenüberstanden) zurück. Ein Steinhaufen und ein aufgerichteter Malstein dienen als Grenzzeichen oder Vertragszeugen, ein gemeinsames Mahl – vor der wohl unsichtbar anwesend gedachten Gottheit – bekräftigt das Abkommen. In dem abgelegten Eid (Gen 31,53) ist die Pluralform des Verbums höchst auffällig, zumal sie dem Zusammenhang (V 49f: »Jahwe wache«, »Gott sei Zeuge«) widerspricht:

»Der Gott Abrahams und der Gott Nahors
sollen richten zwischen uns!«

Beide Gottesbezeichnungen entsprechen sich in ihrer Struktur und sind wie gleichrangig oder auch wesensmäßig ähnlich nebeneinander gestellt. Erscheinen »Gott Abrahams« und »Gott Nahors«, da ein weiterer Name fehlt, hier nicht wie Eigennamen? Dem Wortlaut nach sind beide Gottheiten nicht identisch; vielmehr scheint jede Gruppe ihren eigenen Vatergott zu haben oder zu verehren. Beide Partner rufen ihren Gott als Schutz und (Schieds-)Richter an (vgl. Gen 16,5; 1 Sam 24,13.16); er soll den »Bund« behüten und Übertretungen rächen. Erst eine spätere Einfügung »der Gott ihres Vaters« scheint beide Gottheiten ausdrücklich als eine verstanden zu haben, wenn nicht auch dieser Zusatz distributiv (»je ihres Vaters«) aufzufassen ist und damit die Unterscheidung der Gottheiten beibehält.

Gehen also beide Namensformen, sowohl »Gott Abrahams« wie »Gott meines

Vaters« o.ä., auf feste Überlieferung zurück? (Aus ihrer Verbindung erklärt sich wiederum die Mischform »Gott meines Vaters Abraham«, Gen 32,10; 26,24 u.a.)

Vielleicht hat das Alte Testament über das Vorkommen der Form »Gott Abrahams« (Gen 31,53; Ps 47,10) hinaus noch urtümlichere Gottesnamen enthalten: »Schreck (?) Isaaks« (Gen 31,42.53 u.a.), »Starker (oder Stier?) Jakobs« (49,24; Ps 132,2.5 u.a.). Nur bleiben diese Wendungen mehrdeutig.

Unsicher sind: »Schild Abrahams« (vgl. Gen 15,1) oder »Hirt Stein Israels« (?; Gen 49,24). Auch der Name »Gott Israels« (33,20 u.a.; vgl. § 8,2) gehört kaum in diesen Zusammenhang.

Inschriften der Nabatäer und Palmyrener bieten Parallelen zur Wendung »Gott + Eigenname«. Auch sonst finden sich vergleichbare Titel, wie »Gott meines/unseres Vaters«, etwa in der altassyrischen Religion; sie bezeichnen eine persönliche Schutzgottheit, »an die ein einzelner oder eine Familie sich in Anrufungen, Beteuerungen und Bitten wandte« (*H.Hirsch*). Bei solchen Parallelbildungen handelt es sich vielfach um Prädikate namentlich bekannter Götter. Andere Belege werden als Zeugnisse von Ahnenkult gedeutet.

b) Das Wesen der Gottheit

Enthüllt der Name der Gottheit ihr Wesen? Diese Einsicht könnte sich gerade am »Gott der Väter« bewähren. Wenn die verschiedenen Namensformen wie Eigennamen erscheinen oder auch als Beinamen den Charakter andeuten, ist dieser Gott durch das Verhältnis zu einem Menschen ausgezeichnet, während etwa die kanaanäischen Götter »El Bet-El« oder »Baal von Tyrus« den Namen des Ortes tragen, an dem sie erschienen sind. Was besagt das?

Nach der – für die Forschung grundlegenden, heute aber stark umstrittenen, vielfach aufgegebenen – Auffassung *A.Alts* (KS I, 22.62) ist für diese Gottheit »nicht die feste Bindung an einen Ort, sondern die ständige Beziehung zu einer Menschengruppe das entscheidende Merkmal«. Hier zeigt sich schon ein wesentlicher Zug des späteren Jahweglaubens: »eine Religion mit vorwiegender Betonung des Verhältnisses zwischen Gott und Mensch, weiterhin zwischen Gott und dem menschlichen Verband, ohne starre Bindung an einen Ort, dafür um so bewegungsfähiger im Eingehen auf alle Veränderungen des Schicksals der Verehrerkreise«.

So hat der Mensch in dieser Religion entscheidende Bedeutung; denn Offenbarung ist nur zu dem und durch den Menschen möglich. Weil der Vätergott sich nicht in Naturphänomenen an einem festen Ort zeigt, braucht er auch dort nicht »gesucht« (vgl. Am 5,5) zu werden. Man muß zu ihm *keine Wallfahrt* unternehmen, er »wohnt« nirgends; denn er ist bereits bei dem Menschen gegenwärtig. Es bedarf auch *keiner* besonderen *Priester*, die den Verkehr mit Gott vermitteln; eher übt der Sippenvorstand selbst priesterliche (und prophetische) Funktionen aus (vgl. Gen 13,18; noch Ri 17,5). Vielleicht wurde der Vätergott sogar *ohne Bild* und Statue verehrt. Allerdings scheint man ihm Opfer dargebracht zu haben (Gen 31,54; 46,1; vgl. Ex 18,12), wie es ähnlich im Kulturland üblich war. Der Vätergott scheint das Leben der Nomaden zu teilen; er wandert mit, leitet die Gruppe auf ihrem Weg, bewahrt sie vor Gefahren (Gen 28,15; 31,3.5; 35,3; 46,4) und ist so als ihr freundlicher Helfer »mit« ihr (26,3.24.28 u.a.; vgl. zum Verwandtschaftsverhältnis u.§ 12b,3). Die *Vor-* und *Fürsorge* für die Sippe scheint sein Wirkungsbereich zu sein. So beschützen die Vätergötter in dem Vertrag zwischen Jakob und Laban ihre Verehrer und treten für deren Rechte ein (31,53). Auch die Kainssage weiß von einem Schutzzeichen, das Gott dem Nomaden gewährt (4,15).

Ist die Gottheit nach dem Menschen benannt, dem sie zuerst oder insbesondere erschienen ist? Dieser eine bleibt aber nicht allein; er vertritt eine Mehrheit. Man mag sich fragen: Wird er durch den Offenbarungsempfang zum Sippenoberhaupt und Ahnherrn, oder empfängt er umgekehrt schon als Führer der wandernden Gruppe die Offenbarung? Eine eindeutige Entscheidung läßt sich kaum treffen. Jedenfalls ist der Vätergottglaube im Unterschied zur späteren Jahwereligion, die das Volk Israel umfaßt, eine *Sippenreligion,* die nur den Kreis der Familie mit ihrem Anhang umgreift. So kann man die Erzählungen der Genesis weithin zutreffend als »Familiengeschichten« bestimmen (*C.Westermann* u.a.); denn sie nehmen den Stoff ihrer Handlung wesentlich aus diesem Lebensbereich, berichten von Geburt, Hungersnot, Streitigkeiten u.a.

Glaube ist in dieser Welt im besonderen etwas, was übereignet, »von den Vätern ererbt« wird; man braucht nicht das Eigene zu verlassen, um Fremdes zu übernehmen. Der Inhalt der Tradition betrifft jedoch nicht so sehr die Vergangenheit als vielmehr die Zukunft. Die Gottesworte der Erzvätergeschichten sind meist Verheißung: Zusage der Führung (28,15), aber auch Ankündigung von Nachkommenschaft (16,11f; vgl. 18; 28,14; 15,4f; 17,5f) und Landbesitz (12,7; 13,15.17; 28,13 u.a.). Die wandernde Gruppe folgt ihrem Oberhaupt im Gehorsam gegenüber dem Gotteswort, das er empfing. Demnach zeigt sich der Glaube an den Vätergott im Vertrauen auf seine Führung in der Zukunft. »Ein Gott, dem man vertraut, weil man von ihm angeredet worden ist. Es ist ein Gott, der einem sagt, daß er einen führt« (*M.Buber,* Werke II, 273).

Gegenüber der Ursprünglichkeit der Verheißung von Mehrung und Landbesitz hat der Historiker allerdings gewichtige Einschränkungen zu machen; denn die Zusage wurde im Licht der späteren Verhältnisse gesehen und ausgestaltet. Die Sohnesverheißung wurde auf die Volkwerdung Israels gedeutet (Gen 12,2; 21,13.18; 26,4; 17,4ff u.a.), und die Landverheißung galt erst mit der Inbesitznahme Palästinas als erfüllt (vgl. Ex 3,8.17; Dtn 1,8 u.ö.). Die Verheißungsworte der Vätergeschichten sind also vom späteren Besitzstand Israels beeinflußt, aber kaum insgesamt aus späterer

Zeit herzuleiten. Alter und Schichtung der Verheißungsreden sind umstritten; jedoch sind sie in der Vätertradition so breit gestreut, daß sie dort ihren ursprünglichen Haftpunkt haben werden, auch wenn sie erheblichen Erweiterungen und Wandlungen unterworfen wurden. So wird die Zusage reicher Nachkommenschaft erst nachträglich sein, die Sohnesverheißung ist aber wohl alt. Wahrscheinlich wurde ein ursprünglicher Grundbestand der Überlieferung von den Gegebenheiten der Folgezeit her immer stärker ausgebaut. Wie die schützende Führung der Sippe durch die Gottheit ein altes Element des Vätergottglaubens ist, so sind jedenfalls auch die Landzusage und die Sohnesverheißung sehr gut aus dem Leben von Wanderhirten verständlich.

Die Gruppe von	siedelte um	gehörte vermutlich zum Stamm
Abraham	Baumheiligtum Mamre bei Hebron (Gen 18J; vgl. 13, 18; 14, 13; 23P; noch südlicher: 12,9; 13,1; 20,1 Negeb)	Kaleb (vgl. Num 13; Jos 15,13 ff), später: Juda
Isaak	Beerscheba (Gen 26,23ff; vgl. 21,14.31ff; 22,19) und Brunnen Beer-Lahai Roï im Süden (Gen 24,62; 25,11; vgl. 16,13ff)	Simeon im Süden Haus Joseph im Norden (das Beziehungen zu Beerscheba hat: Am 5,5 u.a.)
Jakob	a) Ostjordanland: Penuel-Mahanajim-Sukkot (Gen 31f; bes. 32,2.23ff; b) Westjordanland Sichem (Gen 33,18ff; 35,4 vgl. 12,6; 48,22; Jos 24,32) und Bet-El (Gen 28,10ff; vgl. 35,1ff.6f.14f; 12,8; auch Jer 31,15)	Ruben (dessen Siedlungsgebiet sich vielleicht von Ost nach West erweiterte), später: Ephraim-Manasse

c) Die Vätergötter und der Gott El

Die Vätergötter werden, obwohl sie nach Personennamen und nicht nach festen Orten benannt sind, in der Genesis fast durchgängig mit bestimmten Orten, meist berühmten palästinischen Heiligtümern, verbunden. Wie ist dieser Sachverhalt zu erklären? Schon bei der Rekonstruktion des Glaubens der Erzväter stoßen wir also auf die Frage, die in der Geschichte Israels wichtig wird. Wie sind Überlieferungen aus der (halb-)nomadischen Vorzeit und aus dem Kulturland zu unterscheiden?

1. Die Gruppen um Abraham, Isaak und Jakob mögen schon zu den heiligen Stätten gewallfahrtet sein, etwa um zu opfern (vgl. § 9a,3). Als sie ihr Wanderdasein ganz aufgaben, siedelten sie in der Umgebung von Ortsheiligtümern und wurden in verschiedenen Gegenden Palästinas ansässig. Damit war ihre Landverheißung ursprünglich erfüllt.

Im Bereich welcher Stämme des späteren Volkes Israel lagen diese Heiligtümer und damit die Siedlungsgebiete der Vätergruppen? Läßt sich diese Frage beantworten, kann man vermuten, in welchem Stamm die Vätergruppen aufgingen (s. die Übersicht auf S. 36).

So scheint sich die »Abraham-Gruppe« hauptsächlich um das Baumheiligtum Mamre bei Hebron (Gen 18 J; 23 P) niedergelassen zu haben, während Isaaks Gebiet weiter südlich in und um Beerscheba (26,23–33) lag. Jakob wird sowohl mit dem Westjordanland, Bet-El (28,10ff) und Sichem (33,18ff; 35,2ff), wie mit dem Ostjordanland, Penuel und anderen Orten (Gen 31–32), verbunden. Diese doppelte Lokalisierung wird mit einer späteren Erweiterung des Siedlungsgeländes zusammenhängen. Unsicher bleibt jedoch, wo die Nachkommen Jakobs zuerst ansässig wurden, nach welcher Richtung sie sich ausdehnten – am ehesten von Ost nach West – und damit auch, welchem Stamm sie sich ursprünglich anschlossen.

Die Isaak-Tradition ist vielleicht dem Haus Joseph zu danken; denn das Nordreich mit dem Haus Joseph hat noch Jahrhunderte hindurch Beziehungen zu Beerscheba im Süden aufrechterhalten (vgl. Am 5,5; »Isaak« in Am 7,9 u.a.).

Dagegen mag die Überlieferung von Abraham zunächst beim Stamm Kaleb, der um Hebron wohnte (Num 13), gelegen haben und dann auf den größeren Stamm Juda übergegangen sein, dem ursprünglich keine der drei Erzvätergestalten angehörte. Auf diese Weise erklärt sich die wachsende Bedeutung Abrahams; auf ihn wurden Erzählungen von Isaak und Jakob übertragen, so daß er auch mit deren Orten (so mit Sichem und Bet-El: Gen 12,6.8; 13,3) in Zusammenhang gebracht wurde. Verbirgt sich in der Vorordnung Abrahams der Vorrang des Stammes Juda zur Zeit Davids (2 Sam 2,4)? Oder bestanden schon früh Beziehungen zwischen dem Süden und Mittelpalästina? Die Frage, wann und aus welchem Anlaß die Vätertraditionen zu der im Alten Testament vorliegenden Form zusammenwuchsen, bleibt schwer zu beantworten.

2. Anscheinend siedelten die Erzvätergruppen voneinander getrennt, gehörten also kaum seit je eng zusammen und ordneten sich auch verschiedenen Stämmen ein. Die Festsetzung um die alten palästinischen *Hei-*

ligtümer hat traditionsgeschichtliche Bedeutung, da die Überlieferung von den Erzvätern eben an diesen Stellen gepflegt wurde, und hat darüber hinaus religionsgeschichtliche Bedeutung, als die Vätergötter der Zuwanderer mit den Ortsgottheiten verschmolzen. Die erste Begegnung von Nomaden- und Kulturlandreligion in Israels Vorgeschichte führte dazu, daß die Sippengötter und die Landesgötter einander gleichgesetzt wurden. Am Anfang steht noch nicht der Gegensatz zur Umwelt, eher die Bildung einer Einheit. Anders gesagt, die heiligen Stätten wurden für den überkommenen Glauben beschlagnahmt: hier war nicht ein fremder, sondern der eigene Gott erschienen. Diese Identifikation änderte jedoch zugleich den eigenen Glauben. So wurden die »Heiligtumslegenden« oder »Kultätiologien«, die den sakralen Charakter des Ortes begründen (u.§ 3e), auf die Erzväter und ihre Götter übertragen. Der Vatergott offenbarte sich jeweils für die bestimmte Gruppe allein, so daß man diese Religion mit Einschränkung als Vorform von »Monotheismus« oder eher als »Monolatrie« bezeichnen könnte. Als sich die einzelnen Vätergötter später vereinigten, wurden sie nicht in einem Pantheon nebeneinandergestellt (vgl. »der Gott Abrahams *und* der Gott Nahors«; Gen 31,53), sondern miteinander identifiziert, so daß die Einheit gewahrt blieb. Eine Kulturlandreligion ist eher polytheistisch.

In der Ortssage von Mamre, die jetzt ein Erlebnis Abrahams wiedergibt, erscheinen drei »Männer« (Gen 18,2.16). Im Alten Testament ist das polytheistische Element jedoch in den Hintergrund gedrängt worden. Wie von einer Überschrift (V 1a) wird die Erzählung gedeutet: »Jahwe erschien ihm.« Die drei göttlichen Gestalten treten hinter dem einen Sprecher, Jahwe, zurück (V 10.13; vgl.19,1: »zwei Boten bzw. Engel« gegenüber 19,12.16).

Solche Kultgründungs- oder Entdeckersagen (z.B. Gen 28,10ff von Bet-El) scheiden für die Rekonstruktion des Vätergottglaubens aus, weil sie von ihrem Wesen her ortsgebunden sind. Die Nomaden sind zu den Heiligtümern gewallfahrtet, aber sie haben sie nicht begründet, sondern vorgefunden. Im gegenwärtigen Erzählzusammenhang scheint es so, als hätten die Hirten auf ihren Wanderungen haltgemacht, um einen Baum zu pflanzen, einen Malstein zu errichten oder einen Altar aufzuschichten. Die Orte, an denen die Erzväter einen solchen Kult stifteten, waren aber längst heilige Stätten mit einer bekannten Gottheit. Selbst die kurzen Nachrichten über den Bau von Altären in Sichem, Bet-El oder Mamre (Gen 12,7f; 13,18; 35,1.7) wollen wohl nur die bereits bestehenden kanaanäischen Heiligtümer auf die Erzväter zurückführen. Überhaupt stammt die überwiegende Mehrzahl der Vätergeschichten aus dem Kulturland.

3. Durch die Übertragung der Kultätiologien auf die Erzväter wurden Taten, die die Landesbewohner ursprünglich von ihren Gottheiten ausgesagt haben, den Vätergöttern und schließlich Jahwe zugeschrieben. Wer

waren diese Gottheiten? Schon die Ortsnamen der Heiligtümer verraten es: Bet-El »Haus Els« oder Penu-el »Antlitz Els«. Mehrfach erscheint dieser Gott *El* auch mit erweitertem Namen; so sind aus Beerscheba ein *El Olam* (Gen 21,33), aus einem anderen Ort im Süden ein *El-Roi* (16,13f) und aus Bet-El ein *El Bet-El* (31,13; 35,7) bekannt. Die Himmelserscheinung, die (nach Gen 28,10ff) Jakob im Traum hatte und die auf Jahwe gedeutet wurde (V 13.16), war ursprünglich wohl eine Theophanie dieses Ortsgottes von Bet-El.

Dagegen wird eine weitere El-Gottheit, nämlich *El Eljon* von Jerusalem (Gen 14,18ff), nicht mit dem Gott der Erzväter gleichgesetzt; die Beziehung ist lockerer (s.u.§ 10a,1).

Was ist dieser »El« für eine Gottheit? Die einzelnen Beinamen und die Ortsgebundenheit verleiten dazu, in ihm nur eine unbedeutende Lokalgottheit der je verschiedenen Heiligtümer zu sehen. Diese Ansicht reicht aber kaum zu. Schon der Name El Olam »Gott der Ewigkeit« will nicht recht zu der Annahme passen. Vor allem ist El in den seit 1930 bekannt gewordenen Texten von Ugarit König und Oberhaupt der Götterwelt (§ 10a,3). Wie verhalten sich die El-Gottheiten der Genesis, die ohne einen zugehörigen himmlischen Hofstaat erscheinen (vgl. aber eine Mehrzahl göttlicher Wesen Gen 28,12; 32,2) zu diesem Hochgott? Es gibt eigentlich keine Anhaltspunkte zur Beantwortung dieser Frage. Vermutlich sind die Ortsgottheiten aber als die lokalen Erscheinungsformen des einen Gottes El zu verstehen (*O.Eißfeldt*); jedenfalls lassen sich so Vielfalt wie Einheit erklären. Dann wäre El an verschiedenen Orten unter verschiedenen Beinamen in verschiedener Ausprägung verehrt worden. Vielleicht ermöglicht gerade dieses Neben- und Ineinander von Orts- und Universalgottheit die Gleichsetzung des Vätergottes mit El; denn es bleibt über die Lokalbindung hinaus eine gewisse Jenseitigkeit der Gottheit gewahrt.

Sooft die Patriarchenerzählungen auf den El-Kult anspielen, nie erwähnen sie die andere kanaanäische Hauptgottheit *Baal*: Sie deuten weder eine Baal-Verehrung an, noch reißen sie, wie spätere alttestamentliche Texte, einen Gegensatz zu dieser Religion auf. Auch weisen die El-Gottheiten der Genesis selbst keinerlei Züge eines Gewitter- oder Fruchtbarkeitsgottes auf, wie es Baal ist. Zwar sind die »Masseben«, aufgerichtete heilige Malsteine zur Vergegenwärtigung der Gottheit, sowohl in der Erzväterzeit (Gen 28,18ff; 35,14) wie in der Epoche der Auseinandersetzung mit der kanaanäischen Religion bezeugt, aber die »Ascheren« fehlen noch (auch wenn Gen 12,6; 13,18; 18,1; 35,4 u.a. an einen Baumkult denken lassen). Diese Symbole weiblicher Gottheit, heilige Pfähle oder Bäume, werden erst später immer mit den Masseben zusammen genannt (Ri 6,26ff). Die Genesisgeschichten wissen anscheinend noch nichts von einer stark geschlechtlich bestimmten, männlichen oder weiblichen Gottheit.

Gehören die Erzväter darum einer Zeit an, die das Nebeneinander von

El und Baal noch nicht kannte? Allerdings wird Baal schon im 2.Jt.v.Chr. im syrischen Raum verehrt. Dennoch liegt die Vermutung nahe, daß die (Halb-)Nomaden den Gott El nicht erst später kennenlernten, sondern schon ihren Vätergott »El« nannten. So wäre die Gleichsetzung ihres Gottes mit den El-Gottheiten leicht verständlich. Bei der Lage der Quellen wird man zwar zwischen dem Glauben der (Halb-)Nomaden und der Religion des Kulturlands, dem von Priestern an festen Heiligtümern ausgeübten Kult, zu unterscheiden suchen, es bleibt aber schwer zu bestimmen, was dem Vätergott und El gemeinsam ist, so daß die Identifikation vollzogen werden konnte. Das Nächstliegende wäre, die Einheit im Namen zu sehen: Wenn bereits die Vätergötter »El« hießen (vgl. Gen 49,25 »El deines Vaters«; auch 46,3; Ex 18,4 und die umstrittene Wendung »El, Gott Israels« Gen 33,20), war eine Verbindung mit den Ortsgottheiten gegeben. »El« ist ja nicht nur Eigenname einer bestimmten Gottheit, sondern zugleich Allgemeinbegriff für »Gott«. Tatsächlich begegnet das Wort auch in Personennamen aus der Erzväterzeit, wie Isra-el oder Isma-el, während bei Jakob, Isaak u.a. wohl der Gottesname »El« zu ergänzen ist (Jakob-el).

Eigennamen solcher Art (Verbum im Imperfekt mit Gottesnamen) wie auch der Name *Abra(ha)m* (vgl. § 12b,3) sind schon früh bezeugt. Außerdem ist durch die Funde von Mari wohl eine ähnliche Lebensweise (halbnomadischer Gruppen) bezeugt.

Allerdings läßt sich die Erzväterzeit kaum oder nur grob zeitlich einordnen (vgl. Gen 15,16 gegenüber 15,13). Historisch genaue Angaben sind nicht möglich; die Überlieferung legte darauf keinen Wert. Es lassen sich keine Einzelereignisse festlegen. Die einzige Ausnahme, der Bericht vom Krieg Abrahams mit altorientalischen Königen (Gen 14), ermöglicht jedenfalls keine eindeutige Datierung.

Waren der »Gott Abrahams« oder der »Schreck bzw. Verwandter Isaaks« Beinamen des vielgestaltigen Gottes El? Die Genesiserzählungen können, von den genannten Personennamen abgesehen, diese naheliegende Vermutung kaum stützen. Gewichtige Zeugnisse alttestamentlicher Überlieferung (wie Gen 35,7; vgl. 16,13f) sprechen dafür, daß die El-Gottheiten an den örtlichen Heiligtümern verehrt wurden. »El« erscheint an den älteren Stellen nicht allein (wie Gen 35,1.3; 46,3), sondern nur mit einer folgenden näheren Bestimmung als Eigenname. Ist also eher anzunehmen, daß die Vätergötter erst in der Begegnung mit der Kulturlandreligion »El« genannt wurden? Jedenfalls ist es unwahrscheinlich, daß die Erzväter schon vorher El Olam oder El Schaddai verehrten.

Dieser Eindruck entsteht erst durch die spätere *Priesterschrift*, die den Vätergott streng mit *El Schaddai* – die Übersetzung bleibt unsicher – gleichsetzt. Unter diesem einen Namen faßt das Werk einerseits die verschiedenen Bezeichnungen der Vätergötter und El-Gottheiten zusammen und hält andererseits die Andersartigkeit der Patriarchenzeit (von Gen 17,1 bis Ex 6,3) gegenüber der vorhergehenden Urzeit und der folgenden Mosezeit fest, in der die Kultverordnungen gegeben werden. So wirkt selbst hier noch die Erinnerung nach, daß die El-Gottheiten im Kulturland zu Hause sind: El Schaddai offenbart sich Abraham erst in Kanaan (Gen 17,1; 28,3; 35,11; 48,3). Zuvor erteilt die Priesterschrift keinen göttlichen Befehl zur Auswanderung, um die Vorstellung Gottes mit einem Namen zu vermeiden. Man hat vermutet, daß einst auch El Schaddai eine lokale Ausprägung des Gottes El (in Hebron) war, im Alten Testament ist anders als bei »El Eljon« oder »El Olam« von einer Ortsbindung aber nichts zu erkennen. Schon diese Besonderheit läßt vermuten, daß jener Gottesname nicht alter Überlieferung entstammt. Außerdem ist aus früher Zeit nur das Element »Schaddai« belegt (Num 24,4.16; Gen 49,25 – die Übersetzungen gleichen hier an den üblichen Titel an; vgl. Gen 43,14), während die Verbindung »El Schaddai« nicht vor der Exilszeit (Ez 10,5 und Priesterschrift) bezeugt ist. Vielleicht hat man den Doppelnamen also erst später im Anschluß an die überlieferten Bezeichnungen gebildet. Im Titel »Schaddai«, der auch im Hiobbuch beliebt wird – und dort von der griechischen Übersetzung mit »Pantokrator, der Allmächtige« wiedergegeben werden kann –, sah man insbesondere eine Aussage von Gottes Transzendenz und Macht.

Überhaupt lassen sich die in der Genesis erhaltenen Gottesnamen, seien sie mit »El« zusammengesetzt oder nach dem Typus der Vätergötter gebildet, nicht alle auf die gleiche Weise ableiten, sondern haben verschiedenen Ursprung. Wenn jedenfalls die El-Gottheiten in der Genesis manchmal ohne Ortsbindung erscheinen, so kann diese Eigenart auf späterem Einfluß des israelitischen Glaubens beruhen und läßt keine Rückschlüsse auf die Vorzeit zu. Darum sind Vorbehalte gegenüber zu sicheren Schlüssen aus den im Alten Testament bezeugten El-Prädikationen angebracht.

Gegenüber dem Anruf »Du bist *El Roi*«, der »Gott, der (mich) sieht (?)« (Gen 16,13 J) enthält der wohl ältere Brunnenname *Beer-Lahai-Roi* »Brunnen des Lebendigen, der (mich) sieht (?)« (16,14; 24,62; 25,11) nicht das Element El, so daß das am Brunnen wohnend gedachte Numen ursprünglich vielleicht gar nicht als El-Gottheit galt (vgl. u.§ 3e).

Der aus Beerscheba bezeugte Name *El Olam* »Gott (der) Ewigkeit« (Gen 21,33 J) wird in gewisser Weise durch den aus Ugarit und Karatepe bekannten »Sonnengott (der) Ewigkeit«, das in Ugarit belegte Gottesprädikat »König der Ewigkeit« (vgl. Jer 10,10) und auch den in der Kosmogonie des Mochos erwähnten Ulomos gestützt.

In Gen 35,7 (E) ist *El Bet-El* »Gott (von) Bet-El« auffälligerweise Bezeichnung einer Stätte. In Israels Umwelt (Elephantine-Papyri u.a.) begegnet Bet-El sowohl als Orts- und Stein- wie als Gottesname (vgl. Jer 48,13). Die Selbstvorstellung »Ich bin der Gott (von) Bet-El« (Gen 31,13 E) geht kaum auf alte Tradition zurück.

So ist keiner dieser zusammengesetzten Gottesnamen in der vorliegenden Form außerhalb des Alten Testaments bezeugt; nur Einzelelemente lassen sich in der Umwelt nachweisen. Vielleicht spiegeln sich die religionsgeschichtlichen Verhältnisse im vorisraelitischen Palästina doch nur sehr gebrochen im Alten Testament wider, weil es die Überlieferung anscheinend stärker umgestaltete, als man gewöhnlich annimmt.

d) Die Vätergötter und Jahwe

1. Setzen die (Halb-)Nomaden bei dem Übergang zur vollen Seßhaftigkeit ihre Vätergötter mit den El-Gottheiten der Kulturlandheiligtümer gleich, so stellt die Identifikation der Vätergötter mit Jahwe, die eine Tradition bei Moses Berufung geschehen läßt (Ex 3,6.13ff; 6,2f; vgl. aber Gen 28,13; 32,10), eine *dritte* Stufe im Gang der Religionsgeschichte dar. Der Name Jahwe kommt eigentlich aus einem tiefer im Süden gelegenen Bereich (Ri 5,4f; u.§ 6a3). Hat Jahwe die Götter der Ortsheiligtümer nicht verdrängt, weil die Erzväterüberlieferung bereits durch kanaanäische Elemente bereichert worden war? Jedenfalls trägt er beide Namen weiter, sowohl »Gott Abrahams« als auch »El«. Trotz Jahwes Ausschließlichkeitsanspruch wurden von Israels Glauben die fremde Sippenreligion und teilweise der kanaanäische El-Kult absorbiert. Doch faßt das Alte Testament das Wort »El« kaum noch als Eigennamen auf sondern als Allgemeinbegriff: El Olam wird doch wohl unter Verlust seiner Existenz als »Gott der Ewigkeit« bzw. »ewiger Gott« verstanden. Der fremde Gottesname wird zum Prädikat Jahwes; andernfalls bleibt unerklärbar, wieso das Alte Testament nirgends eine Polemik gegen den Gott El erkennen läßt. Außerdem wurden nur mit dem eigenen Glauben vereinbare – im einzelnen allerdings kaum näher bestimmbare – Vorstellungselemente übernommen; denn keineswegs alle für die El-Verehrung charakteristischen Züge, wie sie Israels Umwelt bekannt sind, finden sich in der Genesis wieder.

Indem die einwandernden Gruppen die Kultlegenden der örtlichen Heiligtümer übernahmen, konnten sie ihren Anspruch auf dieses Gebiet gegenüber der ansässigen Bevölkerung begründen. Die einzelnen Sagen bestätigen jetzt, daß Jahwe Israel mit dem Land belehnt hat; hier wird ein versteckter Gegensatz zur Umwelt spürbar. Die Verheißung der Mehrung und Landnahme des Volkes war längst vor Israels Einzug erfolgt! Die ganze Vorzeit von der Schöpfung ab wurde so als Geschichte des einen Gottes verstanden.

Im neuen Zusammenhang gewinnen die Ätiologien einen anderen Sinn: Sie wollen nicht mehr die kultische Heiligkeit des Ortes sicherstellen, sondern werden stärker in die Geschichte hineingenommen und auf die Zukunft des Volkes bezogen (u.§ 3e). Setzt sich in dieser Befreiung von der Ortsbindung zugleich ein Impuls aus der Nomadenzeit gegen die Gesetze des Kulturlandes durch? Auch Israels Vorfahren haben also die fremden Sagen nicht unverändert gelassen, sondern in ihren eigenen Glauben eingefügt, mit ihrem Geist durchdrungen und so umgestaltet.

Vor allem nötigte das Zusammentreffen mit der Exodustradition zu einer tiefgreifenden Umdeutung der Väterüberlieferung. War die Verheißung an die Erzväter zunächst mit deren endgültigem Übergang ins Kulturland erfüllt, so trat sie nun in Spannung zum Glauben Israels, der die Landnahme Jahwe verdankte, der aus Ägypten herausgeführt hat. Dieser Widerspruch wurde so behoben, daß den Vätern faktisch die Einlösung der Verheißung genommen wurde; die eigentliche Erfüllung erlebte erst das Volk – nach einem langwierigen Umweg über Ägypten. Nach dem Deuteronomium (6,10.23; 8,1 u.a.) gibt Gott das Land, das er »den Vätern geschworen hat«, Israel. Die Priesterschrift bringt die neue Situation auf einen Begriff: Die Väter selbst lebten im »Land der *Fremdlingschaft*« (Gen 17,8; 28,4 u.a.). Sie hatten noch nicht ihre »bleibende Statt«; das Ziel ihrer Wanderung lag außerhalb ihrer Zeit. Jedoch erhielten sie mit einem kleinen Teilstück des Landes, nämlich dem Begräbnisplatz, ein Angeld für die Zukunft, ein Unterpfand der Verheißung (Gen 23 P).

Auf diese Weise hält das Alte Testament zugleich fest, daß Volk und Land nicht von vornherein, gleichsam naturgemäß und selbstverständlich, verbunden sind. Landbesitz ist vielmehr ein von Gott zugesagtes und gewährtes Gut, das Israel nicht aus eigener Kraft erwarb (Dtn 8,17; 9,6), darum letztlich nicht sein, sondern Gottes Eigentum ist (Lev 25,23; Jos 22,19).

2. Obwohl das Alte Testament noch um den Unterschied zwischen Väterglauben und Jahweverehrung weiß, behauptet es eine Kontinuität. Trotz historischem Umbruch hält es an der theologischen Einheit fest. Was ermöglichte Israels Glauben die Aufnahme jener fremden Sippenreligion aus der Zeit vor Aufkommen oder Verbreitung der Jahweverehrung? Einerseits war der Gott der Väter – falls die Rekonstruktion in Grundzügen richtig ist – *den Menschen zugewandt*; er offenbarte sich *allein* und wurde vielleicht sogar bildlos verehrt. Andererseits war das Wirkungsfeld des Vätergottes der Bereich der *Geschichte*. Er zog mit der wandernden Schar mit, um sie in die *Zukunft* zu leiten. Die Gruppe antwortete, indem sie sich im Vertrauen auf die Führung ihres Gottes und im Gehorsam gegenüber seinem Geheiß auf den Weg begab.

Diese Überlieferung wird mit den Glaubenserfahrungen und -hoffnungen der späteren Zeit weiter ausgebaut und verschärft. Abraham kann dabei nicht mehr Sippenhaupt bleiben, sondern wird zum Vorbild des Glaubensgehorsams (Gen 15,6) und Beispiel für Gottes Führung, der seine Zusage auch in schwerer Versuchung (Gen 22) aufrechterhält. Der Zukunftscharakter der Erzählungen wird thematisch hervorgehoben und selbständig der gesamten Erzvätergeschichte vorgeordnet (Gen 12,1–3 J). Den Segen, den Abraham empfängt, soll er weiterreichen:

»In dir sollen gesegnet werden alle Sippen der Erde.«
(V 3b; vgl. 28,14; auch 22,18; 26,4; dazu Am 3,2)

In diesem Grundsatzwort klingen die überkommenen Motive der Verheißung von Landbesitz und Nachkommenschaft nur noch nach; mit »Segen« ist die Gabe absichtlich umfassender formuliert. Die spätere Zeit kann so ihre Gegenwart in diesem Wort wiederfinden und sich mit jenem Segen verbinden. Wie das Verheißungsgut erweitert ist, so ist auch der Kreis der

Betroffenen gewachsen. Der Segen ist nicht nur aus dem Sippenbereich herausgetreten, auf Israel als ganzes bezogen worden, sondern soll darüber hinaus das Leben der Völker bestimmen. Gewannen schon die verschiedenen Kultlegenden über ihren Raum hinaus an Gewicht, indem sie ihre Ortsbindung verloren, so gilt hier erst recht: Das Konkrete ist generalisiert, die spezifisch-historische Situation aufgegeben worden, weil sie Allgemeinbedeutung erlangt hat. Wo, wann und wie Gott spricht (Gen 12,1), wird nicht mehr erwähnt, entscheidend ist die Zukunftsmacht des Wortes.

Die Erzväterüberlieferung spielt in der *Prophetie* zunächst eine auffällig geringe Rolle. Hosea (12,4f; vgl. Jer 9,3; Jes 43,27) wird die Jakobüberlieferung (Gen 25,26; 27,36) zum Beleg für die Schuld des Volkes. Erst seit dem Exil wird die Verheißung betont aufgenommen und neu ausgerufen. Deuterojesaja spricht sie dem Volk in der Verbannung zu: Weil Abraham ein einziger war und erst Jahwes Segen aus ihm ein großes Volk machte, können auch die Verzweifelten noch Hoffnung haben.

»Schaut auf Abraham, euren Vater,
und auf Sara, die euch gebar;
denn er war nur einer, als ich ihn berief,
doch ich segnete ihn und mehrte ihn.«
(Jes 51,2; vgl. 41,8; 44,1–5; 54,1–3; 29,22; Ez 33,24)

Noch weiter scheint Ps 47,10 auszugreifen:
»Fürsten von Völkern sind versammelt
als Volk des Gottes Abrahams.«

Wohl im Gefolge des Exilspropheten wirkt bei den Späteren das Motiv des Erzvätersegens nach (Sach 8,13; 10,8.10; vgl. Hos 2,1; Ps 105,6ff u.a.). Das Verheißungswort ist mit Israels Aufenthalt in Palästina noch nicht abgegolten. Die Propheten entreißen es erneut der Verwirklichung, setzen das »Schon-jetzt« der Erfüllung in ein »Noch-nicht« um. Was schon Gegenwart war, wird wieder Zukunft, um für Spätere Gegenwartsbedeutung zu behalten. Allerdings kann das Volksklagelied (Jes 63,16) – im Sinne der Ausschließlichkeit des Glaubens – auch gegenüberstellen:

»Abraham weiß nichts von uns,
und Israel kennt uns nicht;
du, Jahwe, bist unser Vater,
›unser Erlöser‹ ist seit je dein Name.«

e) Anhang: Die Heiligtumslegenden

Der vorliegende Erzvätersagenkomplex ging aus einer Fülle von Einzelsagen hervor, die, mit anderen Stoffen vermischt, zu Sagenkränzen zusammenwuchsen und dann ihren Ort innerhalb eines geschichtlichen Ablaufs von Abraham zur Volkwerdung Israels erhielten. Die Einzelsagen sind entweder mehr auf bestimmte Personen – Gestalten wie Abraham, Lot, Jakob, Esau, Laban usw. – oder stärker auf bestimmte Orte bezogen. Unter dieser zweiten Form der Sage kommt der Heiligtumslegende, auch Kultätiologie oder Hieros Logos genannt, ein nicht zahlenmäßig, aber sachlich gewichtiger Anteil zu. Sie erzählt vom Ursprung, nämlich von Entdeckung und Benennung, eines heiligen Ortes. Der gelegentlich gebrauchte Begriff »Gründungserzählung« ist insofern mißverständlich: Eine heilige Stätte wird nicht »gegründet«, sondern vorgefunden. An einer hervortretenden Stelle – etwa an einem Baum (Gen 18; vgl. 21,15; Ex 3,1–5; Ri 6,11ff; 1 Kön 19,5; Jos 24,26), Stein (Gen 28,10ff), Fluß (32,23ff) oder einer Quelle (16,7) – ist unerwartet eine Gottheit erschienen, und auf die *praesentia Dei*, die sich durchweg »in einer ausgesprochenen Heilsoffenbarung« (*C.A.Keller*, 94) äußert, antwortet der Mensch mit der Errichtung eines Altars und der Stiftung eines Kultes. Die Theophanie ist also der Mittelpunkt der Sage.

Elemente der Erzählung sind etwa: Zufällig stößt jemand auf die Stätte (Gen 28,11; Ex 3,1), stellt in einem Wort die Besonderheit des Ortes ausdrücklich fest (Gen 28,16f; Ex 3,5; vgl. Jos 5,15), gibt ihm einen Namen (Gen 16,13f; 22,14; 28,19; 32,3.31; 35,7; Jos 5,9 u.a.) und baut einen Altar o.ä. (Ri 6,24; Gen 12,7f; 28,18 u.a.).

Eine solche Erzählung muß jedoch nicht von der Inauguration, sondern kann etwa auch von der Umgestaltung eines Kults berichten. So war das Thema der noch erschließbaren Urfassung von Gen 22,1–14 die Auslösung eines Menschenopfers durch ein Tieropfer (V 13). Demgegenüber hat die vorliegende Erzählung eine völlig andere Intention: »Gott versuchte Abraham« (V 1), und er erwies sich als gottesfürchtig (V 12).

Jedes Heiligtum bedarf der Legitimation, die gerade diesen Ort als Stätte göttlicher Offenbarung ausweist. Eben die Heiligtumslegende beantwortet dem Besucher die Frage: Warum ziehe ich an diesen Ort?, rechtfertigt also die Wallfahrten und vertritt so zugleich den Anspruch der betreffenden Kultstätte gegenüber anderen Heiligtümern. Jene Frage nach dem »Warum« wird dabei durch die Angabe des »Woher«, nämlich in Form einer Erzählung aus der Vergangenheit, beantwortet. Allerdings enthält das Alte Testament keine Ätiologie in ihrer ursprünglichen Fassung. Vor allem fanden zwei tiefgreifende Änderungen statt:

Einerseits hat die Erzählung ihren lokalen Haftpunkt verloren. Nach der Übertragung auf den Erzvater gibt sie ein wichtiges Ereignis im Leben des Stammvaters wieder, wächst so aus dem ehemals engen Kreis hinaus und erlangt Bedeutung für ganz Israel (vgl. Gen 32,28), bis sie schließlich im Rahmen des Pentateuchs ihren endgültigen Platz findet. Ursprünglich selbständig, wird die Sage zu einem Teil in einem größeren Ganzen. Damit hat sich ihr primärer Skopos, die Heiligkeit eines Ortes zu erweisen, völlig verlagert bzw. ist verlorengegangen. Die Person tritt in den Vordergrund.

Andererseits gewinnt die Erzählung durch die Umdeutung des alten Inhalts und die Übernahme neuer Intentionen in weit höherem Ausmaß Zukunftsaspekt (Gen 28,14f; Ex 3,7ff). Dadurch nehmen auch die Kultlegenden an dem Gesamtsinn teil, den das Alte Testament fast allein noch der Vätergeschichte beläßt: auf Künftiges, d.h. über sich selbst hinaus, zu weisen. Wie tiefgreifend dieser Interpretationsprozeß ist, mögen beispielhaft zwei Einzelfälle zeigen.

1. Die Heiligtumslegende von Bethel bzw. *Bet-El* (Gen 28,10–22) beantwortet gleich mehrere den Wallfahrer interessierende Fragen: Warum ist Bet-El ein heiliger Ort, woher hat er seinen Namen »Gotteshaus«? Wann entrichten wir dort den Zehnten, und wie kommt es zu dem Ritus der Salbung eines Steins? Die Erzählung ist zudem in zwei verschiedenen Strängen erhalten: eine in wesentlichen Einzelzügen ältere, aber literarisch später bezeugte Form mit der lautlosen Vision der Himmelsleiter (etwa: V 11b.12.17f.20–22 E ohne 21b) und eine überlieferungsgeschichtlich eher jüngere, aber literarisch wohl früher fixierte Fassung mit einem Gespräch zwischen Jahwe und Jakob (V 10.11a.13–16 J; auch 19a?). Beide Berichte, die jeweils in größerem literarischem Zusammenhang stehen (vgl. 31,13; 35,1ff E bzw. 12,3; 13,15f J), setzen bereits die Übertragung der Erzählung auf den Stammvater Jakob und damit die gesamtisraelitische Bedeutung voraus; doch läßt sich mit Vorbehalt noch eine ältere Überlieferung erahnen, die selbst wiederum verschiedene Stadien durchlaufen hat.

a) Die Heiligkeit von Bet-El scheint in früher Zeit nur dadurch begründet gewesen zu sein, daß sich dort eine Massebe, d.h. ein heiliger *Stein*, befand, in dem nach allgemeinem Glauben ein göttliches Wesen wohnte. Noch Philo von Byblos kennt in der Spätzeit »beseelte Steine«, die er *Baitylia* nennt – ein Ausdruck, in dem das Wort *Bet-El* »Gotteshaus« nachklingt. Diese alte Vorstellung mag auch in der rituellen Handlung (V 18; vgl. 35,14) nachwirken, die Jakob an dem Stein vollzieht – unabhängig von dem später gewiß anders gedeuteten Sinn der Salbung.

b) Nicht erst die Erzväter, schon die Kanaanäer haben ihren Gott El (vgl. 35,7) kaum mehr in einem Stein – oder in einem Fluß (Gen 32) – hausend gedacht, sondern verstanden ihn als *Himmelsgottheit*. So wurde der Stein zum Ort, auf dem die Himmels»leiter« (genauer: eine Treppe oder Rampe) steht. Sie stellt – echt mythisch – die Brücke zwischen der göttlichen und irdischen Welt dar; auf diesem Weg kommen Gottes Boten zur Erde und kehren wieder zum Himmel zurück.

Wie sich ein irdischer Herrscher der Boten bedient, so sendet auch die Gottheit ihre Boten zur Erde. Diese wohl in Menschengestalt gedachten »Boten« oder »Engel« – im Hebräischen wie Griechischen dasselbe Wort – bedürfen zum Ab- und Aufstieg einer Rampe, da sie anders als tiergestaltige Mischwesen, wie Sphingen, Keruben oder Seraphen (Jes 6,2), keine Flügel haben.

Wahrscheinlich ist die Vorstellung einer *Mehrzahl* von Boten Israel vorgegeben (Gen 28,12; 32,2f; auch in Ugarit belegt), während das Alte Testament selbst eher von *einem* Boten spricht (16,7ff; 21,17; 22,11.15; Ex 3,2 u.a.). In ihm ist Gott dem Menschen nahe und bleibt selbst zugleich fern (vgl. § 6c,6).

Hier in Bet-El ist die Verbindungsstelle von Himmel und Erde, »das Tor des Himmels« (V 17)! Der Mythos unterscheidet damit – weit mehr als die vermutete Vorstufe, nach der der Dämon im Stein wohnte – grundlegend zwischen göttlichem und irdischem Bereich, läßt aber den einen zum anderen hin offen sein.

c) Aus diesem Grund kann *Israel*, speziell der Elohist, die Vorstellung übernehmen (V 11f). Sie wahrt schon als solche (Gott im Himmel) Gottes Transzendenz und wird bloß als Traum verstanden, so daß das Mythische nur noch in der nächtlichen Erscheinung Raum hat. Außerdem verliert der *Stein* durch Einfügung der Erzählung in die Jakobgeschichte seinen ursprünglichen Charakter. Der Stein wird zunächst zu einer Art Kopfkissen (V 11), dann zu einem Mahnmal (V 18.22), das Jakob errichtet, um sich in Zukunft an die erfahrene Offenbarung zu erinnern und sein Gelübde zu verwirklichen, ein Gotteshaus zu bauen: Der Stein ist nicht mehr Gotteshaus, sondern soll zum Gotteshaus, d.h. zum Tempel, *werden*.

»Schon die alte Sage versteht den ursprünglich so engen Zusammenhang von Stein und Gottheit nicht mehr und motiviert ihn durch die Geschichte, wonach der Stein zur Erinnerung an eine göttliche Offenbarung ... aufgestellt ist.« (*H.Gunkel*, z.St.)

Begnügt sich die elohistische Darstellung mit der lautlosen Vision des Himmelstores, so berichtet die jahwistische Fassung von dieser Szene wie von dem Stein nichts, scheint also das Mythische zu meiden und läßt stattdessen das *Wort Jahwes*, der »vor ihm« steht, unmittelbar an Jakob ergehen: »Ich bin mit dir; ich will dich beschützen überall, wohin du gehst« (V 15; vgl. Hos 12,5.7; in Gen 28,20 E als Gelübde). Zielte die Kultlegende auf die Erkenntnis der Heiligkeit des Ortes, zu dem man wallfahren soll (vgl. Am 4,4; 5,5), so ist der verheißende Gott »mit« dem Menschen, der sich auf Wanderung befindet und glücklich heimkehren soll. Dieses Schutz- und Vertrauensverhältnis zwischen Gott und Mensch ist zudem über die Situation und die unmittelbar Betroffenen hinaus ausgeweitet: Die bereits ergangene Verheißung von Land und Nachkommenschaft wird bekräftigt, und zwar als Segen für »alle Geschlechter der Erde«.

2. Auch die in Gen 32,23ff erhaltene, für den alttestamentlichen Glauben höchst eigenartige Sage antwortet zunächst auf die Frage nach der Besonderheit eines Ortes: Warum gibt es im Ostjordanland am Jabbok-Fluß eine Stätte, die *Penu-el* bzw. *Peni-el* »Angesicht Gottes« heißt? Allerdings ist es in diesem Fall weniger gewiß, daß dort ein Heiligtum zu suchen ist;

denn entsprechende Erinnerungen, wie die Nachricht über den Altarbau (Gen 12,7f u.a.), haben sich nicht bewahrt. Außerdem erklärt die Erzählung den Namen Israel (V 29) und den Opferbrauch, den Hüftnerv nicht zu essen (V 33). Schon die Mischung so verschiedenartiger Motive und allerlei Unebenheiten im Text lassen, da eine befriedigende literarische Scheidung nicht mehr gelingen will, auf einen langwierigen mündlichen Überlieferungsvorgang schließen; in ihm sind alle drei ätiologischen Momente wohl erst nachträglich hinzugewachsen. Hier sollen nur die verschiedenen über- und ineinanderliegenden Traditionsschichten grob voneinander abgehoben werden.

a) Die älteste rekonstruierbare Überlieferung berichtet von einem ungewöhnlichen Ereignis: Ein göttliches Wesen, wohl ein *Flußdämon*, überfällt in der Nacht einen Passanten, der an einer Furt den Fluß überquert, vermag in dem Ringen auf Leben und Tod den Menschen aber nicht zu überwinden (vgl. Hos 12,5a). Einzelheiten der Handlung werden weniger deutlich: Versetzt ursprünglich der Mensch dem Dämon den Hüftschlag (Gen 32,26b als Korrektur von V 26a)? Gelingt es dem Angegriffenen, den Dämon festzuhalten, so daß dieser ihn aus Furcht, nicht mehr rechtzeitig vor dem Morgengrauen fliehen zu können, segnen muß (V 25b.27)?

Es ist ein typisches Kennzeichen eines *Dämons*, daß seine Fähigkeiten – zeitlich wie räumlich – begrenzt sind: Er wirkt nur nachts (vgl. Ex 4,24–26; 12,12.22ff; Num 22,21ff; 2 Kön 19,35) und nur an einer bestimmten Stelle, so daß man ihm in den Weg laufen muß (Num 22). Ein Dämon hat also gewisse »Gesetze« einzuhalten, ohne die seine Macht uneingeschränkt, er also einem Gott gleich wäre. Außerdem gehört der gute Ausgang wohl zu dieser Art Geschichte hinzu: Der Dämon wird am Ende überlistet – sei es durch die Kraft des Menschen (Gen 32), den Schutzakt der Beschneidung (Ex 4) oder die Klugheit des Tieres (Num 22).

b) Wie der Name Penu-el »Angesicht Els« erkennen läßt, wird der Flußdämon, wenn auch nicht ausdrücklich, mit dem Gott El gleichgesetzt. Die Züge des Dämons passen ursprünglich kaum zu dem Wesen eines höchsten Gottes (anders *O.Eißfeldt* u.a.). So sind wie bei der Kultgründungssage von Bet-El wenigstens zwei vorisraelitische – grob als stärker »dämonisch« bzw. »mythisch« bestimmbare – Überlieferungsstadien zu unterscheiden.

Den Ursprung der Erzählung sucht *H.-J.Hermisson* in der Gotteserfahrung der Nomaden, nämlich in der Begegnung des Ahnherrn Jakob mit einem Vätergott, wie dem »Starken Jakobs«. Kann man die Ortsbindung, vielleicht sogar den Ringkampf aber für spätere Erzählzüge halten? In ihnen liegt eher der innere Nerv der Sage.

c) Während des (im weiten Sinne) *israelitischen* Stadiums treffen verschiedene Intentionen zusammen: Statt eines Unbekannten wird Jakob Held der Geschichte, und sein Name wird durch »Israel« ersetzt.

Wie »Gott« in der Deutung des Ortsnamens »Angesicht (d.h. Erscheinung) Gottes« zum Objekt wird: »ich habe Gott gesehen« (V 31), so wird Isra-el (eigentlich: »Gott streitet« o.ä.; vgl. Isma-el »Gott erhört«) als »Streiter mit Gott« erklärt (V 28).

Dadurch erhält jene merkwürdige Dämonengeschichte Volksgeltung; die Ätiologie Israels überbietet die Ätiologie Penuels. Durch die Übertragung der Handlung auf Jakob tritt der ehemalige Flußdämon bzw. die kanaanäische Gottheit El in Verhältnis zu Jahwe. Allerdings wird die Gleichsetzung *nicht* ausgesprochen; offenkundig blieb die Erzählung dafür zu eigenartig oder gar zu anstößig.

So ist letztlich unklar, ob jenes Wesen, »der Mann« (V 25), als Gott selbst (vgl. V 29) oder als Jahwes Engel (Hos 12,5) verstanden wird (ähnlich Gen 18; Ri 13). Jedenfalls werden wesentliche Züge der Erzählung infolge ihrer Beziehung zu Jahwe umgebogen. Das Wesen verweigert – vielleicht seit je – seinen Namen (V 30); diesen Gott kann der Mensch auch nicht überwinden. Aus seiner Überlegenheit wird Unterlegenheit. Hos 12,4 deutet Jakobs »Sieg«: »Er weinte und flehte um Gnade«, und entsprechend verläßt Jakob in der vorliegenden Genesis-Erzählung als Geschlagener das Feld; er konnte nur sein »Leben retten« (V 31f) und wird als Gesegneter zum Empfangenden. Wahrscheinlich bleibt die handelnde Person in dem Kampfgeschehen (V 26a) mit Absicht undeutlich, und ursprünglich mag auch nur der angreifende Dämon nach dem Namen gefragt worden sein. Außerdem wird die Erzählung, die von der unmittelbaren Begegnung eines Menschen mit einem göttlichen Wesen in greifbarer Gestalt berichtete, nun unter dem theologischen Grundsatz betrachtet: Wer Gott sieht, stirbt (V 31; vgl. Ri 6,22; Ex 33,20 u.a.).

Im Zusammenhang der Genesis gewinnt die Sage schließlich einen Sinn, der an Abrahams Versuchung (Gen 22) erinnert: Jakob, der seinen Bruder betrügt, aber Gottes Verheißung (28,13–15) empfängt, kehrt – an Familie, Hab und Gut reich gesegnet – aus der Fremde zurück und gerät unmittelbar vor der Heimkehr trotz seiner Bitte um gnädige Bewahrung (32,10–13) in eine Gefahr, die alles wieder zunichte zu machen droht. Der erfahrene Segen wird fragwürdig und erst als solcher – in der Anfechtung – neu geschenkt; auch der *Deus revelatus* kann zugleich *Deus absconditus* sein.

Demnach übernimmt das Alte Testament vorisraelitische Heiligtumslegenden nicht, ohne sie tiefgreifend bis zur Sinnverkehrung umzudeuten.

§ 4 Der Auszug aus Ägypten

Der »Gott der Väter« äußert sich als Gott der Verheißung. Gelingt es dem Alten Testament, dieses Erbe zu wahren?

Nach dem Zeugnis der Genesis war das Verhältnis zwischen Gott und den – in Familien bzw. Sippen lebenden – Vätern unmittelbar; dagegen bedarf es nach dem Exodusbuch zwischen Jahwe und der Gruppe eines Mittlers: Mose wird zum Volk »gesendet« (Ex 3,10ff). Trotzdem besteht eine tiefe Gemeinsamkeit: Auch denen, die von Ägypten aus durch die Wüste wandern, wird die göttliche Führung zuteil, die die Erzväter erlebten. Ja, die Vätertradition scheint geradezu ihre Wesensart der Exodustradition weiterzugeben: Sie kennt den gleichen Gott der Zukunft, der Heil ankündigt, auf dem Weg vorausgeht, in Notsituationen für seine Schützlinge sorgt, bis er sie in das Gelobte Land geleitet. Die Verheißung von Nachkommen und Landbesitz an die Väter erneuert sich in der Zusage an Mose und der Vorhersage des Auszugs.

Schon bei seiner Berufung (Ex 3 J/E; 6 P; u.§ 6a3,4) wird Mose die Führung des Volkes aus Ägypten zugesagt (3,7f.16 J. 10ff E) und darüber hinaus (in wohl nachträglicher Erweiterung: 3,8.17 Dtr) die Führung ins verheißene Land, in dem »Milch und Honig fließt«. Diese Zusicherung wird im Alten Testament wegen ihrer Bedeutung immer neu aufgenommen (Dtn 6,3; Jos 5,6 u.a.), bis bekannt werden kann (Jos 21,43–45): »Alles traf ein.«

Darum wurde der Exodus weit mehr noch als die Wanderung Abrahams aus seinem Vaterland zum Zeichen des Aufbruchs in eine bessere Zukunft, zum Symbol der Befreiung von der Fron und des Auszugs aus der Fremde in die Heimat.

Trotz dieser thematischen Verwandtschaft ist aber schwer auszumachen, wie sich der Gott der Erzväter und der Gott des Exodus ursprünglich zueinander verhielten. Der Übergang von der einen zur anderen Tradition hat sich nicht so vollzogen, daß die Gruppe, die sich in Ägypten aufhielt, zunächst den »Gott Abrahams, Isaaks und Jakobs« verehrte. Die gesamte, untereinander verbundene Erzväterüberlieferung war kaum bekannt; denn nicht alle Stämme des späteren Israel waren in Ägypten.

Die Verbindung zwischen Väter- und Mosezeit, Familien- und Volksgeschichte, stellen nur zwei allgemeine Sätze (Ex 1,6f) her. Sie berichten das Anwachsen der Söhne des Erzvaters Jakob-Israel (vgl. Gen 46,5ff) zu einem zahlenmäßig starken Volk, überspringen dabei einen Großteil des – vielleicht mehrere Generationen (vgl. Gen 15,13; Ex 12,40f gegenüber Gen 15,16) umfassenden – Ägyptenaufenthalts und führen eher an das Ende dieses Zeitabschnitts.

Im wesentlichen liegen demnach wohl zwei ursprünglich verschiedene Überlieferungsstränge vor, die sich erst im Kulturland vereinigten, als die

Träger beider Traditionen sich zu einem Stämmeverband formierten. Gab es trotzdem schon frühzeitig Beziehungen?

Mancherlei Anzeichen deuten darauf hin, daß die Exodustradition vor allem im »Haus Joseph« (vgl. Jos 17,17f; Ri 1,22.35), d.h. im späteren *Nordreich*, gepflegt wurde. Hosea, der Prophet des Nordreichs (12,10; 13,4 u.a.; aber auch Am 9,7), und – vielleicht in seinem Gefolge – das Deuteronomium erwähnen sie oft, während sie bei dem Jerusalemer Jesaja eigentlich fehlt. Josua, der erste sichere Träger eines jahwehaltigen Namens, kommt aus dem Stamm Ephraim im »Haus Joseph«. Kaum zufällig verbindet eben die Josepherzählung (Gen 37–50) Väter- und Auszugstradition. Außerdem haben die Josephsöhne Ephraim und Manasse (nach Gen 41,50–52; 46,20; 48,5ff) eine ägyptische Mutter und sind in Ägypten geboren; umgekehrt tragen im Gebiet Ephraims wohnende Personen ägyptische Namen (Jos 24,33; 1 Sam 2,34). Schließlich fällt – im Vergleich mit dem Jerusalemer Tempel – die strikte Bindung der nordisraelitischen Stiersymbole an die Exodustradition (1 Kön 12,28; Ex 32,4) auf. So hat man gern angenommen, Teile vom Stamm Ephraim aus dem »Haus Joseph« seien bei einer Hungersnot ins fruchtbare Niltal gezogen, mußten Frondienste leisten, kehrten aber glücklich heim. Daß die Exodustradition gerade im Kerngebiet Israels gepflegt, der Erzvater Jakob-Israel mit Ägypten verbunden wurde (Gen 46,1ff; vgl. Dtn 26,5), könnte erklären, wieso sie für Israels Glauben so grundlegende Bedeutung gewinnt.

Wenn diese Erwägungen richtig sind, hat die Ägyptengruppe vielleicht den »Gott Isaaks« verehrt (vgl. Gen 46,1), dessen Überlieferung ja ebenfalls dem »Haus Joseph« zu danken sein wird. Diese Vermutung muß sich jedoch auf Voraussetzungen stützen, die unsicher bleiben.

Erst recht sind dem Alten Testament keine wirklich tragfähigen Argumente für die Vermutung zu entnehmen, daß der Auszug einmal einem Vätergott und nicht Jahwe zugeschrieben wurde (Ex 15,2 und die Namenerklärung 18,4 sind eher späte Zeugnisse).

So bleibt letztlich ungeklärt, auf Grund welcher Verbindung die gemeinsamen Grundzüge im Gottesverständnis der Väter- und der Exodustradition zustande kamen. Oder darf man konkret an Mose denken (vgl. Ex 3,6.13; auch u.§ 6a4)?

Gewiß fehlen außerbiblische Zeugnisse, die unmittelbar den Aufenthalt der Vorfahren Israels im Land des Nils belegen; ägyptische Nachrichten bestätigen jedoch die allgemeinen Situationsangaben des Alten Testaments.

Was bewog nomadische Gruppen, in den Bereich dieser Großmacht zu ziehen? Israels Vorfahren wurden kaum zwangsweise als Kriegsgefangene nach Ägypten deportiert und haben wohl auch nicht von sich aus versucht, im Ostdelta endgültig seßhaft zu werden. Wo das Alte Testament einen Grund für den Zug nach Ägypten nennt, ist es schlicht der Selbsterhaltungstrieb. Daß drohende *Hungersnot* den Übergang erzwang (Gen 12,10; 26,1; 41,57; 42,1ff; 43,1ff; vgl. Rut 1,1.6), bestätigt ein mit dem Auszug Israels etwa gleichzeitiger Bericht eines ägyptischen Grenzbeamten: Die Wachen ließen die Nomaden, die auf ägyptisches Gebiet überwechseln wollten, passieren, »um sie und ihr Vieh durch den guten Willen des Pharao ... am Leben zu erhalten« (TGI^2 40; vgl. ANET 40).

Außerdem findet historische Rückfrage an *drei* Erinnerungen des Exodusbuches (1,11; 14,5a; 15,21) mehr oder weniger festen Anhalt, obwohl auch diese Zeugnisse höchst unterschiedlich bewertet werden.

Zwar wird der Pharao in Ex 1–15 nirgends mit Namen erwähnt, doch ist *Ramses* als Ortsname belegt. Ex 1,11 (J; vgl. 12,37 u.a.) liefert mit der Nachricht von der Verpflichtung zur *Fronarbeit* beim Bau der »Vorratsstädte« Pitom und Ramses den einzigen konkreten Anhaltspunkt für die Datierung und Lokalisierung des Ägyptenaufenthalts von Israeliten.

Ramses II. (oder schon sein Vater Sethos I.) verlegte die Residenz im 13.Jh.v.Chr. an den nordöstlichen Rand des Reiches und nannte die neu gegründete Hauptstadt »Haus des Ramses«. Pitom, eigentlich »Haus des (Gottes) Atum«, lag weiter südlich, aber auch im Raum des *Ostdeltas*, das im Alten Testament »Land Goschen« (Gen 45,10; Ex 8,18; 9,26 u.a.) heißt. Da der Name Ramses-Stadt später in Vergessenheit geriet und durch Zoan bzw. Tanis (Num 13,22 u.a.) ersetzt wurde, reicht die Überlieferung vom Aufbau von Pitom und Ramses recht präzis in das 13.Jh.v.Chr., höchstens noch in die unmittelbar folgende Epoche, zurück.

Während ihres Aufenthalts im Deltabereich mußten Israels Vorfahren Frondienste leisten – wie später Landfremde bei der Bautätigkeit Salomos (1 Kön 9,15.19 u.a.). Allerdings versteht das Alte Testament die anscheinend üblichen Fronverpflichtungen nicht (politisch) als Dienstleistungen für den ägyptischen Staat, sondern (theologisch) als Anschlag der Ägypter, um Israel zu »bedrücken«, so die Mehrung des Volkes und damit die Verwirklichung der Verheißung zu verhindern (Ex 1,10f).

In einem Brief aus der Zeit Ramses' II. (etwa 1290–1224 v.Chr.), in dem man gerne den »Pharao der Unterdrückung« (Ex 1,8ff gegenüber 2,23) sieht, ist die Rede von »*ʿpr*, welche für den großen Pylon von . . . Ramses . . . Steine ziehen« (TGI^2 35). Mit dieser Bezeichnung, die ähnlich als »Chabiru« (*ḫab/piru*) in Mesopotamien und Syrien (Ugarit: *ʿpr*) belegt ist, hängt wahrscheinlich der Name »Hebräer« zusammen. Er taucht zu Anfang des Exodusbuches (1,15ff; 2,6ff u.a.; vgl. schon Gen 39,14ff) im Verhältnis zwischen Israeliten und Ägyptern und später etwa im Verhältnis zu den Philistern (1 Sam 4,6ff) als Fremd- oder Selbstbezeichnung der Israeliten auf. Ist jedoch eine soziale Schicht mit niederem Rechtsstatus – etwa Halbnomaden, wirtschaftlich Gescheiterte, landfremde Zuwanderer – oder eine ethnische Größe gemeint? Vermutlich fand im Laufe der langen Zeit, in der der Begriff im alten Orient, zumal in so weit voneinander entfernten Gegenden, gebraucht wird, ein Bedeutungswandel statt. Im Alten Testament, jedenfalls in seinen jüngeren Belegen, bezieht sich der Begriff am ehesten auf die Zugehörigkeit zu Israel (vgl. Dtn 15,12ff mit Ex 21,2ff; auch Jon 1,9).

So wird man als historisch wahrscheinlich festhalten können: Wohl im 13.Jh. lebte eine nachher in Israel aufgegangene Gruppe im Ostdelta und wurde dort zu Bauarbeiten zwangsverpflichtet; vielleicht trug sie bereits die Bezeichnung »Hebräer«. Die Ausgestaltung und Verschärfung dieser Überlieferung – durch Motive wie Verfolgung und Kindermord (Ex 1,15ff) – gehören eher späterer Sagenbildung an.

Zwischen die Verheißung der Führung aus Ägypten und den Auszug selbst schiebt sich der umfangreiche Kranz der Plagenerzählungen (Ex 7,8–10,29; vgl. Ps 78,43ff; 105,26ff); er wird bei Moses Berufung (Ex 3,19f; 6,6) vorbereitet, findet aber erst in den Berichten vom Passa (u.§ 9b1) oder gar vom Meerwunder (vgl. 14,4.17f mit 7,3–5 P) sein Ziel. Die vielen »Zeichen und Wunder« (7,3; vgl.11,9f) bekräftigen den von Mose in Jahwes Namen erhobenen Anspruch (5,1–3) und bezeugen – für spätere Generationen (10,2) weltweit (9,16) – die Macht des einen Gottes über die Großmacht (vgl. Gen 12,17).

Im Gegensatz zu diesem Hauptstrom der Überlieferung, nach dem Pharao, durch die Plagen genötigt, Israel widerwillig »entlassen« mußte (Ex 5,2; 13,17; vgl. 12,31 u.a.), berichtet Ex 14,5a (E?), daß die Israeliten »*geflohen*« seien (vgl. von Mose: 2,15). Gibt dieser historische Splitter eine echte Erinnerung wieder? Dann entzog sich die Nomadengruppe der Fron durch Flucht in die Wüste, wurde aber verfolgt.

a) Die Rettung am Meer

Das entscheidende Ereignis auf der Flucht wird die wunderbare Errettung vor den Verfolgern am Meer. Die alttestamentliche Überlieferung von diesem einmaligen Geschehen liegt in *vier* Hauptausprägungen vor: der Prosafassung von Ex 14, in der – wie die Wiederholungen anzeigen – zumindest zwei verschiedene literarische Quellen (J, P, ansatzweise auch E; dazu Ergänzungen) vereinigt sind, und den beiden Hymnen von Ex 15, die nach erfahrener Hilfe Lob und Dank bezeugen. Unter ihnen ist das umfangreiche Moselied (15,1–18) wohl nur eine spätere Ausgestaltung des knappen Mirjamliedes (15,21). Außerdem finden sich im Psalter wie in prophetischen Texten vielfältige Anspielungen auf Auszug und Meerwunder.

Nach der einen Darstellung (J) treibt ein starker Ostwind über Nacht das Meer beiseite. Bei Morgenanbruch stürzen sich die Ägypter in das zurückfließende Meer (14,21aβ.27aβb); von einem Durchzug Israels durch das Wasser ist keine Rede (vgl. V 13f: »Stellt euch hin!«). Nach der anderen – jüngeren – Beschreibung (P) spaltet sich das Wasser, so daß Israel mitten im Meer auf trockenem Boden gehen kann; als die ägyptische Streitmacht nachsetzt, schlägt das Wasser über ihr zusammen (V 16.21b–23.26.28f; nach 15,8ff entsteht der Wasserdamm durch Wind). Die Abweichungen sind also nicht nur in Einzelheiten, sondern im Geschehensablauf selbst erheblich. Bei der Verlebendigung der Erinnerung traten neue Züge hinzu. Vielleicht wirkte auf diese wunderhaft ausgestaltete Darstellung die Überlieferung von Israels Jordandurchzug ein (Jos 3,13.15f; 4,23; vgl. 2,10; Jes 43,16f; 51,10; Ps 136,13f u.a.). Dabei bleiben aber theologische Motive wesentlich: Wie in der Schöpfungsgeschichte (Gen 1) entsprechen sich in der jüngeren Darstellung Gottes Wort und das Ereignis.

Sind die späteren Berichte verschieden, so läßt die ältere Überlieferung den Ablauf im einzelnen nicht mehr erkennen. Immerhin entspricht der jahwistische Bericht in seinem Kern (14,27b: »Jahwe schüttelte die Ägypter ins Meer«; vgl. Ps 136,15) dem sog. *Siegeslied der Mirjam* (Ex 15,21). Es könnte dem Ereignis noch recht nahestehen; daß das untergegangene feindliche Heer aus Streitwagen besteht, scheint für die – nicht namentlich angegebenen – Dankenden etwas Ungewöhnliches zu sein (vgl. 14,61). Noch später litt Israel unter der Übermacht der »eisernen Wagen« der Kanaanäer (Ri 1,19 u.a.). Ist es Zufall, daß ein Zug Israels durchs Meer (noch) nicht erwähnt, ja Israel selbst – wie die Ägypter – nicht einmal genannt wird? Israel als Ganzes war auch nicht in Ägypten. Man hat sogar vermutet, daß der Hymnus die früheste Antwort auf das Erlebnis darstellt, also das Ereignis zum ersten Mal in Worte faßt:

»Singet Jahwe, denn hoch erhoben hat er sich
(bzw. erhaben ist er),
Pferd und (Streitwagen-)Fahrer warf er ins Meer!«

Hier wird das »Wie« des Hergangs verschwiegen, nur das »Daß« bekannt. Entsprechend erweist sich das »Daß« des Geschehens als wahrscheinlich, das »Wie« muß offenbleiben. Aber die Kürze verlangt geradezu nach Ausführung; die spätere Zeit will wissen, wie es geschehen ist. Da erfolgt die Ausgestaltung aber vom Zusammenhang der Geschichte Israels her, in dem das Ereignis später eingebettet ist.

Die farbige Szene, in der das Lied eingefügt ist (15,20f), scheint mit der Erwähnung der »Prophetin« Mirjam später zu sein, obwohl die Situationsschilderung dem Brauch früher Zeit entspricht (vgl. die von Frauen angestimmten Lieder Ri 5; 1 Sam 18,6f; auch Ri 11,34).

b) Der Gott des Exodus

1. »Rein natürlich«, etwa als Naturgeschehen oder als Sieg Israels, ist das Meerwunder nie betrachtet worden. Schon die frühesten noch greifbaren Überlieferungen, der Mirjam-Hymnus wie die jahwistische Darstellung, geben keinen historischen Bericht, sondern sind *Glaubenszeugnis*, indem sie das Ereignis als Tat Jahwes deuten: Er »warf« (Ex 15,21; vgl. 15,4) bzw. »schüttelte« (14,27) die Feinde ins Meer. Vielleicht verstehen diese beiden Zeugnisse das Geschehen noch nicht eigentlich als Jahwe*krieg*, auch wenn die Überlieferung in diesem Sinne ausgestaltet wird. Als die Israeliten der nachrückenden Ägypter ansichtig werden und voller Furcht Mose schelten, hält er ihnen eine Rede:

»Fürchtet euch nicht; stellt euch hin und seht die Hilfe Jahwes an! . . . Jahwe wird für euch kämpfen, und ihr sollt still sein!« (Ex 14,13f; vgl. das Kriegsgesetz Dtn 20)

Der Zuspruch, der die Ängstlichen tröstet, nimmt das Kommende vorweg. Eine Eigentätigkeit oder Mithilfe Israels (vgl. Ri 5,23) wird ausgeschlossen; es soll sich nicht von der Stelle rühren. Selbst die Verfolger müssen die Alleinwirksamkeit Jahwes anerkennen (V 25): »Jahwe kämpft für sie gegen Ägypten!« Das Ziel ist Israels Gottesfurcht, der Tat folgt der Glaube (V 31 in einem wohl jüngeren Zusatz, der V 30 entfaltet; vgl. 4,1.5.9.31).

Indem das Schilfmeerwunder als »*Krieg Jahwes*« (u.§ 7) bekannt wird, tritt gegenüber dem Gottesverständnis der Erzvaterzeit etwas völlig Neues auf, was auf die Frühgeschichte Israels in Palästina vorausweist. Tritt dieser Zug von Anfang an hervor, oder beruht er auf jüngerer Ausgestaltung der Überlieferung? Noch die spätere Zeit hält im Moselied, welches das Mirjamlied abgewandelt aufnimmt und ausbaut (15,13ff: Führung in der Wüste, Einnahme des Landes, wohl auch Errichtung des Heiligtums auf dem Zion), ausdrücklich fest: »Jahwe ist ein Kriegsmann« (Ex 15,3). Auch der Exilsprophet Deuterojesaja greift bei seiner Verkündigung eines neuen Exodus auf dieses Bekenntnis zurück (Jes 40,10; 42,13).

Der Gott, von dem die Auszugstradition erzählt, ist *Jahwe*. Ihm wird die Rettung verdankt, ja schon in seinem Namen wurde die Flucht unternommen. Ist das spätere Israel darum seinem Gott bei der Rettung aus Ägypten zum ersten Male begegnet, hat seine Zusage gehört, seine Führung erlebt und ihm geglaubt (vgl. Ex 14,31)? Diese Frage ist nicht leicht zu beantworten (u.§ 5d).

2. Oder deutet die Auszugsüberlieferung noch irgendwie an, welchem Gott das Meerwunder zuerst zugeschrieben wurde, wie auch die Erzväterüberlieferung eine Erinnerung an die vorher verehrten Vätergötter bewahrt? *O.Eißfeldt* hat auf Grund einer Ortsangabe einen solchen Rekonstruktionsversuch unternommen: Nach Ex 14,2.9 lagerte sich Israel, bevor die Ägypter es einholten, »angesichts von *Baal Zaphon*«. Die Stelle läßt sich mit einem Heiligtum des Zeus Kasios am Westende des Sirbonischen Sees (an der Mittelmeerküste östlich des Nildeltas) identifizieren.

Dieser Gott wurde im späteren Altertum als Retter in See- und Wüstennot verehrt. So ist leicht denkbar, daß auch die Israeliten seinem Vorgänger am gleichen Ort, dem Baal Zaphon, ihre Rettung gedankt haben. Damit ist also nicht nur eine geographische, sondern auch eine religionsgeschichtliche Lösung gewonnen. Auch die Heiligtumslegenden der Genesis, die Geschichten von Schöpfung und Sintflut, waren ja ursprünglich auf andere Götter bezogen. Nach dieser Vermutung wäre sogar Israels »Urbekenntnis«, die Rettung am Meer, eigentlich Tat des Gottes, gegen den das Alte Testament später scharf polemisiert. Hoseas Drohung (Kap. 2), das Volk werde aus dem Land Baals weg zu Jahwe in die Wüste zurückgeführt, brächte Israel gerade wieder in den Herrschaftsbereich Baals zurück.

Die geographischen Angaben von Ex 14,2.9 sind aber schwerlich zuverlässig (vgl. *M.Noth*). Sie beruhen eher auf einer späteren Lokalisierung an der viel begangenen Handelsstraße, die von Ägypten nach Palästina führte. Darum sind auch die religionsgeschichtlichen Folgerungen nicht schlüssig. Andere, wohl ältere, Quellenschriften enthalten weit weniger genaue Hinweise. Ex 13,20 nennt nur allgemein den »Rand der Wüste«. Auch die später häufige Bestimmung »Schilfmeer« (13,18; 15,4.22; Ps 136,13.15 u.a.) ist nicht eindeutig; sie bezeichnet gewöhnlich den Golf von Akaba (1 Kön 9,26 u.a.; vgl. Ex 10,19) im Osten der Sinaihalbinsel, vielleicht aber auch Ägypten näher liegende Gewässer. Am ehesten kämen der Golf von Suez, die Bitterseen oder nördlicher gelegene Gewässer, eventuell der Sirbonische See, als Ort des Meerwunders in Frage. Aber die alten Texte (14,21.27) wie der Mirjam-Hymnus (15,21) sprechen nur ganz allgemein vom »Meer«. Hat man die Rettung von den Verfolgern zunächst ohne feste Ortsangabe erzählt?

Die verschiedenen Versuche, eine andere Gottheit als Jahwe zu finden, der die Betroffenen die Rettung am Meer dankten – sei es Baal Zaphon, ein Vätergott (vgl. Ex 15,2; 18,4) oder auch der »Gott der Hebräer« (5,3 u.a.) –, haben bisher keine überzeugenden Ergebnisse erbracht.

3. Läßt das früheste Zeugnis vom Meerwunder auch keine näheren Einzelheiten des Vorgangs erkennen, so zeigt es doch bereits eine Eigenart von Israels Glauben und Denken. Der kurze Hymnus nimmt dieses eine Ereignis als *Tat Gottes* hin; er fordert zum Singen auf und begründet das Lob mit dem »rettenden« (3,8; 18,4.8f) Eingriff Jahwes. So erkennt das Alte Testament Gott an seinem Tun, vor allem an seinem Tun an Menschen. Es gewinnt sein Verständnis von *Geschichte*, weil es Gott vom Geschehen her versteht; wenn es von Gott spricht, erzählt es Geschichte. Die allgemeine Aussage »Hoch erhaben ist er« wird entfaltet: »Pferd und Fahrer warf er ins Meer.« Nach der gleichen Struktur ist das jüngere Lied aufgebaut, wenn es das allgemeine Bekenntnis: »Jahwe ist ein Kriegsmann« (Ex 15,3) in einem umfangreichen geschichtlichen Rückblick entfaltet. So ist es nicht bei der Erinnerung an die eine Situation geblieben. Man konnte ihr die weitere Geschichte als Fortsetzung anfügen, weil das Ereignis für spätere Hörer nicht abgeschlossen war. Dabei wird das Bekenntnis zu Gottes Sein weiterhin verstanden als Bericht von Gottes Tat.

4. Die Herausführung aus Ägypten wurde für Israel Jahwes *Erwählungstat* schlechthin, Anfang und – durch seine ganze Geschichte hindurch – bleibende Begründung seines Gottesverhältnisses. Hier hatte man erfahren, was »Jahwe« heißt, wie er hilft, selbst Unwürdigen (Ps 106,7f). So erlangte das Ereignis weit über die von ihm betroffene Einzelgruppe hinaus eine Allgemeinbedeutung, die die Erzväterverheißung übertrifft:

»Als Israel aus Ägypten zog,
das Haus Jakobs aus fremdsprachigem Volk,
da wurde Juda sein Heiligtum,
Israel sein Herrschaftsbereich.« (Ps 114,1f; vgl. 80,9 u.a.)

»Ich bin dein Gott vom Lande Ägypten her« läßt schon Hosea (12,10) Jahwe sagen, um damit die Ausschließlichkeit der Zuwendung Gottes zu motivieren (13,4; vgl. 3,1; 11,1f). Dem Propheten erscheint der Wüstenaufenthalt – nach dem Auszug und vor der Einwanderung – als Zeit ungetrübter Gottesgemeinschaft; Jeremia (2) und verschärft Ezechiel (20; vgl. 23) nehmen den Gedanken abgewandelt auf. Jahr für Jahr soll das Passafest an den Exodus erinnern (u.§ 9b1). Er wird mit neuen, wechselnden Begriffen gedeutet: Gott »kauft los/befreit« (im Dtn: 7,8; 9,26 u.a.), »erlöst« (Ex 6,6 P; 15,13 u.a.; u.Exk. 1).

Gewiß gibt es Schichten im Alten Testament, die diese Glaubensüberlieferung kaum oder gar nicht kennen – so die Weisheitsliteratur oder die Jerusalemer Tradition mit den Zions- und Königspsalmen einerseits und der Prophetie Jesajas andererseits. Dennoch ist der Satz von der Herausführung aus Ägypten, »einer der elementarsten und der am häufigsten wiederholten Glaubenssätze im Alten Testament« (*M.Noth*, ÜP 50), »gemessen an der Häufigkeit seines Vorkommens, die wichtigste theologische Aussage des AT« (*E.Zenger*, ZDMG Suppl. 1, 1969, 334; vgl. *W.Groß*).

Sucht man nach dem für das ganze Alte Testament theologisch wichtigsten Ereignis, so wäre am ehesten der Exodus zu nennen. Die Späteren lieben es, sich die wunderbare Rettung am Meer auszumalen (Ps 78,13; 136,13ff; Jes 63,12f; Neh 9,11), mit dem Jordandurchzug zu parallelisieren (Jos 4,23) oder auch mit mythischen Motiven des Meeres- bzw. Chaosdrachenkampfes auszugestalten (Jes 51,9f; u.§ 11e).

So begegnet die Exodustradition vielfältig im Alten Testament verstreut, ja schon formelhaft erstarrt. »Jahwe, der Israel aus Ägypten herausgeführt hat« wird zu einer festen Bekenntnisaussage, etwa in der Einführung des Dekalogs, der vor aller Forderung auf Gottes Hilfe verweist (Ex 20,2; Dtn 5,6; Ps 81,11). Wie hier die Gebote auf die Gottestat bezogen sind, so zieht man aus der Befreiung von der Knechtschaft auch soziale Folgerungen (Dtn 15,12ff; 24,17f; Lev 19,33f; 25,42). Legitimiert das Nordreich nach der Trennung von der Daviddynastie den Stierkult mit der Exodustradition (1 Kön 12,28; Ex 32,4.8; vgl. Num 23,22; 24,8)? Im Deuteronomium und der sich anschließenden Schule wächst ihre Bedeutung noch: Die Vergangenheit wird aus der Rückschau zu einem »einheitlichen Geschichtsbild« (*H.Lubsczyk*) zusammengefaßt und so in bestimmten Credoformulierungen (Dtn 6,20ff; 26,5ff; Jos 24,2ff u.a.; o.§ 2) vergegenwärtigt. Dieser Verweis auf die Heilsgeschichte wird so wichtig, daß man ihn bei der Redaktion der Prophetenbücher nachträglich dort in die prophetischen Worte einfügt, wo man ihn vermißt (Am 2,10; 3,1; 5,25; Mi 6,4 u.a.).

Die *Propheten* selbst können aus der Erwählungstat die Verantwortung des Volkes folgern (Am 3,2) oder die Auszugsüberlieferung so relativieren, daß sie Israel die Möglichkeit nehmen, einen eigenen Vorzug auf sie zu gründen:

»Seid ihr mir nicht wie die Mohren, ihr Israeliten?
Habe ich nicht Israel aus Ägyptenland geführt,
die Philister aus Kreta und die Aramäer aus Kir?« (Am 9,7)

Hosea erwartet das bevorstehende Gericht als Rückkehr nach Ägypten (8,13; 9,3.6; 11,5) und den Neubeginn als Heimkehr aus der Fremde (11,11; vgl. 2,16f). Ein Zukunftswort im Jeremiabuch hebt das alte Glaubensbekenntnis ganz auf und läßt ein neues an seine Stelle treten:

»Siehe, Tage werden kommen, spricht Jahwe, da wird man nicht mehr sagen: So wahr Jahwe lebt, der die Söhne Israels aus Ägypten herausgeführt hat, sondern: So wahr Jahwe lebt, der den Samen des Hauses Israel aus dem Nordland und aus allen Ländern, wohin ich sie verstoßen habe, heraufgeführt und heimgebracht hat, daß sie auf ihrem Boden wohnen!« (Jer 23,7f; 16,14f)

Deuterojesajas Botschaft kann sogar dazu auffordern, die frühere Geschichte Israels zu vergessen, um die kommende Zeit zu verstehen (Jes 43,18f). Die Überlieferung gibt ihm aber die Sprache, die verheißene Befreiung von der Fremdherrschaft als Überbietung des ersten Auszugs zu verkünden. Der zweite, künftige Auszug soll nicht mehr in Hast erfolgen (Jes 52,12 gegen Ex 12,11 P); die Wüste soll sich in Fruchtland, die Berge in Ebene verwandeln, und Jahwe selbst wird den Zug geleiten (Jes 40,3f.10; 41,18f; 43,19f; 49,10 u.a.). Damit ist auch der Exodus wieder Erwartung geworden, und als Zukunft erscheint er noch in späteren Prophetenworten (Mi 2,12; Sach 10,11 u.a.).

Exkurs 1
»Erlösung«

Die ältere Zeit beschreibt die Befreiung aus Ägypten als »herauf- bzw. herausführen« oder »retten« (Ex 3,8.10; Am 9,7 u.a.), die jüngere deutet sie als »loskaufen« (*padah*: Dtn 7,8; 13,6; Mi 6,4; Ps 78,42) und »lösen, erlösen« (*ga'al*: Ex 6,6 P; Ps 74,2; 77,16 u.a.). Die Bindung an die Knechtschaft erscheint dem Volk rückblickend so stark, »daß es sich selbst nicht hätte lösen können« (*A.Jepsen*, 184).

1. Die »Lösung« ist ein für das Alte Testament höchst bezeichnender, auch gesetzlich (Lev 25,24ff) geregelter Rechtsbrauch. Ein Israelit hat das Recht wie die Pflicht, einem in Not geratenen Familienmitglied auf bestimmte Weise beizustehen: Muß jemand wegen schlechter Wirtschaftslage seinen Haus- und Grundbesitz veräußern, so hat sein nächster Verwandter – das ist dann der »Löser« – das Vorkaufsrecht (Jer 32,7) und damit die Aufgabe, das Land in der Hand der Familie zu erhalten; denn geerbtes Grundeigentum darf als Lebensgrundlage nicht verlorengehen (vgl. 1 Kön 21). Ist jedoch ein freier Israelit in einem solchen Maße verarmt, daß er sich (einem Fremden) als Sklave verkaufen muß, so ist sein Verwandter verpflichtet, ihn zurückzukaufen. Die »Lösung«, d.h. der Rückkauf, setzt also familiäre Bindungen voraus. Das Büchlein Rut (2,20ff) und Jeremias

Ackerkauf in Anatot (Jer 32,6ff) belegen, daß der Brauch tatsächlich geübt wurde.

Jeweils »soll der Besitzstand einer Sippe an Land und Personen unversehrt erhalten bleiben« (*J.J.Stamm*, 28). Ist ein Familienmitglied ermordet worden, erhält der Verwandte die Aufgabe des Blut»lösers« bzw. -rächers; wer durch Zufall zum Totschläger wurde, kann in Asylstädten Zuflucht finden (Num 35,10ff; vgl. Ex 21,13; Dtn 19,4ff; 2 Sam 3,27).

Ist das Familienmitglied kinderlos gestorben, ist sein Bruder verpflichtet, die Witwe zu heiraten; der erste Sohn gilt als Erbe des Verstorbenen (sog. Schwager- oder Leviratsehe bzw. -pflicht: Dtn 25,5ff; Gen 38,8; Rut 4,5.10).

Dagegen setzt *padah* nicht notwendig verwandtschaftliche Bindungen voraus und scheint weniger streng geprägt zu sein: aus Sklaverei »befreien, loskaufen« (Ex 21,7–11; Lev 19,20; Hi 6,23), die Gott gehörende Erstgeburt durch einen Ersatz »auslösen« (Ex 34,19f; 13,11f; Lev 27,26ff; vgl. 1 Sam 14,45 u.a.).

2. Wie sich ein Verwandter des Hilfsbedürftigen annimmt, so »erlöst« Gott den Menschen aus der Not, sei es Feindschaft oder Krankheit (Gen 48,16; 2 Sam 4,9; 1 Kön 1,29; Jer 15,21 u.a.). Der einzelne kann um Befreiung aus der Bedrängnis bitten (Ps 26,11; 69,19; 119,154) wie für geschehene Rettung danken: »Du hast mich erlöst, du treuer Gott« (31,6; 107,1f; Klgl 3,58). Wer auf Grund seiner sozialen Lage keinen Rechtshelfer hat, findet ihn in Gott selbst; er übernimmt die Aufgabe des nächsten Verwandten:

»Verrücke nicht die Grenze der ›Witwe‹,
und dringe nicht in die Felder der Waisen ein!
Denn ihr Rechtshelfer ist stark,
und er wird ihren Streitfall gegen dich führen!«
(Spr 23,10f; vgl. 22,23; Jer 50,34)

Weil Gott die sozial Schwachen schützt und Israel befreit hat, hat der Glaube ethische Konsequenzen (Dtn 24,17f; 15,12ff).

Gottes Erlösung bezieht sich auf den einzelnen wie das Volksganze. Der Prophet Deuterojesaja redet im Exil die Verbannten als Einzelperson an und kündet ihr die bevorstehende, ja schon gegenwärtige Rettung an (Jes 43,1): »Fürchte dich nicht; denn ich habe dich erlöst!« Die aus der babylonischen Gefangenschaft Ausziehenden sollen das Bekenntnis sprechen: »Erlöst hat Jahwe seinen Knecht Jakob« (48,20; vgl. 52,9); ja, »Erlöser« wird zum festen Beinamen Gottes (44,6.24; vgl. 63,16; auch 1,27 u.a.)

Ein Anhang zu Ps 130 fügt dieses Klagelied des einzelnen in den Gemeindegottesdienst ein:

»Es harre Israel auf Jahwe;
denn bei Jahwe ist die Gnade,
und viel Erlösung ist bei ihm.
Darum wird er Israel erlösen

von allen seinen Sünden.«
(Ps 130,7f; vgl. 25,22; 34,23)

Bedeutet Erlösung hier – nur ein einziges Mal im Alten Testament – Vergebung von Sünden, so meint sie schließlich Rettung vor dem Tod (Ps 103,4) oder gar im Tod (49,16; 73,24; vgl. Hi 19,25; u.Exk. 8,8). Damit bricht der Glaube an Gottes »Erlösung« aus dem Bereich der Geschichte und menschlicher Erfahrung aus.

§ 5 Die Offenbarung am Sinai

In der Exodustradition erscheint Jahwe als Gott, der aus der Fron in die Freiheit führt und vor den Verfolgern bewahrt. Ähnlich wie der Vätergott ist er zugleich Gott der Verheißung, der die Rettung vorher zusagt und zur Freiheit führt. Demgegenüber eröffnet die Sinaitradition einen gänzlich anderen Bereich des Jahweglaubens; mehrere völlig neue Grundzüge treten in den Gottesaussagen hervor. Bisher begegnete Gott im wesentlichen als der mitgehende, auf den Wanderungen leitende. Dagegen ist hier die Bindung an einen Ort, der die Erzväterüberlieferung wohl erst sekundär unterworfen wurde, von Anfang an gegeben. Die Sinaiperikope bezeugt Jahwe als Gott, der an einem *Berg* wohnt bzw. erscheint. War Jahwe ursprünglich eine Ortsgottheit? Mußte man zu einem heiligen Berg pilgern, um ihn zu verehren?

Wurde die Befreiung aus Ägypten für Israel zur grundlegenden Gottestat, so das Geschehen am Sinai zur entscheidenden Offenbarung des *Willens* Gottes. Sein verheißendes Wort (Ex 3f; 6) wie seine rettende (Ex 14f) und in Notlagen helfende (Ex 15–17) Tat gehen der Gesetzgebung (Ex 20ff) voraus; die Rcchts- und Lebensordnungen brauchen die Gemeinschaft nicht zu schaffen, sondern sind erst deren unumgängliche Folge.

Den Übergang von der Auszugstradition (Ex 1–15) zur sog. Sinaiperikope (Ex 19 – Num 10,10) bilden die – verschiedenartigen, durch den Wanderungsweg und die Person Moses nur lose verbundenen – Einzelerzählungen von der *Führung durch die Wüste* (Ex 15 [V 22]–17; 18), die später (Num 11ff) fortgesetzt werden. Sie schildern die Rettung aus elementaren Lebensnöten, wie Durst (Ex 15,23ff; 17,1ff), Hunger (Manna: Ex 16) oder Bedrängnis durch Feinde (Amalekiter: Ex 17,8ff; vgl. 1 Sam 15; 30,1f), und bezeugen damit einerseits Gottes Fürsorge, der wie dem einzelnen (Gen 16; 23 u.a.) so auch dem Volk das Lebensnotwendige gibt (vgl. Jer 2,6; Ps 78; 105f). Andererseits berichten die Wüstenerzählungen – schärfer als die Genesis, welche die Schattenseiten der Erzväter nicht verschweigt – von dem »Murren«, Klagen und Anklagen, des Volkes (Ex 15,23; 16,2.7; 17,2.7; vgl. 14,11f; Num 11ff).

1. Die Erscheinung dieses Gottes, die *Theophanie*, vollzieht sich im Naturgeschehen; sie führt zu einem *Bundesschluß*, bei dem das *Gottesrecht* verkündet wird. Während die Gottesworte an die Erzväter Verheißung bedeuten, sind die Gottesworte am Sinai fast ausschließlich Gebot.

Wenn das Alte Testament einen »gesetzlichen« Eindruck macht, so beruht er hauptsächlich auf der Sinaiperikope. Mit der Zeit haben sich nämlich die verschiedenartigsten Rechtssatzungen an dieser Stelle so gehäuft, daß sie die Erzählungen von Gotteserscheinung und Bundesschluß fast erdrücken. In die älteren Bereiche der jahwistischen oder elohistischen Darstellung und mannigfacher Ergänzungen (Ex 19–24; 32–34) wurden mit Dekalog (Ex 20; vgl. den sog. kultischen Dekalog Ex 34) und Bundesbuch (Ex 20,22–23,19.20–33) die rechtlichen Weisungen für das tägliche Leben in der Gemeinschaft eingeordnet. In der späteren Priesterschrift brachte man die umfangreichen Kultverordnungen als autoritatives Mosewort (Ex 25–31; Lev 1 – Num 10) unter. So sind die meisten Gesetzessammlungen einschließlich des Dekalogs wohl erst nachträglich in die Erzählung von der Sinaioffenbarung eingedrungen.

Geht man über die literarische Scheidung hinaus, so erhebt sich die Frage: Ist die landläufige Auffassung, nach der die Sinaioffenbarung der Ursprung der alttestamentlichen Gebotsmitteilung ist, wirklich im Recht? Die Verkündigung des Gottesgebots auf dem Sinai ist offenbar überlieferungsgeschichtlich gar nicht so fest verankert.

J.Wellhausen (Prolegomena zur Geschichte Israels, [6]1927, 342f) konnte pointiert schreiben: »Die wahre und alte Bedeutung des Sinai ist ganz unabhängig von der Gesetzgebung. Er war der Sitz der Gottheit, der heilige Berg, ohne Zweifel nicht bloß für die Israeliten, sondern allgemein für alle hebräischen und kainitischen Stämme der Umgegend.« Erst ein späterer »Schritt führte dazu, den Sinai zum Schauplatz der feierlichen Eröffnung des geschichtlichen Verhältnisses zwischen Jahve und Israel zu machen«. Dagegen ist nach *G.v.Rad* (TheolAT I[4], 201) »das Grundfaktum, auf das sich alle Einzelüberlieferungen irgendwie rückbeziehen: Hier am Sinai hat Jahwe seinem Volk verbindliche Ordnungen geoffenbart, auf Grund derer ihm ein Leben vor seinem Gott ermöglicht wurde.«

Die älteste Traditionsschicht kennt vielleicht die jetzt beherrschende Doppelheit von Bund und Willenskundgebung noch nicht. Unsere Auffassung von der Sinaioffenbarung ist wohl zu stark von dem Bild bestimmt, das die spätere Zeit entworfen hat.

2. Mit der Offenbarung Jahwes am Sinai wird nach der vorausgehenden Gotteserscheinung vor Mose (Ex 3; 6) das Verhältnis zwischen Gott und Volk begründet. So nimmt die Darstellung der Sinaioffenbarung im Pentateuch breitesten Raum ein, außerhalb dieses Geschichtswerkes wird sie aber überraschend selten erwähnt; sie tritt weit hinter dem Bekenntnis zur Befreiung aus Ägypten zurück. Selbst die Namen »Sinai« oder »Horeb«

begegnen sonst kaum im Alten Testament (vgl. § 5d). Beispielsweise erwähnt Hosea, der häufig auf die Exodustradition zurückgreift, den Sinai nicht, selbst wenn er auf den Dekalog anspielt (Hos 4,2; 13,4 u.a.). Sogar bei dem Exilspropheten Deuterojesaja sind Exodus- und Sinaitradition noch nicht oder wieder nicht mehr miteinander verkoppelt; er verheißt den neuen Auszug als reine Heilszukunft ohne Belehrung und Gebotsverkündigung (die »Tora« erscheint in Jes 42,21.24 als die vergangene Gottesgabe, die unbeachtet blieb; anders 42,4; 51,4.7). Bis weit in die prophetische Zeit hinein klingt die Sonderung dieser beiden großen Überlieferungsblöcke also noch nach.

In seiner vorliegenden Form liegt der Sinaibericht als ein Ineinander verschiedenster Überlieferungen vor, die nur zum Teil den einzelnen Quellenschriften oder bestimmten Redaktionsschichten zugeordnet werden können. War bei der Erzväterüberlieferung von Einzelbelegen auszugehen, so empfiehlt es sich hier, kurz die wichtigsten älteren Texte zu betrachten.

a) Die Theophanie nach Ex 19

1. Das Kapitel Ex 19 erreicht – nach einer in späterer Zeit vorangestellten, theologisch gefüllten Erklärung Israels zu Gottes »Eigentum«, »Königtum von Priestern« und »heiligem Volk« (V 3–8) – seinen Höhepunkt in der knappen Darstellung von Ex 19,16–20:

16. »Als es aber am dritten Tag Morgen wurde, da geschah ein Donnern und Blitzen, eine schwere Wolke lag auf dem Berg, und ein sehr starker Hörnerschall ertönte, so daß das ganze Volk, das im Lager war, erschrak. 17. Da führte Mose das Volk Gott entgegen aus dem Lager heraus, und sie stellten sich am Fuß des Berges auf.

18. Der Berg Sinai war ganz in Rauch gehüllt – weil Jahwe auf ihn herabgestiegen war im Feuer –, und sein Rauch stieg auf wie der Rauch eines Schmelzofens, und der ganze Berg (LXX: das ganze Volk) bebte stark.

19. Der Hörnerschall wurde immer stärker. Mose redete, und Gott antwortete ihm im Schall (d.h. im Donner oder mit hörbarer Stimme?).

20. Jahwe stieg auf den Berg Sinai herab, auf den Gipfel des Berges, und Jahwe rief Mose auf den Gipfel des Berges, und Mose stieg hinauf.«

In diesen wenigen Sätzen fällt die Doppelheit der Aussagen auf. Schon durch die verschiedenen Gottesbezeichnungen »Elohim« (»Gott«: V 17.19) und »Jahwe« (V 18.20), aber auch durch die übrige Ausdrucksweise (»Hörnerschall«, »Berg Sinai«), gliedert sich der Abschnitt grob in den elohistischen (V 16–17.19) und den jahwistischen (V 18.20) Anteil.

Gewisse Unsicherheit besteht nur über die Zugehörigkeit des schon textlich nicht ganz eindeutigen V 18b zu einer der beiden älteren Quellenschriften J, E (oder einer jüngeren Redaktion).

Beide lassen Jahwes Kommen von Naturvorgängen begleitet sein, machen jedoch völlig verschiedene Angaben über die Art des Geschehens. Der Jahwist nennt die Naturelemente: Rauchen des Berges wie bei einem Schmelzofen, Feuer und vielleicht Erdbeben (V 18; vgl. 1 Kön 19,11f; auch Gen 15,17), stellt sich also wohl *vulkanische* Erscheinungen vor. Dazu paßt die »Wolken- und Feuersäule«, die mit dem Volk zum Zeichen der Gegenwart Gottes mitzieht (Ex 13,2; 14,19b.24 J). Nur Jahwes »Herabfahren« (vgl. Gen 11,5.7; 18,21 J u.a.) sprengt das sonst einheitliche Bild und wird als theologische Korrektur verständlich: Jahwe wohnt nicht ständig auf dem Berg und bewirkt die Naturerscheinung. Ähnlich lassen die späteren Darstellungen des Deuteronomiums (4,1f; 5,23f; 9,15: »Der Berg brannte im Feuer bis in den Himmel hinein bei Finsternis, Gewölk und Dunkel«) und der noch jüngeren Priesterschrift (Ex 24,17: »Das Aussehen der Herrlichkeit Jahwes glich einem verzehrenden Feuer auf der Bergspitze«) an vulkanische Phänomene denken, wenn auch von Aschenregen oder Lavastrom nirgends die Rede ist.

Dagegen spielt die elohistische Darstellung mit den Naturphänomenen Donner, Blitz und schwerer Wolke (Ex 19,16.19; vgl. 19,9; 34,5) auf ein *Gewitter* an. Wiederum wird aber kein reines Naturschauspiel dargeboten: Das Volk – von Mose geführt (V 17; vgl. 3,10ff E) – erzittert vor dem Schall eines Widderhorns (V 16.19), wie es vor dem Gottesdienst geblasen wurde, um zur Versammlung zu rufen. Hier scheint also eine spätere Kultübung auf die Gestaltung eingewirkt zu haben. Überhaupt hat man häufig vermutet, daß kultische Gegebenheiten den Sinaibericht geformt haben; Genaues läßt sich aber kaum ermitteln.

Sind in dem Abschnitt 19,16–20 beide Vorstellungen ineinandergeschoben, so können sie auch völlig miteinander verwoben werden. Die Beschreibung (Ex 20,18a): »Das ganze Volk sah die Donner und die Fackeln und den Hörnerschall und den rauchenden Berg« verbindet mit Donnern und Rauch Gewitter und Vulkan. Dieser Ausgleich ist ein Vermittlungsversuch, auch literarisch an ungeeigneter Stelle zwischen Dekalog und Bundesbuch eingefügt. (20,18–21 enthält elohistische Elemente, ist aber, wenn nicht insgesamt jünger, zumindest redaktionell überarbeitet.) Außerdem fallen sachliche wie sprachliche Berührungen mit den sekundären Partien Ex 24,1b–2 auf: Nur Mose darf »sich nahen«, »das Volk« steht »von ferne«. So tritt hier wie dort an Stelle der Unmittelbarkeit der Offenbarung die Vermittlung durch Mose.

2. Die Vorstellungen, die man sich später von dem Sinaiereignis machte, unterscheiden sich also stark. Es ist die Frage, ob überhaupt noch echte Erinnerungen bewahrt blieben. Sind die Naturerscheinungen nur Darstellungsmittel für Gottes Offenbarung? Müssen wir uns mit der Erkenntnis begnügen: Das ursprüngliche Geschehen bleibt im Dunkeln, oder besteht die Möglichkeit der Wahl zwischen dem Gewitter- und dem vulkanischen Phänomen? Die zweite Version ist weit stärker bezeugt (nämlich von drei Quellenschriften: J, D, P), von dem späteren Wohnsitz in Palästina aus viel

ungewöhnlicher und schließlich notwendig an einen Berg gebunden, während Gewitter überall auftreten. So könnte man vorsichtig vermuten: Die vulkanischen Züge sind Überlieferungen aus älterer Zeit, während die Gewittererscheinungen erst im Kulturland hinzugekommen sind. Von Gottesoffenbarungen im Gewitter wußte die kanaanäische Religion viel zu erzählen; sollten darum gar in der einen Darstellung des Sinaigeschehens Einflüsse des Wettergottes (Baal-Hadad) vorliegen?

Falls die vulkanischen Erscheinungen nicht ebenfalls nur eine altorientalisch übliche und übertragbare Darstellungsform sind, vielmehr als ursprüngliche Auswirkungen der Theophanie gelten können, scheidet der sog. »Moseberg« auf der Südspitze der Sinaihalbinsel als Ort der Gottesoffenbarung aus; denn er ist kein Vulkan. Die Gleichsetzung des Sinai mit diesem Bergmassiv ist auch erst nachchristlich belegt. Allerdings war die Gegend um die Zeitwende Wallfahrtszentrum; nabatäische Pilgerinschriften bezeugen die Heiligkeit des Ortes. Wurde der gleiche »heilige Berg« (vgl. die rituellen Vorschriften Ex 19,10–15.21–25) schon die Jahrhunderte vorher besucht?

Vulkane finden sich in historischer Zeit erst weitab im Nordwesten Arabiens, jenseits des Golfes von Akaba. So hat man das Sinaigeschehen oft in diesem ehemals vielleicht midianitischen Bereich lokalisiert. Tatsächlich weisen noch mancherlei andere Spuren auf frühe Beziehungen zu den Midianitern (u.§ 6a3).

Gegen die Ansetzung des Sinai im Vulkangebiet südlich von Tebuk, etwa 200 km südöstlich von Akaba, »läßt sich nicht geltend machen die Tatsache der weiten Entfernung dieses Gebiets sowohl von Ägypten wie auch vom palästinischen Kulturland; denn bei Wallfahrten ... spielen Entfernungen keine erhebliche Rolle«, wie die nabatäischen Wallfahrten zur Sinaihalbinsel und die islamischen Pilgerreisen nach Mekka in jüngerer Zeit bezeugen (*M.Noth*, Aufsätze I, 1971, 73[61]). Wieweit erleichtert die (spätere) Domestizierung des Kamels (vgl. Ri 6) aber die Zurücklegung so weiter Strecken?

Nach allem war der Vorgang mit größerer Wahrscheinlichkeit vulkanischer Art. Allerdings ist diese Schlußfolgerung nicht unbedingt zwingend, da man kaum eine zweifelsfreie Entscheidung zwischen den beiden verschiedenen alten Darstellungen treffen kann. Wie das Meerwunder, so läßt sich auch die Sinaioffenbarung nicht mehr eindeutig lokalisieren. Die Lage des Berges bleibt letztlich nicht mehr genau feststellbar. Auch hier ist die nähere Beschreibung des »Wie« unmöglich, nur das »Daß« ist sicher. Die Geschichte hat die Überlieferung in Gang gebracht, die spätere Zeit hat sie vielfältig ausgestaltet und umgewandelt.

3. Schon die verschiedenen Namen »Sinai« (J, P) sowie – wohl jünger – »Gottesberg« (E) und »Horeb« (D, Einschub in E) deuten noch etwas von dem verschlungenen Weg an, den diese Tradition später nahm. In Palästina ist die Verbindung zu dem Offenbarungsberg anscheinend fast abgerissen und hat wohl nur noch in der Erinnerung bestanden. Allein in 1 Kön 19 erzählt das Alte Testament von einer Wallfahrt zum Gottesberg Horeb.

Elia kehrt – als Nachfolger Moses? – in einer Zeit des Abfalls von Jahwe »zum Ursprung und zu den Quellen zurück, um Neues zu schöpfen« (*G.Fohrer*, Elia, ²1968, 95). Gottes Erscheinung am Berg ist wieder von vulkanischen Phänomenen begleitet: Sturm, Erdbeben, Feuer... Jetzt wird die alte Überlieferung aber ausdrücklich korrigiert (V 11f): »Doch Jahwe war nicht in ihnen.« Danach »die Stimme eines leisen Schweigens« – Gottes Jenseitigkeit wird in der diesseitigen Sphäre bildhaft-anschaulich angedeutet. Selbst die Windstille stellt als solche noch nicht Gottes Gegenwart dar; vielmehr wird in der Ruhe Gottes Stimme laut (vgl. Hi 4,12f; auch Ex 33,18ff). So wirkt die Gotteserscheinung am Sinai zumindest bis in die Königszeit nach. Auch sonst kann das Alte Testament ähnliche Vorstellungen von einem Kommen Gottes, das sich in der Natur zeigt, aufgreifen (u.§ 11d).

b) Der Bundesschluß nach Ex 24

Die Offenbarung am Sinai zielt auf die Begründung oder Bestätigung einer Gemeinschaft zwischen Gott und Volk. So folgt auf die Theophanie (Ex 19) – da Dekalog und Bundesbuch (Ex 20–23) wohl später eingefügt wurden – der Bundesschluß (Ex 24 und 34). Die erste Erzählung zerfällt, weil der in V 1 ergehende Auftrag erst V 9 ausgeführt wird, deutlich in zwei Berichte: Eine auf dem Berg spielende Handlung (Ex 24,1–2.9–11) umschließt das Geschehen am Fuß des Berges (V 3–8). Zwar ist die Quellenzugehörigkeit beider Erzählungen umstritten, doch ist zunächst wichtiger, die Schichten in ihrer Andersartigkeit zu erkennen, als sie dem weiteren Kontext zuzuordnen.

1. Die urtümlichere Darstellung gestaltet eine Hauptszene: Siebzig namenlose »Älteste«, d.h. nach der Stammes- und Sippenverfassung die Vertreter Israels (vgl. Ex 3,16; 12,21; 18,12), haben eine Gottesbegegnung.

Die namentlich genannten Einzelpersonen, Mose und Aaron, Nadab und Abihu, kamen wohl erst später zu der nicht näher differenzierten Gruppe hinzu. In den Einleitungsversen (24,1–2, z.T. auch V 9), die zumindest überlieferungsgeschichtlich, wenn nicht literarisch, jünger sind, wird nämlich ein theologisches Interesse erkennbar. Die Ergänzung von V 1b–2, die an Ex 20,18–21 erinnert, schränkt die Bedeutung der Begleitpersonen stark ein: Mose allein soll sich Gott nahen, die anderen dürfen sich bloß »von ferne niederwerfen«. Nur einem steht zu, was zunächst allen galt, und mit der Aufforderung, »sich (mit dem Gesicht zum Erdboden) niederzuwerfen«, kommt ein fremder Ton in die Szene: Die Distanz zu Gott wird der Gemeinschaft (V 11) übergeordnet. So widerspricht die Einführung geradezu der älteren Überlieferung, nach der ein größerer Kreis Gott sehen darf. In späterer Zeit hat man bis hin zu den Legenden des Judentums Mose eine zunehmende Sonderstellung vorbehalten (vgl. auch Ex 19,3.21; 20,19.21;

34,3f.27). Er lebt in einzigartiger Nähe zu Gott; nur zu Mose redete Gott »von Angesicht zu Angesicht« (Ex 33,11; Num 12,6–8; Dtn 34,10).

Dieselbe Tendenz prägt, wenn auch in weniger strenger Form, V 1a und 9: Mose erhält den Befehl zum Aufstieg und gewinnt damit einen Vorrang, den er in der Haupthandlung (V 10f) nicht hat. Außerdem gehören die Priester (Aaron, Nadab und Abihu) ursprünglich kaum zur Gruppe der »Vornehmen« (V 11; ähnlich wohl Ex 18,12). Der Teilnehmerkreis war also zunächst wohl anonym. Der Kern der Erzählung (V 10f), der elohistisch sein könnte (vgl. Elohim »Gott« und »Gott Israels« Gen 33,20 E), ist (wiederum ähnlich wie 18,1–12) von einer Redaktion, die den Jahwenamen gebraucht (24,1), erweitert worden.

In verschiedener Hinsicht (a-f) wirkt die Darstellung höchst ungewöhnlich, fremdartig, ja einzigartig: a) *Mose* hat noch *keine* ausschließliche *Vermittlerrolle*, scheint ursprünglich also nicht die überragende Stifterpersönlichkeit gewesen zu sein, die die Gemeinschaft mit dem Jahwe vom Sinai vermittelte. b) In der Theophanie (Ex 19,16–20) war Gott nicht sichtbar, sondern nur hörbar – allerdings bleibt ungesagt, was er redet – und in den Auswirkungen seines Erscheinens spürbar. Jetzt »*sehen*« Israels Repräsentanten Gott selbst, ohne daß das Erlebnis für sie schlimme Folgen hat. Daß so viele Personen einer Gottesschau gewürdigt werden, ist im Alten Testament einmalig (vgl. im Rückblick Num 14,14) und wird später bei Gottes künftiger Offenbarung erwartet (Jes 40,5; 52,7f.10). Gilt griechischem Denken Gott als unsichtbar, so herrscht im Alten Testament nämlich der Grundsatz: Wer Gott sieht, stirbt (Ex 33,20; vgl. 19,21; u.§ 6c,6). Nicht einmal Gottes Berg darf von Mensch oder Tier berührt werden (19,12; 34,3). Allerdings wird auch in diesem Fall verwundert festgestellt: »Gott streckte seine Hand nicht aus«, d.h., er nutzte seine Macht, Hoheit oder Herrlichkeit nicht aus, verschonte, mit wem er Gemeinschaft sucht.

9. »Da stiegen Mose und Aaron, Nadab und Abihu und siebzig von den Ältesten Israels hinauf,
10. und sie sahen den Gott Israels. Unter seinen Füßen war es wie das Gebilde eines Lapislazuli-Steins und wie der Himmel selbst an Klarheit. 11. Gegen die Vornehmen der Israeliten streckte er seine Hand nicht aus. Sie schauten Gott, aßen und tranken.«

Auch sonst wahrt die Szene c) Gottes *Transzendenz*. Gott selbst wird nicht beschrieben, obwohl er »gesehen« wird. Geschildert wird nur der Boden; er ist fliesenrein gleich der Bläue des Lapislazuli-Steins und der Klarheit des Himmels. Ist Gott also schon in dieser altertümlichen Szene als im Himmel wohnend gedacht? Die Erzählung begnügt sich selbst bei der Ausmalung des Ortes mit einem zurückhaltenden Vergleich (»wie«) und deutet so bildhaft an, daß Gott auch bei seiner Erscheinung jenseitig bleibt (vgl. Ez 1,25f).

Deutet man die Überlieferung – im Anschluß an jüngere Texte wie Jes 6; Ez 1,22ff – als Festmahl vor dem Gott, der als König auf einem in den Himmel ragenden Berg thront, würde sie nach kanaanäischen Vorstellungen gestaltet sein. Ist aber wahrscheinlich, daß eine Szene, die in so strenger Form, ja in einmaliger Weise den Willen des transzendenten Gottes zur Gemeinschaft mit Israel ausspricht, erst nachträglich an den Sinai verlegt wurde? Kaum zufällig fehlt eben der Königstitel, wie auch Gottes Thron und himmlischer Hofstaat nicht erwähnt werden. Selbst der Gestus des Niederfallens findet sich erst in der jüngeren Erzählgestalt (V 1b).

Vielleicht ist aber noch einmal zwischen V 10 und 11, die durch die doppelte Aussage von der Schau Gottes auffallen, zu unterscheiden: V 11 könnte die älteste Überlieferungsstufe, V 10 bereits jüngere Deutung sein. Die Erzählung scheint (ähnlich 18,1–12) gleichsam von hinten nach vorn gewachsen zu sein. Jedenfalls spricht für das hohe Alter des Kerns der Darstellung, daß sie durch die Einführung V 1f.9 nur mühsam an Israels späteres Verständnis von seiner Frühzeit angeglichen werden konnte.

Die Gottesschau ist d) zwar der Kern, aber nicht das Ziel der Begegnung. Das gemeinsame *Mahl,* das die Vertreter des Volkes auf dem Berg im Angesicht Gottes einnehmen, soll wohl die entstandene Gemeinschaft beschließen und bekräftigen – aber kaum erst: verwirklichen –, wie ein Opfermahl eine Gemeinschaft bestätigen kann (vgl. Ex 18,12; 32,6; Gen 26,30; 31,46.54 u.a.). Allerdings wird nicht gesagt, daß Gott selbst am Mahl teilnimmt; eher gewährt er wie mit der Schau so auch mit dem Mahl einen Gnadenerweis (vgl. 2 Kön 25,29). Auffälligerweise fehlt e) der Terminus »Bund«; er wird der älteren Zeit noch nicht geläufig gewesen sein, sondern gehört eher zu einer späteren Deutung des Gottesverhältnisses (u.Exk. 5). Entsprechend tritt jeder kultisch-rituelle Charakter zurück. Schließlich ist f) von einer *Rechtsverkündigung* keine Rede. Die Gemeinschaft zwischen Gott und Volk wird geschlossen, ohne daß sie auf bestimmte Gebote gegründet würde, irgendeine Verpflichtung zum Ausdruck käme, ja ohne daß Gott redet. Die Szene bleibt geradezu unheimlich still.

2. In jenen Erzählzusammenhang (Ex 24,1–2.9–11) ist ein anderer – quellenmäßig unsicherer, in sich mehrschichtiger und in seiner Deutung umstrittener – Bericht eingeschoben, nach dem sich der Bundesschluß nicht ohne rechtliche Bindung bei einer Kulthandlung vollzieht. Außerdem wirkt jetzt Mose als Mittler, und statt der »Vornehmen« oder »Ältesten« tritt das Volk auf, ohne daß recht deutlich wird, woher die Teilnehmer kommen und wo sie sich befinden. Mose gibt dem Volk »alle Worte Jahwes und die Rechtssatzungen« bekannt und schreibt sie nieder, nachdem sich das Volk bereit erklärt hat, »alle Worte, die Jahwe geredet hat, zu tun« (V 3–4a zunächst für das mündliche Wort, in V 7 für die Niederschrift bestätigt). Diese jüngere – schon in 19,3ff ähnlich belegte – Verpflichtungszeremonie bildet den deutenden Rahmen für zwei anscheinend ältere, miteinander zusammenhängende Überlieferungselemente, eine Opferszene (V 4b.5) und einen Blutritus (V 6.8a).

Danach wird die Gemeinschaft nicht durch ein Mahl auf dem Berg, sondern durch eine Opferfeier am Fuß des Berges bestätigt:

4. »Am Morgen stand er (Mose) früh auf und errichtete einen Altar unten am Berg ... 5. Dann beauftragte er junge Männer (Diener) unter den Israeliten, Brandopfer darzubringen und Schlachtopfer zu schlachten ...«

Diese Darstellung von Altarbau (vgl. 32,5) und Opfer ist zudem später erweitert und damit umgedeutet worden. Die »zwölf Masseben« bzw. Steine (V 4b) repräsentieren Israels zwölf Stämme (vgl. Jos 3,12; 4,3f.8f). Der Terminus »Schlachtopfer« (*sebachim*) wird anscheinend durch »Heilsopfer« (*schelamim*) erläutert; denn das »Besprengen des Altars« ist bei dieser Opferart üblich (2 Kön 16,13; Lev 7,14; 3,2ff).

Sind jene »jungen Männer« für die Opferdarbringung eigentlich nicht privilegierte Personen oder eher nur Kultdiener (vgl. 1 Sam 2,11.13; Ex 33,11)? Jedenfalls handeln sie erst auf Moses Auftrag; auch behält er sich selbst den entscheidenden Akt des Ritus vor, bei dem der Altar und das – bei den Opfern gewonnene – Blut besondere Bedeutung bekommen:

6. »Mose nahm die Hälfte des Blutes und goß es in die Schalen, während er die (andere) Hälfte des Blutes auf den Altar sprengte. 8a. Mose nahm das Blut und sprengte es auf das Volk ...«

Wird bei Opferhandlungen das Blut üblicherweise auf oder an den Altar gesprengt (Ex 29,16; Lev 1,5.11 u.a.), so in diesem Fall nur zur einen Hälfte, zur anderen Hälfte in Schüsseln aufbewahrt. Damit ist der Ritus kaum abgeschlossen, verlangt vielmehr nach einer Fortsetzung. Offenkundig sind beide Aussagen (V 6.8a) aufeinander bezogen: Jeweils »nimmt« und »sprengt« Mose das Blut, und zwar »auf« den Altar und »auf« das Volk. Beide Akte gehören zu einer Kulthandlung. Allerdings ist ein solcher zweimaliger oder zweiseitiger Blutbesprengungsritus im Alten Testament nicht nochmals bezeugt, dennoch kaum für diese Gelegenheit oder diesen Kontext frei erfunden, sondern eher überkommen.

Am ehesten läßt sich eine zur Amtseinsetzung des Priesters vorgenommene Symbolhandlung vergleichen, bei der ebenfalls eine Übertragung von Blut auf Menschen – allerdings bestimmte einzelne – stattfindet: Nach Waschung, Investitur, Salbung und Entsündigung »nimmt« Mose vom Blut eines geschlachteten Widders und bestreicht Aaron (und seinen Söhnen) das rechte Ohrläppchen, den rechten Daumen und den rechten großen Zeh (Lev 8,23f; Ex 29,20; vgl. bei der Reinigung des Aussätzigen Lev 14,14.25), während der Rest des Blutes wiederum »auf den Altar gesprengt« wird. Bedarf der Priester »geweihter Ohren, damit er Gottes Stimme vernehmen kann, geweihter Hände, weil er heilige Handlungen zu verrichten, geweihter Füße, weil er heilige Orte zu betreten hat« (*B.Baentsch*, z.St.)? Eher oder zugleich stehen Kopf, Hand und Fuß »stellvertretend für den ganzen Körper« (*M.Noth*, z.St.). Durch das Sprengen des Blutes auf Altar und Mensch entsteht eine besondere Bindung, damit eine Indienstnahme der Person.

Ähnlich wird der Ritus Ex 24,6.8a zu verstehen sein. Auch hier versinnbildlicht der Altar die Gegenwart Gottes oder – allgemeiner – die Beziehung zu Gott. Wieder wird etwas von dem, was eigentlich Gott zu geben ist, für Menschen aufbewahrt; die Halbierung des Bluts scheint von vornherein auf einen zweiseitigen Akt angelegt zu sein. Blut kann verschiedene Aufgaben haben, etwa dem Schutz (wie beim Passa Ex 12,13.23; vgl. 4,24–26) oder der Reinigung bzw. Sühnung (Lev 17,11) dienen. Hier ist eher an die – arabischer Überlieferung aus vorislamischer Zeit wohlvertraute – verbindende Kraft des Blutes zu denken, was andere Bedeutungsnuancen nicht ausschließt. Der Akt führt zu einer »communio sacramentalis zwischen Gott und dem Volk« (*H.Holzinger*, z.St.). Der Blutritus scheint eine Weise zu sein, diese Gemeinschaft zu begründen oder darzustellen.

Spätere theologische Reflexion wagt den Blutritus nicht uneingeschränkt weiterzugeben; sie tritt in jenen Versen (3–4a.7) zutage, die von Rechtsmitteilungen und Zustimmung des Volkes berichten. Bleibt es bei dem Blutritus passiv, so wird es hier aktiv: »Wir wollen tun.« Die Akklamation ist mit Absicht zwischen Besprengung des Altars und des Volkes eingefügt: Nicht Gott, allein das Volk verpflichtet sich zum Gehorsam. Und umgekehrt: Nur mit dem zum Hören und Tun bereiten Volk wird der Bund geschlossen. So ist der Einschub ein bewußt eingesetztes retardierendes Element im Ritualablauf; es wehrt das gefährliche Mißverständnis ab, die Gemeinschaft mit Gott sei gleichsam naturgegeben, unbedingt.

Darf man noch einen Schritt über den Wortlaut hinausgehen und fragen: Wird der Bund kündbar, wenn das Volk die von ihm anerkannten Bedingungen nicht einhält? Setzt die vorliegende Interpretationsschicht bereits das Erlebnis des Exils, damit des Gerichts, voraus und sucht die für die Geschichte des Volkes grundlegende Sinaitradition so zu deuten, daß von vornherein die Möglichkeit jener späteren harten Erfahrung offengehalten wird? Zumindest schließt der vorliegende Textzusammenhang eine Heilssicherheit oder Erwählungsgarantie aus.

Blutritus und Verpflichtung des Volkes, die überlieferungsgeschichtlich (oder gar literarisch) kaum seit jeher zusammengehören, werden in dem das Geschehen deutenden und zu einer Einheit zusammenfassenden Schlußwort verbunden. In ihm stellt Mose den Vollzug der Gemeinschaft fest:

»Das ist das Blut des Bundes, den Jahwe mit euch schloß –
auf Grund aller dieser Worte.« (V 8b;
aufgenommen im Abendmahlswort Mk 14,24; Mt 26,28; vgl. Hebr 9,19f)

Ist dies Deutewort (vgl. die ähnliche Form 1 Kön 12,28; auch Dtn 4,32 u.a.) jünger als der Ritus, oder ist nur der begründende Schlußteil (vgl. Ex

34,27) später zugesetzt? Jedenfalls findet sich der Ausdruck »Bund«, den man in der Szene auf dem Berg (24,9–11) vermißt. Da sogar ein »Bundesbuch« erwähnt ist, wird die Erzählung als Abschluß der vorhergehenden Gesetzessammlung, eben des sog. Bundesbuches (Ex 20,22–23,33 mit Kern in 21,1–23,9), anzusehen sein. Beziehen sich die »Worte«, denen das Volk beipflichtet (24,3f), gar auf den Dekalog (20,1) und die »Rechtssätze« (24,3) auf das Bundesbuch (21,1)? Vermutlich wurde jene ältere Überlieferung von Opfer und Blutritus um die jüngere Zustimmungserklärung des Volkes erweitert, als das Bundesbuch – sei es gemeinsam mit dem Dekalog oder zunächst ohne ihn – in das Sinaigeschehen eingefügt wurde. Jedenfalls umschließt ein jüngerer, bundestheologisch ausgerichteter Rahmen beide Gebotssammlungen (19,3ff; 24,3f.7f; vgl. 20,19).

Außerdem mögen Beziehungen zu weiteren, später ausgestalteten Bundesverpflichtungen (wie Jos 24; 2 Kön 23) bestehen. Demnach scheinen die älteren Überlieferungselemente der komplexen Erzählung (24,3–8) noch nichts von Rechtsforderungen zu wissen, die der Partner anerkennen mußte.

3. Überhaupt lassen sich die beiden verschiedenen Berichte (Ex 24,9–11.3–8) nicht ohne weiteres als Erinnerungen aus der Zeit des Sinaigeschehens verstehen. Nach der altertümlichen Darstellung sahen »die Ältesten Israels« den »Gott Israels«. Zwar sprechen gerade frühe Zeugnisse von den »Ältesten Israels« (18,12; 24,9; vgl. 3,16; 12,21), aber »Israel« weilte kaum in Ägypten oder am Sinai (vgl. § 2,2). Eine historische Rekonstruktion der Ereignisse müßte diese gesamtisraelitische Deutung zurücknehmen. Auch die andere Erzählung setzt Israel bzw. das Zwölfstämmevolk (bes. 24,4) voraus.

Ähnlich dem Bericht vom Schilfmeerdurchzug ist auch die Wiedergabe des Sinaiereignisses in den Texten verschieden. Spätere Gegebenheiten haben die Darstellung zu stark geprägt, als daß der Hergang für den historischen Rückblick noch wirklich faßbar wäre. Diese kritische Einschränkung gilt auch von der letzten großen Darstellung eines Bundesschlusses: Ex 34.

Zwischen die Bundesschlußerzählungen von Ex 24 und 34 sind umfangreiche *priesterschriftliche* Kultverordnungen (Ex 24,15–31,18) eingefügt. Die Priesterschrift kennt wohl einen Noach- und Abrahambund (Gen 9; 17), aber keinen Sinaibund; denn für sie ist die Sinaioffenbarung wesentlich zur Gebotsmitteilung über den rechten Gottesdienst geworden. Als sich Gottes »Herrlichkeit«, d.h. seine Gegenwart, auf dem Sinai »niederläßt«, erscheint sie Israel wie ein verzehrendes Feuer. Nur Mose steigt auf den Berg und empfängt in der Wolke die Kultanweisungen (Ex 24,15–18), vor allem für den Bau der Stiftshütte. Nach Ausführung der Verordnungen erfüllt Gottes »Herrlichkeit« das neu errichtete Heiligtum (40,34–38; vgl. Lev 9,23f). Die Erhebung der Wolke gibt das Zeichen zum Aufbruch vom Sinai (Num 10,1).

c) Der Bundesschluß nach Ex 34

In diesem Abschnitt der Sinaigeschichte ist die göttliche Gebotsverkündigung so fest verankert, daß sich keine Überlieferung von einer Offenbarung ohne Rechtsmitteilung mehr herausschälen läßt. Nach dem vorliegenden Erzählzusammenhang, der aber stark durch spätere Erweiterungen bestimmt ist, empfängt Mose die Steintafeln mit den Zehn Geboten, zerstört sie im Zorn über den Bundesbruch des Volkes und erneuert sie (Ex 32–34). Diese letzte Bundesschlußszene war einmal eine eigenständige Geschichte, ist aber durch Vorordnung der Erzählung vom Goldenen Kalb zur Darstellung von einer Bundeserneuerung abgeschwächt und umgestaltet worden (34,1); sie bietet gleichsam eine Wiederholung (von 20–24; vgl. 13 mit 34,18ff). Überhaupt wurde der Text so weitgehend ergänzt, daß sich der älteste Traditionsbestand kaum noch sicher abgrenzen läßt.

Mose erhält den Auftrag, sich Steintafeln zurechtzuhauen und auf den Berggipfel zu steigen. Wie bei der Theophanie (Ex 19,18.20 J) »steigt« Jahwe »herab«. Als Mose Jahwes Namen anruft und niederfällt (V 5.8), zieht Gott vorüber, ohne selbst sichtbar zu werden. (Auch dies entspricht sachlich 19,20, während ja die Ältesten nach 24,10 Gott »schauten«.) Aber Gott wird hörbar (V 10):

»Siehe, ich will einen Bund schließen!«

In dem folgenden sog. »kultischen Dekalog« (V 14–26), der allerlei Einzeltraditionen (wie sog. privilegrechtliche Bestimmungen V 12ff und den sog. Festkalender V 18.22f) vereint, sind einschließlich der Einleitung »Beachte genau, was ich dir heute gebiete!« wieder starke Überarbeitungen und Einschübe feststellbar. Ob man aus ihnen noch einen urtümlichen Kern – kaum die V 28 genannten »zehn Worte« – herausschälen kann, ist umstritten. Jedenfalls setzen die kurzen apodiktischen Gebote in der vorliegenden Fassung und Anordnung Israels Aufenthalt im Kulturland voraus. Dennoch gelten diese Verordnungen als die grundlegenden Worte des Sinaibundes, die (wie 24,4.7f) ausdrücklich schriftlich fixiert werden:

27. Und Jahwe sprach zu Mose: »Schreibe dir diese Worte auf; denn auf Grund dieser Worte schließe ich mit dir einen Bund (und mit Israel).« 28. Und er blieb dort bei Jahwe vierzig Tage und vierzig Nächte; Brot aß er nicht, und Wasser trank er nicht. Und er schrieb auf die Tafeln die Worte des Bundes (die zehn Worte).

Gott erklärt feierlich den Bundesschluß für verbindlich und gültig. Sein Partner ist zunächst nicht Israel mit den Ältesten, sondern (ähnlich der jüngeren Stelle 24,1f) Mose allein, der als Stellvertreter des Volkes fungiert. Desgleichen wird die Gemeinschaft weder durch ein Mahl (24,9–11) noch durch Opfer (24,3–8), sondern allein durch Gottes einseitige Zusage begründet. Die Theophanie ist auf das Wort ausgerichtet und von ihm her zu verstehen, wie Mose nichts weiter als der Angeredete ist.

In einer solchen Aussage ist offenkundig theologische Gestaltung wirksam; unmittelbar läßt sich die Darstellung – ob man Teile von Ex 34 einer älteren Quellenschrift (J) zuweist oder nicht – nicht in die Frühzeit übertragen. Wie die Gebote des sog. »kultischen Dekalogs« ein uneinheitliches Mischgebilde sind, so ist anscheinend das ganze Kapitel aus ursprünglich verschiedenen Motiven zusammengesetzt: Theophanie und Bundesschluß, Steintafeln und Verordnungen. Manche Einzelzüge weisen eher in eine jüngere Zeit. So will es nicht recht gelingen, die spätere (meist deuteronomistische) Überarbeitung so sicher auszuscheiden, daß eine vertrauenswürdige Überlieferung vom Sinaiereignis selbst zum Vorschein kommt. Die Deklaration des Bundesschlusses (V 27) ist ohne die vorhergehenden Gebote (V 10–26) nicht denkbar; ist ihre Zusammenfassung erst später erfolgt, kann die Darstellung des Bundesschlusses kaum früh sein. Außerdem scheint Israel sein Gottesverhältnis in den ältesten Traditionen ja noch nicht als »Bund« verstanden zu haben (u.Exk. 5), so daß man das Sinaigeschehen überhaupt nur unter Vorbehalt als »Bundesschluß« bestimmen kann. Auch die Nachricht von den »Tafeln«, die erst wieder im jüngeren Schrifttum des Alten Testaments erwähnt werden, gehört kaum zum ursprünglichen Gut des Sinaiberichts. Jedenfalls bietet Ex 34 keine verläßliche Möglichkeit, die Verbindung von Sinaibund und Gottesrecht für den Urbestand der Überlieferung zu halten. Von ganz anderen Texten her wird sich dieses zurückhaltende Ergebnis bestätigen.

d) Der Gott vom Sinai

1. Obwohl das Alte Testament nur recht selten auf den Sinaibund anspielt, ist die Zugehörigkeit des Sinai zu *Jahwe* auch außerhalb des Pentateuchs bereits an einigen sehr alten Stellen bezeugt. Schon das Deboralied, das bis in die Richterzeit zurückgehen wird, verkündet Jahwes Auszug vom Sinai zur Theophanie und zum Kampf:

»Jahwe, als du auszogst von Seir,
einherschrittest auf den Gefilden Edoms,
da erbebte die Erde ...« (Ri 5,4)

Ähnlich lautet die Einleitung des Mosesegens:

»Jahwe kam vom Sinai,
glänzte ihnen auf von Seir,
strahlte auf vom Gebirge Pharan.« (Dtn 33,2)

Diese Texte sind anscheinend weder voneinander noch von den Pentateucherzählungen beeinflußt, so daß sie Jahwes Bindung an den Ort unabhängig recht früh belegen. Beide Male wird die nähere oder weitere Umgebung des Sinai mit verschiedenen geographischen Ausdrücken umschrieben. Diese Namen weisen in den Süden, das Gebiet der Edomiter oder auch Midianiter. Doch bestätigen diese altertümlichen poetischen Texte nicht die Tradition einer Theophanie *am* Sinai, sondern schildern eine Theophanie als Folge von Jahwes Aufbruch *vom* Sinai (u.§ 11d): Gott »zieht aus« oder »kommt« vom Gebirge, um seinem Volk zu helfen. Selbst die Spätzeit kann diese Vorstellung noch aufnehmen:

»Gott kommt von Teman,
und der Heilige vom Berge Pharan.«
(Hab 3,3; vgl. 3,13; Ps 68,8f)

Über diese verstreuten Zeugnisse stößt man mit einem eigenartigen Ausdruck wohl noch zu einem früheren Stadium der Überlieferung vor. In zwei Theophanieschilderungen – im Deboralied Ri 5,5 und in Ps 68,9 – hat sich ein Gottesprädikat erhalten, das außerhalb des Versmaßes steht: »Der (Gott) vom Sinai«. Das dabei verwendete Pronomen (»Der«) ist in einer solchen Genitiv-Verbindung im Alten Testament sonst nicht gebräuchlich (vielleicht noch Mi 5,4).

Im alten Orient sind jedoch ähnliche Wendungen geläufig. Beispielsweise heißt die Hauptgottheit der Nabatäer *Du-schara* (griechisch-römisch: Dusares) »Der (Gott) von (der Gegend) Schara« (zwischen Totem und Rotem Meer).

So macht die ganze Wendung einen urwüchsigen Eindruck. Da der Titel in dieser festen Prägung zudem schon dem Deboralied aus der frühen Richterzeit vorgegeben ist, muß er ein sehr hohes Alter haben.

2. Diesem vertrauenswürdigen Zeugnis von Jahwe als dem Sinaigott steht der kurze Mirjam-Hymnus gegenüber, der Jahwe als Retter vor den Verfolgern beim Auszug aus Ägypten preist und durch die Prosaerzählung bestätigt wird:

»Singet Jahwe; denn hoch erhoben hat er sich,
Pferd und Fahrer warf er ins Meer!« (Ex 15,21)
»Jahwe schüttelte die Ägypter ins Meer.« (14,27 J)

Auch in diesem Fall handelt es sich wohl um alte Überlieferung. Zumindest bewahrt das Alte Testament keine echten Erinnerungen, daß das Meerwunder einmal einem anderen Gott zugeschrieben wurde; erst recht läßt sich nicht nachweisen, daß das Ereignis jemals nur »profan«, nicht als Tat Gottes, verstanden worden wäre. Gewiß ist die häufige Bekenntnisformel »Jahwe, der Israel aus Ägypten führte« eine spätere Bildung, die das Zwölfstämmevolk »Israel« in die frühe Zeit vordatiert und mit den Flüchtlingen aus dem Nildelta gleichsetzt. Vielleicht ist es deshalb nicht zufällig, daß jenes kurze Meerlied wohl »Jahwe«, aber nicht »Israel« nennt.

Der Dekalogeingang, der am Sinai an den Exodus erinnert: »Ich bin Jahwe, dein Gott, der dich aus Ägypten geführt hat« verknüpft zwar beide Traditionsstränge, aber der Dekalog ist zumindest in seiner vorliegenden Gestalt jünger, wohl auch ein späterer Einschub in die Sinaiperikope, und sein Alter bleibt ungewiß. So bleibt die Wahl zwischen beiden Möglichkeiten, in Jahwe ursprünglich den Gott des Auszugs oder des Sinaibundes zu sehen. Welche Aussage (Ri 5,4f oder Ex 15,21) kann das größere Recht für sich in Anspruch nehmen, wenn beide Geschehnisse nicht in einem wirklichen Zusammenhang stehen sollten? Nimmt man an, daß die Sinaitradition jünger ist und der Name »Jahwe« von den Erlebnissen beim Meeresdurchzug später auf die Sinaioffenbarung übertragen wurde, so tritt eine kaum zu behebende Schwierigkeit auf: Die Ereignisse am Meer wirken gar nicht wie Offenbarungswiderfahrnisse, die ein neues Gottesverhältnis begründen. Der Rettergott enthüllt nirgends seinen Namen, eher danken die Betroffenen einem ihnen schon vertrauten Gott.

Zudem bewahrt die Exodustradition eine – mit Ex 3; 19 und 24 übereinstimmende – Erinnerung, die in des Pharaos Wort (5,2) zum Ausdruck kommt: »Wer ist Jahwe? . . . Ich kenne Jahwe nicht!« Jahwe gehört nicht zu den Göttern Ägyptens. Muß man darum außer Landes ziehen, um ihn zu verehren (5,1.3 u.a.; vgl. 18,12)?

Sucht man aber in den verschiedenen Nachrichten vom Sinaigeschehen die ältere Überlieferung, von der aus »Jahwe« in die Exodustradition eindrang, dann hat die alttestamentliche Darstellung die Ereignisfolge vertauscht.

Keine der beiden sich ausschließenden Lösungen befriedigt. Wenn man sich zu einem Entweder-Oder entscheiden muß, bietet das Gewicht der Sinaiüberlieferung mehr Anlaß zu der Annahme, daß an jenem Gottesberg die Beziehung zwischen Jahwe und seinen Verehrern begründet wurde. Oder läßt sich das strenge Entweder-Oder vermeiden, da ja auch die Auszugsüberlieferung nicht ohne die Berufung auf Jahwe denkbar ist? Sollte es einen noch verborgenen Zusammenhang zwischen beiden Überlieferungssträngen geben, der sowohl die Schwierigkeiten beseitigt wie allen kritischen Bedenken Rechnung trägt? Vielleicht hilft an diesem Punkt der Überlegungen der Hinweis auf die Querverbindungen weiter, die zu dem Bereich der *Midianiter* bestehen (u.§ 6a3–4).

Spiegelt sich in den Erzählungen von Moses Flucht nach Midian und Rückkehr nach Ägypten (Ex 2–4) ein Ereigniszusammenhang wider: Durchzog die Gruppe, die sich in Ägypten aufhielt, auf ihrer Wanderung vom Osten ins Niltal das Gebiet der Midianiter wie die Sinaihalbinsel und lernte dabei den Jahwenamen kennen? Oder hat man konkret an Mose als Vermittler des Jahweglaubens zu denken?

Mehr als eine Vermutung kann diese Annahme allerdings nicht sein, auch wenn sie beides verständlich macht: die ursprüngliche Beziehung Jahwes zum Sinai und das frühe Vorkommen seines Namens in der Auszugsüberlieferung. Allerdings darf man beide Berichte auch nicht zu eng verbinden, wenn nicht unerklärbar werden soll, warum sie im Alten Testament so auseinanderfallen.

3 Betrachtet man die Sinaitradition als solche, so bleibt ebenfalls eine Reihe von Fragen unbeantwortet. Die frühesten Texte enthalten, strenggenommen, keine Offenbarung des Jahwenamens. Die Selbstvorstellung »Ich bin Jahwe« ist an keiner alten Stelle fest verankert (u.§ 6a1). Das göttliche »Ich« fehlt sowohl in der Theophanie (Ex 19) wie in der Szene vom Bundesschluß (Ex 24). Auffällig ist außerdem, daß die verschiedenartigen Gottesbegegnungen am Sinai, Theophanie und Bundesschluß, so unverbunden, ohne inneren Zusammenhang, nebeneinanderstehen. Als die Ältesten Israels Gott schauen dürfen, spricht Gott nicht; als er in der Natur seine Macht zeigt, redet Gott »im Schall« – im Donner oder mit vernehmbarer Stimme (Ex 19,19). Können beide Ereignisse – gleichzeitig – am selben Ort stattgefunden haben? Gemeinsam ist beiden Berichten allerdings, daß sie Gott nicht darstellen.

Schließlich berichten die urtümlichen Darstellungen der Theophanie wie des Bundesschlusses noch nichts von dem dritten Element, das die Sinaiperikope in ihrer Endgestalt beherrscht: der *Rechtsmitteilung*. Auch deuten weder der alte Kurzname »Der (Gott) vom Sinai« noch die Zeugnisse von Jahwes »Kommen« vom Sinai (Ri 5,4f u.a.) eine Gesetzgebung an. Anscheinend enthält eben die Sinaiüberlieferung selbst ursprünglich kein Gottesgebot.

Gewiß kann man gegenüber einer solchen Rekonstruktion den allgemeinen Einwand erheben: Wo ein Gottesverhältnis begründet wird, da muß auch eine Ordnung gegeben werden, die das Leben in diesem Verhältnis aufrechterhält. Darf man demgegenüber daran erinnern, daß die Genesiserzählungen, in denen der Väterglaube nachklingt, auch nichts von der Proklamation von Rechtssatzungen wissen?

Vielleicht vollzog sich aber einmal eine Rechtsverkündigung an Orten, die in einem lockeren Zusammenhang mit dem Sinaigeschehen stehen (vgl. Ex 18,13ff u.a.; u.§ 6a3); so wäre die Vereinigung der zunächst eigenständigen Traditionselemente leicht verständlich.

Auf jeden Fall ist nicht die Rechtsproklamation das Kernstück der Überlieferung, sondern die Erscheinung Gottes auf dem Berg, die eine Gemeinschaft zwischen Gott und Mensch zur Folge hat. Demgegenüber betonte die spätere Zeit die Folge von Rechtsproklamation und Gehorsamsverpflichtung des Volkes um so mehr; ihr wurde die Theophanie zur Willensoffenbarung und umgekehrt das menschliches Zusammenleben konstituierende Recht zur Konsequenz des Gottesverhältnisses (vgl. § 6a1).

4. Auf Grund der alten Berichte von einer Theophanie in der Natur hat man in Jahwe ursprünglich eine *Vulkan-* oder *Gewittergottheit* sehen wollen. Außerdem berief man sich auf die Gottesoffenbarung vor Abraham (Gen 15,17: »ein rauchender Ofen und Feuerfackel«; vgl. Ex 3,2) wie auf die Sage von der Zerstörung Sodoms und Gomorras durch Feuer und Schwefel (Gen 19,24); beide Erzählungen wurden aber wohl erst sekundär auf Jahwe übertragen. Das Verhältnis Gottes zu den Naturphänomenen lassen vielleicht die im Alten Testament weit verstreuten Theophanieschilderungen (§ 11d) am deutlichsten erkennen; sie verbinden beides eng, wissen aber wohl zu unterscheiden: Die Naturerscheinungen zeigen nicht Jahwe selbst, sondern sind Folgen, die sein Kommen begleiten. (Auch die kanaanäische Religion identifizierte keineswegs Gott und Natur.) Die Auswirkungen können auftreten oder auch ausbleiben. Jahwe muß sich nicht in Gewitter oder vulkanischen Anzeichen äußern. Erst recht ist nicht jedes Gewitter als solches eine Offenbarung. »Jahwe war nicht Gott einer einzelnen Naturerscheinung . . . Weder ist ein einzelnes Naturphänomen in sich eine Theophanie Jahwes, noch ist Jahwe in seiner Theophanie an ein einzelnes Phänomen gebunden. Jahwe war nie ›Gewittergott‹, ›Feuergott‹ oder ›Lichtgott‹.« (*J.Jeremias*, Theophanie, ^{2}1977, 38) Nach dem Zeugnis des Alten Testaments greift Jahwes Wirksamkeit seit je weit über den Bereich der Natur hinaus in die Welt des Menschen hinein. Vielleicht haben die Naturerscheinungen auch zugleich die Aufgabe, den sich offenbarenden Gott zu verbergen. Jedenfalls wollen sie zum Ausdruck bringen, daß Gott eine Macht ist, die in die Welt einbricht und sie zu ändern vermag. Gott »ist«, indem er »erscheint«.

5. Die Distanz Jahwes zu den Naturphänomenen gilt auch gegenüber der Ortsbindung. Der urtümliche Gottesname »Der vom Sinai« setzt voraus: Jahwe ist Gott eines *Berges*. Andere Texte bestätigen diese Schlußfolgerung.

Elia unternimmt eine Wallfahrt zum »Gottesberg« (1 Kön 19; vgl. Ex 3,1 u.a.). Mose »steigt zu Gott hinauf« und führt das Volk »Gott entgegen« (Ex 19,3.17.20; 24,9.12f). Er »naht sich dem Dunkel, in dem Gott war« (20,21), oder er tritt auf den »Platz« neben Jahwe, um die göttliche Herrlichkeit an sich vorüberziehen zu lassen (33,18ff). Schließlich stellt Mose die Frage, wie Gottes Gegenwart dem Volk erhalten bleiben kann, wenn es auf göttliches Geheiß den Berg verläßt (33,12ff). Auch ägyptische Zeugnisse scheinen diese Überlieferungszusammenhänge anzudeuten (u.§ 6a2,2).

Die alte Überlieferung von Jahwes Wohnstätte am Sinai schwächt bereits der Jahwist ab: »Jahwe steigt auf den Berg Sinai herab« (19,18.20; 34,5). Der Berg ist nur Erscheinungsort, Jahwe wohnt im Himmel. Damit wird strenger zwischen dem Ort auf Erden und dem jenseitigen Gott unterschieden. Die Priesterschrift betont Gottes Transzendenz noch stärker:

Seine »Herrlichkeit« ruht nicht dauernd auf dem Sinai, sondern »läßt sich« nur zeitweilig »nieder« (24,16f; vgl. 29,45f u.a.); denn Jahwes Gegenwart ist kein vorfindlicher Zustand. Es liegt nahe, die Verlegung von Gottes Wohnort in den Himmel als späteres Stadium religiösen Vorstellens zu beurteilen (vgl. § 19,5). Vielleicht schließen sich die beiden verschiedenen Aussagen aber nicht unbedingt aus. Nach Ex 24,9–11 liegen zu Gottes Füßen blaue Fliesen, d.h. doch wohl der Himmel. Entweder ragt also der Berg in den Himmel hinein, oder der Himmel stellt Jahwes Fußschemel dar, wie spätere Visionen Jahwe auf einem Thron sehen (Jes 6,1; Ez 1,26; vgl. Ps 29,10). Auf jeden Fall bleibt der Gott, der auf Erden erscheint, jenseits. Bereits für die ältere Zeit ist Gott also nicht schlechthin an ein welthaftes Phänomen, den Berg, gebunden, sondern zugleich außerweltlich. Die Vorstellung eines göttlichen Wohnortes macht Gott darum nicht »verfügbar«. Mit einer Ausnahme (1 Kön 19) wird im Alten Testament nicht einmal von einer Wallfahrt zum Sinai berichtet, weil man Gott dort nicht zu suchen braucht.

Jahwe bleibt zudem kein Ortsgott. Schon nach den alten Theophanieschilderungen (Ri 5,4f; Dtn 33,2) bricht er vom Sinai auf, um an anderer Stelle für sein Volk einzugreifen. Der Vätergott gibt dem Berggott seine Wesensart ab: »Der vom Sinai« zieht führend und helfend mit den Menschen mit. »Hier zeichnet sich etwas für den alttestamentlichen Gottesgedanken geschichtlich und phänomenologisch Entscheidendes ab: daß der biblische Gott grundsätzlich entlokalisierbar, daß er der räumlichen Entschränkung fähig ist« (*K.Goldammer*).

6. In späterer Zeit wird der Interpretationsvorgang auf anderer Ebene weitergetrieben, als auch das für Israel grundlegende Geschehen am Sinai eschatologisch verstanden wird. Das Gemeinschaftsmahl, das Gott den Vertretern Israels gewährte (Ex 24,11), wird sich in Zukunft neu begeben: »Jahwe Zebaot wird allen Völkern auf diesem Berg ein fettes Mahl bereiten« (Jes 25,6), damit eine weltweite Gemeinschaft beschließen. Der Wortlaut der sog. Jesaja-Apokalypse scheint absichtlich an jene frühe Überlieferung zu erinnern (»vor seinen Ältesten ist Herrlichkeit« Jes 24,23), erwartet aber das kommende Mahl in anderen Ausmaßen: Es wird nicht auf dem Sinai, sondern auf dem Zion stattfinden, nicht nur weit großartiger und üppiger als das vergangene sein, sondern »*alle* Völker« einbeziehen.

Wenn auch die Gesetzgebung nochmals erfolgt, wird die Vergebung ihr dauernder Grund sein, und die Gotteserkenntnis vollzieht sich ohne jede Vermittlung, so daß Theonomie und Autonomie identisch werden (Jer 31,31ff; u.Exk. 5,6).

§ 6 Die Charakteristika des Jahweglaubens

Die Verehrung Jahwes beginnt für einen Großteil alttestamentlicher Überlieferung im Verlauf des Sinaigeschehens mit der Offenbarung an Mose (o.§ 2,3). Allerdings ist nicht eindeutig festzustellen, wo der Ausschluß der Fremdgötterverehrung und auch die Bildlosigkeit überlieferungsgeschichtlich ihren Ursprung haben. Trotzdem ist das Israel, von dem das Alte Testament redet, ohne den Jahweglauben mit diesen Charakteristika nicht denkbar. Dabei ist es gleichgültig, ob das erste (mit dem zweiten) Gebot schon früh ausgesprochen wurde, also wörtlich oder eher zunächst nur der Sache nach wirksam war. Es ist jedenfalls kein zeitlicher oder räumlicher Bereich Israels vorstellbar, in dem es neben Jahwe oder an seiner Stelle generell und grundsätzlich andere Götter verehrt haben soll. Es läßt sich auch kein Ereignis in Israels Geschichte nennen, bei dem die Eigenart oder Grundforderung des Jahweglaubens aufgekommen und allgemein eingeführt worden wäre.

Insofern sind die Jahweverehrung mit dem ihr eigenen Geschichtsbezug sowie – zumindest im Ansatz – die Ausschließlichkeit und die Bildlosigkeit dem Israel im Kulturland zeitlich und sachlich »vorgegeben«. Darum müssen sie der Darstellung der Religion Israels im Kulturland vorgeordnet werden. So kann man sie – im Einklang mit der späteren Überlieferung – an das Sinaiereignis anschließen.

a) Der Jahwename

1. »Ich bin Jahwe«

1. Die Selbstoffenbarung Gottes in seinem Wort kennzeichnet wesentlich alttestamentliches Gottesverständnis. Sie erfaßt in besonderer Weise den Unterschied zwischen Gott und Mensch: Gott redet, der Mensch hört. Weil sich Gott mit seinem Namen bekannt macht, vermag der Mensch ihn anzurufen. Mit der Selbstvorstellung (Gen 46,3; Ex 3,6; 6,2; 20,2 u.a.), die auch auf frühere Offenbarung rückverweisen kann, verbindet Gott eine Verheißung oder nimmt den Menschen in Auftrag. Die Propheten, die die entscheidende Offenbarung erst erwarten, können die Erkenntnis, »daß ich Jahwe bin«, für die Zukunft verheißen (Jes 43,10; 45,6 u.a.).

Diese Deutung des Verhältnisses von Gott und Mensch ist in der Religionsgeschichte keineswegs selbstverständlich. Für die benachbarte *ägyptische* Religion beispielsweise erscheint Gott nicht so sehr im Wort, das der Mensch hört, sondern im Bild, das der Mensch sieht, und in den kultischen Riten, die er begeht. In den antiken Kultreligionen wurden »die Götter in heiligen Handlungen gegenwärtig gemacht oder einfach verehrt, ohne daß das Wort, und schon gar nicht ein auf

Gott selbst zurückgeführtes Wort, eine mehr als dienende Rolle gespielt hätte« (*S.Morenz,* Gott und Mensch im alten Ägypten, ²1984, 21ff). Der Kult vollzieht sich vorwiegend im abgegrenzten Raum des Heiligtums durch die Priesterschaft (vgl. § 6c,4). Entsprechend betrifft die schriftliche Überlieferung einer solchen Religion zunächst Vorschriften über rituelle Handlungen. »Vor allem fehlt gänzlich die Aufzeichnung von Gesetzen, mit denen die Gottheit das Leben der Gesellschaft und des einzelnen zu regeln unternähme.« Gerade im Vergleich mit dem Alten Testament war das Offenbarungswort für die ägyptische Religion nicht konstitutiv.

2. So bezeichnend das im Alten Testament häufige »Ich bin Jahwe« ist, die Redeform als solche entstammt dem *Polytheismus.* Die Gottheit stellt sich mit *Namen* vor, damit der Angeredete weiß, wen er vor sich hat (vgl. Gen 17,1; Ex 6,2 P mit Gen 45,3). Im alten Orient trägt die Gottheit allgemein einen Namen, der sie bestimmt und von anderen unterscheidet. Er ermöglicht erst, daß man mit der Gottheit und von ihr sprechen kann; denn nur, weil sie einen Namen hat und als so benannte Person handelt, können die Mythen von den Göttern und ihren Taten erzählen.

Vielleicht ging im Verlauf der Religionsgeschichte diesem »mythischen« Stadium ein »magisches« voraus, in dem das Göttlich-Machtvolle noch keine personale Existenz hatte. »Denn Gott ist in der Religion ein Spätkömmling« (*G.van der Leeuw,* Phänomenologie der Religion, ²1956, 33). Sollte es eine solche »Entwicklung« gegeben haben – als Israel in die Geschichte eintrat, war der alte Orient längst in das Zeitalter des Mythos übergewechselt.

Die Gottheit macht sich mit Namen bekannt. Wohl das meist angeführte Beispiel aus Israels Umwelt ist das Orakel, das der assyrische König Asarhaddon von der Göttin Ischtar empfing:

»Ich bin Ischtar von Arbela, o Asarhaddon, König von Assur! . . .
Fürchte dich nicht, König! sprach ich zu dir.«
(AOT 282; ANET 450; TUAT II/1, 58)

In einem weit älteren sumerischen Lied sagt die Göttin Inanna von sich:

»Mein Vater hat mir den Himmel gegeben,
hat mir die Erde gegeben:
Die Himmelsherrin bin ich.
Mißt sich einer, ein Gott, mit mir?«
(*Falkenstein – v.Soden,* 67; TUAT II/5, 647)

Durch solche Ausgestaltung kann die Selbstvorstellung leicht zur Selbstempfehlung oder gar zur prahlenden Selbstverherrlichung werden, mit der sich eine Gottheit vor der anderen brüstet. Indem an den Namen die eigenen Taten und Eigenschaften angefügt werden, tritt an Stelle der

Bekanntmachung der Selbstruhm. Der Prophet Deuterojesaja kann es in der Auseinandersetzung zu ähnlichen Formulierungen bringen, in denen Gott auf seine Taten, etwa die Schöpfung, oder seine Unvergleichlichkeit verweist:

»Ich bin Jahwe, der dies alles machte,
die Himmel ausspannte allein,
die Erde feststampfte –
wer war bei mir?«
(Jes 44,24; vgl. 41,4; 45,7; Ps 46,11 u.a.)

Durch solche Ergänzungen wandelt die Selbstvorstellungsformel ihren Sinn. So findet sie sich in verschiedenen Formen und wechselnder Bedeutung im ganzen Altertum.

3. Im Alten Testament will die Formel eigentlich keinen völlig Unbekannten mehr vorstellen. Häufig bezieht sie sich ausdrücklich auf die Geschichte, die Gott mit Israel hat. So eröffnet das göttliche »Ich« den *Dekalog*: »Ich bin Jahwe, dein Gott, der dich aus Ägypten, dem Sklavenhaus, geführt hat« (ähnlich Hos 12,10; 13,4; Ps 81,11; Gen 15,7). Die Selbstvorstellung ist durch die Zusage »dein Gott« erweitert, und diese Zuwendung wird durch den Hinweis auf Gottes Befreiungstat bestätigt. Wer und wie Gott ist, zeigt sich an seiner Tat. Für den, dem sich Gott so offenbart hat, gilt die sich anschließende Forderung; der Vorspruch gleicht einem »Grundsatz«, aus dem die Einzelgebote erst folgen (vgl. Gen 17,1; Lev 19,10.14.18; Ps 50,7 u.a.). Der Gehorsame antwortet mit seiner Tat auf Gottes Tat, dankt für das Empfangene. Wegen ihrer Bedeutung wird die feierliche Ichrede Gottes nach dem zweiten Gebot wiederholt (Ex 20,5; vgl. Lev 19,2–4).

Diese Verknüpfung von göttlicher Selbstvorstellung und Gebotsmitteilung scheint Israels Umwelt unbekannt zu sein. Nur der König kann sein »Ich« der Rechtsverkündigung vorordnen; so leitet Hammurabi seine Gesetzessammlung ein: »Hammurabi, der Hirte, der von Enlil berufene bin ich« (AOT 381). Sollte darum »in der Verbindung der Rechtsproklamation mit der Epiphanie Jahwes« eine alttestamentliche Eigenart hervortreten (*W.Zimmerli*, GAufs 40)?

Allerdings ist der Zusammenhang von göttlicher Selbstvorstellung und Geboten kaum ursprünglich. Der Unterschied zwischen beidem zeigt sich schon formal daran, daß nur der Vorspruch des *Dekalogs* mit dem ersten und zweiten Gebot in der Ichrede ergeht, während vom dritten Gebot ab Gott in der dritten Person erscheint. In diesem Wechsel klingt noch nach, daß die ethischen Anweisungen der sog. zweiten Tafel (vom fünften Gebot an) erst nachträglich zu Jahweworten umgestaltet worden sind. So ist der Dekalog in seiner vorliegenden Gestalt eine Komposition aus verschiedenen alten Elementen, die sich wohl schon zu Gebotsreihen (z.B. erstes und zweites Gebot) verbunden hatten, und späteren Erweiterungen.

Schon die beiden Fassungen, Ex 20 und Dtn 5, stimmen zwar weithin wörtlich, jedoch nicht völlig überein. Der bedeutendste inhaltliche Unterschied besteht darin, daß Dtn 5 das Ruhegebot am Sabbat explizit auf die Sklaven ausdehnt, während das Sabbatgebot in Ex 20,11 mit der Gottesruhe bei der Schöpfung begründet wird und damit Gen 1 aus der Priesterschrift der Exilszeit voraussetzt. Die Motivation scheint in beiden Fällen sekundär zu sein.

Darüber hinaus repräsentiert Dtn 5 in seiner größeren Ausführlichkeit und insbesondere mit der Vorrangstellung der Frau im 10. Gebot eher ein jüngeres Stadium (anders *F.-L.Hossfeld*). Aber auch Ex 20 enthält mit den Begründungen und Erläuterungen sowie mit der wechselnden Sprachform Zeichen späterer Überarbeitung. Der Dekalog scheint allmählich angereichert worden zu sein, wie der verschiedene Umfang der Gebote noch andeutet. Nur sind die früheren Zutaten schwieriger abzuheben. So ist auch das Alter der Komposition umstritten. Lassen Prophetenzitate, wie Hos 4,2 oder Jer 7,9 (vgl. Mi 2,2 zum zehnten Gebot; auch Hos 12,10 u.a.), noch Vorformen des Dekalogs erkennen, oder wählen sie aus der bereits vorliegenden Ganzheit aus?

Jedenfalls setzen alle ähnlichen Gesetzesreihen apodiktischen Stils (wie Ex 34; Dtn 27), erst recht das umfangreiche Bundesbuch, Israels Seßhaftigkeit im Kulturland, ja schon einen engeren Kontakt mit der kanaanäischen Umwelt voraus. Mit dem Dekalog wird es sich genauso verhalten; auch er stammt kaum aus früher Zeit, sondern erst aus aus einer eher jüngeren Epoche. Dieses Urteil gilt aber nur für die Gebotszusammenstellung, nicht für Einzelgebote, die gut aus früher Zeit herkommen können. Insgesamt zeigt der Dekalog die Tendenz, die Gebote *allgemein* zu formulieren, um *grundsätzlich* das Verhältnis von Gott und Mensch zu umschreiben. Diese gleichsam zeitlose Fassung, die keine konkreten Anhaltspunkte für eine Datierung mehr liefert, einige jüngere sprachliche Eigenarten und der wohlgestaltete Aufbau im ganzen legen nahe, den Dekalog in seiner vorliegenden Endgestalt als spätere Bildung anzusehen. Dann haben die Zehn Gebote erst im Laufe der Zeit die beherrschende Stelle erlangt, die sie jetzt im Pentateuch einnehmen.

4. Die göttliche Theophanierede »Ich bin Jahwe« war demnach kaum seit jeher mit der Gesetzesproklamation verbunden, selbst wenn dieser Zusammenhang dem Dekalog vorgegeben war. Erstaunlicher ist aber noch, daß die ältere Sinaiüberlieferung (Ex 19; 24; auch 34) – anders als die Vätertradition (Gen 28,13 J; 31,13; 46,3; Ex 3,6 E) – die Namensoffenbarung nicht enthält. Die Formel ist also nirgends in solcher Frühzeit bezeugt, daß sich Jahwe als bisher Unbekannter und Unbenannter durch Enthüllung seines Namens einer Gruppe gänzlich neu zu erkennen gibt. Vielmehr scheint die »Selbstvorstellung« Gottes erst in späterer Zeit mehr und mehr zur eigentlichen Mitte des Sinaigeschehens geworden zu sein, bis man schließlich die Offenbarung als Selbstoffenbarung verstand: Die Anerkennung des göttlichen »Ich« galt als Ziel der Geschichte (Ex 6,7 u.ö.), und die Gebote wurden wie im Dekalog ausdrücklich auf dieses »Ich« bezogen (Lev 18,2 u.ö.). Überhaupt findet sich die sog. Selbstvorstellungsformel zunächst selten. Die älteren Propheten verwenden sie kaum; sie wird erst von Ezechiel und Deuterojesaja häufig gebraucht und ist dann vorwiegend im priesterlichen Sprachgut der Exilszeit verbreitet. Da die alttesta-

mentlichen Belege der Theophanierede »Ich bin« einerseits (trotz Gen 46,3) nicht eindeutig in die Frühzeit zurückreichen, andererseits viele Parallelen aus der Umwelt vorliegen, wird die Selbstvorstellungsformel erst im Kulturland unter fremdem Einfluß aufgekommen sein (vgl. Gen 31,32?). Dann hat Israel eine Redeweise aus den fremden Religionen übernommen, um mit ihr – durch die Verbindung mit dem geschichtlichen Rückverweis sowie dem ersten und zweiten Gebot (Ex 20,2–5; Lev 19,2–4; Hos 13,4; Ps 81,10f) – seinen Gott gerade von den Göttern der anderen zu unterscheiden und so die Besonderheit seines Glaubens auszusagen.

2. Der Name »Jahwe«

1. Wie die Gottheit im Bild mit bestimmten Eigenschaften dargestellt wird, so ist sie ähnlich durch ihren *Namen* charakterisiert und von anderen unterschieden. Er kann etwas von der Wesensart der Gottheit verraten, ihre Merkmale oder den Ort ihrer Erscheinungen angeben. In ihrem Eigennamen wird die Gottheit so gegenwärtig, daß der Mensch sie kennt und anzurufen vermag.

Erschließt der Name »Jahwe« entsprechend etwas von der Wesensart des Gottes Israels? Die Bedeutung des Namens läßt vielleicht noch die Herkunft Gottes erahnen, braucht aber nicht notwendig etwas von der Wirksamkeit zu sagen, die er in der Geschichte entfaltet; Ursprung und Wesen sind eben nicht unbedingt gleich. »Nicht was ein Göttername eigentlich, wirklich und ursprünglich bedeutet, ist von theologischem Belang, sondern nur, welche Welt von Anschauung, Erkenntnis und Offenbarung Gottes die Verehrer eines Gottes mit seinem Namen verbinden ... Auch die Götter haben ihre Geschichte und ihren Gestaltwandel, und auch in denjenigen Fällen, wo ursprünglich der Name des Gottes das Wesen des Gottes treffend und bestimmt umschreibt, kann der Name verblassen und ins Nichtssagende fallen, kann das Wesen des Gottes wachsen und sich ins viel Weitere, ganz Andere wandeln.« (*L. Köhler,* TheolAT, ³1953, 22) Dennoch ist die Schlußfolgerung wohl zu voreilig, die philologische Erklärung des Jahwenamens sei theologisch gleichgültig, zumal schon das Alte Testament einen solchen Deutungsversuch unternimmt (Ex 3,14; vgl. Hos 1,9). Selbst wenn man sich von Spekulationen zurückhält, braucht der Name nicht schlechthin rätselhaft zu bleiben.

Die kanaanäischen Götternamen »El« oder »Baal« sind zugleich Allgemeinbezeichnungen für »Gott« oder »Herr« und Eigennamen eines bestimmten Gottes. Dagegen ist »Jahwe« nur Name. »Jahwe ist sein Name« formuliert etwa Hosea (12,6; Ex 15,3 u.a.), oder Gott stellt sich selbst vor: »Ich bin Jahwe, das ist mein Name« (Jes 42,8). Erst das Judentum hat später die Aussprache des göttlichen Eigennamens streng gemieden (u.§ 19,6).

2. Neben dem vollen Namen »Jahwe« treten – meist in Personennamen – auch Kurzformen auf, wie »Jahu« (in den Elephantine-Papyri, in »Jirme-

jahu« Jeremia u.a.), »Jah« (in poetischen Texten, wie Ex 15,2; vgl. »Hallelujah«) oder gar am Wortbeginn »Jo« (vgl. »Jo-natan«). Man hat lange gezweifelt, ob die Langform ursprünglich oder eine spätere Zerdehnung ist. Wahrscheinlicher ist die erste Lösung: »Jah« ist eine Verkürzung des Tetragramms JHWH. Es wird von der Erläuterung des Gottesnamens Ex 3,14 vorausgesetzt und ist schon früh nicht nur innerhalb des Alten Testaments (Ri 5,4f u.a.), sondern auch auf Inschriften belegt.

Der Gottesname JHWH ist auf Inschriften aus Kuntillet Adschrud, 50 km südlich von Kadesch Barnea, aus dem 9./8.Jh. v.Chr., auf der Siegesinschrift des Königs Mescha von Moab (um 840 v.Chr.; u.§ 7,1b), auf einem Grab aus Chirbet el Qom (8.Jh.), später auf den Ostraka von Arad und Lachisch sowie anderwärts bezeugt.

Texte, die wie die Mescha-Stele etwa gleichzeitig mit dem Alten Testament den Gottesnamen »Jahwe« bezeugen, beziehen ihn auf den Gott Israels. Sie tragen also für die Erforschung der Herkunft des Namens »Jahwe« nichts Wesentliches aus; sie liefern keine Möglichkeit einer historischen Ableitung. Darum fand die These, diese Gottesbezeichnung sei genuin israelitisch, immer wieder Verteidiger.

In Personennamen aus Syrien ist als theophores Element schon früh *Ja* (Ebla, 3.Jt.v.Chr.; Ugarit), später auch *Ja'u* (assyrische Inschriften des 8.Jh.) bezeugt.

In den mythologischen Texten von Ugarit wird einmal ein Gott *Jw*, Sohn des Gottes El, erwähnt. Die Stelle ist jedoch so undurchsichtig, daß sie zum Verständnis wenig beiträgt. *Jw* ist hier wohl nur ein anderer Name für den Meeresgott »Jam«, von dem die Mythen viel zu erzählen wissen (vgl. u.§ 10b). Auf keinen Fall kann man aus diesem Einzelbeleg folgern, daß »Jahwe« früher ein kanaanäischer Gott, ein »Sohn Els« gewesen sei (vgl. § 3c).

Wieweit solche Belege aus dem nordsyrischen Raum mit dem Gottesnamen Jahwe zu verbinden sind, bleibt unsicher.

Aus Mari sind sog. amoritische Personennamen bekannt, die zwar nicht den Jahwenamen, aber ein ihm ähnliches Verbelement *jawi* enthalten. Sie werden allerdings verschieden erklärt: »(Gott) ist/erweist sich (bei dem Kind als Helfer)« oder kausativ »(Gott) bringt ins Sein«. Möglich ist auch die Übersetzung: »(Gott) lebt« bzw. »bringt ins Leben«. Es handelt sich jeweils um Dank- oder Vertrauensnamen, die Schutz und Beistand der Gottheit für das Kind bekennen oder herbeiwünschen. Ein Zusammenhang mit dem Jahwenamen könnte »insofern bestehen, als die Handlung, die in diesen ... Namen der Namengeber von der Gottheit wünscht, in dem Namen Jahwe zur Wesensbezeichnung eines bestimmten Gottes und damit zum Eigennamen geworden wäre.« (*M.Noth*, Die israelitischen Personennamen, 1928, 112). Wurde, was hier angesagt ist, im Namen Jahwe zum Wesen und Eigennamen dieses einen Gottes: »er ist/erweist sich/wirkt«?

Aus dem vorislamischen Arabien sind auch Gottesnamen von vergleichbarer Gestalt und Bedeutung bekannt: *Jagūt* »er wird helfen« oder *Ja'uq* »er wird schützen (?)«. Die Namensform scheint also in früher Zeit möglich zu sein.

Innerhalb des – bisher bekannten – außerbiblischen Materials verdienen ägyptische Listen aus vorisraelitischer Zeit (Soleb und Amara West,

14. und 13.Jh.) besondere Beachtung. Sie erwähnen neben einem »Land der Schasu(-Beduinen) Seir« ein »Land der Schasu *Jhw'*«. Dieser Name bezeichnet wohl ein Gebiet oder spezieller ein Gebirge. So paßt die Nachricht zu alten alttestamentlichen Angaben, in denen Jahwe als Gott eines Berges (Sinai) erscheint, und führt außerdem wieder in den Raum südöstlich Palästinas (zu Seir vgl. Ri 5,4 u.a.; o.§ 5d). Sollte hier die Heimat des Jahwenamens sein? Jedenfalls scheinen sich alte Vermutungen zu bestätigen: Der Name »Jahwe« ist kaum auf Israel beschränkt und außerdem älter als das Alte Testament; d.h., er ist mit einiger Wahrscheinlichkeit ursprünglich nicht israelitisch.

3. Wenn der Name Jahwe dem Alten Testament bereits vorgegeben ist, kann seine Grundbedeutung längst unverständlich geworden sein. So hat man den Ursprung in verschiedenen Sprachen und bei verschiedensten Wortarten gesucht. Man kann »Jahwe« etwa als Nominal- oder Verbalform (Imperfekt) bestimmen und vom Wortstamm »fallen« (*hwh*) oder »sein« (*hjh*, aramäisch *hwh*) ableiten. Je nachdem welche Möglichkeiten man wählt und miteinander verbindet, ergibt sich ein ganz verschiedener Sinn: Der »Wehende« oder »Fällende«, d.h. der Blitzeschleuderer, würde Jahwe als Wettergott charakterisieren, aber entsprechende Gottheiten aus Israels Umwelt, wie Baal oder Hadad, heißen nie ähnlich. Auch eine Deutung als Kultruf *ja-huwa* »O, Er!« oder die Übersetzung »der leidenschaftlich Liebende« und manche andere Lösungen wurden vorgeschlagen. Am ehesten kommt eine Ableitung vom Stamm »sein« in Betracht.

Im Namen Jahwe scheint sich die sprachgeschichtlich ältere Verbform (*a* im Präfix, *hwh* aramäisch statt *hjh*) erhalten zu haben.

Eine vergleichbare Struktur (3.Ps.Sg.Impf im Grund- oder Kausativstamm) zeigen – alte – Personennamen wie Jakob, Joseph oder, verbunden mit dem Gottesnamen El, etwa noch Israel; auch eine Tempelsäule (1 Kön 7,21) trägt einen entsprechenden Verbalformnamen: Jachin (»er möge aufrichten« o.ä.).

Bei einem Gottesnamen bietet sich zunächst ein kausatives Verständnis an: er »macht sein«, »ruft ins Sein«, »der Schöpfer«. Doch ist eine solche Form (*hifil*) bei dem Verbum »sein« sonst nicht gebräuchlich. Außerdem bleibt dann rätselhaft, warum Schöpfungsaussagen in den älteren alttestamentlichen Traditionen (von den Erzvätern, vom Exodus und Sinai) zumindest zurücktreten und auch später nur ungleichmäßig bezeugt sind (u.§ 11f).

Nach allem liegt – in Übereinstimmung mit Ex 3,14 – die einfachste Deutung am nächsten: er »ist/erweist sich/wirkt«.

Falls die etymologische Erklärung richtig ist, hilft sie fast wider Erwarten zum Verständnis »Jahwes« ein Stück weiter. Der Eigenname besteht in einer Aussage über Gott in dritter Person. Darum kann man fragen, ob »das in Israel und im späteren Judentum immer neu wirksam werdende Bestreben, den Gottesnamen wegen seiner großen Heiligkeit zu vermeiden und Ersatzbezeichnungen wie ›(mein) Herr‹, ›Der Heilige‹, ›Der Name‹ zu wählen, sich viel früher schon abzeichnete, als wir bisher annehmen« (*W.v.Soden*, 184). Waltet von Anfang an ein Geheimnis um den Gott Jahwe, der sich in seinem Sein bzw. Wirken offenbart und ansprechen läßt, sich aber weiterem Zugriff, etwa durch ein Gottesbild, entzieht und seinen Namen vor Mißbrauch schützt? Ist darum »er wird (da)sein« doch der angemessene Name?

Darüber hinaus wird in ihm, falls die Worterklärung stimmt, in besonderem Maße die Einheit von Namen und Wesen erkennbar. Was Gott »ist«, erscheint in dem, wie er heißt. »Sein« meint im Alten Testament kein absolutes »für sich sein«, sondern eher »da/gegenwärtig/wirksam sein« oder gar »sich als Helfer erweisen«. So könnte der Name »er ist« einerseits zugleich den Dank des Menschen aussprechen, daß Gott eingegriffen hat, wie Hoffnung und Vertrauen, daß Gott sich wieder geneigt erweisen werde. Andererseits stellt sich dieser Gott so vor, wie er verstanden sein will: von seinen Taten her. Die Wirklichkeit dieses Gottes ist – schon vom Namen her – seine Wirksamkeit.

4. Die gleiche etymologische Ableitung des Wortes »Jahwe« vom Stamm »sein« bietet das Alte Testament selbst an der einzigen Stelle, an der es den Gottesnamen deutet (Ex 3,14 E).

Die Erläuterung des Jahwenamens Ex 3,14 ist sprachlich eng in den voraufgehenden Text des Elohisten (V 9f) eingebunden und schließt an die göttliche Ichrede V 12 »Ich werde (mit dir) sein« an, ja ist durch diese Verheißung wohl überhaupt erst angeregt. Zudem scheint der um 750 v.Chr. im Nordreich auftretende Prophet Hosea (1,9) mit dem Gotteswort, das den Symbolnamen seines dritten Kindes deutet: »Ich, ich werde nicht (mehr) für euch da sein«, Ex 3,14 kritisch aufzugreifen. Wohl nur V 15, der sowohl V 14 als auch am Zion gepflegte Psalmensprache (Ps 135,13; 102,13) aufnimmt, ist Zusatz.

Liegt hier wie in vielen anderen Fällen (z.B. »Babel« Gen 11,9 oder »Mose« Ex 2,10) eine volkstümliche Erklärung vor, die in späterer Zeit auf Grund des Gleichklangs von Worten einem unbekannt gewordenen Namen neuen Sinn abzugewinnen sucht? Gewiß verfolgt die Deutung ein theologisches Ziel. Ist damit aber ausgeschlossen, daß sie sachgerecht verfährt? Nur setzt sie die Namensaussage »er ist« in die Ichrede des göttlichen Offenbarungswortes um und wechselt vom Aramäischen (vgl. Dtn 26,5) bzw. von der im Aramäischen bewahrten älteren Wurzelform ins Hebräische über; von daher wird der erhebliche Sprachunterschied zwischen dem Namen und seiner Deutung (*jahwe* – *'ehje*) verständlich.

Auf Moses Bitte um Auskunft über den Namen antwortet Gott nicht direkt mit der Selbstvorstellung »Ich bin Jahwe«, sondern indirekt, auslegend: »Ich werde sein, der ich sein werde« bzw. »Ich bin, der ich bin«. Bei der Wiederholung wird die Umschreibung gekürzt; Mose soll sagen: »›Ich bin‹ hat mich zu euch gesandt.« Mit dieser – sehr unterschiedlich verstehbaren – Antwort will Gott kaum, um seine Unabhängigkeit zu wahren, ins Unnennbare, Unbestimmbare und Unfaßbare ausweichen oder seinen Namen verweigern (vgl. Gen 32,30; Ri 13,6.17f), sondern ihn gerade erklärend offenbaren. Würde die Zurückweisung – in einer Situation, in der Gott Befreiung aus der Not verheißt, der Beauftragte aber zögert – nicht bedeuten, daß Gott Mose Steine statt Brot gibt? Der Sinn des Satzes liegt auch kaum in der Feststellung: Gott ist unbezweifelbar wirklich, obwohl man im Anschluß an die griechische Übersetzung »Ich bin der Seiende« Ex 3,14 gerne auf das Sein Gottes bezog, sei es seine Aseität, seine Einzigkeit im Gegensatz zu den Götzen (»der allein Seiende«) oder sein Einssein mit sich, seine Treue bzw. Beständigkeit (»der Immergleiche, Ewige«; vgl. Ex 3,15). Eher kennzeichnet auch diese Aussage Gottes Wesen als Wirken. Gott sagt seine machtvolle, hilfreiche Gegenwart beim Menschen zu (vgl. Ex 3,12 »Ich bin mit dir«, die Entfaltung 6,7 P und die Bestreitung Hos 1,9). Dabei mag im Zusammenhang besonders an die Befreiung aus der ägyptischen Fron gedacht sein; doch klingt die Aussage viel allgemeiner, weit grundsätzlicher, als es die Situation erfordert: »Ich werde dasein/wirken.« Das Wort schließt nicht nur das eine Ereignis, sondern auch die folgenden ein und verbindet so die Verheißung göttlicher Gegenwart mit der Offenheit für die künftige Geschichte. Das Moment der Freiheit, das dabei (durch die Paronomasie) zur Geltung kommt, schlägt beim Propheten (Hos 1,9) in radikale Kritik um.

3. Jahwe – Gott der Midianiter?

1. Wahrscheinlich ist der Jahwename Israel vorgegeben (vgl. Gen 4,26; 9,26 u.a.). Aus welchem Bereich könnte er aber stammen? Verschiedene Ansatzpunkte ließen bereits eine ursprüngliche Beziehung Jahwes zum Raum südlich Palästinas, in dem auch die Midianiter zu Hause sind (vgl. 1Kön 11,18; Jes 60,6), vermuten:

a) Nach alten Theophanieschilderungen (Ri 5,4f; Dtn 33,2f u.a.) bricht Jahwe von einem Berg im Bereich der Edomiter auf.

b) Der Name »Jahwe« scheint nach außerbiblischen (ägyptischen) Zeugnissen in vorisraelitischer Zeit in jenem Gebiet beheimatet gewesen zu sein.

Unabhängig von diesen Argumenten liefert das Alte Testament weitere Gründe für die Rekonstruktion eines solchen Überlieferungszusammenhangs. Nach einer Reihe von Texten war *Moses Schwiegervater* Midianiter (Ex 2,16; 3,1; 4,18f; 18,1ff; Num 10,29), nach einer anderen Tradition allerdings Keniter (Ri 1,16; 4,11).

Wie Moses Eltern (Ex 2,1) trat auch sein Schwiegervater, »Priester von Midian« (2,16; 3,1; 18,1), ursprünglich vielleicht namenlos auf, führt im Alten Testament jetzt verschiedene Namen: Reguel (2,18), Jitro (3,1; 18,1ff) bzw. Jeter (4,18), Hobab

(Ri 4,11; vgl. 1,16) und – wohl zwei Traditionen ausgleichend – Hobab, Sohn Reguels (Num 10,29). Jedenfalls spielt diese Verbindung mit den Midianitern in wechselnden Zusammenhängen eine Rolle: Moses Heirat (Ex 2,2), Berufung am Gottesberg im Bereich der Midianiter (3,1), Begegnung in der Wüste (18,1ff) und Begleitung auf dem Weg ins Kulturland (Num 10,29ff).

Da Moses Schwiegervater auch als Keniter gilt, kann man vermuten, daß die Stämme der Midianiter und Keniter in einem Verwandtschaftsverhältnis standen, letztlich also nur eine Tradition vorliegt. Muß man jedoch zwischen beiden Überlieferungen wählen, wird man die Verbindung zu den Midianitern für älter halten. Israels Beziehungen zu ihnen waren – anders als zu den Kenitern – seit der Richterzeit (Ri 6ff) gespannt (s. u.). Der allerdings jungen Erzählung Num 25,6ff gilt die Verbindung eines Israeliten mit einer Midianiterin als Vergehen, und die späte Priesterschrift (Ex 1,13f; 2,23–25; 6,2ff) verschweigt Moses Kontakte zu den Midianitern kaum ohne Absicht völlig. Außerdem ist das Zeugnis Ri 1,16; 4,11 nicht von gleichem Wert wie die verschiedenartigen Pentateuchnachrichten. So ist die Überlieferung von einer Verschwägerung Moses mit den Midianitern aus späteren Verhältnissen kaum mehr erklärbar, sondern wird in die früheste Zeit zurückreichen (vgl. Gen 25,1–4).

Num 12,1 weiß darüber hinaus von einer kuschitischen Frau Moses. Vermutlich ist jedoch keine Äthiopierin (so die griechische und lateinische Übersetzung), sondern eine Angehörige jenes Stammes Kuschan gemeint, der Hab 3,7 parallel zu Midian genannt wird. So führt diese Sondertradition in den gleichen, nämlich midianitischen, Raum.

Für sich genommen, besagen so verschiedenartige Angaben sicher wenig. Wenn man aber alle diese Einzelzüge zusammenstellt, wird man die allgemeine Übereinstimmung kaum für zufällig halten können. Zu viele Anhaltspunkte weisen in den Bereich der Midianiter.

2. Von diesen Beobachtungen her erhält eine recht ausführliche Erzählung des Alten Testaments Gewicht, die vielleicht noch Israels Verbindung im Glauben mit diesem Volksstamm widerspiegelt. Unmittelbar vor der Sinaiperikope findet sich ein Bericht von einem *gemeinsamen Opfer* des Midianiterpriesters und der Israeliten (Ex 18,1–12). Diese im Kern altertümliche, aber später ausgestaltete Geschichte ist ein Einzelstück (der elohistischen Darstellung mit Ergänzungen, bes. in V 1b.8.9–11), das zwar durch Moses Flucht von Ägypten nach Midian (2,15ff) vorbereitet wird, aber keine Fortsetzung erfährt. »Moses Schwiegervater« kommt Mose »in die Wüste, an den Gottesberg« entgegen, um ihm nach der geglückten Rettung aus Ägypten seine Familie wieder zuzuführen (V 5f). Dieser Anlaß spielt bei der Begegnung selbst jedoch keine Rolle; an dieser Unausgeglichenheit wird deutlich, daß die Erzählung verschiedene Motive vereinigt und allmählich gewachsen ist. Nach der ehrenvollen Begrüßung erfährt der Midianiter, was Jahwe an Israel in Ägypten getan hat, und preist deshalb seine Macht (V 11): »Jetzt weiß ich, daß Jahwe größer ist als alle Götter.« Bekehrt sich der Midianiter »jetzt« erst zu Jahwe? In der folgenden Szene tritt Jitro aber als amtierender Priester beherrschend hervor. So

gehört jenes Bekenntnis zur Überlegenheit Jahwes über alle Götter kaum zum Überlieferungskern, sondern stellt nachträglich die Wahrheit des eigenen Glaubens heraus und ordnet sie der Folgehandlung vor; der urtümliche Höhepunkt am Schluß (V 12) steht zum Vorhergehenden in gewisser Spannung. Aber nur in dem Erzählabschnitt (V 8–11), der wie eine Erweiterung aussieht, wird der Name »Jahwe« genannt. Die ursprüngliche Geschichte sagt also nicht unmittelbar, welcher Gott am »Gottesberg« verehrt wurde. Wenigstens verschweigt der Schlußvers völlig, wem die Opfer dargebracht werden, obwohl mit »Gott« gewiß Jahwe gemeint ist:

»Da nahm Jitro, Moses Schwiegervater, – Brandopfer und – Schlachtopfer für Gott; – und Aaron – und alle Ältesten Israels kamen herbei, um zusammen mit Moses Schwiegervater vor Gott ein Mahl zu halten.« (V 12)

Erstaunlich ist zunächst das Mahl, das eine Gemeinschaft zwischen Israeliten und Midianitern »vor Gott« schließt und bekräftigt (vgl. Gen 31,54 u.a.). Auch der Sinaibericht, der die Midianiter nicht nennt, weiß ja von einem Mahl auf dem heiligen Berg, an dem ebenfalls »die Ältesten Israels« beteiligt sind (Ex 24,11), und von Opfern am Fuß des Berges in der Wüste (24,5). Von einem »Bund« ist allerdings keine Rede, diesen Begriff kennt die älteste Sinaiüberlieferung ja auch kaum. Verwunderlicher ist aber noch: Moses Schwiegervater, der als »Priester von Midian« (V 1) eine amtliche Stellung innehat, bringt die Opfer dar, während »alle Ältesten« als Vertreter Israels beim Essen gleichsam nur als Gäste geladen sind, also an einer fremden Opferfeier teilnehmen.

»Aaron« ist ähnlich wie in Ex 24,1.9 als Vertreter des Priestertums eher nachträglich hinzugekommen; desgleichen ist das feierliche, nicht zum Verzehr bestimmte »Brandopfer« wohl Zusatz.

Schließlich wird Mose nicht mehr erwähnt – vielleicht deshalb, weil das Treffen zum gemeinsamen Mahl mehr als eine Familienangelegenheit war? Wurde Israel an einem midianitischen Wallfahrtsheiligtum in den ortsüblichen Kult aufgenommen, so daß beide Völker oder Stammesgruppen *einen* Gott haben? Das Kapitel Ex 18 allein ist zu schwach, als daß es die Übernahme des Jahwekultes von den Midianitern beweisen könnte, aber es ist ein Glied in der Kette der Argumente. Da der Midianiterpriester doch wohl seinem Gott opferte, liegt die Vermutung nahe, daß die Midianiter ursprünglich Jahweverehrer waren.

Die Abhängigkeit Israels von den Midianitern deutet auch die sich anschließende Erzählung über die Organisation der *Rechtsprechung* (Ex 18,13–17) noch an. Mag innerhalb der vorliegenden Endgestalt des Pentateuchs schon Verwunderung erregen, daß Ex 18,12 vor dem Sinai (mit den dort gegebenen priesterschriftlichen Kultgesetzen) von Opfern weiß und damit einen Altar voraussetzt, so ist erst recht auffällig, daß vor Proklamation der Rechtssammlungen Ex 20ff bereits in 18,13ff von Rechtsprechung die Rede ist.

Um Mose zu entlasten, rät ihm sein Schwiegervater, zuverlässige, gottesfürchtige Männer als – untergeordnete – Richter einzusetzen, die die leichten, alltäglichen Fälle übernehmen, während Mose selbst die schwierigen, bedeutenderen Fälle (aus dem sakralen Bereich?) vorbehalten bleiben. »Mose hörte auf die Stimme seines Schwiegervaters und tat alles, was er sagte« (V 24). Der Zusammenhang zwischen diesem Bericht von der Midianiterhilfe bei der – eher Verhältnissen späterer Zeit entsprechenden – Neugliederung des Rechtswesens und der vorangehenden Opferszene ist nur sehr lose.

Hilft diese Geschichte trotzdem zu erklären, warum der »Sinai« zum Ort der Gebotsverkündigung wurde? Auch sonst weiß die Überlieferung von *Oasen* zu berichten, an denen Urteile gefällt wurden; so heißt *Kadesch* »Gerichtsquelle« (Gen 14,7; vgl. Ex 11,7 Meriba: Ort des »Rechtsstreits«?; auch 15,25; Num 20,13.24 u.a.). In Kadesch sollen sich die Wüstenwanderer nach jüngeren Zeugnissen längere Zeit aufgehalten haben (13,26; 20,1.14.22; 33,36; Dtn 1,19.46; Jos 14,6f; Ri 11,16 u.a.). War dort eine entscheidende Zwischenstation auf dem Weg ins Kulturland? Über ihre Bedeutung für die Glaubensgeschichte Israels läßt sich allerdings nichts Sicheres ausmachen.

3. Mehrere Motive verbinden also die Überlieferung von dem örtlich nicht näher festgelegten »*Gottesberg*« (Ex 3,1; 18,5; auch 4,27; 1 Kön 19,8ff) *und* dem *Sinai*. Trotzdem scheinen beide unterschieden zu werden: Der Gottesberg heißt nicht gleichzeitig Sinai; in der Sinaiperikope tritt dagegen die Bezeichnung »Gottesberg« zurück (nur Ex 24,13), und die Midianiter werden nicht erwähnt. Auch wird die Sinaiüberlieferung durch die Theophanie beherrscht, von der die Begegnung am »Gottesberg« nichts weiß (vgl. aber 18,12: »vor Gott«; auch 3,1bβ.6). Deuten die beiden Namen dann nicht auf verschiedene Ortslagen, so daß sich die Sinai- und die Midianiterüberlieferung auf zwei Gruppen verteilen? Es gibt im weiten kanaanäisch-syrischen Raum viele Gottesberge. Dennoch wäre es sonderbar, wenn der »Gottesberg«, an dem die Begegnung mit den Midianitern stattfand, nicht der Sinai wäre, der vermutlich im midianitischen Gebiet lag. Vor allem muß die Frage unbeantwortet bleiben, welche Gottheit am Gottesberg verehrt wurde – wenn nicht, wie der Kontext (Ex 3,1ff; 19,3.17ff u.a.) selbstverständlich voraussetzt, Jahwe vom Sinai. Außerdem könnte sich gerade in den älteren Texten (3,1; vgl. 18,5) der Gebrauch des Namens »Gottesberg« aus der Vorliebe des Elohisten für den Begriff »Gott« erklären. Beziehen sich die alttestamentlichen Aussagen ursprünglich aber auf denselben heiligen Berg in der Wüste, so erscheint das Ereignis nur noch vielfältig gebrochen in allerlei Einzelberichten, die sich auf die Überlieferungsstränge vom Sinai (Ex 19; 24) und vom Gottesberg (Ex 18; vgl. Ex 3) aufteilen.

4. Auch die Gotteserscheinung im *brennenden Dornbusch* findet im midianitischen Bereich statt; wie zuvor die Töchter (Ex 2,16ff), so hütet nun Mose die Schafe des Priesters von Midian (3,1), als sich die Offenbarung ereignet.

Ex 3 ist literarisch nicht einheitlich (etwa: V 1*–4a.5.7f.16 J und V 1bβ.4b.6.9–14 E) und enthält zwei Hauptmotive (*H.Greßmann*): Die – nur vom Jahwisten überlieferte – »Entdeckersage«, die von einer Theophanie an einer bestimmten Stelle in der Wüste berichtet (3,1–5), bildet die szenische Einleitung für die »Berufungssage« (3,6ff), in der Mose den Auftrag zur Führung Israels aus Ägypten erhält.

Die erste Erzählung, die in dem Deutewort »Der Ort, auf dem du stehst, ist heiliger Boden« (V 5; vgl. Jos 5,15) ihren – im Kontext vorläufigen – Abschluß erfährt, erinnert an die Ortsätiologien der Genesis (28,16f u.a.; o.§ 3e); auch sonst können Bäume Offenbarungsstätten sein (12,6f; 18; 1 Kön 19,5 u.a.). Darf man auf Grund dieser Parallelen folgern, daß sich auch in Ex 3,1–5* die Sage von einem in der Wüste an einem heiligen Ort gepflegten Ritus (mit Ablegen der Schuhe) verbirgt? Wurde Jahwe mit dem »Dornbuschbewohner« – dieser Gottesname erhielt sich Dtn 33,16 – gleichgesetzt? Allerdings ist (anders als Gen 16,13f; 28,18f u.a.) von einer Benennung dieses Orts und der Stiftung des Kults keine Rede. Jedenfalls bleibt fraglich, ob die Erzählung von einer heiligen Stätte in der Wüste seit je von Jahwe und von Mose als dem Empfänger der Erscheinung wußte.

Oder gehört die Namensoffenbarung Jahwes doch schon früh in diesen Überlieferungsbereich? Sie wird zwar nur von einer der beiden Quellenschriften (V 9ff E mit einem Ri 6; 1 Sam 9f; Jer 1 analogen Wechselgespräch von Auftrag, Einwand, Abweisung des Einwands mit der Zusicherung göttlichen Beistands und Zeichen) geboten, klingt aber auch bei der anderen nach (V 16 J; vgl. Ex 6,2 P). Schließlich erinnert die »Feuerflamme« (in einer Art Überschrift Ex 3,2a; vgl. Gen 18,1) als Begleiterscheinung der Theophanie an die Sinaioffenbarung (Ex 19,18; Dtn 4,11ff; 15 u.a.); ob der Dornbusch aber am Sinai gelegen hat (das Wort *s^e^ne* »Dornbusch« spielt wohl auf *sinai* an), ist schwer zu entscheiden. In dem Bericht haben sich überhaupt ganz verschiedene Motive zusammengefunden: Gottes Erscheinung und Moses Beauftragung, Identifizierung Jahwes mit den Vätergöttern, Verheißung der Befreiung aus Ägypten u.a. So bleibt das Kapitel überlieferungsgeschichtlich schwer durchschaubar, und es lassen sich schlecht historische Schlüsse aus ihm ziehen. Darum wird man auch nur mit Vorbehalt die Hypothese vertreten können, durch die Erzählung von Moses Berufung scheine noch die Erinnerung hindurch, daß Israel die Jahweverehrung im midianitischen Bereich übernommen habe.

5. Die verschiedenen Berichte (in Ex 2f; 18) über Beziehungen Israels zu den Midianitern bezeugen nicht ausdrücklich, daß diese – und mit ihnen Moses Schwiegervater, »der Priester von Midian« – Jahwe verehrten. Vielleicht enthält das Alte Testament in einer seiner merkwürdigsten Geschichten einen direkteren Beleg. Allerdings bleibt die knappe, dunkle Erzählung Ex 4,24–26 mehrdeutig; sie setzt die Nachricht von der Heirat Moses mit Zippora und der Geburt des Sohnes (Ex 2,2) voraus, erfährt aber keine Fortsetzung. Namentlich werden nur Jahwe und Zippora, nicht Mose erwähnt; überhaupt begnügt sich die Erzählung an entscheidender Stelle mit Personalpronomina (ähnlich Gen 32,26), so daß die Ausleger die Handlung auf verschiedene Personen beziehen und dadurch höchst unterschiedlich deuten konnten: An einem Übernachtungsplatz tritt ihm (Mose?; vgl. 4,20) Jahwe entgegen und sucht ihn zu töten; da schneidet Zippora

die Vorhaut ihres Sohnes ab, berührt seine (eher Moses als des Sohnes oder gar des angreifenden Dämons) Füße (= Geschlechtsteile?) und sagt: »Ein Blutbräutigam bist du (wieder eher Mose als der Sohn oder gar die göttliche Gestalt) mir.« Darauf läßt er (Jahwe) von ihm (Mose?) ab.

Motivlich steht die Erzählung Überlieferungen wie Gen 32,23ff (auch Num 22,22ff u.a.; o.§ 3e) nahe: Ein göttliches Wesen stößt bei Nacht auf einen einzelnen und sucht ihn zu töten, doch kann er der Gefahr entkommen. Erinnert die Bewahrung (durch Blut) darüber hinaus nicht an den Passaritus Ex 12,22f? Nach der Erklärung, die im Zusammenhang (4,20ff) am nächsten liegt, ist Mose der Bedrohte. Die Frau wehrt die Gefahr ab, indem sie – mag Mose selbst beschnitten sein oder nicht – ihren Sohn beschneidet und (mit dem Blut) die Füße oder die Scham doch wohl ihres Mannes berührt; da der Beschnittene ohnehin blutet und keines weiteren Zeichens bedarf, gilt der Akt der Berührung eher einem anderen, nämlich dem Angegriffenen. Auch kann sich das schwerverständliche Deutewort »Ein Blutbräutigam bist du mir!« nicht auf den Sohn, erst recht nicht (über V 25a hinweg) auf Jahwe, sondern nur auf Mose beziehen: Bisher war Zippora ihm nur durch Heirat verbunden; jetzt wird die Beziehung durch Blut bekräftigt oder vertieft, so daß gleichsam eine Blutsverwandtschaft entsteht. Zugleich könnte jener umstrittene, vielleicht sprichwörtliche Ausdruck den durch Blut geschützten oder auch ausgesonderten, geheiligten Bräutigam meinen.

In der Regel nimmt man an, daß Jahwe »vielleicht im Zuge der alttestamentlichen Übertragung aller übermenschlichen Wirkungen auf den einen Gott an die Stelle eines in dieser Episode ursprünglich gemeinten lokalen Dämons getreten ist« (*M.Noth*, z.St.). Anders als jene mehr oder weniger entfernten Parallelerzählungen (vgl. Gen 32,25: ein »Mann«) gibt Ex 4,24ff von sich aus jedoch keinen Anhalt für die Auffassung, daß Jahwe hier ein dämonisches Wesen ersetzt habe. Sollte er also ursprünglich der Angreifer sein? Daß eine Frau – durch Steinmesser (vgl. Jos 5,2f) – die Beschneidung vornimmt, ist ein gewiß höchst urtümlicher, im Alten Testament nicht nochmals belegter Zug. So ist die Möglichkeit gegeben, daß die Namen des Gottes Jahwe und der Tochter des Midianiterpriesters Zippora wenn nicht seit je, so doch schon früh in diese Überlieferung gehören.

Das Alte Testament konnte diese Erzählung, in der sich die schweren, erschreckenden Erfahrungen des Menschen mit Gott widerspiegeln, bewahren, weil es die dunklen Seiten des Glaubens und Lebens nicht ausklammert (u.§ 6b,5).

6. Vermutungen über die Herkunft der Jahweverehrung werden noch dadurch erschwert, daß das Alte Testament auch von frühen Beziehungen Jahwes zu den *Kenitern* weiß; Hauptzeugnis ist Gen 4.

Die Erzählung von Kains Brudermord (Gen 4,1–16) wird auf zwei grundverschiedene Arten ausgelegt, die sich nicht gegenseitig auszuschließen brauchen: die kollektiv-stammesgeschichtliche (*J.Wellhausen* u.a.) und die individuell-urgeschichtliche. Diese versteht Gen 4 aus dem Zusammenhang mit der Schöpfungs- und Paradiesgeschichte Gen 2–3, zumal beide jahwistischen Texte eine ähnliche

Struktur (Warnung, Vergehen, Fluch, Strafmilderung u.a.) aufweisen: »Zu dem Frevel gegen Gott tritt der gegen den Bruder, zu der Beziehung von Mann und Frau die von Bruder zu Bruder« (C. *Westermann*, BK I/1, 786). Unerklärt bleibt dann aber der konkrete Name Kain, der – gegenüber Adam »Mensch« oder Eva »Leben« – keine Allgemeinbedeutung hat, also unerfindbar ist und im Zusammenhang der übrigen Vorkommen dieses Namens gesehen werden muß. Er ist als Personen- zugleich Stammesname.

Kain, Ahnherr der Keniter (Num 24,21f; Ri 4,11), trug ein Jahwezeichen (Gen 4,15), das Eigentum und Schutz der Gottheit, damit Sicherung gegen Mord (vgl. Ez 9,3ff), bekundet. Zudem zählte man die Rekabiter, die sich leidenschaftlich für Jahwe einsetzten (Jer 35; 2 Kön 10,15ff), zumindest später zu den Kenitern (1 Chr 2,55). Auch wird, wenn die Keniter Jahweverehrer waren, leichter verständlich, daß sie zu Juda gerechnet werden konnten (1 Sam 30,29).

Erklärt sich von daher der Gebrauch des Namens »Jahwe« seit der Urzeit im Werk des Jahwisten, das – anders als die elohistische Quellenschrift – im Südreich entstanden sein wird? Kannte er die im Süden wohnenden Keniter und hatte so vor Augen, daß es eine Jahweverehrung auch außerhalb Israels, vielleicht seit früher Zeit, gab?

Jedoch lebten die Keniter »fern vom Angesicht Jahwes« (Gen 4,16), d.h. nicht im verheißenen Land mit seinen Heiligtümern. In der Tat waren die Keniter zunächst nicht seßhaft (Ri 5,24 »im Zelt«; Num 10,29ff; anders 24,21f; 1 Sam 30,29), insofern »unstet und flüchtig«, ruhelos am Rand der Wüste. Weist nicht auch die Furcht vor Blutrache (Gen 4,14f; vgl. 4,25) auf nomadisches Milieu?

Solche Züge verraten, daß die Erzählung Gen 4 überlieferungsgeschichtlich nicht ursprünglich mit Gen 2–3 verbunden war. Sie setzt Gleichheit und Ungleichheit der Keniter – Gemeinschaft im Glauben und Andersartigkeit in der Lebensweise – voraus und deutet aus der Sicht der Kulturlandbewohner die Nichtseßhaftigkeit als Lebensminderung gegenüber dem Ackerbau, als Strafe für Schuld.

Allerdings wird die Darstellung im Rahmen der Urgeschichte (nach Gen 2f) zu einem allgemeinen, beispielhaften Menschheitsgeschehen ausgeweitet: Wer einen Menschen erschlägt, tötet seinen Bruder.

7. Grob geurteilt: Das Alte Testament bewahrt noch dunkle Erinnerungen, nach denen einerseits Israeliten und Midianiter an einem gemeinsamen Kult teilnahmen (Ex 18,12), andererseits die Keniter Jahweverehrer gewesen sein können (Gen 4). Dagegen enthält das Alte Testament umgekehrt (wenn nicht andeutend in Ex 4,24ff) keine direkten Nachrichten, daß die Midianiter Jahwegläubige waren oder Israel den Gott der Keniter annahm. Lassen sich trotzdem beide Überlieferungen miteinander verbin-

den, weil beide Stämme in näherer Beziehung zueinander standen? Moses ausländische Verwandtschaft kann ja sowohl midianitisch als auch kenitisch bestimmt werden. So schließt man häufig, daß die Keniter ein Teil der Midianiter waren; für eine solche Gleichsetzung beider Stämme bietet das Alte Testament aber nur geringe Anhaltspunkte.

Beide Gruppen wohnen im Süden Palästinas. Hobab gilt als Midianiter (Num 10,29) wie Keniter (Ri 4,16). Henoch erscheint als Sohn bzw. Untergruppe Kains (Gen 4,17) und Midians (25,4).

Die sog. Midianiter- oder Keniterhypothese läßt sich daher nicht eindeutig erweisen; auch andere Argumente sind nicht zwingend. Dennoch hat die Vermutung, daß die vorisraelitischen nomadischen Gruppen den Jahweglauben von den Midianitern oder Kenitern übernahmen, eine gewisse Berechtigung, weil sie sich auf so verschiedenartige Einzelangaben stützen kann. Israels Verhältnis zu den *Kenitern* war *freundschaftlich* (Ri 1,16; 1 Sam 15,5f; 30,29); schon in der Deboraschlacht der Richterzeit entschied die Keniterin Jael durch Tötung Siseras den Kampf Israels gegen Kanaan (Ri 5,24ff). Dagegen wurden die *Midianiter* bald Israels erbitterte *Feinde*, die raubend bis nach Palästina vordrangen (Ri 6f; Jes 9,3; 10,26; Hab 3,7; Num 25,6ff; 31). Um so bemerkenswerter sind die Beziehungen zu diesem Beduinenvolk in der Frühzeit (vgl. Gen 25,1–4).

Unabhängig von der Exodustradition bezeugt die Josephserzählung (Gen 37,28.36), daß die Midianiter mit Ägyptern Karawanenhandel trieben, also zumindest gelegentlich bis nach Ägypten vordrangen (vgl. 1 Kön 11,18).

Sollten also die Midianiter die Vermittlung zwischen Sinai und Ägypten übernommen haben? Alles in allem kommt jener Hypothese, die so gut den Zusammenhang zwischen Ägypten, Sinai und Midian, damit die Verbindung des Jahwenamens mit den verschiedenen Überlieferungsblökken zu erklären vermag, Wahrscheinlichkeit, aber keine Sicherheit zu.

Geschichtswirksam wurde der Jahweglaube auf jeden Fall erst in Israel. Wie die mögliche Jahweverehrung bei den Kenitern oder Midianitern ausgesehen haben mag, was diese Stämme mit dem Namen »Jahwe« verbanden, ist unbekannt. War er ihr Schutzgott (Gen 4,15)? Sollten sie bereits ausschließlich einem Gott ohne Bild gedient haben? Kaum. Weder aus außerbiblischen Quellen noch aus dem Alten Testament wissen wir Näheres von der Art des Gottesglaubens jener Gruppen. Die Midianiter oder Keniter sind verschollen, während Israel durch seinen Glauben allem geschichtlichen Auf und Ab standhielt und so mit seinem Glauben Geschichte machte. Insofern gilt auch von »Jahwe«, was man (*C.H.Ratschow*, Magie und Religion, 1955, 127) allgemein religionsgeschichtlich feststellen kann: »Die Frage nach dem Ursprung der Götter führt nicht zur Antwort über das Wesen der Götter.«

4. Jahwe – Gott Moses?

Lassen sich die Anfänge des Jahweglaubens mit einer bestimmten Person verbinden? Für einen Teil der früheren und neueren Forschung gilt Mose als Stifter des alttestamentlichen Gottesverständnisses; die Religion gründet in dem schöpferischen Erlebnis eines einzelnen, das bereits wesentliche Momente der späteren Entwicklung in sich birgt.

Nach *F.Baumgärtel* (ZThK 64, 1967, 396.398) gilt von Stifterreligionen: »Eine Person muß – durch das Offenbarungsereignis angerührt, also nach der Auffassung dieser Religionen von Gott berufen – die Grundkonzeption im Gottesverständnis ein für allemal gefaßt haben.« Zwar wissen wir infolge der Quellenlage nicht, wie der Anfang der israelitischen Religion »ausgesehen haben mag; wir wissen nicht einmal, ob dieser Religionsstifter überhaupt gelebt hat, und wenn, ob er ein solcher gewesen ist«. Aber religionsgeschichtlicher Vergleich »führt zum Postulat der Existenz einer Stifterperson«, da »die alttestamentliche Religion nicht aus der Umwelt erwachsen sein kann . . ., vielmehr einen Bruch gegenüber der Umwelt darstellt.«

Doch lassen die verquickten überlieferungsgeschichtlichen Verhältnisse einen solchen Rückgriff auf eine Einzelgestalt nur mit starken Vorbehalten zu. Mose trägt für die kritische Forschung, die sich mit ihren Fragestellungen auf diese Situation einläßt, kein »Gesicht« mehr; man gewinnt den Traditionen keine unerfindbare, persönliche Haltung mehr ab, aus der Mose als konkrete Individualität Bestehendes umgestaltet oder ihm Eigenes entgegengesetzt, einen neuen Gott verkündigt hätte. Sind uns schon die Träger der verschiedenen Traditionen unbekannt, so wird erst recht eine Einzelgestalt schwer greifbar. Die spätere Zeit, die die Überlieferung sammelte und übermalte, hat die weit zurückliegende Vergangenheit stark verhüllt. Darum bleiben mehrere Möglichkeiten, auf die Anfänge rückzuschließen, offen. Sowenig wie von Israels Aufenthalt in Ägypten, sowenig berichtet eine ägyptische Urkunde über Mose. Sogar im Alten Testament selbst wird Mose außerhalb des Pentateuchs eher selten erwähnt (Ri 1,16; 4,11; Jer 15,1; Jes 63,11f; Ps 90,1; 103,7; Mi 6,4; vgl. Hos 6,5 u.a.), so daß sich historische Rückfrage faktisch allein dem Pentateuch zuzuwenden hat.

Vielfältig sind die Aufgaben, die Mose übernimmt: Nach der jahwistischen Darstellung kündigt er Gottes Heilstat an (Ex 3,16f; vgl. 14,13f), für die elohistische Schicht wirkt er als Retter (3,10ff), in den Rechtssammlungen ist er der Sprecher (Ex 21,1; vgl. 20,19; 24,3f.7; Dtn 5ff), nach der Priesterschrift regelt er durch die kultischen Ordnungen (Ex 25ff) das gottesdienstliche Leben der Gemeinde. War er Religionsstifter, Gründer und Retter des Volkes, Bundesmittler (vgl. 24,7f; 34,10.27) oder, wie er zunehmend der späteren Zeit erscheint, Gesetzgeber? Wem ist dieser »Gottesmann« (Dtn 33,1; Ps 90,1) zu vergleichen – als Offenbarungsempfänger den Erzvätern, als charismatischer Führer den Helden der Richterzeit oder als Sprecher des Gotteswortes den Propheten, die Zukunft ansagen (vgl. Dtn 18,15; 34,10; Hos 12,14)? Man könnte ihn in jedem Fall einen Mittler nennen; doch bleibt dieser Titel blaß.

Moses Person steht gleichsam im Schnittpunkt der frühen Überlieferungen Israels, da sie die Traditionskomplexe Herausführung aus Ägypten, Offenbarung am Sinai, Führung in der Wüste und – ansatzweise – Landnahme miteinander verbindet. Moses Lebensweg führt ja von Ägypten (Ex 2) über Midian (2,15–4,18) nach Ägypten zurück (4,19ff), von dort durch die Wüste (13,17ff; 15,22ff; Num 10,11ff) über den Sinai als entscheidende Zwischenstation (Ex 19 – Num 10,10) bis an den Rand des Kulturlandes, angesichts dessen er stirbt (Dtn 34). So erlebt Mose die Sinaioffenbarung, die Israel erst nach dem Auszug zuteil wird, in vorbereitender Form schon vorher (Ex 3). Weckt nicht bereits dieses Hin und Her kritische Fragen?

Die Problematik spitzt sich zu, wenn jene großen Traditionskomplexe einst selbständig gewesen sein sollten. Wo war Mose ursprünglich zu Hause – in der Auszugs-, Sinai-, Wüsten-, Landnahmeüberlieferung oder auch in jenem Bereich, der sich von den genannten vier abhebt und doch merkwürdig mit ihnen überschneidet: der Midianiterüberlieferung (Ex 2–4; 18)?

Auszugs-, Wüsten- und Landnahmetradition mögen in einem durch die Geschichte vorgegebenen Zusammenhang stehen – sind aber auch Exodus- und Sinaitradition mit ihrem höchst unterschiedlichen Charakter seit je miteinander verbunden oder erst im Laufe der Zeit zusammengewachsen? Hier tauchen Probleme wieder auf, die sich ähnlich bei der Rückfrage nach dem Ursprung des Jahweglaubens stellen (o.§ 5d).

Lebte Mose entweder in Ägypten, oder erfuhr bzw. vermittelte er die Sinaitheophanie? Sollte er ursprünglich eventuell keiner dieser beiden Traditionen angehören? *M.Noth* (ÜP 190), der Analysen von *E.Meyer* (1906) und *H.Greßmann* (1913) aufnimmt und zuspitzt, kommt zu dem Ergebnis: Unbezweifelbar ist allein die Tradition von Moses Tod und Grab im Ostjordanland. Sie gilt als »das Urgestein eines nicht mehr ableitbaren geschichtlichen Sachverhaltes«. Von dorther fand »Mose als Führergestalt zunächst in die erzählerische Ausgestaltung des Themas ›Hineinführung in das Kulturland‹ Eingang, um dann auch in die übrigen Pentateuchthemen . . . hineinzuwachsen.« Über diese Ansicht hinaus, die die gesamte im Exodus- und Numeribuch erhaltene Mosetradition als spätere Entwicklung versteht, läßt sich der kritische Zweifel nicht mehr treiben; denn die gedanklich noch mögliche Zuspitzung, Mose sei überhaupt unhistorisch, ist gänzlich unwahrscheinlich.

Tatsächlich wird die Überlieferung, daß Mose außerhalb des von Israel besiedelten Gebietes starb und an einer nicht genau bekannten Stelle beigesetzt wurde (Dtn 34,5f), historisch zuverlässig sein.

Später wurde der Tatbestand, daß der Mittler des Glaubens außerhalb des verheißenen Landes begraben ist, als Strafe für Schuld, seinen Mangel an Gottvertrauen, gedeutet: Mose durfte dieses Land nicht betreten (Num 20,12; 27,12ff; Dtn 3,25ff; 32,48ff).

Allerdings vermag jene Grabtradition nicht den hohen Rang zu erklären, den Mose im Pentateuch innehat. Doch wird man noch einige, wenn auch wenige Aussagen über Mose mit Zuversicht oder gar Gewißheit machen können: Der *Name* Mose (griechisch: Moses) ist zweifellos nicht hebräischen, sondern ägyptischen Ursprungs. Bekannte Personennamen wie Thut-mose oder Ra-mses haben die Bedeutung »Der Gott ... ist geboren bzw. hat (ihn) geboren«. Demnach ist Mose die – gelegentlich schon im Ägyptischen belegte – Kurzform eines Namenstyps, etwa mit der Bedeutung »Sohn«; das theophore Element, d.h. der Gottesname, ist weggefallen. Außerdem läßt sich aus ägyptischen Quellen (vgl. ANET^3 553f) belegen, daß Semiten, die in abhängiger Stellung in Ägypten lebten, einen ägyptischen Namen erhielten, was das Alte Testament ja auch von Joseph berichtet (Gen 41,45).

Herkunft und ursprüngliche Bedeutung des Mose-Namens spielen im Alten Testament allerdings keine Rolle mehr. Zwar könnte der ägyptische Ursprung noch darin nachklingen, daß die Pharaonentochter (Ex 2,10) den Namen gibt, doch wird er dabei – fälschlicherweise – aus dem Hebräischen (»aus dem Wasser herausziehen«) abgeleitet.

Ein unbezweifelbares Urteil über die Herkunft einer Person erlaubt der Name insofern nicht, als sich in Israel auch Personen mit ägyptischen Namen (z.B. 1 Sam 1,3) finden, die nicht in Ägypten waren. Doch hätte man dem Retter aus der Not und Mittler des Gotteswortes nachträglich gewiß einen israelitischen, speziell jahwehaltigen Namen gegeben. So wird man der Überlieferung trauen dürfen, daß dieser Träger eines ägyptischen Namens auch im Land des Nils lebte.

Darf man darüber hinaus alte Überlieferungssplitter zusammenfügen? Die vertrauenswürdige Nachricht, daß Mose eine Midianiterin heiratete, verdient um so mehr Beachtung, als der Sinai, die Urheimat des Namens »Jahwe«, im Einzugsbereich der Midianiter gelegen haben wird (o.§ 5d,2; 6a3). Liegt deshalb nicht der Schluß nahe, daß Mose – durch Vermittlung der Midianiter, vielleicht speziell seines Schwiegervaters, der ja als Priester auftritt (Ex 18,12) – den Jahweglauben kennengelernt und den in Ägypten zwangsverpflichteten Israeliten gebracht hat? Eben dies behauptet ja die alttestamentliche Überlieferung (Ex 3f), und für sie sprechen doch ernsthafte Gründe.

Auffälligerweise fehlt in Ex 1–2 der Jahwename, als sei er der Ägyptengruppe unbekannt (vgl. allgemein »Gott« 1,17.20f E). Selbst die junge Priesterschrift meidet in 2,23 die direkte Bitte mit der Anrede an Gott (anders 14,10.15 P). Noch hat sich Jahwe seinem Beauftragten nicht geoffenbart, um dem Volk seinen Beistand zuzusichern. Spiegelt sich in diesem literarischen Tatbestand vorgegebene mündliche Überlieferung wider, nach der der Jahweglaube eben erst durch Mose (vgl. 3,13f E; 6,3 P; auch 3,16 J) in Ägypten eingeführt wurde? So ließen sich auch jene beiden sich scheinbar widersprechenden Traditionen über den Beginn der Jahweverehrung seit der Urzeit (J) bzw. seit Mose (E, P; o.§ 2,3) miteinander ausgleichen.

Sollte die Tradition weiter darin recht haben, daß Mose von der Identität Jahwes mit dem Gott der Väter überzeugt war (Ex 3,16 J. 13f E)? Immerhin könnten Israels Vorfahren in Ägypten den bzw. einen Vätergott gekannt haben (vgl. Gen 46,1–4; o.§ 4).

Nach dem älteren Zeugnis hat Mose den Unterdrückten die Hilfe Jahwes verheißen; die Befreiung bleibt Tat Gottes (Ex 3,8.16f J; vgl. 14,13ff). Die Aussage, daß Mose selbst die Herausführung vollbringt, also eine politische Führerrolle innehat (Ex 3,10–12 E), läßt sich als Abwandlung jener früheren und weiter verbreiteten Tradition verstehen – veranlaßt durch die auch sonst erkennbare theologische Intention des Elohisten, Gottes Transzendenz zu betonen.

Wenn Mose im weiteren Geschehensverlauf als Führer und Sprecher des Volkes bei den Verhandlungen mit Pharao auftritt, so handelt es sich zumindest weithin um sagen- oder legendenhafte Ausgestaltung der Überlieferung.

Konnte Mose seine Landsleute überzeugen, so daß sie im Vertrauen auf sein Wort den Aufbruch wagten und dann die Rettung vor den Verfolgern eben dem Gott Jahwe verdankten (Ex 15,21)? Sollten derartige Überlegungen Anhalt an der Wirklichkeit haben, wird verständlich, wieso Mose in der jüngeren Überlieferungsgestalt eine konstitutive Rolle für den Jahweglauben einnimmt; sie ist ihm nicht erst später zugesprochen, auch wenn sie dann breit und farbenfreudig ausgemalt wird, sondern war ihm bereits geschichtlich zugewachsen.

Eine weitere, keineswegs leicht zu nehmende Frage könnte eine Antwort auf diese Weise finden: Wie kam es, daß sich der Glaube an Jahwe vom Sinai später bei den verschiedenen israelitischen Stämmen in Palästina durchsetzte? »Mußte« sich der Gott, der die von einem Streitwagenkorps Verfolgten rettete, nicht geradezu in einer Situation »empfehlen«, in der man sich gegenüber der Übermacht der Kanaanäer mit ihren »eisernen Wagen« (Jos 17,16 u.a.) zu behaupten hatte?

So wird Mose mit Recht als Bindeglied zwischen den Räumen Ägypten, Midian und Ostjordanland anzusehen sein – hier darf man mit einem historischen Zusammenhang rechnen. Ob Mose persönlich auch am Gottesberg bzw. am Sinai war, ist dagegen weitaus schwerer zu entscheiden.

Gewiß kann man der Tradition größeres Recht zusprechen und erwarten, daß sie durch künftige Forschung in höherem Maße als bisher bestätigt wird; aber z.Z. kommt die Moseforschung über ein Abwägen verschiedener Möglichkeiten kaum hinaus. Es läßt sich nicht nachweisen, daß das Wesensmoment des Jahweglaubens, das man mit dem ersten Gebot umschreiben kann, den Gotteserfahrungen dieses Mannes entstammt. So ist Moses Historizität unumstößlich; seine Person ist nicht umstritten, sein Werk um so mehr.

Nach der Überlieferung wird Mose von leidenschaftlichem Zorn (Ex 2,11f; 32,19ff) gepackt. Trotz seiner engen Verbindung mit Gott bleibt Mose fehlsam, ein Mensch, der sich in Schuld verwickelt; wohl wegen seines Kleinglaubens darf er das verheißene Land nicht betreten (Num 20,1ff, bes. V 12; vgl. 27,12ff; Dtn 3,23ff; 4,21f; 32,48ff u.a.). Ansatzweise zeigt sich schon bei der Berufung in Moses Weigerung (Ex 3,11; 4,10; bes. 4,13) ein Widerspruch, den Gott aber gelten läßt. Auch klagend kann sich Mose an Gott wenden (Ex 5,22f; Num 11,10ff u.a.).

Späterer Zeit erscheint er keineswegs nur als Gesetzgeber, sondern auch als Fürbitter (für das Volk: Ex 15,25; 17,4; 32,11 u.v.a.; für Pharao: 8,4ff; vgl. Jer 15,1). Ihm ist die schwere »Last dieses ganzen Volkes auferlegt« (Num 11,11ff). Wie es »Gott und Mose glaubt« (Ex 14,31; vgl. 4,1ff), kann es sich gegen »Gott und Mose« auflehnen (Num 21,5). Er bietet stellvertretend sein Leben zur Sühne an (Ex 32,30ff), ja gerät in die Nähe des Gottesknechts (Jes 53,3.7) und des erwarteten Zukunftskönigs (Sach 9,9), wenn von ihm bekannt wird (Num 12,3):

»Der Mensch Mose war sehr demütig –
mehr als alle Menschen, die auf Erden sind.«

b) Die Ausschließlichkeit des Glaubens
Das erste Gebot

In seiner vorliegenden Gestalt ist das Alte Testament, das mit der Unterscheidung von Schöpfer und Schöpfung (Gen 1) eröffnet wird, ein Zeugnis für die Ausschließlichkeit des Glaubens (o.§ 1). Erheblich schwieriger gestaltet sich wieder die historisch-kritische Rückfrage nach den Anfängen und dem Werdegang.

1. Zwischen der – später im ersten Gebot zugespitzt ausgesprochenen – Ausschließlichkeit und einem »Monotheismus« ist zu unterscheiden. Das erste Gebot hat zunächst ein eher praktisches als ein theoretisches Ziel; es will nicht lehren, daß ein einziger Gott, Schöpfer und Wahrer der Gerechtigkeit, ist. Die Grundforderung, Jahwe allein anzuerkennen, ist der Voraussetzung nach nicht monotheistisch, wie ja der Gott »Jahwe« schon durch seinen Namen von anderen Göttern unterschieden ist.

J. Wellhausen (Israelitische und jüdische Geschichte [1894], 91958, 29.32) konnte pointiert urteilen: »Der Monotheismus war dem alten Israel unbekannt ... Jahve kam ihnen nur als der Gründer Israels in Betracht ... Allerdings haben sie wol geglaubt, daß die Macht Jahves weit über Israel hinausreiche ... Aber dieser Glaube wurde nicht theoretisch verallgemeinert. Es genügte im gegebenen Falle, daß Jahve jeder wirklichen Not und Gefahr, welche Israel bedrohte, gewachsen war ... Der Gott Israels war nicht der Allmächtige, sondern nur der mächtigste unter den Göttern. Er stand neben ihnen und hatte mit ihnen zu kämpfen; Kamos und Dagon und Hadad waren ihm durchaus vergleichbar, minder mächtig, aber nicht minder real wie er selber.« Jahwe war »von Haus aus der Gott Israels und wurde dann sehr viel später der universale Gott«.

Die Götter werden zunächst also nicht in ihrem »Sein«, vielmehr in ihrem »Sein für« Israel negiert. Sie (mögen) existieren, sollen den Angeredeten aber nichts bedeuten. Insofern wird die Existenz anderer Götter nicht geglaubt, sondern vorausgesetzt. Gottes Einzigkeit ruht nicht auf seinem Allein-Gott-Sein, sondern in seiner Zuwendung und Forderung; für die, die ihm zugehören und Hilfe erfahren (Hos 13,4 u.a.), beansprucht er, der einzige zu sein. Das Gottesverhältnis ist zunächst selbst ausschließlich (nach innen), später zieht man die Folgerung (nach außen). Man kann es im Unterschied zum »*Monotheismus*» mit den religionswissenschaftlichen Bezeichnungen »*Monolatrie*» oder auch »*Henotheismus*» charakterisieren.

Als »*Monotheismus*« bezeichnet man den Glauben an einen einzigen Gott, der die Existenz anderer Götter verneint. Insofern geht Monotheismus über das ausschließliche Verhalten zu dem einen Gott, damit auch über das erste Gebot, hinaus.

Demgegenüber bedeutet »*Monolatrie*», daß nur ein Gott verehrt wird, ohne daß die Existenz anderer Götter geleugnet wird. Eine Gruppe oder ein Einzelner bezieht sich – dauernd – nur auf einen Gott und weiß sich ihm verpflichtet, ohne das Sein – von anderen Gemeinschaften verehrter – anderer Götter zu bestreiten, aber auch ohne sie anzubeten. Insbesondere spricht man von einem Stammes-, Volks-, National- oder Landesgott.

»*Henotheismus*» meint die Einstellung auf den (gerade) verehrten Gott als den höchsten oder einzigen, d.h. die zeitlich oder auf eine besondere Situation begrenzte Anbetung eines Gottes, die mit der Anbetung anderer Götter abwechseln kann.

Noch schwerer läßt sich von der »Monolatrie« die »*Henolatrie*» – als zeitlich unbeschränkte Verehrung eines bestimmten (Schutz-)Gottes bei insgesamt polytheistischer Auffassung – abheben. Die kaum ganz eindeutigen Bezeichnungen sind auch nur teilweise gebräuchlich. Wieweit können solche Abgrenzungen zudem die Phänomene in ihrem geschichtlichen Verlauf und ihrer Vielfalt angemessen umschreiben?

Ähnlich bleibt die begriffliche Gegenüberstellung von »*theoretischem*» Monotheismus, der die Existenz anderer Götter, und »*praktischem*» Monotheismus, der die Macht und den Anspruch fremder Götter bestreitet, nur ein Stück weit hilfreich. Wo fällt es schwerer, eine Grenze zwischen Theorie und Praxis zu ziehen, als bei der Gottesverehrung? Wie kann sie sich mit »Theorie« begnügen, und wo fängt »Praxis« an?

2. Ein vergleichbares Verbot, das die Verehrung fremder Götter ausschließt und darüber hinaus kein Gottesbild erlaubt, kennt der alte Orient so nicht.

In den altorientalischen Großreichen kommen hier und da Strömungen auf, die zur Verehrung eines Gottes hinführen. So scheint der vielfältige Polytheismus *Ägyptens* einem solaren Monotheismus (zumal mit dem Gott Re) zuzustreben.

Am stärksten zeigt sich diese Tendenz in der Aton-Verehrung ›Amenophis‹ IV. Echnatons (um 1350 v.Chr.), der in seinem Ps 104 vorwegnehmenden Sonnenhymnus (RTAT 45f) Aton besang als den »einzigen Gott, außer dem es keinen mehr gibt« – mit dem König als dem entscheidenden Mittler: »Es gibt keinen anderen, der dich kennte, außer deinem Sohn.«

Im Jahweglauben, zumal der vorstaatlichen Zeit, ist der König nicht der Mittler schlechthin (vgl. § 12a). Erst recht ist Jahwe, von Einzelmotiven abgesehen, kein Licht- oder Sonnengott und wird auch nicht durch ein entsprechendes Symbol dargestellt. Schließlich hatte der Aton-Kult die dunkle, negative Seite des Lebens mit der Totenwelt (dem Reich des Osiris) ausgeklammert. Nicht zufällig fügt das Alte Testament der Tradition von Ps 104 die Aussage (V 29f; u.§ 11f,5) hinzu: »Nimmst du deinen Odem/Geist weg, so verscheiden sie«; sendest du ihn aus, »werden sie geschaffen.«

Allerdings blieb die gewaltsame Durchsetzung des Aton-Kultes, bei der zugleich der Gegensatz zur Amon-Priesterschaft von Theben eine Rolle spielte, Episode. Nach dem Tod des »Ketzerkönigs« kehrte man zum traditionellen Kult zurück. Wieweit konnte Israel darum hier direkt – oder nur durch Vermittlung über andere Traditionen – Anregungen empfangen? Auch war jener Versuch, eine Einheit der Gottesvorstellungen zu erreichen, wohl unägyptisch; denn er wollte sie durch Ausschluß der anderen Götter, nicht durch ihre Zuordnung und Verschmelzung gewinnen. Die spätere Zeit fand vielmehr die Einheit in der Vielheit; so faßt etwa die Dreiheit Amon-Re-Ptah die Götter Amon, Re und Ptah zu einer Gestalt zusammen, ohne ihnen ihre Einzelexistenz zu nehmen.

Im *mesopotamischen* Raum äußerten sich monotheistische Bestrebungen in gewissem Sinne ähnlich. Umfangreiche Götterlisten konnten eine Vielzahl von Gottheiten aufzählen und auf verschiedene Weise einander zuordnen: Wesensverwandte Götter wurden gleichgesetzt, andere zu Familien verbunden, wieder andere zu Dienern höhergestellter Götter erniedrigt oder gar zu deren Hypostasen (Erscheinungsformen) und Beinamen herabgedrückt. »Ja, die religiöse Entwicklung, die die Macht mancher Götter in den Augen ihrer Priester und Verehrer immer mehr anwachsen ließ, drängte sogar darauf hin, die Zahl der Götter immer weiter zu verringern, da es vielen ausgeschlossen erschien, daß etwa Marduk von Babylon oder der assyrische Reichsgott Aschschur in ihrer Macht allenthalben durch andere Götter beschränkt sein könnten ... Die letzte gedankliche Konsequenz dieser spätesten Stufe babylonischer Gleichsetzungstheologie wäre der Monotheismus gewesen; die babylonischen Theologen sind dazu aber nicht durchgedrungen, da ihre ›Wissenschaft‹ über eine oft sehr stark umdeutende Erläuterung der Überlieferung und deren Ausbau nicht hinauskam« (*W.v.Soden,* Leistung und Grenze sumerischer und babylonischer Wissenschaft, 1965, 58f). Ansätze zum Monotheismus machen sich aber nicht nur in theologischen Spekulationen bemerkbar.

Gebete reden häufig nicht eine bestimmte Gottheit mit ihrem Namen an, sondern rufen schlechthin »Gott« an. Ähnlich kann die (zumal ägyptische) Weisheit, die zum rechten Verhalten innerhalb der von Gott gegebenen Weltordnung auffordert, allgemein von »Gott« sprechen, ohne sich auf eine besondere, namentlich genannte Gottesgestalt zu beziehen.

Üblicherweise war im alten Orient die Duldung fremder Gottheiten und ihrer Kulte selbstverständlich. Zwar blieb beispielsweise der letzte Babylonierkönig Nabonid den Neujahrsfeiern zu Ehren Marduks fern und bevorzugte den Mondgott Sin, in der Regel übte man aber Synkretismus. Polytheismus und Synkretismus entsprechen sich. Weil man keine strenge Ausschließlichkeit im Glauben kannte, gab es, genaugenommen, keinen Abfall zu fremden Gottheiten.

Wer in ein anderes Land zog, verehrte auch nach Angaben des Alten Testaments – in älterer Zeit – die Götter dieses Landes (Rut 1,15ff; 1 Sam 26,19; 2 Kön 5,17f; Dtn 4,27f; auch Ri 11,24; u. IV, 1).

3. Wenn das Verbot, fremde Götter anzuerkennen – zumal in Verbindung mit dem Bilderverbot –, in Israels Umwelt nicht begegnet, so muß man in ihm etwas für das Alte Testament Spezifisches sehen. Es ist ohne echtes Vorbild, aus den Nachbarreligionen also nicht ableitbar, steht vielmehr ihrem Wesen entgegen. Die Geschichtswissenschaft sucht für jede Erscheinung Analogien; nach gegenwärtigen Kenntnissen läßt sich eine historische Vermittlung des ersten und zweiten Gebots aber nicht nachweisen. Die Exklusivität im Bekenntnis ist nur Israel eigen.

Auch unabhängig vom religionsgeschichtlichen Vergleich, der diese »Intoleranz« im Bekenntnis als Besonderheit des Jahweglaubens erkennen läßt, erscheint das erste Gebot im Alten Testament selbst als Programm; die Gottesforderung an Israel ist in ihm gleichsam gesammelt. Es eröffnet mit dem Bilderverbot zusammen den Dekalog (Ex 20,3ff; Dtn 5,7ff; auch Ex 34,14–17), obwohl es einmal für sich bestand. Weit stärker als alle folgenden ethischen Verordnungen bestimmt es das Verhältnis zwischen Gott und dem angeredeten Menschen.

Allerdings scheint sich die Ausschließlichkeit des Glaubens zunehmend klarer herausgestellt, ausgesprochen oder verschärft zu haben.

Die Frage nach »Alter und Aufkommen des Monotheismus in der israelitischen Religion« (*B.Balscheit*, 1938), die mittlerweile neu und zugespitzt gestellt wird, weist mit Recht auf die Geschichte des Glaubens hin – auf einen Werdegang, der sich mit dem Gedanken der »Ent-wicklung« oder »Ent-faltung« nicht ausreichend erfassen läßt. Allerdings droht die Problemstellung insofern verschoben zu werden, als statt nach der Bekundung der Ausschließlichkeit vielmehr nach einem »Theismus« gesucht und dieser als Maßstab genommen wird.

Sachlich und historisch lassen sich grob *fünf* Aspekte – oder gar Stadien? – der Glaubenserkenntnis unterscheiden:

a) Das Zeugnis von der alleinigen Zuwendung des Gottes Jahwe zu einer Gruppe

Die grundlegenden, in sich verschiedenartigen Überlieferungen des *Exodusbuches* (o.§ 4–5) von Moses Berufung (Ex 3), der Rettung am Meer (Ex 14f), der Theophanie am Sinai (19,16ff) oder dem Gemeinschaftsmahl (24,10f; dazu 18,12) bezeugen – bereits in ihrem überlieferungsgeschichtlichen Kern – die alleinige Zuwendung Jahwes, des Gottes »vom Sinai« (Ri 5,4f; Dtn 33,2), zu den Betroffenen bzw. die Beziehung dieser (Verehrer-)Gruppe zu diesem Gott (vgl. Gen 4,15; o.§ 6a3). Das *Deboralied* (Ri 5), das vorjerusalemische, ja vorstaatliche Überlieferung (etwa des 11.Jh.) aufnimmt, bestätigt dieses Zeugnis.

Auch der Glaube der Väter wird zumindest in seiner im Alten Testament überlieferten Gestalt der Ausschließlichkeit gerecht (o.§ 3).

Setzt die Forderung auf Alleinverehrung bereits die geschichtliche Erfahrung voraus, daß der Jahweglaube fremdem Kult ausgesetzt ist? Die Abgrenzung des eigenen Glaubens vom Polytheismus, damit der Gegensatz Einheit – Vielheit, mag erst in der Begegnung mit dem kanaanäischen Pantheon erfolgt sein. Zumindest im Rückblick betrachtet, barg der Jahweglaube mit der Erzählung von der besonderen Zuwendung dieses Gottes die Möglichkeit zur Exklusivitätsforderung in sich.

b) Die Einsicht der Propheten des 9., 8. und 7. Jahrhunderts

Zwar sind die Worte der frühen Propheten nur in – ihrem Alter nach umstrittenen – Erzählzusammenhängen erhalten, doch geht der Kern der Überlieferung von *Elia* (Elija), der für die Ausschließlichkeit des Glaubens eintrat, vor die sog. Schriftprophetie (ins 9. Jahrhundert) zurück.

In der – wunderhaften, insofern historisch schwerer vorstellbaren – Szene auf dem Karmel tritt Elia mahnend-auffordernd auf:

»Wie lange wollt ihr auf beiden Seiten hinken?
Ist Jahwe Gott, so folgt ihm nach,
ist es aber Baal, so folgt ihm nach!« (1 Kön 18,21)
Das Ziel der Akklamation oder Proklamation lautet:
Jahwe »Gott in Israel« (V 36) bzw.
»Jahwe ist (der wahre) Gott!« (V 39; vgl. V 37;
dazu 1 Kön 19; auch die sog. Revolution Jehus 2 Kön 9)

Nach einer Erzählung, in der sich der König wegen seiner Krankheit an einen Heilgott wendet, klagt Elia mit seiner vorwurfsvollen Frage an und geht so davon aus, daß die Ausschließlichkeit des Glaubens dem Angeredeten bekannt ist, damit er überhaupt den Schuldaufweis einsehen kann:

»Ist denn kein Gott in Israel,
daß du sendest, Baal Sebub (Sebul), den Gott von Ekron,
zu befragen?« (2 Kön 1,6; auch V 3)

Nach diesem Zeugnis kann Elia nicht als erster die Einsicht in die Ausschließlichkeit des Glaubens gewonnen haben, um für sie einzutreten und sie zu propagieren (vgl. jenen Aufruf 1 Kön 18,21), setzt sie vielmehr bereits voraus und zieht eher eine sich aus ihr ergebende Folgerung. Ein solches Wort bestreitet nicht die Existenz des fremden Gottes, nicht einmal dessen Bedeutung an seinem Ort oder für ein anderes Volk, schließt aber in Israel (vgl. 18,36) die Wendung zu einem anderen Gott aus: Jahwe ist der allein zuständige Nothelfer. Das Lebensganze – auch Unheilvolles, wie jene Krankheit, und entsprechend die Bitte um Wende, Genesung und Heil – ist auf diesen einen Gott zu beziehen. Hat man hier nicht einen Vorläufer der sog. Schriftpropheten mit ihrer Anklage der Verletzung der Ausschließlichkeit des Glaubens zu erkennen?

»Nach prophetischem Verständnis erfolgt der eigentliche Bruch des ersten Gebotes dort, wo statt Jahwe fremde Götter befragt werden (2 Kön 1; Hos 4,12; Jes 8,19; Jer 2,27; 8,2 u.ö.).« (*J.Jeremias*, Kultprophetie . . ., 1970, 142)

Hosea sucht Israels Schuld vorwiegend in der Übertretung des zweiten (8,4ff u.a.) und ersten Gebots, das er in besonderer Form ausdrücklich zitiert:

»Ich bin Jahwe, dein Gott,
vom Land Ägypten her.
Einen Gott neben mir kennst du nicht,
einen *Helfer* außer mir gibt es nicht.«
(Hos 13,4; vgl. 12,10;
auch Anklagen wie Hos 1,2; 2,4ff; 3,1; 4,10ff u.a.)

Der Text verbindet als »das älteste datierbare Zeugnis im Alten Testament« (*J.Jeremias*, 163) wesentliche Elemente der Einleitung des (wohl jüngeren) Dekalogs miteinander: (1.) die sog. Selbstvorstellungsformel »Ich bin Jahwe«, erweitert um (2.) die Huldbezeugung »*dein* Gott«, (3.) den geschichtlichen Rückbezug als Orts- oder auch Zeitangabe »vom Land Ägypten her« mit der Erinnerung an die Erfahrung der Rettung und (4.) die Aussage der Ausschließlichkeit. Sie erscheint hier als Folge und Entfaltung der Zusage »dein Gott«, nicht in Form einer Forderung, sondern (wie etwa Dtn 32,12) als Aussage: Es ist kein anderer »*Helfer*« – ein Bekenntnis, das später Deuterojesaja (Jes 43,11; vgl. 45,21) wörtlich aufnimmt.

In den Worten des ältesten Schriftpropheten *Amos* (1,3ff; 9,7 u.a.) macht kein Baal Jahwe »den Rang streitig . . . Die Einzigkeit der Gottheit Jahwes in Israel und der Völkerwelt ist kein Gegenstand seiner Botschaft, sondern deren selbstverständliche Voraussetzung« (*H.W.Wolff*, 122). Jahwe ist nicht nur Richter der Völker (Am 1,3ff), der auch Vergehen ahndet, von denen Israel nicht betroffen ist (2,1), sondern hat Macht über die Nachbarstaaten hinaus (9,7 u.a.) – bis an die Grenzen des Kosmos (9,2ff; u.§ 14b). Damit sprengt bereits in Amos‹ Worten Jahwe die Kategorie des »*Nationalgottes*«, zumal sich dieser »Volksgott« gegen sein eigenes Volk wendet.

Der Prophet *Jesaja,* der Gott »auf einem hohen und erhabenen Thron« sieht (6,1), kann die Ausschließlichkeit, die in dem »Allein« (Ex 22,19; Ps 83,19 u.a.) zur Geltung kommt, – über eine Forderung oder Anklage hinaus – als Zukunftserwartung gestalten:

»Da beugt sich des *Menschen* Hoffart . . .;
erhaben ist Jahwe *allein* an jenem Tag.« (Jes 2,17)

Das Wort, das weisheitliche Warnung vor Hochmut in Zukunftsansage verwandelt, behält mit der – beim Propheten eher auffälligen – Rede vom »Menschen« einen exemplarischen oder allgemein-grundsätzlichen Aspekt (vgl. 31,3: »Ägypten ist Mensch und nicht Gott«).

Eine – Jes 6 vergleichbare – doppelte Einsicht bezeugen *Psalmen,* die in der Regel als älter angesehen werden. Zum einen sagen sie die Überlegenheit oder Vorherrschaft Jahwes über andere Götter, Gottwesen oder himmlische Mächte aus:
»Bringt dar Jahwe, ihr Göttersöhne,
bringt dar Jahwe Ehre und Stärke!«
(Ps 29,1f.9; vgl. Ps 82; 89,6ff;
auch 103,19ff; Hi 1f u.a.; u.§ 11)

Zum andern wird die Prädikation Jahwes als »König über die ganze Erde« (Ps 47,3.8; vgl. 29,10; 93) durch den Preis der Seraphen »Die Fülle der ganzen Erde ist seine Herrlichkeit« (Jes 6,3) in anderer Weise aufgenommen oder bekräftigt. Ähnlich lautet das vielleicht alte Bekenntnis: »Jahwe gehört die *Erde* und was sie erfüllt« (Ps 24,1f; vgl. 74,16; 89,12 u.a.).

So wird auch ein zurückhaltendes Urteil feststellen können: Offenkundig gehen die Propheten des 8. Jahrhunderts, Amos, Hosea oder Jesaja, die ihrerseits verschiedene Traditionen, Themen und Motive aufgreifen, gemeinsam – wie selbstverständlich – von der Ausschließlichkeit des Jahweglaubens aus, geben ihr unterschiedlichen Ausdruck und beziehen sie in je eigener Weise auf ihre Wirklichkeit.

Der Prophet *Jeremia,* in dessen Botschaft (gegen Ende des 7. Jahrhunderts) die Auseinandersetzung mit den Fremdreligionen – sei es in der Nachfolge Hoseas mit Baal oder der »Himmelskönigin« – nicht fehlt, vergleicht in seinem eindrucksvollen Bild, in dem alttestamentliche Gotteserkenntnis anschaulich wird, die Wirksamkeit des einen Gottes mit den Fähigkeiten der Götter (2,13):

»Zweifaches Unrecht beging mein Volk:
Mich verließen sie,
den Quell lebendigen Wassers,
um sich Zisternen zu hauen,
rissige Zisternen, die das Wasser nicht halten.«

Gegenüber dem lebendig-frischen Quellwasser wird das Gegenbild doppelt oder gar dreifach eingeschränkt: Es handelt sich (a) nur um Zisternen, die (b) selbstgemacht, dazu (c) noch rissig sind, also um einen ganz und gar untauglichen Ersatz. So ist der »Widersinn« deutlich: »Wer wird, wenn er Durst hat, einem frisch sprudelnden Quell den Rücken kehren und das abgestandene Wasser einer zudem durchlässigen Zisterne vorziehen? So aber hat es Israel gemacht.« (*W.Rudolph*[3], 17)

Wie zuvor Hosea spricht Jeremia die Ausschließlichkeit des Glaubens hier nicht gesetzlich fordernd, eher feststellend oder gar trotz der Anklage lockend-werbend aus. Strittig ist die Frage: Wer gibt Leben? Nicht eigentlich die Existenz, vielmehr die Macht, Bedeutung oder Verläßlichkeit fremder Götter wird (im Vorwurf des Göttertausches) geleugnet (vgl. »nichts-nutzig« Jer 2,8.11; Jes 44,9f.17 u.a.). Die Absicht ist, zugespitzt geurteilt, nicht die Einsicht in einen »Mono-Theismus« zu lehren und zu verbreiten, sondern auf den wahren, zuverlässigen und beständigen Grund des Vertrauens zu verweisen. Allerdings braucht, was mit »nicht – sondern« unterschieden wurde, im späteren Weiterdenken des Glaubens keinen Gegensatz zu bilden.

c) Die Formulierung des Verhältnisses zu dem einen Gott in einem Rechtssatz oder einer Forderung

Die vermutlich älteste Fassung der Exklusivität des Glaubens mag im Bundesbuch erhalten sein; die knappe Redeweise, die – vergleichbar den frühen Todesrechtssätzen (Ex 21,12.15–17) – Tat und Folge verknüpft, wurde, um eindeutig zu bleiben, später ergänzt:

»Wer (anderen) Göttern opfert (es sei denn Jahwe allein),
soll gebannt (d.h. aus der Gemeinschaft ausgestoßen oder
getötet) werden.« (Ex 22,19)

Ausgeschlossen wird nur eine bestimmte, sichtbare, öffentliche Handlung (vgl. zu *sbch* »opfern« § 9c,2) – ähnlich dem im sog. kultischen Dekalog überlieferten Verbot der Proskynese:

»Nicht sollst du vor einem anderen Gott niederfallen.«
(Ex 34,14; vgl. Ps 81,10)

Dieses Gebot begegnet durch ein einleitendes »denn« allerdings nur in abhängiger Stellung, ist hier also stärker in den Kontext eingebunden.

Eher jüngere Wendungen untersagen, »den Namen anderer Götter (preisend, bekennend) zu erwähnen« bzw. »anzurufen, im Munde zu führen« (Ex 23,13; vgl. Jos 23,7), vor Göttern »niederzufallen« oder ihnen zu »dienen« (Ex 23,24; 2 Kön 17,35; vgl. auch Lev 19,4; 26,1; Dtn 13 u.a.).

Die mehrfache Wiederholung des Gebots in fast allen älteren Gesetzessammlungen zeigt seine Bedeutung an. In wechselnden Situationen bedurfte es anscheinend verschiedener, voneinander abweichender Formulierungen.

Demgegenüber wirkt das als Gottesrede gestaltete, so durch Gottes »Ich« geprägte erste Dekaloggebot (Ex 20,3; Dtn 5,7; vgl. Ps 81,10) weitaus allgemeiner, schließt auch private, anderen nicht ohne weiteres einsichtige Handlungen aus, ohne die Existenz fremder Götter grundsätzlich zu bestreiten:

»Es soll(en) für dich nicht andere Götter sein vor mir« bzw. »mir gegenüber«.

Die weite Formulierung »andere Götter« meint – etwa über die Götter Kanaans (so Hos 3,1) hinaus – umfassend alle Götter. »Vor meinem Angesicht« könnte zunächst wörtlich zu verstehen sein: In Jahwes Gegenwart dürfen fremde Gottheiten nicht aufgestellt, verehrt oder angerufen (Ex 23,13.24; Jes 26,13) werden. Jedoch ist der Geltungsbereich des ersten Dekaloggebots kaum auf den Kult beschränkt, sondern richtet sich zugleich gegen ein Verhalten im Alltag, etwa gegen ein Gebet, das Gott »ins Antlitz«, »gegenüber« oder gar »zum Trotz« – so könnte man auch übersetzen – andere um Hilfe anfleht. Die Sprache ist in jeder Hinsicht grundsätzlich, auf das Wesentliche konzentriert, so auf wechselnde Situationen jeweils neu anwendbar und konnte eben darum so lange wirksam bleiben.

d) Das Bekenntnis zur »Einheit« Gottes

Thema des ersten Gebots ist zunächst nicht »Gott selbst«, sondern das Verhalten des Menschen zu Gott. Doch entnimmt das Deuteronomium dem Anspruch auf Alleinverehrung die Einheit Gottes und legt damit im Sch^{e}ma »Höre Israel!« die Ausschließlichkeit auf neue, für die spätere Zeit grundlegende Weise aus:

»Höre, Israel:
Jahwe, unser Gott,
Jahwe ist *einer* (*einzig*).«
(Dtn 6,4; aufgenommen Sach 14,9; Mal 2,10; Hi 31,15).

Beruft sich dieser nach verschiedenen Richtungen hin auslegbare Satz ursprünglich auf die (lokale) Einheit und Einzigkeit der Jahwe-Verehrung gegenüber der kanaanäischen Religion, zumal dem Baalkult und seiner Vielfalt, oder überhaupt gegenüber einer Vielzahl fremder Götter und ihrer Kultstätten? »So viele Städte, so viele Götter hast du« heißt es Jer 2,28. Oder zielt der Wortlaut »Jahwe ist einer« auf einen »Mono-Jahwismus« im Gegensatz zu einem »Poly-Jahwismus«, d.h. auf die Einheit oder auch Gegenwart Gottes an einem Ort gegenüber einer Vielfalt von Repräsentationen Jahwes an den verschiedenen Heiligtümern?

In den Inschriften von Kuntillet Ağrud scheint der Gottesname »Jahwe von Samaria« bezeugt zu sein.

Jene beiden Absichten können sich auch verbinden, wenn das Bekenntnis zur Einheit Jahwes zugleich die Vielfalt der Baalverehrung abwehrt. – Ist die »Einheit« Gottes auch ein Grund für die Einheit der »erwählten« Kultstätte (Dtn 12)?

Die Aussage ist – mit ihrem kaum ausschöpfbaren oder gar von sich aus mehrdeutigen Wortlaut – so gestaltet, daß sie nicht bloß in einer bestimmten Situation Sinn hat, sondern über sie hinaus grundsätzlichen Charakter gewinnt. So konnte das Sch^{e}ma »Höre Israel!« später *das* Bekenntnis des Judentums werden.

Aus einer Bestimmung über das Gottesverhältnis des Menschen, wie sie das erste Gebot enthält, wird ein – ohne ausdrücklichen Rückbezug auf die Geschichte formulierter – Satz »über« Gott selbst: »Jahwe ist einer.« Bezeichnend ist für das Alte Testament, daß es aus einer solchen Grenzaussage »Gott ist« sogleich die Folgerung für menschliches Verhalten zieht und insofern die Bedeutung der Rede von Gott für den Menschen im Blick hat. Der fast dogmatisch klingende Bekennntnissatz von der Einheit Gottes ist schon in den Aufruf »Höre Israel!« hineingenommen und wird noch durch die Mahnung weitergeführt:

»So sollst du Jahwe, deinen Gott,
mit deinem ganzen Herzen (wohl: Denken, Sich-Entscheiden), deiner ganzen Seele (wohl: Ausrichtung, Verlangen)
und deiner ganzen Kraft lieben!« (Dtn 6,5)

Die älteren Verbotsformulierungen, die nur die Verehrung fremder Götter ausschließen, lassen das Verhältnis bzw. die Art der Beziehung zu Gott offen. Diese Lücke füllt das Deuteronomium aus, indem es die Exklusivität als Totalität oder Ungeteiltheit des Verhaltens interpretiert. Der Mensch soll Gott ohne Vorbehalt lieben (7,8f; 10,12ff u.a.). »Ganz sollst du sein bei Jahwe, deinem Gott« (Dtn 18,13; vgl. Jos 24,14), »von ganzem Herzen, ganzer Seele« (2 Kön 23,3.25; vgl. 1 Sam 7,3 u.a.), »ungeteilt« (1 Kön 8,61; 11,4; 15,3.14; 2 Chr 16,9 u.a.).

Für das Deuteronomium äußert sich die Liebe zu Gott im Halten der Gebote (6,5ff; 10,12f; 11,1.13.22; 19,9; 30,16ff). Unter ihnen hat – wohl durch Nachwirkung der Verkündigung der Propheten, zumal Hoseas – das immer wieder eingeschärfte erste Gebot den Vorrang. Ja, die deuteronomischen Gesetze lassen sich teilweise als Ausführungsbestimmungen dieses Gebots verstehen. Den Einzelverordnungen (in Kap. 12–26) gehen nämlich allgemeine Erwägungen über die Bedeutung der Satzungen und Verordnungen voraus und weisen dabei, etwa mit der vielfachen Warnung, »anderen Göttern« zu folgen, eben dem ersten Gebot eine hervorragende Stelle zu (6,14ff; 7,4ff.16.25; 8,19; 11,16ff.28; auch 12,2f.30f; 20,17f u.a.).

Außerdem wirkt es in die Einzelgesetzgebung ein. Sie enthält besondere Ausführungsbestimmungen zum ersten Gebot für den Fall, daß ein Prophet, ein Verwandter oder gar eine ganze Stadt zur Verehrung anderer Götter auffordern (13,2–6.7–12.13–19) oder auch fremde Götter nur verehren (17,2–7; vgl. 18,9ff). Wenn etwa das Königsgesetz vom Herrscher verlangt, Jahwe zu fürchten (17,19;

vgl. 1 Sam 12,24f), so kommt die Ausschließlichkeit nicht auf den ersten Blick sprachlich erkennbar, aber sachlich zur Geltung.

Das Deuteronomium kann – in anderer Ausdrucksweise – die Exklusivität bzw. Totalität des Gottesverhältnisses genauso gut als Gott »fürchten« (Dtn 5,29.5; 6,2.13.24; auch 17,19 u.a.) oder als »nicht vergessen, gedenken« (6,12ff; 8,11ff.18f; vgl. Hos 2,15 u.a.) umschreiben.

Von der Ausschließlichkeitsbestimmung hat Israel wie auf die »Einheit« auch auf eine *Eigenschaft* Gottes geschlossen, um mit ihr wiederum das erste Gebot zu begründen: »denn ich, Jahwe, dein Gott, bin ein *eifernder* Gott« (Ex 20,5; 34,14; Dtn 6,14f; 32,16ff; Jos 24,19 u.a.). Dieses Bekenntnis zu Jahwe als einem »eifersüchtigen Gott« ist um so bemerkenswerter, als das Alte Testament nur wenige Prädikate Gott selbst beilegt (o.§ 2,1). Zwar läßt sich die Ausschließlichkeit historisch nicht von Jahwes »Eiferheiligkeit« her verstehen, jedoch ist wie das Gebot selbst auch der »Eifer« eines Gottes gegen andere Götter der Umwelt unbekannt. So wird mit dieser Beifügung *qanna›* »eifernd« der Gottesname El spezifisch israelitisch umgedeutet. Zwischen dem Vorrang eines Gottes über andere und der Ausschließlichkeit ist ein Sprung, der Israel vom alten Orient trennt. Strenggenommen wendet sich Jahwes »Eifer« allerdings nicht gegen fremde Götter, als ob er mißgünstig seine Nebenbuhler verfolge, sondern gegen Israel, das sich den fremden Göttern anvertraut. Auch Jahwes »Eifer« bezieht sich also auf sein Verhältnis zu Menschen; er fordert die Ausschließlichkeit ihres Glaubens und ahndet ihre Übertretungen (Ex 20,5; Dtn 6,15).

e) Die monotheistische – oder monotheistisch klingende – Aussage oder Zuspitzung des Bekenntnisses

Eindeutige Aussagen, welche die Existenz anderer Götter ausschließen, trifft der Exilsprophet *Deuterojesaja* im Rahmen seines tröstend-heilvollen Zuspruchs an die Verbannten:

»Vor mir wurde kein Gott gebildet,
und nach mir wird keiner sein.« (Jes 43,10)
»Ich bin der Erste und ich der Letzte,
außer mir ist kein Gott.«
(Jes 44,6; vgl. 41,4; 45,5f.18.21f; 46,9 u.a.)

Gott ist in keine Genealogie eingebunden; es gibt weder ein Vorher noch ein Nachher. Allerdings formuliert oder entfaltet der Exilsprophet keine strenge, systematische Lehre. Zumindest kann er mit dem Sein zugleich die Wirksamkeit der Götter bestreiten (41,24.29): »Euer *Tun* ist nichts.« So zielt die Botschaft des Exilspropheten weniger auf die Proklamation eines Monotheismus als auf die in diesem Rahmen – in Anlehnung an Hosea (13,4) – bewahrte und verteidigte Aussage: »Außer mir ist kein *Helfer.*« (Jes 43,11; vgl. 43,13; 45,21)

Die *priesterschriftliche* Schöpfungsgeschichte klingt mit ihrer Unterscheidung von Gott und Welt (Gen 1,1) eindeutig monotheistisch und hat in diesem Sinne ihre Wirkung entfaltet; für andere göttliche oder mythisch-persönliche Kräfte bleibt kein Raum (§ 1 und 11f). In der Forderung, »vor« Gott zu wandeln und damit bzw. dabei »vollkommen« zu sein (Gen 17,1; vgl. 6,9; Dtn 18,13; auch 1 Kön 9,4 u.a.), hallt das erste Gebot nach; der Zuwendung Gottes soll die ungeteilte Ganzheit der Zuwendung Abrahams zu Gott entsprechen. Trotz der monotheistisch erscheinenden Aussage von Gen 1 kann – innerhalb dieser priesterschriftlichen Darstellung (Ex 12,12) – allerdings Gott selbst ankündigen:

»An allen Göttern Ägyptens werde ich Strafgerichte vollstrecken.«

Diese Zukunftsansage erweist Jahwes Macht im Ausland, erwähnt die Götter nur in der Gerichtsandrohung, bezeugt damit die Überlegenheit des einen (Schöpfer-)Gottes und die Ohnmacht der anderen Götter. Wird deren Existenz – selbst in der Priesterschrift – aber von vornherein bestritten?

Auch sonst kommt es in exilisch-nachexilischer Zeit zu monotheistischen Zeugnissen von Jahwe als einzigem Gott. Im vorliegenden *Deuteronomium* wird jener Bekenntnissatz »Jahwe ist einer« (6,4) durch nachträglich vorangestellte Aussagen: »Jahwe ist Gott, außer ihm keiner« (4,35), »Gott im Himmel oben wie auf der Erde unten und keiner sonst« (4,39; vgl. 32,39) ausgelegt und später, im Neuen Testament (Mk 12,32), auch in diesem Sinne verstanden:
»Er ist einer, und kein anderer ist außer ihm.«

Das – sich an das Deuteronomium anschließende – *deuteronomistische Geschichtswerk* beurteilt in seinem Jahrhunderte umspannenden Rückblick von der Josua- oder Richterzeit (Jos 23; Ri 2,10ff; 6,7ff; 8,33ff; 1 Sam 8,7ff u.a.) über die Herrscher in der Königszeit (1 Kön 11; 16,30ff u.a.) bis zum Untergang beider Reiche (2 Kön 17,7.16.34ff; 24f) die Vergangenheit nach dem Maßstab des ersten (und zweiten) Gebots; die Feststellung des Abfalls vom »Hauptgebot« führt zum Schuldbekenntnis. So nimmt diese Literatur einerseits eine starke Reduktion geschichtlicher Wirklichkeit, andererseits eine überraschende Konzentration vor, indem die Vergangenheit vom Grundsatz des eigenen Glaubens her geschrieben wird. Dabei wird – wohl in der Nachfolge der Prophetie – jedem möglichen Sowohl-Als-auch ein Entweder-Oder entgegengestellt. Ähnlich können deuteronomistische Partien in Prophetenbüchern (Jer 7; 11; 19,3ff u.a.) die Situation darstellen. In diesem weiten Literaturbereich findet sich über monotheistische Aussagen (2 Sam 7,22; vgl. Dtn 4,35ff) hinaus in jüngeren Zusätzen wie schon bei Deuterojesaja (45,6 u.a.) auch die Erwartung:

»Alle Völker (sollen) erkennen,
daß Jahwe, er Gott ist und keiner sonst.«
(1 Kön 8,60; vgl. 8,43; Ps 22,28; 83,19; 86,9; 100,3;
2 Kön 19,15.19; auch Jes 37,16.20; dazu u.§ 17)

Schließlich bringt die Hoffnung das »Allein« bildhaft-einprägsam zum Ausdruck:

»Die Sonne wird nicht mehr dein Licht sein bei Tage,
und der Mond wird dir nicht mehr leuchten,
sondern Jahwe wird dein ewiges Licht sein
und dein Gott deine Herrlichkeit.«
(Jes 60,19; vgl. 24,23; Hi 25,4f; Sach 14,9 u.a.)

4. Die Wirklichkeit in Israel hat keineswegs immer und überall der Ausschließlichkeit des Glaubens entsprochen. Das Alte Testament selbst bezeugt in offenem Eingeständnis, daß der Glaube Anfechtungen ausgesetzt war und die Ausschließlichkeit nicht durchhielt.

Man kannte etwa Haus- und Familien«götter« (Gen 31,19. 30ff; Ri 17,5; 18,14ff.24; wohl auch Ex 21,6; 22,7f). Die öffentliche Preisgabe mitgeführter fremder Gottheiten (Gen 35,2–4; vgl. Jos 24,14f.20) wird erzählt. Um das Miteinanderleben kanaanäischer und israelitischer Bevölkerungskreise in einem Staat zu gewährleisten, hat das Königtum, zumal im Nordreich, den Synkretismus einerseits fördern können; andererseits wird von Reformen zugunsten der Ausschließlichkeit berichtet (2 Kön 9f; 18,4; 22f; vgl. Ri 6,25ff; 1 Sam 7,3f; 1 Kön 15,12ff). Vor allem die Propheten – zumal Elia, Hosea, Jeremia (2–3; 7; 44) und Ezechiel (8; 16; 20; 23) – setzten sich für die Geltung des ersten Gebots ein.

Nach seiner eigenen Erinnerung weiß das Alte Testament von frühen Epochen (Gen 35; Num 25; Ri 6,25ff u.a.) über die Königszeit (1 Kön 18; 2 Kön 1; 10; Hos 1f; 4; 8; Jer 2; 44; Ez 8) bis in die Spätzeit (Jes 57,3ff; 65,2ff; 66,17 u.a.) über vielfältige Verführungen zum Götzendienst zu berichten. Ist ein Gebot nicht überhaupt nur dort nötig, wo Verfehlungen möglich oder gar gegeben sind?

Diese selbstkritische Sicht des Alten Testaments wird durch archäologische Zeugnisse, insbesondere eine Reihe von aufgefundenen Inschriften, bestätigt und verschärft. Sie lassen noch in der Königszeit auf polytheistische Züge – zumindest im Volksglauben – schließen. Die Wirklichkeit war anscheinend komplexer, als die biblischen Texte von sich aus zu erkennen geben.

Jahwe scheint jedenfalls hier und da mit weiblichen Gottheiten verbunden worden zu sein; vielleicht bildeten sich speziell in Randzonen synkretistische Formen aus. Wurde in der jüdischen Kolonie auf der Nilinsel Elephantine die Göttin Anat-Jahu oder Anat-Betel als Gemahlin Jahwes verehrt? Eine Inschrift aus Kuntillet Ağrud, tief im Süden Palästinas, spricht vom »Segen Jahwes . . . und seiner Aschera«, ähnlich eine andere aus Chirbet el Qom, westlich von Hebron.

Dagegen liefern grundlegende alttestamentliche Traditionen (wie Ex 14f; 19; 24 u.a. gegenüber Gen 18,1f; o.§ 3) von sich aus keinen Anhalt für die Vermutung, daß sie einmal auf mehrere Götter, auf »Jahwe und . . .«, sei es eine weibliche oder männliche Gottheit, bezogen waren und in dieser entscheidenden Hinsicht eine tiefgreifende »Zensur« erfuhren, die einen ursprünglich polytheistischen Hintergrund nachträglich getilgt haben soll. Vielleicht stellt die erhaltene Überlieferung eine Auswahl dar; anderes – was wie Inschriften »Jahwe und . . .« bezeugt und wohl mehr volkstümlichen Vorstellungen entsprochen haben mag – wurde ausgeschlossen.

Möchte man, etwa auf Grund der Inschriften, die Bedeutung der im Alten Testament, zumal im Exodusbuch, bewahrten Überlieferungen einschränken, wird man eher der Auffassung zuneigen: Vielleicht trug in älterer Zeit nur ein (kleinerer) Kreis das Bekenntnis zu dem einen Gott, während ein (größerer) Teil der Bevölkerung es zumindest im praktischen Lebensvollzug weniger ernst nahm. Das Elia zugeschriebene Urteil »Ich allein bin übriggeblieben« (1 Kön 19,10.14) mag zugespitzt sein, setzt aber voraus, daß die Situation der Jahwegläubigen früher anders war.

Gewiß erscheint für weite Teile des Alten Testaments geeigneter und angemessener als »Monotheismus« eine Bezeichnung wie »Monolatrie«. Allerdings ist das Gegenüber des einen Jahwe zu den anderen Göttern nicht ein für allemal auf eine bestimmte Weise festgelegt, sondern drängt über alle bestehenden Abgrenzungen hinaus. Der »Mono-Jahwismus« wirkt als eine »Vorstufe des Monotheismus«, »weil der Exklusivitätsanspruch Jahwes zu ihm drängt« (*W.Holsten,* RGG^3 IV, 1960, 1107). Dabei ist der Monotheismus eher – theoretische – Konsequenz als Fundament alttestamentlichen Glaubens.

Jedoch bedarf jenes Urteil der Ergänzung: Am Monotheismus als solchem hat sich Israel »nicht gemessen und geprüft, so wie es sich am ersten Gebot gemessen und geprüft hat« (*G.v.Rad,* TheolAT I^4, 224).

Die Leugnung der Existenz anderer Götter ist nicht eigentlich die Absicht des Alten Testaments; noch in der Spätzeit bekennt die Gemeinde:

»Alle Völker wandeln jeweils im Namen ihres Gottes,
wir aber wandeln im Namen Jahwes, unseres Gottes,
auf immer und ewig.«
(Mi 4,5; vgl. Jes 26,13; selbst noch 1 Kor 8,5f)

5. Alles in allem zeigt sich die Ausschließlichkeit des Glaubens bzw. die Erwartung ungeteilter Ganzheit der Zuwendung in keineswegs einförmiger, ja höchst verschiedenartiger Sprache – bei Hosea auch, aber nicht nur als »Zitat«, in Ausdrücken wie »allein«, »vollkommen«, »von ganzem Herzen, ganzer Seele«, zumal bei Propheten beispielsweise in bildhaften Wendungen, wie »Hurerei« für die Hinwendung zu anderen Mächten. So stellt die Ausschließlichkeit in der Vielfalt alttestamentlicher Literatur eine Einheit dar, kommt ihrerseits aber in großer Vielgestaltigkeit zum Ausdruck.

Zugleich gibt die Ausschließlichkeit – über eine einmalig gewonnene Erkenntnis hinaus – einen Anstoß, der dem Glauben zuvor scheinbar unzugängliche, insofern neue Bereiche des Lebens und der Welt erschließt, so das Wirkungs- oder Wirklichkeitsfeld ausweitet.

6. Die Bedeutung der Ausschließlichkeit des Glaubens ist nicht von vornherein gegeben; die Implikationen und Konsequenzen ergeben sich

erst im Laufe der Geschichte, indem und so daß sich angesichts wechselnder Situationen neue Aspekte, Aufgaben und Sinndeutungen erschließen. So gesehen, enthält die Exklusivität des Gottesverhältnisses einen Impuls für die Gestaltung der Zukunft; es ergeben sich Auswirkungen, die Israel erheblich von seiner Umwelt unterscheiden.

Die Ausschließlichkeit des Glaubens hat zunächst *mythenkritische* Bedeutung. Ein Großteil altorientalischer – ähnlich aus der griechisch-römischen Antike vertrauter – Mythen, wie Götterhochzeit, Göttergeburt oder Göttertod, entfällt zumindest in der Konsequenz; mythische Überlieferungen werden umgestaltet.

Das Alte Testament fragt nicht über Jahwes Da-Sein (vgl. Ex 3,12.14) zurück nach seinem Entstehen, um das göttliche Werden in einer Theogonie zusammen mit einer Kosmogonie darzustellen (o.§ 1). Der eine Gott braucht nicht um die Herrschaft in der Götterwelt zu kämpfen (vgl. § 11e). Ist das Verhältnis Jahwes zu anderen Göttern zu bestimmen, scheidet – zumindest auf Dauer – eine Nebeneinanderordnung gleichgestellter Größen aus. Möglich ist nicht die Vereinigung zu einem Pantheon, höchstens eine kritische Identifikation. So können der Name El »Gott« – ohne gewisse mit ihm verbundene Eigenschaften (u.§ 10a) – und in späterer Zeit der persische Titel »Gott des Himmels« auf Jahwe übertragen werden. In der Regel sieht man Jahwe aber im Gegensatz zu den fremden Göttern oder bekennt seine überlegene Macht (Ex 18,11; Ps 89,7ff; 96,4f u.a.). Auch vollziehen sich bei der Übernahme fremder, durch altorientalische Überlieferung vorgegebener Vorstellungen, Motive oder Attribute für den alttestamentlichen Glauben charakteristische, durch die Ausschließlichkeit angestoßene Umwandlungen (u.§ 11, bes. 11g).

Mit dem Glauben an den einen Gott entfällt – für die Antike ganz ungewöhnlich – die geschlechtliche Differenzierung zwischen Gott und Göttin. Jedenfalls im vorliegenden Alten Testament kann Gott nicht als männlich oder weiblich verstanden werden; auf Gott können auch weibliche Eigenschaften übertragen werden (Dtn 32,18; vgl. Jes 46,3; 49,15; 66,13 u.a.). So ist die Vorstellung einer göttlichen *Ehe* letztlich nur als Metapher verwendbar – *doppelt* gebrochen: Das Verhältnis Gott-Göttin wird auf die Beziehung Gott-Volk übertragen und von den Propheten (Hos 1–3; Jer 2f; Ez 16; 23 u.a) für den Schuldaufweis benutzt.

Die kritische Haltung äußert sich wie gegenüber der *Totenverehrung* (u.Exk. 8) insbesondere gegenüber dem *Astralkult* (Dtn 4,19; 17,3; 2 Kön 17,16; 21,3.5; 23,5.11; Hi 31,26f u.a.). Dem Alten Testament gelten die Gestirne nicht wie dem alten Orient als menschliches Schicksal bestimmende mythisch-numinose Größen (vgl. Ez 8,16; Ps 19,6 »wie ein Bräutigam, wie ein Held«); sie sind von Gott geschaffen, zumal für die Schöpfungsgeschichte weltliche Phänomene, schlicht »Leuchtkörper, Lampen« (Gen 1,14ff; vgl. Ps 19,5; 74,16; 104,19; 136,7ff; 148,3ff u.a.).

Auch das Heer des Himmels, ursprünglich Sterne oder ihre Personifizierungen, ist erschaffen (Gen 2,1; Ps 33,6; Jes 40,26; 45,12; vgl. Ps 147,4f); es hat die Aufgabe,

Gott zu loben (148,2), seinen Willen zu erfüllen (103,21), oder bildet seinen Hofstaat (1 Kön 22,19ff).

Das *dritte* Gebot kann auch Beschwörung oder Magie ausschließen (Ex 20,7; vgl. 22,17; Num 23,23; 1 Sam 15,23 u.a.). Ja, das Prophetengesetz (Dtn 18,9ff) stellt kultisch-magische Praktiken, wie sie bei Nachbarvölkern üblich sind, der Offenbarung Jahwes durch das prophetische Wort gegenüber, was auch erzählerisch (Ex 7,8ff; 8,14f bzw. 8,18f; 9,11 P) ausgestaltet werden kann.

Der *Segen,* ursprünglich wie der Fluch wohl ein selbstwirksames Machtwort, wandelt sich, indem Gott als Urheber (Gen 12,2f; 26,12 u.a.) verstanden wird, zum Gebet und Zuspruch in Gottes Namen (Num 6,24ff; Ps 29,11; 90,17; vgl. Dtn 7,13f u.a.) oder zu seinem Wort (Gen 1,22.28 u.a.).

Wohl als Folge des Ausschließlichkeitsanspruchs Jahwes spielen *Dämonen,* etwa als Urheber von Krankheiten, – im Vergleich mit dem alten Orient oder dem Volksglauben späterer Zeit (vgl. Mk 1,23ff.34.39; Mt 12,43ff u.a.) – im Alten Testament insgesamt eher eine geringe Rolle.

Prophetische Gerichtsankündigung kann verfallene Ruinen als Aufenthaltsort von ruhelosen dämonischen Gestalten darstellen (Jes 13,21; 34,12.14; Jer 50,39; anders Lev 16,5ff). Solchen Unholden Opfer darzubringen ist allerdings verpönt; denn sie sind nicht Gott (Dtn 32,17; Lev 17,7; Hos 12,12; Ps 106,37; 2 Kön 23,8).

Dämonische Mächte können in Gott integriert (Gen 32,23ff; Ex 4,24ff) oder ihm als seinen Willen ausführende Boten unterstellt werden. Der Wüstendämon der Passanacht (Ex 12,23; vgl. Hebr 11,28) wie der Pestengel (2 Sam 24,17; vgl. 2 Kön 19,35; Num 22,22ff) handeln in Jahwes Auftrag (vgl. vom »Geist« Ri 9,23; 1 Sam 16,14; 2 Sam 24,13ff; 1 Kön 22,19ff). Die Schlange (Gen 3,1; vgl. Am 9,3) wie die Meeresdrachen (Gen 1,21; vgl. Ps 104,26; Jon 2,1) sind seine Geschöpfe. Sogar die Kraft der Erde, Pflanzen hervorzubringen, ist ihr nicht von sich aus eigen, sondern wird ihr durch Gottes Wort zugesprochen (Gen 1,11.24; vgl. § 11f,3).

»Geschah in Israel aber ein Unheil, dann hatte man nicht den Weg zu einer anderen Gottheit frei. Auch konnte man es nicht auf irgendwelche mißgünstigen Dämonen zurückführen; denn Jahwe hat alles Dämonische in sich aufgesaugt, es gab keine Kausalität neben ihm ... So mußte man sich an den wenden, der schlug.« Der Glaube an Jahwe hatte »mit seinem Ausschließlichkeitsanspruch die Dämonen weitgehend verdrängt.« (*L. Wächter,* Der Tod im Alten Testament, 1967, 29.41 im Anschluß an *P. Volz,* Das Dämonische in Jahwe, 1924).

Der »Alleinigkeitsanspruch Jahwes hat die Ausbildung einer ausgeprägten Dämonologie verhindert«; die »Aspekte des Bedrohlichen und Unheimlichen wurden ... integriert«, so daß »entsprechende Vorstellungen in alttestamentlichen Texten selten explizit bezeugt sind«. (*G. Wanke,* Dämonen: TRE VIII, 1981, 275)

Selbst der *Satan* ist, obwohl Versucher oder »Widersacher«, kein widergöttliches Prinzip, sondern wirkt nur in dem Rahmen oder Handlungsspielraum, den Gott ihm zuvor freigegeben hat (Hi 1f; vgl. § 18b,3).

Was man in der altorientalischen und antiken Welt der Einwirkung verderblicher Mächte zuschreiben konnte, gilt im Alten Testament als das Wirken des einen Gottes.

»Wer hat dem Menschen den Mund gemacht,
oder wer macht ihn stumm oder taub, sehend oder blind?
Bin nicht ich es, Jahwe?« (Ex 4,11)

Vorzüge und Nachteile, Fähigkeiten und Begrenzungen oder Behinderungen gelten gemeinsam als »gegeben« oder geschaffen.

Verschiedenartige Erzählungen bekunden: Der eine Schöpfer macht unfruchtbar oder fruchtbar (Gen 16,2; 29,31; 30,2.22; 1 Sam 1,5.17.19f).

Wie das Rutbüchlein erzählt, führt Gott in die Not (1,13.20f) und hilft wieder heraus (1,6; 2,12; 4,11.13f).

Wieweit kann es da noch »Zufall« geben (Ex 21,13; vgl. Rut 2,3 mit 2,20)?

Daß Gott Böses senden kann, bezeugt das Alte Testament vielfältig (Am 3,6; Ri 9,23; 1 Sam 16,14; 1 Kön 22,19ff u.a.). Auch schwer erträgliche, von Menschen verursachte Erfahrungen können auf Gott bezogen und in die Anrede an ihn hineingenommen werden: »Warum handelst du so übel an deinem Volk?« (Ex 5,22; vgl. Num 11,11.15 u.a.)

Die sog. Schriftpropheten gehen in der Verbindung des Widrig-Dunklen, Schwerverständlichen oder Schicksalhaften mit Gott wohl am weitesten (u.§ 14b).

Wird Jer 18,7ff weit über die exilisch-nachexilische Situation hinaus Gottes Handeln an Völkern und Staaten grundsätzlich-lehrsatzmäßig bedacht, so umfaßt es wiederum Gutes und Böses, Gericht und Heil.

So kann der Mensch ein Unglück oder unheilvolles Geschehen nicht dem unberechenbaren Willen eines Dämons oder dem bösen Wirken einer Gottheit zuschreiben und von der Macht, die ihn verfolgt, zu einem Nothelfer, einer ihm wohlgesonnenen Gottheit, fliehen. Vielmehr empfängt er Freud und Leid, Gut und Böse aus derselben Hand, begegnet in Zorn und Gnade demselben Gott:

»Das Gute nehmen wir von Gott,
und das Böse sollten wir nicht annehmen?«
»Jahwe hat's gegeben,
Jahwe hat's genommen –
der Name Jahwes sei gelobt!«
(Hi 2,10; 1,21; vgl. Spr 16,4 u.a.)

Ein solcher Lobpreis, der den Gott anerkennt, der die Gaben des Lebens schenkt und zurückfordert, ist gleichsam die Anwendung des Ersten Gebots auf das eigene Schicksal, auf die Polarität menschlicher Erfahrungen, wie vielfältig die Klagelieder des Psalters und selbst noch der skeptische – die Undurchsichtigkeit des Lebens betonende – »Prediger« Kohelet (7,14; u.§ 15,6) bezeugen.

Damit bleibt trotz der Mannigfaltigkeit, ja Zwiespältigkeit oder Polarität der Erfahrung die Einheit des Glaubens gewahrt, und das Lebensganze wird aus ihm gedeutet. Da die Ausschließlichkeit des Glaubens letztlich nicht erlaubt, Widriges auf andere Mächte zurückzuführen, sucht das Alte Testament das Dasein mit seinen Höhen und Tiefen auf Gott zu beziehen. So werden die Schattenseiten menschlicher Erfahrung aus dem Glauben nicht ausgeklammert oder verdrängt; er kann das Leben in seiner Gesamtheit – mit dem Wechsel zwischen der Zeit zum Weinen und zum Lachen (Koh 3) – einschließlich seiner Widersprüchlichkeit von Gott her verstehen, ohne das Mangelhafte und Negative der Wirklichkeit zu übersehen oder zu verschweigen, zu beschönigen oder umzudeuten.

Das Alte Testament weiß um den fernen, »sich verbergenden« Gott, der sein Antlitz, seine Nähe, seinen Schutz entzieht (Jes 8,17; 45,15; vgl. Ps 104,29; Jer 23,23 u.a.). Das Unheil (bzw. die Unheilsansage) ist – in Jesajas Sprache – Gottes »fremdes« Werk (Jes 28,21; vgl. 29,14). Kommt solche Redeweise nicht von dem sich erschließenden, sich zuwendenden, offenbaren Gott her, der »eigentlich« oder »lieber« anders handeln würde?

Weil der Mensch das Schicksal als Geschick versteht, auch schwer Erträgliches aus einer Hand nimmt, ist es für das Alte Testament ein grundlegendes Bekenntnis, daß Gott – mit einer Perspektive oder Intention der Aussage, die sich in der beabsichtigten Reihenfolge der Verben verbirgt – »tötet und lebendig macht« (1 Sam 2,6f; Dtn 32,39; vgl. auch die Bestreitung der Umkehrung Zeph 1,12; dann Ps 104,29f; 2 Kön 5,7; Jer 10,5 u.a.), einreißt und aufbaut, ausreißt und pflanzt (Jer 1,10 u.a.; vgl. 24,5.8; 32,15), »erniedrigt« und »erhöht« (Ez 17,24; vgl. Jer 31,10), Krankheit und Heilung sendet (Gen 20,17; Ex 15,26; Hos 6,1; Hi 5,18; Jes 19,22; 30,26; 2 Kön 5; 20; Ps 103,3; 147,3 u.a.), Licht wie Finsternis, Heil wie Unheil schafft (Jes 45,7; vgl. Ex 4,11; Klgl 3,37f u.a.).

Läßt der Mensch nicht erst dann Gott »die alles bestimmende Wirklichkeit« (*R.Bultmann*, Glauben und Verstehen I, ^{2}1954, 26) sein, wenn er Lichtes wie Dunkles, Erfreuliches wie Leidvolles, das scheinbar Verständliche wie das Unfaßbare aus seiner Hand empfängt? Indem der Mensch auch im Unheil auf Gott treffen kann, wird Böses gewiß nicht in seinem Sinn »erklärt«, vielmehr auf ein anredbares »Du« bezogen. Der Mensch ist mit seinem Schicksal nicht allein, sondern hat einen »Ort«, an den er sich wenden kann; er kann, wie die Psalmen vielfach bezeugen, das ihm Bittere in Worte fassen, die Nöte des Daseins einschließlich seiner Ungewißheit, Enttäuschung, Angst und Zweifel aus- und ansprechen, *vor* Gott bringen. Die Klage *über* das Schicksal und die Erfahrung der Verlorenheit läßt sich in ein Reden *mit* Gott, ja in die Klage *zu* Gott hineinnehmen, so daß sie nicht aus dem Glauben herausfällt.

7. Vielleicht hatte die ausschließliche Verehrung eines Gottes auch *soziale* Folgen, obwohl dieser Aspekt des Glaubens kaum untersucht und auch schwer nachweisbar ist. Mythisches Selbstverständnis setzt einen innigen Zusammenhang zwischen Gesellschaft, Welt und religiöser Vorstellung voraus. In der Götterhierarchie altorientalischer Religionen spiegelte sich der Aufbau der Gesellschaft wider; die himmlische Ordnung lief der Sozialstruktur auf Erden parallel. Wenigstens in der gleichen Zahl der Götter und Völker deutet Dtn 32,8 das Entsprechungsverhältnis an:

»Als der Höchste die Völker als Erbbesitz vergab,
als er die Menschen aufteilte,
da setzte er die Grenzen der Völker fest
nach der Zahl der 'Gottes'söhne.«

Der höchste Gott verteilte seinen Machtbereich, regierte über seine Untergebenen; diese Gliederung setzte sich nach unten fort. Aber nicht nur die vertikale, auch die horizontale Schichtung der menschlichen Gesellschaft im Nebeneinander der Berufe kehrte in der Götterwelt wieder.

Es gab nicht nur Kriegs- und Fruchtbarkeitsgötter, sondern einzelne Gottheiten vertraten spezielle Lebensbereiche. So galt der ägyptische Ptah und der ägyptische Koscher-wa-Chassis »Geschickt und Gescheit« als Künstlergott, der Architekt und Handwerker in einem war. Ein anderer war Erfinder der Schrift und damit Herr der Schreiber (Thot). Die einzelnen Berufe verdankten ihre Tätigkeit oder die Herstellung ihres Handwerkszeugs jeweils einem bestimmten Gott (vgl. Gen 3,21; anders 4,17ff). Zunächst mag er für das gesamte Leben seiner Verehrer zuständig gewesen und erst später für einen größeren Menschenkreis auf bestimmte Funktionen eingeschränkt worden sein. So läßt sich in Ägypten beobachten: »Der Gott ist anfänglich einem kleinen Kreis alles, später einem großen nur noch ein Teil; er wird vom umfassenden Lenker einer eng umgrenzten zum Ressortgott einer erweiterten Gesellschaft.« (*S.Morenz*, Ägyptische Religion, 1960, 29)

Gewiß wurden Aufbau und berufliche Spezialisierung der Gesellschaft nicht einfach in den Himmel projiziert, um das Göttliche dem Menschlichen nachzubilden. Vielmehr empfand man umgekehrt die Ordnung in Natur und Gesellschaft als göttliche Gabe und darum als Abbild der Verhältnisse im Himmel. Trotzdem war auf diese Weise die Sozialstruktur traditionsverhaftet, fest gefügt; denn sie wurde durch die ewige Entsprechung legitimiert und stabilisiert. Diese gegliederte mythische Welt, die die irdische stützte und sicherte, entfiel im Jahweglauben. Damit blieb das Gottesverhältnis dem Wandel gesellschaftlicher Zustände anpassungsfähiger oder vielmehr umgekehrt: Die Sozialstruktur wurde kritisierbar. Hier besteht doch wohl ein innerer Zusammenhang, wenn Israels Propheten den höchsten Schichten der Gesellschaft (Am 4,1 u.a.) ihre Unrechttaten vorhalten, ja dem Königtum kritisch entgegentreten (Hos 1,4 u.a.; u.§ 12a,5) konnten. Vielleicht wirken dabei auch Anstöße der Frühzeit nach, die eine solche Abstufung in der menschlichen Gemeinschaft kaum kannte. Wird auf diese Weise zugleich verständlich, daß sich der Jahweglaube in den völlig veränderten Verhältnissen der exilisch-nachexilischen Epoche behaupten, ja einen neuen Anspruch erheben konnte?

8. So hat, zusammenfassend geurteilt, die Ausschließlichkeit des Glaubens folgenreich gewirkt. Weil das erste Gebot Israels Eigenart aussprach und bewahrte, bestimmt es mit Recht weithin das Alte Testament. Gewiß bringt die Geschichte nicht einfach eine »Entfaltung« oder »Entwicklung«

des ersten Gebots, dennoch lassen sich ihre vielfältigen Neuansätze mit ihm verbinden, weil mit ihm eine Aufgabe gestellt war (vgl. § 1). Insofern könnte man die Geschichte Israels als Geschichte der im ersten Gebot ausgesprochenen Ausschließlichkeit schreiben. Das Wirksame an ihm ist gerade sein Forderungscharakter. Es ist als solches nicht Wirklichkeit – und in Israels Geschichte auch häufig nicht Wirklichkeit gewesen –, aber es erteilt einen Auftrag, jeweils neue Erfahrungen auf die Grundeinsicht des Glaubens zu beziehen, und bringt damit die Wirklichkeit in Bewegung. So ist das erste Gebot kein ein für allemal ausgesprochener, zeitlos gültiger Lehrsatz, sondern bedarf in den wechselnden Situationen der Auslegung und der Aneignung. Dasselbe gilt für das zweite Gebot. Der Glaube an den einen Gott ist nicht ein einmal und dann endgültig erreichter Zustand, der von der Vergangenheit her den folgenden Generationen vorgegeben ist, sondern bleibender Anspruch für die Zukunft.

c) Die Bildlosigkeit
Das zweite Gebot

Für die Spätantike hellenistisch-römischer Zeit war die Bildlosigkeit des jüdischen Glaubens das eigentlich Befremdliche, ja Anstoßerregende. Sie unterschied die Synagoge von jedem Tempel, schloß eine Gemeinschaft in Religion oder gar Zusammenleben aus. Das Bilderverbot stellt also etwas für Israel Charakteristisches dar, obwohl eine bildlose (an-ikonische) Gottesverehrung in der allgemeinen Religionsgeschichte keineswegs singulär ist, sich auch am Rande des alten Orients (etwa bei Zarathustra) findet.

Allerdings kannte Israels zeitliche und unmittelbar räumliche Nachbarschaft in der *Frühzeit* nichts Entsprechendes. Da so eine echte Analogie fehlt, läßt sich auch das Bilderverbot kaum aus der Umwelt ableiten. Die Frage nach seiner Herkunft, seiner Entstehung und auch seinem Alter ist nicht eindeutig zu beantworten. Religionsgeschichtliche Fragestellung stößt im Alten Testament immer wieder auf die Ausschließlichkeit und Bildlosigkeit, wie sie das erste und zweite Gebot zusammenfassen; beide bilden aber zugleich die Grenze, die historische Forschung bisher nicht zu übersteigen vermag.

Wer wird die bildende Kunst, die im Alltag verborgene Dimensionen des Lebens oder der Welt erschließt und die Hintergründigkeit der Wirklichkeit aufscheinen läßt, missen wollen? Wieweit bedarf Religion oder Frömmigkeit auch bildhafter Vor- und Darstellung? Ist das Bild aber nicht zweideutig, zugleich konkretisierend und begrenzend, hin- und wegführend, darstellend und verstellend? Drängt es insofern nicht zum erläuternden, näher bestimmenden Wort?

Das Judentum konnte das Bilderverbot – trotz bildlicher Darstellungen in Synagogen des 3.–6. Jh.n.Chr. (wie Dura Europos, Bet Alfa, Hammath

Tiberias) – auf jedes Tier- und Menschenbild ausdehnen. Dem Alten Testament ging es um das Bild, das sich der Mensch von Gott macht. Erst recht wandte sich das zweite Gebot nicht grundsätzlich gegen die Kunst. Obwohl Israel in diesem Bereich tatsächlich kaum hohe Werte geschaffen hat – die schönsten, bei Ausgrabungen gefundenen Töpferwaren und Elfenbeinschnitzereien sind importiert –, verboten blieb nur das Bild, das der Mensch verehrt: das Gottesbild. Eine nicht darstellbare Gottheit war für den alten Orient wie für die Antike aber zumindest ungewöhnlich; denn Gott erschien ja im Bild, dem man mit heiligen Handlungen diente. Galt in der Umwelt darum die Zerstörung von Gottesbildern (vgl. Dtn 7,5.25) als Frevel an der Gottheit, so sind in Israel Herstellung und Verehrung eines Bildes untersagt. Damit schließt das Alte Testament gerade das aus, was für andere Religionen durchweg das Ehrwürdigste überhaupt, nämlich Gottes Gegenwart, bedeutet. Wie das erste, so trennt also auch das zweite Gebot Israels Gott von anderen Göttern; es nimmt ihn aus der üblichen religiösen Welt heraus. Gerade der Gott, der die Menschen in der Geschichte führt, ist auf diese Weise der gewohnten Wirklichkeit entzogen.

Von dieser Eigentümlichkeit des Jahweglaubens muß das Wesen des Verhältnisses von Gott und Mensch im Alten Testament betroffen sein. So liegt eine Begründung des zweiten Gebots am nächsten: Man darf Gott nicht im Bilde darstellen, weil der Mensch Gottes Bild ist. Gott schafft sich im Menschen ein Bild, doch soll sich der Mensch kein Bild von Gott machen. Das Alte Testament kennt einen solchen Sachzusammenhang aber nicht, zieht jedenfalls an keiner Stelle eine Verbindungslinie zwischen beiden Aussagen. Von der Gottebenbildlichkeit des Menschen (u.§ 12c) spricht das Alte Testament nur in wenigen, dazu späteren Texten und verwendet außerdem andere Begriffe für »Bild« als das zweite Gebot in seinen verschiedenen Fassungen. Seine Bedeutung muß also anders bestimmt werden, wenn sie sich überhaupt eindeutig angeben läßt; wahrscheinlich hat sie sich im Laufe der Zeit gewandelt.

1. Das zweite Gebot wird auch außerhalb des Dekalogs (Ex 20,2–6) oft mit dem ersten Gebot zusammengestellt (34,14.17; Lev 19,4; 26,1; Dtn 4,16ff; vgl. Hos 11,2; Jer 1,16; 25,6 u.a.) und ist in allen Gesetzessammlungen vertreten. Anstelle des Fremdgötterverbots kann das Bilderverbot selbst die Reihe eröffnen; so ist es dem Bundesbuch (im Prolog: Ex 20,23) wie den Fluchworten (Dtn 27,15) – nachträglich – vorgeordnet.

Das Bundesbuch (Ex 20,23) verbietet, silberne und goldene Götter herzustellen, der sog. kultische Dekalog (34,17; ähnlich das Heiligkeitsgesetz Lev 19,4) aus Erz gegossene und schließlich der Fluchdodekalog (Dtn 27,15) außerdem aus Holz geschnitzte – wohl metallüberzogene – Bilder (vgl. Ri 17,3f; Jes 44,10ff) zu machen. Insgesamt sind damit die Arten aufgezählt, die in der Umwelt verwendet wurden.

Die älteste – später stark erweiterte – Fassung scheint sich im Dekalog zu finden:

»Du sollst dir kein Bild machen.«
(Ex 20,4; Dtn 5,8; vgl. 27,15; Hos 13,2)

Der Ausdruck für »Bild« (*psl*) meint zunächst das geschnitzte Holz- oder behauene Steinbild, erst später auch das Gußbild (Jes 40,19; 44,10). Sollte das Gebot in eine Zeit zurückreichen, für die Gußbilder keine Bedeutung hatten – bis in die Wüstenzeit? Eher wählt der Dekalog hier wieder eine weitgefaßte Formulierung, die alle Einzelheiten abstreift, weil sie allgemeingültig sein will – dies gilt zumindest für die vorliegende, breiter ausgestaltete Fassung.

Wie die Ausschließlichkeit ist die Bildlosigkeit des Jahweglaubens kaum erst im Gegensatz zum kanaanäischen Kult aufgekommen, dann aber zunehmend wirksam geworden. Sie reicht vermutlich in frühe Zeit zurück, auch wenn diese Eigenart erst später Gebotscharakter angenommen haben mag.

Man hat das zweite Gebot aus der Wüstenzeit hergeleitet und mit der Bundeslade zusammenbringen wollen, die als bildloses Symbol die einzig rechtmäßige Stätte der Gottesgegenwart gewesen wäre (*K.-H.Bernhardt*). Tatsächlich ist bei der Wüstenwanderung von keinem Bild außer dem verworfenen Goldenen Kalb (Ex 32) und der Ehernen Schlange (Num 21,4ff; 2 Kön 18,4) die Rede. Doch muß jene Annahme zu viele unsichere Voraussetzungen machen: Es ist nicht nur umstritten, ob die Lade aus der Wüstenzeit stammt, sondern erst recht fraglich, ob man das Bilderverbot demselben Traditionskreis bzw. derselben nomadischen Gruppe zuweisen kann, der die Lade gehört haben mag.

Eine genaue Angabe über das Alter des Bilderverbots ist schwer möglich. Warum bekämpft erst Hosea den Bilderdienst, noch nicht Elia, Jehu (2 Kön 9f) oder auch Amos? Konnte Hosea aber überzeugend die Anklage erheben: »Sie machten sich ein Gußbild« (13,2; vgl. 8,4 u.a.), ohne daß es ein entsprechendes Verbot gab?

2. Bezieht sich das Verbot, ein Gottesbild herzustellen und zu verehren, überhaupt ausschließlich auf eine Darstellung Jahwes und nicht auf ein *fremdes* Gottesbild? Der Wortlaut läßt eine eindeutige Entscheidung nicht zu. Man hat sogar vermutet, daß sich das zweite Gebot ursprünglich nur gegen andere, etwa kanaanäische Idole gewendet habe und erst später auf ein Jahwebild umgedeutet worden sei. Die Parallelfassung läßt nämlich eher an Fremdgötter- als an Jahwebilder denken:

»Ihr sollt nicht vor mir silberne Götter machen,
und goldene Götter sollt ihr euch nicht machen.«
(Ex 20,23; vgl. Lev 19,4; 26,1; Hos 11,2 u.a.)

Oder ist das Gebot doppelt ausgerichtet? Wenn es Bilder überhaupt im Jahwekult ausschließt, könnte es sich zugleich gegen die Einführung fremder Gottesbilder als Darstellungen Jahwes wehren. Die Wendung nach beiden Seiten entspringt also einem Sachzusammenhang: Da Israels Nachbarn ihre Götter in Bildern verehren, bedeutet die Herstellung jedes Bildes Übernahme fremder Vorbilder und damit ein Stück Anpassung an deren Gottesverständnis; in diesem Sinne kämpfen Hosea und Jeremia gegen die Baalisierung Jahwes.

Schon für Hosea (13,1f; vgl. 8,4f) stehen erstes und zweites Gebot in einem Zusammenhang.

Auch die Ergänzungen zum zweiten Dekaloggebot deuten es im Zusammenhang mit dem ersten. Die ursprüngliche Kurzfassung »Du sollst dir kein Bild machen« (Ex 20,4) ist später in breiterem, schwerfälligem Stil erläutert und begründet worden; die zunehmende Ausformung dieses Gebots belegt beispielhaft das allmähliche Anwachsen des Dekalogs insgesamt bis zur vorliegenden Endgestalt. Die Aufforderung: »Du sollst dich vor ihnen nicht niederwerfen und ihnen dienen!« (20,5) bezieht sich üblicherweise auf Fremdgötter (Dtn 8,19; 4,19 u.ö.), nicht auf Jahwe- oder Götzenbilder. Entsprechend erinnert der angefügte, mit »denn« eingeleitete Begründungssatz, der zur Verstärkung des Verbots dient (Ex 20,5b; ähnlich V 7.11), in seinem ersten Teil »Ich, Jahwe, dein Gott, bin ein eifriger Gott« an die Ausschließlichkeitsforderung des ersten Gebots. Jahwes Eifer läßt die Verehrung anderer Götter nicht zu (vgl. Ex 34,14). Die Stellung dieser Erläuterungen wird verständlich, wenn sie nicht nur auf das ferne Fremdgötterverbot zurückgreifen, sondern zugleich dem unmittelbar vorhergehenden Bilderverbot gelten; d.h., beide werden als Einheit zusammengefaßt. Dann haben aber nach Meinung der interpretierenden Zusätze beide Gebote eine ähnliche Aufgabe; das zweite führt das erste weiter: Mit den fremden Göttern sind auch die Bilder abgelehnt.

Da das erste Gebot bereits die Verehrung fremder Götter untersagt, würde das zweite einerseits nur das Verbot für die Bilder dieser Götter wiederholen, falls es Darstellungen Jahwes nicht mindestens einbezieht; ihnen wird es zunächst gegolten haben. Andererseits werden bestimmte Formulierungen des Bilderverbots unverständlich, wenn es sich auf Jahwebilder beschränkt. Außer in der Dekalogfassung »*Bild* machen« (Ex 20,4; Dtn 5,8; 27,15; Hos 13,2) findet es sich ja auch in einer Gestalt mit anderem Objekt: »(silberne, goldene, gegossene u.a.) *Götter* machen« (Ex 20,23; 34,17; Lev 19,4; vgl. Hos 8,4 u.a.). Dieser zweite Wortlaut scheint jedoch der jüngere zu sein; in ihm sind erstes und zweites Gebot bereits eine – vom Thema her naheliegende – Einheit eingegangen.

Als in späterer Zeit die fremden Götter für Israel bedeutungslos oder gar völlig geleugnet wurden, schob sich das enger aufgefaßte Bilderverbot als Unterscheidungsmerkmal gegenüber der Umwelt in den Vordergrund.

3. Die ausschließliche Verehrung Jahwes war nicht immer und überall Wirklichkeit, sondern blieb Forderung an Israel – genauso verhielt es sich mit der Bildlosigkeit des Jahwekults. Mehrfach wird von der Herstellung einzelner *Jahwebilder* berichtet, wenn auch undeutlich bleibt, wie sie verstanden wurden. Zudem sind die entsprechenden Erzählungen (bes. Ri 17f;

1 Kön 12; Ex 32) in ihrer vorliegenden Gestalt und im gegebenen Kontext nicht ohne polemischen Unterton; fraglich ist jedoch, wieweit er erst durch eine jüngere Bearbeitung in die Überlieferung eingetragen wird.

So scheint die Erzählung von dem Gottesdienst Michas und der Verlegung seines Heiligtums nach Dan (Ri 17–18) an ein zunächst privates, vom Stamm Dan übernommenes Jahwebild zu denken – zumindest in der gegenwärtigen Erzählform nicht ohne Ironie.

Die von Jerobeam I. nach 1 Kön 12,28 im Norden und Süden seines Reiches errichteten goldenen Stierbilder sind – in Analogie zur Lade, auf der Gott unsichtbar gegenwärtig ist (u.§ 9a,2) – am ehesten als Postamente zu verstehen. Die Tiere sind kaum Darstellungen, sondern Träger der Gottheit; jedoch mag diese Unterscheidung bei der Verehrung (vgl. Hos 13,2: »Menschen küssen Kälber«) nicht immer deutlich gewesen sein. Die Erzählung vom »Goldenen Kalb« (Ex 32) scheint die doppeldeutige Proklamationsformel »Siehe, das ist dein Gott bzw. sind deine Götter« (1 Kön 12,28) zu einem Identifikationssatz zu steigern: »Dies sind deine Götter« (Ex 32,4.8), um beispielhaft die Übertretung des zweiten und ersten Gebots zugleich aufzuzeigen (vgl. Ex 32,31 mit 20,23). Jedenfalls in späterer Zeit konnte man vom »Machen« eines Bildes (Ri 17,4; 1 Kön 12,28; Ex 32,1.4.20) nicht mehr berichten, ohne eine Anspielung auf das Verbot, ein Bild zu »machen« (Ex 20,5; 34,17; Dtn 27,15; Hos 8,4.6; 13,2 u.a.), herauszuhören.

War Gideons *Ephod* (Ri 8,24ff) ein Umhang für ein Gottesbild? Sonst diente ein Ephod der Orakeleinholung (1 Sam 23,6.9ff; 30,7f u.a.). Später gehörte ein solches Gewand (vgl. 1 Sam 2,18) zum hohenpriesterlichen Ornat (Ex 28; 39).

Die *Teraphim* – mögen sie Darstellung der Familiengötter (Gen 31,19.34f), eine Kultmaske (1 Sam 19,13; vgl. Ri 17,5; 18,14ff) gewesen sein oder der Orakeleinholung gedient haben (Ez 21,26; Sach 10,2) – verfielen dem Bann (1 Sam 15,23; 2 Kön 23,24; vgl. Hos 3,4).

Die *Masseben* – aufgerichtete Steine, die im alten Orient und darüber hinaus weit verbreitet waren, auch im Jahwetempel von Arad gefunden wurden – konnten als Gedenksteine interpretiert werden (Gen 28,22 gegenüber 28,18; vgl. 35,20; 2 Sam 18,18) oder erhielten symbolische Funktion (Ex 24,4; vgl. Jos 4). Später wurden sie verboten (Dtn 16,22; vgl. 7,5; 12,3; Lev 26,1; Hos 3,4; 10,1; 2 Kön 18,4; 23,14; auch Ex 34,13 u.a.).

Das – auf zwölf Stieren stehende – *Eherne Meer* (1 Kön 7,24ff; Jer 27,19), möglicherweise einmal Abbildung des Urmeeres, wird zum Becken für kultische Waschungen (Ex 30,17ff; 40,11 P).

Die *Eherne Schlange,* Nehuschtan, ursprünglich vielleicht Darstellung einer chthonischen Heils- oder Lebensgöttin, wird zu einem auf Jahwes Befehl errichteten und ihm unterstellten Heilssymbol (Num 21,8f; vgl. Joh 3,14f), dann bei Hiskijas Reform (2 Kön 18,4) zerschlagen.

Schließlich ist an die bei Ausgrabungen gefundenen kleinen Statuetten, Tonfiguren oder auch Zeichnungen – für privaten Gebrauch – zu erinnern. Wieweit konnten sie auch als Jahwedarstellungen verstanden werden?

In der Haltung gegenüber einigen Kultgegenständen (wie der Ehernen Schlange, den Teraphim und den Masseben) zeichnet sich deutlich ein Wandel ab. Sie wurden später strenger beurteilt, wohl den Bildern zugeordnet. Es bedurfte anscheinend einer tieferen Einsicht, um die mit jenen Symbolen oder Idolen für das Gottesverständnis drohende Gefahr zu bemerken. Sah Hosea in diesem Sinne schärfer als Elia oder Amos? Erkannte Hosea (3,4; 8,4–6; 10,1f.5f; 11,2; 13,2 u.a.) Darstellungen, die zuvor nicht als Repräsentation oder Vergegenwärtigung Gottes aufgefaßt wurden, als – dem Jahweglauben nicht entsprechende – Bilder?

Allerdings hat weder der ältere Tempel von Schilo (1 Sam 3) noch das Jerusalemer Heiligtum (1 Kön 8) – trotz allem Synkretismus (Ez 8) – im strengen Sinne wohl jemals ein Jahwebild beheimatet. Im Allerheiligsten befand sich in vorexilischer Zeit – außer den beiden schützenden Keruben, die zwar auch Symbole fremdreligiöser Herkunft, aber keine Darstellung Jahwes waren (vgl. § 9a,2) – nur die von David nach Jerusalem überführte Lade, die den unsichtbaren Gott gegenwärtig sein ließ, und das Allerheiligste des zweiten nachexilischen Tempels war leer. So bestehen keine ausreichenden Anzeichen dafür, daß die Jahweverehrung »offiziell« einmal nicht bildlos war und erst im Laufe ihrer Geschichte diese einschneidende Wendung vollzog; eine so tiefgreifende Änderung ist nirgends angedeutet und historisch auch nicht wahrscheinlich.

4. Da das Bilderverbot in Israels unmittelbarer Umwelt ohne rechte Analogie ist und seine Herkunft unbekannt bleibt, entzieht es sich im Grunde der *Erklärung*. Man wird die mannigfachen Auslegungen, die es empfangen hat, als unbefriedigend empfinden, aber man kann letztlich nicht sicher angeben, welche Intention es ursprünglich hat.

Der Marburger Philosoph *H.Cohen* (Religion der Vernunft aus den Quellen des Judentums, ^{2}1929, 61.63) interpretiert: »Der Gegensatz zwischen dem einzigen Gott und den Göttern beschränkt sich nun aber nicht auf den Unterschied in der Anzahl: er prägt sich auch aus in dem Unterschied zwischen einer unsichtbaren Idee und einem wahrnehmbaren Bilde. Und der unmittelbare Anteil der Vernunft an dem Begriffe des einzigen Gottes bewährt sich in diesem Gegensatz gegen das Bild.« »Das Bild muß ein Abbild sein. Von Gott aber kann es kein Abbild geben; er ist schlechthin nur Urbild für den Geist, für die Vernunftliebe, aber nicht ein Gegenstand für die Nachbildung.«

S.Freud (Der Mann Moses und die monotheistische Religion: GW 16, ^{2}1961, 220) sucht zwar Moses »Monotheismus« aus Ägypten herzuleiten, gesteht die Eigenständigkeit und Besonderheit in einer Hinsicht aber zu: »Unter den Vorschriften der Moses-Religion findet sich eine, die bedeutungsvoller ist, als man zunächst erkennt. Es ist das Verbot, sich ein Bild von Gott zu machen ... wenn man dies Verbot annahm, mußte es eine tiefgreifende Wirkung ausüben.« Allerdings interpretiert *S.Freud* das Bilderverbots als »Triumph der Geistigkeit über die Sinnlichkeit«.

In gröberer Weise hat man vielfach die Meinung vertreten, das zweite Gebot hebe das Gottesverhältnis auf eine höhere Stufe, die geistige Verehrung Gottes ersetze die sinnliche. Diese Unterscheidung geistig – leiblich ist aber nicht alttestamentlich; »Geist« wird in der Regel nicht aus dem Gegensatz zu »Fleisch«, sondern als die im »Fleisch« wirkende Kraft verstanden (u.Exk. 4). Auch wird das Bilderverbot zunächst nicht damit begründet, daß Gott unsichtbar bleibt oder es gefährlich ist, ihn zu schauen.

Am ehesten könnte das zweite Gebot verhindern wollen, daß sich der Mensch im Bild der Gottheit bemächtigt und »magisch« über sie verfügt. Er zwingt sie im Bild herbei und kann sie dann beherrschen, weil er sie greifbar vor sich hat; er kann ihr mit Schmuck und Nahrung Gutes oder mit Verweigern von Opfern und Strafen Böses antun. Doch wird diese Auffassung dem Selbstverständnis des Bilderkults nicht ganz gerecht. Vielleicht wurden Bild und Gottheit einmal als Einheit angesehen, im alten Orient der alttestamentlichen Zeit ist beides aber längst nicht mehr als identisch gedacht. Die Verehrung gilt nicht dem Bild, sondern der Gottheit im Bild. Da es die Gottheit nicht einfängt, ist sie in ihm auch nicht dinghaft faßbar. Das Bild wahrt eigentlich die Unverfügbarkeit der Gottheit; denn sie *transzendiert* ihr Bild. Zwar kommt ihr zugute, was ihrem Bild geschieht, und dem, der sich am Bild vergreift, droht tödliche Strafe, aber mit der Zerstörung des Bildes geht die Gottheit nicht selbst zugrunde.

Nach der sog. memphitischen Theologie schuf der ägyptische Gott Ptah zunächst die Götter, dann ihren Leib, d.h. ihr körperliches Bild: »Und so traten die Götter ein in ihren Leib – aus allerlei Holz, allerlei Mineral, allerlei Ton und allerlei anderen Dingen.« (*H.Junker,* Die Götterlehre von Memphis, 1940, 65)

Nach anderen Zeugnissen bleibt die Differenz zwischen Gott und Bild sogar dauernd bestehen: »Der Gott dieses Landes ist die Sonne am Horizont, ihre Bilder aber sind auf der Erde.« (*S.Morenz,* Ägyptische Religion, 1960, 158ff) Eine assyrische Inschrift meldet die Zerstörung von Stadt und Tempeln und führt fort: »Die Götter und Göttinnen, welche darin wohnen, stiegen empor zum Himmel.« (*K.-H.Bernhardt,* 49)

»Nach der systematischen Theologie des (ägyptischen) Neuen Reiches ... ist die Gottheit im Himmel, ihr Leib ruht im unterweltlichen Jenseits, und auf Erden unter den Menschen künden die Bilder der Gottheit von ihrer Gegenwart. Auch diese Bilder können als ›Leib‹ der Götter gelten, in den sie ›eintreten‹ ... Für gewöhnlich hatte das Kultbild an der Unsichtbarkeit der Gottheit Anteil; im dunklen Allerheiligsten aufgestellt, war es nur dem diensttuenden Priester des Tempels zugänglich, der täglich das Ritual an ihm und vor ihm zelebrierte. An den großen Festen wurde das tragbare Gottesbild auf den Schultern der Priester in die Öffentlichkeit hinausgetragen ... Auch bei diesen Prozessionen aber blieb es, nach den Darstellungen zu urteilen, unsichtbar im verhüllten Schrein. Gott zu schauen, blieb selbst im Bild eine besondere Gnade, die nur dem diensttuenden Priester täglich zuteil wird, wenn er den Schrein des Götterbildes geöffnet hat.« (*E.Hornung,* 125)

So muß Bilderverehrung nicht eine Bemächtigung Gottes durch den Menschen bedeuten, wie sie in Zauber und Magie geschieht. Was das Bild bietet, ist vielmehr die macht- und heilvolle Gegenwart der Gottheit. Darum braucht es auch keine Nachbildung der jenseitigen Gottheit im strengen Sinne zu sein; entscheidend ist, daß es die Gottheit verkörpert, also offenbart. Nicht das Aussehen, sondern die Macht des Bildes ist grundlegend. Weil aber das Erscheinen der Gottheit im Bild zur ständigen Anwesenheit wird, besteht die Gefahr, das Bild nicht mehr als Ort zu verstehen, an dem Gott wohnt, sondern als Gott selbst. Das wird die Auffassung mancher Kultteilnehmer gewesen sein. Vielleicht liegt hier das Recht (wohl späterer) alttestamentlicher Polemik, die – für religionsgeschichtliche Betrachtungsweise unsachlich – Gott und Bild durchweg als Einheit ansieht.

»Ein Handwerksmann hat es gemacht – es ist kein Gott.«
(Hos 8,6; 13,2; vgl. Jes 2,8.20; Jer 2,28; 10 u.a.)
»Wie kann sich ein Mensch Götter machen?
Sie sind nicht Gott!« (Jer 16,20)

Eine gleichsam aufgeklärte Epoche meint, mit dem Bild die Gottheit selbst zu treffen (Jes 41,6f; 44,14ff; u.§ 19,2), und eine Zeit, die die Göttlichkeit des Bildes bezweifelt, weiß zu spotten, daß die ohnmächtige Gottheit den Frevler ungeschoren lasse.

5. Ist die Intention des Bilderverbots zunächst nur schwer eindeutig zu umreißen, so tritt sie später in den Erläuterungen des zweiten Gebots und in der Einleitung des Deuteronomiums um so klarer hervor. Die nähere Bestimmung im Dekalog (Ex 20,4b): »Abbild von etwas, was im Himmel oben, auf der Erde unten oder im Wasser unter der Erde ist« zählt auf, welchen Bereichen das Bild nicht entnommen werden darf, und dehnt damit das Bilderverbot ausdrücklich auf alle Weltteile aus; denn die Dreiteilung umschreibt die Ganzheit der Welt. Während die Nachbarreligionen Himmels-, Erd- oder Unterweltsgötter mit je eigenen Darstellungen kennen, erklärt das Alte Testament: Nicht nur die Erde, auch der Himmel bietet für Gott nichts Vergleichbares, weil ihm im Vorhandenen nichts entspricht. Damit wird entfaltet, was im Bilderverbot angelegt ist: die *Unterscheidung* zwischen *Gott* und *Welt*. Reicht nichts Weltliches aus, Gott zu vergegenwärtigen, so ergibt sich das Paradox, daß der Gott des Alten Testaments zwar nicht unsichtbar, aber auch nicht vorstellbar ist.

In diesem Sinne verschärft die deuteronomische Predigt (Dtn 4,12–20) das Gebot ausdrücklich, kein männliches, weibliches oder tierisches Abbild herzustellen, und warnt vor Verführung durch die Gestirnverehrung. Hier lehnt das Bilderverbot eindeutig eine Darstellung Jahwes ab; dennoch bleibt es mit der Abwehr des Fremdgötterkults verbunden. Das erste und zweite Gebot interpretieren sich gegenseitig: Die Gottheiten der anderen Völker sind weltlich-vorstellbar; denn sie bilden irdische Wesen ab oder sind mit den Gestirnen gleichgesetzt. Indem für den Gott Israels Analogien in der Welt fehlen, bleibt er unvorstellbar; denn Vorstellungen reichen ja nur so weit, wie es Vergleichbares gibt.

Diese Interpretation des Bilderverbots zieht aber nicht grundsätzlich eine Grenze zwischen Gott und der Sinnenwelt, begründet die vorgenommene Unterscheidung auch nicht von der Schöpfung her – Geschaffenes kann den Schöpfer nicht abbilden –, sondern mit der Sinaitradition; bei der Offenbarung bleibt Geheimnisvolles:

»Jahwe redete mit euch mitten aus dem Feuer heraus. Den Schall von Worten hörtet ihr wohl, aber eine Gestalt saht ihr nicht – außer dem Schall (d.h. der Stimme, die ihr hörtet).« (Dtn 4,12; vgl.5,23f; auch Ex 20,19.22)

Sogar bei seiner Erscheinung wurde Gott selbst nicht sichtbar, sondern nur hörbar. Damit gibt diese Erläuterung nicht nur dem Gehör einen Vorrang im Gottesverständnis vor dem Gesicht, sondern reißt innerhalb der Sinne geradezu einen Gegensatz zwischen Hören und Sehen, Wort und Bild auf, obwohl unmittelbar vorher noch von Begleiterscheinungen der Theophanie in der Natur die Rede ist. Mögen diese Auswirkungen von Jahwes Erscheinen wahrnehmbar sein, Gott selbst bleibt »gestaltlos«, nicht abbildbar; er kommt den Menschen nur durch die Stimme nahe. Das Sehen gewährt (trotz Ex 24,11; Num 14,14) einen zu engen Kontakt. Die Unvorstellbarkeit Gottes, damit die Unterscheidung zwischen Gott und Welt, ist hier zum Kriterium des Glaubens und zum Prüfstein für die Gegenüberstellung zwischen Israel und den Völkern geworden. Die Gottesbegegnung soll nicht zur Gottesvorstellung führen. So kommt mit dem zweiten Gebot ein Vorbehalt zum Ausdruck.

6. Ähnliche Intentionen, eine Vorstellbarkeit Gottes auszuschließen, werden auch sonst spürbar.

Selbst in mythisch geprägten Erzählungen, nach denen Gott direkt in irdisches Geschehen eingreift, bleibt er bei seinem Wirken menschlichen Blicken entzogen (Gen 2,21; 15,12; Ex 12,22f; vgl. 2 Kön 4,4.33). Lots Frau, die das Verbot, nach Gottes Strafgericht zurückzuschauen, mißachtet, erstarrt zur Salzsäule (Gen 19,17.26). Was hier unausgesprochen bleibt, wird andernorts als Grundsatz formuliert:
»Niemand schaut mich und bleibt am Leben.« (Ex 33,20; vgl.19,21; Ri 6,22f; 13,22; Jes 6,5; Jer 30,21 u.a.)

Nicht nur Mose (Ex 3,6; vgl. aber 33,11; Dtn 34,10) und Elia (1 Kön 19,13), selbst die Seraphen (Jes 6,2) verhüllen vor Gott ihr Angesicht.

Erzählungen, die von Gottes Offenbarung zu berichten wissen: »er ließ sich sehen bzw. erschien«, schweigen über das »Wie«, die Art und Weise der Erscheinung, halten aber sein Wort fest (Gen 12,7 J; 17,1 P; vgl. 35,1 E u.a.).

Das Alte Testament kann die Wendung »Gottes Angesicht schauen« übernehmen, ohne die Sache – die Anwesenheit eines Gottesbildes im Heiligtum – vorauszusetzen, benutzt den Ausdruck also nur im übertragenen Sinn; zudem wird das Aktiv »Gott schauen« in das Passiv »vor Gott erscheinen« umgedeutet (Ex 23,15ff; 34,20ff; Jes 1,12; Ps 42,3 u.a.).

Ähnlich können Propheten in ihren Visionen Gott »sehen«, ohne seine Gestalt zu beschreiben (1 Kön 22,19; Am 9,1; Jes 6,1). Jeweils macht sich eine Zurückhaltung gegenüber dem Sehen bzw. Darstellen bemerkbar, die das Hören nicht trifft. Andeutungen finden sich nur Ez 1,22ff mit einem Vergleichswort, das auf die Inadäquatheit der Ausdrucksweise hinweist: »*wie* das Aussehen eines Menschen«, und Dan 7,9ff mit der knappen Schilderung des »Hochbetagten«.

Nach anderen Theophanieberichten wird Gott im Bereich des Sichtbaren oder überhaupt Wahrnehmbaren durch einen Boten bzw. ein *Engelwesen* vertreten, das wie Gott auftreten, handeln oder sprechen kann (Gen 16; 21f; 31; Ex 3; Ri 2; 6; 13 u.a.; vgl. § 3e,1; 18,6). Nach Ex 33,12ff ist der ferne Gott in seinem »*Angesicht*«, nach dem Deuteronomium (12,5.11.21 u.a.) und deuteronomistischen Geschichtswerk (1 Kön 8,16.29 u.a.) in seinem »*Namen*«, nach der Priesterschrift (Ex 16,10; 29,43 u.a.; u.§ 11b,2) in seiner »*Herrlichkeit*« gegenwärtig.

So wird auf wechselnde Weise zwischen Gott in seiner Heiligkeit und seiner Anwesenheit auf Erden, zwischen Gottes Für-sich-Sein und seiner Zuwendung zum Menschen, zwischen Gottes Freiheit und seiner Offenbarung, zwischen Gott und den menschlichen Erfahrungen von Gott unterschieden und beides zugleich ausgesagt. Gott wirkt in der Geschichte, geht aber nicht völlig in sie ein.

Sind solche »Manifestationen« Gottes auf Erden – auch im Wort (Jes 9,7; 55,10f) oder Geist (1 Sam 16,13f; 1 Kön 22,19ff; Ps 51,12f) – zugleich Selbst-Unterscheidungen Gottes, der sich in und mit ihnen auf verschiedene Weise als wirksam erweist?

Allerdings kann von der Zukunft erhofft werden, daß Gott unmittelbar (»von Angesicht zu Angesicht« Ez 20,35; »Auge in Auge« Jes 52,8) begegne: »die Herrlichkeit Jahwes sich offenbare und alles Fleisch es sehe« (Jes 40,5; vgl. 52,10; u.§ 17).

7. Sprachliche Bilder fallen nicht unter das Verbot. Das Alte Testament gestattet dem Hören, was es dem Sehen verbietet. Wenn Propheten und Psalmendichter die schroffsten Vergleiche verwenden – »Ich bin wie Eiter, wie Fäulnis, wie ein Löwe« läßt Hosea (5,12.14; vgl. Klgl 3,10; Jes 7,20; 31,4 u.a.) Gott sagen –, so wird dem Wort zugestanden, was der Plastik verweigert wird. Solche Sprachbilder, die auch nicht unkritisch verwendet werden (u.§ 12b), beschreiben keine Eigenschaften oder Zustände, sondern vergegenwärtigen ein Geschehen, künden den in menschliches Geschick eingreifenden, drohenden und verheißenden Gott an.

d) Der Geschichtsbezug

1. Neben Ausschließlichkeit und Bildlosigkeit der Gottesverehrung ist – auch im Vergleich mit der altorientalischen Umwelt – wohl keine Eigenart des alttestamentlichen Glaubens so auffällig wie seine Geschichtsbezogenheit. »Ich bin Jahwe, dein Gott, vom Land Ägypten her« formuliert Hosea (12,10; 13,4) als Gottesrede.

Vielleicht sind Ausschließlichkeitsforderung und Geschichtsbezogenheit sogar sachlich eng verbunden: Indem gegenüber mythischem Denken, das auch ein Verhalten der Götter untereinander kennt, die Voraussetzung einer Göttervielheit entfällt, wird jede Rede von einer göttlichen Tat gleichsam notwendig geschichtlich, jedes Handeln Gottes unmittelbar ein Verhalten zur Welt und zum Menschen.

»Wo Gott als der einzige Gott keinerlei anderes Gegenüber hat als den Menschen und seine Welt, wo also all die Bewegtheit und Dramatik im Bereich des Göttlichen, Liebe und Kampf Geburt und Tod, Aufstieg und Niedergang radikal fortfallen, muß dem einzigen Gegenüber Gottes, dem Menschen und der Geschichte des Menschen in seiner Welt, eine erhöhte Bedeutung zukommen.« (C. *Westermann*, BK I/1, 95)

Auch der Dekalog sieht einen Zusammenhang zwischen dem Rückverweis auf die Geschichte und dem ersten und zweiten Gebot; Gott sagt zunächst, was er für die Hörer getan hat, dann erst, wie das Verhältnis zu ihm auszusehen hat (Gottesrede in Ex 20,2–6).

Ist die Geschichtsbezogenheit gar der Ausschließlichkeitsforderung vorgegeben, das erste Gebot gleichsam Konsequenz geschichtlicher Erfahrung? Die Frage ist schwer zu beantworten. Jedenfalls beruft sich alttestamentlicher Glaube seit je auf Geschichtstaten Gottes (Ex 15,21; Ri 5,11; Am 9,7; Hos 11,1; Jes 28,21; auch Gen 15,7 u.a.; vgl. § 4b,3). Israel ist sich bewußt, daß ihm in der Geschichte der Ort zugewiesen wurde, an dem es lebt; es weiß, daß es in einer Geschichte steht, und sie hilft ihm zum Verständnis der Gegenwart (o.§ 2,1). Ja, das Alte Testament bewahrt die Erinnerung daran, daß auch der Glaube seine Geschichte hat; das Gottesverhältnis der Erzväter war anderer Art als das des Volkes (Ex 6,2; vgl. Jos 24,2; auch § 19,3). Zeigt historische Forschung, daß das Alte Testament in der Geschichte entstanden ist, so steht diese Erkenntnis also keineswegs im Widerspruch zu dem, was es selbst sagt (obwohl sich das biblisch überlieferte und das historisch rekonstruierte Geschichtsbild nicht decken).

2. Während die Stele des Königs Mescha von Moab (u.§ 7,1b) von einem israelitischen Stamm behauptet: »Die Leute von Gad wohnten im Lande Atarot seit Ewigkeit«, also von jeher, war für Israels Selbstverständnis die Erinnerung an die (Erzväter-)Zeit grundlegend, in der es noch nicht bestand, andere altorientalische Völker aber schon existierten (vgl. die sog. Völkertafel Gen 10), und es erzählte von seinem Eindringen in das Land. Wenn die babylonische Königsliste auf einen mythischen Anfang zurückgreift: »Als das Königtum vom Himmel herabkam« (AOT 147), so weiß Israel zu berichten, daß es die Institution des Königtums zu einer bestimmten Zeit aus der Umwelt übernahm (1 Sam 8,5.20; Dtn 17,14). Am krassesten ist ein von Herodot (II, 142) berichteter Ausspruch eines ägyptischen Priesters, das ägyptische Reich bestehe seit mehr als zehntausend Jahren,

aber: »In all dieser Zeit hätte sich nichts in Ägypten geändert.« Demgegenüber ist sich das Alte Testament der Veränderlichkeit der Geschichte bewußt.

Ein so intensives Festhalten an der Vergangenheit um des Glaubens und damit des Gegenwartsbezugs willen und zugleich eine so durchgängige Bezogenheit auf Zukunft, wie sie das Alte Testament bestimmen, kennt der alte Orient nicht.

»Einen so breiten Raum nehmen geschichtliche Themen in keiner anderen religiösen Literatur ein.« (*K.Koch*, TRE XII, 572)

3. Sind eigentliche Werke der Geschichtsschreibung zuerst in Israel aufgekommen?

In einem vielzitierten Wort urteilt der Historiker *E.Meyer* (Geschichte des Altertums I/1, [6]1963, 227): »Völlig selbständig geschaffen ist eine wahre historische Literatur im Bereich des vorderasiatisch-europäischen Kulturkreises nur bei den Israeliten und den Griechen. Bei den Israeliten, die auch dann eine Sonderstellung unter allen Kulturvölkern des Orients einnehmen, ist sie in erstaunlich früher Zeit entstanden und setzt mit hochbedeutenden Schöpfungen ein«, und zwar ein Jahrhundert vor Hesiod. »So hat die Blütezeit des judäischen Königtums eine wirkliche Geschichtsschreibung geschaffen. Kein anderes Kulturvolk hat das vermocht; auch die Griechen sind erst auf der Höhe ihrer Entwicklung im 5. Jahrhundert dazu gelangt und dann allerdings alsbald darüber hinausgeschritten. Hier dagegen handelt es sich um ein Volk, das eben erst in die Kultur eingetreten ist.« (Ebd. II/2, [3]1953, 285)

Nach *A.Alt* (ZThK 1959, 130) ist Israels Deutung der Weltgeschichte »die älteste unter allen uns bekannten«.

Allerdings haben Ägypten, Mesopotamien sowie Kleinasien eine Fülle von geschichtlichen Nachrichten hinterlassen, die – zumal bei den Hethitern – historischer Berichterstattung nahekommen können. Bauinschriften erzählen von der Errichtung eines Tempels, Königsinschriften von einem bedeutenden Feldzug. Man stellte Listen von Beamten (vgl. 2 Sam 8,16ff; 1 Kön 4,2ff), Priestern (Esr 2,36ff u.a.) und Königen auf. Annalen hielten die wichtigsten Einzelereignisse, nach denen auch die Jahre benannt wurden (ähnlich Am 1,1: »zwei Jahre vor dem Erdbeben«), chronologisch fest (vgl. 1 Kön 14,19.29), oder man datierte nach Regierungsjahren (14,25 u.a.). So war die Geschichtsschreibung weithin entweder durch den König oder den Kult bestimmt.

Die Geschichte selbst konnte auf verschiedene Weise gedeutet werden. Der Wechsel von Heils- und Unheilszeiten oder das unberechenbare Wirken der Götter zum Guten oder Bösen machten den Zeitablauf verständlich. Der enge Zusammenhang von Tun und Ergehen – »Ein Schlag wird mit seinesgleichen vergolten: Das ist die Verzahnung allen Tuns«, heißt es in der Lehre des Merikare (*E.Otto*, 176; vgl. § 15,3) – konnte die Geschichte als Folge menschlicher Tat erscheinen lassen. Entsprechend der Wiederkehr von Tag und Nacht, von Jahreszeiten und Gestirnen wie dem Gleichmaß des Kultus, der mit seinen regelmäßigen Festen Leben spendete, wurde die Geschichte – statt von Einmaligkeit und Kontingenz – zuweilen stärker von dem Sich-Wiederholenden und Typischen her erfaßt; so konnte Geschichte durch ein vorgegebenes Bild geprägt sein, das festlegt, was geschehen sollte (vgl. *E.Hornung,* Geschichte als Fest). Eine ewige Wiederkehr des Gleichen (vgl. Koh 1,4ff) scheint der alte Orient aber nicht gekannt zu haben. Jedoch bleibt die Geschichte vielfach in den Mythos eingebettet; ihr Ursprung und damit ihr ständiger Grund liegen in der Welt der Götter. Diese Vorstellung klingt in der sog. Urgeschichte (Gen 1–11) auf veränderte Weise nach.

4. Wegen der in Israel auffällig engen Bezogenheit von Glauben und Geschichte aufeinander mag man mit *J.L.Seeligmann* (ThZ 19, 1963, 385) das Urteil wagen: »Für den alttestamentlichen Menschen ist die Geschichte die Denkform des Glaubens.«

Allerdings hat *R.Smend* (GSt 1, 161) widersprochen: »An diesem Satz muß man nur den bestimmten Artikel beanstanden: die Geschichte ist durchaus nicht *die* Denkform des alttestamentlichen Glaubens, sondern eine unter mehreren; neben ihr stehen Kultus, Recht und Weisheit.« (Vgl. auch die kritischen Einwände von *J.Barr,* 61ff.)

Gewiß gibt es jene anderen Bereiche neben der Geschichte im engeren Sinn; Recht und Kult, in geringerem Maß auch die Weisheit, werden aber in die Geschichte integriert. Was von sich aus zunächst keinen festen historischen Haftpunkt hat, erhält im Alten Testament wenigstens nachträglich eine geschichtliche Bindung. Alle bedeutsamen Phänomene werden einem bestimmten Ort in der Geschichte Israels und damit einer Situation zugewiesen, in der sie entstanden sein könnten und aus der sie sich wiederum erklären lassen. So werden die Gesetze als Mosewort auf die Sinaioffenbarung zurückgeführt (Ex 20ff), ein Großteil der Psalmen gilt als Lieder Davids (z.B. Ps 51), oder die Sprüche (auch Ps 72; 127; Hld; vgl. Koh) werden Salomo zugeschrieben. Ein Brauch, wie die Beschneidung, wird mit Abraham verbunden (Gen 17); selbst mythische Vorstellungen sucht man in geschichtliches Denken einzufügen (§ 10b,3; 11g). Auch die Agrarfeste, die Israel nach der Seßhaftwerdung übernahm, erhalten eine neue Aufgabe: an entscheidende Ereignisse aus Israels Frühzeit zu erinnern (Ex 23,15; 12,14; 13,3ff; Lev 23,42f; Dtn 16 u.a.; vgl. § 9b). Diese Umprägung bringt mit sich, daß die Feste, die ja durch die jahreszeitlich regelmäßige Wiederkehr geprägt sind, ein einmaliges Ereignis vergegenwärtigen.

Selbst *B.Albrektson* (115f), der zu zeigen versucht, daß der Gedanke einer göttlichen Offenbarung in der Geschichte nichts spezifisch Israelitisches, sondern schon dem alten Orient vertraut ist, kommt zu dem Ergebnis, »that the idea of historical events as divine manifestations has marked the Israelite cult in a way that lacks real parallels among Israel's neighbours . . . Nevertheless it appears evident that the deity's saving acts in history are nowhere afforded so central a position in the cult as in Israel, where they dominate the Passover and other ancient feasts. This, then, is a field where we may be entitled to speak of something distinctive.«

Heißt Schöpfung (u.§ 11f) nicht auch, die Welt wie die Natur – als Werk Gottes – mit einem »Anfang« (Gen 1,1), also geschichtlich, zu denken?

5. Allerdings kennt das Alte Testament keinen *Begriff* »Geschichte«.

Das Fehlen eines angemessenen Begriffs für einen – wichtigen – Sachverhalt ist kein Sonderfall. Vielmehr ist es für das Alte Testament charakteristisch, daß ihm Phänomene vertraut sind, die es selbst noch nicht mit einem Begriff einfängt. Es denkt vom Vollzug, nicht von Begriffen her. »Was Israel als Welt erfuhr, das war ihm gerade nicht in einer Begrifflichkeit von solcher Absolutheit, wie wir sie gebrauchen, geronnen.« (*G.v.Rad*, TheolAT II^4, 362)

So fehlt ein Wort »*Gewissen*«, obwohl schon die Paradiesgeschichte (Gen 3,8ff) das Verhalten des Menschen schildert, dessen »Herz schlägt« (1 Sam 24,6), d.h., der von seinem Gewissen getrieben wird. In ähnlicher Weise kennt das Alte Testament wohl besondere Ausdrücke für den »freigelassenen« Sklaven oder »frei von Schuld, schuldlos«, aber keinen allgemeinen Begriff »*Freiheit*«. Doch sucht Israel seinen Ursprung in der Erlösung aus ägyptischer Knechtschaft, glaubt also an einen Gott, der aus Unterdrückung befreit (Ps 146,7), und erhofft wiederum Freiheit für die Zukunft (Jes 42,7; 49,9; 61,1 u.a.).

Entsprechend verhält es sich mit dem Phänomen der Geschichte. Verschiedene Ausdrücke aus verschiedenen Überlieferungszusammenhängen und Literaturbereichen umschreiben es nur unvollkommen: Der hebräische Ausdruck für »Wort« (*dabar*) umfaßt nicht nur die Rede, sondern auch die Sache – ähnlich, wie das deutsche Wort »Geschichte« sowohl das Ereignis als auch dessen Wiedergabe, die Erzählung, meint. So leitet der Bericht vom Bundesschluß mit Abraham Gen 15,1 von einer Szene zur anderen mit der Formel über: »Nach diesen Worten, d.h. nach diesen Begebenheiten, geschah . . .« Entsprechend verbirgt sich unter dem Titel »Buch der Worte Salomos« ein Werk, das die Geschehnisse z.Z. Salomos festhält, also eine Chronik (1 Kön 11,41) oder die Annalen (14,29 u.a.). Das Wort »Nachkommen, *Geschlechterfolge*« (Gen 5,1 u.a.) kann die Bedeutung »Entstehungsgeschichte« (Gen 2,4a) erhalten.

Jesaja kündigt die Zukunft als Gottes »*Werk*« oder »*Ratschluß*« an (5,12.19; 28,21.29; vgl. 10,12; 14,26; auch Ps 33,10f; Spr 19,21 u.a.).

Die Ausdrücke »Werk« und »Rat« erscheinen auch im spöttischen Widerspruch der Zeitgenossen (Jes 5,19; vgl. 30,10f) zu Jesajas Botschaft. So bestätigen sie, daß sich seine Ankündigung des nahe bevorstehenden Wirkens Gottes in der Geschichte in diesen beiden Begriffen verdichtet.

Jesajas Begrifflichkeit klingt hin und wieder in der späteren Prophetie nach (Jes 45,11; Hab 1,5; 3,2 u.a.) und begegnet auch im Psalter, in Schöpfungs- (Ps 8,4; 19,2 u.a.) wie in Geschichtsaussagen (Ps 44,2; 64,10; 90,16; 95,9; vgl. Ex 34,10; Dtn 32,4 u.a.).

Schließlich schafft sich der Exilsprophet Deuterojesaja eine eigene Begrifflichkeit, die auf der strengen Unterscheidung von Vergangenheit und Zukunft beruht: »das *Frühere*« und »das *Neue*«, um so die Befreiung vom Druck des Gewesenen ansagen und zur Erwartung des Kommenden aufrufen zu können (Jes 41,22f; 42,9; 43,9.18f; 46,9; 48,3.6). Der Prophet mahnt, das Frühere, d.h. die Vergangenheit, zu vergessen und sich allein auf das Kommende einzustellen. Dieses Wortpaar umgreift noch am ehesten das Ganze der Geschichte; ähnlich bezeichnet der Doppelausdruck »Himmel und Erde« die Welt.

6. Von der Zeit Davids abgesehen, hat Israel mehr an der Geschichte gelitten als selbst Geschichte gemacht. Dennoch ist die Geschichtsschreibung in Israel kaum erst aus den Erfahrungen von Übel und Leid entstanden, sondern nach der Jahrtausendwende von der Glanzzeit David-Salomos ab, nachdem durch die Staatenbildung die materialen Voraussetzungen geschaffen und die Nachbarvölker stärker in Israels Gesichtskreis gerückt waren. Die ersten Geschichtswerke von Davids Aufstieg (1 Sam 16 bis 2 Sam 5 bzw. 8) und Thronfolge (2 Sam 9–20; 1 Kön 1f) haben zwar nur einen bestimmten Personenkreis vor Augen, legen aber die in der Geschichte »selbstwirkenden, natürlichen Bewegkräfte ..., die inneren Zusammenhänge frei« (*G.v.Rad*).

»Nirgends ereignet sich ein Wunder ... Die Kausalkette der menschlichen Ereignisse ist lückenlos geschlossen ... Der Raum, in dem sich diese Geschichte begibt, ist von vollkommener Profanität, und die Kräfte, die dann spielen, gehen nur von Menschen aus, die sich keineswegs von besonderen religiösen Impulsen leiten lassen.« (*G.v.Rad*, TheolAT I⁴, 328)

In wenigen – erst nachträglich? – eingestreuten Sätzen wird das Gewirr von Schuld und Leid am Königshof als Gottes Fügung beurteilt (2 Sam 11,27; 12,24; 17,14). So beginnt die Geschichtsschreibung in Israel anscheinend als Aufzeichnung der politischen Zeitgeschichte am Hof. Wenig später scheint die jahwistische Darstellung entworfen zu sein, die das überlieferte Erzählgut von der Schöpfung bis zur Landnahme theologisch verarbeitet.

In exilisch-nachexilischer Zeit deuten das deuteronomistische, das priesterschriftliche und schließlich das chronistische Geschichtswerk die Überlieferung auf wechselnde Weise. Geschichtswerke von solchem Umfang und solchem Zusammenhang kennt der alte Orient nicht.

Letztlich macht nur der Unterschied im Gottesverhältnis erklärlich, warum Israel anders als seine Umwelt zu einem geschichtlichen Denken kam. Es verstand – jedenfalls in weiten Bereichen des Alten Testaments – Gottes Wirken nicht mehr wie die Mythen und auch die Sagen der Frühzeit als unmittelbaren, wunderbaren Eingriff. Menschliches und göttliches Tun werden nicht mehr im mythischen Sinne auf einer Ebene gedacht. Die Geschichte erscheint in ihrer alltäglichen Gegebenheit und wird in all ihren Bezügen und Verwobenheiten dargestellt; trotzdem werden die in ihr gefallenen Entscheidungen und Ereignisse als Gottes Fügung angesehen. Menschliche Freiheit und Verantwortung einerseits, Gottes Wirksamkeit andererseits, menschliche Initiative und Gottes Plan schließen sich nicht aus. Vielmehr gilt beides zugleich: ganz welthafte Geschichte und ganz Gottes Werk – so außer in der Erzählung von Davids Thronfolge (vgl. 2 Sam 17,14; auch 1 Sam 1,19 u.a.) etwa in der Josephsgeschichte (vgl. Gen 50,20), erst recht in der prophetischen Verkündigung (Jes 5,26ff; 7,20 u.a.). In einer Antwort auf die prophetische Botschaft bekennt die Gemeinde die Bewahrung Jerusalems (wohl vor der Assyrerbedrohung im Jahre 701) dankbar als Akt der Gnade:

»Wenn Jahwe Zebaot
uns nicht einen Rest gelassen hätte,
beinahe wäre es uns wie Sodom ergangen,
wären wir Gomorra gleich.« (Jes 1,9)

In den Psalmen erinnern vor allem die Klagelieder an Gottes helfende (Ps 44,2ff) oder richtende (44,10ff) Taten: »Gedenke deiner Gemeinde . . ., die du erlöst hast!« (74,2; vgl. Ps 78; 126; auch 105f u.a.) In seinen Gerichtsreden zur Auseinandersetzung zwischen Jahwe und den Völkern bzw. deren Göttern dient dem Exilspropheten Deuterojesaja die Voraussage der Geschichte sogar als Wahrheitskriterium: »Wer unter ihnen verkündet solches?« (Jes 43,8ff; 41,1ff.21ff; 44,6ff)

Die ältesten Geschichtsschreibungen haben nur ein bestimmtes Einzelziel vor Augen und sind zunächst nicht eschatologisch ausgerichtet (vgl. allerdings Gen 12,1ff; o.§ 3d,2). Prophetie und Apokalyptik beziehen die Zukunft in das geschichtliche Denken ein und dehnen zugleich den Bereich der Geschichte vom Volk und seiner Umgebung auf die Welt aus. Als die Übermacht der altorientalischen Großreiche Israel bedroht und niederzwingt, verleiht der eine Gott nicht mehr Israels König, sondern dem Fremden die Herrschaft (z.B. Jer 25,9; 27,6; 43,10; Jes 44,28f).

Exkurs 2
Das Sabbatgebot

1. Der Sabbat wurde in Israel seit früher Zeit eingehalten. Die Propheten des 8.Jh. erwähnen den Sabbat im Nord- wie im Südreich (Am 8,5; Hos

2,13; Jes 1,13; vgl. 2 Kön 4,23; Klgl 2,6). Der sog. kultische Dekalog (Ex 34,21) wie das Bundesbuch (23,12) schreiben den siebten Ruhetag vor; der Dekalog (20,8ff; Dtn 5,12ff) und das Heiligkeitsgesetz (Lev 19,3; 23,3; 26,2) enthalten in verschiedener Gestalt ein Sabbatgebot. In der Erzväterzeit ist wohl mit Recht noch keine Rede vom Sabbat; aber die Erzählung von der Wüstenzeit berichtet vom siebten Ruhetag beim Einsammeln des Manna-Brotes (Ex 16 P; auch im nicht-priesterschriftlichen Anteil 16,29f).

Allerdings findet sich nirgends eine Angabe über Entstehung und *Herkunft* dieses Tages. So hat man nach außerisraelitischen Vorbildern gesucht:

a) Der Sabbat erscheint mehrfach im Zusammenhang mit dem *Neumond* (in älterer Zeit Am 8,5; Hos 2,13; Jes 1,13; 2 Kön 4,23 u.a.; später Ez 46,1; Jes 66,23 u.a.), und im babylonischen Raum heißt der 15. Monats- oder Vollmondstag *schabattu*. Darum hat man oft angenommen, der Sabbat sei ein Vollmondstag gewesen. Doch ist der babylonische *schabattu* nicht als Ruhetag bezeugt.

Leitet man den Sabbat aber von sonst bekannten unheilsträchtigen Mondtagen ab, so bleibt ungeklärt, warum er – wohl schon früh – vom Mondumlauf unabhängig war. Da nämlich der Mondumlauf erheblich von 28 Tagen abweicht (29 1/2 Tage), müßte die Woche ständig korrigiert werden, so daß die Abfolge von sechs Arbeitstagen und einem Ruhetag zerstört würde. Die Gleichheit mit dem babylonischen Namen deutet zwar auf einen frühen Zusammenhang, die Ableitung des Sabbats von den Mondphasen überzeugt jedoch nicht.

Oder fallen der Sabbat (als Vollmondstag) und der die Woche abschließende Ruhetag ursprünglich nicht zusammen und sind nachträglich, wie im Dekalog (Ex 20,8ff), etwa erst im Exil, identifiziert worden (*G.Robinson* u.a.)? Der Sabbat ist allerdings schon in vorexilischer Zeit als Ruhetag bezeugt (Am 8,5; 2 Kön 4,23; vgl. rückblickend Klgl 2,6). Können, in welchem Verhältnis das Substantiv »Schabbat/Sabbat« und das Verb *schbt* »ruhen« (Ex 23,12; 34,21) auch zueinander stehen mögen, der Sabbat und der siebte Tag, an dem man »ruhte« (*schbt*), über Jahrhunderte nebeneinander gefeiert worden sein? Wenn Sabbat und Neumond (wie Am 8,5) zusammen genannt sind, können gegenüber den Jahresfesten schlicht die in kürzeren Abständen, wöchentlich wie monatlich, zu begehenden Ruhe- oder Feiertage gemeint sein.

Zumindest in späterer Zeit war der Sabbat in Israel eindeutig kein Vollmondstag und wurde als wöchentlicher Ruhetag begangen, wie etwa der Dekalog fordert.

b) Aus Mesopotamien und Ugarit sind eine Reihe *Zahlensprüche* belegt, die einen bestimmten Geschehensablauf oder eine Handlung jeweils sechs Tage währen lassen, um am siebten Tag als dem Höhepunkt und der Wende (ähnlich Jos 6) das Ganze zu beenden. Die Siebenzahl will in solchen Fällen nur eine kleine runde Frist umschreiben, kaum das einmalige Ereignis genau abgrenzen. Die regelmäßige Wiederkehr der Woche erklärt sich durch solche Zahlensprüche gewiß nicht.

c) Fast überall in der Welt sind bestimmte Tage für gewisse Arbeiten wie auch Tage ohne Arbeit bekannt. So gibt es etwa bei den Römern feste *Markttage* als Ruhetage. Da sie aber nicht im Siebenerrhythmus stattfanden und in Israels Umwelt nicht belegt sind, scheiden auch sie als Ursprung des Sabbats aus.

d) Höchst fragwürdig ist schließlich die Ableitung der das ganze Jahr durchlaufenden Woche von einem siebentägigen *Neujahrsfest* (mit dem Sabbat als Höhepunkt), zumal die siebentägige Dauer des Herbstfestes in Israel vielleicht nicht in alte Zeit zurückgeht (vgl. § 9b3).

So liegt die Herkunft der Woche mit dem abschließenden Ruhetag trotz mannigfacher Untersuchungen bis heute im Dunkeln. Sollte er einen Vorläufer gehabt haben, den Israel übernahm oder abwandelte, ist er noch nicht sicher ermittelt. Es gibt keinen wirklich triftigen Grund für die Annahme, dieser Ruhetag sei zusammen mit dem Jahwenamen von anderen Stämmen, den Kenitern oder Midianitern, entlehnt. Auch aus der nomadischen Umwelt sind keine Zeugnisse erhalten. Das Gebot von Ex 34,21:

»Sechs Tage sollst du arbeiten,
aber am siebten Tag sollst du ruhen;
(auch) beim Pflügen und bei der Ernte sollst du ruhen«

dehnt das Ruhegebot jedoch ausdrücklich auf die Hauptarbeitszeiten des Bauern, Saat und Ernte, aus. Wird es damit »in das Leben des fest angesessenen Kulturlandbewohners eingeführt« (*M.Noth*, z.St.), reicht also in ältere Zeit vor der endgültigen Seßhaftwerdung zurück? Anscheinend ist die regelmäßige Wiederkehr von sechs Tagen Arbeit und einem Tag Ruhe eben eine israelitische Eigenart. Man hat sogar vermutet, Israel habe diesen Wechsel der Natur abgelauscht.

2. Wesensmerkmal des Sabbats ist die *Ruhe*. »Der im Dekalog genannte Sabbat war von Hause aus lediglich durch das Verbot aller Arbeit charakterisiert und hatte in altisraelitischer Zeit mit dem positiven Kultus Jahwes nichts zu tun.« (*A.Alt*, KS I, 331[1])

Auffälligerweise läßt das vierte Gebot: »Denke an den Sabbattag, ihn zu heiligen!« (Ex 20,8) in dieser Kurzform – ohne die folgende ausführliche Erläuterung (20,9f) – gar nicht erkennen, wie dieser Tag zu begehen ist, worin das »Gedenken« bzw. »Bewahren« (Dtn 5,12) besteht. Demnach setzt die Dekalogfassung eine ältere Formulierung voraus, die sich am ehesten in jenem Gebot von Ex 34,21 (ähnlich 23,12) erhielt:
»Sechs Tage sollst du arbeiten, aber am siebenten Tag ruhen.«

Wie das zweite Gebot ursprünglich keinen Grund für das Verbot einer Abbildung Gottes nennt, so ergeht auch die Forderung nach einer Arbeitsunterbrechung zunächst ohne Begründung. Darum darf man wohl auch nicht nach einem Motiv suchen, wenn man nicht spätere Überlegungen eintragen will. Vielleicht darf man die Arbeitsenthaltung nicht einmal von vornherein als Ausschluß dieses Tages von jeder menschlichen Nutznießung verstehen. Die aus der Religionsgeschichte vertrauten vielfältigen Tabus haben nicht in der Ablehnung eines Utilitätsstrebens ihren Grund;

sie gelten als solche und bleiben darum in veränderter Situation erhalten. »›Du sollst‹ – was man soll, ist eine zweite Frage; warum man soll, ist gar keine Frage.« (*G.v.d.Leeuw*, Phänomenologie der Religion, ^{2}1956, 34f)

Primär ist der Sabbat kein Fest; denn das vierte Gebot richtet sich – wenigstens zunächst – nicht auf die Beachtung von kultischen Zeiten an bestimmten Orten, sondern gilt auch außerhalb des Wallfahrtsbezirks für den Alltag zu jeder Zeit. Um die Ruhe am siebten Tag einzuhalten, ist weder ein Priester noch ein Altar nötig. Darum wird der Sabbat in den verschiedenen Festkalendern (Dtn 16; Lev 23) nicht erwähnt. Umgekehrt ordnet der Dekalog keine Festtage an. Jedoch wird der Sabbat zu einem Tag »*für Jahwe*« – zu einer Zeit, die zu »heiligen« (Ex 20,10.8; 31,14f), also auf Israels Gott bezogen und ihm (wie die Festtage Dtn 16,1.10.15 u.a.) gewidmet ist, weil sie ihm gehört. So ist mit dem Ruhetag ein Kult verbunden (vgl. Hos 2,13; Jes 1,13; Klgl 2,6); später sind Opfer vorgeschrieben (Ez 46,4f; Num 28,9f; Neh 10,32). Dadurch wird die Arbeitsenthaltung zu einem Bekenntnis.

Diesen Prozeß der Umdeutung des Ruhetages in einen Festtag setzt das Sabbatgebot des *Dekalogs* voraus. In seiner allgemeinen Fassung: »Denke an bzw. bewahre den Sabbattag . . .!« kann es – außer dem Ruhegebot – bestimmte Kulthandlungen einschließen und auch die spätere Verschärfung der Sabbatheiligung umfassen.

Entsprechend der Ruhe an jedem siebten Tag kannte Israel zumindest als Forderung eine Ruhe in jedem siebten Jahr (Ex 23,10f; vgl. Neh 10,32). Auch für diese Einrichtung des *Sabbatjahrs* ist eine wirkliche Parallele, aus der man Israels Übung herleiten könnte, nicht bekannt. Nach sechs Jahren Säen und Ernten soll das gesamte Ackerland im siebten Jahr unbestellt und sich selbst überlassen bleiben. Dabei ist zunächst kaum an eine Steigerung der menschlichen Nutzung, eine Brache zur Erholung des Ackers, oder an Ausschluß der Nutzung, Verzicht auf Gewinn, gedacht. Wie aber die Arbeitsruhe als heiliger Tag »*für Jahwe*« gedeutet wird, so wird auch das Erlaßjahr (Lev 25,2.4) als Proklamation verstanden, »das Obereigentum Gottes an dem Grund und Boden anzuerkennen, den er den Stämmen aus freiem Willen zu Lehen gab« (*A.Alt*, KS I, 151).

In Lev 25 ist mit dem Sabbatjahr das *Jobeljahr* (Luther: Halljahr) verbunden, das jeweils nach sieben Jahrwochen, in jedem 49. bzw. 50. Jahr, ausgerufen werden soll. In ihm sollen verkaufter Haus- und Grundbesitz erstattet und der Schuldsklave freigelassen, so ursprüngliche Verhältnisse wiederhergestellt werden (vgl. ältere Regelungen Ex 21,2; Dtn 15; Jer 32; 34; Rut 4).

3. Die Beifügung »für Jahwe« ist also bereits eine Sinngebung. Die kategorische Forderung nach einem siebten Ruhetag verlangt aber nach ausführlicher *Begründung*; sie wird dem Sabbatgebot in den beiden Dekalog-

fassungen auf verschiedene Weise gegeben. Wie beim zweiten Gebot schließen sich auch hier spätere Erläuterungen an.

Das Deuteronomium (5,14f), das dem gesamten Gottesvolk die »Ruhe« erhalten oder wiedergewinnen möchte, sieht im Sabbat eine *soziale Maßnahme.* Der Ruhetag steht allem, was zur Familie gehört, auch dem Sklaven oder gar den Haustieren, zu: »Denke daran, daß du Sklave warst im Lande Ägypten!« Wie die Jahresfeste historisch verankert werden (u.§ 9b), so wird hier der Sabbat auf den Exodus, die Befreiung von der Sklavenschaft, bezogen. Entsprechend soll das Sabbatjahr den Armen und Schuldnern des Volkes zugute kommen (Ex 23,10ff; Dtn 15).

Die andere Begründung des Sabbatgebots (Ex 20,11; 31,17) nimmt die Aussage von Gottes Ruhe nach der Schöpfung auf:

»denn in sechs Tagen hat Jahwe den Himmel und die Erde, das Meer und alles, was in ihnen ist, gemacht, aber am siebten Tage geruht«.

Schon die *Schöpfungsgeschichte,* nach der Gott den siebten Tag segnet (Gen 2,2f P), sucht ja die Sabbatheiligung zu motivieren. Gewiß, der Name »Sabbat« fällt nicht, erst recht fehlt eine Anordnung für diesen Tag. Von einer göttlichen »Schöpfungsordnung« des Wechsels von Arbeit und Ruhe kann also keine Rede sein. Die Ruhe bleibt vielmehr wie die Schöpfung allein Gottes Tat, die höchstens vorbildhaft vorwegnimmt, was der Mensch später (vgl. Ex 16; 31,12ff) nachvollzieht. Wie kommt es zu dieser im Alten Testament ungewöhnlichen »Begründung« des Sabbats durch die Schöpfung statt wie bisher durch die Geschichte? Die Änderung wird aus der Zeit verständlich, in der die Priesterschrift entstand: Das Exil hat den uralten Verheißungen auf Landbesitz, dem Tempel und dem Davidsbund ein Ende gesetzt, so daß auf ein Geschichtsereignis kein Gebot mehr bezogen werden kann. Darum wird nicht mehr auf ein partikulares Einzelgeschehen, sondern auf die Weltgeschichte am Anfang zurückgegriffen.

4. Das Exil brachte für das Verständnis des Sabbats eine entscheidende Wende: Da den Deportierten der Opferkult in der Fremde unmöglich war, gewannen die Bräuche des Jahweglaubens, die auch fern vom Tempel ausgeübt werden konnten, erhöhte Bedeutung. So wurde die Sabbatheiligung in den Rang eines *Bekenntnismerkmals* erhoben. Wie die Beschneidung (Gen 17,10–13 P) so erscheint auch der Sabbat als »ewiger Bund«, d.h. Gottes stets gültige Zusage und Verpflichtung, und als »Zeichen«, das die Zusammengehörigkeit von Gott und Volk erkennen läßt und zugleich vergewissert (Ex 31,13–17 P; Ez 20,12.20).

Dieser zunehmenden Bedeutung des Sabbatgebotes entspricht im weiteren Verlauf der Geschichte eine Verschärfung der Forderung. Schon nach dem bitteren Zitat von Am 8,5 schließt die Arbeitsunterbrechung auch den Handel in sich; erst ein in priesterschriftlichen Schichten bezeugtes Gebot (Ex 35,3) verbietet das Feueranzünden und Holzsammeln. Die

Spätzeit wacht über der immer genaueren und strengeren Durchführung der Sabbatruhe (31,14f; Lev 23,3; Num 15,32ff; Jer 17,21ff; Jes 56,2.6; 58,13f; Neh 13,15ff), während die christliche Gemeinde die Freiheit des Menschen vom Sabbatgebot proklamiert (Mk 2,27f), jedoch im Laufe der Zeit die Arbeitsruhe auf den Sonntag überträgt und so – als alttestamentliches Erbe – einen sozialen Schutz gewährt.

Exkurs 3
Zur alttestamentlichen Ethik

Das Alte Testament hat auf dem Feld des Ethischen eine tiefe Wirkung entfaltet. Stellen nicht einerseits die Zehn Gebote mit ihrem »Du sollst« den einzelnen vor Gott, um vom Menschen im Wandel der Situation eine gleichsam unbedingte Entscheidung zu fordern, ohne doch Unmögliches zu verlangen? Andererseits wecken die anschaulichen Erzählungen von Abraham, Jakob, Saul, David oder Elia, die den Erzvater, König oder Propheten in seinem Verhalten keineswegs immer vorbildhaft zeichnen, die Einsicht in Höhen und Tiefen, Möglichkeiten und Grenzen des Menschseins.

Allerdings ist die Verbindung von Glaube und Ethik (Gen 4; 18f; 39,9; Ex 1,17ff; 2 Sam 12; Hos 4,1f; 6,6; Mi 6,6ff; Spr 14,31; 17,5; 22,22f u.v.a.) bzw. Glaube und Recht (Ex 21–23; 34 u.a.) nicht in demselben Sinn eine Besonderheit Israels wie das erste Gebot. Etwa Hammurabi erläßt (um 1700 v.Chr.) unter Berufung auf den Sonnengott Schamasch, den Wahrer des Rechts, und Marduk, den Gott von Babylon, seine berühmte Gesetzessammlung, »damit der Starke nicht den Schwachen bedrängt, Waise und Witwe ihr Recht bekämen« (AOT 407; TUAT I/1, 76). Überhaupt ist der altorientalische König für das Recht zuständig (u.§ 12a).

1. Eine ausdrückliche Abgrenzung von der Umwelt im Bereich dessen, was sittlich und statthaft ist, sprechen anscheinend schon früh gewisse formelhafte Wendungen aus:

»So tut man nicht in Israel« oder
»eine Torheit in Israel tun«
(Gen 34,7; Ri 19,23f; 20,6; 2 Sam 13,12; Dtn 22,21; ähnlich 24,7;
vgl. 19,13; 21,21; 22,22:
»Du sollst das Böse aus Israel ausrotten«).

Diese wohl ältesten Bekundungen ethischer Besonderheit jenseits des eigentlich Kultischen benennen Vergehen gegen die Gemeinschaft – vor allem, aber nicht ausschließlich (Jos 7,15) im sexuellen Bereich. Hier hat Israel auch nach dem Zeugnis von Erzählungen (Gen 9,22ff; 19; 26,10f; 34; vgl. Ri 19) am ehesten Trennungslinien gegenüber dem Verhalten der Kanaanäer gezogen. Aus seiner nomadischen Vergangenheit war Israel in dieser Hinsicht höchstwahrscheinlich ein strenges Ethos überkommen.

Im Kern von Lev 18 (vgl. Dtn 27,20ff) scheint eine »im Milieu von Kleinvieh-Nomaden entstandene vater- und eigentumsrechtlich geprägte Reihe das Leben der Großfamilie schützender Inzestverbote« vorzuliegen (*J.Halbe*, ZAW 92, 1980, 87 im Anschluß an *K.Elliger*).

In Kanaan muß Israel recht bald die Gefahr gespürt haben, die ihm durch das andere Brauchtum seiner Umwelt (Lev 18,3) einschließlich des sog. Fruchtbarkeitskultes (Hos 4,13f; Jer 2; Lev 19,29 u.a.; vgl. § 10) drohte. Um so auffälliger bleibt, daß jene Abgrenzungsformeln menschliches Handeln nicht »vor Jahwe« (Gen 7,1; 10,9 u.ö.), sondern zunächst im zwischenmenschlichen Raum bedenken und beurteilen, auch wenn es in alter Zeit gewiß keine strikte Trennung zwischen sozialer und religiöser Lebensordnung gibt. Mußte Israel das weite Feld des Ethischen erst mehr und mehr in den Jahweglauben integrieren und zugleich mit ihm durchdringen?

Die im Dekalog vorliegende enge Verbindung des Jahweglaubens mit dem Ethos beruht wohl auf langem theologischem und ethischem Nachdenken (vgl. § 6a1,3). Ähnlich scheinen die im Heiligkeitsgesetz bewahrten Rechtsüberlieferungen nicht seit je von den Motivierungen »Ich bin Jahwe« oder »Ihr sollt heilig sein« (Lev 18,2; 19,2 u.a.) geprägt gewesen zu sein.

Allerdings gehören Gotteserkenntnis und zwischenmenschliches Verhalten schon früh ganz selbstverständlich zusammen, wie die Propheten (Am 2,6ff; Hos 4,1f; 6,6; 1 Sam 12; 1 Kön 21 u.a.), die Rechtssammlungen (wie Ex 21ff) oder einzelne Erzählungen (wie Gen 4) bezeugen. Entsprechend umfaßt »Gottesfurcht« sowohl den vorbehaltlosen Gehorsam des Glaubens (Gen 22,12) als auch die Verläßlichkeit des Wortes oder den Schutz des Schutzbedürftigen (Gen 20,11; Ex 1,17ff; 18,21 u.a.); denn »durch Gottesfurcht bleibt man dem Bösen fern« (Spr 16,6).

Ethisches Verhalten oder ethische Grundsätze bezogen sich schon früh nicht nur auf die eigene Gruppe, sondern gingen wesentlich über sie hinaus (Gen 12,12ff; 19; 20,11; 39,8f; Ex 1,17ff; Am 2,1 u.a.).

2. In den rechtlichen Bestimmungen und ethischen Weisungen kehrt ein Grundmotiv immer wieder. Die Fluchworte, die wohl erst nachträglich durch zwei theologische Rahmensätze zum sog. Fluchdodekalog (Dtn 27,15.16–25.26) erweitert wurden, bedrohen bestimmte Rechtsbrüche mit der Ausstoßung aus der Gemeinschaft und stellen etwa diese beiden Vergehen zusammen (Dtn 27,17f):

»Verflucht ist, wer die Grenze seines Nächsten verrückt!
Verflucht ist, wer einen Blinden auf dem Weg irreführt!«

Dem Verbot der Grenzverrückung (Dtn 19,14; Spr 22,28 u.a.) und der Irreleitung Behinderter (Lev 19,14; vgl. Hi 29,15) ist gemeinsam: *der Schutz des Nächsten.* Eine entsprechende Intention findet sich beim sog. kasuistischen Recht, das vermutlich den Ältesten bei der Rechtsprechung im Tor (vgl. Rut 4,1f; Am 5,10.15) als Hilfe diente:

»Wenn jemand eine Zisterne offenläßt
oder wenn jemand eine Zisterne gräbt, sie nicht zudeckt
und es fällt ein Rind oder Esel hinein,
so soll der Besitzer der Zisterne Ersatz leisten.«
(Ex 21,33f; vgl. 22,4f u.a.)

Insbesondere bedürfen bestimmte Gruppen, die sich innerhalb der Gesellschaft im Status minderen Rechts befinden, eines besonderen Schutzes. Zu ihnen zählen der Fremdling bzw. Schutzbürger, der – wie Mose in Midian (Ex 2,22) oder Israel in Ägypten – auf längere Zeit im fremden Land ansässig ist, oder Witwe und Waise, die mit ihrem Mann bzw. Vater ihren sozialen, wirtschaftlichen und rechtlichen Rückhalt verloren haben. Oft wird eingeprägt, die Lage solcher Personen nicht auszunutzen – auch unter Berufung auf eigene Erfahrung:

»Einen Fremdling sollst du nicht bedrücken
und ihn nicht bedrängen;
denn ihr seid selbst Fremdlinge in Ägypten gewesen« (Ex 22,20);
»ihr wißt, wie dem Fremdling zumute ist.« (23,9; vgl. Lev 19,33f u.a.)
»Witwe und Waise sollt ihr nicht bedrücken!«
(Ex 22,21; vgl. Dtn 24,17; 27,19; Jes 1,17.23 u.a.)

Ähnlich wird das Lebensrecht des Armen durch verschiedene – nach prophetischem Zeugnis (Am 2,6f; 5,12; Jes 10,1f u.a.) allerdings nicht auf Dauer ausreichend wirksame – Rechtsbestimmungen (Ex 22,24ff; 23,11; Dtn 24,6.10ff; Lev 19,9ff; 25,35ff u.a.) gesichert. Dabei kann der Schutz der Witwe, der Waise und des Armen begründet werden mit dem Hinweis auf Gott als Helfer der Schutzbedürftigen:

»Verrücke nicht die Grenze 'der Witwe'
und dringe nicht in die Felder der Waisen ein;
denn ihr Rechtshelfer (Löser) ist stark,
er wird ihren Rechtsstreit gegen dich führen.«
(Spr 23,10f; vgl. 15,25; Ex 20,22; Dtn 10,18 u.a.;
zum Armen: Spr 14,31; 17,5; u.§ 11f,5; 15,3–4)

Ihrer Absicht nach will auch die sog. zweite, ethische Tafel des Dekalogs (Ex 20,12ff; Dtn 5,16ff) nicht eigentlich Normen oder Werte wahren, sondern ist ebenfalls auf den Schutz des Nächsten bedacht. Er soll in bezug auf sein Leben, seine Freiheit, seine Ehe sowie sein Eigentum fremdem Zugriff entzogen werden.

Das *Elterngebot* will nicht die Autorität des Hausvaters oder gar der Obrigkeit aufrichten, sondern die Eltern, die sich, bildlich gesprochen, bereits auf das Altenteil zurückgezogen haben, vor schlechter, verächtlicher Behandlung oder gar Schlägen (Ex 21,15.17; Lev 20,9; Dtn 27,16; Spr 19,26; 20,20; 28,24 u.a.) bewahren. Angeredet sind ja nicht Kinder, sondern Erwachsene, die in der Regel selbst bereits verheiratet sind, Haus und Hof besitzen (Ex 20,14.17f). Diejenigen, die jetzt die Geschäfte führen, sollen denen, die sie aufgezogen haben, keinen Schaden zufügen und darüber hinaus wohl mit dem Lebensnotwendigen versorgen, wenn sich das Abhängigkeitsverhältnis umgekehrt hat. Es geht also um den Schutz der nächsten Nächsten eines jeden Menschen, und zwar in gleicher Weise um die Fürsorge für Vater und Mutter. Bei der Vorordnung dieses sozialen Gebots vor alle ethischen Forderungen – im Übergang von der sog. ersten zur sog. zweiten Tafel – sowie bei der Hervorhebung durch eine Segensverheißung könnte mitschwingen, daß die Eltern zugleich Träger der Glaubensüberlieferung sind (Ex 12,26ff u.a.; vgl. Lev 19,3.32; Mal 1,6; 3,24).

Die Verbote des *Tötens* wie des *Diebstahls* scheinen in ihrer überlieferungsgeschichtlichen Vorform nur auf den Mann – als das für Kult, Rechtsprechung und Kriegführung wichtigste Glied der Gesellschaft – bezogen gewesen zu sein (Ex 21,12 bzw. 21,16; Dtn 24,7; vgl. Gen 40,15), haben im Dekalog durch Auslassung des Objekts aber eine allgemeinere Bedeutung erhalten (vgl. Hos 4,2; Jer 7,9; Lev 19,11 u.a.): Die Untersagung des Diebstahls gilt auch für Sachen (vgl. Ex 21,37; 22,6) und die des Tötens für Menschen überhaupt (Gen 9,6; Lev 24,17 u.a.), schließt aber noch nicht die von der Gemeinschaft vollzogene Tötung (Todesstrafe, Krieg; vgl. u.§ 17,3) ein.

Das Verbot, »*falsch Zeugnis* zu reden«, ist nicht ohne weiteres der Mahnung gleichzusetzen, immer und überall die Wahrheit zu sagen, sondern bezieht sich zunächst auf die falsche Zeugenaussage vor Gericht. Die Lüge wird also dort untersagt, wo sie dem Nächsten am stärksten schaden kann (Dtn 17,6; 19,18; Spr 24,28; 25,18; 1 Kön 21). Doch wird das Gebot später weiter aufgefaßt worden sein (vgl. Lev 19,11; Spr 12,19.22; Ex 23,1).

Schließt das Verbot des »*Begehrens*« über die äußeren Machenschaften (Mi 2,2 u.a.) hinaus auch innere Regungen (vgl. Spr 6,25 »in deinem Herzen«; Hi 31,9) ein?

3. Der Dekalog ist kaum im Kult entstanden, erhält später dort aber eine Heimat (Ps 50,7; 81,9ff). Nach dem Zeugnis zweier Psalmen wird der Mensch in oder eher vor dem Gottesdienst auf seinen Umgang mit dem Mitmenschen, auf sein Handeln im Alltag, angesprochen. Es gibt anscheinend bestimmte – im wesentlichen der sog. zweiten Tafel des Dekalogs entsprechende – Bedingungen für den Eintritt in das Heiligtum und damit für die Teilnahme am Gottesdienst:

»Wer darf weilen auf deinem heiligen Berg?
Wer vollkommen (untadelig) wandelt
und Recht übt,

von Herzen Wahrheit redet . . .,
seinem Nächsten nichts Böses zufügt . . .« (Ps 15,1–3)
»Wer darf hinaufsteigen auf den Berg Jahwes,
und wer darf seine heilige Stätte betreten?
Wer reine Hände hat und ein lauteres Herz . . .« (Ps 24,3f;
vgl. 118,20; Dtn 26,13f; Jes 33,14–16; Mi 6,6–8; Ez 18)

Die »Vollkommenheit« – gemeint ist eine beständige, uneingeschränkte und ungeteilte Ganzheit (vgl. Gen 6,9; 20,5f; Dtn 18,13; Jos 24,14 u.a.) – soll sich im »Recht *tun*«, d.h. im rechtmäßigen, angemessenen Handeln, wie im »Wahrheit *reden*« erweisen. Jedoch erschöpft sich die Lauterkeit keineswegs im nach außen dringenden, mehr oder weniger offen beobachtbaren Verhalten, sondern soll selbst das *Denken* und Planen, das dem Nächsten verborgene Innerste des Menschen, bestimmen: das Herz (vgl. 1 Kön 9,4; Lev 19,17 u.a.).

Vor den Einzelbestimmungen wird jeweils eine allgemeine Grundhaltung oder auch Grundforderung genannt. So wird einerseits das Generelle durch Einzelhinweise konkretisiert; diese behalten andererseits deutlich Beispielcharakter für das, was es heißt, »dem Nächsten nichts Böses zu tun« (Ps 15,3). Wer entsprechend jenem Grundsatz und den Einzelausführungen handelt, »wird Segen empfangen« (24,5). Dabei braucht menschliches Verhalten die Gemeinschaft mit dem »Gott der Hilfe« gewiß nicht zu schaffen, wie ja auch der Dekalog (Ex 20) erst diejenigen anspricht, die Gottes Verheißung, Rettung und Fürsorge (Ex 3ff) erfahren haben.

Eine eindeutige Stellungnahme zu dem in jenen beiden Psalmen nicht angesprochenen Thema der Schuld des Menschen gibt – in vermutlich späterer Zeit – Ps 130, der die Frageform »Wer kann bestehen?« aufgreift und radikal abwandelt. Entschieden wird nicht nur über den Zugang zum Heiligtum, sondern über das »Bestehen« vor Gott überhaupt:
»Wenn du Sünden anrechnetest, . . .
Herr, wer könnte bestehen?
Doch bei dir ist die Vergebung,
daß man dich fürchte!«
Ist das Bekenntnis von der Einsicht bestimmt, daß vor Gott »kein Lebender gerecht ist« (Ps 143,2; vgl. 51; Hi 4,17; Spr 20,9; Koh 7,20f; Gen 6,5; 8,21; 1 Kön 8,46 u.a.), so ermöglicht das Vertrauen in die Vergebung den Ruf »aus der Tiefe« zu eben diesem Gott.

4. Schon der Dekalog möchte als Zusammenfassung, als eine Art Grundsatzerklärung verstanden werden, die in den folgenden Rechtssätzen entfaltet wird. Darum ist er beide Male (Ex 20; Dtn 5) den Gesetzessammlungen vorangestellt und als Wort Gottes formuliert, während jene als Wort Moses ergehen und damit wie Ausführungsbestimmungen erscheinen.

In der christlichen Theologie ist der Dekalog noch einmal in dem – zwar dem Alten Testament (Dtn 6,5; Lev 19,18) entnommenen, von ihm aber noch nicht so zusammengefaßten und als Kern des Dekalogs gedeuteten – Doppelgebot der Liebe konzentriert worden (Mk 12,28ff; vgl. Röm 13,8ff; 1 Joh 4,21 u.a.). In der Tat kann die sog. zweite Tafel des Dekalogs als Konkretion des Liebesgebots gelten, weil die ethischen Gebote auf den Schutz des Nächsten ausgerichtet sind.

Schon im Alten Testament finden sich Ansätze für eine solche Zusammenfassung ethischer Einzelforderungen in einer Grundforderung – etwa in der prophetischen Verkündigung:

»Hört auf, Böses zu tun,
lernt Gutes tun!«
(Jes 1,16; vgl. 5,20; Mi 3,2)
»Suchet das Gute und nicht das Böse!«
(Am 5,14; vgl. 5,7.24; 6,12; Mi 3,2; 6,8)

Die Priesterschrift eröffnet die Verheißung an Abraham mit dem programmatischen, wohl der Einleitung des Dekalogs nachgestalteten Satz:

»Ich bin El Schaddai (der Allmächtige).
Wandle vor mir und sei vollkommen (ganz; Luther: fromm)!«
(Gen 17,1; vgl. Lev 19,2 u.a.:
»Ihr sollt heilig sein«; u.§ 11b,4)

Auch das Gebot »Liebe deinen Nächsten wie dich selbst!« (Lev 19,18.34) stellt wohl eine Konzentration und Reduktion älterer Forderungen, wie das Recht des Nächsten nicht zu beugen (Ex 23,6; Dtn 24,17 u.a.) oder »den Nächsten nicht zu bedrücken« (Lev 19,13; vgl. Dtn 27,19 u.a.), auf ihren Kern dar. Diese Verallgemeinerung ist zugleich eine Zuspitzung und Verinnerlichung (vgl. Lev 19,17: »Du sollst deinen Bruder nicht in deinem *Herzen* hassen«), die weit über das hinausgeht, was rechtlich einklagbar bleibt und faktisch in gegenseitiger Rücksichtnahme oder Hilfeleistung geschieht (vgl. Ansätze zur Feindesliebe Ex 23,4f; Hi 31,29f; Jer 29,7 u.a.).

5. Daß die eigentlich nötige Mitmenschlichkeit durchweg fehlt, behaupten und belegen an wechselnden Beispielen die sog. Schriftpropheten (u.§ 14b4). So kann das Hoseabuch die Anklage zusammenfassen und verdeutlichen:

»Es ist keine Treue, kein Gemeinschaftssinn
und keine Gotteserkenntnis im Lande.
Verfluchen (unter Mißbrauch des Gottesnamens?) und Täuschen,
Morden, Stehlen und Ehebrechen
reißen im Lande ein.
Bluttat reiht sich an Bluttat.«
(4,1f; vgl. 6,4; Jes 5,7; Mi 7,2; Jer 9,1ff u.a.)

Wieder geht (wie Jes 1,16f) eine allgemeine Feststellung voran; die – in enger Nachbarschaft zum Dekalog (vgl. Jer 7,9) – angeführten Einzelphänomene zeigen nur die Folgen auf, die der Mangel an Zuverlässigkeit, Solidarität und Gotteserkenntnis mit sich bringt.

Dabei sind wie im Dekalog das Verhältnis zu Gott und der Umgang mit dem Mitmenschen so eng verbunden, daß mit dem einen zugleich das andere zerstört wird.

So können die Propheten Mißstände aufdecken oder auch zu rechtem Handeln aufrufen:

»Es ströme wie Wasser das Recht
und die Gerechtigkeit wie ein unversieglicher Bach!« (Am 5,24)
»Es ist dir kundgetan, Mensch,
was gut ist und was Jahwe von dir fordert:
nichts als Recht üben, Güte lieben
und demütig (achtsam?) wandeln mit deinem Gott.«
(Mi 6,8; vgl. Hos 6,6; Jes 1,16f; 56,1 u.a.)

II
Die Frühzeit vor der Staatenbildung

Die großen Überlieferungen der Vorzeit, die Verheißung an die Erzväter, der Auszug aus Ägypten und die Offenbarung am Sinai, wurden für die Gruppen, die sich zu »Israel« zusammenfanden, bestimmend. Außerdem werden ihnen Bräuche, wie die Beschneidung zu vollziehen, das Passa zu feiern, möglicherweise auch den Ruhetag einzuhalten, sowie gewisse Lebensordnungen bzw. Rechtsbestimmungen vertraut gewesen sein. Vielleicht scharte man sich schon vor der festen Ansiedlung in Palästina um das Zelt oder die Lade als Kultheiligtum. Schließlich brachten die Einwanderer aus der Vergangenheit den Freiheitswillen mit, der in der Not zum heiligen Krieg drängt. Das entscheidende Erbe bildete aber der Jahweglaube, verbunden mit den Anstößen, die zur Formulierung des ersten und zweiten Gebots führten; denn er läßt die verschiedenen Gruppen im eigenen Land zu einem Volk zusammenwachsen. »Die Entstehung des Volkes Israel beruht historisch auf dem Zusammenschluß seiner Stämme in der Verehrung des Gottes Jahwe.« (*A.Alt*, KS I, 1) Vielleicht wird diese Einheit durch die Ähnlichkeit der Väterüberlieferungen und der Exodustradition erleichtert oder gar ermöglicht, da ja beide von einem Gott erzählen, der seine Verehrer beschützt und sie in die Zukunft führt. Jedenfalls ist das Gemeinschafts- und Verwandtschaftsbewußtsein untereinander wesentlich durch die Bindung an Jahwe gegeben, die Israels Eigenart bildete und erhielt. Das Selbstverständnis als Volk beruht auf dem Glauben an diesen Gott.

Um es mit einem bekannten Wort von *J.Wellhausen* (Israelitische und jüdische Geschichte, [9]1958, 23) zu sagen: »Jahve, der Gott Israels, Israel das Volk Jahves: das ist der Anfang und das bleibende Prinzip der folgenden politisch-religiösen Geschichte. Ehe Israel war, war Jahve nicht; auf der anderen Seite haben die Propheten recht zu sagen, daß Jahve es gewesen sei, der Israel gezeugt und geboren habe. Unzertrennlich wie Leib und Seele waren beide miteinander verbunden. Israels Leben war Jahves Leben.«

1. Da die Einheit »Israel« erst im Lande entstand, wurde Palästina gegen die Darstellung des Josuabuches kaum in einem einzigen großen Kriegszug unter Josuas Leitung erobert. Wahrscheinlich siedelten sich die einzelnen Gruppen und Stämme nur allmählich und nacheinander im Bergland an; sie kamen von verschiedenen Richtungen und im Verlauf eines größe-

ren Zeitraums. Ihr Gebiet umfaßte auch nicht das ganze Land, ja bildete nicht einmal einen geschlossenen Zusammenhang. Die Küste, die Ebenen und verschiedene Stadtstaaten blieben noch längere Zeit in kanaanäischem Besitz. Eine einheitliche politische Organisation hatte die einheimische Bevölkerung damals nicht; das Land zerfiel in vielfältige Einzelgebilde. Die beiden Großreiche, die gegen- und miteinander Palästina beherrscht hatten, waren in ihrer Macht geschwächt (Ägypten im Süden) oder gar zusammengebrochen (die Hethiter im Norden).

Die Angaben von Ri 1 (bes. V 27ff) stellen die »*Landnahme*« (*A.Alt*) noch als Unternehmen der Einzelstämme dar, die jeweils mit den Einwohnern um den eigenen Besitz kämpfen; von einer Führergestalt, die alle Aktionen trägt, ist keine Rede. So heißt es zusammenfassend vom Haus Juda:

»Und Jahwe war mit Juda, so daß er das Bergland in Besitz nahm. Aber die Bewohner der Ebene ›vermochten sie‹ nicht zu vertreiben, weil sie eiserne Streitwagen besaßen.« (V 19; vgl. V 21; Jos 15,63; 16,10; 17,11ff; Num 13,28f; noch 1 Kön 20,23)

Ähnlich gelang es dem Stamm Benjamin nicht, den Jebusitern Jerusalem zu entreißen (Ri 1,21; vgl. § 13,1) – das blieb erst Jahrhunderte später David vorbehalten. Die Landnahme verlief also, von Einzelereignissen abgesehen, insgesamt eher friedlich als kriegerisch, zudem in den verschiedenen Gegenden unterschiedlich (vgl. Gen 49; Dtn 33). Auch die archäologische Forschung hat für die Zeit gegen oder nach 1200 v.Chr. zwar viele Neuansiedlungen vorher verlassener Orte oder Neugründungen, aber kaum – durch Einwanderer veranlaßte – gewaltsame Zerstörungen nachweisen können. So waren Jericho und Ai (Jos 6–8) nach den Ausgrabungen bei Israels Einwanderung längst nicht mehr fest besiedelt. Der hohe Stand der Kultur in Palästina hatte mit dem Ende der mittleren Bronzezeit nachgelassen, während Israel auf der kulturgeschichtlichen Wende von der Bronze- zur Eisenzeit ins Land eindrang oder sich dort ausgestaltete.

2. Ist diese Darstellung im großen und ganzen richtig, so haben die neuen Stämme nicht von Anfang an eng mit der einheimischen Bevölkerung zusammengelebt, sondern zunächst eine gewisse Eigenständigkeit bewahrt.

Nach anderer Auffassung spielt bei der Entstehung Israels auch die Umschichtung der kanaanäischen Bevölkerung eine erhebliche Rolle; d.h., daß sich auch autochthone Gruppen Israel anschlossen (vgl. schon Ex 12,38).

In den Stammessprüchen (Gen 49,14f) wird Issachar (d.h. wohl: »Lohnarbeiter, Tagelöhner«) »Frondienstleistender« genannt. Auch andere Nachrichten (Gen 49,13; Ri 5,17) lassen auf eine Fronabhängigkeit einzelner Stämme von kanaanäischen Stadtstaaten schließen.

Überhaupt ist gerade der Verlauf der Seßhaftwerdung und Konstituierung Israels stark umstritten.

Nach alttestamentlichem Zeugnis ist der Jahweglaube nicht autochthon, stammt nicht aus Kanaan. Wie kam es, daß sich diese Tradition (vom Sinai und Exodus) bei den mancherlei in »Israel« aufgegangenen Gruppen durchsetzte? Was gab bei der im Land ansässigen Bevölkerung, soweit sie sich an Israel anschloß, den Anstoß zum Übertritt?

Konnte man hoffen, daß sich die Erfahrung der Befreiung in bedrohlicher Lage wiederholte? Half der Gott, der die von einem Streitwagenkorps Verfolgten retten konnte (Ex 15,21), in einer Situation, in der man sich gegenüber der Übermacht der Kanaanäer mit ihren »eisernen Wagen« (Jos 17,16; Ri 1,19; vgl. 1 Kön 20,23) zu behaupten hatte?

Jedenfalls wird man urteilen dürfen: Je kleiner die einwandernde Gruppe und je höher der einheimische Bevölkerungsanteil in Israel war, desto auffälliger wird die Übernahme des Jahweglaubens. Wenn »ein großer Teil des um die Wende des 1.Jt. sich ausbildenden Stämmeverbandes Israel sich aus der längst im Lande seßhaften Bevölkerungsschicht rekrutiert hat, ... besteht *das* Problem der israelitischen Frühgeschichte darin, wieso und auf welche Weise sich die Verehrung eines Gottes aus der südlichen Wüste ... bei Menschen durchgesetzt hat, die vordem der Vielzahl kanaanäischer Götter gehuldigt haben. Je weniger Israeliten tatsächlich eingewandert sind, desto größer das Rätsel« dieser aufkommenden Monolatrie (*K.Koch*, Spuren des hebräischen Denkens, 1991, 63).

Wie hoch der Anteil einheimischer Bevölkerung auch war, wie immer sich das »Israel« in Palästina bildete, die Exodustradition (vgl. etwa Num 23,22; 24,8; Hos 12,10; 13,4; Am 9,7; auch 1 Kön 12,28; Ex 32,4.8 u.a.) war so stark und prägend, daß es die Ursprünge der Gemeinschaft zwischen Gott und Volk – über die Verheißungen an die Väter hinaus – in der Mosezeit suchte und sich in das Land »geführt« verstand.

Der endgültige Übergang von (halb-)nomadischer zu bäuerlicher Lebensweise hob einen Unterschied zwischen Israels Vorfahren und Kanaanäern auf und erleichterte so die Beziehungen. Im Laufe der Zeit trat auch die räumliche Trennung zwischen Israel auf dem Gebirge und den kanaanäischen Stadtstaaten zurück, so daß es zu engeren Berührungen mit der Stadtkultur kam (vgl. Jos 9; 16,10).

Hier und da versuchte man, eine Symbiose zwischen Israel und Kanaan zustande zu bringen. Abimelech wollte unter seiner Herrschaft den Stadtstaat Sichem und den Stamm Manasse vereinigen, scheiterte aber an dem Gegensatz (Ri 9; vgl. schon Gen 34). In der Kanaanäerstadt Gibeon war zu Salomos Zeit ein israelitisches Heiligtum (Jos 9; 1 Kön 3), und der Tempel zu Schilo (1 Sam 1ff) wird eine ursprünglich kanaanäische Kultstätte gewesen sein.

Je enger sich das Nebeneinander gestaltete, desto stärker wurden auch die Berührungen in der Religion. Israel stellte sich auf die neue Lebensart ein. Es übernahm kanaanäische Ortsheiligtümer und deren Kultbräuche. Man brachte an den gleichen Stätten die gleichen Opferarten dar, mit denen die Kanaanäer ihre Götter verehrt hatten, und feierte die gleichen Erntefeste. Der Übergang zur festen Ansiedlung mit Ackerbau zog einen allmählichen Wandel in der Wirtschafts- und Sozialstruktur nach sich; aus dem Sippenverband wurde eine Dorfgemeinschaft, später eine noch stärker geschichtete städtische Ständeordnung. Wahrscheinlich wechselten die Einwanderer auch ihre Sprache; sie gaben ihr Aramäisch bzw. einen verwandten Dialekt (o.§ 6a2,4) auf und nahmen die Landessprache (Hebräisch) an. Gerade die Sprache schafft ja im besonderen Maße Gemeinsamkeiten. Wie weit der Einfluß der Kanaanäer ging, ist im einzelnen schwer abzugrenzen. Zudem waren die Beziehungen vielfältig und gestalteten sich an den verschiedenen Orten unterschiedlich.

Es gab gewiß auch Assimilation und Synkretismus. Waren für den Akkerbau nicht überhaupt die Götter des Landes zuständig? So bestand die Gefahr, daß nicht nur das Volk das Land, sondern auch umgekehrt das Land das Volk in Besitz nahm; Israel ist ihr aber nicht ganz und gar erlegen. Es ist nicht schlechthin im Kulturland aufgegangen, wie es das Schicksal vieler altorientalischer Völker war, die mit der ansässigen Bevölkerung verschmolzen. Anscheinend wuchs auch der Gegensatz zu den Kanaanäern mit der Zeit. Im Kulturland war der fremdreligiöse Einfluß nach manchen Anzeichen stärker, während auf die Dauer weniger die Einheit als der Unterschied, ja die Gegnerschaft, empfunden wurde. Neben die Übernahme trat die Auseinandersetzung, in der Israel seine Eigenart erkannte oder seine Möglichkeiten wahrnahm. Endlich schloß die Bedrohung von außen sogar das Volk nach innen zusammen.

Die Beziehungen zwischen Israel und Kanaan in der Richterzeit lassen sich kaum so von den Verhältnissen in der Königszeit abheben, daß sich sachlich wesentliche Unterschiede ergeben. In mancher Hinsicht tritt in der späteren Epoche nur deutlicher hervor, was sich zuvor ähnlich ereignete. Darum wird die Begegnung zwischen der kanaanäischen Religion und dem Jahweglauben erst dann besprochen, wenn auch die Jerusalemer Überlieferungen in den Überblick einbezogen werden können. Zunächst soll nur auf die großen religionsgeschichtlichen Phänomene der Frühzeit hingewiesen werden.

§ 7 Die »Kriege Jahwes«

Eine streng jahwetreue Gruppe in Israel hat die nomadische Lebensweise nie aufgegeben oder in späterer Zeit im Gegensatz zu den Verhältnissen im Kulturland wieder aufgenommen. Die Rechabiter lehnten feste Ansiedlung, Acker- und Weinbau ab (Jer 35,6f) und erinnerten Israel so an die nomadische Herkunft. Auch das seßhaft gewordene Israel hat seine Vergangenheit aber nicht vergessen; sie ist immer wieder lebendig geworden und hat die neuen Lebensverhältnisse in Bewegung gebracht.

1. Kräftig wirkt dieser Impetus in den sog. heiligen Kriegen der Richterzeit nach. Die Überlieferung stammt vielleicht schon aus früherer Zeit, erhielt aber erst im Lande ihre eigentliche Ausprägung.

a) Das Alte Testament enthält noch eine Erinnerung an Kriege, die Jahwe für Israel in der Zeit vor der Ansiedlung in Palästina führte (Ex 14f; 17,8ff). Schon die Gruppe, die sich in Ägypten aufhielt, wird ihre Rettung dem Eingriff Jahwes verdankt haben und hat zumindest nachträglich seine Hilfe als Kriegstat verstanden (Ex 14,25; o.§ 4b): »Jahwe streitet für sie gegen Ägypten.« Im Lande wiederholen sich also Erfahrungen, die die Vorfahren mit Jahwe machten – so besteht trotz allem Umbruch eine gewisse Kontinuität.

b) Altorientalische Parallelen zu der Form, in der Israel diese Kriege führte, sind vor allem aus Assur bekannt (*M. Weippert*). Häufig wird berichtet, daß Götter zugunsten ihres Volkes in die Schlacht eingriffen und die Sieger den Erfolg ihrem Gott dankten.

Ramses III. kann sogar seinem Gott Amun-Re alle Macht allein zusprechen: »Du machst den Sieg des Landes Ägypten, deines einzigen Landes, ohne daß die Hand eines Soldaten oder irgendeines Menschen dabei ist, sondern nur deine große Stärke, die es errettet« (*S. Morenz*, Gott und Mensch im alten Ägypten, [2]1984, 20.93).

Am nächsten steht alttestamentlichen Berichten die Inschrift des Königs *Mescha* von Moab (um 840 v.Chr.). Der König führt auf Geheiß seines Gottes Kamosch Krieg gegen Israel, erringt den Sieg, bannt alles Lebendige, einschließlich Frauen und Kindern, und weiht die eroberten Kultgeräte seinem Gott. Gewisse Übertreibungen im einzelnen dienen der Mehrung des eigenen Ruhms und der Abschreckung der Feinde:

»Die Leute von Gad wohnten im Lande von Atarot seit Ewigkeit, und der König von Israel hatte Atarot für sich gebaut. Ich griff die Stadt an und nahm sie ein. Ich tötete alles Volk der Stadt zur Augenweide (?) für Kamosch und Moab . . . Und Kamosch sprach zu mir: ›Zieh aus, nimm Nebo (im Kampf) von Israel!‹ Da ging ich bei Nacht und kämpfte gegen sie von Tagesanbruch bis zum Mittag. Ich nahm sie ein und tötete alles: 1000 Männer, Knaben, Frauen, Mädchen und Sklavinnen, weil ich sie Aschtar-Kamosch gebannt hatte. Ich nahm von dort die Geräte Jahwes und schleppte sie vor Kamosch.« (KAI 181; TGI[2] 152f; TUAT I/6, 646ff; AOT 440f; ANET 320f; vgl. auch die Inschrift von Tell Dan, JSSt 40, 1995, 11ff)

Wie in Israel steht der göttliche Befehl zu Beginn und die Übergabe der Beute an Gott zum Schluß des Krieges. Erklärt sich die Gemeinsamkeit aus der gleichen nomadischen Vergangenheit (vgl. Ri 11,24)? Die Moabiter waren unter ähnlichen Bedingungen, jedoch zeitlich früher als Israel, östlich des Toten Meeres seßhaft geworden.

c) Im alten Orient waren die Assyrer berüchtigt wegen der grausamen Eroberungskriege, mit denen sie ihrem Gott Assur die angrenzenden und ferneren Länder unterwarfen (vgl. Jes 5,26ff; 10,6ff; 2 Kön 19,11 u.a.). *W. v. Soden* (Iraq XXV, 137) hat »die Auffassung vertreten, daß sich die besondere Verhärtung der assyrischen Kriegsführung gerade in den Kämpfen gegen die Aramäer vollzogen habe«. Deutet diese Beziehung daraufhin, daß die besondere Art zu kämpfen im gemeinorientalischen Rahmen eine besondere Ausprägung darstellt?

Am Rand der Wüste ist der Lebenskampf erbarmungsloser (vgl. das Wort Kains: »Jeder, der mich trifft, wird mich töten«; Gen 4,14.23f). Sollte der Name »Isra-el« bedeuten »Gott streitet/kämpft« (vgl. Gen 32,29; Hos 12,4) – möglich sind auch Übersetzungen wie »Gott herrscht« o.ä. –, dann zeigt er ebenfalls, daß die Kriegstradition in frühe Zeit zurückreicht.

2. Die eigentliche Erfahrung »Jahwe ist ein Kriegsmann« (Ex 15,3; vgl. Jes 42,13) machte Israel erst im Lande. Ein später höchst auffälliges Wort (Ri 11,24) kann Vertreibung mit Landbesetzung durch den Gott Kamosch und Jahwe nebeneinander nennen. Die »Kriege Jahwes« (Num 21,14f; 1 Sam 18,17; 25,28; vgl. Ex 17,16; demgegenüber 1 Sam 21,6 »ein profanes/gewöhnliches Unternehmen«) wurden im wesentlichen in der Frühzeit geführt. Nach Aufkommen des Königtums verfiel die altertümliche Kampfesart allmählich, weil das Berufsheer aus Söldnertruppen an die Stelle des Volksheerbanns trat und die dauernde Institution des Herrschers die einmalige Berufung des Heerführers ersetzte. Das vertrauenswürdigste Zeugnis aus der *Richterzeit* ist das »Deboralied« (Ri 5), das von einer Schlacht gegen eine Koalition kanaanäischer Stadtstaaten berichtet. Es lobt die Stämme, die zum Kampf willig waren, und tadelt die Daheimgebliebenen, die sich hätten beteiligen können. Wie hier insgesamt nur zehn Stämme genannt werden (ohne die Südstämme: Juda, Simeon), so erscheinen auch in anderen Jahwekriegen nur einzelne Stammesverbände, nicht Gesamtisrael. Gegenüber den Übergriffen feindlicher Nachbarn schlossen sich jeweils unmittelbar betroffene und angrenzende Stämme unter Leitung eines geistbegabten Führers zusammen. So zog Gideon gegen die räuberischen Midianiter (Ri 6f) oder Jephta (Jiphtach) gegen die Ammoniter (Ri 11). Diese sog. großen Richter (im Vergleich mit den sog. kleinen Richtern 10,1–5; 12,7.8–15) haben demnach sowohl räumlich wie zeitlich nur eine begrenzte Wirksamkeit gehabt; sie führten nur bestimmte Stämme in einer militärischen Einzelaktion (vgl. 1 Sam 11).

Wieweit man darüber hinaus die Grundzüge des Unternehmens »Jahwekrieg« (verallgemeinert: »heiliger Krieg«) noch aus den verstreuten Einzelnotizen und dem deutenden Rahmen späterer Zeit zusammenstellen kann, bleibt fraglich; jedenfalls sind aus den mehr oder weniger schematischen Darstellungen zwei, drei Phänomene hervorzuheben, die sich aber auch nicht in jeder Einzeltradition finden: In der Feindesbedrängnis erweckt Jahwe durch Geistbegabung einen Retter, der die umliegenden Stämme zum Heerbann aufruft (Ri 6,34f; vgl. 1 Sam 11,6f) und vielleicht siegesgewiß als Gottesentscheid verkündet: »Jahwe hat die Feinde in eure Hand gegeben« (Ri 3,27f; 4,7.14; 7,9.14f; auch Num 21,34; Jos 10,8 u.a.). Die Beute konnte zum Schluß – durch Bann, d.h. Tötung – Jahwe übereignet werden (1 Sam 15; vgl. Jos 6; 10; Num 21,2f; aber auch Ri 8,17; 1 Sam 30,26 u.a.). Charakterisieren Aufforderung und Zuspruch des Charismatikers den bevorstehenden Kampf als »Jahwekrieg«? Wird gelegentlich auch die Lade im Krieg mitgeführt (1 Sam 4; u.§ 9a,2)? Er ist zwar eine »religiöse«, im strengen Sinne aber keine kultische Einrichtung, wenn jedenfalls eine regelmäßige Begehung, gar ein abgegrenzter Raum und eine fest angestellte Priesterschaft einen Kult konstituieren; denn diese drei Merkmale fehlen.

3. Die Überlieferung von der Errettung aus Feindesbedrängnis in der Richterzeit hat im Alten Testament vielfältige *Nachwirkungen*, die zugleich das Verständnis dieses Krieges selbst wandeln. Zunächst gilt er als ein Zusammenwirken von Gott und Mensch: Israel kann »Jahwe zu Hilfe kommen« (Ri 5,23, vgl. 7,18: »Für Jahwe und Gideon!«) oder nutzt den von Jahwe den Feinden beigebrachten »Schrecken« aus (4,15f). Mehr und mehr sieht man in dem Krieg aber ausschließlich eine Tat Jahwes, bei der Israel nur noch zuschaut (Ex 14,13f; dazu § 4b; vgl. Jes 30,15 u.a.). Damit wächst einerseits die Distanz zwischen Gott und Mensch – beide treten nicht mehr nebeneinander oder miteinander auf –, andererseits vertraut der Mensch immer exklusiver Gottes Macht. Die Erkenntnis von Gottes Transzendenz bedeutet zugleich das Bekenntnis zu Gottes Allmacht oder Alleinwirksamkeit, damit das Eingeständnis eigener Ohnmacht: Menschenkraft hilft nicht. So können sich Gottes und des Menschen Werk gegenübertreten:

»Nichts hilft dem König ein starkes Heer,
ein Held rettet sich nicht durch Riesenkraft.
Ohne Verlaß ist das Roß für den Sieg,
und seine große Kraft läßt nicht entkommen.
Sieh, Jahwes Auge ruht auf denen, die ihn fürchten,
auf denen, die auf seine Gnade harren.«
(Ps 33,16–18; vgl. 44,4; 1 Sam 17,47; Spr 21,31; Jes 7,4ff; Hos 1,7;
Sach 4,6: »nicht durch Gewalt, sondern durch meinen Geist«)

Hier ist Gottesfurcht nichts anderes als Vertrauen auf Gottes Macht, die den einzelnen trägt.

Gelegentlich scheinen Propheten im Krieg eine Rolle gespielt zu haben (vgl. die Inschrift Zakirs von Hamat u.§ 14a, 1; 1 Kön 20; 22; Jes 7 u.a.). Jedenfalls können die sog. Schriftpropheten die Tradition vom »Jahwekrieg« in doppelter Weise abändern. Einmal kann sich die Erinnerung an ein heilvolles Eingreifen Jahwes in Unheilsansage verkehren. Aus dem Verteidigungskrieg, den Jahwe für Israel gegen die Völker führte, wird ein Angriffskrieg gegen Israel (Am 2,13–16 gegenüber 2,9; Jes 5,26ff; 28,21; 29,1ff; Jer 4,5ff; 21,4ff u.a.; vgl. Klgl 2,4ff). Zum anderen wird die Überlieferung – als Heilsansage für Israel (Jes 42,13; 49,25 u.a.) – universal ausgeweitet. Indem die Kriegsvorstellungen die Erwartungen des »Tages Jahwes« ausgestalten, werden sie zu einem Gericht an allen Völkern ausgebaut (Joel 2; Sach 12; 14; vgl. Ps 46,9ff).

Auch die Heilsverheißung kann der Tradition vom »Jahwekrieg« Raum geben (Jes 9,3 »wie am Midianstag«). Nicht selten findet sich im Alten Testament das Bekenntnis, daß Jahwe Waffen vernichtet (Ps 46,10; Hos 1,5;

2,20; u.§ 13,5; auch § 12d,8 zu Sach 9,10), und es hegt Hoffnung auf Frieden für die Völker (Jes 2; u.§ 17,3).

So stammen wesentliche, heute übliche Friedenssymbole aus dem Alten Testament: die Taube (Gen 8, bes. V 11), der Regenbogen (Gen 9,8ff) oder Waffen zu Pflugscharen (Jes 2,4; Mi 4,3).

Exkurs 4
Gottes »Geist«

In den Theophanieschilderungen stellt Israel dar, wie Gottes Gegenwart die Natur verändern kann; in den »Jahwekriegen« erfährt es, wie Gott in die Welt der Geschichte und Politik eingreift. So wird gerade an diesen »urtümlichen« Begebenheiten deutlich, daß Israel Gott als Macht versteht, die auf Erden wirksam wird. Diese Macht kann sich in der Gabe des Geistes ereignen; er wirkt in älterer Zeit vor allem auf zweierlei Weise, bei den sog. großen Richtern wie den Propheten.

1. Der Geist Jahwes überfällt einen Menschen, der in Feindesnot zum charismatischen Führer erweckt wird und die Rettung bringt (Ri 3,10; 6,34; 11,29; 1 Sam 11,6). Deutlich handelt es sich um ein auf die jeweilige Situation bezogenes und begrenztes Geschehen; darum wird der Geist kaum als eine Kraft erfahren, die ständig auf dem Berufenen ruht, ihn vielmehr »nur« zur jeweiligen Tat antreibt (vgl. für Simsons Krafttaten Ri 13,25; 14,6.19; 15,14).

Zwar wird nicht gesagt, daß sich der Geist (wie von Saul 1 Sam 16,14) wieder zurückzieht, jedoch wird erst von David ausdrücklich bekannt: Der Geist Jahwes wirkte »von jenem Tag an und immerfort« (1 Sam 16,13; vgl. 2 Sam 23,2; auch Jes 11,2).

So ist das Sein des Geistes im besonderen Maße kein Vorhandensein, sondern ein Wirksamwerden; er ist Macht, indem er mächtig wird. Er ist Bewegung, die in Bewegung versetzt. Der Geist macht erst den Helden zum Helden – und den Propheten zum Propheten.

2. Wie jene Richter, so ergreift der Geist auch die – frühen – Propheten, läßt Gruppen in Rausch, Verzückung, Raserei geraten (1 Sam 10,6ff; 19,20ff; vgl. vom Geist Moses Num 11,16f.24ff). Der Zustand ist übertragbar: »Du wirst in einen anderen Menschen verwandelt werden« (1 Sam 10,6 von Saul). Lernte Israel diese Geisterscheinung erst im Kulturland kennen? Ist das Phänomen ekstatischer Prophetie kanaanäischer Herkunft und mußte erst vom Jahweglauben durchdrungen werden? Jedoch wird es auf den »Geist Jahwes« (10,6 gegenüber »Geist Gottes« 10,10 u.a.)

zurückgeführt. Bald wird er auch als die Macht erfahren, die das – verständliche, überlieferbare – Wort eingibt (Num 24,2ff; 2 Sam 23,2; 1 Kön 22,24). Dabei bewirkt der Geist keine mystische Einheit von Gott und Mensch, sondern wird gerade darin vom Menschen unterschieden erfahren, daß er ihn »überkommt« und ausrüstet. Vielleicht klingen in manchen Aussagen noch naturhafte Vorstellungen von einer unpersönlichen Kraft des Geistes nach, aber entscheidend ist die Gabe des Geistes eine Weise, in der Gott am Menschen in der Welt – nicht mehr »direkt«, aber »mittelbar« – wirksam wird. Der Geist kann Gutes wie Böses schaffen (1 Sam 16,13f; 1 Kön 22,21; vgl. § 6b).

Allerdings berufen sich die Schriftpropheten des 8. und 7.Jh. auffälligerweise nicht auf den »Geist«, obgleich Hosea (9,7) vorgeworfen wird: »Verrückt ist der Mann des Geistes« (vgl. 2 Kön 9,11; Jer 29,26; auch Mk 3,30; Joh 10,20). Möglicherweise meiden sie, in die Nachbarschaft zu ekstatischer Prophetie (vgl. Ez 13,3) zu geraten; jedenfalls erfahren sie Gottes Macht und Offenbarung weit eher im Wort (u.Exk. 7).

Eine Ausnahme bildet Ezechiel, der – in Anknüpfung an die ältere Prophetie (1 Kön 18,12.46; 2 Kön 2,9.15f u.a.) – das Ergriffensein durch den Geist bezeugt: »Der Geist hob mich empor und entrückte mich« (Ez 3,14; vgl. 3,12; 8,3; 11,1.5.24; 37,1 u.a.). So kann in exilisch-nachexilischer Zeit die Vollmacht der Propheten wieder als Wirken des Geistes verstanden werden:

»Der Geist des Herrn Jahwe ist auf mir …
Den Armen frohe Botschaft zu bringen, hat er mich gesandt.«
(Jes 61,1; vgl. 42,1; Sach 7,12; 2 Chr 15,1; 24,20)

Da nur Einzelpersonen die Fähigkeit zu prophetischer Inspiration erlangen, äußert Mose nach Num 11,29 den Wunsch: »Bestände doch das ganze Haus Jahwes aus Propheten, weil Jahwe seinen Geist auf sie kommen ließe!« Dieser Wunsch wird in der Verheißung erfüllt:

»Danach werde ich meinen Geist ausgießen über alles Fleisch.
Eure Söhne und eure Tochter werden prophezeien,
eure Alten werden Träume haben,
eure jungen Männer werden Gesichte haben.
Auch über die Knechte und die Mägde
werde ich in jenen Tagen meinen Geist ausgießen.«
(Joel 3,1f bzw. 2,28f; vgl. Ez 39,29; Jes 32,15ff; 44,3 u.a.)

Diese Zukunftserwartung kennt »keine privilegierten einzelnen mehr« (*H.W.Wolff*, z.St.); gegenwärtig vorhandene Ungleichheiten werden aufgehoben. Durch die Geistausgießung soll jedermann ohne Unterschied des Geschlechts, des Alters und der sozialen Stellung (vgl. Jer 31,34 »vom Kleinsten bis zum Größten«) »unmittelbar zu Gott« werden.

3. Wie wenig der »Geist« aus dem Gegensatz zu Leib oder Natur gedacht ist, wie wenig er weder ein höheres Prinzip noch ein Selbstbewußtsein ist, zeigt sich am Bedeutungsumfang des Wortes (*ru^a^ch*). Es meint – ursprünglich lautmalend? – »Hauchen, Wehen«. So läßt sich der Übergang zu »Atem«, »Wind«, »Sturm« einerseits und »Geist« oder »Sinn« andererseits erklären. Die Bedeutungsvielfalt geht von einer Tätigkeit oder Bewegung aus und vermag darum Physisches und Psychisches, Körperliches und Seelisches, Materielles und Spirituelles zu verbinden. Wie hier Innen und Außen, Wesen und Wirken als Einheit gedacht sind, so wird im Ereignis des Geistes Gottes Sein als ein Tun verstanden.

4. Kann der Geist das Ungewöhnliche, Wunderhafte zustande bringen, so auch das »natürliche« Leben in seinen alltäglichen Erscheinungen. Wesen des Geistes ist dann die Beständigkeit, nicht das einmalig besondere, sondern das stetige Wirken. Diesem Aussagenkreis liegt eine völlig andere Vorstellung zugrunde, die ursprünglich kaum mit der Erfahrung des Geistes zusammenhängt, der bestimmte Menschen vor anderen heraushebt. Altorientalische Parallelen sprechen vom Lebensodem; ähnlich ist der Geist im Alten Testament die das Leben spendende und erneuernde Kraft. Der »Gott der Geister allen Fleisches« (Num 16,22; 27,16) gibt dem Volk auf der Erde »den Atem und den Geist den auf ihr Wandelnden«; (Jes 42,5). Sein Entzug bedeutet Tod:

»Verbirgst du dein Angesicht, so sinken sie dahin;
nimmst du ihren 'Geist' fort, so verscheiden sie
und kehren zurück zu ihrem Staub.
Sendest du deinen 'Geist' aus, so werden sie geschaffen.«
(Ps 104,29f; vgl. 33,6; 146,4; Gen 2,7; 6,3; Koh 12,7)
»Der Geist hat mich gemacht,
und der Lebenshauch des Allmächtigen gibt mir Leben.«
(Hi 33,4; vgl. 34,14f; Ez 37,9ff; Sach 12,1)

Auch über den »Geist« als Lebenskraft kann der Mensch nicht verfügen; er läßt ihn gerade seine Abhängigkeit erfahren. Der Mensch »hat« nicht, was sein Leben ermöglicht. Insofern ist er gerade in dem, was sein Leben ausmacht, sich selbst entzogen.

Gelegentlich kann »Geist« in Gegenüberstellung zu »Fleisch« den Unterschied zwischen Gott und Mensch als Macht und Ohnmacht bestimmen (Jes 31,3; vgl. 40,6f; Gen 6,3); auch Geist und Macht können gegenübergestellt werden (Sach 4,6). Obwohl das Alte Testament nicht sagt, daß Gott Geist ist (vgl. Jes 40,13), kann Gottes Geist synonym für Gottes Gegenwart sein (Ps 139,7 u.a.). Götzen sind ohne Atem, Geist und Lebenskraft (Jer 10,14 u.a.; vgl. u.§ 19,2).

5. Schließlich kann in der prophetischen Hoffnung die einmalige Gabe des Geistes zum unverlierbar bleibenden Gut werden. Es soll bestimmten

einzelnen – dem Messias (Jes 11), dem Gottesknecht (Jes 42) – wie allen zuteil werden: Das »neue Herz« und der »neue Geist« eröffnen durch eine tiefe innere Wandlung des Menschen eine neue Zukunft (Ez 36,26f; vgl. 11,19; 18,3). Die Verheißung eines von Gott nicht mehr abgekehrten, sondern ihm zugewendeten Menschen nimmt der Beter von Ps 51 (V 12f; vgl. 143,10) auf; er verbindet die Einsicht in die tiefe Schuldverfallenheit mit der Bitte um Erneuerung, die Denken, Wollen und die Kraft zum Handeln erfaßt:

»Schaffe mir, Gott, ein reines Herz
und gib mir neu einen beständigen Geist!«

In diesem Gebet findet sich auch die im Alten Testament höchst seltene – nur noch Jes 63,10f bezeugte – Wendung »heiliger Geist«:

»Nimm deinen heiligen Geist nicht von mir!«

Wie der Geist auch verstanden wird: ereignishaft oder stetig, besonders oder allgemein – in jedem Fall gibt er die Fähigkeit zu etwas, ist das, was ein Vollbringen ermöglicht.

§ 8 Der Stämmeverband

1. Für die Frühzeit scheinen *Gott, Volk* und *Land* eine Einheit zu bilden. Jahwe ist der »Gott Israels« (Ri 5,3.5; vgl. Gen 33,20 u.a.), wie umgekehrt Israel »Jahwes Volk« heißt (Ri 5,11.13 u.a.). Israels Feinde sind »Jahwes Feinde« (5,31; Num 10,35); das Vorgehen gegen Volk und Land trifft Jahwe selbst (noch Joel 4,2f). Er führt Israels Kriege und nimmt so Partei für eine Seite, wie der Gott Kamosch für seine Verehrer, »das Volk des Kamosch« (Num 21,29), nämlich die Moabiter, sorgt und deren Feinde vertreibt (Ri 11,23f).

Nationalreligion scheint das Kennzeichen einer bestimmten Kulturstufe zu sein, in der der Glaube nicht Entscheidung des einzelnen, sondern Gott ein Gott des Volkes ist. Allerdings ist die Ausbildung des für das Alte Testament wichtigen Begriffs »Volk« (*ᶜam* »Verwandtschaft, Mannschaft, Volk«) – auch im alten Orient – nicht selbstverständlich:

»Nur Israel« hat »einen eindeutigen Volksbegriff ausgebildet . . ., der durch seine Geschichte bestimmt ist. Überall sonst werden die Menschen nur nach ihrer Herkunft aus einem bestimmten Land oder ihrer Zugehörigkeit zu einer sozialen

Gruppe gekennzeichnet, sofern man nicht schlicht nur von Menschen spricht.« (*W.v.Soden*, Einführung in die Altorientalistik, 1985, 13)

Zeigt sich im Aufkommen des Begriffs »Volk« aber nochmals eine Gemeinsamkeit mit den unmittelbaren Nachbarvölkern (vgl. Num 21,29: »das Volk des Kamosch«)?

Die Verehrung des Gottes oder der Götter vollzieht sich innerhalb der Grenzen des Volkes oder Landes, wenn auch häufig mit weiterreichendem Anspruch. Die Landesbewohner können »die Menschen« schlechthin sein, das eigene Heiligtum gilt als Mittelpunkt der Welt. So beansprucht Delphi, »Nabel der Erde« zu sein, wie die Griechen Fremde als Barbaren bezeichnen. Vorbilder sind im alten Orient bezeugt.

Gelegentlich findet sich auch im Alten Testament die Vorstellung vom »Nabel der Erde« (Ri 9,37 vom Garizim; Ez 38,12 vom Land Juda oder von Jerusalem; vgl. Jes 19,24). Zumal der Zion konnte in der Spätzeit den Mythos vom Weltmittelpunkt auf sich ziehen (u.§ 13,4). Aber der Gedanke, daß Israel eigentlich und wesentlich den Namen »Mensch« verdient, ist dem Alten Testament fremd. Es hat auf eigene Weise zwischen sich und den anderen unterschieden (Num 23,9 u.a.).

Ist die sog. Völkertafel Gen 10 – mit den Angaben über Land, Sprache, Sippe – gar »der erste Versuch in der Menschheitsgeschichte, die Grundelemente der Größe ›Volk‹ begrifflich zu erfassen und zu definieren« (*C.Westermann*, 680)? Jedenfalls belegt Gen 10 eindrücklich das geschichtliche Bewußtsein Israels, nicht das älteste und größte Volk darzustellen, sondern in eine Geschichte der Völker eingefügt zu sein.

Erst auf dem Umweg über die Völker, also gebrochen, führt die Genesis von der Schöpfung auf die Geschichte der Väter und des eigenen Volkes zu. »Man bedenke, wie nahe es gelegen hätte, die Linie von der Schöpfung direkt auf Israel hin zu ziehen und Israel als die Mitte der Völker zu verstehen.« (*G.v.Rad*, TheolAT I^4, 175)

Eine altertümliche, zumindest ungewöhnliche Überlieferung bewahrt das sog. »Moselied«, das in seiner zeitlichen Ansetzung sehr umstritten ist:

»Als Eljon (der Höchste) die Völker als Erbbesitz vergab,
als er die Menschen aufteilte,
da setzte er die Grenzen der Völker fest
nach der Zahl der Söhne ›Els‹ (Gottes).
Fürwahr, Anteil Jahwes wurde da sein Volk,
Jakob sein zugemessener Erbbesitz.« (Dtn 32,8f)

Wörtlich genommen, erzählt der Text hochmythisch: (El) Eljon – aus Gen 14,18ff als Jerusalemer Stadtgott bekannt – unterteilt die Menschheit in Völker, legt deren Grenzen fest und weist die einzelnen Völkerschaften jeweils den »Söhnen Els« zu. Die Szene impliziert einen Universalismus: Der Weltherrscher vergibt seinen Machtbereich. Jeder Gottheit aus dem

Pantheon wird ein Volk unterstellt, das sie verehrt. In diesem vorgeschichtlichen Akt erhält Jahwe Israel als Anteil. Sollte der Text noch die Erinnerung an eine Zeit bewahren, in der Israels Gott Jahwe der Gottheit (El) Eljon untergeordnet war? Das Alte Testament setzt aber hier wie sonst Jahwe und Eljon gleich, indem es Eljon nur noch als Beinamen »der Höchste« versteht, und erniedrigt die »Söhne Els« zu dienstbar ergebenen Himmelswesen. Damit gewinnt die Stelle einen anderen Sinn: Während Jahwe als höchster Gott die Völker den »Göttersöhnen« zuordnet, behält er sich selbst Israel als Eigentum vor. So wird das Wort zum Zeugnis eines »Universalismus« des Jahweglaubens. Der Herrschaftsbereich der Götter ist auf eine Tat Jahwes zurückzuführen, sie und ihre Völker sind letztlich ihm unterstellt (Ps 82,8). Dieser mittelbaren Weltherrschaft Jahwes entspricht eine unmittelbare Erwählung Israels. Die mythische Himmelsszene erklärt das Gegenüber von Israel und den anderen. Die Erwählung (u.Exk. 6) bedeutet zwar das Vorrecht der Immediatzugehörigkeit zu Jahwe, aber keine Herabsetzung der Völker.

»Partikularismus« und »Universalismus« bilden im Alten Testament keine sich ausschließenden Gegensätze, sondern werden zusammengedacht (Gen 12,3; Am 3,2 u.a.). Das Wie der Verhältnisbestimmung steht in der Geschichte Israels aber immer neu in Frage. Mit der Zeit wächst die Tendenz zum Universalismus (u.§ 17), setzt sich aber nie völlig durch. Ein gewisser Partikularismus im Gottesverhältnis ist ja mit der Ausschließlichkeit und der Bildlosigkeit wesensmäßig gegeben. Sie begründen die Aussonderung Israels, schließen fremdreligiöse Bräuche und Riten aus (Dtn 10,12ff; 14; Lev 11,43ff; 19; Ez 20,5ff u.a.) und lassen eine Erwählung ohne Verpflichtung undenkbar erscheinen. So bleibt Gott zugleich ein Gott des Volkes.

Wo das Verhältnis Gott – Volk bedacht und entfaltet wird, wird es auf verschiedene Weise, etwa durch die Aussage der »Erwählung« (u.Exk. 6), die Ankündigung eines »Rests«, damit einer Unterscheidung im Volk (vgl. IV,4), oder durch die prophetische Kritik (§ 14b4), gegen Mißverständnisse abgegrenzt und schließlich in der Hoffnung gesprengt (u.§ 17).

2. Schon in der Frühzeit sind der Gottesbund, der das Treueverhältnis zwischen Jahwe und Israel umschreibt, und der Bund, der die *Stämme* untereinander vereinigt, nicht schlechthin identisch. Ja, der Begriff »Bund« wird für den Stämmeverband nicht einmal gebraucht, und auch einen entsprechenden Begriff kennt das Alte Testament für jene Größe nicht. In der Bedrängnis von außen ruft der bedrohte Stamm oder der Heerbannführer die umwohnenden Stämme zu Hilfe (Ri 6,35 u.a.). »Dieses Zetergeschrei zum Nachbarn ... und die Folge, die ihm geleistet wird, sind die unzweifelhafteste, notwendigste und lebendigste Bestätigung israelitischer Einheit, die uns aus jener Zeit bekannt ist« (*R.Smend*, Jahwekrieg und Stämmebund, 1963, 15f). Gab es über diese Einzelaktionen hinaus etwas, was

alle Stämme, die Jahwe verehrten, ständig, also auch in Friedenszeiten, vereinigte? Wenn Israel schon nicht politisch als Einheit erschien, bestand vielleicht eine andere übergreifende Organisation, in der die Gemeinschaft des Glaubens zum Ausdruck kam. Doch ist eine feste Institution, welche die Verbindung der israelitischen Stämme untereinander begründete und aufrechterhielt, vor dem Königtum nicht unmittelbar bezeugt; das Richterbuch stellt die Frühgeschichte eher als ungeregelte Vielfalt dar.

Aus der Kombination verschiedener, voneinander unabhängiger Momente hat man allerdings eine frühe Stämmeorganisation erschlossen. Dabei konnte man von der merkwürdigen Zwölfzahl der Stämme Israels ausgehen, die feststeht, obwohl die einzelnen Glieder wechseln (Gen 29,31ff; 49; Dtn 33 u.a.). Unter den zwölf Söhnen Jakob-Israels, den Personifikationen der Stämme (Söhne Leas: Ruben, Simeon, Levi, Juda, Issachar, Sebulon; Söhne Rahels: Joseph, Benjamin; Söhne der Rahel-Magd Bilha: Dan, Naphtali; Söhne der Lea-Magd Silpa: Gad, Ascher), fehlt in der jüngeren Gestalt der Liste (wie Num 1; 26) vor allem Levi; die Zwölferreihe wird dann durch Teilung von Joseph in Ephraim und Manasse, die als Enkel Jakob-Israels gelten, aufrechterhalten. Wieweit ist die Zwölfzahl nur Symbol (der Vollständigkeit des Ganzen), wieweit verbirgt sich in ihr eine Wirklichkeit? Aus der Königszeit, in der die Stämmestruktur ihre Bedeutung verlor (vgl. die Gaueinteilung 1 Kön 4,7ff), läßt sich die Zwölferreihe kaum herleiten.

Die Zwölfzahl ist nach dem Zeugnis des Alten Testaments nicht nur in Israel, sondern auch bei seinen Nachbarvölkern belegt: bei den Aramäern (Gen 22,20–24) oder Ismaelitern (25,13–16) und begegnet außerdem in völlig anderen Bereichen, wie in Griechenland und bei den Etruskern in Italien. Dort fanden sich die Stämme zu gemeinsamer Verehrung eines Gottes um ein zentrales Heiligtum, etwa Apollos am Tempel von Delphi, zusammen. War Jahwe im ähnlichen Sinne (*Bundes-*)*Gott* einer solchen sakralen Gemeinschaft, einer »Amphiktyonie« (*M.Noth*)? Dann sind »Volk« und »Staat« Israel sekundäre Erscheinungen gegenüber jenem Kultverband. Doch bleibt diese »Amphiktyonie« eine umstrittene Größe, da sie nicht unmittelbar bezeugt ist und Israel in der Frühzeit kein allen Stämmen gemeinsames Zentralheiligtum besaß (u.§ 9a). Auch ist umstritten, wie eng die Südstämme, zumal Juda, in vordavidischer Zeit mit Israel, das sein Zentrum in Mittelpalästina hatte (Gen 33,20 u.a.), verbunden waren. Außerdem ist eine historische Beziehung zu den sakralen Verbänden in Griechenland kaum erkennbar. Oder bestehen Verbindungen über Kleinasien, wo die Kaschkäer eine Zwölfstämmegruppe bildeten?

Bis vor kurzem konnte die Epoche von Israels Landnahme bis zur Staatenbildung als Geschichte sakraler Institutionen dargestellt werden, dieses Bild ist in verschiedener Hinsicht aber fragwürdig geworden. Die »Amphiktyonie« läßt sich nicht mehr ohne weiteres als Trägerin der vielfältigen Überlieferungen aus der Frühzeit verstehen. So kehrt man im Grunde zu einer älteren, weniger geschlossenen Sicht der Verhältnisse zurück, und die Fragen, die durch die Amphiktyonie-Hypothese beantwortet waren, kommen wieder auf: Was bedeutet »Israel« ursprünglich? Wie erklärt sich die in alte Zeit zurückreichende, konstante Zwölfzahl der Stämme – mit der Reihenfolge oder Rangordnung von Namen, die keineswegs den Verhältnissen der Königszeit entspricht? Das Zusammengehörigkeitsbewußtsein, das schließlich zur Errichtung des Königtums führte, müßte sich doch auch vorher geäußert haben.

Ein Vergehen gilt als »Torheit in Israel« (Gen 34,7; Jos 7,15; Ri 19,23f; 20,6): »So etwas tut man nicht in Israel« (2 Sam 13,12 u.a.). Solche formelhaften Wendungen setzen eine Differenz voraus (o.Exk. 3,1) und sprechen sie aus.

Hatten die »Richter in Israel« (vgl. die Listen Ri 10,1–5; 12,7–15; auch 4,4f; 1 Sam 7,16f) ein Amt im vorstaatlichen Israel inne?

Es bleibt aber ungewiß, ob es über die in Krisenzeiten auftretende Gemeinschaft hinaus eine bleibende Einheit aller, nicht nur einzelner Stämme gab und wie die Wirklichkeit dieses Verbandes aussah.

Israel wurde zum Gesamtnamen für die zwölf Stämme. In älterer Zeit scheint es jedoch schon ein anderes, kleineres Israel gegeben zu haben. Die Stele des Pharao Merenptah bzw. Merneptah (um 1220 v.Chr.) berichtet von einer Zerstörung Israels, das nicht der Zwölferverband sein kann: »(die Menschengruppe) Israel ist verwüstet; es hat kein Saatkorn« (TUAT I/1, 552; vgl. TGI^2 39f).

Auch ist die Aufteilung der zwölf Stämme bzw. Söhne auf die Mütter kaum nur ein farbiger Erzählzug, sondern spiegelt alte Zusammenhänge wider. Insbesondere scheint sich in der Verbindung von Ruben, Simeon und wohl auch Levi, die entgegen ihrer späteren Bedeutung die Zwölfergruppe anführen, eine gemeinsame Geschichte in Mittelpalästina zu verbergen (vgl. Gen 34; 49,5–7; auch Jos 15,6 u.a.).

Gab es – vor Einwanderung der Rahelstämme, bei denen die Überlieferung vom Ägyptenaufenthalt ursprünglich verwurzelt zu sein scheint (o.§ 4) – einen (Sechser-)Verband der Leastämme, der noch nicht Jahwe, sondern, wie der Name Isra-el andeutet, den Gott El verehrte (vgl. den Gen 33,20 bezeugten Namen des Altars in Sichem »El, Gott Israels«)?

3. Nach dem Bericht von Jos 24 scheint Israel insgesamt noch nicht oder noch nicht in der rechten Weise Jahwe zu verehren, wie es die Überlieferung vom Exodus und von der Sinaioffenbarung voraussetzt. So hat man vermutet, daß der sog. *Landtag von Sichem* das Ereignis war, bei dem sich die Stämme zur Jahweverehrung zusammenschlossen. Josua ruft »alle Stämme Israels« nach Sichem »vor Gott« und fordert sie zur Entscheidung auf, Jahwe zu »wählen« oder die fremden Götter. Wer sind diese »anderen Götter«, die Götter des Landes oder der fremden Großreiche (o.§ 3,1)? Nach der Zustimmung des Volkes schließt Josua den Bund (vgl. 2 Kön 23,3 u.a.), legt Satzung und Recht fest und richtet einen Stein als Zeugen auf. Das ganze Kapitel ist stark theologisch reflektiert und vom späteren Glaubensverständnis her gestaltet, um die Gehorsamsverpflichtung des Volkes herauszustellen. Liegt überhaupt ein Bericht von einer historischen Begebenheit vor?

Eine spätere Überarbeitung von einer alten Überlieferung abzuheben, will nicht wirklich überzeugend gelingen, ohne daß man das Ganze zerstört. Die grundlegende Ereignisfolge (bes. V 1.25–27) scheint älter zu sein als die Reden (V 2–24). Aber die Geschehnisse, die auch nur in späterem (deuteronomistischem) Sprachstil überliefert sind, setzen einen Redeteil voraus, und gerade in ihm liegt der Kern der Erzählung: »Ich und mein Haus wollen Jahwe dienen« (V 14f). Es gibt keine zwingenden Gründe, diese Hauptsätze als ältestes Gut aus dem Gesamtzusammenhang herauszulösen; denn sie wirken ebenfalls stilistisch wie inhaltlich jung. Einige Anhaltspunkte, wie die singuläre Angabe über die Fremdgötterverehrung, vielleicht die Rechtsverkündigung in Sichem, lassen allerdings eine ältere Tradition vermuten. Sonderbar ist jedoch, daß dieser Ort in nachweislich späteren Texten (Dtn 11,29f; 27; Jos 8,30ff) eine bedeutende Rolle spielt. Die geschichtliche Grundlage von Jos 24 ist also kaum noch eindeutig zu bestimmen. So wird man dem Text vorsichtshalber besser keine große Bedeutung in der Rekonstruktion von Israels *Früh*geschichte zumessen. (Insofern liegen die Verhältnisse ähnlich wie in dem Bundesschlußbericht Ex 34; o.§ 5c.)

4. Doch scheinen sich zur Struktur von Jos 24 wie anderer alttestamentlicher Texte, die den Bund zwischen Gott und Volk darstellen, auffällige Parallelen im Aufbau *altorientalischer Staatsverträge* zu finden. Besonders die Verträge, die der Hethiterkönig mit seinen Vasallen abschloß, legen einen Formvergleich nahe. Nach der Vorstellung des Großkönigs (»So spricht« mit Namen und Herkunft) folgen in einem nicht ganz festen Schema nacheinander: eine Darstellung der Vorgeschichte der Beziehungen zwischen dem Hethiterreich und seinen Bundesgenossen, die grundsätzlichen und einzelnen Bedingungen des gegenseitigen Treueverhältnisses, manchmal eine Klausel über die Aufbewahrung des Vertrags und seine Verlesung, die Anrufung der Götter als Zeugen sowie Fluch und Segen. Allerdings ist der Aufbau alttestamentlicher Texte nur ähnlich, nie völlig gleich; wesentliche Glieder fehlen jeweils. Jos 24 zeigt noch besonders enge Berührungen, enthält aber nicht Segen oder Fluch, wie die Verträge ihrerseits den eigentlichen Bundesschluß nicht berichten. Die entscheidende Abfolge von Geschichtsdarstellung und Gesetzgebung ergibt sich wohl auch aus dem Wesen der Sache; denn eine Rechtsordnung bedarf der Begründung, die nur die Geschichte liefern kann.

Zudem erheben sich historische Einwände gegen eine Abhängigkeit des alttestamentlichen »Bundesformulars« von hethitischen Staatsverträgen. Die Hethiter lebten nur am Rande des alten Orients – in den Jahrhunderten vor Israels Landnahme. Nach dem Untergang ihres Großreiches bewahrten zwar die nordsyrischen Kleinstaaten, die vorher in seinem Einflußgebiet lagen, die hethitische Kultur. Aber gerade die aus diesem Gebiet, das Kleinasien und Palästina verbindet, erhaltenen Staatsverträge (von Sfire) haben nicht die gleiche strenge Form. Überhaupt war es im alten Orient üblich, Abkommen unter göttlichen Schutz zu stellen, damit die Gottheit die Übertretung gemäß dem ausgesprochenen Fluch ahnde. Schließlich regeln die Verträge das Verhältnis zwischen Königen und Staaten und haben infolgedessen einen anderen Inhalt, während »ein Vertrag zwischen einem Gott und seinem Volk außerhalb des AT bis jetzt nicht nachgewiesen ist« (*F.Nötscher*, 193).

Dieser Tatbestand ist noch in anderer Hinsicht wichtig. Nach Ri 8,33; 9,4 wurde in Sichem ein *Baal Berit* »Herr des Bundes« (als Schutzgott oder Garant eines Bündnisses?) verehrt. Während der Text erzählt, daß Israel zu der Gottheit abfiel, hat man umgekehrt vermutet, daß Israel von der sichemitischen Bevölkerung den Brauch übernahm, einen Bund zu schließen – vielleicht sogar in Form der Verträge. Einerseits ist aber die Tradition über den Namen dieses Gottes uneinheitlich: Er heißt auch El Berit (Ri 9,46), obwohl El und Baal verschiedene Gottheiten sind (u.§ 10). Andererseits paßt die Bindung von Gott und Mensch durch einen Bund nicht recht zu dem, was sonst von der altorientalischen, speziell der kanaanäischen Religion bekannt ist, wie ja auch das Wort »Bund« im westsemitischen Bereich in solchem Zusammenhang nicht belegt ist. So bleibt es höchst fraglich, ob Israel den Gedanken, daß Gott Menschen einen Bund gewährt, von den Kanaanäern oder allgemein dem alten Orient entlehnt hat.

Jedenfalls läßt sich die früheste alttestamentliche Überlieferung vom Sinaigeschehen aus der Form der Staatsverträge nicht erklären. Die charakteristische Gliederung entsteht erst durch nachträgliche Komposition ursprünglich eigenständiger Stücke (so in der Sinaiperikope Ex 19–24 wie im Deuteronomium) oder auch sekundäre Überarbeitung (Jos 24). Der Einfluß des Vertragsstils auf alttestamentliche Bundesformen hat, wenn überhaupt, demnach erst in späterer Zeit stattgefunden. Israel hat vielleicht während der Abhängigkeit vom *assyrischen* Großreich ähnliche Staatsverträge abgeschlossen. In dieser Epoche könnte das Gottesverhältnis von dem Vertragsdenken her gedeutet und damit in gewissem Sinne rechtlich verstanden worden sein. So wären wenigstens vorhandene Berührungen, besonders in den Fluchsprüchen (Dtn 28 u.a.), zu erklären. Anscheinend brachte der Ausgang der Königszeit mit dem Deuteronomium einen Umbruch im theologischen Denken Israels.

Exkurs 5
»Bund«

1. Das Wort »Bund« gibt den entsprechenden alttestamentlichen Begriff *b^erit* nur unvollkommen wieder. Er meint nämlich meist kein Abkommen gleichberechtigter Partner, die sich gegenseitig bestimmte Rechte und Pflichten einräumen, auch nie ein Testament als letztwillige Verfügung, sondern eine feste, feierliche Zusage, ein Versprechen oder eine Verpflichtung (*A.Jepsen, E.Kutsch*). So ist »Bund« dem Eid vergleichbar (Ps 89,4; 105,9; Jos 9,15; vgl. Gen 21,27.31f; 26,28; Ez 17,18f u.a.).

Nach einem urtümlich wirkenden, auch im alten Orient bezeugten Ritus können beim Bundesschluß Tiere zerteilt werden, und vielleicht darum sagt das Alte Testament: einen Bund »schneiden« im Sinne von »schließen«. (Allerdings ist die

Grundbedeutung stark umstritten; nach *E.Kutsch*: »eine Verpflichtung festsetzen«.) Wer den Bund gewährt, geht durch die Tierhälften hindurch (Gen 15,9f.17; Jer 34,18) und nimmt damit wohl eine Selbstverfluchung auf sich: Falls er nicht seinem Wort gemäß handelt, soll er das Schicksal der Tiere erleiden. So wird die Gewißheit oder Unwiderruflichkeit symbolisch ausgedrückt.

2. Insgesamt lassen sich, schematisch geurteilt, *drei* Arten der Beziehungen zwischen den Partnern unterscheiden:

Bund ist zunächst eine *Zusage*, die der Stärkere dem Schwächeren, der Höhere dem Unterlegenen macht (*Selbst*verpflichtung). Josua gibt den sich als »Knechte« unterwerfenden Gibeoniten die Garantie, sie am Leben zu lassen, und schließt so mit ihnen Frieden (Jos 9,6–15; vgl. dagegen 1 Sam 11,1f). Der Bund wird durch ein Mahl bekräftigt (Jos 9,14; vgl. Gen 31,46.54; 26,30) und hat Nachwirkungen über Jahrhunderte hinweg (2 Sam 21,1ff). Auch die Übereinkunft, die Sklaven freizulassen, ist eine Verpflichtung, die König und Volk übernehmen, aber brechen (Jer 34,8ff; vgl. Hos 10,4). Schließlich wird David, nachdem er König über Juda wurde (2 Sam 2,4), durch einen Bund »vor Jahwe« (vgl. 2 Kön 23,3) auch König über Israel; d.h., er gab vielleicht den Ältesten Israels das Versprechen, für Wohlstand und Frieden zu sorgen, und wurde daraufhin zum König gesalbt (2 Sam 5,3). Der Antrag wird mit der bereits bestehenden Gemeinschaft oder Verwandtschaft begründet (vgl. 5,1 mit Gen 2,23).

Daneben besteht die Möglichkeit, daß der Mächtigere dem Unterlegenen eine Verpflichtung auferlegt (Verpflichtung eines *anderen*). So muß der Jerusalemer König als Vasall dem Babylonier Nebukadnezzar den Treueid leisten (Ez 17,12ff; vgl. 1 Kön 20,34 u.a.).

Endlich kann ein Bund als zweiseitiger Vertrag unter gleichberechtigten Partnern, d.h. als *gegenseitige* Verpflichtung, geschlossen werden (so zwischen den Königen Hiram von Tyrus und Salomo: 1 Kön 5,26; vgl. 15,19; Gen 21,27.32; 26,28.31; 31,44 u.a.).

Hos 2,20 scheint eine weitere Art des Bundesschlusses, nämlich die Vermittlung durch einen Dritten, zu kennen: Gott nötigt die Tiere zu einem friedlichen Verhalten gegenüber Israel.

3. Im Verhältnis zwischen Gott und Mensch scheidet das dritte Verständnis aus; der Bund ist kein Vertrag, d.h. keine Vereinbarung von Gleichgestellten. Gottes Bund mit Israel ist vielmehr ein Versprechen, das Gott gibt (vgl. Gen 15,9ff u.a.), oder/und eine Verpflichtung, die Gott den Menschen auferlegt bzw. die sie – in seiner Gemeinschaft und damit in seinem Schutz stehend – übernehmen (vgl. Ex 19,5; 24,7; Jos 24,25; 2 Kön 23,3 u.a.). In beiden Fällen schließt Gott selbst den Bund und begründet so das Verhältnis (vgl. Gen 17,2.10.13f; Ex 34,10.27 u.a.; Ausnahmen: 2 Chr 29,10; 2 Kön 11,17; vgl. 23,3 u.a.).

Stark umstritten ist, ob der Begriff »Bund« Israel schon früh (Ex

34,10.27; 24,7f; vgl. Ri 8,33; 9,4.46; Gen 15,8f.17f; wohl im Sinne von »Vertrag«: Hos 6,7; 10,4; 12,2; Zusatz: 8,1b) oder erst seit späterer Zeit geläufig ist. Wahrscheinlich stellt er nur die nachträgliche Deutung eines bereits vorgegebenen Gott-Volk-Verhältnisses dar; die »Sache« ist also erheblich älter als der Begriff, längst fest bezeugt, bevor sie in ihm konzentriert wird. Er begegnet nämlich – von der Abrahamüberlieferung, der Sinaiperikope und den Davidverheißungen abgesehen – vorwiegend im Deuteronomium und deuteronomistischen Geschichtswerk sowie in der Priesterschrift. Beispielsweise aktualisiert das Deuteronomium (5,2f) den Dekalog als Satzung eines Bundes, den Gott mit der gegenwärtig lebenden, nicht der vergangenen Generation abgeschlossen hat; diese Deutung kennt die Sinaiperikope selbst nicht. Sie verbindet nur höchst indirekt Dekalog (Ex 20) und Bund (Ex 19; 24; 34). So liegt die Vermutung nahe, daß der Bundesbegriff nachträglich in die ältere Überlieferung eingedrungen und damit nur eine mögliche Bezeichnung der Gottesbeziehung unter anderen ist. Nur unter dieser Voraussetzung wird auch recht verständlich, daß Propheten wie Amos, Jesaja oder Micha (weniger gewiß Hosea) nicht auf den Bund zurückgreifen.

Schon *L.Köhler* (ThR 7, 1935, 272f) hält *W.Eichrodt,* der seine »Theologie des Alten Testaments« vom Bundesbegriff her aufbaut, entgegen: »Der Begriff des Bundes hat bei den Propheten keine grundlegende Bedeutung. Amos kennt das Wort überhaupt nicht (1,9 redet von der Beziehung zwischen Tyrern und Edomitern); Hosea weiß an zwei Stellen davon (6,7; 8,1), macht aber nichts Entscheidendes daraus; Jesaja weiß nichts von einem Bund zwischen Gott und Israel; Micha hat das Wort überhaupt nicht. Es würde aber, hätten diese Propheten Eichrodts Theologie gelesen, immer wieder ertönen und anklingen ... Wie kann er immer wieder von Jahve als von einem Bundesgotte reden, wo doch auch nicht eine einzige Benennung Jahves den Bund in Erinnerung ruft, sondern alle bräuchlichen und gar die häufigen Gottesnamen ihren Inhalt von außerhalb der Bundesvorstellung her bezogen haben?«

4. Die beiden Grundmöglichkeiten des »Bundes«, Versprechen und Verpflichtung, brauchen sich nicht gegenseitig auszuschließen. So umschreibt Mal 2,5 die Berufung Levis eindrücklich als Gabe und Aufgabe:

»Mein Bund mit ihm bestand darin:
das Leben und das Heil, wie ich es ihm gab,
die Ehrfurcht, wie er sie mir erwies.«

Bei verschiedenen Traditionen scheint der Forderungscharakter im Laufe der Zeit sogar stärker hervorzutreten:

Der Bund mit *Abraham* (Gen 15,9–18; 17 P; vgl. Ex 2,24; 6,4f; Lev 26,42; Dtn 4,31; Ps 105,9 u.a.), die Verheißung von Nachkommenschaft und Land, ist zunächst Gottes Zusage, kann aber eine menschliche Verpflichtung zur Folge haben (Gen 17,9ff).

Gott verheißt durch den Propheten der *Daviddynastie* ewiges Bestehen (2 Sam 7, bes. V 11f.16). Dieses Verhältnis zwischen Gott und David wird später mit dem Bundesbegriff gedeutet (2 Sam 23,5; Ps 89,4f.29f; vgl. Jes 55,3; Jer 33,21; 2 Chr 13,5; 21,7) und von einer Verpflichtung des Königs abhängig gemacht (Ps 132,12; 89,31–34; 1 Kön 2,4; 8,25 u.a.; Jes 7,9).

Auch die von Gott am *Sinai* gewährte Gemeinschaft (Ex 24,9–11) erscheint immer stärker als Verpflichtung, die der Mensch übernimmt (24,3–8; 34,10ff; Zuwachs der Gesetzessammlungen). So kann »Bund« den Sinn von Weisung annehmen (vgl. 2 Kön 22,8.11 mit 23,2f; 17,15; Ps 78,10 u.a.), und der Mensch erhält die Aufgabe, den Bund, d.h. die Gebote, zu bewahren (Ex 19,5; Dtn 4,13; Jer 11,3f u.a.).

5. Das *Deuteronomium* und seine Nachfolger verbinden den »Bund« eng mit dem Dekalog (Dtn 4,13; 5,2f); entsprechend heißen die Gesetzestafeln »Tafeln des Bundes« (9,9ff) und ihr Aufbewahrungsort, die Lade, »Lade des Bundes« (10,8; 31,25f; Jos 3,3.6 u.a.). Der Bund wird insbesondere vom Hauptgebot des Dekalogs, der Ausschließlichkeitsforderung, her gedeutet, so daß die Übertretung des ersten – und zweiten – Gebots als der eigentliche Bundesbruch gilt (Dtn 4,23; 17,2f; 29,8ff; 31,16.20; Jos 23,16; Ri 2,19f; 2 Kön 17,15.35ff u.a.).

J.Wellhausen führte für die *Priesterschrift* den Namen »Vierbundesbuch« (Q = liber quattuor foederum) ein. Tatsächlich gliedert sie den Geschichtsverlauf in vier Perioden (mit jeweils einer Kulthandlung): Schöpfung (Gen 1,1–2,4a: Gottes Ruhe am siebten Tag), Noach (Gen 9: Verbot von Blutgenuß und Totschlag), Abraham (Gen 17: Beschneidung) und Sinai (Ex 16: Sabbathaltung; Ex 25ff: Kultgebote). Doch sind Schöpfung und – als Kritik an der Tradition (Ex 24,3–8; 34,10ff)? – Sinaioffenbarung (24,15ff; 40,33f) nicht als »Bund« dargestellt; diesen Begriff behält die Priesterschrift vielmehr den göttlichen Verheißungen an Noach, so an die Menschheit (Gen 9 gegenüber 8,21f J; vgl. Jes 54,9f), und an Abraham vor. Gewiß ist der Abrahambund zunächst Gottes Zusage, Verheißung der Mehrung und der Landgabe mit dem Ziel: »Ich will ihr Gott sein« (Gen 17,2–8), doch kein reiner Gnadenbund (*W.Zimmerli*); denn die Verheißung wird eröffnet:

»Ich bin El Schaddai. Wandle vor mir und sei vollkommen (ganz)« (17,1; vgl. 6,9; Dtn 18,13; o.Exk. 3,3; § 6b).

Diese Verknüpfung von göttlicher Ichrede und Forderung, von Zuspruch und Anspruch, erinnert an den Dekalog, und in der Mahnung zu rechtem Wandel vor Gott verbirgt sich das erste Gebot in anderer Gestalt. Demnach weist ihm auch die Priesterschrift, die keinen Dekalog enthält, einen hervorragenden Platz zu. Gott offenbart sich Abraham als El Schaddai, noch nicht als Jahwe (Ex 6,2), die Gottesbeziehung ist aber bereits durch Ausschließlichkeit gekennzeichnet.

Die Gottesrede (Gen 17), die ältere Verheißungen zusammenfaßt, legt – theologisch – den Grund für die späteren Geschehnisse und wird in der an Mose als Mittler ergehenden Heilszusage (Ex 6,2ff nach 1,13f; 2,23aβ–25) aufgenommen. Die Antwort der Angeredeten entspricht prophetischer Erfahrung (Jes 30,9.15 u.a.) mit Israel (Ex 6,9.12): »Sie hörten nicht.« Trotzdem findet sich das Volk, wie etwa der Prophet Jeremia (1,5) vor seiner Geburt berufen ist, in der längst von Gott erklärten Gemeinschaft (Gen 17,6f) vor.

Die sog. *Bundesformel* (Dtn 26,17f; Lev 26,12, Jer 31,33 u.a.) beschreibt ein durch Gott gesetztes zweiseitiges Verhältnis: »ihr mein Volk – ich euer Gott«. Es wird nach der Priesterschrift durch Gottes Erklärung, das Volk »anzunehmen«, in einem einseitigen Akt Gottes gestiftet und festgemacht (Ex 6,7; vgl. Gen 17,8).

6. Ergeht die priesterschriftliche Zusage eines »*ewigen* Bundes« (Gen 17,7.13; vgl. Ex 31,16; Lev 26,40ff) schon als Antwort auf die Kritik der *Propheten,* daß Gott die Gemeinschaft mit seinem Volk aufkündigt (Hos 1,9; Jer 16,5 u.a.)? Jedenfalls erwächst aus der prophetischen Zukunftserwartung die Verheißung eines »*neuen* Bundes«, dem Dauer zukommen soll:

»Siehe, Tage kommen – ist der Spruch Jahwes –,
da schließe ich mit dem Haus Israel (und dem Haus Juda) einen neuen Bund, nicht wie der Bund war, den ich mit ihren Vätern zu der Zeit schloß, als ich sie bei der Hand nahm, um sie aus dem Land Ägypten herauszuführen, weil sie meinen Bund brachen und ich mich an ihnen als Herr erweisen mußte ...,
sondern dies soll der Bund sein, den ich nach jenen Tagen mit dem Haus Israel schließe ...:
Ich lege meine Weisung in ihr Inneres und schreibe sie in ihr Herz, und ich werde ihr Gott sein, und sie sollen mein Volk sein. Sie werden sich nicht mehr gegenseitig belehren: Erkennet Jahwe! Vielmehr werden sie alle mich erkennen, vom Kleinsten bis zum Größten ...;
denn ich werde ihre Schuld vergeben und ihrer Sünde nicht mehr gedenken.«
(Jer 31,31–34; vgl. 32,39f; Ez 34,25; 37,26; Jes 55,3; 61,8; auch 42,6 u.a.; dazu § 14b,10)

Auf die überschriftartige Zusammenfassung mit der Ankündigung göttlichen Handelns (V 31) folgen eine negative Entfaltung (V 32 mit zweiteiligem Rückblick: Gottes Fürsorge, menschlicher Ungehorsam) und eine positive Entfaltung (V 33) mit der Auswirkung oder Folge der Tat Gottes (V 34a). Der Abschluß (V 34b) nennt Voraussetzung und Begründung des ganzen.

Die Weissagung stammt in ihrem Wortlaut kaum von Jeremia, atmet aber durch und durch prophetischen Geist. Schließt sie in ihrem heilvollen Teil nicht an die Verheißung der Gnade Gottes für das Nordreich (Jer 3,12; vgl. 31,3) an? Und setzt der kritische Teil nicht Jeremias Einsicht voraus, daß die Priester Gottes Wort verdarben (2,8; 8,7), ja die Sünde unauslöschbar tief in des Menschen Herz eingegraben ist (17,1.9; vgl. 2,22; 13,23 u.a.)? Zumindest ist das Wort ohne die radikale Anklage und Gerichtsansage der Propheten undenkbar; es zeigt einen Weg des

Heils, das Gott ohne Vorbedingung der Buße schenkt. Die alte, mit der Führung aus Ägypten begonnene Gottesgemeinschaft ist aufgehoben, und jenseits des Gerichts, in dem sich Gott »als Herr erweisen mußte«, wird eine »neue« Gottesgemeinschaft erwartet, die menschliche Erfahrungen überbietet. Gemeint ist nicht nur eine »Erneuerung« (vgl. vom Königtum 1 Sam 11,14), sondern – analog zur Verheißung eines »neuen Herzens« (Ez 36,26; vgl. Jes 43,18f u.a.) – eine neue Setzung.

Gewiß wird der neue Bund demselben Adressaten gewährt und beruht auf demselben (ersten) Gebot wie der alte, das Gottesverhältnis selbst hat sich aber gewandelt. Es ist nicht mehr durch Tradition übernommen, durch andere Personen, wie die Eltern oder Priester, vermittelt, sondern ins menschliche Herz eingeschrieben. So gibt es kein unsicheres Fragen nach Gott, nach Gehorsam bzw. Ungehorsam mehr, und eine Gesetzesbelehrung bzw. -erklärung (vgl. Hag 2,10ff) ist unnötig geworden. Ja, mehr als das: Das Gebot ergeht nicht mehr als Forderung von außen; denn Gottes und des Menschen Wille stimmen überein, die Unterscheidung von Heteronomie und Autonomie ist geschwunden. Weil man aus eigener Einsicht, freiwillig und gerne das Rechte tut, ist eine Übertretung oder eine Halbheit im Verhalten (vgl. Jes 29,13), kurz ein wiederholter Bundesbruch, von vornherein unwahrscheinlich oder gar ausgeschlossen. Sollte es trotzdem zu Ungehorsam kommen, so bleibt dieser Bund bestehen; denn die Vergebung ist mehr als nur einmaliger Anfang, nämlich ständig tragender Grund der neuen, endgültigen Gemeinschaft mit Gott. Zwar reicht sie nicht universal über Israel hinaus, der Bund wird aber ohne Unterschied der Person geschlossen, mit »klein und groß« (vgl. Joel 3,1f; o.Exk. 4,2).

Exkurs 6
»Erwählung«

Wie der »Bund« stellt auch die »Erwählung« nur eine Möglichkeit dar, die Zusammengehörigkeit von Gott und Volk zu denken – allerdings eine Möglichkeit, die hervorhebt, daß Gottes Tun allem menschlichen Handeln zuvorkommt (vgl. Jer 1,5; Jes 49,1; Ps 139,16). Doch meint Erwählung im Alten Testament keinen vorzeitlichen Ratschluß, sondern eine geschichtliche Tat, darum auch keinen unveränderlichen Zustand des »Erwähltseins«; Gott behält die Freiheit, die Erwählung zurückzunehmen (vom Volk 2 Kön 17,20; 21,14; vom Zion 23,27; vgl. Jer 6,30 u.a.). So kann der Mensch sie nicht gewinnen, aber verlieren.

In der Alltagssprache meint »(er)wählen« (*bachar*) »sich aussuchen, vorziehen« oder gar »begehren« (Gen 6,2). Ein Kind lernt, »Böses (das Lebensbedrohende) zu verwerfen und Gutes (das Hilfreiche) zu wählen« (Jes 7,15). Gewiß kann der

Mensch Gottes Weg (Ps 25,12) bzw. das Leben (Dtn 30,19), aber auch fremde Kulte (Jes 1,29; 65,12; 66,3f) oder Götter (Ri 10,14) »wählen«; jedoch nur einmal bezeichnet das Wort die Entscheidung für Gott: »Wählt euch heute, wem ihr dienen wollt!« (Jos 24,15.22)

Israel wußte sich längst als von seinem Gott errettet und berufen, bevor es diese Beziehung als Gottes »Erwählen« verstand. In der älteren Fassung der Überlieferungen von den Vätern (vgl. Neh 9,5), vom Auszug und Sinai findet sich das Verbum noch nicht, wird vielmehr erst in der deuteronomisch-deuteronomistischen Literatur, bei Deuterojesaja und im Psalter geläufig. So ist die Sache älter als das Wort. Etwa das Amoswort bezeugt:

»Nur euch habe ich erkannt
aus allen Sippen der Erde.«
(Am 3,2; vgl. Gen 12,3; auch § 8,1 zu Dtn 32,8f)

In Übereinstimmung mit altorientalischen Anschauungen sprechen die frühesten Belege des Alten Testaments vom »Erwählen« des *Königs* (1 Sam 10,24; 16,8ff; 2 Sam 6,21; 16,18; vgl. Ps 89,4ff), und dieser Sprachgebrauch hält sich über lange Zeit (Dtn 17,15; Hag 2,23; 1 Chr 28,4f).

Wie hier Aussonderung und Beauftragung eins sind, so gilt in jüngeren Texten auch die Amtseinsetzung der Priester (Num 16,5.7; 1 Sam 2,28) oder Leviten (Dtn 18,5 u.a.) als Erwählung. Doch wird die Berufung der Propheten nie als »erwählen« bezeichnet (nur des Gottesknechts Jes 42,1). Haben sie kein Amt im strengen Sinne inne, oder erfolgt ihre Berufung unvorhersehbar?

Das Deuteronomium begründet und deutet den Kult neu von der Erwählung her. Feierte Israel seine Feste in älterer Zeit an verschiedenen Ortsheiligtümern, so erhebt das Deuteronomium den einen »*Ort*, den Jahwe erwählt« (12,5.11ff; 14,23ff; 16,2.6ff u.a.), zur einzigen Stätte gottesdienstlichen Lebens in Israel.

Durch die Reform des Königs Josia/Joschija (622 v.Chr.) wird Jerusalem zu dem einen »erwählten« Ort (1 Kön 8,16.44.48 u.ö.). Wohl erst auf Grund dieses tiefgreifenden geschichtlichen Ereignisses, d.h. im Gefolge des Deuteronomiums, sprechen Ps 78,68ff und 132,10ff (1 Kön 8,16) von der Erwählung des Königs und des Zion, verstehen Königtum und Tempel aus demselben theologischen Grundgedanken.

Vor allem wird mit dem Wort »erwählen« das Verhältnis Gottes zu *Israel* neu bedacht. Wiederum das Deuteronomium enthält den »locus classicus« der Erwählungstheologie (*Th.C.Vriezen*), indem es die Vorzugsstellung Israels gegenüber den Völkern jeder vorfindlich-ausweisbaren Begründung entzieht und allein auf Gottes Liebe beruhen läßt:

»Ein heiliges Volk bist du für Jahwe, deinen Gott.
Dich hat Jahwe, dein Gott, erwählt,
sein Eigentumsvolk zu sein
aus allen Völkern, die auf Erden sind.«

Diese Zusage (vgl. Ps 33,12; 135,4) wird, von der 2. Person Singular in den Plural übergehend, erläutert:

»Nicht weil ihr zahlreicher wäret als alle Völker,
hat sich Jahwe euch zugewandt,
denn ihr seid das geringste unter allen Völkern,
sondern weil Jahwe euch liebte . . .« (Dtn 7,6–8)

Damit wird das Verhältnis zwischen Israel und den anderen in radikaler Schärfe erfaßt: Erwählung erlaubt keine Berufung auf eigene »Gerechtigkeit« (9,4f; vgl. Dan 9,18), schließt aber – wegen der Ausschließlichkeit der Beziehung – Verpflichtung ein (Dtn 14,1f u.a.).

Israel hat als »das kleinste unter allen Völkern« (7,7) nichts vorzuweisen, ist von sich aus nicht würdig. Diese Einsicht hat in den Erzählungen von der Erwählung des Geringen, sei es Gideons (Ri 6,15), Sauls (1 Sam 9,21; 15,17) oder Davids (16,1–13), Sachparallelen (vgl. auch Mi 5,1; Jes 60,22).

Wahrscheinlich wirkt in der Theologie des Deuteronomiums bereits prophetische Verkündigung nach, die sich mit dem »Volksglauben« an Israels Sonderstellung kritisch auseinandersetzen mußte (Am 3,2; 9,7; Mi 3,5.11; Jer 5,12; vgl. Jes 63,16).

Jeremia droht Israel die Aufhebung der Erwählung an: »Nennt sie verworfenes Silber; denn Jahwe hat sie verworfen!« (6,30; 7,29; 12,7f; 14,19ff; vgl. Dtn 8,19f; Klgl 3,45 u.a.). In zeitlicher Nähe zum Exil scheinen Erwählung und Verwerfung als gleich mögliche Handlungen Gottes vor Augen gewesen zu sein. Kommt dann die Freiheit Gottes gegenüber seinem Volk zur Geltung, so hält das Alte Testament bald wieder an der Übermacht göttlicher Zuneigung gegenüber allem zweifelhaften Handeln des Menschen fest. Gott wird gebeten, sein Volk nicht zu verwerfen (Dtn 9,25ff; 1 Kön 8,57; vgl. Klgl 5,22), oder es wird gar Israels – endgültige – Verwerfung geleugnet (Lev 26,44; 1 Sam 12,22; Jer 31; 37; Ps 94,14 u.a.).

Vor allem tröstet der Exilsprophet Deuterojesaja die Verbannten, die sich von Gott verlassen meinen (Jes 49,14), mit der Erwählung (41,8f; 44,1f u.a.) und hält fest: Trotz vollzogenem Gericht besteht Israels Erwählung weiter. Als Grund zur Hoffnung ist sie wieder zugleich Verpflichtung: Israel soll vor den Völkern als »Zeuge« für die Einzigartigkeit Gottes auftreten (43,10.12; 44,8; 55,5; vgl. § 17).

§ 9 Heiligtümer, Feste und Opfer

Dieser Abschnitt greift in besonderem Maße über die »Frühzeit« hinaus und über die verschiedenen Epochen hinweg, um die kultischen Phänomene (vgl. § 16) an einem Ort gemeinsam zu besprechen.

a) Die Heiligtümer

Israel sammelte sich in seiner Frühzeit um verschiedene Heiligtümer. Hier und da haben vielleicht einige Gruppen oder Stämme zunächst noch ihren eigenen Kult gepflegt, bis sich die gemeinsame Jahweverehrung überall durchsetzte und fremde Traditionen zurückdrängte. Jedenfalls scheint die Einheit ganz Israels im Glauben nicht vorwiegend oder gar ausschließlich an einer einzigen Stelle zum Ausdruck gekommen zu sein. Wie am heiligen Krieg nur die Nachbarn beteiligt waren, so erfaßten auch die Heiligtümer nicht die Stämme insgesamt, sondern die Anwohner der näheren und ferneren Umgebung. Verschiedene Stätten hatten unterschiedlich große Bedeutung, und die Verhältnisse werden jeweils anders gewesen sein. Weder das Zelt oder die Lade noch die Ortsheiligtümer gewährten Gesamtisrael die Gegenwart Gottes.

1. Das »*Zelt der Begegnung*« war, wie schon der Name verrät, die Kultstätte von Zeltbewohnern. Tatsächlich ist es nur in der Wüstenzeit eindeutig bezeugt, und ähnliche Zeltheiligtümer haben nomadische Stämme auch sonst gekannt. Nach der älteren Überlieferung befand es sich außerhalb des Lagers, als heiliger Raum vom allgemeinen Wohnbereich getrennt (Ex 33,7–11; Num 11,16f.24ff; 12,4f.10; Dtn 31,14f); nach jüngeren Vorstellungen wurde es zum Mittelpunkt, um den sich das Lager ordnete (Num 2,2.17). Schon früh scheint das Zelt verschollen zu sein; die späteren Nachrichten über seinen Aufenthalt in Schilo (Jos 18,1; 1 Sam 2,22 u.a.) oder Gibeon (1 Chr 16,39 u.a.) sind weniger vertrauenswürdig. Ist das Zelt, das David in Jerusalem mit einem Altar für die Lade neu aufschlagen ließ (2 Sam 6,17; 7,2; 1 Kön 1,39; 2,28ff; vgl. 8,4), noch die alte Stätte, an der Gott »begegnete«?

An dem Wanderheiligtum konnte jedermann, nicht nur der Priester, Gott befragen (Ex 33,7); es war also anscheinend Orakelstätte und Erscheinungsort zugleich. Diese Begegnung mit Gott wurde ganz ereignishaft verstanden: Er »wohnt« nicht ständig im Zelt wie in den Kulturlandheiligtümern, sondern kommt dorthin, wenn man es aufsucht. – Da es an alten Stellen nie zusammen mit der Lade genannt wird, existieren beide ursprünglich (vgl. aber 2 Sam 7,2) unabhängig voneinander. Erst die späte Priesterschrift macht mit der »*Stiftshütte*« das Zelt zur Behausung für die Lade, indem sie größtenteils Verhältnisse aus Jerusalem in die Wüstenzeit überträgt; der Tempel mit dem Allerheiligsten wird gleichsam in einen zerlegbaren Zelt-Holz-Mischbau verwandelt (Ex 25ff). So sind Überlieferungen von Zelt, Lade und Tempel, damit Nomaden- und Kulturlandgut, miteinander verschmolzen: Gott will im Heiligtum »wohnen« (Ex 25,8; 29,45 wie im Tempel 1 Kön 8,12) und dort »erscheinen« (Num 14,10), er »begegnet« – wie im Zelt – »über« der Lade (Ex 25,22; 29,42f).

2. Herkunft, Alter und Bedeutung der *Lade* sind – noch immer – umstritten. Man hat sogar vermutet, daß es verschiedene Laden gab, doch reichen für diese Hypothese die alttestamentlichen Quellen nicht aus. Entweder geht die Lade wie das Zelt in die Wüstenzeit zurück und bildet das Heiligtum einer anderen nicht seßhaften Gruppe, oder die Heimat der Lade ist erst im Kulturland zu suchen. Beide Annahmen lassen sich durch gewisse Parallelen stützen. Einerseits sind aus weit späterer Zeit Beduinenheiligtümer zur Kriegführung und Orakeleinholung bekannt, die aber nicht von Menschen, sondern von Kamelen getragen oder auf Wagen gefahren werden; auch ihre Form und Bedeutung deckt sich nicht mit der Lade. Andererseits gibt es im Kulturland zwar ähnliche Gottesthrone oder Prozessionsheiligtümer, aber sie erlauben ebenfalls keinen in jeder Hinsicht zutreffenden Vergleich. So läßt sich schwer eindeutig entscheiden, ob die Lade ein Wanderheiligtum war oder gar, was weniger wahrscheinlich ist, erst von den Kanaanäern übernommen wurde. Sie trägt von beiden Bereichen etwas in sich, und das spricht dafür, daß ein ursprünglich nomadisches Verständnis durch Kulturlandvorstellungen überdeckt wurde.

Im einzigen Zeugnis des Pentateuchs (Num 10,33ff) erscheint die Lade als nomadisches Kriegspalladium. Gott ist auf ihr – wohl »sitzend« – gegenwärtig und greift in den Kampf ein. Darum reden die sog. Ladesprüche Gott an:
»Stehe auf (oder: Mache dich auf; vgl. Ps 132,8; auch 68,2),
Jahwe, daß deine Feinde zerstieben
und die dich hassen, vor dir fliehen!«
»Kehre wieder (oder: Lasse dich nieder?), Jahwe,
'bei' der Vielzahl der Tausende Israels!«

Doch erwähnen diese Sprüche die Lade selbst nicht, so daß man zweifeln kann, ob beides seit je zusammengehört; außerdem ordnen sie sich nicht fugenlos in den vorliegenden Erzählrahmen ein. Die Einleitung redet nicht vom Aufbruch gegen Feinde, sondern nur vom Abmarsch beim Lagerwechsel. Ursprünglich kann die Lade auch kaum – wie etwa die Wolken- und Feuersäule – als schützender Führer verstanden worden sein, der die wandernde Schar auf ihrem Weg leitet und die Lagerplätze erkundet, weil sie ja selbst von Menschen oder Tieren getragen werden muß, um den Weg zu weisen (vgl. allerdings 1 Sam 6,7ff).

Im Kulturland ist die Lade an mehreren Orten bezeugt, doch ist der Quellenwert der Angaben verschieden. Erst späte Texte, die alte Überlieferungen ausgleichen, erwähnen die Lade in Sichem (Jos 8,30) und Bet-El (Ri 20,27f). In Jericho befand sie sich nur kurzzeitig auf dem Durchzug (Jos 3ff). Daher bleibt die Annahme einer regelmäßigen Ladewanderung von einem festen Standort zum anderen eine Vermutung ohne sicheren historischen Anhalt. Wurde die Lade in Jerusalem als Prozessionsheiligtum benutzt (Ps 24,7ff; 48,13f; 132; u.§ 11a,6; 13,3)?

Wirklich zuverlässig ist die Nachricht vom Aufenthalt der Lade im Tempel zu Schilo (im 11.Jh.; 1 Sam 3,3ff). So läßt sich die Geschichte der Lade, strenggenommen, nur ein kurzes Stück von dort bis Jerusalem verfolgen. Da Schilo im Gebiet Ephraims lag, war die Lade vielleicht ein Sonderheiligtum gerade dieses Stammes oder allgemeiner der Rahelstämme, d.h. des »Hauses Joseph« oder auch Benjamins. Ausführlich berichtet die sog. »Ladeerzählung« (1 Sam 4–6; 2 Sam 6) vom Verlust der »Lade Gottes« an die Philister und ihre Rückkehr. David holte sie – eigentlich ohne Rechtsbefugnis – nach dem Winkeldasein, das sie nach dem verlorenen Krieg führte (1 Sam 7,1f), feierlich nach Jerusalem ein (2 Sam 6; vgl. Ps 132) und stellte so Kontinuität zwischen der alten Zeit und der neuen Hauptstadt her. Er verband Überlieferungen von Schilo aus dem Nordreich mit Jerusalem, begründete und legitimierte damit diese Stadt als kultischen Mittelpunkt. Wurde erst durch diese Tat die Lade zum Symbol der Gottesgegenwart für Gesamtisrael? Schließlich ließ Salomo die Lade in das Allerheiligste des Tempels bringen und entzog sie damit der Allgemeinheit (1 Kön 6,23–28; 8; u.§ 13,3). Dort ist sie vielleicht bei der Zerstörung des Tempels durch die Babylonier (587/6 v.Chr.) verbrannt, jedenfalls verschollen.

Im Laufe dieser wechselhaften Geschichte hat die Lade ganz verschiedene Bedeutungen gehabt. Im Kampf gegen die Philister holte man das Symbol der Gegenwart Gottes als letzte Hilfe, ihre Macht konnte eine zweite Niederlage aber nicht verhindern. Auch wurde sie gelegentlich im *Krieg* mitgeführt (vgl. Num 14,44; Jos 3f; 6; 1 Sam 4; 2 Sam 11,11; 15,24ff), wenn auch nicht regelmäßig; denn bei den »Jahwekriegen« wird sie meist nicht erwähnt. Wie ist die Gegenwart Gottes aber gedacht? Nach dem Titel »der Kerubenthroner«, den der Gott der Lade trägt, scheint die Lade als Thron des unsichtbaren Gottes (vgl. Ps 24,7–10?; Jer 3,16f), vielleicht als Thronschemel (Ps 99,5; 132,7f; 1 Chr 28,2; Klgl 2,1; Ez 43,7; Jes 66,1) oder auch als Untersatz des Thrones (*M.Metzger*) gegolten zu haben. Diese Vorstellung eines leeren Gottesthrones gehört nicht in die Wüste, sondern ins Kulturland.

Der Titel »*der Kerubenthroner*« ist höchstwahrscheinlich erst im Laufe der Geschichte mit der Lade zusammengewachsen; denn die Lade trägt erst nach späten Nachrichten (Ex 25,18ff P) auf der Deckplatte zwei Keruben. Die Belege für den Gottesnamen entstammen meist Jerusalemer Kultterminologie (Ps 99,1; 2 Kön 19,15 u.a.). So liegt es nahe, ihn mit dem riesigen Kerubenpaar (1 Kön 6,23ff; vgl. Ez 41,18ff) zu verbinden, das mit ausgebreiteten Flügeln im Allerheiligsten des Jerusalemer Tempels stand und die Lade beschirmte; sie wird »unter die Flügel der Keruben« gestellt (1 Kön 8,6f; vgl. 6,27). Diese Mischwesen, die einer aufrechtstehenden Sphinx mit Menschenkopf, Tierleib und Flügeln geglichen haben werden, sind also unabhängig von der Lade und dienen wohl zu ihrem Schutz (vgl. als Wächter Gen 3,24; Ez 28,14ff). Möglicherweise sind sie auch als Thron gedacht.

Jedenfalls setzt das Gottesprädikat »der Kerubenthroner« diese Auffassung voraus: Keruben als Trägerfiguren des göttlichen Thrones oder Gottes selbst; vielleicht besteht ein ursprünglicher Zusammenhang mit dem göttlichen Königtum (u.§ 11a). Die älteren Erwähnungen des Titels in der Zeit von Schilo (1 Sam 4,4; 2 Sam 6,2) brauchen nicht unbedingt eine Rückprojektion Jerusalemer Verhältnisse in eine frühere Epoche zu sein. Freilich wissen wir von dem – wohl kanaanäisch beeinflußten – Tempel zu Schilo (1 Sam 1,9; 3,3) wenig. Ist hier schon das Attribut »der Kerubenthroner« auf den Ladegott übertragen worden? Wahrscheinlich ist es ein kanaanäisches Gottesepitheton, das Israel entweder unmittelbar übernahm oder in Anlehnung an kanaanäische Vorbilder prägte. Ganz ähnlich wurde das formal vergleichbare Prädikat des Wettergottes Baal, »der auf den Wolken (als seinem Kriegswagen) dahinfährt«, Jahwe überschrieben (Ps 68,5.34 u.a.). Einmal werden sogar die beiden verschiedenen Vorstellungen des Kerubenthroners und Wolkenfahrers in einer von fremdreligiösem Gedankengut stark bestimmten Theophanieschilderung miteinander vereinigt (Ps 18,11): »Er (Jahwe) fuhr auf dem Kerub dahin.«

Möglicherweise wurde »mit der Lade ... ein Element eingebracht, das sich im Sinne der anikonischen JHWH-Verehrung auf die Kerubenkonzeption auswirkte«, so »daß sowohl die Lade (als *bildloses* Kultobjekt) als auch die Keruben (als *leerer* Gottesthron) eine unsichtbare Gottheit voraussetzten« (*B.Janowski*, 276f). So wurde die Gegenwart des thronenden Gottes ohne Bild (o.§ 6c) bekannt.

Ähnlich verhält es sich mit dem weit häufigeren Titel »Jahwe *Zebaot*«. Er fehlt bis zum Richterbuch und taucht zuerst in Schilo auf (1 Sam 1,3.11); die Lade wird dort zweimal ausführlich und gewichtig »Lade Jahwe Zebaots, des Kerubenthroners« (1 Sam 4,4; 2 Sam 6,2) genannt. Da aber der Beiname »Zebaot« später unabhängig von der Lade auftritt (1 Sam 15,2 u.a.) und, zumal in der prophetischen Literatur, stark an den Zion gebunden ist (Jes 6,3.5; 8,18; Ps 24,9f; 46; 48; 84), entsteht erneut die Frage, ob er in Schilo aufkam und von dort nach Jerusalem wanderte oder erst im Rückblick nach Schilo übertragen wurde. Wahrscheinlich handelt es sich zunächst um einen Sondernamen, der ähnlich wie »der Kerubenthroner« an der Lade haftet und vielleicht ebenfalls kanaanäisch beeinflußt ist. Allerdings ist der fremde Ursprung weniger gewiß, außerdem hängt das Urteil von der umstrittenen Deutung des Namens »Zebaot« ab. Er enthält zweifellos eine Aussage über Jahwes Macht, so daß die Septuaginta (2 Sam 5,10 u.a.) mit gewissem Recht das Wort durch »Pantokrator« übersetzen kann. Entweder ist das Bekenntnis zu Jahwes Allmacht »abstrakt« zu fassen (»Zebaot = die Mächtigkeit«), oder der Titel bezieht sich auf die himmlischen Heerscharen (so spät: Ps 103,21; 148,2) bzw. auf Israels Heerbann (Jos 5,14; 1 Sam 17,45; 1 Kön 2,5). Im letzten Fall steht der Begriff im Zusammenhang mit dem »Jahwekrieg«, in dem ja auch die Lade hin und wieder gebraucht wurde. Wahrscheinlich klingen im Laufe der Zeit mehrere Bedeutungen an, der Sinn wechselt und ist deshalb nicht mehr fest umrissen. Überhaupt läßt die ungewöhnliche Verbreitung des Namens auf eine bewegte Geschichte schließen; er scheint in manchen Teilen des Alten Testaments aus einem nicht mehr feststellbaren Grund sogar gemieden worden zu sein.

Im Laufe der Zeit haben sich mit der Lade also verschiedene Gottesnamen verbunden, die wenigstens teilweise noch die fremde Herkunft erkennen lassen; die Vorstellung eines Gottesthrons oder Thronschemels scheint nicht ursprünglich zu sein. Die alte, allgemeine Bezeichnung »Lade« oder »Lade Gottes« läßt eher an einen *Kasten* denken, der als Behälter diente (vgl. Gen 50,26; 2 Kön 12,10f). Von irgendeinem Inhalt ist in frühen

Texten aber keine Rede. Erst das Deuteronomium (10,1–5; vgl. 1 Kön 8,9) macht in einer Zeit, in der die Lade längst ihren Sinn verloren hatte oder schon gar nicht mehr bestand, aus ihr eine Truhe für die Gesetzestafeln vom Sinai.

Die Priesterschrift nimmt für ihre »Lade des Zeugnisses« jene Deutung auf (Ex 25,10ff; 26,33f; 37,1ff), verwandelt den schlichten Kasten in einen goldüberzogenen Kultgegenstand mit »Deckplatte« und Keruben und bringt ihn im Zelt unter. Hier wird zum ersten Male die Lade beschrieben, aber nach den Vorstellungen späterer Zeit, in denen sich allerdings ältere Traditionen verbergen. Man hat vermutet, daß die Lade ursprünglich ein Gottesbild, einen Schatz, heilige Steine oder irgendwelche Dokumente in sich barg, alle diese Hypothesen finden an alten Texten aber keinen Anhalt. Wahrscheinlich war die Lade eben leer; das entspricht am ehesten einem bildlos verehrten Gott. Auch wenn sich bei der Lade ganz verschiedene Vorstellungen aus der Wüsten- und Kulturlandzeit treffen mögen und mit der Zeit wandeln, auf jeden Fall wurde die Lade in Israel als Offenbarungsstätte des Gottes verstanden, der nicht dargestellt werden darf. Selbst auf dem Heiligtum bleibt seine Gegenwart unsichtbar.

3. Urprünglich wird jede Siedlung ihr Heiligtum gehabt haben. In der späteren – schon formelhaften – Polemik gegen den Kult »auf jedem hohen Hügel und unter jedem grünen Baum« (Jer 2,20 u.a.; vgl. Hos 4,13) klingt noch nach, daß diese *Ortsheiligtümer* fremden Bräuchen offen, ja teilweise vorher schon kanaanäische Kultstätten gewesen waren. An verschiedenen Stellen sind auch die Ausgrabungen auf Tempelfundamente gestoßen, aber die meisten »Höhen« (1 Sam 9,12ff; 2 Kön 17,9f.29; 23,5.8) wiesen wohl nur einen Altar unter freiem Himmel auf. Aus den vielen örtlichen Kultstätten ragten einige hervor, ausgezeichnet durch besondere Ereignisse oder Gegebenheiten. Sie dienten als Heiligtum des ganzen Stammes oder wurden gar von den umliegenden Nachbarn besucht, weil sie vielleicht auf der Grenze zwischen den einzelnen Gebieten lagen. Ja, manche heiligen Stätten waren das Wallfahrtsziel weitab wohnender Stämme.

Hier feierte man die drei großen Feste des Jahres; denn man war »*vor Jahwe*« (Ri 20,26; 21,19ff; 1 Sam 1,3ff; vgl. Ex 23,14ff; u.§ 9b). Gewiß trug man dort auch sein persönliches Anliegen im Gebet vor Gott und erfuhr seine Gegenwart. Die Bedeutung mancher Heiligtümer ging über das »Kultische« aber weit hinaus; sie waren noch in anderem Sinne Treff- und Mittelpunkt. Hier wurde Markt abgehalten, hier sammelte sich der Heerbann der umliegenden Stämme vor dem Krieg, und hier wurde später der König vom Volk oder seinen Ältesten gewählt.

Die wichtigsten Heiligtümer der Richter- und Königszeit sind nur zum kleinen Teil mit den Orten identisch, die aus der Erzvätertradition (o.§ 3c) bekannt sind. Neben Sichem (Jos 24; o.§ 8,3), später Zentrum des Nordreichs (1 Kön 12), und

Schilo, das in einem Tempel die Lade beherbergte (1 Sam 1ff; vgl. Ri 21,19ff; Jer 7,12ff), sind zu nennen:

Der aus der Jesreelebene aufsteigende Bergkegel des *Tabor* scheint die gottesdienstliche Stätte für die angrenzenden Nachbarstämme Issachar, Sebulon und Naphtali (Jos 19,22.34; vgl. Dtn 33,19; Hos 5,1; Ps 89,13; auch Ps 68?) gewesen zu sein. Hier fand man sich unter Baraks Leitung vor der Schlacht gegen die Kanaanäer zusammen (Ri 4,6.12.14). In vorisraelitischer Zeit wird auf dem Berg der »Baal Tabor« verehrt worden sein; der Name der Gottheit ist allerdings erst später bezeugt.

In *Gilgal* im Jordangraben haben sich Erinnerungen an den Einzug ins Land erhalten (Jos 3f). Hier trafen sich später die Heerbanne der umliegenden Stämme (1 Sam 10,8; 13,4ff; 15,12.21 u.a.), hier wurde Saul zum König ausgerufen und gekrönt (11,14f), David wiederanerkannt (2 Sam 19,41ff). Nach der sog. Reichsteilung war Gilgal ein vielbesuchter Wallfahrtsort des Nordreiches; so werden die Angriffe der Propheten Amos (4,4; 5,5) und Hosea (9,15; 12,12; vgl. 4,15) verständlich. In Gilgal lebte auch Elisa im Kreise seiner Schülerschar (2 Kön 4,38; 2,1); doch bleibt fraglich, ob es sich jeweils um dieselbe Ortslage handelt.

Wenn Jerobeam *Bet-El* als Gegengründung zu Jerusalem zum Reichsheiligtum des Nordreiches erhob (1 Kön 12,29ff; Am 7,13), konnte er gewiß an die altüberlieferte Bedeutung des Ortes anknüpfen (Gen 12,8; 13,3; 28,10ff; 35,1ff; dazu o.§ 3c.e; vgl. Ri 20,26f; 21,1ff; 1 Sam 7,16; 10,3 u.a.). Hier trat Amos auf (3,14; 4,4; 5,5 u.a.) und wurde vertrieben (7,10ff). Nach 2 Kön 23,15f ließ Josia die Kultstätte verwüsten.

Mizpa (Ri 20f; 1 Sam 7,5ff.16) wurde nach der Zerstörung Jerusalems durch die Babylonier zum Zentrum für die im Land Verbliebenen (2 Kön 25,23ff; Jer 40,7ff). Entstand hier das sog. deuteronomistische Geschichtswerk (Dtn – 2 Kön)?

Am Baumheiligtum Mamre bei *Hebron* haftete nicht nur die Abrahamüberlieferung (Gen 18); in dieser Stadt des Stammes Kaleb wurde auch David zum König über die Südstämme erhoben (2 Sam 2,1–4; vgl. 5,3; 15,7).

Das noch südlicher gelegene *Beerscheba*, in dem man von Isaak zu erzählen wußte (Gen 26,23ff; vgl. 46,1; auch 21,22ff von Abraham), scheint in der Königszeit ebenfalls ein Wallfahrtsort für das Nordreich gewesen zu sein (Am 5,5; 8,14).

Von den einzelnen Stätten sind weitgehend also nur bestimmte Einzelereignisse überliefert; was sich regelmäßig vollzog, wurde nicht aufgezeichnet. Doch lassen die Geschehnisse Rückschlüsse auf die Bedeutung der Kultstätten in den verschiedenen Epochen und Bereichen zu. Allerdings bestanden die Heiligtümer nicht zeitlich nacheinander, so daß die Rolle des einen Ortes an den anderen überging, vielmehr blieben sie nebeneinander in Geltung und werden sich gegenseitig den Rang streitig gemacht haben. So hat das Urteil von *J.Wellhausen* (Prolegomena zur Geschichte Israels, ^{6}1972, 19) seine Berechtigung: »Eine strenge Centralisation ist für jene Zeit ein unmöglicher Gedanke, auf dem Gebiet des Gottesdienstes nicht minder, wie auf jedem anderen.« Die Ortsheiligtümer konnten sich – trotz der prophetischen Kritik (Am 4,4; 5,5 u.a.) – neben Jerusalem behaupten, das erst durch Josias/Joschijas Reform (622 v.Chr.; 2 Kön 22f) Alleingeltung für den Jahweglauben erlangte. Damit gewann die Jahweverehrung nach aller Vielfalt auch ihre räumliche Einheit. Die

Ausschließlichkeit des ersten Gebots spiegelte sich in der Ausschließlichkeit des Zentralheiligtums (Dtn 12) wider, bis der nicht abbildbare Gott in der Hoffnung (Zeph 2,11) auch diese letzte Ortsbindung aufgeben konnte, um überall in gleicher Weise gegenwärtig zu sein.

b) Die Feste

Die älteste Überlieferung von regelmäßig begangenen Feiern in Israel bieten bei nahe verwandtem Wortlaut die beiden *Festkalender* im Bundesbuch Ex 23,14–17 und im sog. kultischen Dekalog Ex 34,18.22f (dessen Unebenheiten werden verschieden erklärt). Diese Angaben reichen nicht in die Vergangenheit vor der endgültigen Seßhaftwerdung, aber doch in eine relativ frühe Zeit zurück. Ex 23,14–17 lautet:

Dreimal im Jahr sollst du mir ein (Wallfahrts-)Fest feiern:
Das *Mazzenfest* sollst du halten; sieben Tage lang sollst du Mazzen (Massot, d.h. ungesäuerte Brote) essen –
wie ich dir befohlen habe, zur bestimmten Zeit im Monat Abib; denn in ihm bist du aus Ägypten ausgezogen. Mein Angesicht sollen sie nicht mit leeren Händen sehen.
Dann das *Fest der Kornernte*, der Erstlinge deines Ertrages von deiner Aussaat auf dem Felde,
und das *Fest des Einsammelns* am Jahresausgang, wenn du deinen Ertrag vom Felde einsammelst.
Dreimal im Jahr sollen alle deine männlichen Personen das Angesicht des Herrn, Jahwes, 'sehen'. (Später korrigierte man: »vor Jahwe erscheinen«; vgl. Ex 34,23; Dtn 16,16.)

Der jüngere Kultkalender von Dtn 16 bietet mit seinem einschneidenden Gebot der Kultzentralisation ein weiter fortgeschrittenes Stadium der Entwicklung, aber auch er macht nur drei Jahresfeste (V 16) verpflichtend. Darüber hinaus gehen erst die ausführlichere Festordnung des Heiligkeitsgesetzes in Lev 23 wie der Opferkalender in Num 28f, die den Sabbat bzw. Ruhetag (Lev 23,3; Num 28,8f) – der ursprünglich keine kultische Begehung, jedenfalls kein »Fest« war (o.Exk. 2) –, den Neujahrstag und den Versöhnungstag (Lev 23,23–32; Num 29,1–11) einbeziehen. Diese späteren priesterschriftlichen Texte weisen eine weitere Neuerung auf: Hat das Deuteronomium die Feste örtlich vereinheitlicht, so legen Lev 23 und Num 28f die Feste zeitlich fest, indem die älteren allgemein gehaltenen Zeitangaben, soweit es möglich ist, durch genaue Daten ersetzt werden. In solchen Wandlungen und Erweiterungen zeichnet sich jeweils der Gang der geschichtlichen Entwicklung ab.

Die in den älteren Kultkalendern (Ex 23; 34; Dtn 16) genannten drei großen Wallfahrtsfeste sind landwirtschaftlich bestimmt und nach dem Jahresablauf geordnet. Sie fügen sich – vielleicht von Beginn an, jedenfalls für die in Ex 23,14ff u.a. vorliegende Darstellung – zu einem Zyklus zusammen, der die gesamte Erntezeit umspannt:

das – nachträglich mit dem Passa vereinigte – Mazzenfest
zu Beginn der Ernte im Frühjahr,
das Ernte- oder Wochenfest nach Abschluß der Getreideernte,
das Lese- oder Laubhüttenfest im Herbst am Jahresende.

Alle drei sind Ackerbaufeste, demnach wohl landesüblich. Die sich fest ansiedelnden Vorfahren haben sie anscheinend von den kanaanäischen Nachbarn übernommen, und zwar an den verschiedenen heiligen Stätten im Lande (vgl. § 9a,3); denn Wallfahrtsfeste wurden – vielleicht von mehreren Dörfern oder Stammesgruppen gemeinsam – an den lokalen Kultstätten zu bestimmten Zeiten gefeiert (vgl. Ri 9,27 vom Lesefest im Tempel zu Sichem; auch Ri 21,19ff; 1 Sam 1,3 weiß von einer jährlichen Wallfahrt nach Schilo). Erst das Deuteronomium (16,2.6f.11.16 u.a.) erhebt die Forderung, zu dem einen erwählten Ort zu ziehen.

Spiegeln alle drei in vorexilischer Zeit bezeugten Feste den Naturzyklus wider, so wird der Fremdeinfluß auf den israelitischen Kult deutlich spürbar. Zeigt sich in den Jahwefeiern überhaupt nichts Israel Eigenes? Dieses Problem bildete einen der Gründe, daß man ein spezifisch israelitisch geprägtes, aber im Alten Testament nicht unmittelbar bezeugtes Fest, wie das Bundesfest, rekonstruierte. Doch macht sich Israels Besonderheit eher in der Umdeutung der vorgegebenen als in der Einsetzung neuer Feste bemerkbar.

Das fremde Gut wird in den eigenen Glauben hineingenommen; die Feste sind »mir, Jahwe, zu feiern« (Ex 23,14), sie sind Feste »*für Jahwe*« (Lev 23,6.28.34.40; vgl. 23,25ff vom Opfer; Ex 20,10 vom Sabbat u.a.). Was bedeutet diese Umprägung sachlich? Vermag Israel die Erfahrungen seiner Vergangenheit in die Struktur der Feste einzutragen oder sie gar gegenüber dem geschichtlich Neuen und Unvorhersehbaren zu öffnen? Tatsächlich sucht Israel das Naturgeschehen, wie es sich in den Festen darstellt, in die Geschichte einzubeziehen und so den Festen über den Erntedank hinaus einen neuen Charakter zu verleihen: an entscheidende Ereignisse aus Israels Frühzeit zu erinnern (Ex 23,15; Lev 23,42f; vgl. Dtn 26; Ps 111,4 u.a.). Die Überordnung des einmalig-geschichtlichen über den jahreszeitlich-zyklischen Aspekt ist gewiß ein allmählicher Vorgang; man kann ihn als »Prozeß einer tiefgreifenden Entmythologisierung« (*G.v.Rad*, TheolAT I^4, 40) verstehen. Diese sog. Historisierung, d.h. die nachträgliche Einfügung ursprünglich nicht geschichtlich verstandener Phänomene in geschichtliches Denken, ist im altorientalischen Raum ganz ungewöhnlich und verrät ein anderes Gottes- und Menschenverständnis. So kann *F.Heiler* (Erscheinungsformen und Wesen der Religion, 1961, 155) urteilen: »Hier geschah eine der größten Revolutionen der Religionsgeschichte.« Welche Nachwirkungen dieses Neuverständnis auf den tatsächlichen Festverlauf hatte, bleibt allerdings im einzelnen unbekannt; denn wir wissen von Israels Gottesdienst überhaupt relativ wenig Sicheres, vieles ist nur hypothetisch. Am deutlichsten tritt jener Vorgang der Umdeutung – und damit zugleich der geschichtliche Wandel – noch beim Passa-Mazzenfest hervor.

1. Das Passa-Mazzenfest

Im Passa-Mazzenfest, dem jüdischen Hauptfest in neutestamentlicher Zeit (Mk 14,1.12.14 u.a.), haben sich zwei ursprünglich grundverschiedene Riten zusammengefunden, die man – analog zu den Gen 4,3f erwähnten Opferarten – aus zwei Lebensweisen, der nomadischen und der sedentären, herleiten darf.

Das *Passa* bzw. *Pas-cha* (hebr.: *Paesach*) geht wahrscheinlich auf nomadischen Ursprung zurück. Als Hirtenritus war es nicht an einen heiligen Ort gebunden, wurde auch nicht von Priestern (an einem Altar), sondern von den Sippenältesten vollzogen. Das früheste Zeugnis, als Wort Moses an »alle Ältesten Israels« überliefert, setzt bereits das Passa voraus:

»Zieht aus und nehmt euch nach euren Sippen Schafe und schlachtet das Passa! Nehmt ein Büschel Ysop, taucht es in das Blut, das in dem Becken ist, und bringt etwas von dem Blut, das in dem Becken ist, an die Oberschwelle und an die beiden Türpfosten . . . Jahwe wird am Eingang vorübergehen und den Verderber nicht in eure Häuser kommen lassen, um zu schlagen.«
(Ex 12,21–22a.23b; wohl J)

Die Feier mit Schlachtung der Tiere, Blutbesprengung und Mahl, bei dem das Fleisch gebraten verzehrt wurde, fand nachts statt, vermutlich in der Vollmondnacht nach der Frühjahrstagundnachtgleiche. Das Blut, mit dem man die Eingänge bestrich (auch 12,7.13 P), hatte am ehesten apotropäischen Sinn: Es wehrte Unheil ab, gewährte Mensch und Tier Schutz – vor dem »Verderber« (12,23; vgl. Hebr 11,28), wohl einem Wüstendämon. Demnach war das Passa zunächst kein Opfer, auch kein Erstgeburtsopfer (vgl. Ex 13,2.11ff; 34,19f); das Passa wollte weder Gemeinschaft mit der Gottheit stiften noch ihr Sühne leisten (vgl. später aber Ez 45,21ff).

Nach einer – umstrittenen – Vermutung von *L.Rost* begingen die Hirten den Blutritus regelmäßig vor dem Aufbruch aus den Winterweiden der Steppe zu den Sommerweiden des Kulturlandes; denn auf der Wanderung war man größeren Gefahren ausgesetzt und bedurfte darum besonderer Sicherung.

Jedenfalls kann man allgemeiner annehmen, daß die Handlung dem *Schutz* der Betroffenen, zunächst der Familien, diente.

Das *Mazzenfest* (Ex 23,15; 34,18; 12,15ff P; 13,3ff Dtr u.a.) ist ursprünglich wohl ein kanaanäisch-bäuerliches Wallfahrtsfest, das zu Beginn der

Getreideernte begangen wurde: Man aß nach dem ersten Schnitt der Gerste (vgl. Dtn 16,9) das erste Brot des Jahres ungesäuert. Der Brauch wurde vielleicht erst in Israel zu einer siebentägigen Feier ausgestaltet.

Die beiden der Intention nach völlig verschiedenen Riten wurden so miteinander verbunden, daß das Passa am Vorabend des siebentägigen Mazzenfestes geschlachtet wurde; allerdings bezeugt erst das Deuteronomium (16,3f in nachträglicher Kombination; vgl. Lev 23,5f; Mk 14,12 u.a.) diese Entwicklung. Beide Zeremonien konnten miteinander vereinigt werden, weil sie zeitlich nahe zusammenfielen; denn die Stoppelfelder des Kulturlandes standen den Herden eben nach der Gerstenernte zur Verfügung. Außerdem wird erwogen, ob seit je beim Passa Fladen ungesäuerten Brotes – und Bitterkräuter – verzehrt wurden. Allerdings sind die Belege unsicher (vgl. Ex 12,8 P vor V 15ff; 12,34.39 J; Dtn 16,3a).

Da das Mazzenfest, sehr früh auf den Auszug aus Ägypten bezogen, auf einen bestimmten Monat (Abib) festgelegt und eine Woche lang gefeiert wurde, wird neben der oben skizzierten üblichen Auffassung auch die Ansicht vertreten, daß Israel selbst erst im Lande das Mazzenfest aus dem Passa entwickelte (*J.Halbe*). Dann bleibt jedoch schwer erklärlich, warum Passa- und Mazzenordnung weithin so getrennt nebeneinanderstehen und die älteren Kultkalender das Mazzenfest statt des Passa erwähnen.

Durch die – wohl nachträgliche – Verbindung beider Kultakte wurde das Passa in ein Wallfahrtsfest umgewandelt, das am Heiligtum begangen wurde; so konnte man analog zum »Mazzen*fest*« (Ex 23,15; 34,18 u.a.) auch vom »Passa*fest*« (34,25; 12,14) sprechen. Der Charakter der Feier wurde jedoch zunehmend durch den Passabrauch und die Geschichte, nicht die Ernte bestimmt, so daß »Passa« schließlich sogar der gemeinsame Name werden konnte (Lk 22,1).

Ausdrücklich verlegt erst das *Deuteronomium* (16,2.5f) das Passa vom Familienbereich (vgl. Ex 12,21) in den Ortschaften an das eine zentrale Heiligtum. (Ob das Deuteronomium überhaupt erst das Passa zu einem gemeinsamen Wallfahrtsfest umgestaltete oder diese Entwicklung nicht – in zwei Schüben – bereits durch die zu postulierende vordeuteronomische Verbindung von Passa- und Mazzenfest erfolgte und die Zentralisationsforderung die verschiedenen lokalen Wallfahrtsfeste nur an das Zentralheiligtum verlegte, bleibt mangels Belegen unbekannt.) Mit der Umwandlung der Kulthandlung scheint zugleich die Entwicklung des Passa zum Opfer vor sich gegangen zu sein (vgl. das Verbum »schlachten« in Ex 12,21 J.6 P; 34,25 mit »opfern« Dtn 16,2.6 und »darbringen« Num 9,7.13 P; auch Ez 45,21ff; 1 Kor 5,7).

Nach 2 Kön 23,21 feierte der König *Josia* im Zuge der sog. deuteronomischen Reform ein solches gemeinsames Passa in Jerusalem (die Historizität ist umstritten, noch mehr der Bericht über die erste Begehung des Passa im Land Jos 5,10f; vgl. Num 9,5). Diese Regelung blieb erhalten, auch wenn sich die Verordnungen im einzelnen verfeinerten (vgl. 2 Chr 30; 35; Esr 6,19ff).

Da die *Priesterschrift* im Zusammenhang der Passa-Auszugsgeschichte Ex 12,3ff ihr theologisches System, Kultgebote erst nach Errichtung des Heiligtums am Sinai (Ex 25ff) zu erlassen, durchbrechen muß, vielleicht auch eine Regelung für die Zeit nach der Zerstörung des Tempels schaffen will, greift sie auf die ältere Ordnung zurück und läßt die Feiern nicht im Tempel, sondern in den einzelnen Familien stattfinden. Weniger in dieser Hinsicht, aber in den Einzelheiten, in denen die Priesterschrift den vordeuteronomischen Zustand erneuert, hat sie sich durchgesetzt: Zugelassen ist nur ein junges männliches Tier von Schaf oder Ziege (Ex 12,3ff), nicht vom Rind (was Dtn 16,2 im Zuge der Umwandlung des Passa in ein Opfer erlaubte; vgl. Ez 45,21ff). Auch darf das Fleisch – entgegen Dtn 16,7 (vgl. vom Opfer 1 Sam 2,13f; Ez 46,24 u.a.) – nicht gekocht, sondern nur gebraten werden (Ex 12,9 P; vgl. 2 Chr 35,7f.13).

Das Judentum in neutestamentlicher Zeit beging das Passa sowohl auf dem Tempelplatz, auf dem die Schlachtung stattfand, als auch in den Häusern, in denen man das Fleisch verzehrte.

Stellt das Passa-Mazzenfest seiner Herkunft nach einen Synkretismus von Nomadenritus und kanaanäischem Ackerbaufest dar, so ist von Haus aus keine der beiden Feiern israelitisch bzw. Jahwe gehörig. Beide hängen mit dem Rhythmus der Natur, der Wiederkehr der Jahreszeiten, zusammen. Dennoch wurde der Ritus zum »Passa für Jahwe« (Ex 12,11.14.27), d.h. für Jahwe in Beschlag genommen. Was bedeutet das sachlich?

1. Schon nach den älteren Kultkalendern, die das Mazzenfest noch nicht im Zusammenhang mit dem Passabrauch erwähnen, findet es im Monat des Auszugs aus Ägypten statt (Ex 23,15; 34,18; wohl beide mit sekundären Erweiterungen und Begründungen; vgl. Ex 13,3ff; Dtn 16). Auch das Passa ist bereits bei seinem frühesten literarischen Beleg (Ex 12,21–23; vgl. V 11f P; Dtn 16,1) in die Exodusereignisse integriert. Ältere Vorformen sind in beiden Fällen nur durch Rückschluß (und Analogie) zu gewinnen. Als Abwehr der letzten Plage ist der Passabrauch zusammen mit dem Mazzenfest schließlich völlig in die Auszugsgeschichte eingefügt (Ex 12,1–20 P). Wahrscheinlich liegt dem ein wechselseitiges Verhältnis zugrunde: Wie der Ritus vom Exodusgeschehen her gedeutet wurde, so hat er auch umgekehrt die Erzählung beeinflußt. Jedenfalls entstand durch die Verbindung von Passa und Auszugstradition die jetzt für Ex 12 charakteristische Mischung von gesetzlicher Verordnung und geschichtlichem Bericht.

Der historische Rückbezug wird selbst äußerlich im Ritus dokumentiert: Die Teilnehmer am Passamahl sollen stets die Situation des Anfangs durchhalten, indem sie die Bereitschaft zum Aufbruch durch Wanderkleidung – mit aufgeschürztem Rock, Sandalen und Stock, der Waffe des Hirten gegen wilde Tiere (vgl. 2 Kön 4,29; 1 Sam 17,40.43; Ps 23,4) – und durch ängstliche Hast bewahren. Diese, allerdings erst spät bezeugte (Ex 12,11 P; vgl. 12,39; Dtn 16,3; auch die Überbietung Jes 52,12), Aufbruchstimmung scheint eine Konstante zwischen dem ursprünglichen Nomadenritus und dem israelitischen Fest zu sein. Das Geschehen wird durch den rituellen Vollzug ein Stück weit sinnlich erlebbar; nur symbolisiert er jetzt den Exodus aus dem Land der Knechtschaft.

2. Der Name des Festes (die ursprüngliche Bedeutung von *paesach* bleibt ungewiß) wurde erklärt als »vorbeigehen, verschonen« (*psch* Ex 12,23 J.13 P.27 Dtr; vgl. Jes 31,5): Das göttliche Strafgericht zog an Israel vorüber. Damit ist aus dem Wüstendämon, der Mensch und Tier anfällt, eine Art Engelwesen geworden, das im Auftrag Jahwes sein Gericht vollstreckt (vgl. Ex 12,23 mit V 29 J). Indem der »Verderber« nur noch den göttlichen Willen zu »schlagen« ausführt (vgl. 2 Sam 24,17; 2 Kön 19,35), bedient sich Jahwe des alten Dämonenglaubens wie des Ritus. Die Priesterschrift hat schließlich die Personalität des »Würgeengels« ganz aufgegeben: Aus dem »Schlag des Verderbers« (Ex 12,23) wurde ein »Verderbensschlag« (V 13; vgl. § 6b,6).

3. Durch die Unterordnung des »Würgeengels« unter Jahwe, der »aus Ägypten herausführt«, wurde die Bedrohung durch den Dämon von einem ehemals regelmäßig wiederkehrenden zu einem *einmaligen* Geschehen in der Exodusnacht. Das Passa wird ausdrücklich als »*Gedenk*«tag verstanden, der an den Auszug »erinnert« (Ex 12,14 P; Dtn 16,3.12; vgl. Ps 111,4; Lev 23,24). So ist die Gefahr gebannt, daß die Geschichte durch den Bezug zum Passabrauch auf einem jährlichen Fest kultisch »wiederholt« wird, auch wenn das in ihr erfahrene Heil dem »Heute« (Ex 13,3f) erhalten bleibt.

4. Schließlich wurde der Festtermin noch stärker vom Ablauf des Erntejahres getrennt, indem – nach Verlegung des Jahresanfangs ins Frühjahr – für das Passa-Mazzenfest ein bestimmtes Datum (14.–21. des ersten Monats, später Nisan genannt) festgelegt wurde (Ex 12,14ff P; vgl. Ez 45,21; Esr 6,19; 2 Chr 35,1).

So hat der Passabrauch seine ursprüngliche Bedeutung eingebüßt, denn er verleiht nicht mehr selbstmächtig Schutz. Der Ritus als solcher bewirkt nichts, liefert keine »magische« Garantie mehr. Das Blut an den Türpfosten ist nur »Zeichen« (Ex 12,13 P) für Gottes »Vorübergehen«, wie Regenbogen und Beschneidung »Zeichen des Bundes« sind (Gen 9,13; 17,11 P).

»Anders als beim ursprünglichen Schutzritus hat der historisierte Passabrauch nicht selbst schon eigenständiges Gewicht.« Die vergangene Geschichte wird kaum in kultdramatischer Darstellung vergegenwärtigt, vielmehr »dem Kultteilnehmer durch eine Verkündigungshandlung nahegebracht und in ihrer Gegenwartsbedeutung verdeutlicht«. »Man kann fragen, ob die dramatischen Momente der Passafeier, die das Gedenken wecken wollen, bei P nicht überhaupt nur noch im Sinne einer Zeichenhandlung zu verstehen sind, die ein Begreifen der Aktualität der zeichenhaft verdeutlichten Ereignisse bewirkt.« (*W.Schottroff*, »Gedenken« im Alten Orient und im Alten Testament, ^{2}1967, 315ff)

Die Einmaligkeit des Geschehens wird in Erkenntnis des zeitlichen Abstands, aber um des Gegenwartsbezugs willen festgehalten. Die Vergangenheit hat Bedeutung für die späteren Generationen, die durch »Gedenken« in die Vergangenheit einbezogen werden. Darum kann das Passa – ähnlich wie die Beschneidung (Gen 17,13 P) – als immergültige Verordnung, als »ewige Satzung«, allen Generationen anbefohlen werden (Ex 12,14 P).

Wie erfolgt die »Erinnerung« konkret? Der Passabrauch mit seiner Aufbruchstimmung soll die Kinder dazu bewegen, ihre Väter nach dem Sinn der Handlung zu fragen: »Was bedeutet dieser euer Ritus?« (Ex 12,26f in einer jüngeren Interpretationsschicht). Der Kult gibt also Anlaß zur Verkündigung. Das Ziel ist die Erzählung; der jährlich wiederkehrende Ritus hat die Aufgabe erhalten, zu ihr anzuregen (Ex 12,24–27a; 13,8.14ff Dtr; vgl. Ps 44,2; 78,3). Diese pädagogische Ausrichtung entspricht einer Tendenz des Deuteronomiums, das immer wieder zur Belehrung der Söhne auffordert (4,9f; 6,7ff.20ff u.a.) und damit eine ältere Gewohnheit zum Gesetz erhebt, nach der nicht (nur) der Priester, sondern der Familienvater in Sachen des Glaubens unterrichtet. Auch die Generationen, die mit anderen Erlebnissen aufwachsen, sollen die Geschichte erfahren, als ihre eigene begreifen und als unmittelbar Betroffene gelten: »*Unsere* Häuser bewahrte er« (Ex 12,27; vgl. 13,8). Im »Gedenken« wird die jeweils gegenwärtige Generation mit der damaligen gleichzeitig oder mit ihr *identifiziert* und so zu Vertrauen und Dank aufgerufen.

Demnach liefert das Passa ein instruktives Beispiel für die Macht, mit der alttestamentlicher Glaube seine Eigenart einem (fremden) Brauch aufzwingt. Nach einem allgemeinen religionsgeschichtlichen Grundsatz erhält sich eine Begehung, während die Deutung wechselt. Da der Sinn eines Ritus nicht in ihm selbst liegt, ist der Ritus als solcher mehrdeutig; Eindeutigkeit gewinnt er erst durch die Sprache (z.B. Hi 1,20f). Er bedarf also des Wortes – zumal für einen Glauben, der sich auf Geschichte beruft.

2. Das Ernte- oder Wochenfest

Das Erntefest schloß im Sommer die Getreideernte ab (Ex 34,22). »Die Erstlinge des Ertrags von der Aussaat auf dem Felde«, Garben und – anders als beim Mazzenfest nun: gesäuertes – Brot (Ex 23,16; Lev 23,17) wurden zum Heiligtum gebracht, so daß die eintägige Feier auch »Tag der Erstlinge« heißt (Num 28,26).

Allerdings bleibt unsicher, ob sich die Ablieferung der Erstlinge (Ex 23,19; 34,26; Dtn 26,1ff u.a.) ausschließlich an diesem Fest oder auch zu anderen Zeiten vollzog.

Der wohl erst später aufgekommene Name »Wochenfest« (Ex 34,22 u.a.) ist auf Grund der Datierung geprägt: Es fand sieben Wochen nach dem Anlegen der Sichel an den Halm statt (Dtn 16,9f). Der genaue Zeitraum von 50 Tagen (daher griechisch: *pentekoste* »Pfingsten«) wurde anscheinend nachträglich der israelitischen Sabbatzählung (7x7+1) angepaßt (Lev 23,15f).

Sowohl die Errechnung des Festtermins nach Wochen als auch der Name »Wochenfest« sind kaum kanaanäischen Ursprungs, da sie den – in Israels Umwelt bisher nicht sicher nachweisbaren (o.Exk. 2) – Siebentagerhythmus mit dem Sabbat voraussetzen.

Der sog. Verfassungsentwurf Ezechiels erwähnt – vielleicht aus einer Jerusalemer Eigenart heraus – das Wochenfest nicht, nennt vielmehr nur das Passa- und Herbstfest im ersten und siebten Monat (Ez 45,21–25). Ob auch der Festkalender des Heiligkeitsgesetzes (Lev 23) auf eine ältere Form zurückgeht, die nur diese beiden Feste kennt (*M.Noth,* ATD 6, 145ff), ist fraglich.

Das Wochenfest erhielt anscheinend erst spät eine historische Verankerung; Dtn 16,12 erinnert bei der Mahnung, auch die Sklaven an der Festfreude teilhaben zu lassen, an die Knechtschaft in Ägypten. Möglicherweise konnte sich dieses weniger bedeutsame Fest am längsten gegen eine »Historisierung« sträuben und allein Erntedankfest bleiben. In nachexilischer Zeit wurde es jedoch für das Judentum zur Feier für Bund und Gesetzgebung (vgl. 2 Chr 15,10 und das Jubiläenbuch), d.h. zum Gedenken an die Sinaioffenbarung. Vielleicht kennt schon die Priesterschrift diesen geschichtlichen Rückbezug, wenn sie die Sinaioffenbarung nach Ex 19,1 »im dritten Monat«, also in der Zeit des Wochenfestes, stattfinden läßt, falls sich der spätere Charakter des Festes nicht überhaupt erst auf Grund von Ex 19,1 entwickelte.

3. Das Lese- oder Laubhüttenfest

Das »Lesefest« (Ex 23,16; 34,22) wurde im Herbst begangen, wenn der Ertrag von Tenne und Kelter – mit Obst, Oliven und Trauben (vgl. Jer 8,13) – eingebracht war (Dtn 16,13; Lev 23,39ff). Ursprünglich gehörten zur Feier der Tanz in den Weinbergen wie das Festgelage (Ri 21,19ff; 9,27).

Nach dem Brauch, in Hütten zu wohnen (Lev 23,42.40; Neh 8,14ff), hat das Fest den Namen »Laubhüttenfest« erhalten (Dtn 16,13ff; Sach 14,16ff u.a.). Es dauerte – zumindest in späterer Zeit (zuerst Dtn 16,13 belegt) – wie das Mazzenfest sieben Tage und fand seit dem Exil, als man die Feste vom jeweiligen Ernteablauf unabhängig zu machen und genau zu datieren suchte, vom 15. Tag des 7. Monats an statt (Lev 23,34ff; Num 29,12ff; Ez 45,25; Neh 8,18; 2 Chr 7,8f). Das letzte der drei großen Jahresfeste war zugleich das bedeutendste; darum heißt es auch »*das* Fest Jahwes« (Ri 21,19; Hos 9,5; Lev 23,39) oder schlicht »*das* Fest« (1 Kön 8,2.65; 12,32 u.a.).

Wie das Passa-Mazzenfest so wurde auch das Laubhüttenfest mit dem Ägyptenaufenthalt verknüpft; allerdings ist eine solche »Historisierung« erst in der Priesterschrift bezeugt. Nach Lev 23,42f sollen die Laubhütten an die Wohnweise beim Aufbruch aus Ägypten erinnern, Israel also den

Anfang seiner Existenz vor Augen halten. Diese Deutung enthält insofern einen Anachronismus, als die Wüstenbewohner gewiß in Zelten aus Tüchern und Fellen und nicht in Hütten aus Zweigen lebten. In dem Aufenthalt in Laubhütten lebt eine alte Sitte weiter, »während der Lese, wie das noch heutzutage geschieht, in den Weinbergen und Ölbaumgärten provisorische Unterkünfte zu errichten, eine Sitte, die nur, jetzt als heiliger Brauch, in den Tempelbezirk und nach Jerusalem verlegt ist« (*K.Elliger*, HAT I/4, 323). Demnach wird eine Kulturlandgewohnheit von der Daseinsweise der Wüstenzeit her begründet. So liegt hier ein anschauliches Beispiel dafür vor, wie in Israel beide Überlieferungen zusammentreffen und nicht in der wirklichen Lebensweise, aber in deren Deutung die Mosezeit den Vorrang erhält.

Als »das Fest (Jahwes)« schlechthin war das Herbstfest kaum nur durch den Erntedank und die Erinnerung an die Geschichte bestimmt. Nach 1 Kön 8,2 wurde bei dieser Gelegenheit der Tempel Salomos eingeweiht. Dtn 31,10f erhebt die Forderung, am Laubhüttenfest jedes siebten Jahres »diese Tora« zu verlesen; ob das Gebot auf bereits bestehende Übung zurückgreift und wieweit es überhaupt befolgt wurde, ist ungewiß. Nach Neh 8 las Esra der Gemeinde – zu Anfang des siebten Monats (und täglich) – beim Laubhüttenfest aus dem Gesetz vor. Schließlich erwartet Sach 14,16, daß der Rest der Völker, der aus dem Völkerkampf hervorgeht, alljährlich zum Laubhüttenfest nach Jerusalem pilgert, um Jahwe als König zu verehren (vgl. Jer 41,5). Darf man trotz diesen wenigen Andeutungen, die das Alte Testament selbst von dem bedeutendsten Fest der vorexilischen Zeit enthält, noch einen ganz anderen Charakter vermuten?

Nach Entdeckung der Bedeutung des Kultus hat man (im Anschluß an *P.Volz* und *S.Mowinckel*) die Lücke auszufüllen gesucht, indem man allerlei rekonstruierte Festelemente auf dieses Herbstfest verlegte: das Thronbesteigungsfest Jahwes (u.§ 11a,6), das Bundes(erneuerungs)fest (vgl. Ps 50; 81), die Inthronisation des Königs (Ps 2; 110), das königliche Zionsfest (vgl. Ps 132) u.a. Außerdem hat man sich die Kulthandlung mit verschiedenen Szenen ausgemalt: Theophanie, Meeres- und Völkerkampf, Schöpfung, aber auch Gottes Tod und Auferstehung, heilige Hochzeit u.a.; vor allem der Erhaltung von Welt und Gesellschaft sollen diese verschiedenen Riten gedient haben. Ist schon fraglich, wieweit sie dem alten Orient gemeinsam sind, so sind erst recht die alttestamentlichen Belege durchweg nicht tragfähig genug. Zwar läßt sich für bestimmte Aussagen ein kultischer Hintergrund vermuten; doch ist kaum einmal ein sicheres Urteil zu gewinnen, zumal nicht über die Art der kultischen Darstellung.

Etwa seit der Exilszeit hat man im siebten Monat, in dem man das Herbstfest feierte, zwei weitere Feste begangen. Anscheinend wurden diese Tage vom Herbstfest abgespalten und ihm zeitlich vorgeschaltet, so daß sie ein eigenes Gewicht erhalten konnten. Erst das Heiligkeitsgesetz Lev 23, noch nicht Dtn 16, bezeugt diese Entwicklung.

Der *Neujahrstag* am 1.VII. – das Jahr beginnt nach älterem Verständnis im Herbst, nach der jüngeren Datierung im Frühjahr – ist eigentlich nur durch »Lärmblasen« und – wie alle Feiertage seit dem Heiligkeitsgesetz – durch Ruhe und Opfer ausgezeichnet (Lev 23,24f; Num 29,1ff; vgl. Neh 8,2).

Der *Versöhnungstag* am 10.VII., an dem das Ruhegebot besonders streng gilt, dient einerseits der Reinigung des Tempels, andererseits der Entsühnung der Gemeinde, die »sich demütigt« (Lev 23,26–32; 25,9; Num 29,7–11; vgl. Ez 45,18–20). Auf diesen Tag verlegt man den Lev 16 (bes. V 7–10.21f) beschriebenen, wohl schon älteren Ritus: Ein Los wählt zwischen zwei Böcken aus; der eine wird Jahwe als Sündopfer dargebracht, dem anderen wird durch Aufstemmen der Hand auf den Kopf und Sündenbekenntnis die Schuld Israels »auferlegt«, daraufhin wird er in die Wüste getrieben – zu »Asasel«, wohl einem Dämon.

4. Weitere Feste

Das *Purimfest* kam in der jüdischen Diaspora der persischen Zeit auf; seine – wohl erst sekundäre – Festlegende bildet das Esterbuch (9,16ff). Die Feier zeichnet sich durch ihren auffällig profanen Charakter, fröhliche Stimmung und gegenseitiges Sich-Beschenken aus; zur Erinnerung an die Bewahrung vor Verfolgung sollen die Juden »Tage des Gelages und der Freude feiern, einander Gaben und den Armen Geschenke senden« (9,22.19). Sowohl der Name – *pur* heißt »Los« (3,7; 9,24ff) – als auch der Entstehungsort lassen an ein ursprünglich fremdes (Frühlings-)Fest, etwa ein persisches oder babylonisches Neujahrsfest, denken. Wie die großen israelitischen Feste hätte dann auch diese Feier eine nachträgliche geschichtliche Begründung erhalten, die allerdings nicht unmittelbar auf historische Ereignisse zurückgeht.

G.Gerleman (BK XXI, 26f) deutet den Plural *purim* als »Anteile, Portionen« und versteht »die gegenseitige Gabensendung als eine typische Äußerung der Diasporasituation und eine Manifestation der besonderen Solidarität, die den Juden in der Verstreuung eigen war«. Da das Esterbuch auf die Exodusereignisse anzuspielen scheint, hat es vielleicht die Absicht, »Purim anstelle des alten Passa als zentrale kultische Feier der persischen Diaspora treten zu lassen«.

Die Erinnerung an die Wiedereinweihung des Tempels während der Makkabäerkämpfe im Jahre 164 v.Chr. wurde ein *Tempelweihfest* (*Chanukka*) begangen (1 Makk 4,36ff; 2 Makk 1f; 10; Joh 10,22; vgl. schon nach dem Wiederaufbau: Esr 6,16f).

Selbstverständlich kannte man auch Feiern, die *unregelmäßig* je nach Anlaß stattfanden: Familienfeste, wie Hochzeit (Gen 29,21ff; Ri 14,10ff; Hoheslied, bes. 3,11; vom König: Ps 45) oder Begräbnis (Gen 50,10f; 2 Sam 3,31ff u.a.), etwa auch die Thronbesteigung eines neuen Königs (1 Kön 1,33ff; 2 Kön 11,4ff; vgl. Ps 2; 110).

Bei einem Notstand, sei es bei kriegerischer Bedrängnis, Seuche oder Hungersnot (1 Kön 8,33ff; 2 Chr 20), wurde zur *öffentlichen Volksklage*, dem sog. Fasten (1 Kön 21,9.12; Jer 36,9; Jon 3,5; Joel 1,5ff; 2,15 u.a.), aufgerufen. Die Fürbitte um Wende der Not sprach vielleicht ein Kultprophet (Jer 14; 1 Sam 7,5ff; Ps 74,9 u.a.). Da solche Bittgottesdienste nicht durch Opfer ausgezeichnet und darum vom Tempel unabhängig waren, konnten sie im Exil beibehalten werden. Möglicherweise ging sogar die allmähliche Bildung eines opferlosen Wortgottesdienstes, die eine tiefgreifende Veränderung für die Äußerungen des Glaubens bedeutet, von dieser Form kultischen Lebens aus. Jedenfalls wurden durch die ständige Notlage nach dem Untergang des Südreiches die Volksklagefeiern zu einer regelmäßigen Übung, bei der die Ereignisse um die Zerstörung Jerusalems und des Tempels (2 Kön 25) vergegenwärtigt wurden (Sach 7,3.5; 8,19; vgl. die Klagelieder; Ps 44; 74; 79f u.a.).

c) Die Opfer

1. Wie die Opfergesetze Lev 1–7 oder der Opferkalender Num 28f (auch Jos 22,23ff; 2 Kön 16,12ff u.a.) zeigen, kannte Israel verschiedene Opferarten. Sie haben in sich und in ihrem Verhältnis zueinander eine – hier nicht darstellbare – Geschichte mit tiefgreifenden Wandlungen durchlaufen.

Das *Brandopfer* (*ᶜola*) wird – mit Ausnahme der den Priestern zufallenden Haut – als ganzes, geschlachtet und zerlegt, auf dem Altar verbrannt (Gen 8,20; Ri 6,26; 13,15ff; 1 Kön 18,23.32f; Lev 1; 6,2–6). Darum trägt es auch den Namen »Ganzopfer« (*kalil*: 1 Sam 7,9 u.a.). Es wird vor allem bei öffentlichen, festlichen Anlässen dargebracht (1 Kön 9,25; 18 u.a.) und gilt der späteren Zeit als wichtigste Form des Opfers. In Gen 22 ist um der Verschonung Isaaks willen das Ritual, Schlachtung vor der Verbrennung, geändert worden. Die hauptsächlichen Opfertiere sind Rind, Schaf, Ziege und Taube.

Das *Schlachtopfer* (*saebach*) ist dagegen ein Gemeinschaftsopfer, das ursprünglich innerhalb der Familie oder eines größeren geladenen Kreises (Gen 31,54; 46,1; 1 Sam 1,21; 2,13ff; 9,12f.22; 16,2ff u.a.) als Mahl veranstaltet wird, erst später unter Mitwirkung der Priester, die dann auch einen Anteil erhalten (Lev 7,34). Die Fettstücke werden – als Gott gehörig (vgl. Gen 4,4; Lev 3,16; Dtn 32,37f; Jes 43,24) – auf dem Altar verbrannt, das Blut wird verschüttet, das Fleisch unter den Teilnehmern verzehrt. Nach diesem Opfer bzw. dem zugehörigen Verb »schlachten, opfern« (*sbch*) heißt der Altar »Schlachtstätte« (*msbch*).

War zunächst fast jede Schlachtung ein Opfer (vgl. 1 Sam 2,13; 9,13)? Es gab wohl auch eine profane Schlachtung (Gen 18,7f; 1 Sam 14,32ff; 28,24). Jedenfalls erlaubt sie ausdrücklich das Deuteronomium (12,15f.20ff) für alle Orte, um seine Forderung durchsetzen zu können, daß Opfer nur an dem einen zentralen Heiligtum stattfinden dürfen.

Die *Schluß-*, *Heils-* oder *Friedopfer* – die Übersetzung von *sch^{e}lamim* ist umstritten –, für die das Sprengen mit Blut charakteristisch ist, werden ursprünglich nach den Brandopfern dargebracht (Ex 20,24; Dtn 27,6f; Jos 8,31; Ri 20,26; 21,4; 2 Sam 6,17f; 24,25; 2 Chr 31,2 u.a.) und sind anscheinend erst sekundär (*R.Rendtorff*) mit den Schlachtopfern zu einer Einheit verschmolzen (Lev 3; 7,11ff u.a.).

Das Wort für *Speisopfer* (*mincha*) bezeichnet zunächst allgemein die – blutige oder unblutige – Gabe (Gen 4,3ff; Ri 6,18; 1 Sam 2,17.29 u.a.) und erhält erst im Laufe der Zeit die Bedeutung eines vegetabilischen Opfers aus Grieß, Mehl, Öl, Salz oder Backwerk (Lev 2; 5,11ff; 23,16f; 1 Kön 18,29. 36; 2 Kön 3,20; 16,15 u.a.). Dabei verliert dieses Opfer durchweg seine Selbständigkeit und dient als Beiwerk zu animalischen Opfern (Lev 9,3f.16f; Num 15,3f).

In späterer Zeit werden besondere *Sünd-* (Lev 4f; 6,17ff; 8,14ff; 12,6ff; 16) und *Schuldopfer* (Lev 5,14ff; 7; 14,12ff u.a.) immer wichtiger (z.B. Ez 40,39; 42,13; 43,18ff). Insbesondere das Blut, »die Seele des Fleisches«, hat sühnende Wirkung und gehört Jahwe (Lev 17,11.14; vgl. Dtn 12,23).

Außerdem kennt man noch Trank- (Gen 35,14; 1 Sam 7,6; 2 Sam 23,16; Num 15,5ff) und Räucheropfer (Lev 10,1; Ex 30; Num 16; Ps 66,15; vgl. Jer 6,20) und – vom Anlaß her – Dankopfer (Lev 7,12ff; Ps 107,22; 116,17; vgl. Jon 1,16), freiwillige Gaben (Dtn 12,6.17; Am 4,5) oder Gelübdeopfer (Lev 7,16; 22,18ff u.a.).

Die jüngere priester(schrift)lich-kultische Sprache benutzt für Opfer als umfassenden Begriff *qorban* »Darbringung, Gabe« (Lev 1,2 u.ö.; vgl. Mk 7,11).

2. Erscheint Hosea der Wüstenaufenthalt als Zeit ungebrochener Gottesgemeinschaft (2,4ff; 9,10; vgl. Jer 2,2), so findet sich in zwei Zusätzen zu Prophetenbüchern die grundsätzliche Frage (Am 5,25): »Habt ihr mir Schlachtopfer und Gabe vierzig Jahre lang in der Wüste dargebracht, Haus Israel?« oder gar die Bekräftigung (Jer 7,22): »Ich habe euren Vätern, als ich sie aus dem Lande Ägypten herausführte, nichts von Brandopfern und Schlachtopfern gesagt oder geboten.« Dennoch kannten Israels Vorfahren in der nomadischen Epoche zweifellos Opfer. Am ehesten stammt das – ohne Priester dargebrachte – Schlacht- oder Gemeinschaftsopfer aus dieser Zeit (Gen 31,54; 46,1; Ex 5,3; 22,19; 34,25 u.a.; o. b1 zum Passa), während das Brandopfer von den Kanaanäern im Kulturland übernommen sein könnte (vgl. Zusatz in Ex 18,12; Gen 22 ist ursprünglich wohl die Kultlegende eines Ortsheiligtums). Verbrennung von Opfern war innerhalb des alten Orients nämlich nur im westsemitisch-kanaanäischen und griechischen Raum, nicht in Mesopotamien oder Ägypten, üblich (*L.Rost*). Außerdem spielen gerade Brandopfer in der Auseinandersetzung mit der Baalreligion (Ri 6,25ff; 1 Kön 18) eine gewichtige Rolle, und kaum zufällig wird eben das Brandopfer bei der Darbringung von *Menschenopfern* (Gen 22; Ri 11,31; 2 Kön 3,27; vgl. 17,31 u.a.) verwendet.

Zwar stellt auch das Alte Testament noch mehrfach Gottes Anrecht auf die – menschliche – Erstgeburt fest (Ex 22,28f; 13,2.12f; 34,19f; Num 18,15; 3,1ff; Dtn 15,19); doch werden Menschenopfer schon in sehr früher Zeit durch Tieropfer ersetzt und gelten – mögen sie auch in der späten Königszeit wieder aufgekommen sein – als verboten (vgl. noch Lev 18,21; 20,2ff; Dtn 12,31; 18,10; Jer 7,31 u.a.). Ez 20,25f spricht gar von Gottes »nicht guten« Satzungen, die nicht zum Leben führen.

Will die gegenwärtige Fassung der Erzählung von Isaaks Opferung (Gen 22) darstellen, wie Abraham eine Versuchung in Gottesfurcht bestand (V 1.12), so war das Thema des ursprünglichen Überlieferungskerns wohl die Ablösung des Menschenopfers durch das Tieropfer (V 13).

3. Blieb das Recht zu opfern später *Priestern* vorbehalten (Lev 1ff; Ez 43,18ff), so hatten in früher Zeit die Väter gleichsam das priesterliche wie das prophetische Amt inne (o.§ 3b). Noch in der Richterzeit konnten Familienväter selbst Opfer darbringen (Ri 6,19.25; 13,19ff; 1 Sam 1,3.21; 6,14ff; 9,12f; vom König: 1 Kön 3,4.15; vom Propheten: 1 Kön 18).

Die Priester wurden zunächst durch »Handfüllung« in ihr Amt berufen (Ri 17,5.12; Ex 28,41); sie lebten von Opferanteilen (1 Sam 2,12ff; 21,5ff; Lev 7,12ff; Num 18; vgl. 1 Kor 9,13), konnten aber auch Grund und Boden besitzen (1 Kön 2,26; Am 7,17). Aufgaben des Priesters waren etwa: die Gottesbefragung (1 Sam 14,18f.36f; 23,9ff; 30,7f), die Tora (Mi 3,11; Jer 18,18; Ez 7,26; Hos 8,12), nämlich die Unterweisung über heilig und profan, rein und unrein (Hag 2,10ff; Lev 10,10f; 11,46f; 14,57; Ez 22,26; 44,23), die Entscheidung über die rechten Opfer (Lev 1,3f; 7,18; 19,5ff; 20,20; Mal 1,13f), die Zusage der Erhörung von Klagegebeten (1 Sam 1,17; vgl. Ps 107,19f) und das Segnen der Gemeinde (Num 6,22ff; Dtn 10,8; 21,5). Anscheinend hüteten die Priester auch rechtliche (1 Kön 8,31ff; Dtn 17,8ff; Ez 44,24; vgl. Num 5,12ff; Hos 4,6) und ethische (Ps 15; 24,3f; o.Exk. 3,3) Traditionen.

Fällt es schon schwer, die Geschichte des Priestertums zu durchschauen, so sind die frühen Nachrichten über Levi eher noch uneinheitlicher.

Einerseits erscheint *Levi,* der innerhalb (der älteren Form) der Zwölfstämmeliste zur Leagruppe zählt, als Stamm, der versucht hatte, in Mittelpalästina seßhaft zu werden, aber zerstreut wurde (Gen 34; 49,5–7). Haben die Nachkommen des versprengten Stammes priesterliche Aufgaben übernommen, oder besteht nur eine zufällige Namengleichheit mit dem jüngeren Levitentum?

Andererseits ist Levi Bezeichnung einer Gruppe, die um ihres Eifers für Jahwe willen ihre verwandtschaftlichen Bindungen gelöst (Ex 32,29; Dtn 33,9) und auf Landbesitz verzichtet hat (10,9; Num 18,20f; Ps 16,5f), so daß sie als Schutzbürger in einem Status minderen sozialen Rechts in Israel lebt. Nach Dtn 33,8ff hat der Levit das Losorakel zu handhaben und die Tora zu lehren. Er ist nicht von vornherein Priester, kann aber Priester werden und wird – weil er sein Leben Jahwe geweiht hat – bei der Bestellung zum Priesteramt bevorzugt (Ri 17,7ff; vgl. 19,17ff; dazu *A.H.J.Gunneweg*).

Obwohl das Deuteronomium von »levitischen Priestern« spricht (18,1ff u.a.), also Priester und Leviten identifizieren kann, werden beide in nachexilischer Zeit (Ez 44; P; Chr) streng unterschieden. Die Priester gelten als Aaroniden; ihnen sind die Leviten, die niedere Dienste verrichten, unterstellt. An der Spitze steht der gesalbte Hohepriester (Lev 21,10; 4,3ff), der auch königliche Insignien trägt (Ex 28f; Lev 8,4ff).

4. Nur ausnahmsweise gibt das Alte Testament einmal zu erkennen, welcher Sinn den Opfern im einzelnen zukommt. Gewiß treffen verschiedene Motive zusammen: Gabe (Ex 23,15; 34,20), Huldigung, Dank, Gemeinschaft mit Gott und der Teilnehmer untereinander, Versöhnung, Sühne, Befreiung von Unreinheit u.a. Das Verständnis des Opfers als Speise Gottes klingt zwar in manchen sprachlichen Wendungen noch nach (Lev 3,11.16; 21,6.8.17.21; Num 28,2; Ez 44,7; vgl. Gen 8,21; 1 Sam 26,19; Jes 43,24; Ri 6,18ff; 13,15ff u.a.), ist aber der Intention nach längst aufgegeben. Deutlich spricht dies das – vielleicht von einem Propheten vorgetragene – Gotteswort aus:

»Alles Wild im Walde ist mein
und die Tiere 'auf den Bergen zu Tausenden'.
Ich kenne alle Vögel 'des Himmels',
und was sich auf dem Felde regt, ist mein.
Wenn mich hungerte, brauchte ich es dir nicht zu sagen;
denn der Erdkreis ist mein und alles, was darauf ist.
Esse ich denn das Fleisch von Stieren,
oder trinke ich das Blut von Böcken?« (Ps 50,10–13)

5. Demnach tritt schon das Alte Testament in Auseinandersetzung mit dem Opferkult ein. Vor allem die *Propheten* kommen in Fortführung ihrer Unheilsdrohung gegen das Gottesvolk als ganzes (Am 8,2; Hos 1,9 u.a.; u.§ 14b) und die Heiligtümer insbesondere (Am 5,4f; 9,1; Mi 3,12; Jer 7; 26 u.a.) zu einer radikalen Opferkritik. Dabei können die Propheten priesterliche Redeweise (wie »erhören, wohlgefällig annehmen«) aufgreifen, um sie in ihr Gegenteil zu kehren, die gottesdienstlichen Veranstaltungen nur noch als menschliche Angelegenheit, nicht mehr als Gottes Anordnung gelten lassen (»*eure* Opfer«; Am 4,5: »so liebt *ihr* es«) und nicht nur einzelne, sondern alle Opfer ablehnen (Am 5,21ff u.a.). So erklärt sich aus der Allgemeinheit prophetischer Gerichtsankündigung die Allgemeinheit der Opferkritik; darum ergeht beides als Gotteswort. Gewiß wollen die Propheten keine allgemein und zeitlos gültige Lehre vortragen, sondern die Menschen ihrer Zeit anreden; doch gewinnt die Gegenwart angesichts der angesagten Zukunft grundsätzliche Bedeutung.

Die schärfste Opferkritik findet sich vielleicht nicht einmal bei den älteren Propheten Amos (4,4f; 5,21ff; 8,10), Hosea (2,13; 6,6; 8,13), Jesaja (1,10ff) oder auch Jeremia (6,19ff; 7,21ff; 14,11f), sondern beim Exilspropheten Deuterojesaja, der im Rückblick auf die vorexilische Zeit generell urteilt:

»Mir hast du nicht die Schafe deines Brandopfers gebracht
noch mich geehrt mit deinen Schlachtopfern.
Ich habe dir nicht Arbeit gemacht mit Opfergaben,
habe dich auch nicht bemüht mit Weihrauch.
Mir hast du nicht für Geld köstliches Gewürz gekauft,
mich hast du mit dem Fett deiner Opfer nicht gelabt.
Aber mir hast du Arbeit gemacht mit deinen Sünden
und hast mir Mühe gemacht mit deinen Missetaten.«
(Jes 43,23f; vgl. 66,3)

6. Die Opferkritik ist jedoch weit älter als die Schriftprophetie. Eine ähnliche Tendenz vertritt auch die *Weisheit* (vgl. die verschiedenartige Kultkritik: Spr 17,1; 20,25 u.a.). Wie bereits die ägyptische Weisheit, so läßt die israelitische Spruchweisheit (schon in ihrer ältesten Sammlung Spr 10–22,16) eine gewisse Distanz dem Kultischen gegenüber erkennen. Ethisches und kultisches Verhalten können unterschieden und miteinander verglichen werden; rechtes Handeln ist Gott wohlgefälliger als Opfer:

»Recht und Gerechtigkeit üben
ist Jahwe lieber als (Schlacht-)Opfer.«
(Spr 21,3; vgl. 1 Sam 15,22: »Gehorsam ist besser als Opfer«)

Ein Wort derselben Spruchsammlung schätzt zwar nicht soziales Verhalten zum Mitmenschen höher als gottesdienstliches Tun, schränkt aber ein: Vor Gott gilt nur die Kulthandlung des Gerechten.

»Das (Schlacht-)Opfer der Frevler ist ein Greuel für Jahwe,
aber das Gebet der Rechtschaffenen findet sein Wohlgefallen.«
(15,8; vgl. 15,29; 21,27; 28,9; Koh 4,17; Sir 35,8ff;
zum »Greuel« als Urteil in Gottes Augen: Spr 6,16; 15,9)

Tatsächlich geht der Spruch noch über jene Gegenüberstellung hinaus, da er nicht nur das Verhalten des Gerechten dem des Übeltäters, sondern auch das Gebet dem Opfer entgegensetzt und dieses so wiederum indirekt abwertet. – Eine weitere Sentenz wird wohl nur dann voll verständlich, wenn man sie als indirekte Kritik an der priesterlichen Auffassung, Sühne vollziehe sich durch Sühnopfer (1 Sam 3,14 u.a.), ansieht:

»Durch Liebe und Treue wird Schuld gesühnt,
und durch Jahwefurcht meidet man das Böse.«
(Spr 16,6; vgl. 10,12; 14,31)

Beide zusammen, Gottesfurcht und Gemeinschaftserweis, bewirken das Gute. Später setzt Jesus Sirach (35,1–5; vgl. Hebr 13,16) Gebotserfüllung und Opfer gleich:

»Wer das Gesetz beobachtet, bringt viele Opfer dar;
Dankopfer opfert, wer auf die Gebote achtet.
Wer Wohltaten erweist, bringt ein Speisopfer dar,
und wer Wohltätigkeit übt, opfert ein Lobopfer.
Das Wohlgefallen des Herrn erwirbt man dadurch,
daß man von der Sündhaftigkeit absteht,
und seine Versöhnung dadurch,
daß man von der Ungerechtigkeit absteht.«

Kann die Weisheit das rechte Leben als den wahren Gottesdienst einschätzen, so wird verständlich, daß die Propheten, wie Amos oder Jesaja, solche Einsichten aufgreifen und verschärfen können.

Zu einer ganz anderen Auffassung gelangt in Fortführung und Überbietung weisheitlichen Denkens der skeptische Prediger (Koh 9,2). Da ethisches Verhalten ebensowenig wie die Stellung zum Opfer das Todesschicksal des Menschen zu ändern vermögen, drohen beide gleichgültig zu werden:

»Alle trifft dasselbe Geschick,
den Gerechten wie den Ungerechten, ...
den Reinen wie den Unreinen,
den, der opfert, wie den, der nicht opfert.«

7. Neben der direkten (Ps 50,9ff; vgl. 40,7; 51,18; 69,31f) enthalten die *Psalmen* eine indirekte Opferkritik, jedenfalls eine Ablösung des Opfers durch das Wort, wenn sie in *übertragener* Weise vom Opfer als Lob und Dank vor der Gemeinde reden:

»Opfere Gott Dank und erfülle dem Höchsten deine Gelübde ...
Wer Dank opfert, der preiset mich.« (Ps 50,14.23)
»Herr, tu meine Lippen auf,
daß mein Mund deinen Ruhm verkündige.
Denn Schlachtopfer magst du nicht,
und brächte ich Brandopfer – sie gefallen dir nicht.
'Mein Opfer', Gott, ist ein zerbrochener Geist,
ein zerbrochenes und zerschlagenes Herz wirst du, Gott,
nicht verachten.«
(Ps 51,17–19; vgl. 22,26f; 27,6; 54,8; 95,2; 107,22; 116,17; 119,108; 141,2 u.a. gegenüber 66,13ff)

Wurde das Lob ursprünglich bei der Opferhandlung gesprochen, so hat es sich später von ihr gelöst und verselbständigt. Dadurch kann das Wort an die Stelle des Opfers treten und damit selbst zum Opfer werden. Wieweit diese »Spiritualisierung« (vgl. *H.-J.Hermisson*) ein innerkultischer Vorgang ist und wieweit sich in ihr bereits eine gewisse Distanz zum Kult äußert, ist schwer zu entscheiden; wahrscheinlich wirken bei den komplexen Aussagen des Psalters bereits beide Tendenzen mit. Jedenfalls bricht in der Gleichsetzung von Wort und Opfer eine ursprüngliche Einsicht durch: Opfer ist Selbsthingabe. Bei der Opferdarbringung kommt diese Intention in dem verschieden – als Übereignung, Identifikation und auf Grund des alttestamentlichen Zeugnisses vor allem als Übertragung von Schuld – gedeuteten Ritus der Handaufstemmung zum Ausdruck: Der Opfernde legt seine Hand auf den Kopf des Tieres (Lev 1,4; 3,2.8.13; 4,4.15.24; 16,21 u.a.). Nach jenen Psalmworten wird der Mensch nicht mehr durch das Opfer vertreten, sondern tritt für sich selbst ein (Ps 51,19; vgl. Röm 12,1).

III
Die Königszeit

1. Hatten sich vor der kanaanäischen Gefahr einzelne Stämme zum gemeinsamen Kampf verbunden (Ri 5), so bildete sich unter der andauernden Philisterbedrohung (vgl. 1 Sam 9,16) der *Staat*. Die Situation machte ein gemeinsames Handeln aller Stämme unter bleibender Führung erforderlich. So wurde Israel – sei es mit oder zunächst ohne Juda – durch die Notwendigkeit des Krieges zu einem Staat zusammengeschweißt; doch blieb es nur für kurze Zeit eine einzige politische Größe.

Die Entstehung des Königtums ist erst mit dem Namen Saul verbunden (um 1000 v.Chr.). Nach seiner kurzen, letztlich glücklosen Regierungszeit erhoben das Haus Juda und seine kleineren Nachbarn David (2 Sam 2,1–4), die nördlichen zehn Stämme dagegen Sauls Sohn Eschbaal zum König. Damit wird die Eigenständigkeit von Nord und Süd offenkundig; beide Teile führten wohl seit je ein gewisses *Sonderleben*. Nach Eschbaals Tod wurde David durch Vertrag auch König über Israel (2 Sam 5,1–3). Er regierte zunächst im abgelegenen Hebron, schuf sich aber bald in *Jerusalem* eine neue Residenz, die auf neutralem Boden – in der Mitte zwischen beiden Reichen – von den Stämmen unabhängig war. Zudem ließ David den Ort nicht durch Israels Heerbann, sondern durch eigene Söldnertruppen erobern. Die besondere Bindung Jerusalems an die Person des Königs verrät der Name »Stadt Davids« (5,6–9); bis in die späteren messianischen Erwartungen blieben Davidsherrschaft und Stadt eng verbunden. Im Laufe der Zeit gliederte David nicht nur die kanaanäischen Stadtstaaten in Israel ein, sein Reich erstreckte sich auch über die Nachbarvölker (bes. 2 Sam 8; 10; 12,26ff). Nach dem Nationalstaat Sauls baute David ein Großreich auf, wie es in diesem palästinisch-syrischen Raum bisher unbekannt war.

Obwohl David Jerusalem politisch als seinen persönlichen Besitz betrachtet zu haben scheint, machte er es mit der Ladeüberführung (2 Sam 6), erst recht wenig später Salomo durch den Tempelbau (1 Kön 5–8), zum kultischen Mittelpunkt des Jahweglaubens. Die Stadt wurde erstmalig der heilige Ort ganz Israels (u.§ 13). So gewann Israel seine Einheit in der Person des Königs wie in der zentralen Kultstätte. Ein prophetisches Gotteswort bestätigte die Erwählung des Zion und der Daviddynastie (2 Sam 7; 23,5; Ps 89,4; 132,11ff). Wie in der alten Überlieferung vom Sinai ist Jahwe wieder an einen Ort gebunden und zugleich an einen Herrscher, der zum »Sohn Gottes« wird (Ps 2,7; 89,27f). Gegenüber der charismatischen Berufung des Heerbannführers bedeutete die Dynastie, die »auf immer« den

Thron in Jerusalem innehaben soll, etwas grundsätzlich Neues. Kann der aus der Wüstenzeit herkommende Jahweglaube die ihm völlig fremde Institution der Monarchie überhaupt aufnehmen, ohne zu zerbrechen?

Während Saul und David noch designiert wurden, eröffnete Salomo die Dynastenreihe. Nach seinem Tode zerfiel nicht nur das Großreich in Kleinstaaten, sondern auch die eben gewonnene politische Einheit von Juda und Israel brach auseinander (926 v.Chr.). Doch blieb der Jahweglaube in den beiden getrennten Reichen Staatskult, zu dem David ihn erhoben hatte. Jerobeam I. gestaltete zwei alte Kultstätten, *Bet-El* und *Dan*, zu Reichsheiligtümern (Am 7,13) aus, an denen ebenfalls Jahwe verehrt wurde (1 Kön 12,28f; vgl. Ex 32,4; Hos 8,4ff; 10,5). Historisch hatte diese Gegengründung sogar mehr Recht für sich als die Bestimmung Jerusalems zum Hauptheiligtum; denn beide Stätten, zumal Bet-El, waren durch eine lange Tradition mit dem Jahweglauben verbunden (Gen 28,10ff; Ri 17f). Tatsächlich werden politisch-nationale Motive den Ausschlag gegeben haben: Die Heiligtümer des Nordreichs sollten Wallfahrten nach Jerusalem verhindern, damit die Pilger zum Zion nicht die Daviddynastie anerkennen. – Endgültige Hauptstadt des Nordreichs, in dem sich im Gegensatz zum Südreich die Dynastien abwechselten, wurde Samaria (1 Sam 16,24; Jes 7,9); die Geschichte dieses Landes war außenpolitisch stark durch die Abwehr der Aramäer (Hauptstadt Damaskus) bestimmt.

Trotz gemeinsamem Glauben blieben Nord- und Südreich Jahrhunderte getrennt bis zu dem – durch die Propheten angekündigten – Untergang Israels durch die Assyrer (722 v.Chr.) und Judas durch die Babylonier (587/6 v.Chr.). Ja, die Rivalität zwischen diesen beiden Teilreichen lebte über diesen Bruch hinweg in dem Gegensatz zwischen Juden und Samaritanern (vgl. 2 Kön 17,29) weiter.

2. Ein Staat, der Israeliten und Kanaanäer vereinigte, mußte auch die fremde Religion dulden oder gar – wie später Omri und Ahab (etwa 880–850 v.Chr.) im Nordreich – aus politischen Gründen einen gewissen offiziellen *Synkretismus* herbeizuführen suchen.

In der Zeit der Abhängigkeit von den Großreichen wurde sogar die Übernahme des fremden Staatskults notwendig. So bedeutete die Unterwerfung unter die assyrische Vormacht zugleich die Anerkennung des Gottes Assur, der mit einem Altar im Jerusalemer Tempel vertreten sein mußte (2 Kön 16,7ff). In dieser Situation schloß man sich auch, sei es offiziell oder mehr in der Volksfrömmigkeit, der Verehrung von Sonnen- und Gestirngottheiten (Am 5,26; Zeph 1,5; 2 Kön 17,29ff; 21,3.5; 23,4f.11ff) sowie der »Himmelskönigin«, d.h. wohl der Ischtar, Göttin des Venussterns (Jer 7,18; 44,15ff), an.

Doch widersetzte sich nicht nur die prophetische Polemik diesem vielfältigen Synkretismus (Hos; Jer; vgl. Mi 5,12ff u.a.); auch offizielle Reformen mögen versucht haben, ihn zu beseitigen (1 Kön 15,12f; 2 Kön 18,4). Vor allem die deuteronomische Reform unter Josia/Joschija (622 v.Chr.), die den zentralen Kultort Jerusalem zum einzigen erhob (2 Kön 23), bemühte sich, das erste Gebot gegen den Kult kanaanäischer und ausländischer Gottheiten zu verwirklichen. Auch ihr gelang es aber nicht, den Synkretismus für immer zu verbannen (Ez 8; 23; Jer 44; Jes 57,3ff; 65,2ff; Mal 2,10ff u.a.).

Bedeutsamer als diese Ereignisse gegen Ende waren die Verhältnisse am Anfang der Königszeit, weil sie für den Jahweglauben selbst erhebliche Folgen nach sich zogen. Diese Nachwirkungen konnte er nicht mehr abschütteln, da sie sich zu tief eingruben. Schon David hat nach der Eroberung Jerusalems wahrscheinlich manches Vorhandene bestehen lassen (u.§ 13). Indem er sich selbst zum Stadtkönig machte, sind gewiß Jerusalemer Königsvorstellungen auf die Daviddynastie übergegangen. Wie Israel in der Frühzeit kanaanäische Heiligtümer übernehmen konnte, so schloß es sich in der Gestaltung des Jerusalemer Tempels bestimmten, in der Umwelt vorgegebenen Formen an. Der Tempel, in dem Gott wohnt, ist charakteristisch für das Kulturland. Erst recht verbindet das Stierbild in Bet-El (und Dan) eigenes Glaubensgut Israels mit fremdreligiösen Vorstellungen. Das neue Verhältnis Jahwes zum dynastischen Königtum einerseits und zum Zion andererseits hat Israels Gottesaussagen tief gewandelt und bereichert; aber auch kanaanäische Gottesvorstellungen haben prägenden Einfluß ausgeübt. Der Jahweglaube hat – über die Aufnahme von Kultbräuchen hinaus – unmittelbar oder abgeändert Anleihen bei seiner Umweltreligion gemacht, von denen nun die Rede sein soll. So ist er gewachsen und hat in der Auseinandersetzung Neues geschaffen.

§ 10 Die Bedeutung kanaanäischer Götter im Alten Testament

Palästina war als Durchgangsland verschiedenen Kultureinwirkungen von Nord und Süd, besonders von Mesopotamien und Ägypten, ausgesetzt (o.§ 1,5). Darum bedeutet es eine starke Vereinfachung, wenn nur die kanaanäische Religion dargestellt und ausschließlich oder doch überwiegend ihre Beziehungen zum Alten Testament herausgegriffen werden. Doch vollzogen sich auch die Einflüsse der altorientalischen Großreiche nur selten direkt, sondern waren vorwiegend durch Kanaan vermittelt.

1. Bis vor einigen Jahrzehnten war nur das wenige von der kanaanäischen Religion bekannt, was sich aus polemischen Aussagen des Alten Testaments, beiläufigen Angaben der Nachbarvölker und Nachrichten bei einigen griechischen Schriftstellern (*Philo von Byblos* »Phönizische Geschichte« in *Eusebius von Caesarea* »Praeparatio evangelica«; *Lukian von*

Samosata »De Dea Syria«; *Plutarch* »Von Isis und Osiris«) ergab. Darum konnten die Ausgrabungen syrisch-palästinischer Städte, zumal die Entdeckung der Texte von *Ras Schamra-Ugarit* (an der nordsyrischen Mittelmeerküste, zerstört um 1200 v.Chr., also etwa z.Z. der Seßhaftwerdung Israels) weithin die Vorstellungen berichtigen, die man sich früher von der kanaanäischen Religion gemacht hatte. Zwar lassen (aus dem 1.Jt. v.Chr.) auch zahlreiche Inschriften aus Kleinasien und Syrien auf Grund der in ihnen vorhandenen Götter- und Personennamen gewisse Rückschlüsse zu, nur in Ugarit aber haben sich – neben Ritualen, Listen u.a. – umfangreiche Göttermythen und Königsepen erhalten, in denen die Bewohner selbst von ihrer Religion erzählen. In der internationalen Hafenstadt, die Mittelmeer und Zweistromland, Kleinasien und Ägypten verband, war gewiß ein Sprachen-, Völker- und Religionsgemisch anzutreffen, gerade in den Mythen scheint sich kanaanäisches Wesen allerdings ziemlich rein erhalten zu haben. Auch wenn es eine historische Beziehung zwischen diesem weit abgelegenen Stadtstaat und Israel nicht gegeben hat und in Syrien-Palästina erhebliche Unterschiede zwischen Nord und Süd, Küste und Landesinneren bestanden, so sind doch einige wörtliche Übereinstimmungen von alttestamentlichen und ugaritischen Textstellen so auffällig, daß man diesen Tatbestand wohl nur mit der Annahme erklären kann: In der religiösen Literatur von Ugarit zeigt sich etwas typisch Kanaanäisches.

2. Um so auffälliger ist der Inhalt der ugaritischen Mythen. Auf Grund alttestamentlicher Andeutungen erwartet man Zeugnisse einer *Naturverehrung* (Jer 2,20ff; Jes 1,29f; 57,5 u.a.). Hosea klagt Israel an, weil es nach kanaanäischer Praxis Orakel bei »Holz und Stab« einholen will (4,12). Jeremia schilt noch deutlicher die, »die zum Holz sagen: ›Mein Vater bist du!‹ und zum Stein: ›Du hast mich geboren!‹« (2,27; vgl. 3,9; Hab 2,19) Hier ist wohl an Baum- und Steinkulte gedacht. Das Ezechielbuch könnte dies ausdrücklich bestätigen, wenn es Israel zu denken verwehrt: »Wir wollen sein wie die Völker, wie die Geschlechter der (anderen) Länder, so daß wir Holz und Stein verehren.« (20,32; vgl. auch Dtn 4,28; 2 Kön 19,18 u.a.)

Von heiligen Steinen, Bäumen oder Quellen, in denen die Gottheit erscheint (o.§ 3e), reden die Texte der Kanaanäer selbst jedoch kaum. Das Verständnis der kanaanäischen Religion als eines bloßen Fruchtbarkeitskultes, der zur Befriedigung der Bedürfnisse des Ackerbaus dient, ist viel zu einseitig. Die sakrale Prostitution (vgl. Hos 4,13f; Jer 2,20 u.a.), die Beziehung von Gott und Göttin nachvollzieht und symbolisiert, wird unmittelbar nicht erwähnt. (Allerdings erscheinen unter den Berufsgruppen neben Priestern auch Kadeschen »Geweihte«; vgl. Dtn 23,18; 1 Kön 14,24.) Schließlich kommt Sonnen- und Mondgott (Ez 8,16; 2 Kön 23,5; Dtn 4,19 u.a.) eine überraschend geringe Bedeutung zu. Statt dessen ist ähnlich dem griechischen *Pantheon* eine große, in sich gegliederte Götterwelt aufgetaucht. Die Götter sind als Mann und Frau, Bruder und Schwester zu einer Familie zusammengeordnet oder als »Göttersöhne« durch den Generationswechsel miteinander verbunden. Entsprechende, noch weiter ausgebaute Götter»systeme« sind aus Ägypten und Mesopotamien bekannt. Doch ist das kanaanäische Pantheon, wie es in Ugarit und etwas anders in westsemitischen Inschriften erscheint, eigenständig. Eine solche Götterfamilie entsteht erst in einer langen geschichtlichen Entwicklung; ursprünglich selbständige Gottheiten werden auf Grund eines politischen Zusammenschlusses miteinander verbunden. So können sich in der Götterwelt irdische Machtverhältnisse widerspiegeln. Der Stadtstaat, der den Vorrang gewonnen hat, setzt seinen Stadtgott an die Spitze des Pantheons. Die universalen Gottheiten entstehen aber kaum nur aus einzelnen unbedeutenden Ortsgottheiten, die ihren Herrschaftsbereich erweitern.

In der Götterfamilie von Ugarit dominieren *El* und *Baal*, die auch das Alte Testament häufig nennt; neben diesen Hauptgöttern treten andere zurück. In der friedlichen Gemeinschaft der beiden Gottheiten haben sich aber bereits die Religionen verschiedener Bevölkerungsgruppen miteinander ausgeglichen. »El« ist ein gemeinsemitischer Gott, vielleicht schon früh Israels Vorfahren bekannt, der westsemitische Wettergott »Baal« aber eine typische Erscheinung des Kulturlandes. Beide sind in den Mythen nicht ortsgebunden, wie das Alte Testament einen »El Bet-El« (Gen 31,13) oder »Baal Hermon« (Ri 3,3) kennt. Ein Stadtgott von Ugarit, der mit einem anderen Stadtgott um die Vorherrschaft streiten könnte, spielt in den Mythen keine Rolle. »El« und »Baal« erscheinen ohne einschränkende Beifügung als universale Gottheiten. Statt politischer sind eher kosmische Gegensätze bestimmend: Baals Gegner sind der Meeresgott Jam, der Todesgott Mot oder der Venusstern Astar, nie irgendwelche Lokalgottheiten.

Wichtige Gottesnamen sind schon in der zweiten Hälfte des 3.Jt. durch die Funde von Ebla bezeugt, wie Hadda (Hadad, Baal), El, Astar, Dagan (vgl. § 14a1,2) oder Kamisch/Kamosch (vgl. § 7,1).

Spätere westsemitische Inschriften (etwa Zakirs von Hamat; u.§ 14a1,1) nennen so umfassende Gottheiten wie »Baal Schamem«, den »Herrn des Himmels«. Seine Verehrung ist im 1.Jt.v.Chr. und noch danach weit verbreitet; er wird im Alten Testament aber nicht mit diesem Namen erwähnt.

Zweifellos darf man für Syrien-Palästina keine Einheitsreligion annehmen, sondern hat zwischen den verschiedenen Ortskulten – und deren Gottheiten – vorsichtig zu differenzieren. Trotz der politischen Zerrissenheit des Landes, das sich zu keinem einheitlichen Staatswesen zusammenfand, sondern in eine Vielheit sich bekämpfender Stadtstaaten zerfiel, bestand in der Religion aber eine relative Einheit, die zudem im Wandel der Zeit über die Jahrtausende hinweg – aus der Rückschau geurteilt – erstaunlich gleichblieb. In diesem Raum ordnet sich nur der Jahweglaube nicht in den üblichen Rahmen ein: »Einen vollkommenen Bruch mit dem Herkömmlichen und eine einzigartige Neuerung stellt allein die Religion des Alten Bundes der Stämme Israels dar.« (*W.Röllig*, WM I, 228) Trotzdem bestanden mancherlei Beziehungen, die den Jahweglauben veränderten. Bei beiden Gottheiten, El und Baal, hat Jahwe Anleihen gemacht, so daß das Wesen beider kurz besprochen werden soll.

3. Nur muß zuvor ein mögliches Mißverständnis ausgeschlossen werden. Kommt man von den Genesiserzählungen über den »Gott der Väter« her, so fällt vor allem eins auf: Die kanaanäischen Götter hängen in der Mehrzahl, wenn nicht alle, irgendwie mit der *Natur* zusammen. Einige sind sogar durch ihr Sterben und Wiederaufleben in den Wechsel der Natur, ihr Werden und Vergehen, hineingenommen. Doch sind die Götter nicht mit dem Naturablauf identisch, sie bewirken ihn vielmehr. Auch wenn sie Personifikationen von Naturerscheinungen sein sollten – sie werden ausdrücklich als Personen von dem Ereignis unterschieden, und von ihnen werden Geschichten erzählt, die weit über das Naturgeschehen hinausgehen. Die Götter sind nicht die Vegetation, sondern die Kraft, die das Leben spendet. So ist Baal nicht die Erde, sondern, wie sein Titel lautet, »Fürst, Herr der Erde«.

»*Naturgottheiten*« im strengen Sinne gab es nicht. Auch wenn die Götter in der Natur und ihren mannigfachen Phänomenen erscheinen, sie sind stets auch dem Menschen zugewandt. Selbst Sonnen-, Himmels- und Wettergottheiten sind dem Menschen nicht fremd. Sie schützen das Königshaus, achten auf Recht, gewähren Leben und Segen, werden in Gebeten angeredet (1 Kön 18,28; vgl. 2 Kön 1,2). »Naturgottheiten« sind also keine sachlich-neutralen »Es«-Mächte, die sich grundsätzlich vom Ich-Du-Verhältnis abheben lassen. Die Gegenüberstellung »naturhaft – personhaft« vereinseitigt bestimmte Einzelzüge viel zu stark, um für die Unterscheidung der Religionen brauchbar zu sein. So bleibt auch der Gegensatz: universale Naturreligion – partikulare Geschichtsreligion, der durch das Gegenüber von Natur und persönlicher Freiheit bestimmt ist, unzureichend.

a) Der Gott El

El erscheint im Alten Testament durchweg nicht als eine besondere Gottheit, sondern als Bezeichnung für Jahwe. Der Eigenname klingt höchstens noch ab und zu an (Jes 14,13; Ez 28,2). Selbst der Name »Isra-el« ist nicht mit »Jahwe«, sondern mit »El« zusammengesetzt (o.§ 8,2). In der Regel ist »El« nur Allgemeinbegriff für »Gott«. Beim Propheten Deuterojesaja beansprucht Jahwe, allein »El«, d.h. »Gott«, zu sein und keiner sonst (Jes 45,22; 43,12 u.a.). Hier ist der Charakter des Eigennamens aber völlig zurückgetreten; die Identifikation klingt nicht mehr nach, weil der Exilsprophet nur einen wahren Gott kennt (40,18): »Wem wollt ihr El (= Gott) vergleichen?« Aus diesem Grunde läßt sich eine Unterordnung Jahwes unter El (vgl. Ps 82; Dtn 32,8f; o.§ 8,1) auch nicht belegen.

1. So kann Jahwe während der ganzen Geschichte Israels »El« heißen. Schon die Vätergötter wurden mit dem Gott El gleichgesetzt (o.§ 3c.e; vgl. vom Auszug aus Ägypten Num 23,22; 24,8); später ist anscheinend Jerusalem der entscheidende Ort der Übernahme von Vorstellungen dieses Gottes (u.§ 13). Nach Gen 14,18–20, das als Einzelstück in den Zusammenhang eingeschoben ist, segnet Melchisedek, der »König von Salem (= Jeru-salem; Ps 76,3)« und »Priester des El Eljon« Abraham (o.§ 1,7); er erstattet ihm als Gegengabe den »Zehnten von allem« und legitimiert damit das Zehntrecht von Jerusalems Priesterschaft. Dieser El Eljon, »der höchste Gott«, war wahrscheinlich ein oder der Stadtgott von Jerusalem, wie aus Beerscheba ein El Olam, »Gott der Ewigkeit«, bekannt ist (Gen 21,33). Anders als bei den sonstigen Beinamen Els (o.§ 3c) besteht hier aber die Möglichkeit, daß »Eljon« ursprünglich selbst eine eigene Gottheit war. Im ältesten Beleg außerhalb des Alten Testaments, in den Inschriften von Sfire, findet sich in einer Aufzählung von Göttern auch das Paar »El und Eljon«. In der Spätzeit kennt Philo von Byblos einen »Eljon, der der Höchste genannt wird«, und unterscheidet ihn von El-Kronos. Zwar lassen sich beide Stellen auch unter der Voraussetzung erklären, daß sich mit »Eljon« schon recht früh ein ursprünglicher Beiname Els hypostatisch verselbständigt habe, letztlich läßt sich aber nicht sicher entscheiden, ob die Einheit oder die Trennung beider Gottheiten primär ist. Jedenfalls gehen El und Eljon gern eine Gemeinschaft ein. Auch im Alten Testament erscheinen mehrfach beide Namen zusammen, wechseln sich im Parallelismus ab und werden so gleichgesetzt (Num 24,16; Ps 73,11; 77,10f; 82,1.6; Jes 14,13f u.a.).

Will man trotzdem vermuten, daß der Jerusalemer Stadtgott, dessen Tradition in den Zionspsalmen weiterlebt (Ps 46,5; 47,3; 48,2f), nur »Eljon« hieß, so steht dieser Annahme auch die Tatsache entgegen, daß David seinen in Jerusalem geborenen Söhnen mit »El« zusammengesetzte Namen geben konnte (2 Sam 5,14ff); dagegen sind mit »Eljon« gebildete Eigennamen nicht bezeugt.

So scheinen schon im vorisraelitischen Jerusalem El und Eljon eng verbunden gewesen zu sein.

2. Während El Eljon nach dem Alten Testament (Gen 14,19.22) als »*Schöpfer Himmels und der Erde*« verehrt wurde, ist in verschiedenartigen Inschriften (aus Karatepe, Leptis Magna, Palmyra und vielleicht Boghazköj) nur das Prädikat »El, Schöpfer der Erde« belegt. Ein außerbiblisches Zeugnis, in dem die Erschaffung der Welt dem Gott El verdankt wird, fehlt; überhaupt ist aus dem kanaanäischen Raum bisher kein Weltschöpfungsmythos bekannt geworden. So hat man häufig vermutet, daß in dem alttestamentlichen Titel »Schöpfer Himmels und der Erde« die Prädikate zweier verschiedener Götter zusammengeflossen seien. Es gibt bisher jedoch kein Gegenstück zu »El, Schöpfer der Erde«, etwa »Eljon,

Schöpfer des Himmels«. Zwar wird Baal mit dem Himmel verbunden, aber er heißt nicht Schöpfer, sondern ist als Baal Schamaim der »Herr des Himmels«, in dem er wohnt. Dagegen wird in den ugaritischen Mythen El mit Attributen, wie »Vater der Götter«, »Vater der Menschheit« oder »Schöpfer der Geschöpfe«, die Erschaffung von Göttern und Menschen zugeschrieben, in den genannten westsemitischen Inschriften auch die Erschaffung der Erde und im Alten Testament schließlich die Erschaffung des Himmels und der Erde. Auf Grund dessen wird man El als den Schöpfergott ansehen können, auch wenn keine Kosmogonie erhalten ist. In Israels Umwelt hat man anscheinend unterschieden (u.§ 11f) zwischen dem Schöpfer- und dem Vegetationsgott, der stirbt und aufersteht, dadurch die Natur erhält bzw. wiederaufleben läßt. Diese Trennung ist in der Religionsgeschichte auch sonst geläufig.

3. Als »König«, der als »heilig« und »weise« gilt, steht El in den ugaritischen Mythen an der Spitze des Götterkreises. Aber El ist im Kult nicht der »höchste« Gott. Der Haupttempel in Ugarit war Baal gewidmet. Weil Baal als Lebensspender den Verehrern wichtiger war, spielte er auch im Kult eine bedeutendere Rolle. Baal ist der »nahe«, El der »ferne« Gott, der, religionsphänomenologisch gesprochen, mehr und mehr die Stelle des »Deus otiosus« einzunehmen scheint. Dem entspricht nicht nur seine Schöpfereigenschaft, sein freundlich-gütiges Wesen, sein Alter, sondern auch in der räumlichen Vorstellung sein Wohnsitz, der in mythische Weite entrückt ist. Er liegt »an der Quelle der beiden Ströme, inmitten der Flußbetten der beiden Abgründe«, d.h., wo die Wasser der Ober- und Unterwelt zusammenstoßen. Zwar ist El von den Kämpfen, die die Götterwelt erschüttern, nicht unmittelbar betroffen, aber er ist nicht aus der Herrschaft verdrängt. Er ist noch nicht zum sog. »Hochgott« geworden, der im Leben der Gemeinschaft keine Aufgabe mehr hat und darum auch keine Verehrung genießt. El empfängt im Mythos noch Opfer oder tritt als Beschützer der Dynastie auf, offenbart sich dem König im Traum, um ihm – ähnlich wie der Vätergott – Nachkommenschaft zu verheißen.

In späteren westsemitischen Inschriften ist die Bedeutung Els noch mehr zurückgetreten: Baal nimmt die erste Stelle ein, El ist auf den zweiten Platz verdrängt. Schließlich wird im Palmyra der Spätzeit und anderwärts Baal (bzw. Bel) zur Hauptgottheit. Auch der Gott El hat also seine Geschichte.

b) Der Gott Baal

Das Alte Testament enthält keine Polemik gegen den Gott El – um so mehr gegen Baal. Israel hatte sich vielleicht schon in der Richterzeit, jedenfalls intensiv in der Königszeit, mit ihm auseinanderzusetzen. Die Gegensätze verschärften sich allmählich so, daß der Kampf zwischen Jahwe und Baal zum religionsgeschichtlich bedeutendsten Ereignis wurde. Schon

Gideon, dessen eigentlicher Name Jerub-Baal »Baal streitet« lautete, riß nach der Überlieferung einen Baalaltar mit Aschere ein (Ri 6,25ff; vgl. die Kultgemeinschaft mit »Baal Peor«, Num 25; Hos 9,10). Auch sonst berichtet das Alte Testament, daß Baal ein Altar oder gar ein Tempel geweiht ist und ihm Opfer dargebracht werden (1 Kön 16,31f; 18,25f; Hos 11,2; Jer 11,13.17 u.a.). Man küßt das Stierbild, das Baal darstellt (1 Kön 19,18; Hos 13,2). Ihm dienen Priester und Propheten; er vermag Gebete zu erhören (1 Kön 18,19ff; 2 Kön 10,19ff u.a.) und zu heilen (2 Kön 1).

1. Nach dem Zeugnis der Propheten Elia (Elija) und Hosea scheint der Abfall zu Baal im *Nordreich* früher und stärker geschehen zu sein. Im Südreich geht erst Jeremia am Ende des 7.Jh. gegen die Baalisierung der Jahwereligion vor (noch nicht Jesaja, Micha, aber auch Amos im Nordreich nicht). Gab es das Nebeneinander von El und Baal hier vorher nicht? Oder trug in Jerusalem schon (El) Eljon auch Züge Baals (vgl. Ps 48,3; u.§ 13,4)? Außerdem sind nur kurze Nachrichten von einem Baaltempel in Jerusalem erhalten (2 Kön 11,18; 21,3; 23,4; Jer 2,28; Zeph 1,4 u.a.). Schließlich bestätigen die Eigennamen auf den Inschriften von Lachisch und Arad gegenüber den Ostraka von Samaria: Im Süden war die Baalverehrung weit weniger verbreitet.

Aus Israel liegen ausführliche Berichte vor. Etwa seit der Mitte des 9.Jh. brach dort der Kampf zwischen den Religionen auf. Auch die Frau des Königs Ahab, die phönizische Prinzessin Isebel, brachte aus ihrer Heimat die Baalverehrung mit. So wurde in der Hauptstadt Samaria ein Baaltempel errichtet, den erst Jehu zerstörte (1 Kön 16,31f; 2 Kön 10,18ff). Dieser Kult war kaum eine völlige Neuerung; er hatte sich seit je, im Lande verstreut, an den Ortsheiligtümern vollzogen. Nun wurde er zum offiziellen Staatskult, der vom königlichen Hof selbst gepflegt und geschützt wurde. Die in dieser Epoche häufigen baalhaltigen Personennamen machen die Gefahr für den Jahweglauben deutlich. Bei allem bleibt jedoch unbekannt, unter welcher Erscheinungsform Isebel die Baalgottheit einführte: Wurde in Israel jetzt Melkart, der Stadtgott von Tyrus, oder der »Baal des Himmels« verehrt? Auch im »Gottesurteil auf dem Karmel« (1 Kön 18,16ff) wird die Gottheit nirgends näher bezeichnet, etwa als »Baal Karmel«. Falls die einzelnen Erzählungen nicht nachträglich verallgemeinert sind, wurde der Kampf nicht mit einem Ortsgott in seiner bestimmten Ausprägung, sondern mit Baal selbst geführt, der unter verschiedenen Namen auftreten kann. Ähnlich erscheint der Gott in den ugaritischen Mythen nicht in irgendeiner lokalen Sonderart, vielmehr als der universale Baal. Nur der König Ahasja läßt in der Szene, die zur Begegnung mit Elia führt (2 Kön 1), konkret »Baal Sebub, den Gott von Ekron« befragen, aber dieser Eigenname »Herr der Fliegen« ist wahrscheinlich eine Entstellung des allgemeinen Titels Baal Sebul »Fürst Baal« (vgl. später »Beelsebul, Herrscher der Dämonen« Mt 12,24.27; 10,25; Mk 3,22).

Nach Elias Auseinandersetzung im 9.Jh. kann Hosea im 8.Jh. einerseits das Gotteswort weitergeben: »El/Gott bin ich« (11,9; vgl. Immanu-el »Gott mit uns« Jes 7,14), andererseits gegen die Verehrung der Baale vorgehen (Hos 11,2 u.a.). Klingt in dem verschiedenen Umgang mit den Gottesnamen bzw. -bezeichnungen der Unterschied der Gottheiten nicht noch nach?

Im Laufe der Zeit verliert auch das Bild, das das Alte Testament von dem kanaanäischen Gott entwirft, an Schärfe; es wird immer allgemeiner und blasser. Schon die Propheten Hosea (2,15.19) und Jeremia (2,23; vgl. 2,8; 9,13), weitgehend das deuteronomistische Geschichtswerk (Ri 2,11; 3,7 u.a.) und vollends die Chronik reden von Baal im Plural. Gelten vielleicht zunächst die örtlichen Erscheinungsformen polemisch-verächtlich als verschiedene Einzelgötter, so werden die Baale schließlich zum Inbegriff für »ausländische Götter« (1 Sam 7,4; vgl. Hos 3,1) überhaupt. Darum kann sich das erste Gebot im wesentlichen gegen die Baale und Ascheren richten (Ri 2,11ff; 10,6ff; 1 Sam 12,10 u.a.). Wieweit diese Sicht berechtigt ist oder nur aus dem Rückblick nach der vorgenommenen Kultzentralisation entworfen wurde, ist schwer zu entscheiden. Wenn die heiligen Stätten der Gefahr der Baalisierung ausgesetzt waren oder ihr gar erlagen, so war dort unter fremdem Namen doch wohl Jahwe gemeint. Der Unterschied zwischen falschem Jahwegottesdienst und echter Baalverehrung hatte sich verwischt. Es wird in Israel, wenn auch räumlich und zeitlich begrenzt, eine Gleichsetzung von Jahwe und Baal gegeben haben (vgl. den Personennamen Bealja »Baal ist Jahwe«, 1 Chr 12,6); nur so wird die prophetische Kritik verständlich, die sich gleichzeitig gegen Götzendienst wie gegen die Entstellung des eigenen Gottesdienstes wendet. Jedenfalls läßt sich von der Richterzeit über Elia, Hosea, Jeremia bis zum deuteronomistischen und chronistischen Geschichtswerk eine gewisse Geschichte des Gegensatzes zwischen Jahwe und Baal nachzeichnen, die ihre Steigerung, ihren Höhepunkt und ihren Abfall zur Typisierung und Generalisierung hat, bis sogar – wegen der Verheißung Hos 2,19 (vgl. Ex 23,13) – das Wort Baal bei Eigennamen zu Boschet »Schande« verdorben wird (2 Sam 2,8ff gegenüber 1 Chr 8,33ff).

2. Trotz der lebhaften Auseinandersetzung des Alten Testaments mit der kanaanäischen Religion tritt das Wesen Baals kaum deutlich hervor. Vielleicht ist Baal »Herr, Besitzer« nur der Titel dieses Gottes, sein Eigenname Hadad (vgl. Sach 12,11); zumindest werden beide schon früh identifiziert, weil sie den gleichen Wirkungsbereich haben. Ein anderer Gott ähnlichen Charakters ist Dagin (vgl. 1 Sam 5,2ff). Baal ist der *Wettergott*, der über Wind, Wolken und Regen gebietet und mit Donner und Blitz erscheint (daher sein Titel »Wolkenfahrer«, o.§ 9a,2). Damit ist er zugleich *Vegetationsgott*, der der Erde die Fruchtbarkeit gibt. Seine Gegenwart entscheidet über Tod oder Leben des Menschen; denn die Natur stirbt ab, wenn Baal in die Unterwelt hinabsteigt, und bricht von neuem auf, wenn er zur Erde heimkehrt (u.§ 11c,2). So kann Baal in der Polemik des Propheten Hosea (2,7.10f) als Spender von Korn und Öl, Wolle und Flachs erscheinen. In den ugaritischen Mythen heißt er »der Starke, Übermächtige« (Alijan), »Fürst« (Sebul) oder »Richter, Herrscher« (Schofet); Abbildungen und figürliche Darstellungen zeigen ihn in Kampfesstellung, etwa eine Keule in der Rechten und den Blitz, gleich einer Lanze wiegend, in der Linken. Der jugendliche, siegreiche Gott beansprucht und hat Macht. Der umfangreiche Mythenzyklus aus Ugarit, der das Schicksal des Gottes Baal

erzählt, schildert den Kampf der Götter untereinander um die Königsherrschaft, die zugleich die Vormacht über den Menschen einschließt. Im Kampf mit dem Meeresgott (Jam) erringt Baal das Königtum und kann seiner Überlegenheit durch den Bau eines Tempels oder Palastes Anerkennung verschaffen. Spiegelt sich hier der Gegensatz von Land und Meer wider, so entspricht das Ringen um die Herrschaft mit dem Todesgott (Mot) eher dem jahreszeitlichen Wechsel von Sommer und Winter, Trocken- und Regenzeit, obwohl der Mythos von einer regelmäßigen, alljährlichen Wiederkehr des Geschehens nichts sagt, den Naturablauf wohl auch nur indirekt und gebrochen wiedergibt.

3. Der jugendliche Gott tritt meist zusammen mit einer *Göttin* auf. Oft ist es die »Jungfrau Anat«, Schwester und Gattin, Fruchtbarkeits- und Kriegsgöttin zugleich. Sie wird im Alten Testament nur in Orts- oder Personennamen (Ri 1,33; 5,6 u.a.) erwähnt. Dagegen nennt es Baal häufig mit Astarte (Ri 2,13; 10,6; 1 Sam 7,3f u.a.; babylonisch: Ischtar) oder Aschera (Ri 3,7; 1 Kön 18,19) zusammen, die in einem hölzernen Kultsymbol, Baum oder Pfahl, dargestellt wird (1 Kön 15,13; 2 Kön 21,3.7; vgl. Dtn 16,21; Jes 17,8 u.a.; o.§ 6b,4).

In Atargatis, der *Dea Syria*, der »syrischen Göttin« hellenistisch-römischer Zeit, sind wohl Anat und Astarte verschmolzen.

In der kanaanäischen Religion scheint die weibliche Gottheit weniger als »große Mutter«, sondern als jungfräuliche Liebesgöttin verehrt worden zu sein. Diese Ehe von Gott und Göttin wird auf der Erde im Fruchtbarkeitskult nachbildend wiederholt; er symbolisiert, was im Himmel geschieht. Jedenfalls deutet das Alte Testament an, daß mit dem Baalkult sexuelle Züge verbunden waren (Jer 2,20ff; Hos 4,13f u.a.; Ex 32,6.25 beim »Goldenen Kalb«), und erkennt hier eine vom Kanaanäischen drohende Gefahr (Gen 9,21ff; 19; 34 u.a.). Auch kann im Mythos die Zeugungskraft des Gottes durch den Stier dargestellt werden, obwohl die Gottheit grundsätzlich menschengestaltig gedacht ist. Bei griechischen Schriftstellern ist belegt, daß sich die Frau vor der Heirat einem einmaligen Sexualritus unterzog. Altorientalische wie alttestamentliche Texte berichten von am Tempel wohnenden männlichen und weiblichen »Geweihten« (Kadeschen), die sich der Prostitution hingaben (Dtn 23,18; 1 Kön 14,23f; 2 Kön 23,7 u.a.). Später wird der Fremdkult geradezu stereotyp mit »den Göttern nachhuren« (Ex 34,15f u.ö.) bezeichnet.

Die Propheten (Hos; Jer 3; Ez 16; 23) nahmen diesen Kultmythos von der göttlichen Ehe auf, um ihn auf doppelte Weise abzuwandeln, nämlich auf das Verhältnis von Gott und Volk umzudeuten und zugleich durch die Ansage des Ehebruchs zu zerstören. So hat die im ersten Gebot ausgesprochene Ausschließlichkeit den Mythos umgewandelt. Die Vorstellung einer Gemeinschaft von Gott und Göttin konnte Israel wenigstens grundsätzlich nicht anerkennen, aber es konnte und mußte Baal den Fruchtbarkeitssegen entreißen. Jetzt gab Jahwe den Regen (schon Gen 2,5; 7,4; 8,22 J; 1 Kön 17f; Jer 5,24; Sach 10,1f) und damit den Ertrag des Landes (Hos 2; Dtn 11,13ff; 28,2ff; 33,13ff u.a.). Die Aufgabe Baals ist auf Jahwe übergegangen; denn er hatte Israel ins Kulturland geführt. Damit wurde die Natur von der Geschichte her verstanden. Weil sich das erste Gebot auch im neuen Lebensbereich durchsetzen mußte, wurde der Nomadengott des Exodus und der Führer der heiligen Kriege zum Spender der Fruchtbarkeit.

§ 11 Die neuen Gottesaussagen

a) Das »Königtum« Gottes

Die neutestamentliche Erwartung der Königsherrschaft Gottes, um die auch das Vaterunser bittet: »Dein Reich komme«, konnte an alttestamentliche Hoffnungen anknüpfen. Ist die Aussage von einem Königtum Gottes, die grundlegend und umfassend Gottes Macht und Wirksamkeit zu umschreiben scheint, aber ursprünglich durch Israels Gottesverständnis geprägt?

1. Schon der lexikalische Überblick zeigt, daß dem Begriff des göttlichen »Königtums« im Alten Testament keine entsprechend große Bedeutung zukommt. Die insgesamt relativ geringen Belegstellen sind recht ungleichmäßig verteilt, häufen sich nur in hymnischen Abschnitten des Psalters. Schon dieses Verhältnis spricht gegen die Annahme, daß die Aussage von Jahwes Königtum eine Urgegebenheit für den israelitischen Glauben war. *M.Buber* (Königtum Gottes, 1932: Werke II, 1964, 490) wollte bereits »für die Frühzeit Israels die Glaubensvorstellung eines Volkskönigtums Gottes als eine aktuell-geschichtliche erweisen« und beschrieb den Sinaibund als einen Königsbund. Auch sonst hat man gerne zwischen den beiden Vorstellungen von Jahwe als König des Volkes und als König der Welt unterschieden. Im Gedanken von Jahwes Königtum über Israel sah man eine nomadisch-altisraelitische Tradition, die später zur Proklamation der Weltherrschaft Jahwes ausgeweitet wurde. Die wenigen einschlägigen Stellen im Pentateuch, die von Jahwes Königtum reden (Ex 15,17f; Num 23,21; Dtn 33,5.26), stammen aber alle erst aus der Zeit im Land oder sind sogar kaum vor die Anfänge der Königszeit zu datieren. Schließlich häufen sich Personennamen, die mit *melek* »König« zusammengesetzt sind, erst in der (späteren) Königszeit. Den frühen Überlieferungen Israels ist ein göttliches Königtum demnach unbekannt: Weder der Vätergott noch der Gott vom Sinai und des Exodus wurden als »König« verehrt.

2. Im Kulturland begegnete den israelitischen Stämmen aber der Glaube an eine umfangreiche Götterfamilie mit einem königlichen Herrscher an der Spitze. Um die fremden Götter ihrer Vormacht im Lande zu berauben, zog Jahwe Wesenszüge dieser Götter auf sich, verkündete Israel: »Jahwe – und nicht El oder Baal – ist König«. In der ältesten sicher datierbaren Stelle, die von Jahwes Königtum redet, wirkt noch der Vorstellungshorizont der Umweltreligion nach. Die Berufungsvision des Propheten Jesaja (6,1–5) bietet in der Himmelsszene ein typisches Bild:

Jesaja sieht den Herrn sitzend auf einem hohen und erhabenen Thron. Sechsflügelige Seraphen stehen vor ihm und rufen einander zu:
»Heilig, heilig, heilig ist Jahwe Zebaot;
die Fülle der ganzen Erde ist seine Herrlichkeit.«
Da bricht Jesaja in Klage aus: »Wehe mir! Ich muß schweigen (vergehen) . . .; denn meine Augen haben den König Jahwe Zebaot gesehen!«

Der gleiche Vorstellungszusammenhang – dem Gottkönig, der als »heilig« gilt, wird von einem himmlischen Hofstaat »Ehre« dargebracht – ist mehrfach bezeugt. Der sog. Gewitterpsalm (Ps 29,1f.9), bei dem man seit langem kanaanäische Herkunft vermutet, fordert die »Göttersöhne« auf, dem himmlischen König »Ehre« zu erweisen. Ps 97, ein Hymnus auf den König Jahwe, mahnt sogar die Götter, sich vor Jahwe niederzuwerfen (V 7; ähnlich Ps 96,7ff u.a.; vgl. § 11b,2). Jahwe tritt jeweils als Oberhaupt eines Kreises ihm höriger Wesen auf.

Der gesamte Überlieferungskomplex ist Israel vorgegeben; er ist ähnlich in den ugaritischen Mythen belegt. Wie das Alte Testament Götter und Göttersöhne zur Proskynese vor ihrem König auffordert, so bringen dort die Götter dem König El huldigend Ehre dar. Mit dem Titel »König« wird El geradezu als Oberhaupt der Götterversammlung bezeichnet. Wenn Jahwe in einer Schar ihm ergebener göttlicher Wesen thront, so hat Israel allem Anschein nach die mythischen Vorstellungen, die um den kanaanäischen Königsgott kreisen, auf Jahwe übertragen.

Aber Jahwe hat auch Züge des Königtums Baals angenommen. In den gleichen Mythen gilt der Zaphon als der »heilige« und »liebliche« Berg, auf dem der Wettergott nach dem Sieg über seine Feinde thront. Mit diesen Vorstellungen vom königlichen Gottesberg im Norden schmückt das Alte Testament Jahwes Wohnstätte auf dem Zion:

»Sein heiliger Berg, schön an Höhe,
ist die Freude der gesamten Erde,
der Berg Zion, der Gipfel des Zaphon,
ist die Stadt eines großen Königs.«
(Ps 48,3; vgl. Jes 14,13f)

Auch das Bekenntnis »Jahwe herrscht als König in Ewigkeit« (Ps 146,10; Ex 15,18; Ps 29,10 u.a.) könnte auf kanaanäische Vorstellungen zurückgehen. Im Mythos wird nämlich Baal eine Königsherrschaft auf unbegrenzte Zukunft zugesagt:

»Du sollst erhalten dein ewiges Königtum,
deine Herrschaft für Geschlecht um Geschlecht!«

Zu dieser Verheißung bietet ein später Psalm (145,13) eine fast wörtliche Parallele; im Kult kann sich so formelhafte Sprache über lange Zeit erhalten haben:

»Dein Königtum ist ein Königtum für alle Zeiten,
und deine Herrschaft (währt) für Geschlecht um Geschlecht.«

Hat man schließlich in Aussagen über Jahwes herrschaftliches »Richten« der Götter und der Erde (Ps 82; 96,13; 98,9) Nachwirkungen des Königtums Baals zu suchen?

3. Erkennt man, daß ein göttliches »Königtum« in Israels frühen Traditionen nicht sicher bezeugt, der kanaanäischen wie überhaupt der altorientalischen Religion aber geläufig ist und eine Reihe von Verbindungen zwischen ugaritischen und alttestamentlichen Texten besteht, so ist die Schlußfolgerung kaum zu umgehen: Jahwes »Königtum« ist ein Erbe Kanaans. Israels Gott hat das Königtum beider Götter, Els und Baals, auf sich vereinigt.

Beide Ausprägungen weisen nach Jerusalem, der »Stadt eines großen Königs« (Ps 48,3; vgl. 47,3). Hier ist nicht nur die Hofstaat- (Jes 6), sondern auch die Götterbergvorstellung (Ps 48,3) zu Hause; der König thront im Tempel (vgl. später: Jer 8,19; 17,12; Ez 43,7; Sach 14,16f; zum Zion auch Jes 52,7; Mi 4,7 u.a.). Vielleicht wurde schon der vorisraelitische Stadtgott von Jerusalem als »König« verehrt; denn der Name des Priesterkönigs lautet ja *Malki-sedek* »(Mein) König ist (der Gott) Sedek« (Gen 14,18; Ps 110,4). Die Übertragung der Königsvorstellung braucht jedoch keineswegs nur in Jerusalem erfolgt zu sein; denn auch die verschiedenen örtlichen Elgottheiten können Königsgötter gewesen sein (vgl. etwa den Namen des Königs von Gerar *Abi-melek* »Mein Vater ist König« Gen 20,2 u.a.). Allerdings werden diese vielfältigen Berührungspunkte überall im Land durch die Angaben des Alten Testaments kaum zugänglich. Die Thronvorstellung, die im Zusammenhang mit der Lade (1 Sam 4,4; 2 Sam 6,2: »der Kerubenthroner«; o.§ 9a,2), aber auch unabhängig davon (1 Kön 22,18ff) außerhalb Jerusalems bezeugt ist, könnte einen Anhalt für die Vermutung bieten, daß Jahwe schon am Tempel von Schilo zum König proklamiert wurde. Ein eindeutiger Beleg für Jahwes »Königtum« aus vorstaatlicher Zeit liegt jedoch nicht vor.

4. Offensichtlich bezeichnet der Titel »König« zunächst – ganz mythisch – den einen Gott als Herrscher über die anderen Götter. Das gilt

nicht nur für die ugaritischen Mythen, sondern entsprechend für den übrigen altorientalischen Raum. In Ägypten wird etwa Amun (-Re), in Babylon Marduk als »König der Götter« angesehen. Die Königsherrschaft Gottes zielt in erster Linie also nicht auf das Verhältnis Gottes zu seinen Verehrern. Den Menschen ist der Gott ja als Gott überlegen, während der Titel König ein Hervorgehobensein unter gleichen bezeichnet. Allerdings schließt der Herrschaftsbereich des Götterkönigs Erde und Menschen ein.

Diese mythische Vorstellung hat Israel auf Jahwe übertragen:

»Ein großer Gott ist Jahwe
und König über alle Götter.«
(Ps 95,3; vgl. 96,4; 97,7.9)

Doch begnügte sich der Glaube nicht mit Jahwes Vorrang über die anderen Götter, sondern entmachtete sie völlig. Der Götterkönig wurde zu einem Herrscher über ihm untergebene himmlische Wesen, die seiner Macht unterstehen und ihm zu Diensten sind (Ps 103,19ff; Hi 1f). So bildet der in Israels Umwelt verehrte und nun im Alten Testament depotenzierte Götterkreis Jahwes Hofstaat, bis der Ausschließlichkeitsanspruch Jahwes zur Leugnung der Götter überhaupt führen kann (vgl. Ps 96,5).

Die Wandlung, die die Vorstellung vom göttlichen König in Israel erfährt, greift noch tiefer. Fehlen in den ugaritischen Mythen nur zufällig Analogien für Jahwes häufige Benennung »König Israels« oder »unser/euer/mein König«? Gewiß wird auch im kanaanäischen Raum wie sonst im alten Orient die Gebetsanrede »mein König« möglich sein. Aber nur der Mythos begründet die Königsherrschaft des Gottes, indem er erzählt, wie der Gott die Vormacht erlangt hat. Dieser Mythos entfiel in Israel. Damit wurden jedenfalls im Ansatz die Vorstellungen aufgegeben, in denen das himmlische Königtum analog irdischer Sozialstruktur mit dem König als Spitze des Staates gedacht ist (vgl. § 6b,7). Wie die mythische Hochzeit von Gott und Göttin im prophetischen Gleichnis auf das Verhältnis von Gott und Volk umgedeutet wird, so wird aus dem König der Götter ein König über Israel: »Jahwe, unser König, er wird uns helfen« (Jes 33,22; vgl. den Eigennamen *Malki-schua*ᶜ »Mein König ist Hilfe« 1 Sam 14,49 u.a.).

5. Jahwes königlicher Herrschaftsbereich war demnach nicht ursprünglich auf Israel beschränkt und dehnte sich dann auf die Welt aus. Der Gang der Geschichte verlief eher umgekehrt: Der »König auf Erden« – diese Bezeichnung ist im Mythos belegt – wurde zum Volkskönig. Ein Satz wie »Jahwe ist König über die ganze Erde« (Ps 47,8) fällt grundsätzlich noch in den Rahmen kanaanäischer Gottesaussagen; denn die Ausdehnung der Herrschaft über die Erde und die Menschen ist mit dem Vorstellungskreis des göttlichen Königtums vorgegeben (vgl. noch Jes 6,3 oder den vielleicht traditionellen Titel »Herr der ganzen Erde« Jos 3,11.13; Ps 97,5 u.a.). Insofern ist der »*Universalismus*« ein Wesensmerkmal kanaanäischer Religion.

Israel begegnete ihm bereits im Lande und brauchte ihn nicht erst in seiner Spätzeit selbst zu entwickeln. Jene frühere Sicht eines religionsgeschichtlichen Entwicklungsprozesses ist aber soweit berechtigt, als dieser kosmisch-universale Ansatz im Alten Testament vielfach ausgebaut und gesteigert wurde.

Schon die Texte, die Jahwes Königtum über die Völker proklamieren (Ps 47,9; Jer 10,7; Sach 14,13ff u.ö.), gehen kaum mehr unmittelbar auf außerisraelitische Traditionen zurück; denn die Aussage, daß ein Königsgott über die Völker herrscht, ist sonst anscheinend nicht bezeugt. Sind in Israel mythische Vorstellungen vom Götterkampf zum Völkerkampf umgeprägt worden (u.§ 13,5)? Jedenfalls wird so ein weltweites Regiment Gottes verkündet. Unüberbietbar ist die räumliche Entgrenzung des Machtbereiches in Ps 103,19, der die kanaanäische Vorstellung vom Himmelskönig inmitten seines Hofstaates ausgestaltet:

»Jahwe hat seinen Thron im Himmel aufgestellt,
und seine Königsmacht herrscht über das All.«

Dieser im Alten Testament vorgenommenen Erweiterung der göttlichen Königsherrschaft im Raum kann eine Ausdehnung auf »alle Zeiten« entsprechen (Ps 145,13; Dan 3,33; 4,31; vgl. Ex 15,18; Ps 29,10; 146,10). Doch übergeht dieser Zug ins Kosmische das Individuelle nicht. Zu dem Gott, dessen Reich räumlich und zeitlich ohne Ende ist, fleht der einzelne vertrauensvoll: »Mein König und mein Gott« (Ps 5,3; 84,4; 145,1 u.a.). Eben weil Gott überall und allezeit herrscht, ist er Gott des einzelnen; Universalismus und Individualismus entsprechen sich (vgl. Ps 103,1f.19). So könnte man ein wenig zugespitzt zusammenfassen: Jahwe wurde vom König über die Erde zum König über die ganze Welt und alle Zeit, vom König über die Götter zum König über Israel und den einzelnen.

6. In der Spätzeit wird Jahwes Königsherrschaft mehr und mehr zur *Verheißung* einer erst kommenden Wirklichkeit. Der Exilsprophet Deuterojesaja verkündet für die nächste Zukunft einen neuen Exodus des verbannten Volkes im Zusammenhang mit einer Thronbesteigung Gottes von weltweiter Bedeutung:

»Wie lieblich sind auf den Bergen die Füße des Boten,
der Frieden verkündet, gute Nachricht bringt, Heil ansagt,
der zu Zion sagt: ›Dein Gott ist König geworden!‹
Horch, deine Wächter erheben die Stimme,
jubeln zugleich;
denn Auge in Auge sehen sie,
wie Jahwe heimkehrt zum Zion.
Brecht in Jubel aus und frohlockt allesamt,
Trümmer Jerusalems;
denn Jahwe tröstet sein Volk, erlöst Jerusalem.« (Jes 52,7–9)

Wie Deuterojesaja in seiner Verkündigung das Eintreffen eines kommenden Ereignisses vorwegnehmen kann, indem er bereits in seiner Gegenwart zum Lob der künftigen Gottestat auffordert (Jes 42,10–13), so greift er weit über die Exilssituation hinaus, wenn er schon jetzt den Siegesboten nach Jerusalem eilen sieht. Plastisch beschreibt er, wie die Füße den Herold von Berg zu Berg in die Stadt tragen, um ihr die Friedensnachricht zu bringen: »Dein Gott ist König geworden!« Das ist kein Inthronisationsruf, mit dem der neue Herrscher bei der Thronbesteigung in seine Stellung eingesetzt wird, sondern eine Proklamation, die das bereits vollzogene Geschehen dem Land bekanntgibt (vgl. Ps 96,10: Sprecht unter den Völkern: »Jahwe ist König geworden!« und 2 Sam 15,10). Diese Botschaft ist den Hörern kaum völlig neu (Ps 47,6; 93,1 u.a.); auch Israels Umwelt ist der Ruf wohlvertraut.

Nach dem babylonischen Weltschöpfungsepos *Enuma elisch*, das am Neujahrsfest verlesen wurde, erkennen die Götter an: »Marduk ist König!«, bei einer Prozession zum Tempel des Gottes Assur rief ein Priester: »Assur ist König!«, und im ugaritischen Mythos heißt es: »(Der Meeresgott) Jam ist tot, Baal ist König!«

Ein ähnlicher Ruf ist im Alten Testament bei der Inthronisation eines irdischen Königs belegt: »König geworden ist . . .« (2 Sam 15,10; 2 Kön 9,13; vgl. 1 Kön 1,18). Auf Grund dieser und der babylonischen Parallelen erschloß *S.Mowinckel* (1922; ähnlich schon *P.Volz* 1912) ein Thronbesteigungsfest Jahwes, das am Herbst- bzw. Neujahrsfest begangen worden sein soll (vgl. § 9b3). Hauptbelege sind die sog. Thronbesteigungspsalmen 47; 93; 96–99, auch Jahwe-Königs-Lieder genannt. Ihnen ist eben jener Ruf (mit betont vorangestelltem Subjekt) »Jahwe ist König geworden« oder, wie man auch übersetzen kann, »Jahwe herrscht als König« gemeinsam. Ob Israel wirklich ein solches Fest gefeiert hat, bleibt höchst umstritten; doch mag es einen gottesdienstlichen Akt mit jenem Ruf gegeben haben (vgl. Ps 47,6: Gott »stieg auf unter Jubel«; dazu 1 Kön 1,35.40.45). Vielleicht deutet das Wechselgespräch Ps 24,7ff auf eine Ladeprozession am Tempeleingang hin, bei der Jahwe als »König der Ehren« verkündet wurde (vgl. weiter Ps 48,13f; 68,25).

Die Thronbesteigungspsalmen sind stark hymnisch geprägt, aber formal uneinheitlich und stammen aus verschiedenen Zeiten. Als vorexilisch können am ehesten Ps 47 und 93 gelten, während die anderen Psalmen jüngeres Gedankengut in sich aufgenommen haben. So wird die Tradition einerseits alt und dem Exilspropheten vorgegeben sein, andererseits bis in spätnachexilische Zeit (Sach 14,16ff) weiterwirken.

Der Prophet faßt die Wirklichkeit jenes Wortes als noch ausstehend auf und kündigt sie als unmittelbar bevorstehend an. Außerdem wandelt er die übernommene Formel »Jahwe ist König geworden« in einen Zuspruch, »*Dein* Gott« ab, wie er statt vom »Wort Jahwes« vom »Wort *unseres* Gottes« reden kann (40,8), um im Rahmen seiner Trostbotschaft die Zuwendung Gottes zu seinem Volk schärfer hervortreten zu lassen. Obwohl gerade Deuterojesaja eine Offenbarung Gottes vor »allen Enden der Erde« verheißt, gebraucht er den Königstitel nie absolut, sondern sagt den Hörern zu, daß Gott »euer König« (43,15), der »König Israels« ist (44,6; 41,21 in Auseinandersetzung mit fremden Göttern). Die konkrete Exilssituation wird schließlich in der Umgestaltung der Szene selbst spürbar: Obgleich Gott als Sieger in seine Stadt einzieht, liegt sie in Trümmern; denn die Babylonier haben ja Jerusalem zerstört. Die Wächter sehen nicht nur den Boten, sondern »Auge in Auge« Gott selbst, der nach Zion heimkehrt. Indem sich der Prophet des dramatischen Mittels der »Mauerschau« bedient, braucht er nicht Gottes Kommen, sondern nur dessen Begleitumstände zu schildern. Gott wird selbst nicht zum Bild, nur seine Ankunft wird dargestellt. Sie wird allerdings so bedeutsam, daß sie den eigentlichen Anlaß der Verkündigung, die Heimkehr der Exulanten, völlig verdrängt.

Ist Deuterojesaja der erste, der eine Königsherrschaft Gottes erwartet? Auch einem Wort im Ezechielbuch gilt das Königtum als künftiges geschichtliches Ereignis: Gott wird die Herrschaft ausüben.

»Mit starker Hand und ausgestrecktem Arm und ausgeschüttetem Grimm will ich über euch als König herrschen, euch aus den Völkern herausführen und euch aus den Ländern sammeln, in die ihr zerstreut seid ... Dann bringe ich euch in die Wüste der Völker und stelle mich dort euch Angesicht zu Angesicht vor Gericht.« (Ez 20,33–35)

Der neue Auszug wird anders als der erste Exodus nicht nur ein geschlossenes Volk aus einem einzigen Land (Ägypten) führen, sondern die unter die Völker weit Zerstreuten herbeiholen. Allerdings trägt das Wort Doppelcharakter: In diesem Befreiungsakt erweist Gott seine Königsmacht, richtet aber zugleich sein Herrenrecht auf. Heimkehr und Rückführung in die Wüste sind nicht nur heilvoll, sondern eröffnen das Gericht, das – in unmittelbarer Begegnung »von Angesicht zu Angesicht« (vgl. 1 Kor 13,12) – zwischen den Getreuen und den Untreuen scheidet. Kriterium ist wieder das erste Gebot: Wer sich am Götzendienst beteiligt, erfährt keine neue Landnahme.

In Deuterojesajas Botschaft vom Ende des Frondienstes hat die Erwartung einer Rückkehr des Volkes nur Heilscharakter. Doch stimmen beide Propheten(bücher) darin überein, daß sie zwei Traditionen zusammenfügen, die ursprünglich nicht zusammengehören: die israelitische Auszugsüberlieferung und die Königsvorstellung (vgl. auch Klgl 5,17ff). Gerade darin finden sie Nachfolger. Obwohl sich Deuterojesajas Naherwartung vom Antritt der Königsherrschaft Gottes bei der Heimkehr nach Jerusalem nicht erfüllt, wird seine Hoffnung weitergetragen, bleibt die Ausrichtung auf eine die Gegenwart verwandelnde Zukunft. Vor allem eine Reihe von Zusätzen zu verschiedenen Prophetenbüchern verbindet die Proklamation von Gottes Königtum mit der Ankündigung einer Heimführung der Zerstreuten. Die Spätzeit bedarf in der Situation, die sie bedrängt, des Zuspruchs, und so fügt sie ihre Hoffnungen den Worten der Propheten bei, die in ihrer Unheilsbotschaft die gegenwärtige Notlage angedroht hatten.

»Fürwahr, ich werde ganz Jakob sammeln
und den Rest Israels zusammenbringen ...
Der Durchbrecher zieht vor ihnen herauf ...
Ihr König schreitet vor ihnen her,
Jahwe an ihrer Spitze.«

In diesem Einschub in das Michabuch (2,12f) ist die Gerichtsdrohung ein für allemal fallengelassen. Gott führt als »Durchbrecher« das geeinte Volk, Nord- wie Südreich, den Weg in die Freiheit. Gottes Macht vollbringt die Tat, und so folgt der Sammlung und Wiedervereinigung die endgültige Königsherrschaft. Sie wird von unbegrenzter Dauer sein und läßt zugleich die Diaspora zum »Rest«, zum Grundbestand eines neuen Volkes, werden:

»Ich mache das Hinkende zu einem Rest
und das Versprengte zu einem starken Volk.
Jahwe wird König sein über sie auf dem Berg Zion
von nun an bis in Ewigkeit.« (Mi 4,7)

Zur Wiederherstellung des Verlorenen kann auch die Erneuerung der alten Besitzverhältnisse gehören, so daß altes Unrecht wiedergutgemacht wird; aber – trotz aller Vergeltung – Jahwe, nicht Israel gebührt die Herrschaft (Obd 19–21). Wo sich mit dem Gedanken an Gottes Königsherrschaft politische und nationale Erwartungen, wie Freiheit und Einheit des Volkes in seinem eigenen Land, verknüpfen, bleibt die Hoffnung konkret. Der König wird anscheinend als Führer des Heimkehrerzuges verstanden. So wird durch die Überlagerung der Exodustradition auch die Kulturlandvorstellung vom »Königtum Gottes« gleichsam nomadisiert, also mobilisiert.

Die Späteren, in deren Gedanken sich bereits die Apokalyptik ankündigt, greifen mit ihren Erwartungen weiter aus. Sach 14 droht für »jenen Tag« das Gericht über Jerusalem wie über die fremden Völker an, aber nur als Voraussetzung des Heils. Die Scheidung, die – analog zu der im Jahwekrieg erfolgenden Auswahl eines »Restes« Israels – unter den Völkern vorgenommen wird, ist nur Vorbedingung für die Teilnahme der Völker an der Jahweverehrung. »Jahwe selbst hat die Völker herbeigeführt, um sie im Kampf zu besiegen und sie so zur Anerkennung seines Königtums zu bringen« (*H.-M.Lutz*, 53). Wer nicht am Kampf teilnimmt oder aus ihm gerettet hervorgeht, wird alljährlich nach Jerusalem pilgern, um Jahwe als König anzubeten:

»Alle, die übrigbleiben aus all den Völkern, die gegen Jerusalem zogen, werden Jahr für Jahr heraufkommen, um den König Jahwe Zebaot anzubeten und das Laubhüttenfest zu feiern.« (Sach 14,16)

Indem die Hoffnung über Israel hinaus die anderen Völker einschließt, hält sie an dem wesentlichen Kriterium des Jahweglaubens, seiner Ausschließlichkeit, fest. So wird die altorientalisch-mythische Vorstellung vom göttlichen Königtum radikal im Sinne des eigenen Glaubens interpretiert, nämlich durch das erste Gebot geprägt und auf Zukunft ausgerichtet:

»Jahwe wird König werden über die ganze Erde;
an jenem Tag wird Jahwe einzig sein und sein Name einzig.«
(Sach 14,9; vgl. Dtn 6,4)

Die sog. Jesaja-Apokalypse weitet den Herrschaftsbereich des Königs »auf dem Berg Zion« noch stärker aus: Jahwe wird sich nicht nur gegenüber den irdischen, sondern auch den himmlischen Mächten durchsetzen, bis er unumschränkt regiert (Jes 24,21–23). Schließlich scheint der Ausklang von Ps 22 (V 28–32) über »alle Enden der Erde« und die Nachwelt hinaus auch die Toten in die Königsherrschaft Gottes einzubeziehen.

Alles in allem hat der Königstitel nach der Übernahme in Israel und der Prägung durch die Eigenarten alttestamentlichen Glaubens einen dreifachen Wandel erfahren: Die Königsherrschaft Gottes hat sich auf die Menschen konzentriert, wurde räumlich und zeitlich ins Grenzenlose ausgeweitet und endgültig von der Zukunft erwartet. Allerdings wird Gottes Königtum nicht nur als künftig erwartet, sondern zugleich als gegenwärtig geglaubt und bekannt (Jes 6; Ps 24,9f; 93,1f; 96,10; Klgl 5,19 u.a.; vgl. § 18b,5); es ist Hoffnung und Bekenntnis, Bitte »Dein Reich komme!« wie Zuversicht, daß Gottes Wille bereits geschieht: »Dein ist das Reich.« Darum kann die Welt jetzt schon aufgerufen werden, sich über Gottes Königsherrschaft zu freuen:

»Jahwe ward König –
es jubele die Erde!«
(Ps 97,1; vgl. 98,6; Sach 2,14)

Dabei bleiben vorstellungsmäßig die Erwartungen der Königsherrschaft Gottes und des messianischen Reiches getrennt und laufen weithin unausgeglichen nebeneinander her. Überhaupt stellt das Alte Testament nur höchst selten göttliches und irdisches Königtum gegenüber (1 Sam 8,7; 12,12; vgl. Ri 8,22f) oder verbindet beides zu einer Einheit (1 Chr 17,14; 28,5; 29,11f.23 u.a.; vgl. Ps 110,1). Die Unterscheidung hat sich nicht erst später entwickelt; vielmehr entstammen beide Aussagen verschiedenen Überlieferungen und bewahren bis in neutestamentliche Zeit (vgl. 1 Kor 15,28 u.a.) weiterhin ihre Eigenständigkeit. Die nachalttestamentliche Apokalyptik konnte beide Reiche auch aufeinanderfolgen lassen: Die göttliche Herrschaft schließt sich der messianischen an. Dieser chronologische Ausgleich läßt aber die Frage nach dem Sachzusammenhang unbeantwortet (vgl. § 12d,9).

b) Der »heilige« Gott

In seinem bekannten Buch »Das Heilige« setzt *R.Otto* mit der Feststellung ein: Das Heilige lebt »in allen Religionen als ihr eigentlich Innerstes, und ohne es wären sie gar nicht Religion« ([26]1947, 6), und *S.Mowinckel* greift diese religionsphänomenologische Einsicht auf: »Die Frömmigkeit hat stets gewußt, daß sie einem Etwas gegenüberstand, das ›heilig‹ war« (Religion und Kultus, 1953, 31). Entsprechend hat man gerne die Heiligkeit »für das ganze Wesen des in Israel geoffenbarten Gottes« gehalten. In ihr fand man sowohl »Jahwes Natur, seine Eigenart« wie »das Wesen der alttestamentlichen Religion« wieder, so daß man sie als eine »Religion der Heiligkeit« darstellen konnte (*J.Hänel*). Eben das Verständnis der Heiligkeit Gottes hebe den mosaischen Glauben von den Umweltreligionen ab. Diese Einschätzung wurde bis vor kurzem auch durch religionsgeschichtliche Erkenntnisse gestützt. *W.Graf Baudissin* (Kyrios III, 1929, 208[1]) faßt seine Forschungen zusammen: »Auf außeralttestamentlichem Gebiet ist eine Bildung vom Stamme *ḳdš* (= ›heilig‹) mit Anwendung auf die Gottheit für alte Zeiten mit Sicherheit nicht nachzuweisen.«

1. Ist die Aussage von Jahwes Heiligkeit wirklich seit jeher für Israels Glauben grundlegend?

»Gott kommt von Teman,
der Heilige vom Gebirge Pharan«, sagt Hab 3,3.

Gewiß ist diese Schilderung einer Theophanie vom Sinai nicht streng historisch gemeint. Darf man sie trotzdem einmal beim Worte nehmen: Ist »der Heilige« ein Prädikat des Gottes vom Sinai? Ältere Texte (Dtn 33,2; Ri 5,5), die ähnlich Jahwes Kommen vom Berg beschreiben, enthalten das Prädikat noch nicht. Ja, im Alten Testament finden sich überhaupt erst recht spät Wesensaussagen über Gottes Heiligkeit.

Angesichts der Unheil bringenden Lade erschrecken die Philister: »Wer kann bestehen vor Jahwe, dem heiligen Gott?« (1 Sam 6,20; vgl. 2 Sam 6,6f). Diese Frage setzt aber die Anerkennung Jahwes voraus und ist, wenigstens dem Wortlaut nach, wohl den Fremden in den Mund gelegt. Vor allem taucht der Begriff »heilig« im Zusammenhang mit der Lade nur ganz vereinzelt und nicht an alten und gewichtigen Stellen auf. Sieht man von den nur schwer datierbaren Psalmen ab, so bilden deshalb Worte der Propheten Amos, Jesaja und Hosea aus dem 8.Jh. die ältesten Zeugnisse. Das Alte Testament macht zunächst nur darum einen gänzlich anderen Eindruck, weil die späte Priesterschrift den Heiligkeitsbegriff im Pentateuch so vielfältig gebraucht. Wenig charakteristisch ist der Beleg bei Amos: »Der Herr Jahwe schwört bei seiner Heiligkeit« ist nur Einleitungsformel göttlicher Rede (Am 4,2; »meinen heiligen Namen zu entweihen« in Am 2,7 ist Zusatz in priesterlicher Sprache). Das Wort Hoseas (11,9), das überraschend Gottes Freiheit zur Liebe (vgl. 14,5; u.§ 14b10) mit seiner Heiligkeit begründet: »Ich bin Gott und nicht ein Mensch, in deiner Mitte ein Heiliger«, läßt sich überlieferungsgeschichtlich kaum festlegen. (Die Parallelen Jes 31,3; Ez 28,2, die Gott und Mensch gegenüberstellen, kommen ohne den fraglichen Begriff aus.) Um so klarer läßt das Vorkommen des Ausdruckes bei Jesaja die Herkunft erkennen.

Die Berufungsszene, in der der Seraphenchor das »Heilig, heilig, heilig ist Jahwe Zebaot« anstimmt (Jes 6,3), erweckt den Eindruck, daß der Prophet hier ursprünglich Gottes Heiligkeit erfuhr. Mit der Thronvorstellung stoßen wir aber auf den vorgegebenen Überlieferungszusammenhang des himmlischen Hofstaats (bes. Ps 29,1f.9f; o.§ 11a,2). Schon die »*Göttersöhne*« gelten dem Alten Testament als »heilig«:

»Wer ist wie du unter den Göttern, Jahwe,
wer ist wie du mächtig erwiesen unter 'den Heiligen'?« (Ex 15,11)
»Die Himmel preisen deine Wunder, Jahwe,
deine Treue 'die' Schar der Heiligen.
Denn wer in den Wolken kommt Jahwe gleich,
ähnelt Jahwe unter den Göttersöhnen?
Ein Gott – gefürchtet im Rate der Heiligen,
'groß' und furchtbar über seine ganze Umgebung!« (Ps 89,6–8)

Beide Male wird die Unvergleichlichkeit dessen erfragt, der über die heiligen Götter oder »Göttersöhne« herrscht, und Angaben aus der Umwelt bestätigen, daß Israel diese Redeweise vorgefunden hat. In westsemitischen Inschriften (Jeḥimilk, Eschmunazar) ist von »heiligen Göttern« die Rede, und ein Zaubertext (aus Arslan Tasch) nennt die Gottheiten »alle Heiligen«. Nur scheint das Alte Testament die Himmelswesen wieder zu dienstbaren Geistern erniedrigt zu haben (Hi 4,18; 5,1; 15,15; Sach 14,5; Dan 4,10; 8,13 u.a.).

In den ugaritischen Mythen trägt wahrscheinlich auch der Gott El den Titel »der Freundliche und der Heilige«, während die Götter, die üblicherweise »Söhne Els« genannt werden, vielleicht »Söhne des Heiligen« heißen. Schließlich lautet der Name einer altorientalischen Göttin unmittelbar »die Heilige«. »Heilig« ist also eine alte, Israels Umwelt wohlvertraute Gottesbezeichnung. Sogar Hauptgötter scheinen dieses Prädikat zu führen.

Nach diesen Zeugnissen ist das kanaanäische Verständnis von Heiligkeit keineswegs unpersönlich-sachlich; auch kann man kaum schon darin etwas spezifisch Israelitisches sehen, daß das »Alte Testament in erster Linie Gott selbst als den Heiligen bezeichnet« (*W.Eichrodt*, TheolAT I^8, 177).

Vielmehr hat Israel diese Aussage mit seiner kanaanäischen Umwelt gemeinsam. Ja mehr: Allem Anschein nach hat Israel erst von den Kanaanäern gelernt, Jahwe »heilig« zu nennen; mancherlei Querverbindungen legen diese Schlußfolgerung nahe. Die frühen Traditionen kannten dieses Prädikat so wenig wie den Königstitel. Weder der Vätergott noch der Gott vom Sinai heißt in wirklich alter Überlieferung »heilig« (zu Ex 3,5 »heiliger Boden« o.§ 6a3,4). Vor der Einwanderung ins Kulturland und der Begegnung mit der kanaanäischen Religion scheint Israel Jahwe nicht als »heilig« verehrt zu haben, jedenfalls fehlt der Begriff. Das ist in der Religionsgeschichte eher etwas Besonderes. Üblicherweise wird die außergewöhnliche Macht, die die Religionen in Dingen, Personen oder der Gottheit erfahren, als »heilig« erfaßt, während Israel diese Gleichsetzung von Macht und Heiligkeit ursprünglich anscheinend nicht vollzog. Die Unterscheidung von Gott und Mensch wie die Wirksamkeit Gottes wurden auf andere Weise ausgesprochen.

Ähnlich wie bei dem Königstitel läßt sich vielleicht noch erkennen, an welchem Ort Israel den Heiligkeitsbegriff hauptsächlich übernahm; wieder spielt der Zion eine entscheidende Rolle. Ps 48,2 überträgt auf ihn die mythische Vorstellung von Baals »heiligem Berg« im Norden (vgl. Ps 2,6 u.ö.). Ps 46,5 weiß von »heiligen Wohnungen Eljons« zu erzählen, die jetzt als Heimstatt Jahwes gelten (vgl. 68,6; 47,9). Demnach scheint der Jerusalemer Stadtgott (El) Eljon als »heilig« verehrt worden zu sein, und Jahwe hat darin seine Nachfolge angetreten. So erklärt sich die starke Bindung der Heiligkeitsaussage an Jerusalem, »die heilige Stadt« (Jes 52,1; Joel 4,17 u.a.).

2. Auch wenn das Alte Testament Gottes »Heiligkeit« mit seiner »*Ehre*«, »Herrlichkeit« (*kabod*, wörtlich eher: »Schwere, Gewicht, Bedeutung«) verbindet, kann es an einen vorgegebenen Zusammenhang anknüpfen. Die Göttersöhne bringen nach den ugaritischen Mythen wie dem Alten Testament dem heiligen Götterkönig »Ehre« dar; der Ruf erschallt aber nicht nur in Himmelssphären (Ps 29,1f.9; 19,2), sondern dringt bis zur Erde (Jes 6,3) und wird hier aufgenommen (Ps 96,7; 24,7ff; vgl. 97,6; 57,6.12). Man wird mit der Annahme also kaum zu weit gehen, daß die wiederum in Jerusalem, speziell im Tempel (Ps 26,8), ansässige Vorstellung von Gottes »Herrlichkeit« kanaanäischer Religion entstammt. Das Alte Testament bietet vielleicht selbst noch einen Beleg dafür, daß die Ehrerweisung ursprünglich dem Gott El galt; Ps 19, dessen ersten Teil man seit langem aus kanaanäischem Gedankengut herleitet, setzt ein:

»Die Himmel erzählen die Ehre Els.«

Diese Überlieferung hat das Alte Testament später immer stärker entfaltet und verändert; die »Ehre« wird mehr und mehr zum Prädikat oder auch zur Offenbarungsweise Jahwes.

In der Priesterschrift ist die »Herrlichkeit« Gottes lichtvolle Erscheinung vom Himmel und seine Gegenwart auf Erden, die den Kult am Sinai begründet (Ex 24,15ff; 29,43ff; 40,34f; Lev 9,23f) und bei den Wanderern durch die Wüste rettend wie richtend wirkt (Ex 16; Num 14; 20; vgl. 16f). Nach dem Propheten Ezechiel (1,28; 10,18f; 11,22f) verläßt Jahwes »Herrlichkeit« das dem Untergang geweihte Jerusalem, um erst in den künftigen neuen Tempel zurückzukehren (43,2ff). In beiden literarischen Bereichen ist die Verbindung von »Heiligkeit« und »Herrlichkeit« zu Hause: wenn Gott sich »verherrlicht«, »erweist er sich als heilig« (Ex 29,43; Ez 28,22ff; 36,20ff; vgl. 38,23; Lev 10,3 u.a.). Darüber hinaus verkündet Deuterojesaja das bevorstehende Erscheinen von Gottes »Herrlichkeit«, seiner sich durchsetzenden Macht, vor allen Völkern:

»Offenbar wird die Herrlichkeit Jahwes,
und alles Fleisch sieht es zumal.«
(Jes 40,5; vgl. 60,1ff; 62,2; 66,18f; 11,10; Ps 97,6)

In unmittelbar nachexilischer Zeit (520 v.Chr.) scheint der Prophet Haggai die Verheißung aufzunehmen, bindet sie aber – in Übereinstimmung mit 1 Kön 8,11; Ex 40,34f; Ez 43 – an den Wiederaufbau des Tempels:

»Steigt hinauf ins Gebirge, holt Holz und baut das Haus –
so werde ich Wohlgefallen daran haben
und mich (dort) verherrlichen.«
(Hag 1,8; vgl. 2,7.9)

Die »Herrlichkeit« bleibt also nichts, was Jahwe an sich hat oder ist, sondern wird in der Welt wirksam (»die Erde füllen«: Num 14,21; Ps 72,19; vgl. Jes 6,3; Hab 2,14). Entsprechend versteht Israel auch Jahwes »Heiligkeit« als ein Geschehen. Sie bleibt schon bei Jesajas Berufung nicht auf die himmlische Szene beschränkt: Wegen seiner Unreinheit kann sich der Mensch nicht am Gesang des Seraphenchores beteiligen (Jes 6,5); aber die Entsündigung ist seine Beauftragung zum prophetischen Reden. Die Berufung Jeremias (1,5) vollzieht sich gar mit den Worten: »Ich habe dich geheiligt«, d.h. in Dienst genommen. Der Gegensatz von heilig und unrein braucht nicht einfach festzuliegen, sondern kann durch Berührung (vgl. Ex 29,37; Lev 6,11.20) verringert oder gar aufgehoben werden. Gottes Heiligkeit äußert sich am Menschen; wieder sind also charakteristische Wandlungen zu erkennen, die sich nach der Übernahme der Vorstellung in Israel vollzogen haben.

Erst recht zeigt dies der bereits formelhaft gewordene Gottesname »*der Heilige Israels*«. Dieser Begriff, der den Titel »Gott Israels« nachzuahmen scheint und Jesaja vielleicht schon vorgegeben ist (vgl. Ps 89,19; 71,22; 78,41), tritt bei dem Propheten meist in Anklagen und Warnungen auf (Jes 1,4; 5,19.24; 31,1). Sein Sinn wird an einer sekundären Stelle (5,16; vgl. 2,8f) am deutlichsten: Der »heilige« Gott erweist sich im Gericht an seinem Volk als heilig und setzt so seine Heiligkeit durch. Wie Jahwes Heiligkeit als Eifer bestimmt werden kann (Jos 24,19f), so wird sie hier nach dem ersten Gebot interpretiert: Gott hat allein Macht (vgl. Ez 28,22; Dtn 32,51).

Deuterojesaja behält diese Intention bei, verkündet mit derselben Wendung »der Heilige Israels« aber Gottes Heil und des Volkes kommende Erlösung (Jes 41,14.16; 43,3.14f u.a.).

3. Gerade weil die Heiligkeit aus Gottes Verhältnis zum Menschen verstanden wird, wird sie im Laufe der Zeit immer stärker auf Gott konzentriert. Gewiß kennen die priesterschriftlichen Gesetze auch eine dingliche Heiligkeit: Kultische Gegenstände sind »heilig« (1 Sam 21,5f u.a.) und können diese Qualität durch Berührung übertragen. »Heilig« wird von »hochheilig« und beides wiederum von bloßer Reinheit unterschieden und so festgelegt, wie der Mensch mit den Dingen umzugehen hat. Allerdings kann sich in der Erwartung (Sach 14,20f) die Heiligkeit auf alltägliche Dinge ausdehnen, so daß sich die Unterscheidung von »heilig« und »profan« aufzuheben beginnt.

Erst die Spätzeit braucht für Jahwe den Titel »der Heilige« absolut (Hab 3,3; Spr 9,10 u.a.). Wenn Deuterojesaja (40,25) wie ein Weisheitslehrer fragt:

»Und wem wollt ihr mich vergleichen,
daß ich (ihm) gleich wäre? spricht der Heilige«,

so mag noch die alte Vorstellung von dem Gott nachklingen, der in der heiligen himmlischen Schar thront (Ex 15,11). Der Gegensatz ist hier aber verschärft: Der eine steht – wieder im Sinne des ersten Gebots – allen anderen als einziger gegenüber:

»Niemand ist heilig wie Jahwe
– denn außer dir ist keiner –,
und es ist kein Fels wie unser Gott.«
(1 Sam 2,2; vgl. Dtn 32,51 u.a.)

Mit der Anrede: »Du bist heilig, der du thronst über den Lobgesängen Israels« (Ps 22,4; u.§ 16) spricht der Klagende, der in seiner Gottverlassenheit zu Gott ruft, einerseits die Erhabenheit oder Ferne Gottes aus, mit der er ringt, andererseits das ihm selbst vielleicht nur noch schwer nachvollziehbare Vertrauen der Väter.

Wo der Unterschied zwischen Gott und Mensch durch die Heiligkeit bestimmt wird, bleibt dieser Heilige den Menschen nahe; »heilig ist Jahwe, *unser* Gott« (Ps 99,9.3.5; vgl. Hos 11,9).

»So spricht der Hohe und Erhabene,
der ewig thront und dessen Name ›der Heilige‹ ist:
In der Höhe und als Heiliger throne ich
und bei den Geschlagenen und Gedemütigten,
um den Geist der Gebeugten zu beleben
und das Herz der Geschlagenen zu erquicken.« (Jes 57,15)

4. Das sog. Heiligkeitsgesetz (Lev 17–26) sieht schließlich die Heiligkeit des Menschen in der Heiligkeit Gottes gegründet, wenn es gebietet, Gott nachzuahmen:

»Ihr sollt heilig sein;
denn ich, Jahwe, euer Gott, bin heilig.«
(Lev 19,2; vgl. 11,44f; 20,26; Ex 22,30 u.a.)

Vielleicht ist dieser Satz, der die folgenden Einzelverordnungen vorweg zusammenfassend auslegt, nicht nur als Forderung, sondern zugleich als Feststellung gemeint: »Ihr seid heilig; denn ich bin heilig!« Ähnlich kann das Deuteronomium (14,1) seine Gebote mit einem Indikativ überschreiben und begründen: »Söhne seid ihr Jahwe, eurem Gott.« Klingen aber beide Auffassungen an, so wird verlangt, »das wirklich zu sein und zu bewähren, was man grundsätzlich« ist (*M.Noth*, ATD 6, 120). Die Gemeinde soll sich so verhalten, wie sie von Gott her schon ist; sie soll gottgemäß leben, indem sie in ihrem Dasein dem Wesen und Wirken Gottes, durch das sie begründet ist, entspricht. Liegt hier nicht das Vorbild für den Schlußsatz der Antithesen der Bergpredigt: »Ihr sollt vollkommen sein, wie euer himmlischer Vater vollkommen ist« (Mt 5,48), der den Anspruch auf »Vollkommenheit« (Gen 17,1; Dtn 18,13; vgl. Ps 15,2 u.a.) mit der dem Menschen zugesagten und zugemuteten Entsprechung (Lev 19,2 u.a.) verbindet?

c) Der »lebendige« Gott
Vorstellungen vom sterbenden und auferstehenden Gott

Mit der Bezeichnung »der lebendige Gott« scheint das Alte Testament ein ihm wesentliches Anliegen in einem Wort zusammenzufassen: Gott ist nicht abstrakte Idee, sondern begegnet konkret-personhaft; er bleibt nicht am menschlichen Geschehen unbeteiligt, sondern greift in die Geschichte ein, bestimmt jeweils neu die Gegenwart. So macht dieser Begriff wie kein anderer die Betroffenheit des Menschen durch Gott deutlich.

Für diese Auffassung, die sich in der Wirkungsgeschichte ergeben hat, bietet aber schon das Vorkommen der Wortverbindung keine rechte Stütze. Wenn man die Schwurformel »So wahr Jahwe lebt!« nicht mitrechnet, beschränkt sich die Wendung »lebendiger Gott« in ihren verschiedenen Formen insgesamt auf kaum zehn Belege; Wesensaussagen von Gott macht das Alte Testament ja überhaupt selten. Dieses Verhältnis zeigt, daß das Prädikat »lebendig« nicht von der Frühzeit an ein Theologumenon von grundlegender Bedeutung ist (anders *S.Kreuzer*). Ja, zunächst kommt in ihm gerade nichts spezifisch Alttestamentliches zur Sprache; vielmehr liegt wieder eine fremde Gottesbezeichnung vor, die Israel aufgriff: der »lebendige Gott« ist ursprünglich nicht der Gott der Geschichte, der immer wieder Neues wirkt, sondern der Gott des Mythos. Doch hat Israel den Beginn so umgedeutet, daß es in ihm seine eigenen Erfahrungen mit Gott aussprechen konnte.

1. Die Vorstellung von Gottes »Leben« findet sich am häufigsten im Eid, wie er unter Handerhebung etwa am Heiligtum zu leisten war: »So wahr Jahwe lebt« (Ri 8,19 u.v.a.). Die gleiche Schwurformel wird auch auf andere Götter angewandt. Ein schwerverständliches Wort aus dem Amosbuch (8,14) – gewöhnlich tadelt Amos keinen Fremdkult, sondern soziale Vergehen – kündigt das Gericht an:

»Die bei der Schuld (?; statt dessen ist vielleicht ein Gottesname, Aschima oder Aschera zu lesen) Samarias schwören und sprechen: ›So wahr dein Gott lebt, Dan!‹ und ›So wahr der Weg (= die Wallfahrt?, vielleicht: die Macht oder dein Liebling) lebt, Beerscheba!‹, sie werden fallen und nicht mehr aufstehen.«

Mag das Drohwort gegen wirklichen Fremdgötterkult oder nur gegen eine Verehrung Jahwes unter fremder Gestalt (Stierkult?) vorgehen – das Bekenntnis gilt kaum Jahwe allein. Die Eidesformel »So wahr Gott lebt« kann sich gleicherweise auf Jahwe wie auf fremde Götter beziehen; andere Völker wenden sich an ihren Gott (vgl. Jer 12,16; Zeph 1,5; auch Gen 31,53). Der Schwur erfolgt eben nicht allgemein beim Leben Gottes, sondern ruft den Namen eines bestimmten Gottes an; so kann der Eid bei anderen Göttern verboten werden (Jos 23,7 u.a.). Indem der eigene Gott feierlich als Zeuge und Richter eingesetzt wird, gewinnt der Schwur zugleich Bekenntnischarakter. Weil der Ausdruck »So wahr Jahwe lebt« aber in alten Pentateuchüberlieferungen fehlt, scheint Israel ihn erst im Kulturland in Anlehnung an fremde Bräuche geprägt zu haben. Aus der unmittelbaren kanaanäischen Umwelt ist allerdings ein Wort wie »Baal lebt« als Schwurformel nicht bezeugt. Aber aus Ägypten sind entsprechende Wendungen zur Erörterung des Eides (»So wahr Amon lebt« u.a.) belegt.

2. Die Schwurformel gleicht im Wortlaut dem Lob, mit dem der Beter seinen Dank an Gott für die Rettung aus der Not allgemeingültig zusammenfaßt:

»Es lebt Jahwe, und gepriesen ist mein Fels!
Erhaben ist der Gott meines Heils.« (Ps 18,47)

Der Gott, der Heil zu wirken vermag, wird als »lebendig« gepriesen. Liegt damit aber nicht ein übertragener Gebrauch des Wortes vor? »Lebendig« ist doch eigentlich nicht, wer Leben gibt, sondern wer Leben hat. Wo findet sich aber die ursprüngliche Verwendung, die »tot« und »lebendig« gegenüberstellt? Dem Bekenntnis »Es lebt Jahwe!« entspricht im ugaritischen Mythos der Jubel, der in der Götterwelt aufbricht, wenn die Natur die Rückkehr Baals zum Leben anzeigt:

»Es lebt Alijan (= der Starke) Baal,
es ist da der Fürst, Herr der Erde!«
(KTU 1.6 III 2f.8f.20f; ARTU 91; RTAT 237)

Dieser Ruf hat seine strenge Parallele in einer Klage, die bei Baals Tod erklingt:

»Tot ist Alijan Baal,
gestorben ist der Fürst, Herr der Erde!«
(KTU 1.5 VI 8–10; ARTU 80; vgl. RTAT 233f)

Hier ist der Gegensatz von »Leben« und »Tod« Gottes beheimatet. Noch in hellenistischer Zeit berichtet Lukian (De Dea Syria § 6ff), daß der Gott Adonis wieder auf«lebe«. Beide Zeugnisse entstammen dem Mythos vom sog. *sterbenden* und *auferstehenden Gott*, der im alten Orient in verschiedener Ausprägung erzählt wird: Ein jugendlicher Gott wird getötet, die Götter trauern, eine Göttin sucht nach dem toten Gott, bis sie ihn findet. Während der Gott in der Unterwelt weilt, stirbt auf Erden die Natur ab, sprießt aber von neuem auf, wenn der wieder lebende Gott zur Erde heimkehrt. Grundzüge dieses Mythos wissen Kanaan von Baal-Hadad und Anat, Ägypten von Osiris und Isis, Kleinasien später von Attis und Kybele oder schließlich Phönizien und Griechenland von Adonis und Astarte-Aphrodite zu erzählen. (Auch Melkart von Tyrus oder der Heilgott Eschmun – bei den Germanen im weiteren Sinn Baldur – wären zu nennen.) Das Geschick des Gottes wurde vielleicht in kultischen Aufführungen dargestellt. Dabei setzen die späteren Mysterienfeiern den eingeweihten Mysten mit der Gottheit gleich; indem er ihr Schicksal nacherlebt, erlangt der Mensch Erlösung. In altorientalischer Zeit gibt die Begehung des Mythos aber, vom ägyptischen Osirisritual abgesehen, dem Menschen noch keinen Anteil an der Wiederbelebung der Gottheit.

Das Alte Testament selbst nennt beiläufig solche Auferstehungsgötter. Die Totenklage um den sumerisch-babylonischen Gott Tammus, der im strengen Sinne nicht zu den sterbenden und auferstehenden Göttern zu gehören scheint, klingt in der Vision des Propheten Ezechiel (8,14) an: Er sieht am Tempeltor »Frauen sitzen, die den Tammus beweinen«. Kleine Beete – mit Erde gefüllte Gefäße oder Tonscherben – sollen mit ihrem raschen Aufblühen und Verwelken das Schicksal des Gottes Adonis darstellen (Jes 17,10f; 1,29); denn der sterbende und auferstehende Gott ist zugleich Vegetationsgott. Die Klage um den Gott Hadad-Rimmon erwähnt Sach 12,11, den »Liebling der Frauen« Dan 11,37 (vgl. noch Jer 22,18; 34,5). Auch in der Erzählung von Jephtas Tochter (Ri 11,34ff) hat man Nachwirkungen einer entsprechenden Klagefeier finden wollen. Jedenfalls kannte Israel diesen Mythos. Ja, es hat verschiedene seiner Motive abgewandelt aufgenommen.

3. Vornehmlich in der Botschaft des Propheten *Hosea,* der mit immer neuen Worten gegen die Baalisierung des Jahweglaubens vorgeht, kann man Anspielungen auf solche Vorstellungen finden. Die Gerichtsankündigung, Jahwe ziehe sich von seinem Volk zurück, bildet den Anlaß eines Bußliedes, das das Volk anstimmt oder der Prophet ihm in den Mund legt:

»Kommt, wir wollen zurückkehren zu Jahwe;
denn er zerriß, er wird uns auch heilen;
er 'schlug', er wird uns auch verbinden,
er wird uns am Leben erhalten.
Nach zwei Tagen, am dritten Tage
wird er uns aufstehen lassen,
damit wir vor ihm leben.
Laßt uns erkennen,
ja, der Erkenntnis Jahwes nachgehen.
Wie die Morgendämmerung, so sicher ist sein Aufbruch.
Er kommt zu uns (so gewiß) wie der Regen,
wie der Spätregen, der das Land 'tränkt'.« (Hos 6,1–3)

In der Not scheint das Volk zu seinem Gott zurückzufinden: Aus dem Unheil, das er brachte, wird er wieder heraushelfen; wer strafte, kann auch heilen (vgl. 2 Kön 5,7). So wandelt sich die Klage rasch in zuversichtliche Gewißheit: In Kürze gibt Gott neues Leben – so sicher, wie der neue Morgen kommt. Die ganze Bildrede könnte aus Zügen des Mythos vom sterbenden und auferstehenden Gott gestaltet sein: »Aufstehen« nach der kurzen Frist von zwei bis drei Tagen (ähnlich später bei Osiris und anderwärts bezeugt; vgl. Jon 2,1), »heilen« (der Auferstehungsgott ist jedenfalls später zugleich Heilgott; vgl. 2 Kön 1,2), vielleicht »nachgehen« (dem Gott in die Unterwelt folgen) und der Vergleich mit dem Regen (der Gabe des Vegetationsgottes) erinnern an diesen Zusammenhang. Die griechische Übersetzung enthält zusätzlich noch das Motiv des Findens (die Suche nach dem toten Gott); und wenn Hosea in dem unmittelbar vorhergehenden Gerichtswort ankündigt, daß Jahwe sich »an seinen Ort zurückzieht« (5,15), könnte auch er darauf anspielen. Das Zusammentreffen so vielfältiger Momente ist kaum zufällig. Das Lied bezieht diese Vorstellungen aber nicht mehr auf Gott, sondern auf das Volk; und es malt das Bild eines Verwundeten, der auf Grund der Behandlung genesen wird, nicht die Auferweckung eines Toten. Dieser Unterschied zwischen der Aussage des Textes und seiner Überlieferung bleibt auch bei den übrigen Andeutungen zu beachten. So greift Hosea möglicherweise die Motive des Suchens und Findens (5,6; vgl. 2,9) oder der Trauer (10,5; vgl. 7,14) auf, um ihnen in einem sachfremden Zusammenhang eine sinnverkehrende Bedeutung zu unterlegen: Die Klage gilt nicht mehr dem wiederkehrenden mythischen, sondern einem einmaligen geschichtlichen Ereignis, dem kommenden Gericht.

Zudem erkennt Hosea die in jenem Lied angesprochene »Rückkehr«willigkeit nicht an; Jahwes Antwort (6,4) ergeht als Frage: »Was soll ich dir tun . . ., wo deine Liebe wie Morgennebel ist, wie Tau, der früh verschwindet?«

Auch das Sprichwort vom Erntejubel, der den Tränen bei der *Aussaat* folgt, kann durch einen altorientalischen Ritus angeregt sein, der das Schicksal des Vegetationsgottes nachahmte:

»Die mit Tränen säen,
werden mit Jubel ernten.
Sie gehen dahin und weinen
und tragen den Beutel voll Samen.
Sie kommen unter Jubel heim
und bringen ihre Garben.« (Ps 126,5f)

Ist das Weinen von vornherein nur bildlicher Ausdruck für harte, kummervolle Arbeit und das Leid, das künftiger Freude weichen soll? Im Bild leben vielleicht religiöse Bräuche beim Ackerbau weiter. Die Aussaat mit dem Aufreißen des Bodens und dem Einlegen des Samens in die Erde glich dem Begräbnis der gestorbenen Gottheit, war darum Zeit der Trauer. Besonders im Osirisritual kam dem sog. »Erdhacken« als »Tötung und Versenkung des Osiris in der Erde Schoß« größere Bedeutung zu; »denn bei der Saat wird Osiris, der ja selber das Korn ist, in die Erde gesenkt, ja in die Erde getreten« (*H.Bonnet,* RÄRG 168). Dagegen galt das Aufsprießen der Saat als Zeichen für die Wiedergeburt der Gottheit, die nicht in der Erde bleibt, und wurde darum freudig begrüßt. Mit den sog. »Adonisgärtchen« erwähnt das Alte Testament ja selbst (Jes 17,10f; 1,29) die Ausführung des Ritus.

Da der Tod des Gottes auch als »*Schlaf*«, seine Rückkehr aus der Unterwelt als »Erwachen« bezeichnet werden kann (vgl. Hab 2,19), können aus diesem Vorstellungskreis zugleich die Worte verständlich werden, mit denen Elia seinen Spott über die Baalspropheten ergießt, deren Opfer und Gebet keine Erhörung finden:

»Ruft doch lauter! Ein Gott ist er ja, er ist wohl in Gedanken oder abseits (= macht sein Geschäft?) oder unterwegs. Vielleicht schläft er auch und erwacht!« (1 Kön 18,27)

Dieselbe ursprünglich mythische Ausdrucksweise verwendet das Alte Testament mehrfach für seine eigenen Gottesaussagen. Nachdem Ps 78 die Begebenheiten in der Frühzeit des Volkes bis zur Zerstörung Schilos erzählt hat, beschreibt er die geschichtliche Wende mit den Worten: »Da erwachte der Herr wie ein Schlafender.« Kaum zufällig ist in diesem Zusammenhang (V 64–66) vom »Weinen« des Volkes, im Vergleich sogar von einem Rausch Gottes und vom Feindessieg die Rede. Gerade die Klagelieder fordern Gott auf, »aufzuwachen, sich zu erheben« – als Bitte, für den Bedrängten einzuschreiten:

»Erwache! Warum schläfst du, Herr?
Wach auf! Verwirf nicht für immer!
Warum verbirgst du dein Antlitz,
vergißt du unseres Elends und unserer Not?«
(Ps 7,7; 35,23; 59,5f; bes. 44,24f)

Mit solchen Wendungen wird nur noch auf den mythischen Gottesschlaf angespielt; die neue Bedeutung der übernommenen Worte ist im Zusammenhang offenkundig: Die Erzählung vom Geschick des Gottes wandelte sich in die Bitte um Wende der Not des Menschen. »Schlaf« ist in diesen Psalmen nur noch »Bild für das Verhalten des deus absconditus, des Gottes, der schweigt und nicht eingreift, der sein Leben und seine Macht dem Zerbrochenen nicht, noch nicht, erweist« (*H.-J.Kraus*, z.St.). Den ursprünglichen Vorstellungsgehalt, der ja eine Unterbrechung der göttlichen Wirksamkeit für die Zeit des Schlafes meinte, hat das Alte Testament so wenig bewahrt, daß die Vokabeln umgekehrt zum Ausdruck für Gottes ständige Fürsorge und Schutz werden können:

»Siehe, es schlummert nicht und schläft nicht
der Hüter Israels!« (Ps 121,4)

Vielleicht greift Deuterojesaja auf die gleiche Überlieferung zurück, wenn er ganz ähnlich verkündet: Gott »wird nicht müde noch matt« und diesen Satz deutet: »Er gibt den Müden Kraft« (Jes 40,28f). Die Psalmen wie das Prophetenwort haben in diesen Vorstellungen allerdings nicht notwendig mythischen Ursprung, sondern können ohne Vorbild von sich aus menschliche Gegebenheiten auf Gott übertragen, um sie bei ihm zu leugnen. Sollte die Redeweise aber mythischer Herkunft sein, dann ist aus der Vorstellung wiederum eine Aussage über Gottes Taten am Menschen geworden.

4. Diesem mythischen Bereich von Sterben und Auferstehen scheint die Ausdrucksweise von Gottes »Leben« zum Teil, aber nicht ausschließlich, zu entstammen. Göttliches »Leben« ist wohl seit je umfassender verstanden worden.

Schon im ägyptischen Alten Reich finden sich Personennamen, in denen die Götter »Besitzer, Spender und Erhalter des Lebens genannt werden« (*H.Junker*, 190). Im mesopotamischen Raum waren Wendungen, wie Gott »lebt« oder »ist der Lebendige«, die der ägyptischen Religion wohlvertraut sind, nicht üblich; doch tragen die Götter den Titel »Herr des Lebens«. In ugaritischen Texten wird der Begriff »Leben« auch mit dem Gott El verbunden, der nicht zu den Vegetationsgottheiten gehört. Erst recht bezieht sich die Schwurformel »So wahr der Gott lebt« nicht nur auf sterbende und auferstehende Götter. Der alte Orient braucht also das »Leben« einer Gottheit keineswegs nur im Gegensatz zu ihrem »Tod«, d.h. im Rahmen natürlichen Werdens und Vergehens, aufgefaßt zu haben.

Oder liegt teilweise ein erweiterter Sprachgebrauch vor, weil die Götter in die Sterblichkeit einbezogen sind? Sie gehören »zur geschöpflichen Sphäre« und sind daher – über die sterbenden und auferstehenden Götter hinaus – »dem Todesgeschick unterworfen« (*S.Morenz*, Ägyptische Religion, 1960, 25f).

So versteht das Alte Testament Gott nicht; es wehrt sich gegen die Übertragung von Tod und Auferstehung auf Jahwe.

»Bist du nicht von Urzeit, Jahwe,
mein heiliger 'Gott', der nicht 'stirbt'?«
(Hab 1,12; vgl. Ps 102,26ff)

Um den Gedanken selbst in verneinter Form auszuschließen, ist der Text geändert in: »Wir sterben nicht.«

Die Auseinandersetzung mit dem Mythos, die sonst nur indirekt geführt wird, wird hier ausnahmsweise ausdrücklich: Gott stirbt nicht, sondern ist von Urzeit an. Dabei meint »israelitisches Denken nicht die Ewigkeit des reinen Seins, sondern die Ewigkeit des Wirkens«; für alle Zeit und so auch für die Gegenwart wird Gottes Am-Werk-Sein geglaubt (*K.Elliger*, z.St.). Dieselbe Intention hat das Bekenntnis »Es lebt Jahwe« (Ps 18,47; vgl. Jos 3,10). Wie die Klagelieder die Vorstellung von Gottes »Erwachen« aus dem Schlaf aufnehmen können, um ihn zum Einschreiten in der Not zu bewegen, so vermag dieses Danklied (Ps 18) die geschehene Rettung mit der Formel bekanntzugeben, die bei den Nachbarreligionen die Rückkehr des Vegetationsgottes ins Leben ankündigte. Die mythische Sprache wird zwar beibehalten – aber mit dem ganz anderen Sinn, Gottes Fähigkeit zu helfen auszusagen. Um eine zusammenfassende Formulierung *W.Graf Baudissins* (507.466) aufzugreifen: Der Begriff vom Leben Gottes ist entlehnt, doch hat das Alte Testament die »Todesüberwindung abgestreift, die Vorstellung selbst aber beibehalten«; der Ausdruck »lebendiger Gott« charakterisiert Jahwe »als den Gott, der sich in Betätigung als wirksam erweist«.

5. Wo das Alte Testament selbst die Unterscheidung von »lebendig« und »tot« in Beziehung auf Gott gebraucht, da nimmt der Gegensatz eine andere Bedeutung an. Im Kampf Davids gegen Goliat (1 Sam 17,26.36) wie in der Notlage Hiskijas bei der Belagerung Jerusalems (2 Kön 19,4.16) wird

»der lebendige Gott« angerufen: Jahwe möge sich von den Feinden nicht als ohnmächtig verspotten lassen, sondern sich – anders als die vergänglichen Götter der bereits unterworfenen Völker (19,18) – als lebendig erweisen und rettend eingreifen! Im Sinne der Tradition (o.§ 7) ist »der lebendige Gott« der Führer des Krieges. Wahrscheinlich stehen bereits hier wie häufiger in der Spätzeit die fremden, toten Götzen dem lebendigen, d.h. »wahren«, Gott gegenüber (Jer 10,10): »Jahwe ist wahrhaftig Gott. Er ist ein lebendiger Gott und ewiger König.« Diese Bedeutung entspricht zweifellos nicht dem ursprünglichen Verständnis; denn sie bestimmt Gottes »Leben« faktisch vom ersten Gebot her.

Auch der einzelne sucht im Klagelied den Gott auf, der Not in Heil zu verwandeln, Leben zu erhalten vermag:

»Wie der Hirsch lechzt nach den Wasserbächen,
so lechzt meine ›Seele‹ (d.h. mein Ich) nach dir, Gott!
Meine ›Seele‹ dürstet nach Gott, dem lebendigen Gott.«
(Ps 42,2f; vgl. V 9; 84,3)

Gewiß heißt Gott im Alten Testament nie »das Leben«. Er ist als der »Lebendige« zunächst nicht der Schöpfer. Daß der Begriff in beiden Schöpfungsgeschichten (Gen 1f) fehlt, mag sowohl für das Alter des Titels wie für seine religionsgeschichtliche Herkunft bezeichnend sein: In Kanaan ist der Schöpfergott nicht der »tote« und »lebendige« Vegetationsgott. Das Alte Testament kann Jahwe aber die »Quelle des Lebens« nennen (Ps 36,10; Jer 2,13; 17,13; vgl. 38,16); der Gott der Geschichte, der sich das Prädikat »der Lebendige« angeeignet hat, greift auf den Bereich der Schöpfung über.

Weil der lebendige Gott Leben zu geben vermag, setzt der Psalmist auf ihn seine Hoffnung. Von daher wird schließlich die Verheißung des Hoseabuches (2,1) verständlich, nach der Gott über jedes berechenbare Maß hinaus Leben schaffen wird:

»Da wird die Zahl der Söhne Israels
wie der Sand am Meer werden,
der sich nicht messen noch zählen läßt.
Statt daß man zu ihnen sagt: ›Ihr seid nicht mein Volk‹,
wird man zu ihnen sagen: ›Söhne des lebendigen Gottes‹.«

Der singuläre Ausdruck »Söhne des lebendigen Gottes«, der zwei Israel ursprünglich fremde, aus der Umwelt stammende Wendungen »Söhne Gottes« (u.§ 12b) und »lebendiger Gott« verbindet, verweist auf den Gott, »der, weil er selbst das Leben ist und hat, über menschliches Verstehen hinaus schenken kann« (*W.Rudolph*, z.St.). So hat das Alte Testament auch die Vorstellung von Gottes »Leben« auf das Verhältnis von Gott und Mensch bezogen (vgl. 1 Sam 2,6; 2 Kön 5,7 u.a.). Schon im Mythos gilt das Prädikat

»lebendig« ja dem Gott, der die Erhaltung der Welt wirkt: Die Auferstehung des toten Gottes bedeutet zugleich das Aufsprießen der Vegetation. Hatte Israel die Aktivität Jahwes zunächst nicht als »Leben« bezeichnet, so hat es doch seit je die Wirksamkeit seines Gottes bekannt. Selbst der Name »Jahwe« wird als »er erweist sich« zu deuten sein. Vielleicht ist also das Wirken Gottes das gemeinsame Moment, das die Entlehnung des Begriffs gestattete; jedenfalls kommt es dem Alten Testament gerade darauf an.

d) Die Theophanie

1. An verschiedenen Stellen im Psalter und in der prophetischen Literatur beschreibt das Alte Testament, welch schreckliche Folgen eine Gotteserscheinung für die Natur hat. Diese eigentümlichen Darstellungen muten in ihrem jeweiligen Zusammenhang häufig fremdartig an, sind sich aber untereinander auffallend ähnlich. In seiner Kurzfassung ist das dem Amosbuch nachträglich vorangestellte Motto ein gutes Beispiel; es soll das Gericht des Gottes von Jerusalem über das Nordreich ankündigen:

»Jahwe brüllt vom Zion,
und von Jerusalem erhebt er seine (Donner-)Stimme.
Da trauern die Weiden der Hirten,
und der Gipfel des Karmel verdorrt.« (Am 1,2)

Offensichtlich ist dieser Einzelvers zweiteilig aufgebaut: Die erste Hälfte schildert eine Theophanie, die zweite die Auswirkungen. Ganz entsprechend sind gewisse prophetische Gerichtsansagen gegliedert:

»Siehe, Jahwe zieht aus von seinem Ort,
die Schuld der Erdbewohner zu ahnden,
so daß die Erde ihr Blut aufdeckt
und nicht mehr ihre Ermordeten verbirgt.«
(Jes 26,21; vgl. 30,27ff; 66,15f u.a.)

Strenggenommen »erscheint« Gott gar nicht; sichtbar werden allein die Folgen, und nur sie werden ausführlich beschrieben. Im Gegensatz zu den Erzvätererzählungen der Genesis, der Geschichte von Moses Berufung oder den Visionen und Auditionen der Propheten offenbart Gott eigentlich nicht, wer er ist oder was er will. Ja, Gott spricht – mit der einen Ausnahme von Ps 50 – bei solchen Erscheinungen überhaupt nicht. Er kommt zumeist auch nicht, um heilvoll-rettend für einen Bedrängten einzugreifen (vgl. Dtn 33,2ff), sondern um Verwirrung und Vernichtung zu bringen. Das Feste gerät in Bewegung, die Berge erbeben, Himmel und Erde sind in Aufruhr. Die Natur wird hier gewiß nicht als schön oder gar bergend empfunden; grauenvoll ist, was sich in ihr vollzieht. Manche Theophanieschilderungen gestalten die Szene durch Aufnahme weiterer Motive immer umfangreicher aus (vgl. Ps 18,8–16; 77,17–20; 97; Nah 1; Hab 3). Alle Darstellungen sind aber so unverwechselbar eigener Art und berühren sich so stark in Form und Ausdrucksweise, daß sie zweifellos als Einheit für sich betrachtet werden können.

2. Obwohl Naturtheophanien sicher weniger spezifisch für Israel sind, finden sie sich im Alten Testament häufiger als entsprechende Gotteserscheinungen in der Geschichte. Naturphänomene als machtvolle Begleiterscheinungen der Gottesoffenbarung sind ein Kennzeichen der Kulturlandreligion. Tatsächlich lassen sich die alttestamentlichen Texte zu ähnlichen *altorientalischen* Schilderungen in Beziehung setzen, und da zeigt sich: Diese Vorstellungen vom schrecklichen Auftreten Gottes hat Israel mit seiner Umwelt gemeinsam, ja aus ihr übernommen und auf Jahwe übertragen. Vor allem die Fruchtbarkeits- und Wettergötter, der sumerische Ischkur, »der auf einem Sturmwind reitet«, der hethitische Teschub oder der babylonische und syrisch-kanaanäische Baal-Hadad (ähnlich der germanische Thor) erscheinen in der Natur, in Sturm, Wolken, Blitz, Donner, Regen, Feuer, Erdbeben. Abbildungen stellen den Wettergott mit dem Blitz als Lanze in der Hand dar, und der ugaritische Mythos sagt von Baal:

»Er erhebt seine (Donner-)Stimme in den Wolken,
schleudert die Blitze zur Erde.«
(KTU 1.4 V 7f bzw. 70f; vgl. VII 28ff; ARTU 54.63; RTAT 227.229)

Schon das zitierte Motto des Amosbuches vergleicht Jahwes Stimme mit dem Brüllen des Löwen und dem Donner des Gewittergottes, der jetzt nicht Regen und Fruchtbarkeit bringt, sondern die Vegetation zerstört (vgl. Ps 29). In gleicher Weise können die Blitze zu Jahwes Waffe (Ps 18,15; 77,18f) und die Wolken zu seinem Wagen werden. Wie altorientalische Götter einen Schreckensglanz um sich breiten, so kann Jahwe einen Lichtglanz tragen. Er naht, indem er »aufglänzt«:

»Vom Zion, der Krone der Schönheit,
strahlt 'Jahwe' auf.
Es kommt unser Gott und schweigt nicht.
Feuer frißt vor ihm her,
und rings um ihn her stürmt es stark.«
(Ps 50,2f; vgl. 18,13; Dtn 33,2f; Hab 3,4)

3. Nur selten geht die Gotteserscheinung wie in diesem Beispiel vom Zion aus (vgl. Am 1,2), meist bricht Jahwe vom Himmel auf, und in den ältesten Texten ist der Sinai der Ausgangspunkt:

»Jahwe, als du auszogst von Seir,
einherschrittest auf den Gefilden Edoms,
da erbebte die Erde,

ja, die Himmel troffen,
ja, die Wolken troffen von Wasser.«
(Ri 5,4f; Dtn 33,2; Ps 68,9 u.a.)

Genügt es darum nicht, den Ursprung der Theophanieschilderungen in der Sinaioffenbarung zu suchen, so daß man nicht auf fremde Vorstellungen zurückzugreifen braucht? Beide Textbereiche kennen außerdem die Verbindung von Gewitter- und Vulkanphänomenen und können Jahwes Erscheinen als »Herabsteigen« bezeichnen (Ex 19,18; 34,5 wie Mi 1,3; Ps 18,10). So hat gewiß die Überlieferung von der Sinaioffenbarung auf die Theophanieschilderungen eingewirkt, doch kann sie nicht schlechthin ihr Urbild gewesen sein (*J.Jeremias*). Einerseits sind die beiden Aussagen – Jahwes Theophanie am Sinai und sein Kommen vom Sinai – zu unterscheiden (o.§ 5d). Andererseits ist der Sinaitradition der Aufruhr der Natur fremd; Donner und Blitz gelten nur als Begleitumstände der Gotteserscheinung, nicht als göttliche Waffen. Diese Züge erklären sich eben nur aus den Darstellungen fremder Gewittergottheiten. Jahwe konnte aber einen Teil ihrer Eigenschaften an sich ziehen, weil die altisraelitische Überlieferung ähnliche Begebenheiten erzählte.

4. Während der Sinaibericht im Pentateuch von einer Offenbarung Jahwes in der Vergangenheit erzählt, beschreiben die Theophanietexte im Psalter ein Kommen Gottes in der Gegenwart. Wenn aber die *Propheten* diese Schilderungen aufgreifen, kündigen sie mit ihnen das Erscheinen Gottes für die Zukunft an. Indem sie die Naturtheophanie zu einer bevorstehenden Geschichtsoffenbarung umprägen, wird die mythische Vorstellung zur Erwartung:

»Siehe, Jahwe zieht aus von seinem Ort,
er steigt herab und tritt auf die Höhen der Erde,
so daß die Berge unter ihm zerschmelzen
und die Täler sich spalten ...
All dies um der Sünde Jakobs
und um der Verfehlungen des Hauses Israels willen ...
So mache ich Samaria zum Steinhaufen im Felde,
zur Pflanzstätte für Weinberge.« (Mi 1,3ff)

Solche Theophanieschilderungen können sich in der prophetischen Gerichtsbotschaft gegen Israel selbst oder gegen fremde Völker richten (Jes 30,27ff; 19,1), den drohenden »Tag Jahwes« ausmalen (Joel 2,10f), wie Verheißung werden (Jes 31,4; 40,10; 42,13). Die Naturtheophanien wissen nur von schrecklichen Folgen; sie kennen diese doppelte Möglichkeit noch nicht, weil sich Heil oder Unheil nur in der Geschichte an den Menschen auswirken kann.

5. Sowohl die Hymnen des Psalters wie die Worte der Propheten wollen Gottes Macht verkünden, der weder die Natur noch die Geschichte zu wi-

derstehen vermögen. Diese Aussage ist nicht allgemein gedacht, sondern auf bestimmte Ereignisse bezogen: Gott kommt zu einer Tat herbei. Schon das älteste Zeugnis einer solchen Theophanie besingt Jahwes siegreiches Eingreifen in den Kampf (Ri 5,4ff). Israel konnte die Theophanieschilderungen von den Umweltreligionen übernehmen, weil sie von einer göttlichen Tat reden. Während sich die Gottestat im Vegetationsmythos vom sterbenden und auferstehenden Gott vielleicht regelmäßig wiederholt, wird sie hier ganz ereignishaft aufgefaßt. Erst recht beruhen die Theophaniedarstellungen nicht auf dem Empfinden einer göttlichen Allgegenwart in der Natur.

Sollte die Gottheit ursprünglich im vernichtenden Unwetter und Erdbeben erkannt und erfahren worden sein, so setzte der alte Orient zur Zeit Israels die Götter längst nicht mehr mit dem Naturgeschehen gleich (o.§ 10,3): Die verschiedenen Begebenheiten begleiten nur ihr Erscheinen. Allein in diesem Sinne konnte das Alte Testament die Naturphänomene als Folgen der göttlichen Gegenwart verstehen. Wahrscheinlich hat die Redeweise in Israel auch nie mehr ihren ursprünglichen »Sitz im Leben« innegehabt, da sie ja aus der Umwelt übernommen ist und selbst dort schon weit gestreut begegnet. Zumindest wollen die Propheten, die solche Beschreibungen aufgreifen, nur andeuten, was geschieht, wenn Gott kommt. Die Welt kann nicht bleiben, wie sie ist. Das Hohe wird niedrig – so sagen andere Worte ähnlich (Jes 40,4; 1 Sam 2,6ff u.a.). So suchen die Theophanieschilderungen mit ihren beiden Grundelementen – Gottes Erscheinung und deren Folgen – zugleich den Weltbezug Gottes wie die Unterscheidung von Gott und Welt auszusagen; sie reden von Gott, indem sie die Auswirkungen seiner Gegenwart beschreiben.

e) Der Chaosdrachenkampf

1. In den Theophanieschilderungen finden sich mehrfach Anspielungen auf einen Drachenkampf oder – besser gesagt – Meereskampf Jahwes. Beide mythischen Vorstellungen wollen Gottes Macht in ihrer Schrecklichkeit verherrlichen, indem sie ausmalen, wie er sich gegen seine Feinde in der Natur durchsetzt.

»Es sahen dich die Wasser, Jahwe,
es sahen dich die Wasser, erbebten,
ja, die Urfluten erschraken.
Es ergossen Wasser die Wolken,
Donner gab das Gewölk,
ja, deine Pfeile flogen umher.
Deines Donners Tosen durch den Wagen!
Es erleuchteten die Blitze das Festland,
es erbebte und schwankte die Erde.«
(Ps 77,17–19; vgl. 29,3; 93,4; 114,3; 18,16; Nah 1,4 u.a.)

Wenn Gottes Erscheinung ein Beben der Erde wie den Aufruhr des Meeres verursachen kann, so liegt die Vermutung nahe, daß Theophanie und Meereskampf nicht zwei ursprünglich voneinander unabhängige Überlieferungen, sondern nur zwei verschiedene Züge eines Mythenkomplexes bilden. Die Darstellung eines Gottes, der einerseits auf den Wolken in Sturm und Gewitter daherfährt und den Blitz als Waffe handhabt, andererseits siegreich das Meer überwindet, erklärt sich leicht aus der Aufnahme von Wesensmerkmalen Baals: Der Wettergott bestand zugleich den Kampf mit dem Meer.

In den recht häufigen Anklängen an einen Meereskampf Jahwes im Alten Testament – vor allem in Hymnen und Klageliedern des Psalters, aber auch in der prophetischen Literatur – hat man nach Entzifferung der Keilschrift zunächst Nachwirkungen des babylonischen Weltschöpfungsmythos erkennen wollen: Der Gott Marduk erlegt die Meeresgöttin Tiamat und ihre Drachenrotte mit Netz und Sturm, spaltet das Ungetüm, formt aus der oberen Hälfte den Himmel, während er aus den anderen Körperteilen die Erde mit Gebirgen und Flüssen entstehen läßt. Im Alten Testament finden sich in der Tat auch hier und da Einflüsse babylonischer Mythologie (z.B. in der Sintfluterzählung), die wohl durch die Kanaanäer vermittelt wurde. Doch haben die ugaritischen Texte gelehrt, daß die mythischen Vorstellungen Kanaans keineswegs mit denen des Zweistromlandes übereinzustimmen brauchen; auch die Namen der kämpfenden Parteien sind verschieden. Die Ägypter haben wieder anders gedacht, ihre Kosmogonien variieren von Stadt zu Stadt. So darf man die altorientalischen Überlieferungen keineswegs zu stark vereinheitlichen.

Während die Auseinandersetzung zwischen Marduk, dem Stadtgott Babylons, und der Meeresgöttin Tiamat ein Chaoskampf ist, der mit der Schöpfung der Welt endet, setzt der in den ugaritischen Mythen erzählte Kampf zwischen Baal und dem Meeresgott Jam den Bestand der Welt offensichtlich bereits voraus. Anscheinend gewinnt Baal mit dem Sieg erst die Königsherrschaft über die Götter, Marduk war schon vorher zum König proklamiert worden. Vor allem braucht Baal die Erde nicht zu schaffen; als sterbender und auferstehender Vegetationsgott ist er nur der Erhalter der Welt, der durch seinen Regen die Fruchtbarkeit spendet. Darum ist der Kampf mit dem Meer keine Wiederholung der Schöpfung. Soll der Begriff des »*Chaos*« seine spezifische Bedeutung behalten, schränkt man ihn am besten auf den Zustand der Welt vor der Schöpfung (vgl. Gen 1,2 u.a.) ein. Dann sind aber Erdbeben und Meerestosen, die durch eine Theophanie hevorgerufen werden, noch kein Chaoszustand, weil sie keine Neuschöpfung der Welt erforderlich machen (vgl. etwa Ps 46,3).

2. Diese an fremden Texten vorgenommene Unterscheidung von Schöpfungsakt und Meereskampf bewährt sich im Alten Testament, obwohl es den Mythos nur noch in Bruchstücken wiedergibt. Beide Überlieferungen sind in eine andere Sprache gefaßt.

Deuterojesaja kann mit der Vorstellung vom Drachenkampf das Schilfmeerwunder beim Auszug aus Ägypten ausmalen (ähnlich Ps 77,16ff; 74,15). Damit hat das mythische Geschehen seine Selbständigkeit verloren; es dient nur noch dazu, ein Geschichtsereignis zu veranschaulichen:

»Recke dich, recke dich,
wappne dich mit Kraft, Arm Jahwes!
Recke dich wie in den Tagen der Vorzeit,
bei den Geschlechtern der Urzeiten!
Bist du es nicht, der Rahab zerhieb,
der Tannin durchbohrte?
Bist du es nicht, der das Meer austrocknete,
die Wasser der großen Urflut?«
(Jes 51,9f; vgl. 43,16f)

Diesen Hilferuf beantwortet der Prophet mit einer Heilszusage, die sich nicht mehr auf die Rettung am Schilfmeer (den Anfang der Geschichte Israels), sondern auf die Schöpfung (den Anfang der Welt) gründet:

»Ich, ich bin es, der dich tröstet ...,
dein Schöpfer, der den Himmel ausspannte
und die Erde gründete.« (Jes 51,12f)

Wie die Ausdrucksweise zeigt, hat sich die Unterscheidung beider Traditionen über lange Zeit durchgehalten. Ähnlich spielt das Alte Testament an einer Reihe von anderen Stellen (Ps 77,17–20; 93; Jes 27,1; Nah 1,3f; Hab 3,8) allein auf den Meereskampf an. Wollte man auch sie als Darstellungen des Chaoskampfes verstehen, so bliebe unerklärt, warum gerade der Höhepunkt des mythischen Geschehens, die Schöpfung der Welt, fehlt. Allerdings enthält das Alte Testament auch Texte, die nicht so eindeutig ableitbar sind, weil in ihnen verschiedene Vorstellungen zusammenfließen (Ps 74,12ff; 89,10ff). Die einzelnen Varianten lassen sich eben nicht zu einem einheitlichen Bild zusammensetzen; denn der Ursprung der mythischen Motive ist nicht auf einen Kulturkreis beschränkt. Israel stand auch unter dem Einfluß Mesopotamiens und Ägyptens (vgl. Ps 104). Außerdem hat sich im Laufe der Zeit der Kontakt mit der Umwelt geändert. Schließlich mag sich die Bedeutung der ursprünglich verschiedenartigen Vorstellungen im vorliegenden Kontext angeglichen haben.

3. Doch sind die Beziehungen zu den kanaanäischen Mythen, die durch die Funde von Ras-Schamra-Ugarit bekannt wurden, bis in Einzelheiten hinein besonders eng. Das Alte Testament weiß, wenn es Gottes Sieg über das feindlich sich erhebende Meer preist, auch von der Überwindung bestimmter *Meeresungeheuer* zu erzählen. Genauso berichten die ugaritischen Mythen sowohl vom Kampf mit dem Meeresgott als auch mit ein-

zelnen Meeresunwesen, die gleiche oder ganz ähnliche Namen tragen: Tannin, »die gewundene Schlange, der Machthaber mit sieben Köpfen« oder Lotan-Leviatan (vgl. Ps 74,13f; Hi 3,8; 40,25; nur »Rahab« findet sich allein im Alten Testament). In beiden Bereichen bleibt auch letztlich ungewiß, ob diese Ungeheuer verschieden oder ein einziges mythisches Wesen sind, das mit dem Meer identisch ist (so Hi 7,12).

Ein später Text läßt die Übernahme und Abwandlung der mythischen Vorstellung von der Urschlange noch deutlicher hervortreten. Im ugaritischen Mythos wird der Gott Baal angeredet:

»Wenn du (auch) Leviatan erschlugst,
die flüchtige Schlange,
der gewundenen Schlange ein Ende bereitetest,
dem Machthaber mit sieben Köpfen ...«

Diese Szene ist im Alten Testament in eine Apokalypse eingefügt, um die Endzeit auszumalen. Das Alter der Vorstellung und ihre schriftliche Fixierung können also stark auseinanderklaffen; mythische Motive tauchen im Alten Testament in der Früh- und Spätzeit auf. Obwohl zwischen beiden Belegen ein knappes Jahrtausend liegen wird, hat sich z.T. sogar noch der Wortlaut erhalten:

»An jenem Tag wird Jahwe heimsuchen mit seinem Schwert,
dem harten, großen und starken,
Leviatan, die flüchtige Schlange, und
Leviatan, die gewundene Schlange,
und töten Tannin, der im Meer (haust).« (Jes 27,1)

Bei der wörtlichen Übereinstimmung fallen die sachlichen Abweichungen um so mehr auf. Der Seedrache verkörpert im Alten Testament nicht mehr das Meer, sondern ein Tier, das »*im* Meer haust«. Die Schöpfungsgeschichte (Gen 1,21) versteht die Meeresungetüme, die einmal den Göttern vorgegeben waren, ausdrücklich als Geschöpfe. »Aus den uralten Chaosungeheuern ist eine merkwürdige Art von Fischen geworden, die unter den anderen Geschöpfen figurieren.« (*H.Gunkel*, 120) Schließlich vollzieht der Hymnus (Ps 104,26) ironisch eine gänzliche Entmachtung, indem er die Meereswesen zu göttlichem Spielzeug erniedrigt.

Darüber hinaus bringt die Umwandlung der Vorstellung im Alten Testament erneut eine Verlagerung in die Zukunft mit sich; selbst der Drachenkampf wurde in Jes 27 in eine Erwartung umgeprägt. Dabei hat er seinen »Realitätsgehalt« aufgeben müssen: Das mythische Requisit erscheint nur noch als Symbol für bestimmte geschichtliche Reiche (vgl. Jes 24,21).

4. Entsprechend verbindet das Alte Testament den Meereskampf sonst mit dem Durchzug durchs Meer. Weil der Mythos eine Gottestat erzählt,

kann er dazu dienen, Jahwes Wirken zu veranschaulichen. Dabei gerät jedoch das Geschichtsereignis in die Gefahr, in die ungeschichtliche Vorzeit verlegt zu werden: »Die Taten Jahwes« werden zu »Wundern von Urzeit an« (Ps 77,12; vgl. 74,12; Jes 51,9f). So droht die sog. *Historisierung des Mythos* zur Mythisierung der Geschichte zu werden. Doch stehen Mythos und Geschichte im Alten Testament gewiß nicht gleichberechtigt nebeneinander. Wo sich beide Bereiche vermischt haben, ist die geschichtliche Wirklichkeit weiterhin die Intention der Aussage: Jahwe »vollbringt Heilstaten auf der *Erde*« (Ps 74,12). Die Erinnerung an die vergangene Gottestat, die mythisch ausgestaltet wurde, ist zugleich Vertrauensbekenntnis und Bitte: Wie damals, so möge Gott auch jetzt seine Macht zeigen! Darum kann der Mythos sogar in das persönliche Leben eingefügt werden. Der einzelne kann um eine Theophanie bitten, die ihn aus den Wassern der Urflut rettet, oder für die Befreiung danken (Ps 18; 144,5–7; vgl. 32,6; 42,8; Hi 7,12 u.a.). In diesem Zusammenhang scheint die kosmische Dimension des Mythos, die der Apokalyptik wieder entscheidend wird (u.§ 18b,1), ganz verloren zu sein, so daß er zum bloßen Bild geworden ist.

f) Die Schöpfung

1. Obwohl Kosmogonien für die Religionen der altorientalischen Kulturländer grundlegende Bedeutung hatten, scheint Israel ursprünglich keine eigenständige Schöpfungsgeschichte besessen zu haben. Jedenfalls ist von einem Schöpfungs- oder besser Schöpferglauben im Kern der ältesten Überlieferungen (Väterverheißung, Auszug aus Ägypten, Sinaioffenbarung) keine Rede.

Dieser Tatbestand bleibt selbst dann auffällig, wenn der Gottesname Jahwe die Grundbedeutung »er macht Sein, ruft ins Sein« hätte, was jedoch wenig wahrscheinlich ist (vgl. Ex 3,14f; Hos 1,9; o.§ 6a2).

Der Glaube an den Schöpfer ist ein Haupterbe Israels an die Christenheit; dennoch prägen Schöpfungsaussagen nicht das ganze Alte Testament. Außerhalb der Urgeschichte (vor allem Gen 1–2) spielen sie eigentlich nur in drei Bereichen eine entscheidende Rolle, nämlich im Psalter (bes. in den sog. Schöpfungspsalmen 8; 19A; 104; vgl. 33; 136; 148 u.a.; auch in jüngeren hymnischen Partien der Prophetenbücher, wie Am 4,13; Jer 10), in der Weisheitsliteratur (Sprüche, Hiob) und beim Exilspropheten Deuterojesaja. Überhaupt sind Schöpfungsaussagen in vorexilischer Zeit relativ selten, finden sich erst in Texten, die der frühen Königszeit entstammen können (so im Tempelweihspruch 1 Kön 8,12 LXX; Gen 2 J; 14,19ff; vielleicht Ps 19A; 24,2; 104; Spr 14,31; 16,4; 17,5 u.a.) und häufen sich seit dem Exil. Mag auch die eine oder andere Überlieferung, insbesondere die mündliche Vorgeschichte der jahwistischen Erzählung von Gen 2, in die frühisraelitische Epoche zurückreichen, so ruhte auf dem Schöpferglauben in älterer Zeit doch kein Gewicht.

Schöpfungsmotive finden sich gelegentlich bei den sog. Schriftpropheten (wie Am 7,1; vgl. Jes 29,16; Jer 18,6 u.a.), die Aussage der Erschaffung des Menschen ausdrücklich erst bei Jeremia (1,5).

Zwar bekannte Israel seit jeher Jahwes Macht über die Natur (Ex 14–17; 19,16ff), wohl auch über fremde Völker und deren Land (Gen 12,10ff; 20; Ex 7ff u.a.), Jahwe scheint ursprünglich aber nicht als Schöpfer verehrt worden zu sein. Israel erfuhr seinen Gott zunächst als Retter in der Not. Als es lernte, Natur und Welt insgesamt als Werk Jahwes und die Menschheit als seine Geschöpfe zu verstehen, war von vornherein gewiß, daß der Schöpfer der Befreier und Erlöser ist.

So brauchte Israel seinen Glauben nicht auf die Schöpfung zu gründen, aus ihr auf Gott oder von der Natur auf das Heil zu »schließen«. Das Alte Testament blickt gleichsam von Erfahrungen in der Geschichte auf die Schöpfung zurück, die wiederum als Vorgang in der Zeit auf die Geschichte zuläuft, ja sie als »Anfang« eröffnet (Gen 1; vgl. Ps 136). In Gottes Segenswort (Gen 1,28), das die Fähigkeit zur Weitergabe des Lebens schenkt, ist ausdrücklich Zukunft im Blick, und die Schöpfungserzählungen gehen in Genealogien über (4,1f.17ff J; 5,1ff P).

Die Situation im Land machte die Ausweitung der Gottesaussagen erforderlich. Vermutlich hat Israel erst in Palästina – gar erst seit der frühen Königszeit?, aber gewiß vor dem Exil – unter Aufnahme von Schöpfungsaussagen aus den Religionen der Umwelt und in Auseinandersetzung mit ihnen von Jahwe als Schöpfer geredet. Die Übernahme kanaanäischer Vorstellungen wird in Gen 14,19ff offenkundig (o.§ 1,7; 10a,2).

2. Die mythischen Vorstellungen vom Weltanfang hat Israel mit dem *alten Orient* gemeinsam, ja von ihm entlehnt. So zeigt Gen 1 in der Abfolge der einzelnen Werke (Meer und dessen Teilung – Gestirne – Ankündigung der Erschaffung des Menschen und Ausführung – göttliche Ruhe) gewisse Übereinstimmungen mit dem babylonischen Weltschöpfungsepos *Enuma elisch* (»Als droben ...«), das alljährlich zum Neujahrsfest in Babylon vorgetragen wurde. Allerdings ist die biblische Schöpfungsgeschichte kaum unmittelbar von diesem kosmogonischen Mythos abhängig – dafür sind die Unterschiede zu groß –, beide Texte werden jedoch in einem überlieferungsgeschichtlichen Zusammenhang stehen.

Bereits die babylonische Erzählung vom Werden der Welt beruht auf fremder Tradition. Schon im Sumerischen sind die beiden Hauptvorstellungen bezeugt: Im Anfang war nur Wasser; die Welt entstand durch eine Scheidung. Entsprechend heißt im babylonischen Schöpfungsepos das Meer »Erzeuger« bzw. »Gebärerin der Götter«, und der siegreiche Gott

Marduk formt nach dem Kampf mit der Meeresgöttin Tiamat aus ihrer oberen Hälfte den Himmel, aus der unteren die Erde:

»Es ruhte der Herr, ihren Leichnam zu betrachten,
das Ungeheuer(?) zu teilen, Kunstvolles zu schaffen;
er hälftete sie wie eine Muschel (? bzw. einen Fisch) in zwei Teile,
er setzte ihre eine Hälfte hin,
den Himmel bedeckte er mit ihr.«
(AOT 120ff; vgl. ANET 67f; RTAT 109f; TUAT III/4, 587ff)

Nach der Entstehung der Gestirne folgt als letztes krönendes Werk die Bildung der *Menschen* aus Götterblut; sie erhalten den Auftrag, den Göttern zu dienen:

»Blut will ich binden, Gebein erstehen lassen,
erstellen will ich ein Wesen, Mensch sei sein Name,
erschaffen will ich ein Wesen, den Menschen.
Auf ihm (liege) der Dienst der Götter,
auf daß sie besänftigt seien.«
»Sie nahmen ihn (= den Gott Kingu) gefangen,
vor Ea brachten sie ihn.
Strafe legten sie ihm auf;
seine Blut(adern) schnitten sie auf.
Mit seinem Blut schuf er (= Ea) die Menschheit,
ihr legte er den Dienst der Götter auf,
so daß er sie (die Götter) freigab.«

Die Erschaffung der Welt und des Menschen, ursprünglich vielleicht verschiedenen Aussagebereichen zugehörig (vgl. *R.Albertz*), haben sich also bereits im babylonischen Schöpfungsmythos zusammengefunden, so daß Israel dieser Zusammenhang vorgegeben ist. Ja, wie in Gen 1 wird hier die Erschaffung des Menschen durch ein göttliches Wort angesagt. Das Alte Testament sieht die Bestimmung des Menschen aber nicht im »Gottesdienst«, sondern spricht dem Menschen mit der Gottebenbildlichkeit die Herrschaft über die Erde zu. Erst recht bedarf es keines Götterblutes (nach Gen 2,7 nur des Hauches Gottes) für die Bildung des Menschen, wie die ganze Schöpfung nicht mehr als Kampf gedacht ist.

Hat das Zweistromland im wesentlichen altüberlieferte Schöpfungsvorstellungen immer weiter ausgestaltet (*Enuma elisch*) und mit anderen Stoffen zu einer Urgeschichte bis zur Sintflut verbunden (Atramchasis-Epos), so sind die *ägyptischen* Kosmogonien weit vielfältiger, da sie von Ort zu Ort wechseln. Auch hier finden sich aber die beiden Grundgedanken von dem Urmeer als Weltanfang und der Trennung von Himmel und Erde wieder.

Die großen Systeme von Hermopolis, Heliopolis und Memphis tragen verschiedene Gestalt. Das Denkmal memphitischer Theologie beschreibt die Erschaffung der Welt durch Gedanken und Wort des Gottes Ptah: »Es entstand jedes Gotteswort durch das, was vom Herzen erdacht und von der Zunge befohlen wurde.« In der Kosmogonie von Hermopolis erscheinen wesentliche Elemente von Gen 1,2 als vier Urgötterpaare: Urgewässer (Nun und Naunet), Grenzenlosigkeit (Chuch und Chauchet), Finsternis (Kuk und Kauket) und Lufthauch (Amun und Amaunet). Diese acht – in Heliopolis dagegen neun – Urgötter personifizieren die Welt vor der Schöpfung. Wasser (Nun) ist der Grundstoff; andere Gottheiten sind gleichsam Eigenschaften (Unendlichkeit, Finsternis) des Urzustands.

Selbst in Griechenland wirken altorientalische Überlieferungen nach, wenn etwa Homer Okeanos den »Vater der Götter« nennt oder das Wasser nach Thales der Ursprung der Dinge ist.

Aus dem kanaanäischen Raum sind wohl vereinzelte Wendungen (o.§ 10a,2), aber noch keine umfassende Schöpfungserzählung bekannt.

Insgesamt hatten die altorientalischen Kosmogonien trotz einiger gleichbleibender Grundaussagen verschiedene Gestalt.

3. Daß Israel recht verschiedenartige Überlieferungen aufnehmen und umgestalten konnte, erklärt die Vielfalt alttestamentlicher *Vorstellungen* von der Schöpfung. Sie bilden so wenig eine Einheit, sowenig sich die einzelnen Varianten des Meereskampfmythos zu einem Handlungsablauf zusammenfügen lassen.

Nach der *priesterschriftlichen* Schöpfungsgeschichte (Gen 1) gehen aus dem vorgegebenen Urmeer – nach der Bildung des Lichts und dessen Scheidung von der Finsternis – durch fortgesetzte Teilung der himmlische und irdische Ozean und dann das Land hervor, auf dem die Pflanzen sprießen und die Tiere leben können. Als die Menschen entstehen, ist die Welt für sie bereitet. Schon in diesem Bericht haben sich mehrere ursprünglich selbständige kosmogonische Vorstellungen zu einer Einheit zusammengefunden: Die Welt wird aus dem Urwasser gebildet, das in Analogie zu dem weitverbreiteten Himmel-Erde-Trennungsmythos in eine obere und untere Hälfte aufgeteilt wird, während das Festland aus dem Wasser emportaucht. Außerdem wechseln sich die Aussagen »Gott machte« und »Gott sprach« ab, die wieder von dem »Gott nannte« zu unterscheiden sind.

Während in Israels Umwelt die Chaosmächte durchweg Gottheiten mit schöpferischer Kraft sind, hat Gen 1 jede Eigenwirksamkeit des Urstoffes ausgeschaltet (V 2 »Die Erde war wüst und leer« ist reine Zustandsschilderung). Die Teile des Urstoffs, die durch die großen kosmischen Trennungsakte entstanden sind, werden durch Gottes Namengebung gleichsam umgewandelt und nur so in die gestaltete Welt einbezogen (V 5: die Finsternis als Nacht; vgl. V 8.10). In der geschaffenen Welt erscheint der Urstoff nicht mehr. So gleicht die Erde auch nicht einer kleinen Insel im chaotischen Meer, das ständig lauert, alles Leben zu vernichten. Die Welt hat keine Grenze mehr, ihr droht kein Rückfall in die Gestaltlosigkeit; sie ist jetzt offen für die kommende Geschichte. Damit hat sich zugleich das Weltverständnis geändert: An die Stelle der Unsicherheit, die sich lebensbedroht weiß, tritt ein Weltvertrauen: »Siehe, es war sehr gut!«

Die vorgeordnete Überschrift »Im Anfang schuf Gott Himmel und Erde (d.h. alles, das Weltganze)« (Gen 1,1) faßt den Sinn der alttestamentlichen Schöpfungsgeschichte zusammen und gibt damit zugleich die Richtung an, in der sie gelesen werden soll. Ausdrücklich wird mit einem besonderen Verbum »schaffen« (*bara'*) herausgestellt, daß Gott keines vorgegebenen Stoffes bedarf. Indem dieses Wort im Alten Testament Gott allein vorbehalten bleibt, wird die Schöpfung zugleich jeder Ähnlichkeit menschlichen Tuns und so jeder Anschaulichkeit enthoben. Eine Vorstellung des göttlichen Wirkens ist ja nur möglich, wenn eine Analogie zu menschlichem Handeln besteht. Das betreffende Wort meint zwar (noch) keine *creatio ex nihilo* (vgl. 2 Makk 7,28: »nicht aus Seiendem«; Röm 4,12), sagt aber nichts mehr über das Wie der Weltentstehung, d.h., es läßt die Frage, »wie es gewesen ist«, offen und wahrt Gottes ungebundene Freiheit.

Die gleiche Aufgabe hat die Aussage von der Schöpfung der Welt durch das *Wort*, die durchgehend wohl der älteren Überlieferung von einem »Machen« Gottes vorgeordnet wurde, so daß Gottes Tat nur zur Bestätigung von Gottes Wort wird. Auch die formelhafte Wendung »er sprach . . . und es geschah so« verzichtet auf die Vorstellung des Hergangs; denn einen Handwerker kann man bei seiner Tätigkeit abbilden, nicht jedoch ein Wort, das im Sprechen die Dinge ins Leben ruft (vgl. Ps 33,6.9; 148,5 u.a.).

Gewiß gibt es unter den vielfältigen Darstellungsweisen, in denen das Alte Testament von der Schöpfung redet, keine alleingültige; denn sie wollen alle Schöpfer und Schöpfung gegenüberstellen. Bestimmte Aussagen werden diesem Unterschied aber gerechter und sind darin dem Glauben gemäßer. So wählt das Alte Testament aus den ihm vorgegebenen Möglichkeiten aus; mythische Vorstellungen vom handwerklichen Tun Gottes, erst recht von Kampf und Geburt, treten zurück. Schließlich bildet sich Israel, das ursprünglich keine eigenständige Schöpfungsaussage hatte, mit dem Begriff »schaffen« (*bara'*) eine eigene Sprache.

Dieser Intention entsprechend erzählt Gen 1 auch nur, daß Gott den Menschen schuf; wie er entstand und woher er stammt, wird nicht einmal angedeutet. Wieviel mehr weiß da etwa das babylonische Schöpfungsepos zu erzählen! Das heißt: Das mythische »Wissen« vom Werden des Menschen und der Welt wurde im Alten Testament eingeschränkt. Gewiß beruht die Schöpfungsgeschichte auf den naturkundlichen Erkenntnissen ihrer Zeit. Die Einheit von Glaubensaussage und Welterklärung beginnt sich aber aufzulösen, indem kosmogonische und anthropogonische Vorstellungen vermindert oder gar entfernt werden.

Mit derselben kritischen Intention versteht die Schöpfungsgeschichte mythische Wesen als Gottes Geschöpfe. Die Seedrachen, einst Verkörperung des Urwassers, sind nur noch harmlose Tiere im Meer ohne jede Eigenmacht (Gen 1,21; vgl. § 6b, 6). Der Erde wird die Fähigkeit, etwas hervorzubringen (1,12.24), erst zugesprochen. Die Namen »Sonne« und »Mond«, die in Israels Umwelt Gottheiten bezeichneten (vgl. Ez 8,16), werden (V 14–18) gemieden; dem fremden Glauben gönnt Gen 1 kein Wort. Die Gestirne sind von Gott geschaffene Leuchtkörper (vgl. Ps 136,7ff; auch 74,16 u.a.), die nicht mehr menschliches Schicksal, sondern nur noch Tag und Nacht »beherrschen«, d.h., die Zeiten unterscheiden. Weil die mythische Personifikation aufgegeben ist, können die Gestirne als in der Welt vorfindliche Größen rein sachlich betrachtet werden. So führt der Glaube zu einem Denken, das sich an das der Beobachtung Zugängliche, an die Phänomene selbst, hält.

Als priesterliche »Lehre« ist Gen 1 intensiv um sachgemäßes Reden von der Schöpfung bemüht und hat darum seine Wirkung ausgeübt. Wegen seiner kosmischen Weite und seiner sachlichen Bedeutung eröffnet diese Schöpfungsgeschichte mit Recht das Alte Testament. Ihr gegenüber wirkt die ältere *jahwistische* Darstellung Gen 2,4bff trotz Neuansatz wie eine Entfaltung und Veranschaulichung.

Diese Erzählung ist als Anthropogonie jedoch nur unzureichend charakterisiert; denn Gen 2 berichtet (nach dem Hinweis auf »Erde und Himmel« V 4b) weit mehr als nur die Erschaffung des Menschen. Zwar entsteht nicht die Welt in sieben Tagen, Gott baut aber mit Acker, Pflanzen und Tieren um den zunächst einsamen Menschen die begrenzte Umwelt des Bauern auf. Hier ist nicht das Urmeer vorgegeben; Gottes Schöpfung vollzieht sich vielmehr als Bewässerung einer Wüste. Das dem Landleben ferne Meer mit den Fischen liegt außerhalb des Blickfelds; auch die Gestirne werden nicht erwähnt. Scheint Gott nach Gen 1 sogleich die Menschheit als ganze zu schaffen, so weiß die zweite Erzählung nur von einem Menschenpaar, das nacheinander »geformt« (vgl. Jer 18,3f; Hi 10,8f) bzw. »gebaut« wird. Erst durch den göttlichen Hauch wird das Gebilde aus »Staub vom Erdboden« zu einem »lebenden Wesen« (2,7; anders bei den Tieren 2,19), aber sterblich: »Staub bist du, und zu Staub kehrst du zurück.« (3,19; vgl. Ps 104,29f) Der Lebensbaum bleibt verschlossen (Gen 3,24).

Überträgt Gott (nach Gen 1,26ff P) den Menschen die Herrschaft über andere Geschöpfe, so führt er (nach 2,19f J) dem Menschen die Tiere zu, damit er ihnen Namen verleihe. So gewinnt der Mensch an Gottes Macht Anteil, ist von vornherein keineswegs nur abhängig, sondern soll in Freiheit selbst prüfen, was zu ihm paßt, und insofern ein Stück weit an Gottes Schöpfung mitwirken. Gewiß können die Tiere als Hilfe bei der Arbeit, dem Ackerbau (2,5.15; 3,23), dienen; aber das ihm fürsorglich zugedachte, rechte »Gegenüber«, das ihm entsprechende Miteinander (2,18), findet der Mensch erst in der Frau. Mit seinem zustimmenden Freudenruf »Diese ist endlich Gebein von meinem Gebein, Fleisch von meinem Fleisch« (2,23; vgl. zur sog. Verwandtschaftsformel 2 Sam 5,1) bestätigt er, daß Gottes Ankündigung »Ich will ihm eine Hilfe machen, die zu ihm paßt« Wirklichkeit wurde. Beide bilden eine Gemeinschaft (die Zusammengehörigkeit kommt im Gleichklang des Namens *ʾisch – ʾischa* zum Ausdruck), ja Einheit (»*ein* Fleisch«). Unterordnung der Frau unter den Mann scheint nicht zum Willen des Schöpfers zu gehören, sondern tritt erst als Folge des richterlichen Strafworts (3,16b) ein. Es trifft die Ungehorsamen, die sich vor Gott verbergen und so in ihrem Verhalten – mit Scham und Furcht (3,8.10 gegenüber 2,25) – den Riß zwischen Gott und Mensch ausdrücken. Ähnlich verwandelt sich die Arbeit (2,15) in Mühsal und Beschwer (3,18f), wie die Nähe von Mensch und Tier (2,19f) verlorengeht (3,15) und der Schmerz in die Welt tritt (3,16a). Ein Fluch ergeht allerdings nur über die Schlange und den Ackerboden als das Arbeitsfeld (3,14.17), noch nicht über den Menschen selbst; erst den Mörder trifft der Fluch (4,11; vgl. 9,25).

Dadurch, daß die Schöpfungserzählung in die Geschichte vom Garten und vom Ungehorsam des Menschen übergeht, läßt der Jahwist seine Absicht erkennen, das Dasein in seiner Zwiespältigkeit zu verstehen: Der Mensch ist geschaffen (Gen 2), aber »mühselig und beladen« (Gen 3). Gut und böse liegen ineinander, doch das Böse mit der Schuld des Menschen und den Beschwernissen des Daseins gilt eben nicht, zumindest nicht uneingeschränkt, als Gottes Schöpfung. So, wie die Welt sich gegenwärtig darstellt, entspricht sie nicht dem Willen des Schöpfers; auf diese Weise wird die bestehende zwiespältige Wirklichkeit aus dem Glauben an den einen Gott »erklärt«, ohne daß sie verklärt wird. (Allerdings sieht die Erzählung im Tod nur das Ende der Mühsal, noch nicht – wie Röm 5,12; 6,23 – die Folge der Sünde.)

Ist das Leid darum eine Gegebenheit der Welt, nicht aber ein Wesensmerkmal der Schöpfung?

Ein ähnlicher Unterschied zwischen dem Schöpfungsgemäßen und dem Vorfindlichen kehrt in der priesterschriftlichen Darstellung wieder; denn Gottes volle Billigung »sehr gut« findet nur die Welt, in der es noch kein Blutvergießen gibt (Gen 1,29ff). Als »Gewalt« auf Erden aufkommt, urteilt Gott geradezu entgegengesetzt: »Siehe, sie war verderbt!« Beide Aussagen (1,31; 6,11f P) beziehen sich aufeinander und umschreiben gemeinsam die Spannung, in der sich die gegenwärtige Wirklichkeit befindet. Die Freigabe der Tötung von Tieren läßt zwar einen Zustand von »Furcht und Schrecken« entstehen, doch der Mensch selbst wird als Bild Gottes geschützt (9,2f.6 P; u.§ 12c,6).

4. Da die Ausschließlichkeit ein Kriterium bei der Übernahme und Umgestaltung vorgegebener Überlieferungen bildet, bleiben bestimmte, mit ihm unverträgliche Motive ausgeschlossen. Gelegentlich finden sich jedoch Vorstellungen, die nicht einmal die allgemeine Aussage enthalten: Schöpfung ist Handeln Gottes. So lautet die Begründung für das Bekenntnis »Jahwe, du erforschest mich und kennest mich«:

»Mein Gebein war dir nicht verborgen,
als ich im Geheimen gemacht wurde,
gewirkt in den Tiefen der Erde;
(bereits) meinen Embryo sahen deine Augen.« (Ps 139,15f)

Hier schaut – der Vorstellung nach (anders V 13) – Gott nur zu, wie der Mensch im Schoß der Erde »gewirkt« wird. Die Heimat des Menschen ist nach einem weitverbreiteten Mythos die »Mutter Erde«, die aus sich alles Lebende hervorbringt (vgl. Gen 1,11f.24; Ps 90,2f; Hi 1,21; 38,8.28; Jes 55,10). So könnte man eigentliche Schöpfungsaussagen, nach denen Gott durch sein Werk die Menschen oder die Welt bildet, von kosmogonischen Vorstellungen unterscheiden, nach denen der Mensch aus Erde oder die Welt aus einem Urstoff selbständig hervorgeht. Das Alte Testament drängt solche Motive aber zurück; sie haben sich nur hier und da bewahrt.

Nach anderen Texten kann Gott den Himmel wie ein Zelt ausspannen, die Erde einer Platte gleich feststampfen (Jes 42,5; 44,24), die Erde gründen (48,13; 51,13.16; Spr 3,19), d.h., vielleicht auf Fundamente im Wasser aufbauen (Ps 24,2; vgl. 104,5; Hi 38,4ff), die Erde, die Berge, den Menschen und die Tiere wie ein Töpfer formen (Jes 45,18; Am 4,13; Gen 2,7.19; vgl. Jer 18,3f) usw. So ist es leicht möglich, eine Vielzahl völlig verschiedener Schöpfungsaussagen aufzuzählen. Als Vorstellungen lassen sie sich nicht ohne weiteres ausgleichen und harmonisieren, ja können sich widersprechen; es gibt zunächst keine einhellige Schöpfungserzählung, wohl nicht einmal ein einheitliches »Weltbild«. Da das Bild, das die einzelnen Texte entwerfen, so variabel ist, kann die Intention der Aussagen nicht in den Vorstellungen selbst liegen. Das bunte Nebeneinander wird eigentlich nur mit der Annahme erklärlich: Die bloßen Vorstellungen vom Wie der Schöpfung waren bereits im Alten Testament selbst nicht mehr entscheidend. Es kann allerlei Motive miteinander mischen und grundverschiedene (wie Gen 1 und 2) unmittelbar aufeinanderfolgen lassen. Spricht sich darin nicht eine gewisse Freiheit aus?

5. Das Bekenntnis zum Schöpfer ist eher Folge als Voraussetzung des Heilsglaubens. In diesem Verhältnis tritt jedoch seit der Exilszeit ein gewisser Wandel ein. Nachdem die Zerstörung des Tempels, das Ende des davidischen Königtums und die Vertreibung aus der Heimat grundlegende Verheißungen zunichte gemacht haben, kann der Prophet *Deuterojesaja* seine Verkündigung mit der Schöpfung (Jes 40,12ff; 42,5; 45,7f.12.18), auch der Erschaffung Israels (43,1.7.21; 44,2.21.24 u.a.), begründen. Als die vergangene Geschichte ihre Bedeutung verliert, wird der Schöpferglaube wichtig. Vielleicht spielt dabei auch die Auseinandersetzung mit den fremden Göttern eine Rolle (vgl. Jes 40,25f gegenüber der Astralreligion). Jedenfalls beruht die Zunahme der Schöpfungsaussagen in dieser Epoche nicht nur auf dem Einwirken der babylonischen Religion, sondern entsteht aus einer sachlichen Notwendigkeit in Israel selbst.

So verständlich diese Wandlung aus historischen Gründen auch wird, so neuartig ist sie doch: Erst die nach vollzogenem Gericht im Exil neu zugesprochene Heilszusage stützt sich zum ersten Male nicht mehr auf ein geschichtliches Ereignis, wie Führung oder Erwählung, sondern auf die Schöpfung. Dieser Umschwung deutet sich auch in Gen 1 an, wenn die Entstehung der Welt auf Gottes Ruhe zuläuft, die Israels Sabbatheiligung vorbildhaft vorwegnimmt. Vor allem setzen manche Psalmenbeter ihr Vertrauen auf die Macht des Schöpfers:

»Ich hebe meine Augen auf zu den Bergen.
Woher kommt mir Hilfe?
Meine Hilfe kommt von Jahwe,
der Himmel und Erde gemacht hat.« (Ps 121,1f; vgl. Ps 33 u.a.)

Das Bekenntnis findet sich in verschiedener Gestalt und hat Nachwirkungen über das Alte Testament hinaus: »der Himmel und Erde – das Meer und alles, was in ihnen ist – gemacht hat« (Ps 146,6; vgl. 115,15; 121,2; 124,8; 134,3; Ex 20,11; Neh 9,6 u.a.; Apg 4,24; 14,15; 17,24; Apk 14,7).

Der vom Aufruf »Lobe, Jahwe, meine Seele!« umrahmte Ps 104 bedenkt ähnlich dem Sonnenhymnus des Echnaton (RTAT 43ff; TUAT II/6, 848ff) die Stellung des Menschen in der Schöpfung und betont, daß Gott Tod und Leben gibt (V 29f): »Nimmst du ihren Odem/Geist hin, so verscheiden sie . . .; sendest du deinen Odem/Geist aus, so werden sie geschaffen, und du erneuerst das Antlitz der Erde.«

Schöpfer ist, wer den einzelnen und die Gruppe trägt, in der Not helfen kann; so dient der Rückgriff in die anfängliche Vergangenheit zugleich dem Verständnis der Gegenwart.

Das Bekenntnis zum Schöpfer, das Jona vor Ausländern, Anhängern anderer Religionen, spricht (1,5.9.16), enthält zugleich eine Vertrauensaussage über Gottes Macht, der Not herbeiführen und wenden kann (1,4.15; 2,1.11).

Jes 45,18 wagt, ein Ziel zu nennen: »Nicht zur Öde, zum Wohnen« hat Gott die Erde geschaffen.

Eine gegenwartsbezogene Aufgabe hat Schöpfungstheologie auch in der *Weisheitsliteratur* (u.§ 15).

Schon die ältere Spruchweisheit kann einerseits in der Form schlichter Aussage, ohne Mahnung oder Aufruf, die Einsicht weitergeben:
»Das hörende Ohr und das sehende Auge –
Jahwe hat sie alle beide gemacht.«
(Spr 20,12; vgl. 22,2; 29,13;
Ps 94,9: Gott hat »das Ohr gepflanzt, das Auge gebildet«).

So wird das dem Menschen »Vor-gegebene« als »gegeben« verstanden; dabei können auch Behinderungen eingeschlossen sein (Ex 4,11):
»Wer hat dem Menschen den Mund gemacht,
oder wer macht ihn stumm oder taub, sehend oder blind?
Bin nicht ich es, Jahwe?«

Andererseits erscheint das Verhalten zum Unterdrückten im Bösen wie im Guten als Verhalten zum Schöpfer:
»Wer den Geringen bedrückt, schmäht dessen Schöpfer,
aber ihn ehrt, wer sich des Armen erbarmt.« (Spr 14,31; vgl. 17,5)

Schon ägyptische Weisheit kann ethisches Verhalten mit einem Hinweis auf den Schöpfergott begründen:
»Verspotte nicht einen Mann,
der in der Hand Gottes ist . . .
Der Mensch ist Lehm und Stroh,
der Gott ist sein Baumeister.«
(Amenemope, Kap. 25; RTAT 87; AOT 45; TUAT III/2, 47)

Im Hiobbuch wird die Schöpfung zum Zeugnis für Gottes Macht und Recht gegenüber Ohnmacht und Unrecht des Menschen (4,17; 7,17f; 9,1ff; 10,3ff; 26,6ff u.a.), aber auch für die Gleichheit der Menschen untereinander: »Hat nicht Einer uns erschaffen?« (31,14ff; vgl. 33,4ff; Mal 2,10) Schöpfung verbindet reich und arm, ebnet Gegensätze unter den Menschen ein, ist ein alle tragender Grund (Spr 22,2; 29,13).

Kohelet, der »Prediger«, hält trotz allem Zweifel am Glauben an Gottes schöpferischer Allmacht fest; Gottes Werk bleibt vollkommen, aber für den Menschen unerkennbar:
»Er hat alles schön gemacht zu seiner Zeit,
auch hat er die Ewigkeit in ihr (der Menschen) Herz gelegt;
nur daß der Mensch nicht ergründen kann das Werk,
das Gott tut, weder Anfang noch Ende.« (Koh 3,11)

Damit kommt in die Schöpfungstheologie ein »zwar – aber«, wie es den Schöpfungsberichten Gen 1f noch unbekannt ist.

Ein Bekenntnis wie Ps 121 macht deutlich, in welchem Ausmaß Israels Glaube Schöpfungsaussagen in sich aufnehmen kann. Ja, die Prädikation »der Himmel und Erde gemacht hat« wird zum charakteristischen Beinamen Jahwes (Ps 115,15; 124,8; vgl. Ex 20,11; Neh 9,6 u.a.). Tatsächlich läßt sich jener Gegensatz zwischen Schöpfung und Geschichte so nicht aufrechterhalten, Deuterojesaja kann sogar beides gleichsetzen. Wie die Erwählung, so ist die Erlösung eine Schöpfungstat Jahwes (Jes 43,1.20f; 44,1f.20f.24; 45,7 u.a.). Schöpfung ist kein eigenständiger Bereich, geschieht nicht nur am Anfang, sondern auch in der Gegenwart. Gott »bildet« den einzelnen (Jer 1,5; Jes 49,5; vgl. Ps 22,10f; 139,16) wie das Volk (Jes 44,2; 27,11 u.a.), ja wirkt als Schöpfer die neue, kommende Geschichte:

»Siehe, ich schaffe Neues« (43,19; 48,7; Jer 31,22 u.a.).

So wird nicht nur das Immergleiche, sondern auch das ereignishaft Neue in den Schöpferglauben einbezogen. Schöpfung wird zur Eschatologie, weil die Eschatologie Gottes Schöpfung ist; sie ist nicht nur Vergangenheit, an die man denkt, sondern auch Zukunft, die man erwartet:

»Siehe, ich schaffe einen neuen Himmel
und eine neue Erde.«
(Jes 65,17; vgl. 66,22 u.a.)

Wie in der Apokalyptik vor der kommenden Gottesherrschaft die menschliche Geschichte zur Einheit wird, so wird im Gegenüber zum Schöpfer die Welt zur Einheit. Dies kann das Alte Testament mit dem Doppelausdruck »Himmel und Erde« oder gelegentlich mit dem einen Wort »das All« (Jes 44,24 u.a.) auch begrifflich fassen. So meint die Verehrung Jahwes als des Schöpfers das Bekenntnis zum Gott der Welt.

6. Jene – in Gen 2f J und ähnlich in Gen 1; 9 P ausgesprochene – Unterscheidung zwischen der schöpfungsgemäßen und der bestehenden Welt nimmt spätprophetische Hoffnung auf, um das »Nicht-mehr« der Schöpfungsgeschichten in ein »Noch-nicht« umzugestalten. Die Zukunft soll den verlorengegangenen Frieden in der Schöpfung wiederbringen. Da das göttliche Urteil »sehr gut« einer Welt ohne Blutvergießen gilt, kann sich die Hoffnung auf eine Welt ohne Leid als Hoffnung auf Rückkehr zum Ursprung (*restitutio in integrum*) gestalten und darüber hinaus gehen. Wie die Welt vor Gott war, soll sie wieder werden, ja das Künftige kann das Gewesene überbieten:

»Da wird der Wolf zu Gast sein bei dem Lamm
und der Panther bei dem Böcklein lagern ...
Kuh und Bärin werden 'sich befreunden' ...
Der Löwe wird Stroh fressen wie das Rind.
Der Säugling wird spielen am Loch der Otter,
und nach der Höhle der Natter
streckt das kleine Kind die Hand aus.« (Jes 11,6–8)

Diese sich an die Messiaserwartung (Jes 11,1–5) anschließende Hoffnung zielt auf Frieden nicht nur unter Menschen, sondern zwischen den Geschöpfen überhaupt, gleichsam auf Übereinstimmung zwischen Mensch und Umwelt. Sonst gibt das Alte Testament der Sehnsucht nach einem sicheren, ruhigen Leben ohne Bedrohung durch Raubtiere Ausdruck (Hos 2,20; Ez 34,25.28; Lev 26,6; Jes 35,9 gegenüber Am 5,19; Jer 5,6 u.a.). Diese Erwartung, die im Rahmen möglicher Erfahrung bleibt, wird überboten von jener Hoffnung, die mehr als nur einen Freiraum für die Menschen schaffen, die Raubtiere aus Gottes guter Schöpfung nicht ausschließen, sondern in das Heil einbeziehen will und darum eine tiefgreifende Verwandlung der Natur – die ungiftige Schlange, den Gras fressenden Löwen – anzunehmen bereit ist. Feinde sollen zu Freunden werden, so daß nicht nur wilde und zahme Tiere, wie Wolf und Lamm oder Löwe und Kalb, zutraulich vereint sind, sondern selbst das Kleinkind, das sorgsamer Obhut bedarf, ungefährdet neben der Schlange spielen kann. Diese Hoffnung gibt Jes 65,25 so weiter, daß der in der jahwistischen Schöpfungs- und Paradieserzählung ergangene Fluch über die Schlange wohl eingeschränkt, aber nicht gänzlich aufgehoben wird. Zwar wird die Feindschaft zwischen Mensch und Schlange nicht mehr bestehen (mit Jes 11,8 gegenüber Gen 3,15), ihre Lebensweise bleibt aber unverändert; die Welt erhält nur so weit eine neue Gestalt, als es der Friede in ihr erforderlich macht:

»Wolf und Lamm werden einträchtig weiden,
der Löwe wird Stroh fressen wie das Rind,
aber die Schlange – ihr Brot ist Staub.«

Mag man diesen Traum von einer verwandelten Natur »mythisch« nennen, in ihm verbirgt sich die tiefe Unbefriedigtheit mit der bestehenden Wirklichkeit von Feindschaft und Leid, damit die Hoffnung auf eine Schöpfung ohne gewaltsamen Tod.

g) Ergebnis: Übernahme und Aneignung
Die »Unvergleichlichkeit« Jahwes

Allem Anschein nach hat Israel eine Reihe von Gottesaussagen aus seiner Umwelt entlehnt. Das gilt vermutlich für die Eigenschaften »heilig« und »lebendig«, den Titel »König«, die Proklamation der »Ehre, Herrlichkeit« und die Schilderungen von Theophanie und Chaosdrachenkampf. Das Bekenntnis zu Jahwe als Schöpfer stellt wohl die größte Ausweitung seines Herrschaftsbereiches dar. Auch bei anderen Gottesprädikationen ist fremder Einfluß wahrscheinlich. Vor allem die Zionstheologie, wie sie in den Zionspsalmen und Prophetenworten enthalten ist, zog eine Fülle mythischer Motive an. Wenn Jerusalem etwa die »gerechte Stadt« heißt (Jes 1,21 u.a.), so wirken wohl vordavidische Überlieferungen nach (u.§ 13,2).

Das Lob von Jahwes »Gerechtigkeitstaten« (Ri 5,11) entspricht jedoch eher altisraelitischem Denken, so daß sich in der alttestamentlichen Rede von »Gerechtigkeit« eigene und fremde Traditionen treffen.

Die endgültige Ansiedlung im Kulturland brachte insgesamt für Israels Gottesaussagen also einen einschneidenden Wandel mit sich. Man würde diesem Umbruch gewiß nicht gerecht, wollte man zusammenfassend urteilen: Israel hat sich der fremden Vorstellungen und Redeformen »bedient«. Unter diesem Aspekt tritt das ganze Phänomen nicht wirklich in den Blick. Auch die Gegenüberstellung von Inhalt und Form oder das Bild von Kern und Schale bleiben ungenügend; sie sind erst recht unzureichend, wenn man eine zeitlose »Mitte« von einem zeitbedingten »Rand« unterscheidet, der allein vom Gang der Geschichte betroffen wird (vgl. § 1,9). In mancher Hinsicht fällt sogar der Versuch schwer, Israels Gottesverständnis, abgelöst vom Kulturlandeinfluß, in Worte zu fassen. Beispielsweise läßt sich nicht ohne weiteres sagen: Obwohl Jahwe in alter Zeit nicht als »König« angerufen wurde, so war er doch von Anfang an »Herr«; denn auch der Titel »Herr« (Adon) stellt wohl ein ursprünglich kanaanäisches Gottesepitheton dar. Umgekehrt würde man dem gesamten Vorgang aber auch nicht gerecht, wenn man ihn als »*Synkretismus*« bezeichnete: Weil Israel in weitem Ausmaß fremdes Gut übernommen hat, sei die alttestamentliche eine »synkretistische Religion«. Wie die Allgemeinbegriffe »Monotheismus« oder »Monolatrie« (o.§ 6b,1) nicht das geschichtlich Spezifische erkennen lassen, so bestimmt der Terminus »Synkretismus« nicht nur ein Phänomen, sondern verbirgt es auch.

Man kann die Eigenart des Jahweglaubens nicht beschreiben, wenn man nur seine Verbindungen zur Umwelt sieht; denn seine spezifische Prägung läßt sich als Komposition aus vorgegebenen altorientalischen Elementen nicht ausreichend erklären. Setzt aber Synkretismus als Verbindung verschiedener religiöser Elemente »ein das Verschiedene integrierendes Prinzip« voraus (*W.Pannenberg*, Grundfragen systematischer Theologie, 1967, 268ff), so wird man diese treibende Kraft in der Ausschließlichkeit zu suchen haben, wobei als weitere Eigenarten das zweite Gebot, die Geschichtsgebundenheit des Glaubens und wohl auch das Verständnis der Offenbarung aus dem Wort nicht vergessen werden dürfen (s.u.).

Gewiß hat Israel in Kanaan nicht nur entfaltet, was keimhaft in seinen frühen Überlieferungen angelegt war. Die Einflüsse von außen brachten etwas wirklich Neues und wurden so für Israels Glauben wesentlich, wie die Institution des Königtums deutlich macht. Was jedoch Israel aus seiner Umwelt aufgriff und »für Jahwe« (o.Exk. 2,2; § 9) beschlagnahmte, hat es nicht unverändert gelassen, sondern neu verstanden. Diese Umdeutung fand anscheinend besonders in doppelter Richtung statt: Der König der Götter wird als König des Volkes verehrt. Der »heilige« Gott wird zum »Heiligen Israels«, der sich in Gericht (Jesaja) oder Befreiung (Deuterojesaja) als heilig erweist. Der »lebendige« Gott wird im Klagelied als der Geber des Lebens angerufen (Ps 42). So werden einerseits die Eigenschaften Gottes zu Taten, die am Menschen geschehen. Mythisch gefüllte Vokabeln werden zu »Relationsbegriffen«, die das Verhältnis zwischen Gott und Mensch charakterisieren.

Andererseits werden fast alle Wendungen eschatologisch umgeprägt. Wie die göttliche »Königsherrschaft« im Alten Testament zur Hoffnung wird, so erwächst aus der Institution des irdischen Königtums die Verheißung eines künftigen Herrschers. Gottes »Herrlichkeit« soll noch erscheinen, seine »Heiligkeit« sich erst durchsetzen. Die Theophanie wird noch erwartet, und die neue Schöpfung steht bevor. Dabei kann die bereits vorgegebene universale Spannweite der Überlieferungen (o.§ 11a,5) noch erweitert werden: Jahwes Königreich ist räumlich und zeitlich unbegrenzt, seine Herrlichkeit wird allen sichtbar werden (Jes 40,5), und seine Schöpfermacht umfaßt die Welt als ganze. Doch können die Traditionen umgekehrt auch auf den einzelnen bezogen werden: Er vermag Jahwe als »König« (Ps 5,8) wie als »lebendigen Gott« (Ps 42) anzurufen oder eine Theophanie zu erflehen (144,5ff).

Alles in allem hat Israel das ursprünglich fremde Gut vornehmlich in Richtung auf das Verhältnis Gottes zum Menschen und in Richtung auf die Zukunft interpretiert. Diese tiefe Wandlung verbietet es wohl, von »Synkretismus« zu reden. Der Interpretationsprozeß gestattet in eingeschränktem Sinn sogar zu sagen: Auch wenn die fremde Welt in Israel eindringt, das Alte Testament bestimmt erst, was die übernommenen Begriffe heißen, was etwa Gottes »Königtum« bedeutet.

Ähnliche Beobachtungen lassen sich nicht nur an Vorstellungen, sondern auch an Texten machen. Die Gattung der »Klagelieder« (z.B. Ps 13; 51) zeigt eine überraschende Verwandtschaft in Aufbau (Anruf Gottes – Klage – Bitte – Lobgelübde) und Motiven mit babylonischen Klagepsalmen. Ps 104 weist Gemeinsamkeiten mit dem Sonnengesang Echnatons auf. Möglicherweise hat Israel Psalmen(abschnitte) entlehnt; besonders Ps 29; 82 und 93 sind stark durch kanaanäische Traditionen geprägt. Allem Anschein nach findet sich im Alten Testament aber kein Text, den Israel unverändert akzeptiert hat. Mindestens hat es ihm durch gewisse Zusätze sein Wesen aufgezwungen (vgl. etwa Ps 29,11; 93,5).

Die Übernahme fremden Gedankenguts geschah also keineswegs pauschal, sondern war ein außerordentlich *kritischer* Vorgang, der damit zum Zeugnis für Israels Auseinandersetzung mit seinen Umweltreligionen wird. Indem Israel eine mythische Handlung auf Jahwe übertrug, entzog es einer fremden Gottheit die Berechtigung, mit diesem Machterweis den eigenen Herrschaftsanspruch zu begründen. Es nimmt die Aussagekraft des Mythos für den eigenen Glauben in Anspruch; die Unvergleichlichkeit, die von bestimmten Göttern im Pantheon behauptet wurde, bezeichnet jetzt Jahwes Ausschließlichkeit:

»Wer ist ein Gott, so groß wie ›Jahwe‹?
Du bist der Gott, der Wunder tut!

Du hast deine Macht unter den Völkern kundgetan.« (Ps 77,14f)
»Wer in den Wolken darf sich neben Jahwe stellen,
sich vergleichen mit 'Jahwe' unter den Göttersöhnen?«
(Ps 89,7; vgl. Ex 15,11; Dtn 3,24 u.a.)

Dabei wird aus der Überlegenheit eines Gottes über die anderen Götter die Analogielosigkeit, aus dem »größer als« das »anders als«:

»Niemand ist dir gleich,
und kein Gott ist außer dir.«
(2 Sam 7,22; vgl. 1 Sam 2,2; Ps 18,32 u.a.)

Das Alte Testament begnügt sich nicht mit dem Rang, den der Vergleich ermöglicht. Aus dem »höchsten« Gott (Ps 47,3; 97,9 u.a.; vgl. § 10a,1) wird der einzige:

Die Völker »werden erkennen, daß du, Jahwe,
allein der Höchste bist über die ganze Erde.« (Ps 83,19)

Dieses auch aus dem Rechtssatz (Ex 22,19; vgl. Dtn 32,12) bekannte »*allein*« kehrt in verschiedenen Zusammenhängen wieder: Gott vollbringt Wunder allein (Ps 72,18; 136,4; vgl. Jes 44,24; 63,3; Hi 9,8), kennt allein das Herz aller Menschen (1 Kön 8,39; vgl. Ps 51,6), und sein Name ist allein erhaben (Ps 148,13). Lautet das Bekenntnis »Du allein bist Gott« (86,10; 2 Kön 19,15; Neh 9,6), so wird von der Zukunft erwartet, daß dies allgemein anerkannt wird (Jes 2,11.17; Ps 83,19; 2 Kön 19,19).

Um andere Götter ihrer Vorherrschaft zu berauben, zog Jahwe Wesenszüge dieser Götter auf sich, während Israel das mit dem eigenen Glauben Unvereinbare ablehnte. Dabei wurde Jahwe nicht einfach mit dem einen Gott (El) identifiziert, während er dem anderen (Baal) in unversöhnlicher Feindschaft gegenüberstand. Vielmehr durchschneidet der Doppelvorgang von Anerkennung und Gegensatz die fremden Götter selbst, indem er ihre Eigenschaften und ihr Wirken einzeln trifft und auswählt. Anders kann der Vorgang auch nicht verlaufen sein, da für Jahwes Macht kein göttliches Wirkungsfeld ausgespart bleiben konnte. So mußte Jahwe etwa Baal als Spender von Fruchtbarkeit und Leben sowie als Sieger im Meereskampf entthronen, dagegen den »Natur«-Charakter abstoßen: Jahwe konnte letztlich nicht als Stier dargestellt werden, noch konnte er sterben und wiederauferstehen.

Doch bleibt die Feststellung dieser Polarität von Anknüpfung und Widerspruch unbefriedigend. Nach dem religionsgeschichtlichen Vergleich muß doch die – auch historisch berechtigte – Frage aufkommen: Was ermöglichte Israel diese Geschichte, in der es Jahwes »Gegner« entmachtete? Welches Kriterium gestattete die Ablehnung einerseits, die Aufnahme und Umwandlung andererseits? Diese Frage ist sicher schwer und kaum in jedem Falle gleich zu beantworten. Doch sind Jahwes Ausschließlichkeitsforderung und das Bilderverbot gewiß als entscheidendes Kriterium zu nennen.

Das erste Gebot schloß dem Anspruch nach – mag es auch in Israels Geschichte vielfältig übertreten worden sein – den Polytheismus aus. Damit waren auf die Dauer alle die Vorstellungen und mythischen Erzählungen unmöglich, die mehrere Gottheiten, etwa das Miteinander von Gott und Göttin, voraussetzen. Die Schöpfung kann letztlich nicht als Götterkampf dargestellt werden; das Pantheon bleibt höchstens als unterworfener himmlischer Hofstaat bestehen. Der »heilige« Gott wird im Sinne des ersten Gebots als der »eifernde« verstanden (Jos 24,19), und der »lebendige« Gott wird im Gegensatz zu den toten Götzen bestimmt (Jer 10,10).

Das Ausschließlichkeitsgebot wie das Bilderverbot scheiden aber als Kriterien dafür aus, daß Israel die Vorstellungen von Sterben und Auferstehen von Jahwe fernhielt, obwohl es die Begrifflichkeit dieses Mythos aufzunehmen und umzuwandeln wußte. An dieser Stelle könnte die Abwehr aber erfolgt sein, weil die zyklische Wiederkehr von Tod und Auferstehung die Einmaligkeit der Geschichte aufhebt. Der Geschichtsbezug des Glaubens (§ 2,1; 6d) stellt eben ein weiteres wichtiges Kriterium für Israels Umgang mit den Religionen dar.

§ 12 Das Königtum

a) Der König

Im alten Orient fällt dem König eine entscheidende Rolle in der Religion zu: Er ist Mittler zwischen Gott und Mensch; er vertritt einerseits die Gottheit auf Erden und andererseits seine Untertanen vor den Mächten des Himmels. Er opfert den Göttern und schafft den Menschen Recht. So ist der Pharao der oberste Priester, der eigentlich die Verbindung zur göttlichen Welt darstellt, auch wenn ihm untergebene Priester in seinem Namen das kultische Ritual vollziehen. Am Pharao wird der Doppelcharakter des Königtums deutlich; als Amtsperson verkörpert er die Einheit von Gott und Mensch; er hält die Ordnung des Lebens in Natur und Gesellschaft aufrecht, gewährt den Fortbestand der Welt. Allerdings nimmt der König im weiten Bereich des alten Orients keineswegs immer und überall den gleichen Rang ein. Zwar besteht das Königtum stets kraft göttlicher Ordnung, aber die Beziehung zwischen Gott und König wird jeweils anders bestimmt; selbst innerhalb des gleichen Raumes ändert sie sich im Laufe der Geschichte.

1. In *Ägypten* gilt der König schon in ältester Zeit als Horus, Falkengott des Himmels; wahrscheinlich ist schon diese Beziehung nicht als Identität gedacht. Als die Verehrung des Sonnengottes Re zunimmt, erscheint der König von der 4. Dynastie ab als »Sohn des Re«. Tritt damit eine schärfere Unterscheidung zwischen Gott und König ein, obwohl der göttliche Charakter gewahrt bleibt? »Sohn heißt nach einem allgemeinen und im alten Orient besonders ausgeprägten Grundsatz: Er ist einem mächtigeren Vater verantwortlich« (*S.Morenz*, Ägyptische Religion, 1960, 36). Die neue Prädikation bringt beides zum Ausdruck: sowohl das Vertrauensverhältnis – der König ist als Gottes Stellvertreter auf Erden zur Herrschaft beauftragt und steht in seinem Schutz – wie die Unterordnung; der Pharao führt aus, was der Gott befiehlt. Gewiß verdrängt der Sohnestitel den älteren Horusnamen nicht; vielmehr stehen beide Vorstellungen unausgeglichen nebeneinander. Auch die Beziehung des Pharao zu anderen Göttern, wie Atum und Amun, wird als Vater-Sohn-Verhältnis gedacht.

Die Unterscheidung des menschlichen und göttlichen Wesens des Königs scheint schon von früh an mit der Unterscheidung von Person und Amt gegeben zu sein. Von der irdischen Person gilt, »daß der Pharao im Alten Reich keineswegs als ein Gott angesehen wurde, sondern in erster Linie Mensch war«. »Nicht der König ist göttlich, sondern das von ihm ausgeübte Amt, dessen Träger er ist.« (*H.Goedicke*, Die Stellung des Königs im Alten Reich, 1960, 89f) Obwohl als Sohn Gottes (u. b,1) von Geburt an oder schon vor der Geburt (»im Ei«; vgl. RTAT 54f) zum Herrscher bestimmt, gewinnt der König Göttlichkeit durch das Ritual bei der Thronbesteigung. Aber erst der tote König gilt ganz als Gott, der lebende trägt menschliches und göttliches Wesen in sich. So empfängt die Person des Königs zu seinen Lebzeiten keinen Kult. Jedoch kann seine Statue im Tempel göttliche Ehren genießen, und am Grab verehrt man den Toten, der durch Vollzug bestimmter Riten mit dem sterbenden und auferstehenden Gott Osiris wesenseins wurde (so seit der 5. Dynastie). Als Horus, Sohn des Osiris, besteigt der Nachfolger den Thron.

Im *mesopotamischen* Raum scheint es eine so enge Verbindung von Gott und Königtum nicht durchgängig gegeben zu haben. Sucht man in der wechselvollen Geschichte des Zweistromlandes, in der sich mehrere Völkerschaften mit verschiedenen Herrschervorstellungen ablösten, nach einem Grundgedanken, so ist er eher in der Anschauung zu finden, das Königtum sei von der Gottheit gestiftet. Der König ist von Gott eingesetzt, erwählt und begnadet.

Aus der näheren Umwelt Israels, die im Einflußbereich und Spannungsfeld beider Kulturen steht, liegen weniger reiche Zeugnisse vor. Auf einer Stele sagt der König Zakir von Hamat von sich: »Der Himmelsbaal machte mich zum König« (KAI 202; RTAT 248; TUAT I/5, 627). Wahrscheinlich sind die Könige beider grundverschiedenen politischen Gebilde, der kanaanäischen Stadtstaaten wie der Israel verwandten ostjordanischen Völkerschaften, nicht göttlich verehrt worden.

2. Im Alten Testament klingt ein Großteil dieser altorientalischen Vorstellungen nach; besonders am Jerusalemer Hof scheinen vorisraelitische Anschauungen, auch ägyptischen Ursprungs, weitergewirkt zu haben. Der König gilt wie in der Umwelt als »erwählt« (1 Sam 10,24; 16,8ff u.a.):

»Ich schloß einen Bund mit meinem Erwählten,
schwur meinem Knecht David:
Auf ewig will ich deine Nachkommen erhalten
und deinen Thron für alle Geschlechter erbauen.« (Ps 89,4f)

Darüber hinaus kann er andere – bereits vorgegebene – Titel führen, die seine enge Beziehung zu Gott oder seine Bedeutung für das Volk umschreiben: »Sohn« (Ps 2,7; 2 Sam 7,14 u.a.), »Knecht« (7,5.8; Ps 132,10 u.a.), auch »Leuchte Israels« (2 Sam 21,17; anders Ps 132,17 in Gottesrede: »eine Leuchte habe ich meinem Gesalbten bereitet«), »unser Schild« (Ps 84,10; 89,19) oder »unser Lebenshauch« (Klgl 4,20). »Ehre und Hoheit« kommen sowohl Gott (Ps 96,6 u.a.) als auch dem König (21,6; 45,4) zu; beide gelten als »Hirte« (Jes 40,11; Ps 23 bzw. 2 Sam 5,2; Jer 23 u.a.). Wird beim Eid gewöhnlich der Name Gottes angerufen (o.§ 11c,1), so kann der Schwur auch beim Leben des Königs erfolgen (1 Sam 17,55; vgl. 12,3.5; Gen 42,15f). Umgekehrt wird bestraft, wer »Gott und dem König flucht« (1 Kön 21,10). Zumindest gelegentlich übernimmt der König priesterliche Aufgaben (2 Sam 6,13–18; 8,18; 24,25; 1 Kön 9,25; vgl. Ps 110,4 u.a.). Ausnahmsweise kann der König sogar als »Gott« angeredet werden; doch erlaubt dieser Einzelbeleg kaum die Schlußfolgerung, der König gelte als gottgleich oder gehöre zumindest der göttlichen Sphäre an:

»Dein Thron, o Gott (Göttlicher), steht immer und ewig.
Dein Herrschaftsstab ist ein gerechtes Zepter.
Du liebst Recht und hassest den Frevel.« (Ps 45,7f;
vgl. 2 Sam 14,17.20: der König »wie der Engel Gottes«;
Sach 12,8; auch 1 Chr 28,5: der König »auf dem Thron der Königsherrschaft Jahwes über Israel«; 29,23 u.a.)

Hier ist der Bestand des Thrones mit dem Rechtsverhalten verknüpft. Entsprechend erwartet man, wie verschiedenartige Überlieferungsbereiche bezeugen, vom König Rechtsschutz und Wohlstand.

»Ein König, der in Wahrhaftigkeit den Armen Recht schafft –
sein Thron ist für alle Zeit fest gegründet.«
(Spr 29,14; vgl. 16,12ff; 20,28; Ps 45,5.8; 72; 89,15;
1 Sam 8,20; 2 Sam 8,15; 1 Kön 3;
Jer 22,13.15ff; 23,5; Jes 9,6; 11,3ff; 16,5 u.a.)

Daß der Herrscher die Rechtsordnung erläßt und – als Hirte – für den Hilfsbedürftigen eintritt, ist gute altorientalische Tradition (vgl. z.B. den Hammurabi-Kodex); die Gerechtigkeit und damit das Wohlergehen des Landes, ja sogar die Fruchtbarkeit der Natur (vgl. Ps 72,3ff) können vom König abhängen. Dafür wünscht man ihm ein langes Leben (21,5; 1 Kön 1,31 u.a.) und ein weltweites Herrschaftsgebiet: der »Höchste unter den Königen der Erde« (Ps 89,28). So verbinden sich mit dem Königtum – wohl im Anschluß an die Großreichbildung Davids, die für die Aufnahme altorientalischer Überlieferungen einen gewissen Anhalt bot – universale Hoffnungen (Ps 2; 18,44ff; 72,8ff; 110).

Die Hinweise auf die überragende Stellung des Königs stammen zu einem erheblichen Teil aus dem Psalter, speziell den *Königspsalmen* (die verschiedene Redeformen umfassen und in ihrem Alter umstritten sind: Ps 2; 18; 20f; 45; 72; 89; 101; 110; 132; 144; 2 Sam 23). Dieser Tatbestand ist nicht zufällig. Israel hat in der Kult- und Hofsprache mannigfache altorientalische Vorstellungen übernommen (*H.Greßmann*: Hofstil). Dagegen sind die historischen Nachrichten in den Samuel- und Königsbüchern in weit geringerem Maß von vor- und außerisraelitischem Gedankengut geprägt, so daß hier eher für Israel typische Aussagen zu erwarten sind. Das Bild von Israels Königtum fällt darum verschieden aus, je nachdem, ob man es stärker von den historischen Texten oder den Psalmen her entwirft, die kaum eine geschichtliche Einordnung zulassen, insofern fast zeitlos erscheinen und über die eigene Wirklichkeit oder gar Möglichkeit hinausgehen können. Dies gilt erst recht, wenn man von den prophetischen Hoffnungen, den messianischen Erwartungen (wie Jes 9,5f; 11), auf die Wirklichkeit zurückschließen will.

Vielleicht darf man bei einer Gegenüberstellung insgesamt urteilen, daß der altorientalische König, zumal der Pharao, stärker mythisch verstanden wurde, während der König in Israel eher umgekehrt eine geschichtliche Gestalt war, auf die manche mythische Züge übertragen wurden. Die Aussage der babylonischen Königsliste »Als das Königtum vom Himmel herabkam« (AOT 147) war für Israel unmöglich; denn es hat den Ursprung seines Königtums in der Geschichte nicht vergessen, sondern aufgezeichnet (vgl. § 6d). Außerdem wurde die Institution des Königtums, obwohl Symbol der Ordnung (Ri 17,6; 18,1; vgl. Spr 30,27 u.a.), viel stärker als menschliche Angelegenheit betrachtet: Das Volk selbst erhebt Saul oder David zum König (1 Sam 11,15; 2 Sam 2,4; 5,3; auch Ri 8,22 u.a.).

Möglicherweise wurden schon bald kritische Stimmen laut, wie sie in der Jotamfabel (Ri 9,7ff) oder im »Königs(vor)recht« zu hören sind (1 Sam 8,11ff mit der Aufzählung der dem König zu leistenden Dienste; auch 10,27).

Jedenfalls galt vom israelitischen König nicht, was man vom Pharao sagen konnte: »Sein Leben von der Geburt oder eigentlich von der Empfängnis seiner Mutter an über die Krönung und die königlichen Feste bis zu seinem Tode und seiner Verklärung ist mythisches Geschehen, sein Wandel und seine Taten göttliche

Offenbarung ... Wie das Erscheinen des Königs eine Wiederholung der Weltschöpfung und Weltordnung darstellt, so kehrt in der Krönung das geschichtliche Ereignis der Reichsgründung wieder.« (*E.Otto,* Die Religion der alten Ägypter: HO I/8/1, 1964, 26f) Während der Pharao – als Amtsinhaber, nicht als Mensch – in gewisser Hinsicht Gott nähersteht als den Menschen, wird in Israel der Abstand zwischen Jahwe und dem israelitischen König gewiß für größer gehalten als der zwischen König und Volk.

Auch verlief die historische Entwicklung des Königtums in beiden Reichen verschieden. Im Nordreich lösten sich die Herrscherhäuser ab (bes. 2 Kön 9f). Umgekehrt kam es in Juda und Jerusalem zu einer festen Dynastie, die trotz gewaltsamen Regierungswechseln (2 Kön 11 u.a.) fast ein halbes Jahrtausend bis in die Zeit des babylonischen Exils an der Macht blieb. So erlangte dieses Königtum, dem die prophetische Verheißung ewigen Bestand zugesagt hatte (2 Sam 7), weit größere Bedeutung für den Glauben. Auch im Südreich war die Einstellung zum Herrscherhaus aber kaum einhellig; es gab wie in Israel Unterschiede zwischen Hof und Volk, den Jerusalemern und den Judäern auf dem Lande (vgl. 2 Kön 11,14; 14,21; 21,24; 23,30; auch Mi 5,1). In all diesen Differenzen in der Auffassung des Königtums zwischen Nord- und Südreich einerseits und den Bevölkerungsgruppen untereinander andererseits kommt zum Ausdruck, daß sich in den israelitischen Vorstellungen vom Königtum verschiedene Überlieferungen kreuzen. Nachwirkungen aus der eigenen Vergangenheit vorstaatlicher Zeit, Einflüsse aus dem Kulturland, wohl meist von den kanaanäischen Stadtstaaten, aber auch anderer Herkunft, schließlich das Vorbild der altorientalischen Großreiche finden sich zusammen.

Wie im Beamtenwesen (1 Kön 4,2ff u.a.) scheinen im judäischen *Krönungsritual,* mit dem der König in sein Amt eingesetzt wird (1,32ff; 2 Kön 11,12; Ps 2; 110; 132; vgl. Jes 9,5f u.a.), vor allem einzelne ägyptische Formen weiterzuleben. Weil das Ritual im Alten Testament aber nirgends als ganzes beschrieben ist, bleibt die Rekonstruktion des Handlungsablaufs im Heiligtum und im Palast (mit Übergabe von Diadem und Königsprotokoll, Einsetzung zum »Sohn«, Salbung, Akklamation und Thronbesteigung?) schwierig und umstritten.

Erklärt sich auch aus diesen vielfältigen Überlieferungen, daß das Alte Testament in so mannigfacher Weise von hymnisch-feiernder Zustimmung über kritische Einschränkung bis zur Ablehnung zum Phänomen des Königtums Stellung nehmen kann?

Anders als der charismatische Führer der Richterzeit (Ri 6,34; o.Exk. 4) oder der Prophet (Am 7,14; u.§ 14b2; aber 1 Kön 19,19ff) wird der König nicht unmittelbar, sondern indirekt durch ein – von einem anderen, sei es einem Priester oder eher einem Propheten gesprochenes – Gotteswort berufen (Ps 2,7f; vgl. 89,4f; 110,1; 1 Kön 1,34.38f). Dieser Sprecher kann dann auch dem König kritisch begegnen (der Tradition nach schon Samuel 1 Sam 13,10ff; 15,10ff).

3. Es ist Israel im Rückblick bewußt gewesen, daß es sich mit der Einführung des Königtums verhält »wie alle Völker« (1 Sam 8,5.20; Dtn 17,14). Damit stellt sich Israel die Frage, wie es die fremde Institution in den eigenen Glauben einfügen kann. Zwar gilt der König als von Jahwe »erwählt«, aber ihm wird eindringlich der Gehorsam gegenüber dem göttlichen Gebot und damit treue Ergebenheit vorgeschrieben. Schon 2 Sam 23,3f bekennt ja:

»Wer gerecht herrscht über die Menschen,
wer herrscht in der Furcht Gottes,
der strahlt auf wie das Licht am Morgen.«

Das Königsgesetz des Deuteronomiums (17,14–20; ursprünglich sind wohl nur die negativen Bestimmungen) sieht zumindest theoretisch konkrete Einschränkungen der Machtbefugnis des Königs vor; noch erstaunlicher bleibt, daß es überhaupt ein Gesetz gibt, das nicht die Regierten, sondern den Regenten bindet und ihn Gott und seinem Gebot unterordnet.

»Das haben auch die Gesetzgeber gewußt und das haben sie gewollt: Sie geben dem König ein Gebot wie dem kleinsten Bauern und verlangen von ihm bei Verlust des göttlichen Segens Gehorsam.« (*H.Schmidt*, SAT II/2, ^{2}1923, 197)

Das deuteronomistische Geschichtswerk beurteilt die einzelnen Könige nach ihrem Verhalten gegenüber dem Jahwegebot – von der Zustimmung (2 Kön 18,3ff; 22,2; 23,25) über gewisse Einschränkungen (1 Kön 15,11.14; 2 Kön 17,2) bis zur völligen Ablehnung (1 Kön 16,30.33; 21,25f u.a.). Die Verheißung ewigen Bestands der Daviddynastie (2 Sam 7,11ff; später als »Bund« gedeutet: 23,5; Ps 89,4.29; vgl. Exk. 5) scheint zunächst ohne Bedingung ergangen zu sein, wird aber zunehmend von der Einhaltung der göttlichen Gebote durch den König abhängig gemacht (Ps 132,12; 1 Kön 2,4; 8,25; 9,4f; Sach 3,7; vgl. 1 Sam 12,14f.24f u.a.).

4. Bringen auch die *Königspsalmen*, die sich – nach ihrer ursprünglichen Absicht – nicht auf den künftigen, sondern den regierenden König beziehen, seine Abhängigkeit von Gott zur Geltung? Schon daß für den Herrscher Fürbitte geübt wird und er selbst mit einer Bitte Gott nahen darf (Ps 2,8; 20,2–6; 21,3.5; 132,1.10; vgl. 1 Sam 12,19; 1 Kön 3,5ff u.a.), zeigt nicht nur die Nähe des Königs zu Gott, sondern auch seine Angewiesenheit auf ihn. Sie scheint im Laufe der Zeit stärker zum Ausdruck zu kommen.

Zunächst kann von einer Alternative zwischen göttlicher und königlicher Herrschaft (Ri 8,23; 1 Sam 8,6f; 12,12; vgl. 10,19) keine Rede sein. Nach Ps 2, wohl einem der ältesten Königspsalmen, thront Gott – zwar irdischer Unruhe entrückt – im Himmel; der Aufruhr der Völker richtet sich aber in gleicher Weise »gegen den Herrn und seinen Gesalbten« (V 2b, vielleicht wie V 12b eine Ergänzung, wenn auch sinngemäß richtig). Ihr

Machtbereich scheint eine Einheit darzustellen. Gott bleibt transzendent und ist keineswegs im König verkörpert; Gottes Reich und das Reich des Königs sind jedoch weithin identisch. Gott gibt ihm als seinem Sohn und Statthalter die Völker zum Erbe, so daß er über die Welt herrscht (vgl. Ps 72,8ff; 89,26ff). Gewiß beruhen Recht und Stellung des Königs auf der Einsetzung durch Gott, der Berufung durch Prophetenmund (V 7), diese Abhängigkeit des Herrschers von Gott kommt aber in der königlichen Machtausübung nicht weiter zur Geltung. Vielmehr verwirklicht der König selbst die ihm von Gott verliehene Herrschaft. Der Ernennung: »Mein Sohn bist du . . . Ich gebe (dir) die Völker« folgt die Zusage (V 9): »Du magst sie zerschlagen mit eiserner Keule, sie wie Töpfergeschirr zerschmeißen.« Noch uneingeschränkter – sowohl in der universalen Ausdehnung als auch der Drastik der Ausdrucksweise – kann die Macht des regierenden Königs im Anschluß an altorientalische, wohl speziell ägyptische Vorstellungen kaum ausgemalt werden.

Auch nach Ps 110 beruht die Ermächtigung des Königs auf dem göttlichen Wort (V 1): »Setze dich zu meiner Rechten, bis ich deine Feinde als Schemel deiner Füße hinlege!« Es mutet dem König aber zu, inmitten der bereits von Gott überwundenen Feinde zu herrschen. Damit bahnt sich eine Unterscheidung zwischen Wirken Gottes und Wirken des Königs an; sie kommt dadurch zustande, daß die Königsideologie mit der Überlieferung von einer Kriegführung durch Gott selbst (Ex 14 u.a.; o.§ 7,3) zusammentrifft.

Ähnlich wie es altorientalische Abbildungen darstellen, vereinigt Ps 144 Königs- und Kriegstradition so, daß Gott den König in der Kriegskunst unterweist (V 1; vgl. 18,35): »Er lehrt meine Hände den Kampf, meine Finger den Krieg.« Jedoch braucht der König seine unter göttlicher Anleitung erworbenen Fähigkeiten anscheinend nicht zu erproben; denn er richtet seine Zuversicht auf Gott »meinen Retter, mein Schild, auf den ich traue, der mir 'Völker' unterwarf« (V 2; vgl. V 6ff). Vertritt Gott den König in der Kriegführung? Gelegentlich bringt das Vertrauensbekenntnis die Gegenüberstellung von menschlicher und göttlicher Macht pointiert zum Ausdruck:

»Diese (vertrauen) auf Streitwagen und Rosse,
(doch) wir rufen den Namen Jahwes, unseres Gottes, an.
Sie brachen in die Knie und fielen,
aber wir erhoben uns und standen aufrecht.« (Ps 20,8f)

Der König bedarf der göttlichen Hilfe (Ps 20,3.7.10; 21,6; 144,7 u.a.), die vom Vertrauen auf eigene Macht unterschieden wird. Schließlich können die Königspsalmen ein allgemeines Motiv der Klagelieder aufnehmen und mit der Frage die Menschlichkeit auch des Amtsträgers hervorheben (Ps 89,48f; 144,3f): »Wer ist der Mann, der lebt und den Tod nicht sieht?«

Außerhalb der Reihe der Königspsalmen steigert der Hymnus Ps 33 jene Einsicht, daß »die anderen« ihre Hoffnung vergeblich auf die eigene Kraft setzen, zur Selbsterkenntnis; auch dem König nützt keine Eigenmacht:

»Nichts hilft dem König ein starkes Heer,
ein Held rettet sich nicht durch Riesenkraft.
Ohne Verlaß ist das Roß für den Sieg,
und seine große Kraft läßt nicht entkommen.
Sieh, Jahwes Auge ruht auf denen, die ihn fürchten,
auf denen, die auf seine Gnade hoffen.«
(Ps 33,16–18; vgl. 147,10f)

Demnach kann das Königtum vom alttestamentlichen Glauben so gedeutet werden, daß es Gottes Wirksamkeit Raum gibt. Die Hoffnung auf einen künftigen Friedenskönig (u. d) führt diese Intention weiter. Die sog. messianischen Weissagungen deuten das Nicht-Wirkliche, den Überschuß der Aussagen vom König über die Realität (vgl. Ps 72,3ff), in ein Noch-nicht-Wirkliches um und sehen dabei den Herrscher in neuem Licht.

5. Weil das Königtum unter Vorbehalt betrachtet wird, kann es schon früh in der *prophetischen* Bewegung einen Gegner finden, der den amtierenden Herrscher wegen seines Verhaltens mahnt, rügt oder gar verwirft (1 Sam 15; 2 Sam 12; 24; 2 Kön 1; u.§ 14a2,5).

Diese kritisch-distanzierte Haltung erreicht in der Verkündigung *Hoseas,* der in den unruhigen letzten Jahrzehnten vor dem Untergang des Nordreichs auftritt, ihren Höhepunkt. Sagt schon Amos (7,9.11) kurz zuvor dem »Haus Jerobeams« den Tod an, so macht Jahwe nach Hosea nicht nur der bestehenden Dynastie, sondern überhaupt »dem Königtum des Hauses Israel ein Ende« (1,4; vgl. 3,4 »ohne König«). Der Prophet sieht in der Einsetzung von Königen und Beamten ein menschlich-eigenmächtiges Handeln ohne Gott:

»Sie selbst machten Könige gegen meinen Willen,
setzten Beamte ein – ohne mein Wissen.«
(8,4; vgl. 7,3–7; 9,15; 10,7.15)

Dabei erscheint die Königswahl parallel zur Anfertigung von Götzenbildern (8,4–6). Wo Hosea das Königtum trotzdem von Gott herleitet, erkennt er es nicht als Erweis von Gottes Gnade an, sondern von Anfang bis Ende als Gabe seines Zorns:

»Ich gab dir einen König in meinem Zorn
und nahm ihn weg in meinem Grimm.« (13,11)

Gewiß gelten diese harten Worte nur dem Königtum im Nordreich Israel. Ist Hoseas Urteil aber nicht grundsätzlich als Kritik an der Institution überhaupt zu verstehen?

6. Das Hoseabuch enthält im Rahmen der Hoffnung auf endgültige Erfüllung des an die Erzväter ergangenen Segens »Die Zahl der Söhne Israels wird werden wie der Sand am Meer« auch die – in ihrer Echtheit sehr umstrittene, wohl nicht von Hosea stammende – Verheißung der Wiedervereinigung:

»Die Söhne Judas und die Söhne Israels
werden sich miteinander versammeln
und sich ein (gemeinsames) Haupt geben . . .« (Hos 2,2)

Die beiden in der Geschichte oft verfeindeten Brüderreiche werden in der Heilszeit vereint sein und sich »*ein Haupt*« setzen – das meint nicht: sich Gott zum Herrn erwählen (Jos 24,15), sondern ein irdisch-menschliches Oberhaupt berufen. Kaum zufällig fehlt im königskritischen Hoseabuch der Begriff »König«, wie auch nichts von davidischer Abstammung verlautet (aber im Zusatz 3,5). Der kommende Regent trägt den Titel eines Führers aus vorstaatlicher Zeit (vgl. Num 14,4; Ri 11,8ff; 1 Sam 15,17; auch Jes 7,8f). Anders als der Zukunftskönig der messianischen Weissagungen wird er nicht, von Gott »erweckt« (Jer 23,5; Ez 34,23), »kommen« (Sach 9,9; vgl. Jes 11,1; Mi 5,1), sondern vom Volk selbst eingesetzt. Außerdem fehlen das Thema »Gerechtigkeit« wie das Stichwort »Frieden«, wenn auch vorausgesetzt wird, daß die miteinander verbundenen Reiche frei von Krieg leben können. Demnach ist die Heilserwartung im Hoseabuch anders strukturiert als im Jesaja- oder Michabuch. Dennoch stimmt sie in einem Wesenszug mit der Messiashoffnung zutiefst überein. Der künftige Herrscher hat keine eigentliche Aufgabe inne, bringt selbst nicht das Heil, repräsentiert es nur; er ist in seiner Person wohl Symbol der Einheit, stellt sie aber nicht her.

7. Nach den messianischen Weissagungen ist der eigentliche Herrscher nicht der gegenwärtige, sondern der kommende. Der Exilsprophet Deuterojesaja, der den Titel »König« Jahwe vorbehält (Jes 52,7) und den Titel »Gesalbter« auf den Perserkönig Kyros überträgt (44,28ff), geht in seiner Umdeutung der Davidtradition noch weiter, wenn er den Verbannten als Gotteswort zuspricht:

»Ich werde euch einen ewigen Bund schließen,
die zuverlässigen Gnadenerweisungen an David.« (Jes 55,3)

Das Wort erinnert an die Natanweissagung (2 Sam 7 u.a.), ergeht im Gegensatz zu ihr aber nicht mehr an das judäische Königshaus. Die Davidverheißung ist auf das Volk ausgeweitet worden und hat damit ihre Besonderheit – die Erwählung einer Dynastie aus dem Volksganzen – eingebüßt. Was Gott David allein gewährte, schenkt er jetzt allen. »Fürst und Gebieter der Völker« wird Israel aber nicht durch Krieg, sondern als »Zeuge« für Jahwe (55,4f; 43,10 u.a.; u.§ 16,1f).

b) Der Sohn Gottes

1. »Sohn Gottes« ist im alten Orient zunächst der König. Der Pharao führt den Titel seit dem Alten Reich; später wird er mythisch ausgestaltet. Das Märchen des Papyrus Westcar erzählt, wie der Sonnengott Re mit einer Priesterfrau verkehrt und sie Drillinge gebiert, die drei kommenden Herrscher. Damit wird kein einmaliges Wunder ferner Vergangenheit beschrieben. Seit der 18. Dynastie pflegt man Zeugung und Geburt des Königs auf Bildwänden darzustellen (z.B. in Der-el-Bahri, dem Totentempel der Königin Hatschepsut, oder in Luxor, Philae, Edfu): Der höchste Gott geht in Gestalt Pharaos zur Gattin des Regenten ein. Der jeweilige Herrscher gilt demnach leibhaftig als Sohn des Gottes und der Königin.

»Der Mythos scheint in ältere Zeit zurückzureichen. Er berichtet, daß der Reichsgott (Re oder Amun) beschließt, einen Thronfolger zu zeugen. Um in den Palast gelangen zu können, nimmt er die Gestalt des regierenden Königs an und vereinigt sich, nicht ohne sich vorher als Gott zu erkennen zu geben, mit der Königin, die übrigens im Mythos noch Jungfrau ist, weil ihr irdischer Gemahl, der König, noch ein unreifes Kind sei ... Damit findet die Doppelnatur des Königs als Gott und Mensch ihren bildhaften Ausdruck: Neben dem göttlichen Vater steht die irdische Mutter. Pharao hat an beiden Welten teil.« (*H.Brunner*, Grundzüge der altägyptischen Religion, 1983, 73; vgl. ders., Die Geburt des Gottkönigs, 1964; auch RTAT 56)

Dem Zweistromland, zumal der älteren Zeit, ist der Titel »Sohn des Gottes bzw. der Göttin« für den König nicht unbekannt. Die babylonischen Herrscher nennen sich »Sohn des (Stadtgottes von Babylon) Marduk«, »Sohn des (Mondgottes) Sin« o.ä. Auch in diesem Bereich kann der Titel zu einer umfassenderen Vorstellung von der Sohnschaft ausgeweitet werden. So redet schon Gudea von Lagisch in seiner Tempelbauhymne die Ortsgöttin an:

»Ich habe keine Mutter – meine Mutter bist du,
ich habe keinen Vater – mein Vater bist du,
meinen Samen hast du empfangen,
hast mich im Heiligtum geboren.«
(*Falkenstein – v.Soden*, 140)

Oder die Göttin Ischtar erinnert den Assyrerkönig Assurbanipal an seine Jugend, um ihre gnädige Gesinnung beglaubigen zu können: »Als du klein warst, habe ich dich auf meine Arme genommen« (AOT 281; ANET 450; TUAT II/1, 58).

Auch im syrischen Raum ist das Königsprädikat »Sohn Gottes« geläufig. In den ugaritischen Mythen heißt der König Keret »Sohn Els«, und der Königssohn wird von den Göttinnen Aschera und Anat gesäugt. Ähnlich zeigen ägyptische Abbildungen, wie der König auf dem Schoß der Göttin sitzt und sie ihm die Brust reicht; so wird dem kommenden Herrscher göttliche Kraft zugeführt. Noch in der hellenistischen Welt lebt der orientalische Titel »Gottessohn« als Bezeichnung für Herrscher (Alexander der Große) wie Heroen (Herakles) weiter; selbst in dieser Spätzeit kann die göttliche Zeugung noch sinnlich vorgestellt werden.

2. Auf den gleichen Mythos der Vereinigung von Gott und Mensch spielt das Alte Testament ausnahmsweise einmal in der Urgeschichte mit der Erzählung von den sog. »Engelehen« (Gen 6,1–4) an: Die »Göttersöhne« – die Götter oder göttlichen Wesen tragen im alten Orient ebenfalls den Namen »Söhne Gottes«, da sie in genealogische Verbindung mit einem höchsten Gott gebracht werden (o.§ 11a,2) – nehmen sich Menschentöchter zur Frau; die Vermischung von Überirdischem und Irdischem läßt der Überlieferung nach die Riesen entstehen (vgl. Jub 5,1). Dem alttestamentlichen Text gelten die Riesen aber nicht mehr als Abkömmlinge jener gottmenschlichen Vereinigung; vielmehr erscheinen die Heroen nur noch gleichzeitig mit den Götterehen (V 4). Will der Mythos ursprünglich von einer machtvollen Begebenheit berichten, so sagt die Geschichte in ihrer vorliegenden Gestalt des Menschen Schuld und Gottes Gericht (Begrenzung der Lebenszeit, V 3) an; sie kehrt das Erhabene ins Verwerfliche. Wie auf diese Weise der Mythos von der göttlichen Zeugung inhaltlich entstellt ist, so nimmt Israel auch die altorientalische Vorstellung vom König als Gottessohn nur in veränderter Fassung auf.

3. Nach Ps 2,7 scheint der König auf seine Amtseinsetzung zurückzublicken. Dabei zitiert er ein als Ichrede gestaltetes Gotteswort, das vielleicht bei der Inthronisation durch einen Propheten gesprochen wurde; es zeigt, daß der König mittelbar berufen wurde: »Mein Sohn bist du, heute habe ich dich gezeugt.« Nach diesem Wort besteht die Sohnschaft nicht von Geburt an, sondern wird erklärt. Formal stimmt der erste Satzteil mit der im alten Orient gebräuchlichen Adoptions- bzw. Legitimationsformel überein (nach Kodex Hammurabi § 170f erkennt der Vater die Kinder der Sklavin mit dem Wort: »Meine Kinder seid ihr« als gleichberechtigt an; vgl. Jes 49,3: »Mein Knecht bist du« als Berufungswort; auch Jer 2,27; Hos 2,25; Est 2,7; Ex 2,10 u.a.). Im Nachsatz »Heute habe ich dich gezeugt« klingt die Vorstellung von der physischen Zeugung durch einen Gott nach, mit der Zeitangabe »heute« verweist das Wort aber auf die Thronbesteigung, nicht mehr auf die Empfängnis. Ob schon damit eine Antithese zur Umwelt gegeben ist, soll unentschieden bleiben; denn auch nach ägyptischer Auffassung kann der Pharao erst bei der Inthronisation seinen göttlichen Charakter erhalten. Jedenfalls ist der König nicht mehr leiblich

himmlischen Ursprungs, nicht inkarnierter Gott; vielmehr wird ein Mensch durch die Ernennung zum Erben eingesetzt. Dadurch kommt die Differenz zwischen Gott und Mensch zumindest stärker zur Geltung.

Wie in späterer Zeit das Alte Testament das wechselseitige Verhältnis zwischen Jahwe und Israel gerne mit der Bundesformel »Ich will ihr Gott sein, und sie sollen mein Volk sein« (Jer 31,33; Dtn 26,17f u.a.; ähnlich Ex 4,16) zum Ausdruck bringt, bestimmt 2 Sam 7,14 die Beziehung zwischen Gott und König beidseitig: »Ich will ihm Vater sein, und er soll mir Sohn sein.« Auch Ps 89,27f hebt die Gegenseitigkeit hervor, läßt sie aber deutlich wieder in Gottes Willenssetzung begründet sein:

»Er rufe mich an: ›Mein Vater bist du,
mein Gott und der Fels meines Heils!‹
›Ja, ich setze ihn zum Erstgeborenen,
zum Höchsten unter den Königen der Erde‹.«

Nicht der regierende König, erst der erwartete Zukunftsherrscher kann »Ewiger Vater« (Jes 9,6) heißen.

4. Der eigentliche Umbruch, der sich mit der Übernahme des Gottessohnprädikats in Israel vollzieht, liegt in der Ausdehnung dieses Verhältnisses auf das *Volk* als Ganzes. Wie das Alte Testament vorgegebene mythische Vorstellungen auf die Beziehung von Gott und Volk deutet, so weitet es in ähnlicher Weise Aussagen, die ursprünglich dem König vorbehalten sind und gerade seine Sonderstellung gegenüber den Untertanen hervorheben, auf alle Menschen aus (o. a,7 zu Jes 55,3). Dieser Vorgang der sog. »Demokratisierung«, der schon im alten Orient einsetzt, gewinnt im Alten Testament so grundsätzliche Bedeutung, daß die Vater-Sohn-Relation weit häufiger das Verhältnis von Gott und Volk als von Gott und König charakterisiert.

Achtet man aber auf das Alter der Texte, so zeigt sich, daß das Wort »Sohn« in früher Zeit höchst selten auf Israel angewendet wird. Obwohl es gut geeignet wäre, Jahwes Zuneigung zu Israel auszusagen, kommt es im wesentlichen doch erst bei den Propheten auf und begegnet darum meist in göttlicher Rede. Spätere Epochen benutzen es zwanglos; zunächst scheint das Vater-Sohn-Verhältnis nur mit Zurückhaltung auf Jahwe übertragen worden zu sein, weil sich mit ihm zu leicht dem eigenen Glauben anstößige Vorstellungen verbanden. Das Bild vom »Sohn« liegt jedoch schon vom Erziehungsdenken her (Jes 1,2; Spr 13,24 u.a.) so nahe, daß sich – anders als beim Sohnesprädikat des Königs – für den allgemeinen Gebrauch die Übernahme aus der Umwelt nicht mit gleicher Sicherheit nachweisen läßt. Innerhalb der Hofsprache tritt deutlicher hervor, daß Israel fremdes Gedankengut aufgreift.

5. Einige Personennamen, wie Ab-ram »Der (Gott) Vater ist erhaben«, auch Eli-ab »Mein Gott ist Vater« oder Achi-eser »Mein (Gott) Bruder ist

Hilfe«, sind noch Nachklänge einer Religion, die die Beziehung zwischen der Gottheit und ihren Verehrern als Verwandtschaftsverhältnis deutete. Diese Spuren weisen auf den »Vätergott« der Patriarchenzeit. Schon dieser Sippen- oder Familiengott war aber kaum schlechthin als Blutsverwandter seiner Verehrerschar gedacht; zumindest genügt diese Beziehung nicht, um ihn zureichend zu charakterisieren (o.§ 3b). Außerdem bleibt schwer zu entscheiden, wieweit der Namensbildung wie in späterer Zeit nicht schon früh eine metaphorische Bedeutung zugrunde liegt.

Mit einem anderen Textbereich läßt sich das Vater-Sohn-Verhältnis in den Bereich des *Naturkults* zurückführen. Wenn der Prophet Jeremia seine Polemik gegen die, »die zum Holz sagen: Mein Vater bist du! und zum Stein: Du hast mich geboren!« (2,27), nicht absichtlich verschärft, setzt sein Wort voraus, daß in den einzelnen Ortskulten die Verehrer ihr Dasein von heiligen Bäumen und Steinen empfangen konnten (vgl. § 10,2.3). Ist auch aus der bissigen Bezeichnung »Hurensöhne« (Hos 2,6; vgl. 1,2; 5,7) für die dem Baalkult verfallenen Israeliten eine Antithese gegen ein mythisches Vater-Sohn-Verhältnis herauszuhören?

Im Alten Testament wird Jahwe selbst nicht als Vorfahre oder Erzeuger der Menschen vorgestellt – abgesehen von dem Bild, das die Tätigkeit von Vater *und* Mutter auf Gott überträgt: Du vergaßest »den Felsen, der dich gezeugt, Gott, der dich geboren hat« (Dtn 32,18). Im gleichen Moselied wirken wohl fremde Gedanken nach, wenn es das Volk anredet:

»Ist er nicht dein Vater, dein Schöpfer?
Er hat dich gemacht und dich bereitet.« (Dtn 32,6)

Gewiß ist die Vorstellung der Zeugung durch die der *Schöpfung* ersetzt, diese Deutung ist aber bereits vorgegeben, von Israel nur weitergeführt worden und läßt sich nur insoweit als spezifisch alttestamentliche Korrektur einer physisch gemeinten Beziehung verstehen.

In den ugaritischen Mythen heißt der Gott El gegenüber Baal »sein Vater, der ihn bereitet hat«, was fast wörtlich mit Dtn 32,6 übereinstimmt; El wird zugleich als »Vater der Menschheit« und seine Gattin, die Göttin Aschera, als »Schöpferin der Götter« verehrt.

So können alle Zeugnisse innerhalb und außerhalb des Alten Testaments nicht die Vermutung bestätigen, daß in Israels Umwelt die Zusammengehörigkeit von Gott und dem einzelnen Menschen in der Regel physisch gedacht war. Was man hier und da vom König sagte, daß er von der Gottheit gezeugt sei, galt wohl nicht oder nur ausnahmsweise von jedermann. Darum ist erst recht nicht zu erkennen, daß Israel in der Frühzeit seine Abstammung von Jahwe annahm und später diese Vorstellung zu einer Adoption aus freier Wahl umwandelte.

In späterer Zeit wird die Prädikation Gottes als des Vaters und Schöpfers ausdrücklich in spezifisch alttestamentlichem Sinne, nämlich aus der Einheit des Glaubens (Dtn 6,4), gedeutet:

»Haben wir nicht alle *einen* Vater,
hat nicht *ein* Gott uns geschaffen?«
(Mal 2,10; vgl. 1,6; Jes 45,9ff; 63,16; 64,7)

6. Strenggenommen wäre zwischen der Übertragung des Vaterbegriffs auf Jahwe und der Bestimmung des Menschen als Gottes »Sohn« zu unterscheiden. Zwar können beide Bezeichnungen zusammentreten (2 Sam 7,14; Jer 3,19 u.a.), sie müssen aber nicht ursprünglich zusammengehören. So scheint im alten Orient die Anrede »Sohn« für den einzelnen, von Personennamen abgesehen, zumindest selten zu begegnen, während die Anrufung Gottes als »Vater« wohlbekannt ist, aber in Ägypten weithin dem König vorbehalten bleibt.

Schon Hosea geht über die Anwendung des Sohnesprädikats auf Israel hinaus, indem er das Bild der Sohnschaft von der Lebenswirklichkeit her *ausgestaltet*. Ähnlich kann ja die altorientalische Vorstellung vom König als Sohn Gottes ausgemalt werden: Die Gottheit nimmt das Kind auf den Schoß und zieht es groß. Das Gottesverhältnis wird also nicht nur im Titel eingefangen, sondern – wie im Ehebild (Hos 2) – als fürsorgliche Führung und Erziehung gedeutet.

»Als Israel jung war, gewann ich es lieb,
aus Ägypten rief ich meinen Sohn.
Wenn 'ich' sie rief,
liefen sie von 'mir' weg,
sie opferten den Baalen
und räucherten den Bildern.
Dabei lehrte ich doch Ephraim das Laufen,
nahm es bei den Armen (?),
aber sie merkten nicht, daß ich sie pflegte.« (Hos 11,1–3)

Der Prophet blickt – allerdings im Rahmen einer Anklage (u.§ 14b7) – zurück bis zum Ursprung des Volkes; Jahwe erwählte in Ägypten seinen Sohn. Jede physische Beziehung ist bei dieser Darstellung der Kindheit ausgeschlossen. Es handelt sich ausdrücklich um »Berufung«, nicht um Abstammung. Dabei ist das Adoptionsverhältnis in der Zeit verankert: Die Sohnschaft hat einen Anfang. So erhält das Bild die Aufgabe, Israels geschichtliches Selbstverständnis darzustellen.

Das Verständnis der Sohnschaft, die durch die Liebe Gottes begründet ist, wird von späteren Propheten gerne aufgenommen: Auf die Klage des »teuren Sohnes« Ephraim muß Gott mit Erbarmen antworten (Jer 31,20; vgl. 3,4.19; Mal 3,17). Gegenüber der Autorität des liebenden Vaters (Spr 3,12) treten seine Güte und Fürsorge hervor:

»Wie sich ein Vater über Kinder erbarmt,
so erbarmt sich Jahwe über die, die ihn fürchten.«
(Ps 103,13; vgl. Mal 3,17 u.a.)

Darum kann sich die Gemeinde mit dem Bittruf »unser Vater« an den Erlöser wenden (Jes 63,15f; 64,7).

7. Allerdings entspricht der Sohn dem »Ruf« des liebenden Vaters nicht. Hoseas gesamte, bis in die Einzelheiten hinein feine Darstellung des väterlichen Umgangs mit dem angenommenen Kind will ja nur die Schuld des Volkes aufzeigen, das sich in Undankbarkeit gegenüber Gottes Fürsorge sowie im Ungehorsam gegenüber dem ersten und zweiten Gebot von seinem Pfleger weg den Baalen zuwendet. Auch diese Botschaft nehmen die späteren Propheten auf:

»Söhne habe ich großgezogen und emporgebracht,
doch sie haben sich gegen mich empört.« (Jes 1,2)

Hier greifen weisheitliche Gedanken in das Bild ein: Der gehorsame Sohn beachtet die Mahnungen des Vaters (Spr 6,20ff; 23,24ff). So betonen Jesaja durch nähere Bestimmungen, wie »verderbte« (1,4), »störrische« (30,1) oder »verlogene Söhne« (30,9), und ähnlich Jeremia (4,22; 3,22; vgl. 3,14) die Verfehlung der Sohnschaft. Im Bild des Sohnes spricht also Hosea mit seinen Nachfolgern zugleich die Liebe des Vaters und die Widerspenstigkeit des Sohnes aus. So kann die Vater-Sohn-Beziehung in der prophetischen Verkündigung eine gewisse Bedeutung erlangen. Daß der Vater rechtgemäß die Verfügungsgewalt des *pater familias* beansprucht, dem man ehrerbietigen Gehorsam schuldet (Mal 1,6), tritt weitgehend zurück; das Verhältnis wird eher persönlich-freundlich als rechtlich gezeichnet. Gewiß mag die tatsächlich gegebene Autorität des Vaters den Hintergrund für die Bildrede darstellen, aber hervorgehoben wird vielfach gerade die väterliche Zuneigung, die trotz allem Ungehorsam des Sohnes bestehenbleibt.

Auch erscheint die Sohnschaft eigentlich nirgends als eine zu erfüllende Aufgabe bzw. als eine Bestimmung, die es erst zu verwirklichen gilt. Gewiß hat sie sich geschichtlich zu bewähren, diese Bewährung wird aber nicht vorweg in Geboten gefordert: »Ihr sollt Söhne sein!« Die Sohnschaft wird vielmehr festgestellt, sei es negativ in ihrem Scheitern und dann in der Anklage als Schuld dargelegt, sei es positiv in der Anrede zugesprochen.

So lautet das Jahwewort Ex 4,22f (wohl ein späterer, auf das Folgegeschehen vorausblickender Zusatz): »Mein erstgeborener Sohn ist Israel.« Ähnlich wie in Hos 11,1ff hängen die Berufung aus Ägypten und das Sohnesprädikat zusammen; es erfährt anders als dort aber keine Begründung, nur eine Folgerung wird gezogen (Befreiung aus dem fremden Machtbereich, sonst nach dem Talionsgesetz Ahndung der Schuld am »erstgeborenen Sohn« des Pharaos, und Verpflichtung für Israel, Jahwe zu dienen). Ähnlich wird die Sohnschaft in Dtn 14,1 dem Volk grundlos zugesagt: »Söhne seid ihr für Jahwe, euren Gott.« Diese Anrede erinnert an die Adoption des Königs »Mein Sohn bist du« (Ps 2,7); wieder ist die Sohnschaft nicht als natürlich-selbstverständlich vorgegeben, sondern geht auf ein Wort zurück. Es ist dem Gesetz als allgemeiner Grundsatz vorgeordnet, aus dem dann das Verbot bestimmter ritueller Handlungen gefolgert wird, weil sie mit der Verehrung Jahwes unvereinbar sind. Mag das Sohnesverhältnis zu Gott so zugesprochen oder wie bei den Propheten geleugnet oder verheißen sein, in keinem Falle ist es eigentlich etwas, was man *gewinnen muß*.

8. Dabei bleibt die Sohnschaft keineswegs nur dem Volksganzen vorbehalten (wie Ex 4,22 u.a.), sondern gilt – innerhalb des Alten Testaments auffällig – häufig jedem *einzelnen* (wie Dtn 14,1; 32,5 u.a.). Gewiß ist die allgemeine Gebetsanrede »mein Vater« noch nicht geläufig. Sie fehlt in den vielfältigen Gottesprädikaten des Psalters; Ps 89,27 bezieht sich allein auf den König: »Er wird mich anrufen: Mein Vater bist du!« Nur das Volk insgesamt sagt »Mein Vater« (Jer 3,4.19; kritisch 2,27) oder »Unser Vater« (Jes 63,16; 64,7). Ganz ähnlich wird Gott auch selten »mein König« (Ps 5,3) genannt. Doch besagt das Fehlen der Vateranrede umgekehrt nicht, daß die Beziehung Gottes zum einzelnen nicht als ein Verhältnis zum Sohn gedacht werden kann.

In einem Wort des Propheten Hosea (2,4) fordert Jahwe von den Söhnen, sich gegen ihre abtrünnige Mutter zu stellen; er ruft also die einzelnen Israeliten gegen Israel als Ganzes auf: »Verklagt eure Mutter, verklagt; denn sie ist nicht meine Frau, und ich bin nicht ihr Mann!« Hier ist das Vater-Sohn-Verhältnis mit Hilfe des Ehegleichnisses zu einem Familienbild ausgeweitet worden; der Vater sucht die Kinder auf seine Seite zu ziehen und von der Mutter zu trennen. Wie auch diese Unterscheidung zwischen den einzelnen oder der Gesamtheit, d.h. dem Volk oder dem Land, genauer gemeint ist, auf jeden Fall gilt: »Das Kollektivdenken wird beachtlich gesprengt« (*H.W.Wolff*, z.St.). Diesem Sachverhalt entspricht, daß Hosea nicht nur Israel als »Sohn« bezeichnet (11,1), sondern auch anklagend von »Söhnen« redet (2,6; 5,7). Ihm folgen Jesaja und Jeremia, und der Exilsprophet Deuterojesaja verheißt im Stil eines göttlichen Heilsorakels den Verbannten:

»Fürchte dich nicht; denn ich bin mit dir!
Vom Sonnenaufgang bringe ich deine Nachkommen heim,
und vom Sonnenuntergang sammle ich dich.
Ich spreche zum Norden: ›Gib her!‹
und zum Süden: ›Halte nicht zurück!
Bringe heim meine Söhne aus der Ferne
und meine Töchter vom Ende der Erde!‹
Alle, über die mein Name ausgerufen ist,

die ich zu meiner Ehre geschaffen,
gebildet, ja gemacht habe.« (Jes 43,5–7)

Nicht nur die angeredeten Exulanten sollen die Freiheit erhalten, vielmehr werden alle Glieder des Gottesvolkes aus den vier Himmelsrichtungen die Heimkehr erleben. Nach der kollektiven Anrede »Fürchte dich nicht!« redet das Wort ganz unerwartet in der Mehrzahl von »Söhnen« und »Töchtern« (vgl. 49,22; 45,11). Hat der Prophet innerhalb der Gemeinschaft des Volkes jeden einzelnen im Blick? Ein jeder ist Gottes Geschöpf (43,7; vgl. 44,5). Die Ankündigung deutet abschließend den Grund oder das Ziel der Befreiungen: »zu meiner Ehre«.

Wenn schließlich das Hoseabuch (2,1) verheißt, daß das Volk den Namen »Söhne des lebendigen Gottes« tragen wird (o.§ 11c,5), so hat das Alte Testament wiederum aus einer Zusage für die Gegenwart Hoffnung für die Zukunft werden lassen. Aber damit wird erst recht deutlich, daß die Sohnschaft nichts ist, was der Mensch selbst zu verwirklichen hat.

c) Das Ebenbild Gottes

1. Der Mensch als »Ebenbild Gottes« – diese Bestimmung hatte weit über das Alte Testament hinaus so folgenreiche *Nachwirkungen*, daß es schwerfällt, nach dem ursprünglichen Sinn der Aussage zurückzufragen.

Nachdem man in der Kirchengeschichte nach *Irenäus* – in Zuspitzung des alttestamentlichen Begriffspaars *selem* und *d^e^mut*, *imago* und *similitudo* (Gen 1,26f u.a.) – häufig zwischen natürlicher und übernatürlicher Gottebenbildlichkeit unterschieden hatte, war die Exegese seit längerer Zeit bemüht, über diese dem Alten Testament nicht gemäße Trennung hinauszukommen. Aber auch dann standen sich noch ganz verschiedene Ansätze gegenüber. Fanden manche Ausleger die Ähnlichkeit mit Gott im geistigen Wesen des Menschen, so setzten andere dieser Auffassung entgegen: »Der erste Mensch ist Gott ähnlich an Gestalt und Aussehen . . . Demnach bezieht sich diese Ebenbildlichkeit in erster Linie auf den Körper des Menschen« (*H.Gunkel*, z.St.). Dabei verwies man in Anknüpfung an antike Gedanken speziell auf die aufrechte Haltung als ein Merkmal, das den Menschen durchweg gegenüber dem Tier auszeichnet (*L.Köhler*). Der hebräische Begriff für »Bild« spricht aber keineswegs eindeutig für dieses Verständnis; denn er kann, muß sich jedoch nicht auf eine plastische Darstellung beziehen. Zudem kennt das Alte Testament auch nicht die Trennung von Körper und Geist bzw. Seele; »Geist« steht nicht im Gegensatz zum Leib, wird vielmehr als die Kraft des Lebens gedacht (o.Exk. 4). Darum suchten einige Ausleger zunächst dadurch einen Ausgleich, daß sie betonten, Geistiges und Körperliches seien zusammenzusehen, während andere diese Fragestellung überhaupt mieden, indem sie die Gottebenbildlichkeit als Herrschaft des Menschen über die Tierwelt bestimmten. So hat man daran erinnert, daß altorientalische Großkönige in fernen Ländern ihres Reiches ihre Bilder aufstellten, um auch dort gegenwärtig zu sein, und dementsprechend den Menschen als Statthalter, Repräsentanten Gottes gedeutet. Ist aber die Herrschermacht nicht eher *Folge* der Gottebenbildlichkeit? Einen neuen Anstoß brachte schließlich die Lehre *K.Barths* (KD III/1, 204ff): Ebenbildlichkeit ist »keine Qualität des Menschen«. »Sie besteht nicht in irgend etwas, was der Mensch ist oder tut. Sie besteht, indem der Mensch selber und als solcher als Gottes Geschöpf besteht ... Er ist Gottes Ebenbild, indem er Mensch ist.« Allerdings erkennt *Barth* im Anschluß an *D.Bonhoeffer* die Ebenbildlichkeit dann im »Gegeneinander und Füreinander von Mensch und Mensch«, genauer »in dem von Mann und Frau«, das das Gegenüber von Ich und Du in Gott wiederholt. Wo das Alte Testament außerhalb von Gen 1,26f auf die Gottebenbildlichkeit anspielt, wird aber das Verhältnis von Mann und Frau nicht erwähnt. Deshalb haben die Exegeten, die Barths Intention aufgriffen, abschwächend allgemein vom Personsein des Menschen, dem partnerschaftlichen Verhältnis zwischen Gott und Mensch, dem verantwortlichen Mit- und Füreinander oder auch von dem Gott entsprechenden Gegenüber geredet. So berechtigt diese Aussage auch ist (vgl. Gen 2,18), gibt sie aber wirklich das wieder, was »Gott schuf den Menschen nach seinem Bilde« meint?

2. Die Schwierigkeit, die der Ausdruck »Bild Gottes« dem Verständnis bereitet, besteht darin, daß das Alte Testament überhaupt nur drei oder vier Belege enthält (ausschließlich in der Priesterschrift: Gen 1,26f; 5,1ff; 9,6; vgl. Ps 8,5ff) und diese knappen Andeutungen nie näher erläutert. Diese Tatsache läßt vermuten, daß die Begrifflichkeit Israel vorgegeben ist. Außerdem ist die Redeweise merkwürdig starr. Selbst wenn Gott Subjekt des Satzes ist, kann die Beifügung statt »nach seinem Bilde« auch »nach dem Bilde Gottes« lauten. Demnach scheint »Bild Gottes« ein *festgeprägter Terminus* zu sein. Woher stammt er?

Ps 8, die einzige – zwar nicht wörtliche, aber doch sachliche – Parallele, die das Alte Testament selbst bietet, bestimmt das Wesen des Menschen dialektisch: Er ist einerseits vor Gott zu gering (V 5), andererseits fast Gott gleich (V 6–9), Kleinheit und Größe in einem. So kommt dem Menschen gleichsam eine Zwischenstellung zwischen Gott und Schöpfung zu (V 6: »Du hast ihn wenig niedriger als Gott gemacht«). Der Psalm beschreibt die Hoheit des Menschen, indem er ihn als König darstellt. Bis ins einzelne ist die Ausdrucksweise in der Hofsprache beheimatet (vgl. etwa Ps 21,6; 110,1f). Auch in der Schöpfungsgeschichte steht die Gottebenbildlichkeit ja im Zusammenhang mit der Herrscherwürde des Menschen (Gen 1,26ff; 9,6f). Zwar heißt der König im Alten Testament nie »Bild Gottes«; sollte jedoch dem alten Orient, in dem der König eine Gott gleiche oder ähnliche Stellung innehatte, der Terminus vertraut gewesen sein?

3. Vor allem im *ägyptischen* Neuen Reich (etwa seit dem 17.Jh.v.Chr.) gilt der Pharao als Abbild des Schöpfer- und Sonnengottes. Der Titel bleibt bis in die hellenistische Zeit erhalten. Die Terminologie ist insgesamt recht vielgestaltig. Üblich sind Wendungen wie »Abbild des Re, Amun, Atum«, die oft auch näher erläutert werden: »heiliges Abbild«, »lebendes Abbild auf Erden«. Aufschlußreich ist dabei, daß wie im Alten Testament Gottebenbildlichkeit und Schöpfung verknüpft werden können. So wird Amenophis III. von der Gottheit Amonre einmal »mein lebendes Abbild, Schöpfung meiner Glieder« angeredet und ein anderes Mal »Du bist mein geliebter Sohn, aus meinen Gliedern hervorgegangen, mein Ebenbild, das ich auf der Erde eingesetzt habe. Ich habe dich die Erde in Frieden beherrschen lassen.« Wie das ältere Prädikat »Sohn Gottes«, so umschreibt auch der Ausdruck »Bild Gottes« das enge Verhältnis zwischen Gott und König, wenn er vielleicht auch die Distanz zwischen beiden etwas stärker betont. Jedenfalls ist der Pharao als Gottesbild »den Menschen ein sichtbares Zeichen, daß Gott ihnen nahe ist« (*E.Hornung*, 156).

Im mesopotamischen Raum ist der Titel weit seltener belegt. Doch kann der König – mit einem dem Hebräischen entsprechenden Wort (*selem/salmu*) – »Ebenbild Marduks« oder »Ebenbild von Schamasch« heißen, und in einem an ihn gerichteten Brief findet sich:

»Der Vater des Königs, meines Herrn,
war das Ebenbild Bels,
und der König, mein Herr,
ist das Ebenbild Bels.«

In beiden Kulturräumen setzt sich der Titel also in der Regel aus einem (wechselnden) Ausdruck für »Bild« und dem Eigennamen einer bestimmten Gottheit zusammen. Die Wendung »Bild der Götter« findet sich dagegen nur ausnahmsweise in Ägypten. Entsprechend denkt das Alte Testament kaum nur an eine Gleichheit des Menschen mit göttlichen oder himmlischen Wesen (vgl. Gen 3,22 mit 3,5), vielmehr an eine Abbildung des Schöpfergottes. Zwar hat »Elohim« eine weit umfassendere Bedeutung als »Gott«, doch werden untergeordnete Himmelswesen eher »Söhne Gottes« (Gen 6,2.4; Ps 29; Hi 1f) als »Götter« (vgl. Ps 82) genannt. Eine Abschwächung ist höchstens darin erkennbar, daß Ps 8 den Menschen statt mit »Jahwe« (V 2) nur mit »Gott« vergleicht; denn auch sonst kann das Alte Testament gelegentlich zwischen »Gott« und »Jahwe« differenzieren, den Eigennamen meiden und den Gattungsnamen verwenden, um vielleicht so die Besonderheit Jahwes zu wahren (vgl. etwa 1 Sam 16,14ff). Doch gilt diese Überlegung nicht für die Schöpfungsgeschichte, die durchgängig von »Gott« spricht. In Gen 1 und den abhängigen Stellen ist eine Einschränkung in keiner Form, auch nicht durch den Parallelbegriff »Ähnlichkeit«, wirklich sicher feststellbar. Erst die *griechische* (und aramäische) Übersetzung, die Anthropomorphismen zu meiden sucht, mindert die

Gottebenbildlichkeit zur Engelebenbildlichkeit herab (vgl. Hebr 2,6f), gestaltet damit aber zugleich die Aussage stärker mythisch aus. Allerdings besagt auch im Alten Testament die Nähe des Menschen zu Gott keine Identität.

4. Darüber hinaus kennt der altorientalische *Mythos* die Vorstellung einer Gottebenbildlichkeit, wenn auch in anderer, nicht so eindeutiger Begrifflichkeit. Das Gilgameschepos beschreibt die Geburt (nicht jedes Menschen, sondern nur) des Helden Enkidu: Aruru schuf Enkidu »in ihrem Herzen nach dem Bilde Anus«, und Ischtars Höllenfahrt erzählt ähnlich: »Ea schuf in seinem Herzen ein Bild, schuf Asuschunamir.« Zwar wird die Bildhaftigkeit wieder aus der Schöpfung hergeleitet, aber zugleich tritt viel schärfer hervor, daß die Gottheit das Vorbild ist, nach dem das menschliche Wesen gestaltet wird. Demgegenüber ist die Königstitulatur bereits weit formelhafter. Entscheidend ist ja nicht, daß der Herrscher die Gottheit im Aussehen getreu darstellt (o.§ 6c), sondern auf Erden vergegenwärtigt. Darum kann der Pharao gleichzeitig als Abbild einer weiblichen und einer männlichen Gottheit gelten, so in Philae: »Abbild der Isis, Ebenbild des Onophris«. Erst recht legt das Alte Testament keinen Nachdruck darauf, daß Gott das himmlische Urbild (vgl. Ex 25,9.40) und der Mensch sein Ebenbild ist. Zwar scheint sich Israel Gott durchweg in menschlicher Gestalt gedacht zu haben, aber in der Priesterschrift, zumal in der Schöpfungsgeschichte, treten entsprechende Vorstellungen zurück (o.§ 11f,3). Zumindest wird eine äußere Gleichheit oder Ähnlichkeit zwischen Gott und Mensch nicht betont. Die Fragestellung, wieweit Gott Urbild des Menschen ist, verschiebt überhaupt den Ton der Textaussage. »Es ist ja nicht so, als solle mit der Gottesebenbildlichkeit vom Menschen her etwas über Gott ausgesagt werden, über seine Gestalt, sein Aussehen, seine Art und sein Wesen, sondern es verhält sich gerade umgekehrt, daß hiermit das Besondere des Menschen ... ausgesprochen werden soll« (*F.Horst*, 227f). Da die Wendung »Bild Gottes« dem Alten Testament vorgegeben ist, braucht es nicht einmal, wie es der ursprüngliche Sinn der Aussage erfordert haben mag, über eine Gestalt Gottes reflektiert zu haben. Jedenfalls erzählt das Alte Testament nicht, wie die Gottebenbildlichkeit des Menschen entstand, sondern hält nur fest, daß der Mensch »als Bild Gottes« – diese Übersetzung ist angemessener als die übliche »nach dem Bild Gottes« – geschaffen wurde. »Bild Gottes« ist eben im Alten Testament nicht mehr streng mythisch gedacht, sondern ist eher nur noch ein Titel.

Darum kann man das so ausgesprochene Verhältnis von Gott und Mensch auch nicht als Verwandtschaft deuten. Mochte man schon bei der ägyptischen Terminologie unentschieden lassen, ob die Parallelwendung »Sohn«, den die Gottheit »gezeugt« hat, noch ein physisches Verhältnis meint und sich nicht eher auf Erschaffung und Krönung bezieht (o. a,1), so spielen die mesopotamischen Belege gar nicht mehr auf Sohnschaft oder Verwandtschaft an. Auch im Alten Testament wird »Bild Gottes« nicht durch – ein in diesem Zusammenhang mißverständliches Wort wie – »Sohn Gottes« erläutert. Der Mensch ist nicht deshalb »Bild Gottes«, weil er der aus Gott hervorgegangene »Sohn« ist, und er gewinnt auch durch seine besondere Stellung keinen »Anteil« an Gott.

5. Wesen des Bildes ist es, etwas *erscheinen* zu lassen. Wie der altorientalische König als »Bild Gottes« die Gottheit auf Erden repräsentiert, so bezeugt der Mensch als »Bild Gottes« Gott auf Erden. Wird schon in Ägypten das königliche Privileg ausnahmsweise auf alle Menschen ausgedehnt – am bekanntesten ist das Wort aus der Lehre des Merikare: »Sie sind seine (d.h. des Schöpfergottes) Abbilder, die aus seinen Gliedern hervorgegangen sind« –, so ist die sog. Demokratisierung im Alten Testament wieder grundsätzlich vollzogen. Der Titel wird nur noch vom Menschen, nie vom König gebraucht. Das Alte Testament hat verallgemeinert und jedermann – nicht nur den Angehörigen eines Volkes, sondern allen Menschen, auch Mann und Frau in gleicher Weise (Gen 1,27f) – zugesprochen, was einst im wesentlichen nur dem König zukam: als »Bild Gottes« Herrschaft auszuüben.

Vom Ursprung der Tradition her bleibt aber deutlich: Die Gottebenbildlichkeit ist nicht irgendein Teil oder Merkmal, das im oder am Menschen zu suchen ist; sie ist vielmehr mit dem Menschen als Gottes Geschöpf gegeben, und zwar unabhängig von sozialem Rang, Volkszugehörigkeit oder Geschlecht. Die Gottebenbildlichkeit bezieht sich also nicht speziell auf das geistige Wesen des Menschen, auch nicht auf seine körperliche Haltung, sondern schon eher wie beim König auf sein »Amt«, nämlich seine Stellung in der Welt. Dabei ist die Gottebenbildlichkeit genausowenig wie die Sohnschaft (o. b,4f) erst durch ein Handeln zu gewinnen; denn die Bestimmung zum Bild ist dem Menschen durch Gott vorgegeben.

Auf einer ägyptischen Inschrift von der Einsetzung eines Wesirs begründet der Pharao seinen Wunsch, daß der Sohn die Amtsnachfolge des alten Vaters antrete: »Gut ist ja das Ersetztwerden durch seinesgleichen! Enthülle dein Ebenbild ... Dein Stellvertreter soll er sein.« Wie hier der leibliche Sohn als »Bild« seines Vaters dessen »Stellvertreter« ist, so erzeugt Adam nach Gen 5,3 einen Sohn »nach seinem Bilde gemäß seiner Ähnlichkeit«. Damit ist gewiß nicht nur gemeint, daß der Sohn dem Vater äußerlich ähnlich sieht, sondern daß der Vater in seinem Sohn wiedererscheint. Der Sohn »wiederholt« gleichsam den Vater; denn im Sohn ist der Vater gegenwärtig.

Entsprechend kann man die Gottebenbildlichkeit des Menschen als Stellvertretung Gottes auf Erden auffassen. Vielleicht läßt sich der Begriff »Bild Gottes« überhaupt nicht streng definieren, weil eben von der Tradition her mehreres anklingt: Erscheinung, Vergegenwärtigung, Stellvertretung, auch Statthalterschaft. Zwar löst die Schöpfungsgeschichte den Herrscherauftrag gleichsam von der Gottebenbildlichkeit ab, um ihn dem

Menschen in einem eigenen Segenswort zuzusprechen (Gen 1,28), doch bleibt beides eng verknüpft. Wie weit lassen sich auch Amt und Aufgabe, Wesen und Folge streng voneinander trennen? Der Ausdruck »Bild Gottes« beschreibt ja die Gegenwart Gottes an einem Ort – in der Welt, schließt also zugleich Situation und Funktion ein. Als Gottes Stellvertreter ist der Mensch Gottes Statthalter, Sachwalter oder auch Zeuge auf Erden; er übt sein Amt als »Bild Gottes« in der Schöpfung aus.

6. Diese Freiheit und Herrschaft wird von Gott dem Menschen zugesprochen; er braucht sie sich nicht erst durch sein Denken, Wollen oder Handeln zu erwerben. Die Gottebenbildlichkeit wird auch nicht bedingt verliehen, nämlich von verantwortlichem Verhalten, das gut und böse zu unterscheiden weiß, abhängig gemacht, und geht nicht durch die Sünde verloren (vgl. Gen 5,1; 9,6). Allerdings hat die Gottebenbildlichkeit Folgen für das Handeln des Menschen.

Spricht Ps 8 ausdrücklich nur von der Überlegenheit des Menschen über die Tierwelt und kündigt höchstens in dem Bekenntnis »alles hast du unter seine Füße gelegt« eine Ausweitung des Machtbereichs an, so fordert die Schöpfungsgeschichte den Menschen geradezu auf, sich die Erde zu unterwerfen. Daß sich die Herrschaftsgewalt des Menschen von ihrem Auftraggeber lösen und dann hemmungslos, zerstörerisch werden könnte, liegt noch nicht im Blick des Alten Testaments. Gewiß sieht es den Menschen nicht als »Maß aller Dinge« an, sondern als – allerdings von Gott bevorzugtes, von ihm angesprochenes – Geschöpf in Gottes Schöpfung. Zudem schließt der Herrschaftsauftrag nach Gen 1,28ff noch kein Blutvergießen ein (vgl. § 11f,3), und nach Freigabe der Tiertötung (9,1ff) nimmt das Alte Testament den Menschen selbst aus dem Machtbereich des Menschen heraus, bewahrt ihn so vor sich selbst. Dem »Bild Gottes« kommt als dem Wesen zwischen Gott und Welt eine Sonderstellung zu, aus der der Rechtssatz die Folgerungen zieht:

»Wer Menschenblut vergießt,
dessen Blut soll auch durch Menschen vergossen werden;
denn Gott hat den Menschen nach seinem Bilde gemacht.« (Gen 9,6)

So wird aus der Grundgegebenheit eine Grundforderung. Jeder Mensch steht als »Bild Gottes« unter einem Schutz; Freiheit und Macht des Menschen in seiner Herrschaft über die Erde finden am Menschen selbst ihre Grenze.

d) Der Messias

Auf den Messias, den »Gesalbten« (hebr.: *maschiach*, griechisch/lateinisch: Christus) richten sich in der Nachfolge der Prophetie die Hoffnungen der Spätzeit (4 Esra; Joh 4,25). Dagegen ist diese Ehrenbezeichnung im Alten Testament für den Zukunftsherrscher nicht direkt bezeugt. »Der Gesalbte Jahwes« bleibt Jahrhunderte über bis etwa zum Exil (von 1 Sam 24,7 bis Klgl 4,20; Sach 4,14) Königstitel. Selbst der Perser Kyros kann als Jahwes Beauftragter ausnahmsweise so genannt werden (Jes 45,1; vgl. Jer 25,9; 43,10: Nebukadnezzar »mein Knecht«).

1. Daß die *Salbung* einen wesentlichen Teil des Krönungsrituals bildet (z.B. Ri 9,8; 1 Kön 1,39; 2 Kön 11,12; vgl. 2 Sam 19,11), ist für den alten Orient keineswegs selbstverständlich. Sie geschah wohl gelegentlich bei der Einsetzung von hohen ägyptischen Beamten, und auch einen syrischen Vasallenfürsten machte (nach einem Amarna-Brief) der Pharao Thutmosis III. zum König, indem er »Öl auf sein Haupt tat«; doch fehlen eindeutige Beweise für die Salbung des Königs selbst sowohl aus Ägypten wie aus Mesopotamien. Demnach scheint sie in beiden Bereichen unbekannt gewesen zu sein. Indessen wurde der hethitische König, ähnlich wie es vielfach das Alte Testament erwähnt, vom Volk oder Adel gesalbt. So liegt die Vermutung nahe, »daß der Ritus in Israel bzw. Juda auf den hethitischen Brauch zurückgeht«, wobei ägyptischer Einfluß möglich ist und Kanaan als »vermittelndes Zwischenglied« gedient haben mag. Auch die Rechtsstellung der Königinmutter, der »Gebieterin« (1 Kön 15,13; 2 Kön 10,13 u.a.), könnte auf hethitischem Vorbild beruhen (*E.Kutsch*, 56).

Jedenfalls gewinnt die Königssalbung in *Israel* überragende Bedeutung. Sie kann entweder durch das *Volk* (dessen Vertreter: die »Männer Judas« bzw. »Ältesten Israels« 2 Sam 2,4; 5,3; vgl. 2 Kön 23,30) oder im Namen Jahwes durch einen *Propheten* bzw. Priester (1 Kön 1,34ff; vgl. 19,15ff; 2 Kön 9; 1 Sam 16,13) vorgenommen werden. Wieweit die entsprechenden Prophetenerzählungen (1 Sam 9,1 – 10,16; 16,1–13 u.a.) wirklich den Geschichtsverlauf wiedergeben und nicht nachträglich die göttliche Autorität des Königs erweisen wollen, ist fraglich; mehr Anspruch auf Historizität erhebt der Bericht von der Salbung Jehus durch einen Prophetenschüler Elisas (2 Kön 9). Sonst ist jedoch die Königssalbung im Südreich besser bezeugt als im Nordreich (vgl. Ps 45,8). So ist zwar nicht zuverlässig nachweisbar, jedoch gut möglich, daß jeder judäische – vielleicht auch jeder israelitische – König bei der Thronbesteigung gesalbt wurde. In welcher Form und von wem dieser Akt auch durchgeführt worden sein mag – er war der konkrete Anlaß und Ursprung des Königstitels »Gesalbter Jahwes« (Ps 2,2; 20,7; 132,10.17; vgl. Ps 18; 89 u.a.). Mit der Handlung stellte Jahwe den zukünftigen König unter seinen Schutz, so daß er unantastbar wurde (1 Sam 24,7.11; 26,9ff; 2 Sam 1,14ff; Ps 89,21ff), und nahm ihn zugleich in Auftrag (1 Sam 9,16). Als man sogar die Geistbegabung, mit der Gott die Führer der Richterzeit unmittelbar zu einer Aufgabe berief, als Folge der Salbung ansah (1 Sam 10,1.6; 16,13f; 2 Sam 23,1f), könnte man eine Institution des Kulturlandes mit einem Erbe der Nomadenzeit verbunden haben.

In nachexilischer Zeit wurde die Salbung auf den *Hohenpriester* übertragen (in späten priesterschriftlichen Texten: Ex 29; Lev 8; vgl. 4,3ff; auch Dan 9,25f; allgemein von Priestern: Ex 40,15 u.a.). Selbst die prophetische Geistesgabe konnte auf eine Salbung gegründet werden (Jes 61,1; vgl. Ps 105,15 von den Erzvätern; 1 Sam 16,13 von David), obwohl die Propheten gewiß nie gesalbt wurden. Schon im Alten Testament entspricht dem Verlust des Ritus also eine Ausweitung der übertragenen Bedeutung; der Gesalbte ist der Geweihte und Bevollmächtigte.

Eine der Zukunftsvisionen des Propheten Sacharja (4,11ff) spricht von zwei »Ölsöhnen«, d.h. Gesalbten, im Dienst des »Herrn der ganzen Welt«. Außerdem sind die Königspsalmen, insbesondere der betont vorangestellte Ps 2 (vgl. Apg 13,33), in späterer Zeit wahrscheinlich als Erwartung gelesen worden, so daß der Titel Messias »Gesalbter« (Ps 2,2b vielleicht in einem Zusatz; vgl. 18,51 u.a.) wenigstens indirekt für die erwartete Herrschergestalt belegt ist.

Sie trägt Titel wie »Amtsträger/Verwalter/Fürst« (Jes 9,5), »Herrscher« (Mi 5,1), »Anführer/Fürst« (Ez 34,24; 37,25), »König« (Jer 23,5; Ez 37,24), »Knecht« (Ez 34,23f; 37,24; Sach 3,8; Hag 2,23), bildhaft »Sproß« (in verschiedenen Wendungen: Jes 11,1; Jer 23,5; Sach 3,8; 6,12; vgl. Jer 33,15; Jes 4,2; 53,2).

2. Da jener Ehrentitel in den Verheißungen eines Zukunftskönigs fehlt, ist die Bezeichnung »messianische Weissagung« nicht eindeutig. Sie könnte einen sehr weiten Textbereich decken; denn das Alte Testament kennt recht verschiedene eschatologische Heilserwartungen, die nicht von einer messianischen Gestalt im engeren Sinne geprägt sind: so die Hoffnung auf Durchsetzung der Königsherrschaft Gottes oder auf Erscheinen des Menschensohnes (nach Dan 7,13f bes. in den Bilderreden des Henochbuches, Kap. 37 – 71, und 4 Esra 13). Selbst bei strenger Fassung des Begriffs »messianische Weissagung« fällt die Abgrenzung der Texte nicht leicht.

Gelegentlich werden schon der dunkle Judaspruch im Jakobsegen Gen 49,10f, der vom »Kommen« eines Herrschers spricht, dem die Völker gehorchen, und der Bileamspruch Num 24,17f, der das Aufgehen eines Sterns in Jakob verheißt, als messianische Weissagungen verstanden. In beiden Fällen handelt es sich jedoch eher um sog. *vaticinia ex eventu,* die aus zeitgenössischer oder noch späterer Situation, also aus der Rückschau, auf David vorausblicken. Sie sind auf die bereits bekannte – vorwiegend politisch gesehene – Gestalt Davids bezogen.

Die beiden Worte des Amos– und Hoseabuches, die eine Wiederaufrichtung der Davidherrschaft ankündigen (Am 9,11f; Hos 3,5), gelten mit Recht weithin als sekundär.

Auch die höchst unterschiedlich gedeutete Immanuelweissagung Jes 7,14 soll außer acht bleiben. Ist hier von vornherein oder erst (unter Einfluß von Jes 9,5) in der Nachgeschichte des Textes (vielleicht schon Mi 5,2a; vgl. Mt 1,23) an einen künftigen Herrscher gedacht?

Können jene frühen David geltenden Worte als Beleg für eine allmählich aufkeimende, vorprophetische Hoffnung dienen, die sich mit dem neu aufgekommenen Königtum verband? Tatsächlich ist die Frage nach Alter und Entstehung, Anlaß und Herkunft der Messiaserwartung letztlich unbeantwortet. Wie aus der Institution des Königtums die Hoffnung auf einen neuen König hervorging, bleibt eigentlich unbekannt. Wohl enthält die (sog.) messianische Erwartung Kritik am Königtum, aber die Annahme immer wiederkehrender Enttäuschungserlebnisse – der jeweilig regierende König erfüllte nicht die Vorstellungen und Erwartungen, die man von einem rechten Herrscher hegte – reicht zur Erklärung der Hoffnung gewiß nicht aus. Selbst die Erinnerung an die Glanzzeit Davids ist eher ein Moment, das die bereits lebendige Erwartung zur Darstellung der Zukunft aufgreift, als der eigentliche Motor. Dem Alten Testament sind etwa auch Exodus, Sinaibund oder Schöpfung eschatologisch geworden. Nicht überall kann die Verklärung der Vergangenheit, ein Enttäuschungsmotiv bzw. die Nichtübereinstimmung von Vorstellung und Wirklichkeit Grund und Anlaß der Hoffnung gewesen sein. Sind die verschiedenen Motive nicht einheitlich zu verstehen, und zwar aus einem Wesenszug alttestamentlichen Glaubens? Hauptsächlich zwei Ableitungsversuche stehen sich gegenüber, die aber beide nicht recht befriedigen.

Einerseits nimmt man auf Grund gewisser *altorientalischer* Analogien an, daß die alttestamentlichen Propheten, zumal Jesaja, von vorgegebenen altorientalischen Hoffnungen auf einen künftigen Herrscher als Wahrer der Gerechtigkeit und Garanten des Friedens (vgl. weit später Vergils IV. Ekloge) abhängig seien. »Es ist nicht daran zu zweifeln, daß im Kult und auch an den Höfen der Fürsten solche Orakel zu hören waren. Und wenn, was auf uns gekommen ist, auch in der Regel als vaticinium ex eventu zu beurteilen ist, gab es doch auch echte Orakel, die von einem kommenden Herrscher der Gerechtigkeit und des Friedens kündeten.« (*H.Wildberger*, BK X/I, 441 zu Jes 11; ähnlich schon *H.Greßmann*)

In dieser Feststellung liegt aber die Problematik des Vergleichs verborgen: Wieweit beziehen sich altorientalische Königsaussagen nur auf den bereits bekannten Herrscher, sind also im Rückblick entstanden, so daß sie nur mit jenen vorprophetischen Texten wie Gen 49,10f vergleichbar bleiben und keine ausreichenden Vorbilder für Verheißungen wie Jes 11 darstellen? Unter diesen Umständen läßt sich zwischen den altorientalischen Zeugnissen und den messianischen Weissagungen nur eine gewisse Parallelität der Motive erkennen; eine Abhängigkeit besteht – vermutlich indirekt – nur in ihnen, nicht aber, zumindest nicht eindeutig, in der Zukunftserwartung selbst. Die Messiashoffnung hat fremde wie eigene Traditionen zur Gestaltung der Zukunft aufgenommen.

Nach anderer Auffassung liegt in der *Natanverheißung*, die den Nachkommen Davids die Thronfolge »auf immer« zusichert (2 Sam 7; vgl. 23,5; Ps 89,4f u.a.), »der geschichtliche Ursprung und die Legitimation auch aller messianischen Erwartungen« (*G.v.Rad*, TheolAT[4] I, 323). Die Messiashoffnung ist nämlich – wie das Jesaja- und Michabuch gegenüber der königskritischen Haltung des Hoseabuchs (o. a,5) nahelegen – kaum im Nordreich, sondern eher im Südreich aufgekommen, in dem die Daviddynastie herrschte. Der »Friedefürst« sitzt nach Jes 9,5f »auf dem Thron Davids«, und Jer 23,5 erwartet mit dem »Sproß für David« wohl einen Nachkommen Davids. Wird die Natanverheißung in den messianischen Weissagungen aber zitiert? Außerdem sagt sie den Fortbestand der Dynastie, nicht die Ankunft eines einzigen Herrschers an, der zudem in Gegensatz zum Königshaus treten kann. Auch zielen die messianischen Texte durchweg auf einen unüberbietbaren, endgültigen Zustand (»Frieden ohne Ende«, Jes 9,6), nicht eine Sukzession (anders Jer 33,17f). Vor allem können sich die messianischen Weissagungen auf eine Gestalt wie David, gleichsam einen neuen David (Jes 11,1; Mi 5,1; ausdrücklich Ez 34,23f; 37,24f; vgl. Hos 3,5; Jer 30,9), richten.

So bleibt die Frage nach der Entstehung der messianischen Erwartung besser offen. Auch das vieldiskutierte, kaum allgemein überzeugend lösbare Problem der »Echtheit« bzw. »Unechtheit« – wann sind die Worte zeitlich anzusetzen, und fanden sie zu Recht ihren Platz in den einzelnen Prophetenbüchern? – soll hier zurücktreten.

Wortschatzuntersuchungen liefern selten eindeutige Kriterien. Meist finden sich neben engen Berührungen der messianischen Weissagungen mit der übrigen Botschaft des Propheten auch Unterschiede, die sich jedoch aus der besonderen Thematik der Texte erklären könnten. Setzen die Verheißungen das bereits eingetretene oder (nur) das angekündigte Gericht, die Androhung kommenden Unheils mit dem Aufweis der Schuld des Volkes, voraus?

Außerdem läßt sich in der Regel nicht eindeutig die Situation angeben, in der die Heilsweissagungen entstanden und gesprochen sind. Einerseits begründen die Propheten Heils- anders als Unheilsankündigungen durchweg nicht mit menschlichem Verhalten (u.§ 14b10); im Hinweis auf das – böse oder gute – Tun verbirgt sich aber die Situation. Andererseits erschwert die prophetische Bildsprache (vgl. Jes 9,1: »Das Volk, das im Finstern wandelt, sieht ein großes Licht«) eine Identifikation, und Heilsweissagungen können über das geschichtlich Mögliche hinausgreifen (»ohne Ende« 9,6; »nicht nach Augenschein« 11,3; bes. 11,6–8). Insofern läßt sich nur mit Einschränkungen sagen, daß der Erwartete ursprünglich eine geschichtliche Gestalt ist; denn das Erfahrbare wird in der Hoffnung transzendiert.

Zwar stammt unter den messianischen Verheißungen des Jesajabuches am ehesten Jes 11,1–5 vom Propheten selbst (vgl. 1,26), thematisch empfiehlt sich der Einsatz aber bei Jes 9.

3. Die Reihe der (sog.) messianischen Weissagungen wird mit Jes 9,1–6 eröffnet – wenn nicht historisch, so doch sachlich insofern zu Recht, als die Messiaserwartung hier nur einen Teil der Zukunftshoffnung ausmacht, die sich auf Gott selbst richtet. Die Verheißung eines »großen Lichts« soll dem Volk Freude bringen, das in der Finsternis, also im Machtbereich des Todes (vgl. Hi 10,21f), wohnt. Heil, Gottes Nähe, erfährt das Volksganze erst in der Gottesferne; eine Zeitangabe für die ohne Bedingung verheißene Wende fehlt. Die Freude wird zunächst mit der Befreiung von politischer Unterdrückung (»wie am Midianstag«; vgl. Ri 7) und der Vernichtung des militärischen Beuteguts begründet; dann folgt als dritter und letzter Grund:

»Denn ein Kind ist uns geboren,
ein Sohn ist uns gegeben.
Die Herrschaft kommt auf seine Schulter.
Er erhält den Namen:
Der Wunderbares plant, Mächtiger Gott,
Ewiger Vater, Friedefürst.
Weitreichend ist die Herrschaft
und Frieden ohne Ende
auf Davids Thron und in seinem Reich,

indem er es begründet und stützt
auf Recht und Gerechtigkeit
von nun an bis in Ewigkeit.« (Jes 9,5f)

Die Einheit setzt (trotz Mt 4,15f u.a.) kaum in Jes 8,23 ein (so *A.Alt*), ist vielmehr mit 9,1–6 klar gegliedert und in sich geschlossen: Die zusammenfassende Überschrift V 1 wird von V 2 in direkter Anrede an Gott (nach Art eines eschatologischen Danklieds) entfaltet. Indem V 2 die Metapher »Licht – Finsternis« von V 1 auflöst, beschreibt er zugleich die Auswirkungen, die die Tat Gottes auf die Menschen hat: Freude wird durch den Vergleich mit dem Jubel bei der Ernte und dem Verteilen der Beute umschrieben.

V 3–6 tragen in drei aufeinanderfolgenden »denn«-Sätzen nach, warum sich die Betroffenen freuen können, und konkretisieren damit den Vollzug der Gottestat. Die Ankunft des Herrschers (V 5f) ist im Zusammenhang also ein Anlaß zur Freude über Gott (V 2). Die – erst spätere? – wiederum zusammenfassende Schlußbemerkung V 6b bezeichnet nochmals das Ganze als Wirken Gottes, und zwar in der Zukunft.

In den Schlußversen liegt der Höhepunkt der Einheit. Weil das Erscheinen des Königssohnes den Hauptanlaß zur Freude bietet, wird es auch am ausführlichsten beschrieben: von seiner Geburt über die Machtübergabe und Verleihung der Thronnamen bis zur Art seines Regiments. Er wird betont als »Herrscher« eingeführt, aber als »Friedensherrscher«. Dieser Titel kommt ihm nicht nur darum zu, weil die Beseitigung des Kriegszustands endgültig und insofern der Frieden unüberbietbar, »eschatologisch« ist. Vielmehr führt der Messias selbst – dieser Name bezeichne, auch wenn er eben nicht fällt, die betreffende Gestalt – keine Kriegstaten mehr aus. D.h., er ist nicht eigentlich der »Heilsbringer«, schafft nicht die Zukunft, die die gegenwärtigen geschichtlichen Verhältnisse so durchschlagend verwandelt. Den Krieg, der den politischen Druck nimmt und darum dem Friedensreich vorausgehen muß, führt – in Übereinstimmung mit frühisraelitischer Tradition (Ex 14f u.a.) und gewissen Königspsalmen (Ps 110,1.5f; 20,8f u.a.; o. a,3) – Gott selbst. Überhaupt liegt alle Wirksamkeit bei ihm allein: Gott bringt oder ist das Licht, schafft die Freude und zerbricht das Joch, so daß der Schlußsatz mit Recht zusammenfassen kann: »Der Eifer Jahwe Zebaots wird es vollbringen.«

Auf diese Weise wird der Erwartete in eine merkwürdige Passivität gedrängt: Er erscheint erst, nachdem Gott die Not gewendet hat, und übt nur nach bereits errungenem Sieg die gerechte Herrschaft aus. So ist bei dem künftigen König eine Aufforderung unmöglich geworden, wie sie Ps 2 an den König richtet: »Heische von mir die Völker, um sie zu zerschlagen!« Der Messias ist zwar »Fürst«, aber auf die Wahrung von Frieden und Gerechtigkeit eingeschränkt. Der ihm verliehene Ehrenname »Gottheld« (»starker Gott«) steigert die Eigenart der Aussage geradezu zur Paradoxie: Der Held vollbringt nichts Heldisches (vgl. als Gegensatz 2 Sam 23,8ff).

Selbst in dem der Friedensherrschaft vorausgehenden Krieg macht sich die Tendenz zur »Humanisierung« bemerkbar. Weiß die Überlieferung zu berichten, daß im sog. Heiligen Krieg die gesamte Beute einschließlich der Gefangenen gebannt wurde (1 Sam 15; Jos 7,11ff), bis »niemand übrigblieb« (10,28ff u.a.), so spricht die Weissagung (Jes 9,4) nur vom Verbrennen der Kriegsgeräte. Von einer Tötung von Mensch und Tier ist keine Rede mehr. Kein Volk wird mehr unterjocht. Ist mit der Verbrennung der Uniformen, der Soldatenstiefel und der blutbesudelten Mäntel, der Krieg selbst abgeschafft? Es gibt keine Sieger, die die Militärkleidung benutzen könnten; ihrer bedarf es im Friedensreich auch nicht mehr.

Obwohl Gottes- und Messiasherrschaft so streng unterschieden sind, steht der künftige König in einem äußerst engen Verhältnis zu Gott. Im Anschluß an altorientalische Königsvorstellungen, zumal die Thronnamen des Pharao, verleiht der Prophet dem Messias hohe Ehrentitel. Die beiden ersten Namen »Der Wunderbares plant« und »starker Gott« bzw. »Gottheld« sind zweifellos göttliche Würdeprädikate (vgl. Jes 28,29 bzw. Ps 24,8); auch »Vater« ist leicht als Gottesname verständlich (o. b,3). Der Messias ist fast Gott gleich; er vermag, was Gott kann. Solche hohen Aussagen hat Israel (trotz der Anrede »Gott/Göttlicher« in Ps 45,7) auf den irdischen Herrscher kaum übertragen; zumindest ist das Übliche gesteigert. »Wirklich durchgesetzt haben sich – religionsgeschichtlich gesprochen – die Inhalte der Ideologie des göttlichen Königtums im israelitischen Bereich nur in eschatologischer Neuinterpretation.« (*H. Wildberger*, ThZ 16, 1960, 331) Ohne größere Vorbehalte konnte Israel die altorientalische Königsvorstellung nur in seine Hoffnung einbeziehen.

Darum muß man auch den vielfach unternommenen Versuchen, aus Jes 9,5f den Ablauf des in Jerusalem vollzogenen Krönungsrituals (etwa mit den Akten: Legitimation/Adoption bzw. Geburt? – Herrschaftsübergabe – Verleihung der Thronnamen – Regierungsproklamation) zu rekonstruieren, mit Skepsis begegnen, ganz abgesehen davon, daß die Einzelheiten undeutlich bleiben. Ein Prophetenwort wandelt die ihm vorgegebene Wirklichkeit so um, daß sie sich nur noch gebrochen in ihm widerspiegelt.

4. Die Messiaserwartung, die in Jes 9 nur einen, wenn auch den entscheidenden Anlaß zur Freude über die verheißene Gottestat bildet, hat sich in Jes 11,1–5 verselbständigt und ausgeweitet.

Folgerichtig erscheint nicht mehr Gott, sondern allein der erwartete Herrscher als Autor des Geschehens; denn Gott tritt ja nur in der »Rahmenhandlung« von Jes 9 (bes. V 1f.6bß), nicht aber in der Ankündigung des Messias (V 5f) als Subjekt des Satzes auf. Außerdem entspricht die Geistverleihung der Titelvergabe in Jes 9; »der Geist des Rates und der Stärke« (11,2) schenkt, was die Namen »Wunder-Rat, starker Gott« besagen. Schließlich sind sich beide Weissagungen in der Betonung des gerechten Regiments des Zukunftsherrschers einig.

Obwohl das Wann der Heilszukunft wieder offenbleibt, ist sie gewiß, von keinem Wenn eingeschränkt und – entsprechend den übrigen messianischen Weissagungen – von keinem menschlichen Verhalten, wie der Buße, abhängig. Jes 11 beschreibt zunächst bildlich die Ankunft des Herrschers (V 1), dann seine geistgewirkten Fähigkeiten (V 2) und seine Aufgaben (V 3–4), um mit einem weiteren Bild (V 5) die Charakteristik abzurunden:

»Ein Reis wird hervorgehen aus dem Stumpf Isais
und ein Sproß aus seinen Wurzeln 'sprießen'.
Auf ihm wird ruhen der Geist Jahwes,
der Geist der Weisheit und der Einsicht,
der Geist des Rates und der Stärke,
der Geist der Erkenntnis und der Furcht Jahwes ...
Er wird nicht richten nach dem, was seine Augen sehen,
noch entscheiden nach dem, was seine Ohren hören.
Er wird die Armen richten in Gerechtigkeit
und über die Elenden des Landes in Geradheit entscheiden.
Aber den 'Gewalttätigen' wird er mit dem Stabe seines Mundes schlagen
und den Übeltäter mit dem Hauch seiner Lippen töten.
Gerechtigkeit wird der Gürtel seiner Lenden
und die Treue der Gurt seiner Hüften sein.«

V 6–8 beschreiben die Auswirkungen der messianischen Herrschaft, wechseln vom Thema Gerechtigkeit zum Frieden, von Israel zur Natur über und sind wohl ein späterer Zusatz (o.§ 11f,6).

Ist der Zukunftsherrscher, der vom Davidsthron aus regiert (Jes 9,6), ein Nachkomme Davids? Jedenfalls entstammt das »Reis aus dem Stumpf Isais«, dem Vaterhaus Davids (1 Sam 17,12ff; 2 Sam 23,1), nicht dem amtierenden Herrschergeschlecht; vielmehr geht der Sproß neu aus der Wurzel hervor. Der Rückgriff zum Ursprung – kaum nur auf eine Seitenlinie – ist Kritik am bestehenden Herrscherhaus (vgl. Jes 7,9ff); das Vorhandene soll keine Fortsetzung erfahren. Die Geschichte der Dynastie und damit die Geschichte Israels seit David wird übersprungen, beiseite geschoben oder gar aufgehoben. So enthält die messianische Weissagung ein stark oppositionelles Element. Es scheint, daß Gott »mit dem kommenden Herrscher da noch einmal beginnt, wo er einst mit David begonnen hatte. Freilich so, daß hier *mehr* ist als David.« (*H.-J.Hermisson*, EvTh 33, 1973, 62f)

Die Hoffnungen auf die besonderen Fähigkeiten des Zukunftsherrschers mögen (indirekt) wieder durch altorientalische Vorstellungen angeregt sein, sind aber weit stärker durch die eigene israelitische Königstradition geprägt. Rücken sie den Messias darum nicht in solche Nähe zu Gott wie jene Ehrentitel in Jes 9? Doch gewährt auch der Geist Weisheit und Einsicht, um die schon Salomo gebeten hat (1 Kön 3,12; vgl. Jes 10,13; Gen 41,33.39 u.a.), Rat und Stärke (vgl. Jes 9,5; 28,29), schließlich Erkenntnis und Gottesfurcht – ebenfalls ein alter Wunsch für den Regenten (2 Sam 23,3). Der Zukunftsherrscher bringt, was längst ausgesprochen ist. So gehen die »Eigenschaften« insgesamt nicht wesentlich über das hinaus, was die Tradition anbietet; jetzt treten sie aber gesammelt und miteinander vereint auf. Das überlieferte Bild vom König wird in der Hoffnung erweitert und gesteigert. Dabei beziehen sich »Weisheit und Einsicht« kaum ausschließlich auf Rechtsprechung und Staatsführung, sondern sind wohl allgemeiner gefaßt. Der Messias besitzt, was Israel fehlt (Jes 1,2f; 6,9 u.a.).

Wird der König nach den Königspsalmen mittelbar durch Prophetenmund (Ps 2,7; 110,1) in sein Amt eingesetzt, so wird der Messias ähnlich den Helden der Richterzeit (Ri 6,34 u.a.) unmittelbar durch den Geist berufen. Zudem wird der Geist auf dem künftigen Herrscher dauernd »ruhen« und ihm – anders als dem ersten König Saul (1 Sam 16,13f) – nicht wieder entzogen werden (vgl. Num 11,25; 2 Kön 2,15 vom Geist Moses bzw. Elias). So sind alle »Herrschertugenden«, selbst Gotteserkenntnis und Gottesfurcht, die doch am ehesten als menschliche »Leistung« erscheinen könnten (vgl. Jes 5,21), von Gott verliehen. Alles, was der Messias hat und ist, bleibt auch nach Jes 11 Gottes Werk.

Gott selbst schenkt das rechte Gottesverständnis und damit die Möglichkeit, entsprechend zu handeln; denn »Geist« bedeutet dem Alten Testament »Kraft, Befähigung« (o.Exk. 4). Was es heißt, wenn die Gerechtigkeit Stütze des Throns ist (Jes 9,6), wird hier breit ausgeführt: Das Recht ist vollkommen, weil der Richter nicht nach Augenschein oder Gehör zu urteilen braucht; denn ihm bleibt nichts verborgen. Er sieht, wie die Sachlage ist (vgl. 1 Sam 16,7). Darum nimmt er sich der sozial Schwachen an; es gibt in der Gesellschaft keine Ungerechtigkeit mehr. Damit erfüllt sich, was man vom König erwartet (Spr 20,8; 29,14; Ps 72), was Jesaja vermißt (Jes 1,21; 5,7 u.a.) und für die Zukunft ankündigt (1,26; vgl. 32,1). Doch schlägt der Messias den, der Gewalt übt und Unrecht begeht, allerdings nicht mit dem Herrscherstab (vgl. Ps 2,9), sondern mit dem »Stab des Mundes«. Hier ist anscheinend ein bestimmtes Königsbild korrigiert worden. Das Zepter des Messias ist sein Wort, aber dieses Wort behält die Macht des Zepters.

Von Krieg und Sieg, die in Jes 9 Voraussetzung des »Friedens ohne Ende« sind, ist keine Rede. Dieses Schweigen paßt zu dem Umstand, daß Gott nicht direkt als Autor der Ereignisse erscheint; denn die Kriegführung ist ja sein Werk. Die Ruhe nach außen ist gleichsam selbstverständlich. Eine außenpolitisch-nationale Tätigkeit scheint aus dem Aufgabenbereich des Messias ausgespart zu bleiben, obwohl er – in ähnlicher Paradoxie wie in Jes 9 – mit »Rat und Stärke« wiederum die Fähigkeiten zur Staatslenkung und Kriegführung erhält. Verzichtet der Zukunftsherrscher gleichsam auf einen Teil seiner Möglichkeiten? Er hat kraft der ihm verliehenen Titel oder Geistesgaben mehr Macht, als er ausnutzt. Die Regierungsgeschäfte beschränken sich auf die Wirkung nach »Innen«, die Rechtsprechung. Der Messias tritt einzelnen Übeltätern und nicht wie ein König (nach Ps 2) fremden, sich empörenden Völkern gegenüber.

Verschiedene Nachträge (V 6ff, bes. V 10) geben dem verheißenen Heil nicht nur nationale, sondern kosmische Ausmaße. Schon dem ursprünglichen, erst recht dem erweiterten Text wird also das Urteil nicht gerecht: »Noch bei den großen Schriftpropheten trägt die Messiasgestalt ... überwiegend politische Züge.« Der Text zwingt vielmehr zu der Einsicht: Die Propheten haben »das alte Gemälde langsam umgestaltet und zerstört« (*H.Greßmann*, 273).

5. Allerdings scheint jene Auffassung auf den in Mi 5 erwarteten »Herrscher« zuzutreffen. Doch bleibt das Verständnis dieses Textes unsicher, weil es von kaum eindeutig beweisbaren literarkritischen Entscheidungen abhängt. Wie spätere Zusätze das Wort von Jes 11 ausgestaltet haben, so ist die Weissagung von Mi 5,1–5 durch ähnliche Ergänzungen geprägt, die aber in den Text selbst eingegriffen haben. In die Verheißung eines Messias, die wieder Herkunft und Aufgabe des Herrschers beschreibt (V 1.3a; wohl auch V 4a.5b), wurden Heilsworte für eine Mehrheit, die verstreuten Glieder des Volkes (V 2.3b.4b–5a), eingeschoben (so *B.Duhm*). Der ursprüngliche Text mag etwa lauten:

»Aber du, Betlehem Ephrata,
du kleine unter den Tausendschaften Judas,
aus dir wird mir kommen,
der Herrscher in Israel sein wird.
Seine Herkunft liegt in der Vorzeit,
in längst vergangenen Tagen.
Er tritt auf und weidet in Jahwes Kraft,
im erhabenen Namen Jahwes, seines Gottes.«

Die folgenden – für die Frage nach der politischen Wirksamkeit des Messias entscheidenden – Schlußverse (V 4a.5b) sind vielleicht bereits ein Zusatz:

»Dies(er) wird der Friede sein.
Er wird (uns) retten vor Assur,
wenn es in unser Land kommt,
unser Gebiet betritt.«

Das Wort Mi 5,1 greift wie Jes 11,1 auf die Anfänge zurück, bricht aber eher noch stärker mit dem amtierenden Herrschergeschlecht, gibt nämlich auch die Kontinuität des Ortes preis. Der Messias soll nicht mehr aus der vom Untergang bedrohten (Mi 1,6.16; 3,12) – oder doch schon zerstörten? – Hauptstadt Jerusalem, sondern aus dem kleinen Ort Betlehem »hervorgehen«. Ephrata ist eine Sippe in Betlehem, der Heimat Davids (Rut 1,2; 4,17ff; 1 Sam 17,12); so erwählt sich Gott das Kleine, Unbedeutende (vgl. 1 Sam 9,21; 16,11ff u.a.). In der Zukunft kehrt die ferne Vergangenheit, an die der Ausdruck »Tage der Vorzeit« (Am 9,11; vgl. Ps 24,7.9) erinnert, wieder. Obwohl weder der Name Davids noch der seines Vaters

Isai erwähnt ist, wird gleichsam ein neuer David erwartet. Als Gottes Statthalter regiert der »Herrscher« in göttlicher Macht und Hoheit (V 3 expliziert das Gotteswort V 1). Das entspricht sachlich dem Ehrentitel »starker Gott« (Jes 9,5) oder der Begabung mit dem »Geist der Stärke« (11,2). Doch wird die Paradoxie jener Verheißungen nur zu Beginn (Mi 5,1.3a) durchgehalten; nach den umstrittenen V 4f wird der Zukunftsherrscher selbst politisch tätig sein. Er bringt nicht nur den Frieden, sondern scheint über die Bezeichnung »Friedefürst« (Jes 9,5) hinaus sogar »Friede, Heil« zu heißen (vgl. Eph 2,14). Dennoch führt er selbst die Befreiung von der assyrischen Bedrohung aus.

Bedeutet das Michawort in dieser Hinsicht eine tiefgreifende Änderung der Weissagungen von Jes 9; 11 und damit eine engere Bindung an die Königspsalmen, so bereitet es umgekehrt kommende Verheißungen (Ez 34,23) vor, wenn es – gemäß weitverbreiteten altorientalischen Vorstellungen vom König oder von Gott als »Hirten« – dem Messias den Auftrag zu »weiden« erteilt.

Die späteren Erweiterungen malen das nur umrißhaft skizzierte Zukunftsbild mit neuen Motiven aus. V 2a ergänzt die Angabe über den Ursprung des Herrschers (V 1) durch einen dunklen Hinweis auf seine Geburt – wohl im Anschluß an Jes 7,14.

Verschiedene Weissagungen werden miteinander verbunden, so daß sie sich gegenseitig auslegen. Die gegenwärtige Unheilszeit dauert, bis die Geburt die Wende der Not bringt. Die Heilszeit schließt über die Befreiung (V 4f) hinaus die Sammlung des Gottesvolkes, die Rückkehr der »Brüder« (V 2b) und ihr sicheres »Wohnen« (V 3b; vgl. Jer 23,6) ein. Dabei wird die Rückführung nicht dem Messias zugeschrieben. Doch bildet seine weltweite Herrschaft die Voraussetzung für die Rückwanderung.

Der Nachtrag weitet das Reich des Zukunftsherrschers »bis an die Enden der Erde« aus (Mi 5,3b; vgl. die Nachinterpretation Jes 11,10). Der »Herrscher in Israel« wird zum Weltherrscher. Diese universale Ausdehnung, die auf Königsvorstellungen zurückgehen mag (Ps 72,8; 89,28; Gen 49,10; vgl. Jes 55,4), greift die Verheißung Sach 9,10 auf.

6. Die Weissagung des Jeremiabuches (23,5f) steht bereits in einem vorgegebenen Überlieferungszusammenhang; die messianischen Hoffnungen, zumal in ihrer jesajanischen Gestalt, scheinen sich durchgesetzt zu haben, so daß sie aufgenommen und weitergetragen werden. Vielleicht erklärt sich so auch die wenig eigengeprägte Sprache:

»Siehe, Tage kommen – ist der Spruch Jahwes –,
da erwecke ich David einen gerechten (rechtmäßigen) Sproß.
Er wird als König herrschen und weise handeln,
Recht und Gerechtigkeit im Lande üben.
In seinen Tagen wird Juda Hilfe erfahren,

Israel in Sicherheit wohnen,
und dies wird der Name sein, mit dem man ihn nennt:
Jahwe (ist) unsere Gerechtigkeit.«

Jer 23,5f wird in der Verheißung 33,14–18 aufgenommen und umgedeutet: Statt einer Einzelgestalt, eines Nachkommens Davids, wird – im Sinne der Natanweissagung – eine dauernde Dynastie erwartet. Die Bedeutung, die das Priestertum (33,18) einnehmen soll, läßt an die Ankündigung eines doppelten Messias denken (Sach 4; 6,12f).

Das Bild vom »Sproß« erinnert an Jes 11,1, auch wenn es dem Wortlaut nach eher vor- als zurückweist (als Titel Sach 3,8; 6,12 gebraucht; vgl. Ps 132,17). »Gerechtigkeit« (Jes 9,6; 11,3–5; vgl. Ps 72) und »Weisheit« (Jes 11,2) sind längst erwartete Eigenschaften des Messias. Außerdem erhält er wie nach Jes 9,5 einen (ebenfalls zusammengesetzten) Thronnamen, der sein Wesen beschreibt; selbst das redende »Wir« wird im Bekenntnisnamen übernommen. Von politischer Macht oder gar Krieg verlautet nichts mehr, als sei der ausschließlich friedliche Charakter des Zukunftsherrschers bereits selbstverständlich; die Sicherheit wird nicht seinem Wirken zugeschrieben. Das Königtum erstreckt sich nur über das »Land«. Indem aber für Juda und Israel Schutz und Ruhe gewährleistet sind, bleibt ein Eindringen feindlicher Völker ausgeschlossen; so ist implizit eine Einwirkung auf die Umwelt gegeben. – Auch das Verhältnis zwischen Gott und Messias wird im Jeremiawort ähnlich wie in den vorangegangenen Erwartungen bestimmt. Letztlich verkündet es die Alleinwirksamkeit Gottes: Er selbst bringt Hilfe und Sicherheit (vgl. das Passiv V 6a) und erweckt den Zukunftskönig, der demgemäß den Namen »Jahwe (ist) unsere Gerechtigkeit« trägt (vgl. Ri 6,24; auch Ex 17,15; Anspielung auf Zidkija?).

In keineswegs geringerem Maße hebt Ezechiel das Wirken Gottes hervor (vgl. Ez 17,22–24). Gott selbst ist Hirte und setzt seinen Knecht als Hirten ein, so daß dessen Handeln ganz in die Gottestat einbezogen bleibt. Dabei scheint das Ezechiel- das Jeremiabuch (23,1ff) weiterzuführen, wenn die Weissagung aus einer Hirtenrede herauswächst und Gott den Messias »erweckt« (Ez 34,23f):

»Ich werde über sie einen einzigen Hirten bestellen, der sie weiden wird: meinen Knecht David ... Er soll ihr Hirte sein. Und ich, Jahwe, will ihr Gott sein, und mein Knecht David wird Fürst in ihrer Mitte sein. Ich, Jahwe, habe es geredet.«

Als entscheidende Titel ragen »Knecht« und »Fürst« heraus, die altorientalischer bzw. altisraelitischer (Ex 22,27) Überlieferung entsprechen. Beide umschreiben Rang und Auftrag des Herrschers, bringen aber zugleich seine Abhängigkeit und Unterordnung unter Gott zum Ausdruck – stärker als der Königstitel, der sich erst in späteren Worten (Ez 37,22.24) findet. Die Regierungsgewalt des Herrschers ist begrenzt auf die allgemeine Aufgabe zu »weiden« (vgl. Mi 5,3a) – das meint kaum eine Kriegshandlung, sondern eher Sammlung und Schutz. »Es wird auch hier (wie 17,22–

24) auffallen, daß keine einzige Näherbestimmung das aktive Tun dieses Hirten ausmalt.« (*W.Zimmerli*, BK XIII/2, 917) Da das »Weiden« bereits von Gott ausgesagt ist, bleibt für den Messias im Grunde kaum ein Betätigungsfeld übrig; die Befreiung aus der Unterdrückung (34,10ff.27), selbst die Durchsetzung der Gerechtigkeit (34,22) ist Gott vorbehalten. Der künftige Herrscher ist Person fast ohne Funktion – als »einziger Hirte« aber Symbol der Einheit des Gottesvolkes. Entsprechend heißt es in einer – jüngeren – Erläuterung einer Symbolhandlung Ezechiels (37,15–19):

»Siehe, ich nehme die Israeliten aus den Völkern, unter die sie gegangen sind, heraus, sammele sie von allen Seiten her und führe sie in ihr Land heim, mache sie zu *einem* Volk im Lande auf den Bergen Israels, und *ein* König wird ihrer aller König sein. Sie werden nicht mehr zwei Völker sein und sich nicht mehr in zwei Reiche trennen. Sie werden sich nicht mehr verunreinigen mit ihren Götzen ...« (Ez 37,21–23)

Die Erwartung der Wiedervereinigung des Volkes unter einem König scheint die Hos 2,2 (o. a,6) überlieferte Hoffnung auf Sammlung unter einem »Haupt« aufzunehmen und zugleich so abzuwandeln, daß dieses als »mein Knecht David« (Ez 34,23; 37,24) identifiziert wird. Ist dieser eine Herrscher nicht nur Repräsentant des einen Volkes, sondern auch des einen Gottes? Wurde auf den König nicht eigentlich ein Gottesprädikat (Dtn 6,4 u.a.) übertragen? Jedenfalls geht das Zukunftswort über in die Erwartung der Durchsetzung des ersten Gebots: Das geeinte Volk wird gereinigt, erneuert, so daß auch die Gottesgemeinschaft ohne Fehl sein wird (Ez 37,23).

7. Als der Prophet Haggai in nachexilischer Zeit dem Davididen Serubbabel messianische Würde zuspricht (2,23: »mein Knecht, ich mache dich zum Siegelring«) und ihn zusammen mit dem Hohenpriester Josua zum Wiederaufbau des Tempels ansporn (2,2ff), hält er die Unterscheidung zwischen dem Wirken Gottes und des Messias durch. Im Rahmen der Welterschütterung (2,6.21) wird Gott alle feindliche Kriegsmacht beseitigen, genauer gesagt: nicht die Völker, sondern nur ihre militärische Stärke vernichten, bevor er seinen Repräsentanten in sein Friedensreich einsetzt (2,22f). Diese Zukunftsschau stimmt insofern mit Jes 9,3ff überein, als Gott die Kriegswerkzeuge bannt, bevor der Friedensherrscher auftritt. Demnach scheint Haggai vorgegebene Hoffnung zu erneuern. Traditionell sind die Vorstellungen vom sog. Heiligen Krieg und vom Königtum so verbunden, daß alle Wirksamkeit bei Gott allein liegt; der ernannte Messias kann »seinerseits nichts tun, um sich von sich aus in solchen ... Rang zu bringen« (*F.Horst*, z.St.) und ist Amtsträger in der Gottesherrschaft. Die gegenüber der älteren Zeit gewandelte Situation kommt zum einen im universalen Horizont der Verheißung, zum andern in der Titulatur zum Ausdruck: Serubbabel wird als Gottes »Knecht« (Ez 34,23f u.a.) zum Siegelring

an Gottes Hand »erwählt« (vgl. als Gegenbild die Gerichtsansage an Jojachin Jer 22,24).

Als der wenig später auftretende Prophet Sacharja in seinen Nachtgesichten die Heilszeit anbrechen sieht, spricht er von zwei »Ölsöhnen« bzw. Gesalbten im Dienst des Allmächtigen (4,14 als Deutung der Vision vom Leuchter und den beiden Ölbäumen 4,1–6a.10b–14). Damit ist explizit eine der älteren Zeit unbekannte Teilung der Gewalten vollzogen (anders etwa Ps 110,4). Die Aufgabe des »politischen« Messias ist jedoch der Tempelbau. »Nicht durch Macht und nicht durch Gewalt, sondern durch meinen Geist!« (4,6b–10a)

Die Identifikation des Zukunftsherrschers mit einer lebenden Person, dem Davididen Serubbabel, damit die aktuelle Naherwartung der Propheten Haggai und Sacharja, wird durch den Gang der Ereignisse nicht bestätigt und insofern als Irrtum erwiesen. Schon der alttestamentliche Text selbst scheint diesen Sachverhalt anzudeuten, jene Gleichsetzung rückgängig zu machen und damit die messianische Erwartung wieder offenzuhalten.

Ein Gegenstück zur visionären Reinigung und Investitur des Hohenpriesters Josua (3,1–7) bildet die symbolische Handlung von Sach 6,9ff, die offenkundig nachträglich korrigiert wurde und darum unterschiedlich gedeutet wird. Der Prophet erhält den Auftrag, von Heimkehrern aus dem Exil Gold und Silber zu holen, eine Krone herstellen zu lassen und jemandem aufs Haupt zu setzen – nach dem vorliegenden Text dem Hohenpriester Josua. Da dieser aber schon den Turban trägt (3,5) und der Tempelbau (6,12f) Aufgabe Serubbabels ist (4,9f), gilt die symbolische Krönung ursprünglich wohl Serubbabel. Er wird als der verheißene »Sproß« proklamiert, »unter dem es sprossen wird« (vgl. Jer 23,5; auch Hag 2,23 u.a.). Ihm steht der Hohepriester Josua zur Seite (Sach 6,13; 4,14). Als der Verlauf der Geschichte die messianische Inthronisation jedoch nicht bestätigt, wird der Text – kaum durch Sacharja selbst – korrigiert, so daß die eschatologische Erwartung nicht mehr auf die Zeitgeschichte, sondern wieder auf die Zukunft ausgerichtet ist (6,12).

Jedenfalls nehmen Haggai und Sacharja vorgegebene Heilsverheißung auf (vgl. Sach 1,12f.17 mit Jes 40,1 u.a.), aktualisieren sie und halten so in ihrer Situation, einer Zeit der Armut und Not (Hag 1,6), die Hoffnung auf Gottes Zukunft wach.

8. In der letzten messianischen Weissagung Sach 9,9f ist die Umdeutung, die das Alte Testament am traditionellen Königsbild vornimmt, zum Ziel gekommen. Der Zukunftsherrscher heißt zwar »König« – allerdings wird er nicht als Davidide eingeführt (vgl. Hos 2,2) –, ist aber aller königlichen Eigenschaften entkleidet:

»Freue dich sehr, Tochter Zion,
jauchze Tochter Jerusalem!
Siehe, dein König kommt zu dir;

gerecht und hilfsbedürftig ist er,
arm und reitet auf einem Esel,
auf einem Hengst, dem Füllen einer Eselin.
Ich schaffe ab die Streitwagen aus Ephraim
und die Rosse aus Jerusalem.
Die Kriegsbogen werden abgeschafft.
Er verkündet Heil den Völkern,
und er herrscht von Meer zu Meer,
vom Strom bis an die Enden der Erde.«

Während es sonst als Pflicht des Königs gilt, den Armen beizustehen (Ps 72,12f; Jes 11,4), ist der Messias hier selbst zum »Armen« geworden, dem »geholfen werden« muß. Gewiß ist die Vorstellung von einem König, der der Hilfe bedarf, nicht ohne Anhalt an der Überlieferung (Ps 20,7.10; 33,16; vgl. vom Volk Jer 23,6 u.a.), jetzt wird aber mit bisher ungeahnter Schärfe die völlige Angewiesenheit des Königs auf Gott ausgesprochen.

Das Prädikat »arm« ist den älteren messianischen Weissagungen unbekannt. In ihm wirkt wohl das Selbstverständnis jüngerer Psalmen (vgl. Klage- und Danklieder wie Ps 34,7; 86,1f; auch 69,33f) ein; ähnlich lautet ein spätes Urteil über Mose: »Der Mann Mose war sehr demütig, mehr als irgendein Mensch auf Erden« (Num 12,3; vgl. Jes 53,4). Schillert entsprechend auch die Bedeutung der Bezeichnung »gerecht«? Sie gibt vielleicht nicht nur das längst vertraute Messiasprädikat (Jer 23,5f; vgl. Jes 11,4f; 53,11) wieder, sondern könnte durch die Parallelglieder zugleich eine passive Nuance erhalten: »einer, der Recht bekommen« hat (so *K.Elliger*, z.St.). Schließlich geschieht der Einzug auf einem Esel zwar nach uraltem Brauch (Gen 49,11; 2 Sam 19,27; vgl. 1 Kön 1,38 u.a.), ist in diesem Zusammenhang aber weniger ein fürstliches Symbol als Zeichen der Niedrigkeit und des Friedens, da ja das Kriegspferd mit dem Streitwagen und Kriegsbogen beseitigt wird (vgl. Ex 15,21; Hag 2,22 u.a.).

Hat sich damit das Ethos der »Armen im Lande« oder zumindest der nachexilischen, nicht mehr politisch tätigen Gemeinde in der Messiaserwartung durchgesetzt (vgl. schon Jes 11,4f)? Allerdings reicht Hoffnung immer über die eigene Situation hinaus – nimmt die Hoffnung der Vergangenheit auf und greift in die Zukunft vor. Deshalb bleibt ein Verständnis ungenügend, das Sach 9,9f allein als Erwartung ungestörter Kultausübung deutet. Vielmehr wird die Hoffnung auf ein Friedensreich durchgehalten: Wie nach Jes 9,3f werden nur Kriegsgeräte oder -symbole, nicht die Feinde selbst vernichtet. Die Tat vollbringt wieder Gott – so jedenfalls der hebräische Text, der übereinstimmend mit dem Großteil alttestamentlicher Zukunftserwartungen (Hos 1,7; 2,20; Hag 2,22; Mi 5,9; Ps 46,10 u.a.) in der Ichrede Gott selbst sprechen läßt.

Die griechische Übersetzung ändert den Text, indem sie das hebräische Passiv »jemand, dem geholfen wird« (V 9a) in das Aktiv »Helfer« verwandelt und entsprechend durch Wiedergabe von V 10a in dritter Person die Abschaffung der

Streitwagen statt Gott dem König (vgl. Mi 5,4f) zuschreibt. Darin verrät sich eine einheitliche Tendenz. Umgekehrt stellt der hebräische Text wegen des Personenwechsels die schwierigere, darum wohl ältere Lesart dar.

Sachlich könnte Ps 21,20f ein gewisses Gegenstück bilden, da hier der hebräische Text die Anrede an den König vielleicht nachträglich in ein Gebet zu Gott verwandelt.

Wie Jes 11,4 das Zepter in einen »Stab des Mundes« umdeutet, so wird aus der Friedensherrschaft (Jes 9,5) eine Friedens*botschaft*; der König von Sach 9,10 gleicht dem Propheten: Er »verkündet das Heil den Völkern« (vgl. Jes 42,1.4.6; auch Jer 1,10). Damit wird zugleich die weltweite Bedeutung des Geschehens in »Ephraim und Jerusalem«, Nord und Süd, hervorgehoben. Der Messias regiert »bis an die Enden der Erde«; sein Machtbereich ist unüberbietbar, grenzenlos. Die Weltherrschaft, die wohl vom König (Ps 2,8; 18,44; 72,8 u.a.), vom Messias jedoch nur indirekt oder in späteren Ergänzungen (Mi 5,3b; Jes 11,10) ausgesagt wird, ist damit ausdrücklich Teil der messianischen Hoffnung geworden.

So sind die messianischen Weissagungen durch eine Geschichte miteinander verbunden. Indem sie mit Motiven, wie Gerechtigkeit, Frieden und Bezogenheit auf Gott, auch unausgesprochen, aufeinander Bezug nehmen und wiederum auf spätere Zukunftsaussagen einwirken, erweisen sie sich als Einheit. Die Hoffnung wird trotz Erfahrung ihrer Nichterfüllung weitergetragen, dabei korrigiert wie ausgedehnt. Dem Alten Testament hat es nicht genügt, die altorientalische Königsideologie in die Zukunft zu verlegen; es hat sie so umgeprägt, daß sie Wesenszüge einbüßte.

Das auffälligste Phänomen in der Abfolge der Weissagungen ist die Abnahme der Macht des Messias, bis er als »arm« erscheint, der Gottes »Hilfe« bedürftig ist und sie erfährt. Sieht es nicht so aus, als ob das Alte Testament seine Messiashoffnung zunehmend von dem Königsbild, wie es in Ps 2 entworfen ist, abheben wollte? Dazu gehört auch die Verlegung der Macht in das Wort (Jes 11,4; Sach 9,10). Das *munus regium* wird im Sinne des *munus propheticum* verstanden. Die Unterscheidung zwischen Tat Gottes und des Messias prägt sich immer stärker aus; so verbindet sich das Bekenntnis zu Gottes Macht mit dem Bekenntnis zur Ohnmacht seines Repräsentanten auf Erden, d.h. zur Angewiesenheit auf Gott. Indem der Gott des Volkes aber als Gott der Welt proklamiert wird, gewinnt auch der Zukunftskönig universale Bedeutung. So nimmt der Herrschaftsbereich des Messias zu, während seine Herrschaftsgewalt abnimmt.

Der skizzierten Wandlung des Hoffnungsbildes wird ein Verständnis des Messias als nationaler Herrschergestalt, die entsprechend dem Davidsreich nur Israels Größe wiederherstellen soll, nicht gerecht. Nirgends wird gesagt, daß die Befreiung von Unterdrückung zur Machterweiterung Israels führt. Zwang wird höchstens gegenüber dem Gewalttäter ausgeübt (Jes 11,4); ausgerottet werden die Kriegsgeräte, nicht die Menschen (Jes 9,4; Sach 9,10; vgl. Hag 2,22). Selbst die Bindung an das Davidshaus kann zurücktreten bzw. verlorengehen, während den Völkern das Heil verkündet wird (Sach 9,9f).

9. Gewiß ist die Messiashoffnung nur eine unter den eschatologischen Heilserwartungen des Alten Testaments. Läßt sie zudem in nachexilischer Zeit nach, während der Glaube an die kommende *Königsherrschaft Gottes* wächst?

Nach *H.Greßmann* (Der Messias, 1929, 278) geht die Entwicklung dahin, daß »in der späteren Zeit der Messias allmählich durch die Gottheit ersetzt wird. Fast alle Verheißungen vom Königtum Jahwes in der Endzeit sind exilischen oder nachexilischen Ursprungs.« Bleiben bei diesem Urteil außer Sach 9,9f aber nicht Nachträge wie Hos 3,5 oder Jer 30,9 (vgl. 30,21), die eine Beschäftigung mit der Messiashoffnung verraten, sowie die spätere eschatologische Deutung der Königspsalmen unberücksichtigt?

Inhaltlich nähern sich beide Erwartungen, die eigentlich verschiedenen Überlieferungsströmen entstammen, einander an. Die Gemeinde wird in gleicher Weise aufgerufen, sich jetzt schon über das Kommen Gottes und des Messias zu freuen (Sach 2,14 bzw. 9,9). Wie die Messiaserwartung kann die Hoffnung auf Gottes Königsherrschaft die Sehnsucht nach der Sammlung des Volkes (Ez 37,22 bzw. Mi 2,12f u.a.) oder nach paradiesischen Zuständen (Jes 11,6ff; Sach 6,12 bzw. 14,6ff) aufnehmen und sich über das eine Volk hinaus auf die Welt richten (Sach 9,10 bzw. 14,9.16 u.a.). Ausnahmsweise kann sich sogar eine Einheit beider Zukunftserwartungen, die noch in nachalttestamentlicher Zeit nebeneinanderstehen, anbahnen (vgl. Sach 4,14; 6,13; auch 1 Chr 28,5 u.a.). Sachlich liegt eine solche Verbindung nahe; denn das Auftreten des Messias ist das Werk von Gottes »Eifer« (Jes 9,6; vgl. 23,5).

e) Anhang
Der Gottesknecht

Die letzte messianische Weissagung des Alten Testaments stellt in solchem Maße die Armut des Zukunftskönigs und zugleich seinen weltweiten Auftrag heraus, daß sich die Ausleger schon öfter an die Gottesknecht»lieder«, insbesondere an Jes 53, erinnert fühlten. Wird der Übergang von der Messiaserwartung des Jesaja- und Micha- oder auch noch des Jeremia- und Ezechielbuches zu Sach 9,9f nicht verständlicher, wenn man die Botschaft des Exilspropheten Deuterojesaja als eine Art Bindeglied ansehen kann? Gewiß sind die vier, in ihrer Deutung ungewöhnlich umstrittenen Lieder (Jes 42,1–4; 49,1–6; 50,4–9; 52,13 – 53,12) nicht, zumindest nicht ausdrücklich, Verheißung für die Zukunft. Außerdem sprechen sie nicht von einem »König« und beziehen sich nicht auf eine Davidsgestalt. Umgekehrt trägt jedoch – wie weitgestreut die Ehrenbezeichnung »Knecht« im Alten Testament auch ist – der Messias diesen Titel, und zwar gerade im exilisch-nachexilischen Zeitraum (Ez 34,23f; 37,24f; Hag 2,23; bes. Sach 3,8 »mein Knecht«).

Welche Stellung hat der Gottesknecht im Rahmen der Gesamtbotschaft des Exilspropheten? Deuterojesaja weiß zu unterscheiden: »König« ist Gott allein (Jes 52,7 u.a.; o.§ 11a,6). Dem Nicht-Davididen, ja Nicht-Israeliten Kyros spricht der Prophet zu, Gottes »Gesalbter« (Jes 45,1) zu sein, und verleiht ihm weitere Ehrentitel, wie »mein Hirte« (44,28; vgl. 48,14).

So nimmt der Perserkönig eine ähnliche Stellung ein, wie sie in Israel früher der eigene König hatte: Gott hilft mit seiner Macht seinem Gesalbten (vgl. Jes 45,1ff mit Ps 2).

Kyros wie der Knecht werden von Gott bei der Hand ergriffen (Jes 45,1; 42,6), bei Namen genannt (45,3f; 49,1) und erhalten den Auftrag, die Gefangenen zu befreien bzw. zurückzubringen (45,13; 49,6).

Bleibt daneben überhaupt noch Raum für eine Messiasgestalt, zumal Deuterojesaja (55,3) die »Gnadenerweise an David«, die Natanverheißung (2 Sam 7), auf das Volk überträgt? Den Titel »Knecht«, mit dem im Jeremiabuch der fremde Herrscher Nebukadnezzar ausgezeichnet ist (Jer 25,9; 27,6; 43,10), behält der Prophet neben dem Volk Israel (41,8f u.ö.) jenem Gottesknecht vor. Ist diese rätselhafte Gestalt – analog zum »Minister des Königs« (vgl. 2 Kön 22,12) – als Beauftragter des himmlischen Königs zu deuten? Steht der Knecht damit aber nicht wiederum dem Messias nahe, der ebenfalls als Amtsträger in der Gottesherrschaft (vgl. Hag 2,21; Sach 4,14; auch Mi 5,1 »er wird *mir* kommen« u.a.) auftreten kann?

Die vier Gottesknechtlieder greifen in unterschiedlicher Weise Überlieferungen vom Königtum (Königspsalmen, messianische Weissagungen) sowie von der Prophetie (bes. Jeremias Konfessionen) auf und überbieten beide weit. So nimmt etwa der Selbstbericht von der vorgeburtlichen Berufung (Jes 49,1.5) ein ursprünglich auf den König bezogenes, aber schon auf den Propheten Jeremia (1,5) übertragenes Motiv auf. Ist Jeremia dabei »als Prophet für die Völker bestimmt« (1,5), so wird der Knecht »zum Licht der Völker bestimmt« (Jes 49,6). Die Amtseinsetzung Jes 49,3 läßt an die Inthronisation Ps 2,7 denken. Der Zusammenhang von Geistausrüstung mit Rechtsproklamation und Fürsorge für die Bedürftigen (Jes 42,1ff) erinnert an Jes 11,2ff (vgl. 2 Sam 23,2f). Findet die Ausstattung mit dem »scharfen Schwert« des Mundes (Jes 49,2) nicht ebenfalls dort (Jes 11,4) ihre engste Parallele? Dem Messias wie dem Gottesknecht kommt Macht zu, aber eben nur im Wort.

Das vierte und letzte Lied bringt die Erniedrigung des Knechts, die bisher nur anklang (42,4; 49,4; bes. 50,6), voll zum Ausdruck. Das Jeremiabuch weiß vom Leiden des mit dem Wort Beauftragten in seinem Volk zu berichten. Das Bekenntnis zum stellvertretenden Leiden des Knechts: »Er trug unsere Krankheit« (Jes 53,4ff) greift über alle bekannte Überlieferung hinaus, ja übersteigt mit dem Hinweis auf Tod, Begräbnis, langes Leben, Nachkommenschaft, schließlich Rechtfertigung der »Vielen« (des Volkes oder gar der Völker?) und »Gelingen« mögliche Erfahrung. Diese Aussagen sind durch die umrahmenden Gottesreden (52,13–15; 53,11b–12), welche die Erhöhung des Erniedrigten, seine weltweite Anerkennung, vorwegnehmen bzw. bestätigen, (wie 42; 49) in einen universalen Horizont gestellt: Könige werden vor ihm ihren Mund verschließen. Letztlich wird die Königstradition korrigiert: Der Knecht hat im Gegensatz zum König (Ps 21,6; vgl. 1 Sam 16,12.18; 1 Kön 1,6 u.a.) weder »Hoheit« noch »Schönheit« (Jes 53,2). Seine Erscheinung wie sein Auftreten sind ganz und gar nicht herrschaftlich.

Gewiß bleibt die Antwort auf die Frage »Von wem sagt dies der Prophet – von sich selbst oder einem andern?« (Apg 8,34) so umstritten wie eh und je. Da der Gottesknecht einen Auftrag an Israel erhält (»zurückzuführen«: Jes 49,5f), ist er (trotz 49,3 und dem Kontext der Lieder) kaum Israel selbst, sondern eher ein Individuum. Ist er aber eine Person der Vergangenheit, eher der Zukunft oder doch schon der Gegenwart – nämlich, wie man häufig annimmt, der Prophet selbst? Auch dann steht die fest zugesagte Verherrlichung (49,3; 52,13.15; 53,10ff) nach der Erniedrigung noch aus.

Ob in der umstrittenen Auslegung die kollektive oder eher die individuelle Deutung des Knechts vorzuziehen ist, in jedem Fall wird der Text mit seiner – durch die Erfahrung – unabgedeckten Aussage, seinem Überschuß über die Wirklichkeit, überliefert und so gleichsam mit einer Frage an den Hörer oder Leser weitergegeben.

Jedenfalls scheint es Wechselbeziehungen zwischen den messianischen Weissagungen und den Gottesknechtliedern zu geben. Beide nehmen Überlieferungen vom Königtum auf, um sie zu korrigieren. Ähnlich wie in der Abfolge der messianischen Weissagungen tritt der Einfluß der Königstradition im Gefälle von Jes 42 über Jes 49 zu Jes 50 mehr und mehr zurück, bis Jes 53 geradezu ein Gegenbild zeichnet. So stellen die Lieder in zunehmendem Maße die Niedrigkeit des Knechts heraus; dabei werden Motive der Prophetie, der Klagelieder und vielleicht auch des späteren Bildes von Mose (Ex 32,30ff; Num 12,3 u.a.) wirksam. Auf diese Weise versuchen messianische Weissagungen wie die Gottesknechtlieder Herrlichkeit und Demut, Macht und Ohnmacht der betreffenden Gestalt zusammenzudenken.

Sowohl die Angewiesenheit auf Gottes Hilfe (Jes 50,9) als auch die Eniedrigung (Jes 53,4) des Knechts lassen an die Demut des Königs Sach 9,9 denken, der wie jener (Jes 53,11) den Titel »gerecht« führt.

Beide Textgruppen sind sich darin einig, daß sie einerseits dem Geschehen, das sich in und an Israel ereignet, weltweite Bedeutung zumessen (Jes 42,1.4; 49,1.6; 52,15 bzw. 11,10; Mi 5,3; Sach 9,10), andererseits königliche und prophetische Züge zu einer Einheit verschmelzen: Wie der Messias das Heil den Völkern »verkündet« (Sach 9,10), so fordert sie der Knecht, »das Licht der Völker« (Jes 49,6), zum Hören auf (49,1; vgl. 50,4; 53,1). Seine Macht ist die Macht des Wortes; seine Aufgabe – über die sog. Baruch-erzählung des Jeremiabuches, die das Leiden des Propheten als Folge seiner Verkündigung schildert, hinaus – das stellvertretende Leiden (53,12): »Er trug die Sünde der Vielen.«

Reicht die Einwirkung der Gottesknechtlieder, zumal von Jes 53, auf die Messiaserwartung noch weiter? Nach dem mehrdeutig-dunklen Kapitel Sach 12,9ff wird die erhoffte Geistausgießung die Jerusalemer bewegen, auf den »Durchbohrten« (vgl. Jes 53,5) zu blicken und um ihn zu klagen. Ist auch mit ihm eine messianische Gestalt gemeint?

Größere Nachwirkungen hat in der Folgezeit, die von der Spätprophetie zur Apokalyptik hinüberschreitet, eine Gestalt, die einen anderen Titel trägt. Nach Dan 7 (V 13f; u.§ 18b,1) wird jemandem, der »wie ein Menschensohn mit den Wolken des Himmels kommt«, weltweite, ewige Herrschaft verliehen. Gleich dem Messias erscheint dieser »Menschensohn« erst, nachdem Gott die feindliche Macht – hier das vierte Weltreich in Gestalt eines Tiers mit zehn bzw. elf Hörnern – besiegt und Gericht gehalten hat; zudem wird wie dem Messias auch dem Menschensohn die Macht von Gott übergeben. Diese auffällig ähnliche Struktur legt die Annahme eines – überlieferungsgeschichtlichen – Zusammenhangs zwischen den beiden Hoffnungen auf einen künftigen Herrscher nahe.

So hegt das Alte Testament höchst unterschiedlich ausgeprägte, aber (überlieferungsgeschichtlich) miteinander verbundene Erwartungen auf einen Beauftragten und Repräsentanten Gottes – auf eine Gestalt, in deren Machtlosigkeit Gottes Macht auf Erden gegenwärtig ist.

§ 13 Der Zion

In der vorstaatlichen Epoche und noch weit in die Königszeit hinein kannte Israel viele Kultstätten, die auch zum Schauplatz politischer Begebenheiten werden konnten (o.§ 9a,3). Behaupteten sich die Ortsheiligtümer zunächst neben Jerusalem, so wurde der Zion bald zum wichtigsten, dann zum einzigen Heiligtum. Seine Sonderstellung verdankt Jerusalem nicht so sehr seiner natürlichen Lage als bestimmten geschichtlichen Ereignissen (*A.Alt*); unter ihnen ragen zunächst die Geschehnisse zur Zeit Davids und Salomos hervor, die den Rang der Stadt begründen.

1. Von den vielerlei Ortsheiligtümern, die Israel in früherer Zeit besaß, waren zumindest einige schon vorher kanaanäische Wallfahrtszentren.

Auch Jerusalem war ursprünglich keine israelitische Stadt. Schon ein knappes Jahrtausend vor David wird sie in den ägyptischen Ächtungstexten erwähnt, und im Amarna-Archiv aus dem 14.Jh.v.Chr. fanden sich Briefe eines Stadtfürsten von Jerusalem namens Abdi-Chepa (»Knecht des Gottes Chepa«) an den Pharao. Nach Ri 1,21 gelang es Israel in der Zeit nach der Landnahme nicht, diesen kanaanäischen Stadtstaat zu bezwingen, zumindest nicht zu besiedeln; der Raum der Jebusiter, wie die Einwohner hießen, blieb eine »fremde Stadt« (19,10–12; Jos 10; 15,8.63; 18,16; anders Ri 1,8). Bleibenden Erfolg hatte jedenfalls erst David. Nachdem er König über Juda und Israel geworden war, beseitigte er den kanaanäischen Zwischenriegel, der beide Reiche voneinander trennte, und gab der eroberten Stadt gegenüber Israel und Juda anscheinend eine rechtliche Sonderstellung (*A.Alt*; o. III,1). Diese Eigenheit klingt im Alten Testament noch nach, wenn etwa Jerusalem gegenüber den »beiden Häusern Israels« gesondert erwähnt wird (Jes 8,14) oder »Jerusalem und Juda« als zwei politische Größen des Südreichs nebeneinander genannt werden (3,1.8 u.a.). David erhob nicht nur den ehemaligen Jebusiterstaat zur Hauptstadt der beiden Reiche, sondern machte ihn zugleich zum kultischen Mittelpunkt des Volkes, indem er die Lade, den Ort der unsichtbaren Gegenwart Gottes, nach Jerusalem bringen ließ.

In der kultischen Maßnahme der Ladeüberführung, zu der David als König im strengen Sinne kaum berechtigt war, erkennt man, zumindest im Rückblick, Gottes Willen (indirekt 2 Sam 6,9.21f) und bekennt später, daß Jahwe den Zion und David »erwählt« hat (Ps 78,68.70; 1 Kön 8,16 LXX; 2 Chr 6,6).

Vermutlich bildeten die in 1 Sam 4–6 und 2 Sam 6 gesammelten Überlieferungen vom Schicksal der Lade, die von Schilo über philistäische und israelitische Zwischenstationen nach Jerusalem gelangte, einmal eine selbständige Ladeerzählung, die einen Hieros Logos bzw. eine Kultlegende des Jerusalemer Heiligtums darstellen konnte.

Durch Salomos Tempelbau wurde die kultische Bedeutung der Stadt noch bekräftigt, und die Ausgestaltung der vorgegebenen Zionsvorstellungen drängte die Lade in ihrer Stellung immer mehr zurück (vgl. Jer 3,16).

Nach der sog. Reichsteilung, nämlich dem Zerfall der Personalunion von Israel und Juda in Nord- und Südreich, blieb Jerusalem die heilige Stätte für Juda, scheint über diese Grenzen hinaus aber auch für die Israeliten aus dem Norden Anziehungskraft besessen zu haben (1 Kön 12,27f; später Jer 41,5).

Im Jahre 701 eroberte der Assyrerkönig Sanherib Juda, zog sich aber von der Belagerung Jerusalems aus nicht mehr ganz durchsichtigen Gründen zurück (2 Kön 18f = Jes 36f); doch wurde das Südreich tributpflichtig (2 Kön 18,13–16). Die Rettung Jerusalems in letzter Stunde hat vielleicht die Vorstellung von der Uneinnehmbarkeit der Stadt verstärkt, aber kaum erst entstehen lassen.

Die Reform des Königs Josia/Joschija 622 v.Chr. (2 Kön 22f), in deren Verlauf das Deuteronomium (genauer wohl das sog. Urdeuteronomium mit Kern in Dtn 12–26) die Funktion eines Staatsgesetzes erhielt, brachte nicht nur wie vorhergehende Reformversuche (1 Kön 15,12f; 2 Kön 18,4) eine Säuberung des Kultes von fremden Elementen, sondern machte Jerusalem durch Aufhebung aller übrigen Heiligtümer – in Juda und wohl auch Teilen des Nordreichs Israel (vgl. 2 Kön 23,15ff.29; Jer 41,5) – zur einzigen Stätte, an der Jahwe »seinen Namen wohnen ließ«. Durch diese Erhebung Jerusalems zum ausschließlichen Jahweheiligtum wird erst die hohe Bedeutung verständlich, die die Stadt für den Glauben der alttestamentlichen Spätzeit und das Judentum gewann. Trotz der Eroberung Judas und Jerusalems durch die Babylonier und der Zerstörung von Stadt und Tempel im Jahre 587/6 v.Chr. blieb das Ansehen der Stadt gewahrt (Jer 41,5; vgl. 17,26; Klgl). Sie wurde zum Ort der Erinnerung und Sehnsucht (Ps 137), zum Richtpunkt des Gebets (Dan 6,11), erst recht zur Quelle neuer Erwartungen (s.u.). So wurde im Laufe der Geschichte aus dem politischen Mittelpunkt, der Hauptstadt des Königreiches, mehr und mehr ein »religiöses« Zentrum.

Nach der Rückkehr der Verbannten und dem von Haggai und Sacharja inaugurierten Tempelwiederaufbau (520–515 v.Chr.) war die Provinzhauptstadt Jerusalem geistige Heimat der nachexilischen »Gemeinde«, der Esra und Nehemia die innere und äußere Ordnung gaben. Das ehemals kanaanäische, fremde Jerusalem – von dem Ezechiel in seiner bitteren Anklage (16,3) sagt: »Nach deiner Herkunft und deiner Geburt kommst du aus dem Land der Kanaanäer; dein Vater war ein Amoriter, deine Mutter eine Hethiterin« – war damit zu einer mehr oder weniger rein jüdischen Stadt geworden, die sich später nur allmählich und oft mit Widerwillen und Widerstand dem Hellenismus öffnete.

2. Religionsgeschichtlich wird höchst folgenreich, »daß in Jerusalem israelitische und kanaanäische Glaubensvorstellungen einander nicht nur wie andernorts begegneten, um sich hier und dort zu durchdringen, sondern sich in einer sonst unbekannten Intensität miteinander vermischten. Jerusalem wurde zu dem Tor in Israel schlechthin, durch das genuin kanaanäische und andere fremdreligiöse Einflüsse auf den offiziellen Jahweglauben eindrangen« (*J.Jeremias*, 185). Allerdings ist das Fortleben fremden Gedankenguts an anderen Orten nicht in gleichem Ausmaß kontrollierbar, da ähnlich umfangreiche Zeugnisse fehlen.

Religiöse Überlieferungen aus dem vorisraelitischen Jerusalem haben sich nicht unmittelbar erhalten, sondern müssen – mit Vorsicht – aus drei Quellen rekonstruiert werden: (a) den Zionspsalmen (Ps 46; 48; 76; vgl. 84; 87; 122; 132) und anderen Psalmen, in denen speziell Jerusalemer Tradition lebendig bleibt, (b) den Nachwirkungen bei den Propheten, vor allem bei Jesaja (1,21ff; 6; 8,6.18; 28,14ff; 29,1ff u.a.) und Deuterojesaja (52,1f.7ff u.a.), (c) – mit besonderem Vorbehalt – aus altorientalischen Zeugnissen, soweit sie Jerusalemer Vorstellungen entsprochen haben könnten.

Bei der Eroberung Jerusalems scheint David die Einwohner geschont, ja allgemein die Vorgegebenheiten, speziell im kultischen Bereich, so weit wie möglich erhalten zu haben. Wie eng der Kontakt zwischen beiden Bevölkerungsgruppen war, kann vielleicht eine Einzelheit veranschaulichen: Der Priester *Zadok* (Sadok), der ohne Herkunftsangabe plötzlich im Gefolge Davids erscheint, in den Thronfolgestreitigkeiten Salomo unterstützt und schließlich Abjatar aus altisraelitischem Priestergeschlecht ersetzt (2 Sam 8,17; 1 Kön 1,7f.34; 2,26f.35), war vielleicht bereits Priester – kaum wie Melchisedek gar der Priesterkönig – im vordavidischen Jerusalem. Sollte eine solche personale Kontinuität nicht bestanden haben, war zumindest ein Traditionszusammenhang vorhanden. So beruft sich Ps 110,4, der dem König in einem Jahweschwur die ewige Priesterwürde zuspricht, auf die Ordnung Melchisedeks, der nach Gen 14,18ff in vorisraelitischer Zeit Priesterkönig von Salem (d.h. Jerusalem; vgl. Ps 76,3) war.

Jener Name Melchisedek bzw. Malki-sedek ist wahrscheinlich nicht »(Der Gott) Melek ist gerecht«, sondern »(Mein) König ist (der Gott) *Sedek*« zu übersetzen. Derselbe Gottesname findet sich im Namen des Jos 10,1.3 (vgl. Ri 1,5ff) erwähnten Jerusalemer Königs Adoni-sedek »(Mein) Herr ist (der Gott) Sedek« wieder und bildet auch den Namen Sadok/Zadok. Kann man hier nur auf Grund der Eigennamen Rückschlüsse auf die Religion der Kanaanäer ziehen, so wird doch durch außerbiblische Nachrichten – bis hin zu Philo v. Byblos, der von einem Gott Suduk weiß – bestätigt, daß der alte Orient Sedek als Gottesprädikat kannte. Nach Ausweis der Königsnamen scheint dieser Gott speziell in Jerusalem verehrt worden zu sein, oder – vorsichtiger ausgedrückt – gerade dem Jerusalemer Stadtgott wurde dieses Prädikat beigelegt. Von daher erklärt sich, daß der Stamm *sdk* »gerecht« noch über lange Zeit in der Ziontradition fest verankert ist, so daß etwa Jesaja (1,26.21) Jerusalem »Stadt der Gerechtigkeit« nennt. Möglicherweise schimmert auch noch durch diese oder jene alttestamentliche Aussage von der »Gerechtigkeit« (z.B. Ps 85,11f.14; 89,15) durch, daß Sedek einmal göttliche Eigenschaften zukamen (*H.H.Schmid*, 76f).

Von diesem wird man einen anderen, in Israel wohl älteren Gebrauch des Stammes *sdk* unterscheiden müssen: Jahwes »Gerechtigkeits- bzw. Heilstaten« besingt schon das Deboralied (Ri 5,11; vgl. Dtn 33,21; auch 1 Sam 12,7; Mi 6,5).

Dieses Verständnis von »Gerechtigkeit« als Hilfe oder gar Treue wirkt – verbunden mit jener Jerusalemer Überlieferung (vgl. Ps 50,6; vom König: 72,1f; Jes 11,4f u.a.) – vor allem im Psalter wie in prophetischer Erwartung weiter. Der Psalmist kann bekennen (Ps 71,15f): »Mein Mund soll deine Gerechtigkeit verkünden, deine Hilfe den ganzen Tag« oder bitten (143,1): »Jahwe, höre mein Gebet, . . . in deiner Treue, in deiner Gerechtigkeit erhöre mich!« Jahwe »schafft Gnade, Recht und Gerechtigkeit auf Erden« (Jer 9,23; vgl. Ps 103,17), ist »gerecht und ein Helfer« (Jes 45,21), »gerecht auf allen seinen Wegen, gnädig in all seinem Tun« (Ps 145,7; vgl. 116,5). Von Gottes richtender oder gar strafender Gerechtigkeit ist eher selten (vgl. Jes 5,16; 10,22 u.a.) die Rede. Vielmehr wird die Erscheinung von Gottes Gerechtigkeit als Heil verheißen: »Ich lasse nahen meine Gerechtigkeit, ... meine Hilfe verzieht nicht.« (Jes 46,13; vgl. 51,5f; Hos 2,21f; Jer 23,6 u.a.)

Der Name Jeru-salem selbst scheint »Gründung des (Gottes) *Schalem*« zu bedeuten. Auch Schalem ist außerhalb des Alten Testaments, nämlich in den Texten von Ras-Schamra-Ugarit, als Name einer Gottheit (wohl der Abenddämmerung) bezeugt. Er kehrt in dem Eigennamen des David bereits in Hebron geborenen Sohnes Ab-schalom (2 Sam 3,3) und vielleicht in dem – allerdings auch völlig anders gedeuteten – Namen Salomo wieder. Darüber hinaus könnten sich hier und da Nachwirkungen jener Tradition im Alten Testament zeigen, wenn von *schalom* »Heil, Frieden« im Zusammenhang mit dem Zion die Rede ist (Ps 122,7f; Jes 60,17; Jer 33,6; Hag 2,9 u.a.). Welche Vorstellungen von Gerechtigkeit und Heil die vorisraelitischen Bewohner Jerusalems mit jenen Gottesnamen verbanden – etwa Fruchtbarkeit in der Natur, Erhaltung von Recht und Gesellschaft durch das Königtum, Rettung vor Feinden? –, ist im einzelnen allerdings nicht mehr sicher feststellbar.

Mit großer Gewißheit ist aus weiteren alttestamentlichen Texten ein dritter Gottesname *Eljon* »der Höchste« zu erschließen, der in den Zionspsalmen (Ps 46,5; auch 47,3; 97,9 u.a.) weiterlebt und schon Gen 14,18ff in der Form El Eljon erscheint. Auch dieser Name ist durch außerbiblische Belege gedeckt; doch ist ungewiß, ob El und Eljon zwei ursprünglich verschiedene und erst nachträglich vereinte oder stets miteinander verbundene Gottheiten darstellen (o.§ 10a,1).

Demnach lassen sich durch Rückschluß aus dem Alten Testament drei Gottesprädikate gewinnen, die vermutlich alle im vorisraelitischen Jerusalem beheimatet waren: Sedek, Schalem und (El) Eljon.

Daneben hat man noch weitere Gottheiten eines Jerusalemer Pantheons zu erschließen gesucht (*F.Stolz*, 218ff); doch bietet das Alte Testament für solche Annahmen kaum genügend Anhaltspunkte. So ist die Verehrung des Sonnengottes *Schemesch* (vgl. den Ortsnamen Bet-Schemesch »Haus des Schemesch« u.a.) für das vorisraelitische Jerusalem nicht sicher erweisbar, vielmehr erst in der späteren Königszeit, in der man auch mit assyrischem Einfluß zu rechnen hat (o. III,2), belegt (2 Kön 23,5.11; Ez 8,16; Jer 8,2; auch Dtn 4,19; 17,3 u.a.). Motive der Sonnenverehrung, zumindest teilweise bildhaft, konnten auf Jahwe übertragen werden (Ps 19,5ff: die Sonne »*wie* ein Held«; 50,2; 80,2; 84,12; Dtn 33,2; Hab 3,3f; Zeph 3,5; 1 Kön 8,12 LXX; in der Erwartung: Mal 3,20: »Sonne der Gerechtigkeit«; aber Jes 60,19f nach 60,2; vgl. § 6b,6; 11f,3).

Wie sich jene Titel zueinander verhalten, ob sie verschiedene, vielleicht als verwandt gedachte Götter bezeichnen oder Beinamen des einen Jerusalemer Stadtgottes (wohl: El Eljon) sind, bleibt undeutlich. Da sich die Eigenschaften und Kulte der Gottheiten nicht näher bestimmen lassen, läßt sich im einzelnen auch nicht mehr angeben, welche Elemente der Jerusalemer Religion der Jahweglaube abstoßen mußte. Sedek und Schalom finden sich als Gottesnamen im Alten Testament nicht wieder; höchstens klingt hier und da der einst göttliche Charakter dieser Prädikate nach. Nur Eljon blieb unmittelbar als Gottesname erhalten, weil das Alte Testament den ehemaligen Eigennamen rein als Appellativ »der Höchste« verstehen konnte. Ähnlich wie bei der Übernahme von El »Gott« oder anderen ursprünglich fremden Gottesprädikaten konnte Israel dem ersten Gebot dadurch gerecht werden, daß es sie allein auf Jahwe bezog und ihren Eigennamencharakter vernachlässigte, unterdrückte oder gar vergaß.

3. Wie der Name Jerusalem zeigt, wurde die Gründung der Stadt auf einen Gott zurückgeführt. Demnach galt sie seit je als Ort göttlicher Gegenwart, und gewiß wird es in ihrem Bereich auch eine heilige Stätte gegeben haben.

Wurde etwa der Jahwe*tempel*, den noch nicht David (2 Sam 7), jedoch Salomo (1 Kön 5,15ff) im Zusammenhang einer erheblichen Vergrößerung der Stadt erbauen ließ, an der Stelle des alten kanaanäischen Heiligtums errichtet, so daß zur Kontinuität des Kultpersonals und der Traditionen auch noch die des Ortes kam? Diente schon der sog. heilige Felsen den Jebusitern als Kultstätte? Allerdings wird in der Geschichte vom ersten Altarbau in Jerusalem (2 Sam 24,16ff; vgl. 2 Chr 3,1) ausdrücklich eine – kaum zu kultischen Zwecken benutzte – Tenne als Platz für den Jahwealtar bestimmt.

Sowohl der königliche Palast als auch der Tempel (1 Kön 6f) wurden mit Hilfe phönizischer Bauleute (5,20ff; 7,13ff) nach fremdem Vorbild errichtet.

In dem nach Osten orientierten Tempel folgten auf einen Hof mit Brandopferaltar eine Vorhalle mit den beiden Bronzesäulen Jachin und Boas (6,3; 7,15ff.21), ein rechteckiger, langgestreckter Hauptraum (6,2) und das – vielleicht erhöhte – Allerheiligste (Debir, Adyton), in dem die Lade »unter den Flügeln der Keruben« aufgestellt wurde (6,16.19f; 8,6f). Umstritten ist, wieweit dieses selbständig oder in das Heiligtum eingegliedert, ob der Tempel mit Vorhalle und Hauptraum letztlich also nur zweiteilig war.

Beide Bauwerke, Palast und Tempel, lagen eng beieinander (vgl. 2 Kön 11; kritisch: Ez 43,7f). Wie der Tempel Eigentum des Herrschers, »Königsheiligtum und Reichstempel« (Am 7,13 von Bet-El), war, so war der Priester ein vom König ein- und absetzbarer Beamter (2 Sam 8,17; 1 Kön 2,27.35; 4,2 u.a.).

Gegen alle diese Israel ursprünglich fremden, ja seinen Glauben gefährdenden Tendenzen und Einrichtungen bildeten zunächst nur die Lade (o.§ 9a,2) und die mit ihr möglicherweise verbundenen Traditionen ein Gegengewicht. Nachdem die Lade aber in das Allerheiligste überführt worden war, scheint sie ziemlich rasch an Ansehen verloren zu haben (vgl. *J.Jeremias*). Höchstens ausnahmsweise wird sie noch erwähnt (Jer 3,16f; Ps 132; 24,7ff?); nicht einmal ihr Ende – bei der Zerstörung Jerusalems 587/6 v.Chr.? – wird eigens berichtet. Ort der Gegenwart Gottes war auch nicht mehr (nur) die Lade, sondern der Tempel, der Berg oder gar die Stadt. Konnte sich der Jahweglaube überhaupt in dem oder gar gegen den Tempelkult mit seinem Eigengewicht, mit allen seinen Institutionen, Gegenständen und Handlungen, nicht zuletzt den kanaanäischen Vorstellungen und fremden Bräuchen, behaupten? Die Lade blieb, selbst als sie schon im Tempel zu Schilo untergebracht war, beweglich und konnte ihren Standort wechseln (1 Sam 4–6; 2 Sam 6). Nun war die Gegenwart Gottes an einen bestimmten, festen Ort gebunden. War damit das nomadische Element endgültig im Kulturland verlorengegangen und der die Menschen auf ihrem Weg führende Gott vom Sinai zum Staats- und Tempelgott geworden? Zunächst ist jenes Unruheelement jedenfalls kaum mehr zu entdecken.

4. Sowohl die Zionspsalmen als auch manche Prophetentexte bezeugen die enge, allzu enge Verbindung Jahwes mit Jerusalem. Jahwe »wohnt« nun »auf ewig« in seinem Haus (so der Tempelweihspruch 1 Kön 8,12f). Darum heißt er »Jahwe Zebaot, der auf dem Berg Zion wohnt« (Jes 8,18; vgl. Ps 9,12; 74,2; 135,21; auch Joel 4,17.21 u.a.). Vom Zion bricht Jahwe zur Theophanie auf (Ps 50,2; Am 1,2; vgl. Ps 14,7; 128,5; 134,3). Umgekehrt kann »zum Zion« zu Gott bedeuten (Jer 31,6), und der Beter, der fern vom Zion ist, fühlt sich fern von Gott (Ps 42); denn eben dort kann man Gott »schauen« (42,3; 84,3.8).

Entsprechend finden sich Bezeichnungen wie »heiliger Berg« (Ps 2,6; 15,1; 48,2; 110,3 u.a.), »Stadt Gottes« (46,5; 48,2.9; 87,3; 101,8; vgl. Jes 60,14; Jer 31,6.38 u.a.), »heilige Stadt« (Jes 48,2; 52,1; Neh 11,1.18). Jerusalem ist »deine Stadt, dein heiliger Berg« (Dan 9,16; vgl. 9,19.24), Jahwes Thron (Jer 3,17; 14,21; 17,12), Ort der Schönheit und weltweiter Bedeutung: »schön an Höhe, Freude der ganzen Erde« (Ps 48,3; vgl. 50,2; Klgl 2,15; Jes 2,2).

War Jerusalem dem Namen nach eine »Gründung des Gottes Schalem«, so verstand man sie jetzt als Gründung des Gottes Israels (Ps 87,1f.5; Jes 14,32; vgl. 28,16; Ps 48,9; 78,68f; 132,13f u.a.). Doch der Name »Gott Jerusalems« ist nur ausnahmsweise – 2 Chr 32,19 und in einer bei Lachisch gefundenen Inschrift – belegt. Soll die Bindung an die Stadt etwa nicht zu eng werden?

Als Gottesstadt kann Jerusalem *mythische* Vorstellungen anziehen, die weit über die Wirklichkeit hinausgreifen, sowohl die geographischen als auch die historischen Gegebenheiten transzendieren.

So liegt Jerusalem an einem »*Strom*, dessen Arme die Gottesstadt erfreuen« (Ps 46,5; vgl. 65,10; 87,7; Joel 4,18; Ez 47; Sach 14,8; Jes 33,20f), obwohl die tatsächliche Wasserversorgung Jerusalems – durch eine oder zwei Quellen, Gichon (1 Kön 1,33ff; 2 Chr 32,30) und Rogel (Jos 15,7; 18,16; 2 Sam 17,17; 1 Kön 1,9), den Schiloachkanal und Teiche (Jes 7,3; 8,6; 22,9ff; 36,2; 2 Kön 20,20 u.a.) – einer solchen Schilderung hohnspricht. Das Bild könnte einer stromdurchflossenen Stadt, wie Babylon am Euphrat, entliehen sein; eher entstammt es aber mythischen Vorstellungen, da sich aus ihnen leichter die universal-kosmische Bedeutung des »Gottesflusses« erklären läßt. So scheint der Wohnsitz des Gottes El nach den ugaritischen Mythen auf einem Berg zu liegen, bei dem zwei Ströme, Ober- und Unterwelt, zusammenfließen (o.§ 10a,3).

Selbst der aus den Texten von Ras-Schamra-Ugarit wohlvertraute Name »Zaphon«, des hohen *Götterbergs* im Norden (vgl. Jes 14,13), wird auf den Zionshügel übertragen (Ps 48,3) – erneut gegen alle Anschauung; denn die umliegenden Berge, wie der Ölberg, sind höher. Da der Zaphon in Ugarit als Gottes Thron gilt, darf man folgern: »Der Baal wird entthront, und Jahwe nimmt seinen Platz ein« (*O.Eißfeldt;* vgl. § 11a).

Der Gottesbergvorstellung steht die Auffassung vom Zion als Weltberg nahe, an dem sich Himmel und Erde berühren. Auch diese Anschauung liegt kaum generell den Jerusalemer Traditionen zugrunde. Dafür begegnet sie in zu verschiedenartiger Form: Etwa nach Jesajas Vision (6,1) überragt Gott selbst über jedes vorstellbare Maß hinaus den Tempel, während nach Jes 2,2ff (Mi 4) der Zion »am Ende der Tage« zum höchsten Berg wird (vgl. noch Ps 48,2f; 78,69; 150,1; Klgl 2,1; Jer 17,12; Ez 17,22; 40,2; Sach 14,10 u.a.; dazu *M.Metzger*).

Gottesstadt, Gottesstrom und Gottesberg sind ursprünglich verschiedene Vorstellungen, die sich hier zu einer Einheit zusammenfanden. Zwar veranschaulichen sie gemeinsam die Besonderheit Jerusalems, doch können sie sich in ihrem Bildcharakter widersprechen. So entspringt am Berg eine Quelle, kein Strom, und auch »die Stadt auf dem Berge« ist eine nachträgliche Verbindung. Außerdem finden sich die Einzelmotive noch unabhängig voneinander (z.B. Gen 2,10ff; Jes 14,13; vgl. Ez 28).

Hinzu kommen etwa Motive vom Wettergott, der das aufrührerische Meer besiegt (Ps 46,4.7; vgl. 76,7.9; 65,8 u.a.; o.§ 11e). Gelegentlich zieht Jerusalem die Vorstellung vom Nabel der Erde, dem Mittelpunkt der Welt, an (Ez 38,12; vgl. 5,5; Jes 19,24; Ri 9,37). Nach Gen 22,2; 2 Chr 3,1 lag auch die Stätte von Abrahams Opfer auf dem späteren Tempelplatz. Schließlich weiß Jes 28,16 von einem »Schlußstein«, der vielleicht die Urflut an ihrem unterirdischen Ort zurückhalten und zugleich den Grund des Tempels bilden soll. Alles in allem: Der Zion ist »die Krone der Schönheit« (Ps 50,2).

Jene mythischen Motive des Kulturlands verschmelzen mit spezifisch israelitischen Anschauungen, so daß sich neue, umfassende mythische Vorstellungen bilden. Die Unterscheidung zwischen den Israel vorgegebenen Grundvorstellungen und den in Israel vollzogenen Weiterbildungen ist methodisch wichtig, auf Grund der Quellenlage aber schwer durchführbar und darum in der Forschung umstritten.

Das umfassende Bild, das *F.Stolz* von der Jerusalemer Tradition zeichnet, beruht auf nicht immer genügender Differenzierung der alttestamentlichen Aussagen. Weder ihr literarischer noch ihr historischer Zusammenhang, d.h. weder ihre Abwandlung im jeweiligen Kontext noch ihre Veränderung im Laufe der Geschichte, wird ausreichend bedacht; vielmehr werden aus verschiedenartigsten Belegen zu einheitliche »Strukturen« entworfen. Wieweit lassen sich aber Traditionsverbindungen als innerisraelitische Entwicklung begreifen? So müßte erst der israelitische Anteil von den alttestamentlichen Aussagen abgehoben werden, bevor sie auf vorisraelitische Ursprünge zurückgeführt werden können. Demnach harrt die von *F.Stolz* zusammengetragene umfangreiche Materialsammlung noch der Bearbeitung unter streng überlieferungsgeschichtlichem Aspekt.

Wie die frühe Gestalt der Ziontradition ist auch das Alter der Zionspsalmen schwer eindeutig zu bestimmen. Selbst wenn sie im Laufe der Zeit ihre gegenwärtige Fassung erhielten oder gar erst spät entstanden, so ist doch die in den Psalmen fixierte Ziontradition kaum erst nach Erfahrung der Rettung Jerusalems im Jahre 701 oder gar nach dem Exil aufgekommen (anders *G.Wanke* u.a.). Wird die Ziontradition nicht auch in Mi 3,11; Jes 28,15ff u.a. vorausgesetzt? In ähnlicher Weise ist etwa bei den Thronbesteigungspsalmen zwischen den zugrundeliegenden Motiven und der – späteren – vorliegenden Niederschrift zu unterscheiden. Eine Rekonstruktion hätte am ehesten bei der Verkündigung Jesajas einzusetzen und zurückzufragen, welche Vorstellungen sie voraussetzt.

5. Neben Grundmotiven von Gottesstadt und Gottesberg birgt die Ziontradition auch komplexere mythische Vorstellungen, speziell von Völkerkampf und Völkerwallfahrt, in sich.

Die Entstehung der Vorstellung von einem die Gottesstadt bedrohenden *Völkerkampf* (Ps 46,7.10; 48,5ff; 76,4ff; vgl. Joel 2; Mi 4,11; Sach 12; auch Jes 8,9f; 17,12ff) wird auf verschiedene Weise erklärt: aus Verallgemeinerung geschichtlicher Erfahrungen Israels (speziell des Abzugs der Assyrer im Jahre 701 oder der Aufstände z.Z. des davidisch-salomonischen Großreichs), aus der in sagenhafter Form weiterlebenden Erinnerung an den Ansturm der Seevölker, aus der Historisierung des Urmeerdrachenkampfes und schließlich direkt aus Übernahme vorisraelitischer (vgl. 2 Sam 5,8), speziell im Eljon-Kult heimischer Vorstellungen. Zwar treten nach altorientalischen Zeugnissen Götter in der Schlacht gegen menschliche Feinde an, doch fehlen bisher exakte außerbiblische Belege für die Aussage, daß viele oder gar alle Völker gegen den Gottesberg oder die Gottesstadt anrennen. (Ps 2; 110; Jes 41,1–4; 45,1–3 beziehen sich auf einen irdischen König.) So liegt die Auffassung nahe, daß die Vorstellung vom Völkerkampf – anders als die vom Meereskampf (o.§ 11c) – historisch erst in Israel ihre vorliegende Gestalt gewonnen hat und sachlich einen gewissen Monotheismus voraussetzt, wie er sich im alten Orient nur in Israel findet. Dann dürfte auch der damit zusammenhängende Gedanke der Uneinnehmbarkeit der Gottesstadt in seiner strengen Form ebenfalls erst in Israel aufgekommen sein: Der allgemeine Ansturm scheitert, Zion bleibt unüberwindbar (Ps 46,6; vgl. 125,1f; Jes 29,5ff; 8,9f; 17,12–14; Sach 12; auch Hos 1,7 u.a.). Wer »den

Namen Jahwes anruft«, wird im unantastbaren Jerusalem gerettet (Joel 3,5; 4,16f).

Außerdem ist zwischen den – später ineinanderfließenden – Vorstellungen vom vergeblichen Ansturm der Völker gegen Jerusalem, vom Krieg Jahwes gegen die Völker (Mi 4,12f; Joel 4; Sach 14,3.13f; vgl. Ez 38f) bzw. gegen Jerusalem (Jes 29,1ff; Sach 14,1f) und vom Feind aus dem Norden (Jer 4–6; vgl. Joel 2 u.a.) zu unterscheiden (*H.-M.Lutz*). Dabei mag auch die altisraelitische Überlieferung vom Jahwekrieg (o.§ 7), zumindest in ihrer späteren Ausprägung, motivbildend auf die Ausgestaltung der Ziontradition eingewirkt haben. Beispielsweise hat die auffällig allgemeine Aussage, daß Gott Waffen zerbricht (Ps 46,10; 76,4; vgl. Hos 1,5; 2,20; Mi 5,9ff; Sach 9,10), vielleicht »ihre überlieferungsgeschichtliche Wurzel in der prophetischen Erkenntnis des unversöhnlichen Gegensatzes zwischen Jahwe und militärischer Rüstung, die ihrerseits in der erzählenden Überlieferung von den Jahwekriegen präludiert ist« (*R.Bach*, 22; vgl. Hos 10,13; 14,4; Jes 30,15f; 31,1ff u.a.).

Sollten diese – nur unter Vorbehalt – vorgetragenen Vermutungen über die Herkunft der Völkerkampfvorstellungen zutreffen, dann würde der außergewöhnliche, wenn nicht singuläre Fall vorliegen, daß Israel mythisches Gut nicht wie sonst aus den Nachbarreligionen übernommen und umgedeutet, sondern selbst geformt hat, wenn auch nicht ohne fremden Einfluß. Allerdings liegen (trotz Sach 12; 14) nicht mythische Erzählungen im strengen Sinne, sondern eher mythische Vorstellungen und Motive vor, die nichts anderes bezwecken, als die Sonderstellung Jerusalems, die universale Bedeutung der Gottesstadt, letztlich die Einzigartigkeit des einen Gottes (Ps 46,9; 48,10f; 76,11 u.a.), darzutun.

Diese Absicht tritt besonders deutlich in dem Gegenbild zum Kriegsgemälde, der Hoffnung auf die friedliche *Wallfahrt der Völker zum Zion* (Jes 2,2–4; 60; 66,20; Hag 2; Sach 8,22; 14,16f; vgl. Ps 68,32 u.a.; dazu u.§ 17,3), hervor. Erneut stehen verschiedene Ableitungsversuche nebeneinander: aus Verallgemeinerung der Teilnahme von Nichtisraeliten am Jahwekult bzw. der Rückkehr der Exilsgemeinde nach Jerusalem, aus Umkehrung des Völkerkampfmotivs oder direkt aus Übernahme fremder Vorbilder. Doch findet sich im altorientalischen Vergleichsmaterial wiederum keine wirkliche – etwa Jes 2,2ff entsprechende – Parallele, so daß man wohl auch in diesem Fall israelitische Ausgestaltung vorgegebener Motive anzunehmen hat. Erst der späte Text Sach 14 verbindet die beiden Vorstellungen von dem Völkerkampf und der Völkerwallfahrt zu einem zeitlichen Nacheinander: Wer aus den Völkern der Vernichtung im Kampf vor Jerusalem entgehen wird, wird zum Zion ziehen, um Jahwe als König zu verehren (vgl. § 11a,6).

Über diese mancherlei Einzelvorstellungen hinaus ist nach *O.H.Steck* (im Anschluß an *S.Mowinckel*) die Jerusalemer Kulttradition durch den »Gesamtzusammenhang eines ganzen Vorstellungskomplexes« ausgezeichnet, der sich nicht nur in den Zionspsalmen (Ps 46; 48; 76), sondern auch in den Schöpfungs- (Ps 8; 19; 104; vgl. 24,1f u.a.), Jahwe-Königs- (Ps 47; 93; 96–99) und Königs-Psalmen (Ps 2; 110 u.a.) niederschlägt und etwa folgende Themen umfaßt: Gottesberg, Thron Gottes, Schöpfung und Erhaltung der Welt, Bändigung des Völkeraufruhrs, Königtum und Weltherrschaft Gottes durch den davidischen König als seinen Regenten. Dabei kommt die Eigenart der Jerusalemer gegenüber der spezifisch israelitischen Überlieferung mit Recht stark zur Geltung. Fraglich bleibt aber, ob die in den – nach Gruppenzugehörigkeit wie Alter – so verschiedenartigen Texten bezeugten Vorstellungen eine solche Einheit darstellen. Zwar erwähnt etwa Ps 2,6 die Einsetzung des Königs »auf Zion, meinem heiligen Berg«, aber kaum zufällig spielt umgekehrt der irdische König in den Zions-, Jahwe-Königs- oder Schöpfungspsalmen keine Rolle.

Die auffällige Diskrepanz zwischen der geographischen und der historischen Wirklichkeit in Jerusalem einerseits und der Darstellung der Zionspsalmen andererseits hat oft dazu verleitet, sie von der Prophetie her zu deuten; so nannte *H.Gunkel* die Gattung »eschatologische Zionslieder«. Zudem konnte die z.T. frappierende Übereinstimmung grundlegender Motive in beiden Bereichen als Stütze dieser Auffassung dienen. Doch fehlt diesen Psalmen jeder unmittelbare Bezug auf die Zukunft, und aus allgemeinen Erwägungen ist es wahrscheinlicher, daß die einzelnen Propheten auf die Kulttraditionen zurückgreifen als umgekehrt. Auch eine historisch-zeitgeschichtliche Betrachtungsweise, die die Psalmen auf ganz bestimmte aktuelle Anlässe bezieht, hat sich nicht bewährt. Ihre Aussagen gehen über jede Einzelsituation hinaus; »sie sprechen mehr wie von einem mythischen Geschehen, das in zeitloser Ferne oder Nähe von der Gegenwart aus anvisiert wird« (*G.v.Rad,* TheolAT I[4], 59).

Die Zionslieder besingen das Vertrauen auf Gott, indem sie den Ort preisen, an dem Gott wohnt. Nur Gottes Gegenwart macht den Zion zur Feste. »Jahwe Zebaot ist mit uns, ein Zufluchtsort ist uns der Gott Jakobs«, sagt der Kehrvers (Ps 46,8.12), und in Ps 125,1f kann die Sicherheit Jerusalems sogar zum Bild für die Geborgenheit der Glaubenden in Gott werden. Doch gehen das Lob Gottes und das Lob der Stadt (Ps 48,2ff u.a.) gefährlich weit ineinander über. Gottes Schutz wird auf einen besonderen Raum eingegrenzt, wie die Königspsalmen Gott äußerst eng an einen bestimmten Menschen, den Herrscher, binden (vgl. § 12a). Dadurch scheint die irdische Institution – sei es Heiligtum oder Stadt, sei es das Königtum – den Wechselfällen der Geschichte entnommen zu sein, so daß sich das Vertrauen in Gott zu einer über- oder ungeschichtlichen Sicherheit (Unüberwindbarkeit der Stadt) zu verfestigen droht. Wäre darum die Einheit von Gott und Ort nicht wieder aufzubrechen und so die geschichtliche Entwicklung rückgängig zu machen, damit das Vertrauen in Gott von dem Vertrauen auf einen Ort geschieden wird? Vielleicht ist aber jene Nichtübereinstimmung von Wort und Wirklichkeit, mythischer Vorstellung und geographisch-historischer Gegebenheit überhaupt das eigentlich Entscheidende und Bewegende der Ziontradition. Wenn sie nämlich von den Propheten aufgegriffen wird, können sie gerade auf dieser Differenz aufbauen: Das Nicht-Wirkliche wird zum Nicht-mehr-Wirklichen oder zum Noch-nicht-Wirklichen, die mythische Vorstellung zur Kritik oder zur »Utopie«.

6. *Jesaja* stellt einmal die Herrlichkeit Jerusalems als Stätte des Rechts dem gegenwärtigen Unrecht gegenüber:

»Wie ist zur Hure geworden
die treue Stadt,
erfüllt mit Recht!
Gerechtigkeit wohnte in ihr ...
Deine Richter will ich machen wie zuvor
und deine Ratgeber wie zu Beginn.
Danach wird man dich nennen:
›Ort des Rechts, treue Stadt‹.« (1,21.26)

Der Prophet greift also Prädikationen, die schon vorisraelitischer Tradition zu entstammen scheinen, auf – aber mit einer charakteristischen Wandlung: Was die Zionspsalmen als gegenwärtig schildern, wird ihm zur verlorenen Vergangenheit oder zur verheißenen Zukunft, in jedem Fall zum Widerspruch gegen das Bestehende. Dem Propheten kommt es auf die Differenz, nicht die Identität an, so daß er die Ziontradition seinen Zeitgenossen entgegenhalten kann. Erst wenn die Gegenwart durch das Gericht gegangen ist, kann die Zukunft dem Einst korrespondieren und Jerusalem zu dem werden, wovon die Ziontradition spricht.

Wo Jesaja die Schutzzusage der David- oder Ziontradition zu aktualisieren scheint, macht er sie von einer bestimmten Voraussetzung, dem Glauben, abhängig: »Glaubt ihr nicht, so bleibt ihr nicht« (7,9; vgl. 28,16). Da die Bedingung aber nicht erfüllt wird, bleibt die schon in der Berufungsvision (6,9ff) erfahrene Unheilsankündigung in Kraft. Ein alleinstehendes Drohwort, das man durchweg auf Jerusalem bezieht, spricht sie aus:

»Darum sperrt die Unterwelt ihren Schlund auf,
reißt ihren Rachen auf maßlos weit,
daß hinabfährt ihre (der Stadt) Pracht und ihr Getümmel
und ihr Getöse und wer in ihr frohlockt.«
(5,14; vgl. 3,8; 5,17)

In der Spätzeit bestätigt Jesaja ausdrücklich die radikale Unheilsankündigung über die Stadt und ihre Bewohner:

»Der Palast ist verlassen,
der Lärm der Stadt ist verstummt,
Hügel und Warte werden 'Blöße' für *immer,*
eine Lust der Wildesel, eine Weide der Herden.«
(32,14; vgl. 3,16ff; 22,1–14; 28,14–22; 29,1–4; 30,8–17)

Die Bedrohung geht in Jahwes Auftrag von der Weltmacht Assur (Jes 5,25ff; 7,18ff; 8,6ff vgl. 10,5ff; 14,24ff) und damit von Jahwe selbst (8,14; 29,2f) aus.
Im einzelnen ist Jesajas Zionsbotschaft allerdings stark umstritten: Sind die den Unheilsworten folgenden Heilszusagen (10,33f; 29,5–8; 31,4f; 32,15ff; vgl. 18,7; 28,5f; auch 8,9f; 17,12ff u.a.) für sekundäre Zusätze zu halten oder (analog zu 1,21–26) als Rettung des Zion im Gericht zu deuten?

Auch sonst nehmen die Propheten Jerusalem oder den Zion nicht von Schuldaufweis oder Gerichtsankündigung aus (Mi 1,5.9; 3,10; Zeph 1,4.12f; Mal 2,11 u.a.). Wie Amos (3,14; 5,5; 9,1 u.a.) oder Hosea (10,2.8; 12,12 u.a.) den Heiligtümern des Nordreichs den Untergang androhen, so bleibt der Jerusalemer Tempel nicht verschont:

»Um euretwillen wird der Zion zum Feld umgepflügt,
Jerusalem wird zum Trümmerhaufen
und der Tempelberg zur Waldeshöhe.« (Mi 3,12)

Im Rückblick aus exilisch-nachexilischer Zeit werden die harten Drohworte von Jes 32,14 und Mi 3,12 in gewisser Weise bestätigt durch die Klage über den Zion, »der verödet ist; Füchse tummeln sich auf ihm« (Klgl 5,18; vgl. Jes 64,9f).

Unter Berufung auf jenes Wort (Mi 3,12) wird Jeremia freigesprochen, als er rund ein Jahrhundert später das Vertrauen auf den Tempel Lüge nennt: »Das Haus, über dem mein Name ausgerufen ist, ist zur Räuberhöhle geworden« und ihm das Schicksal des Tempels von Schilo ankündigt (7,11f.14; 26,6).

»Wer wird sich deiner erbarmen, Jerusalem,
wer dir Teilnahme erweisen?
Wer begibt sich zu dir,
nach deinem Ergehen zu fragen?
Du hast mich verworfen – spricht Jahwe,
mir den Rücken zugewandt.
Darum strecke ich meine Hand gegen dich aus,
vernichte dich, des Erbarmens müde.«
(Jer 15,5f; vgl. 4,31; 5,1; 6,6f)

Statt von der »Gottesstadt« (Ps 46,5 u.a.) können Jeremia (19,11ff; 21,4ff) und Ezechiel (11,2ff) verächtlich von »dieser Stadt« sprechen. Jerusalem gleicht der edlen Rebe, die aber nur noch zum Verbrennen taugt (Ez 15). Mit diesem Bildwort überbietet *Ezechiel* seine Vorgänger in seinen Klagen über die »Stadt der Blutschuld« (22,2f; 24,6; vgl. 16,3ff). Auch er kündigt ihr in Visionen (4f; 8–11 u.a.) und Zeichenhandlungen das Gericht an, bei dem der Tempel nicht verschont bleibt (24,21.25): »Siehe, ich entweihe mein Heiligtum, den Hort eures Stolzes.«
So können die Propheten gerade das bekämpfen, was die Zionslieder preisen: das Vertrauen auf das Gotteshaus und die Unbezwingbarkeit der

Gottesstadt (vgl. Mi 3,11). Dabei ist die Verwendung der Ziontradition (wie der Davidtradition) in der prophetischen Verkündigung so komplex, daß man die Geschichte der Prophetie zu einem erheblichen Teil als Geschichte dieses Verhältnisses beschreiben könnte.

Die *Klagelieder* blicken auf das an Jerusalem und am Heiligtum – durch die Babylonier im Jahre 587 v.Chr. – vollstreckte Gericht zurück:

»Ach, wie sitzt so einsam die Stadt, die reich an Volk war, wie ist zur Witwe geworden, die groß war unter den Völkern!« (Klgl 1,1; vgl. 1,4.10; 2,1.6f; 5,17f; auch Jer 42,18; 2 Kön 24,13.20; Dan 9,12; Ps 137)

Die Frage lautet nun (Jer 8,19): »Ist Jahwe nicht in Zion, sein König nicht mehr in ihm?« Nach dem Untergang der Stadt vollzieht sich ein Umschwung in der prophetischen Verkündigung; jetzt – wieder im Widerspruch zur Ansicht der Zeitgenossen – kann die Ziontradition zur Heilsverheißung werden.

In *Ezechiels* bildkräftiger Zusage von Gottes Gegenwart bei den Verbannten wiederholt sich, was in Israels Frühzeit geschah: Wie der Berggott vom Sinai nicht an seinem Ort verharrte, sondern sich mit dem wandernden Volk in Bewegung setzte, so zieht Jahrhunderte danach Gott von Jerusalem mit zu den Verbannten. Der feste Gottesthron erhält Räder und wird fahrbar. Erst damit ist die Thronvorstellung des Kulturlandes ganz in Israels Glauben eingefügt; Gottes Zuneigung zu den Menschen erweist sich größer als seine Bindung an einen Ort. Gott, der auf dem Zion wohnt, braucht nicht auf dem Zion zu bleiben (Ez 1).

Dieser Prophet findet gleichsam eine theologische Deutung für das Verhältnis zwischen Gottes Gegenwart und der Zerstörung der Gottesstadt: Jahwes »Herrlichkeit« hat zuvor die Stadt verlassen (Ez 10,18f; 11,22f) und kehrt erst in die künftige »für immer« zurück (43,2ff; vgl. § 11b,2). Ist der Auszug Gottes aus seinem Heiligtum Strafe für Schuld, so bedeutet der Wiedereinzug Heil. So wird Gott selbst vom Untergang der Stadt und des Tempels nicht betroffen, ja das Gericht wird überhaupt nur durch seine Abwesenheit möglich.

Der Exilsprophet *Deuterojesaja* verbindet die Erwartung der Rückkehr Jahwes zum Zion mit der Ankündigung einer bald bevorstehenden Königsherrschaft Gottes (Jes 52,7ff), und diese Hoffnung durchzieht in wechselnder Form die nachexilische Prophetie (Mi 2,12f; 4,7 u.a.; o.§ 11a,6). Zion, einst geographischer Begriff für den Hügel, auf dem Jerusalem liegt, wird nun wie der Name der Stadt zum (Heils-)Titel der Gemeinde (Jes 40,2; 49,14; 51,16f; 52,1f.7ff; vgl. Ps 147,12 u.a.).

Diese Hoffnung auf eine neue Zuwendung Gottes zum Zion findet sich fast in der gesamten Prophetie oder in Zusätzen zu den älteren Prophetenbüchern (Jes 4,3ff; Sach 1,17; 2,5ff; Joel 3,5; 4,16f; Obd 17 usw.). Das traditionelle Bekenntnis, daß Gott in seinem Heiligtum »wohnt«, wird neu zur Erwartung:

»Siehe, ich komme, um bei dir zu wohnen!«
(Sach 2,14; vgl. 2,9; Ez 43,7; Hag 1,8; 2,9).

Auch der Aufruf des *Tritojesaja*buches bringt nochmals mit voller Schärfe zum Ausdruck, daß die sich an die Ziontradition anschließende Erwartung nichts anderes ist als die Hoffnung auf Gottes Offenbarung:

»Mache dich auf, werde licht!
Denn dein Licht kommt,
und die Herrlichkeit Jahwes strahlt auf über dir.
Denn siehe, Finsternis bedeckt die Erde
und Dunkel die Völker:
doch über dir strahlt auf Jahwe,
und seine Herrlichkeit erscheint über dir.« (Jes 60,1f)

Wird schon für Jesaja (1,26) Jerusalem den verlorenen Ehrentitel »Stadt des Rechts« zurückgewinnen, so erhält die Stadt auch in der Erwartung der Späteren neue Namen, die die veränderte Stellung zum Ausdruck bringen (Jes 62,2.4.12; Jer 3,17; 33,16; Ez 48,35; Sach 8,3). Man malt sich Größe und Gestalt der kommenden Stadt aus und stattet sie mit ungeahnter Pracht aus (Jes 54,11ff; 62; 66,10ff; Jer 31,38ff; Ez 40ff; bes. 48,30ff; Sach 14,10 u.a.). Jerusalem wird Ort der Hoffnung auf Sammlung des verstreuten Volkes (Jes 27,13; 35,10; 51,11; 62,11; Sach 6,15 u.a.), Verlängerung des Alters (Jes 65,19ff u.a.; vgl. Exk. 8,5), eine neue und bleibende Gottesgemeinschaft (Sach 8,8; Jes 11,9 u.a.), ja auf Teilnahme der Völker an dieser Gemeinschaft (2,2ff; 11,10; 25,6 u.a.). Doch geht auch die kritische Intention der vorexilischen Propheten nicht ganz verloren. Das Tritosacharjabuch nimmt die Tradition von der Unverletzbarkeit des Zion mit charakteristischer Änderung auf: Falls die Völker aus eigenem Antrieb die Stadt berennen, bleibt sie bewahrt (Sach 12); falls sie aber in Jahwes Auftrag angreifen, wird Jerusalem eingenommen, und seine Bewohner müssen erneut das Gericht erleiden (14,2; vgl. 13,8).

Wie die Zionspsalmen, so übergreifen auch die prophetischen Hoffnungsbilder bei weitem die Wirklichkeit, die nach der Rückkehr aus dem Exil entsteht; das wiederaufgebaute Jerusalem entspricht längst nicht den Erwartungen. Auch Sacharjas (2,8f) Hoffnung, daß Jahwe selbst – wegen der Zunahme des Gottesvolkes – Jerusalems Mauer sein wird, blieb unerfüllt; Nehemia (Neh 3; Esr 4,6ff) hat später die Stadtmauer in recht engen Grenzen errichtet. So bildete sich die Hoffnung auf ein neues, künftiges Jerusalem allmählich in die nachalttestamentlich-apokalyptische Erwartung eines oberen, himmlischen Jerusalem um (vgl. im NT: Offb 21; Gal 4,26; Hebr 12,22; 13,14). Selbst die Vorstellung einer Präsenz der Heilsgüter im Himmel, die fertig auf die Erde herabkommen, ist aber die Hoffnung auf Aufhebung des Vorhandenen, nämlich der unzureichenden geschichtlichen Wirklichkeit (u.§ 18b,2).

§ 14 Die Prophetie

Erzählen die Geschichtsbücher von der Vergangenheit, so sagen die Propheten die Zukunft an. Sie gehen nicht von der Vergangenheit aus, um in die Zukunft hinauszuschreiten, sondern nehmen umgekehrt das Kommende vorweg – zunächst als Gericht, später als Heil. Prophetische Schau blickt nicht in eine Zukunft, die das Ende der Geschichte, den Untergang der vorhandenen und das Aufkommen einer neuen Welt herbeiführt. Prophetie erwartet nicht die Ablösung des gegenwärtigen durch ein kommendes Zeitalter, jedoch die Umwandlung der Gegenwart – in einem Ausmaß, daß die vorfindlichen geschichtlichen Verhältnisse tiefgreifend verändert werden. Der Zug in die Zukunft, den ja schon die Erzväter- und Auszugsüberlieferung enthält, wird jetzt so beherrschend, daß jede Kontinuität zu zerfallen droht. Gewiß treten die sog. Schriftpropheten im Namen Jahwes auf – aber sie stehen an einer Stelle des Umbruchs, die grundlegend Neues aufkommen läßt. Sie bekunden ihre Freiheit gegenüber der Vergangenheit, indem sie die Überlieferung umdeuten oder gar in ihrem Sinn verkehren. Dieses Phänomen der Prophetie tritt nicht urplötzlich mit Amos (um 760 v.Chr.) in vollendeter Gestalt auf, sondern zeigt sich in wechselnden Formen in verschiedenen Zeiten und Regionen.

Die Vorgeschichte der Prophetie reicht weit über Israel hinaus; allerdings lassen sich nur einzelne Momente erkennen, nicht der Verlauf im ganzen nachzeichnen. Schon das Alte Testament sagt, daß die Prophetie keine ausschließlich israelitische Bewegung ist (Bileam Num 22,5; 1 Kön 18; Jer 27,3.9); neue Funde haben diese Einsicht erst recht zum Bewußtsein gebracht. Erneut findet sich Vergleichbares und bleibt Einmalig-Unvergleichbares bestehen. Dieses Verhältnis ist geschichtlich zu erklären: In Israel wurde aus dem Übernommenen wieder unverwechselbar Eigenes.

a) Die Vorgeschichte

1. Außerhalb Israels

Prophetische Erscheinungen mit und ohne Ekstase sind der allgemeinen Religionsgeschichte vertraut; schwierig ist nur, das Phänomen von den verschiedenen Arten der Zukunftsweissagung – sei es durch Mittel, wie Leberschau, Beobachtung von Vogelflug und Gestirnkonstellation oder Los (vgl. Ez 21,26; 1 Sam 14,40ff; 28,6; Spr 16,33), sei es personal, wie durch Traum – eindeutig abzugrenzen. Mehrfach ist bezeugt, daß die Gottheit durch den Mund eines Menschen spricht, der also Orakel empfängt und weitergibt, sich von Gott berufen und unter seinem Zwang stehend weiß. Seltener werden die Parallelen, wenn man zur Inspiration die

Spontaneität als Kriterium hinzurechnet: Das Wort muß *ungebeten* kommen und *ungefragt* weitergesagt werden.

Gewiß haben sich in der prophetischen Bewegung verschiedene Erscheinungen zusammengefunden, so daß sich ihr Ursprung vielleicht nie genau bestimmen läßt.

1. Die *Ekstase* war nicht nur, aber vorwiegend im kleinasiatischen und phönizisch-syrischen Raum verbreitet. Das Alte Testament weiß von ekstatischen Scharen des Gottes Baal zu berichten (1 Kön 18,19ff; 2 Kön 10,19). Diese kanaanäischen Propheten unterstützen ihr Gebet durch Tanz, ja bringen sich selbst mit Messern und Waffen Wunden bei, »bis das Blut an ihnen herabrinnt«, um sich absichtlich in Raserei zu versetzen (1 Kön 18,28f).

Darf man in den – rund zwei Jahrtausende später auftretenden – »heulenden« bzw. »tanzenden« Derwischen des Islams gleichsam Nachfahren solcher religiös-ekstatischen Gruppen sehen?

Ekstase begegnet schon sehr früh aber nicht nur bei Gruppen, sondern auch bei einzelnen, so daß man in dieser Hinsicht keine Entwicklung erschließen kann. In einem für die Geschichte der Prophetie berühmten Reisebericht des Ägypters Wen-Amun (um 1100 v.Chr.) wird von einem Phönizier erzählt, der bei einer Opferfeier unbeabsichtigt in Erregung versetzt wird, eine Gottesbotschaft empfängt und ungefragt dem Fürsten von Byblos weitergibt:

»Als er (der Fürst) einmal seinen Göttern opferte, da ergriff der Gott einen ... Mann ..., versetzte ihn in Raserei, und er sagte zu ihm (dem Fürsten) ...« (AOT 72; TGI 43; TUAT III/5, 916)

Tatsächlich ändert der Fürst auf Grund des Wortes sein Verhalten zu Wen-Amun.

Ein weiteres Zeugnis für eine – allerdings erbetene – prophetische Botschaft bietet die Inschrift Zakirs von Hamat (um 800 v.Chr.); sie berichtet von einer anscheinend nicht-ekstatischen Gruppe. Der König wendet sich in der Not der Belagerung an seinen Schutzgott Baalschamem »Herr des Himmels«, der ihn durch »Seher« erhört und ihm göttliche Kriegshilfe zusichert:

»(Da redete) Baalschamem zu mir (durch) Vermittlung von Sehern und durch Vermittlung von Zukunftskundigen, (und es sprach) Baalschamem (zu mir): ›Fürchte dich nicht; denn ich habe (dich) zum Kön(ig gemacht, und ich werde mich) mit dir (erheb)en, und ich werde dich erretten von allen (diesen Königen, die) einen Belagerungswall gegen dich aufgeworfen haben!‹« (KAI 202; AOT 443f; RTAT 249; TUAT I/5, 627)

Ähnliche »Heilsorakel« finden sich im Alten Testament (Dtn 20,11ff; Ex 14,13; an den König gerichtet: Ps 110,1ff; 1 Kön 22,6 u.a.).

Das Alte Testament bezeugt größere prophetische Erscheinungen nicht vor der Zeit Samuels um die Jahrtausendwende (1 Sam 10,5ff; 19,20ff). Ist die Prophetie also erst nach der Seßhaftwerdung Israels aufgekommen? Hat der Jahweglaube gar die kanaanäischer Umwelt vertraute Ekstase in sich aufgenommen und mit der Zeit zur Eigenart der Schriftprophetie umgewandelt? Zweifellos enthält diese Sicht einen gewissen Wahrheitsgehalt, aber sie reicht zur Erklärung des Ursprungs der Prophetie kaum aus. Wie hätte in relativ kurzer Zeit die strikte Jahwegebundenheit der Prophetie (Elia/Elija; vgl. 2 Kön 9) entstehen können?

2. Eine Gottheit überfällt einen Menschen ohne dessen Willen mit ihrem Wort, der Angesprochene wendet sich an den König, um es ungerufen auszurichten – so berichten ausführlich Briefe aus Mari (am mittleren Euphrat) vom 18.Jh.v.Chr. Die Botschaften, die nicht durch Orakel oder Los herbeigeführt wurden, gelten als Offenbarungen des Vegetations- und Wettergottes Dagan bzw. Hadad oder anderer Gottheiten; die Botschafter verstehen sich als von Gott »gesandt«. Wurde nach dem Bericht des Wen-Amun jemand beim Opfer von Gott ergriffen, so hatte hier beispielsweise ein Mann namens Malik-Dagan »vor Dagan«, also wohl angesichts des Gottesbildes im Tempel, ein Traumgesicht. Nachdem der Betende eine Frage des Gottes beantwortete, erging an ihn der Auftrag: »Jetzt geh, ich sende dich zu Zimrilim (dem König von Mari); folgendermaßen sollst du selbst sagen: . . .« Demnach vollzieht sich die Beauftragung wie oft bei der Berufung alttestamentlicher Propheten in einem zweigeteilten Gotteswort: »Gehe – ich sende dich« (Jes 6,8f; Jer 1,6f u.a.). Soll man aus dem Ort des Offenbarungsempfangs und den Titeln, die manche Gottesboten führen, schließen, daß es sich um offiziell legitimierte Kultbeamte handelt? Es läßt sich aber nicht eindeutig angeben, ob sie ihre Stellung auf Dauer oder nur zeitweilig einnehmen. Vor allem kann der Empfänger auch ein nicht ausgewiesener »Mann« oder sogar eine Ehefrau sein. So scheint diese Prophetie zumindest nicht ausschließlich kultisch gebunden zu sein, wie sie auch nur teilweise ekstatische Züge trägt. Die Weisungen, die die Betroffenen weiterzuleiten haben, enthalten Forderungen für den Kult oder den Bau eines Stadttores, kündigen den Sieg über die Feinde des Landes an; die Propheten können für den Fall des Ungehorsams sogar dem König drohen, ihm also kritisch begegnen.

Besteht zwischen dem Prophetismus in Mari (TUAT II/1, 83ff) und in Israel nicht nur eine Analogie, sondern ein entfernter geschichtlicher Zusammenhang, da die in Mari seßhaften Stämme wie Israels Vorfahren zur sog. (proto-)aramäischen Wanderbewegung gehörten, die aus der syrisch-arabischen Wüste im Laufe des 2.Jt.v.Chr. in das Kulturland in Mesopotamien wie Syrien-Palästina vordrang (*M.Noth*)?

Hier liegt (jedenfalls) die engste bisher bekannte Parallele zur alttestamentlichen Prophetie vor. Vergleichbar sind die älteren Hofpropheten Gad oder Natan, aber auch spätere Gestalten wie Hananja (Jer 28; vgl. 1 Kön 22,11), die dem eigenen Volk Heil, den Fremden Unheil künden.

Allerdings: »Prophetische Predigt, die sich an das Volk wendet und eine eigene Tradition begründet wie in Israel, findet sich in Mari oder sonst im Alten Orient nicht. Gar eine unbedingte Gerichtsdrohung, die das ganze Land oder sogar das ganze Universum, betrifft, ... ist Mari fremd.« (*F.Nötscher*, Prophetie im Umkreis des alten Israel: BZ 10, 1966, 161–197, bes. 186)

3. Sind in der prophetischen Bewegung Traditionsströme aus verschiedenen Lebensbereichen zusammengeflossen?

Schon die ältere Forschung hat zwischen dem Sehertum – verkörpert in dem Nicht-Israeliten Bileam (Num 22–24; bes. 24,3f), der jetzt auch auf einer Inschrift aus Deir Alla um 700 v.Chr. (TUAT II/1, 138ff) bezeugt ist – und der Prophetie unterschieden und angenommen, daß die einzelnen Seher ursprünglich im Nomadentum, dagegen die ekstatischen Prophetenscharen im kanaanäischen Kulturland beheimatet sind. »Mit diesem Sehertum, welches seit alters bei den semitischen Wüstenstämmen heimisch war, hat das sog. Prophetentum von Hause aus nichts zu tun ... Die ekstatische Prophetie übernahm Israel von den Kanaanäern; ihrer Herkunft nach ist sie wahrscheinlich kleinasiatisch.« (*G.Hölscher*, Geschichte der israelitischen und jüdischen Religion, 1922, 83; vgl. Die Profeten, 1914, 118ff). Nach anderer Auffassung lehrt die Religionsgeschichte, »daß Ekstatikertum und ekstatisches Prophetentum nicht auf bestimmte Gebiete begrenzt und nicht an besondere Völker und Rassen gebunden sind«; es ist »unmöglich zu sagen, wann diese Erscheinung in Israel auftrat« (*J.Lindblom*, 98.101).

Gewiß lassen sich einerseits Ekstase und Prophetie, andererseits Einzel- und Gruppenerscheinung nicht eindeutig aus verschiedenen Ursprüngen, nomadischer Lebensweise und Kulturland, herleiten. Auch braucht das Prophetentum nicht jünger als das Priestertum zu sein; wahrscheinlich hat beides schon früh nebeneinander bestanden.

Durch die Parallelen, die die Mari-Funde erbrachten, sind zugleich die großen »Schrift«propheten des Alten Testaments schärfer in ihrer Besonderheit, ja Einmaligkeit, hervorgetreten. Was mit Amos aufkam: die unbedingte Unheilsansage, die nicht nur dem König, sondern dem ganzen eigenen Volk gilt, bleibt unvergleichbar. Schuld und Strafe sind viel radikaler erfaßt. Aus einer weniger bedeutsamen Randerscheinung wurde die Prophetie in Israel zu einem Phänomen, das schließlich die Weltgeschichte als Weltgericht verstand. Doch erreichte die Prophetie ihre universale Bedeutung erst im Laufe der Geschichte.

2. In Israel

Von ihrem ersten Auftreten ab ist Israels Prophetie eigentlich keine Einheit. Die Vielfalt erschwert es aber, die Anfänge wirklich zu erfassen, zumal aus der Frühzeit nur Einzelgeschehnisse überliefert und die einschlägigen Erzählungen in ihrer Entstehungszeit sehr umstritten sind.

Wie das Alter der in den Samuel- und Königsbüchern enthaltenen Überlieferungen von den Propheten oft unsicher bleibt, so ist bei den sog. Schriftpropheten vielfach strittig, welche Worte man ihnen zuschreiben kann, welche nicht. Die Entscheidung, die auf dem Abwägen von Wahrscheinlichkeiten – nämlich den Gründen für und wider die sog. Echtheit – beruht, fällt häufig nicht eindeutig aus (vgl. § 12d,2).

1. Beide aus der Umwelt bekannte Erscheinungen finden sich in Israel wieder: Um die Jahrtausendwende zu Beginn der Königszeit treten kurz nacheinander sowohl Prophetenschwärme auf als auch Einzelgänger, die kaum durch ekstatische Züge, aber durch Wortempfang und -weitergabe gekennzeichnet sind: wie der »Seher« Gad (1 Sam 22,5; 2 Sam 24,11ff), der »Prophet« Natan (2 Sam 7; 12; 1 Kön 1) oder Ahija von Schilo (1 Kön 11; 14).

Von den Ekstatikerscharen z.Z. Sauls wird weiter nichts berichtet, als daß sie in Verzückung geraten und ihren Zustand übertragen können, so daß sich der Betroffene »in einen anderen Menschen verwandelt« (1 Sam 10,5ff; 19,18ff; vgl. Num 11,25ff). Die Raserei ist – anders als bei den Baalpropheten (1 Kön 18,28f) – nicht durch Verwundungen oder Schläge (vgl. nur 1 Kön 20,35ff; Sach 13,6), vielleicht aber durch Musik und Tanz (vgl. 2 Kön 3,15) herbeigeführt. Vielleicht überfällt der »Geist« die Propheten, wenigstens teilweise, auch ungewollt, ist jedenfalls anders als bei den Helden der Richterzeit nicht Ermächtigung zu einer Tätigkeit, sondern bewirkt nur den Verlust des Selbstbewußtseins. Läßt man die Prophetie mit solchen Ekstatikergruppen beginnen, wird die Frage unabweisbar: Wie wandelt sich der Geist in die Macht, die das Wort eingibt (1 Kön 22,24), so daß Anrede und Verständlichkeit grundlegend werden? Die Mari-Prophetie macht es unmöglich, eine zu einfach-einhellige Entwicklung zu konstruieren: Aus den Ekstatikerscharen wurden Wortverkünder, die sich in Hof-, Kult- und freie Schriftpropheten aufteilten.

2. Prophetische Erscheinungen in all ihrer Vielfalt werden im Alten Testament mit demselben Wort *nabi'* »Prophet« bezeichnet. Auch dieser Begriff wird aus der Fremde stammen. Er ist am ehesten von einem akkadischen Wort »rufen« (*nabu*) abzuleiten, meint aber wohl weniger aktiv den »Rufer«, der göttliche Botschaft weitersagt, als vielmehr passiv den »Berufenen«, der durch eine Offenbarung für einen Auftrag bestimmt ist (vgl. dieselbe Wortform *maschiach* »der Gesalbte«). Diese Erklärung will zu dem Ekstatiker, der nur durch geistgewirkte Raserei charakterisiert ist, nicht recht passen; es läßt sich auch nicht nachweisen, daß der Begriff eigentlich den Kultpropheten meint, der im Gottesdienst eine legitime Stellung innehat, und erst später allgemeiner ausgedehnt wurde. Merkwürdig

ist allerdings, daß der Titel von manchen frühen Schriftpropheten gemieden wird. Amos hat ihn allem Anschein nach nicht auf sich angewendet, aber sich selbst »Seher« nennen lassen (Am 7,12–15; denn 2,11 und 3,7 sind sekundär). Jesaja, der den Ausdruck »Prophet« auch nicht gebraucht (nur 8,3 für seine Frau), verstand sich vielleicht ebenfalls als »Seher« (vgl. 30,10; auch 1,1; 2,1 gegenüber 37,2 u.a.).

Ist der Titel *chosä* »Seher« (2 Sam 24,11; Am 7,12; vgl. Jes 1,1; 29,10 u.a.) aus dem Aramäischen (vgl. die oben erwähnte Inschrift Zakirs von Hamat) vorgegeben, und erklärt sich von daher, daß die Propheten bei der Darstellung ihrer Visionen gerne ein anderes Verb *r'h* »sehen« (1 Kön 22,19; Am 7f; 9,1; Jes 6,1; vgl. 1 Sam 9,9 u.a.) verwenden?

Seit Jeremia, der zum »Völkerpropheten« berufen wird (1,5; vgl. 28,5ff u.a.), wird der Begriff »Prophet« als Selbstbezeichnung – sei es durch Jeremia persönlich, sei es häufiger durch die Redaktion des Jeremiabuches – geläufig und dringt dann in die älteren Prophetenbücher vor. Warum die Zurückhaltung vorher? Anscheinend gehören Amos oder Jesaja nicht zu einem »Stand« von – besoldeten? – Propheten und wollen sich nicht zu ihnen zählen, obwohl sie »prophezeien«, also eine ähnliche Tätigkeit ausüben. Der Wechsel in der Namengebung (vgl. 1 Sam 9,9) deutet noch an, daß das Prophetentum ursprünglich aus verschiedenartigen Phänomenen bestand, die erst später unter einem Begriff zusammengefaßt wurden.

Im Rückblick erscheinen auch Abraham (wegen seiner Fürbitte: Gen 20,7) und vor allem Mose (Dtn 18,15; 34,10; Num 11f; vgl. Hos 12,14) als Propheten. Vielleicht schildert schon der Jahwist – in der frühen Königszeit, in der wir erst von einer prophetischen Bewegung in Israel hören – Moses Berufung als prophetische Sendung. Mose empfängt Gottes Botschaft und gibt sie dem Volk weiter (Ex 3,16: »Geh . . . und sage zu ihnen« gemäß dem prophetischen Doppelauftrag); umgekehrt begegnet in seinem Wort das Ich Gottes, das die Herausführung aus Ägypten zusagt. Allerdings stellt erst die elohistische Darstellung (3,10ff) Moses Berufung in Form eines – mehr oder weniger festgeprägten, auch Ri 6; 1 Sam 9f und Jer 1 bezeugten – Formulars dar mit Auftrag (»geh, ich sende dich«), Einwand (»wer bin ich?«) und Abweisung des Einwands (»ich werde mit dir sein«).

Eine ähnliche Deutung bestimmt die wohl später zugesetzte Schlußszene. Als Mose sich erneut weigert, den Botenauftrag zu übernehmen: »Ach, Herr, sende doch, wen du senden willst!« (Ex 4,13–16; vgl. 6,12; 7,1f), bestellt Gott Aaron als Boten. Mose nimmt ihm gegenüber Gottes Stelle ein, indem er ihm »die Worte in seinen Mund legt« (vgl. Jer 1,9; 15,19; Dtn 18,18): »Er soll dein Mund sein, und du sollst ihm Gott sein.« Schon recht früh müssen demnach die Propheten einen so tiefen und nachhaltigen Eindruck gemacht haben, daß man Mose oder auch Mirjam (Ex 15,20) von ihnen her verstand.

3. Das Gegenüber von *Prophetengruppe* und *Einzelgestalt* zieht sich von Beginn an durch die Geschichte der Prophetie hindurch. In den Eliageschichten kämpft der eine einsame Jahweprophet gegen eine Vielzahl von

Baalpropheten (1 Kön 18f) für die Reinerhaltung des Glaubens. Elia tritt in einer Zeit auf, in der im Nordreich die Jahweverehrung unterzugehen droht – durch die wohl staatlich geförderte Religionsmischung, die Jahwe dem Gott Baal anglich. Diesem Neben- und Ineinander von Jahweglauben und Baalreligion setzt Elia schroff die Unvereinbarkeit beider Glaubensweisen entgegen (vgl. 1 Kön 18,21). Doch vertritt er kaum als erster das Entweder-Oder. In seinen – nach ihrer Entstehungszeit wieder umstrittenen – Worten klingt noch eine Gemeinschaft mit anderen Propheten nach: Er ist als einziger übriggeblieben von den Jahwepropheten, die durch die Verfolgung der Königin Isebel umkamen (18,22; 19,10.14); sie hatten sich anscheinend ähnlich um die Wahrung des Jahweglaubens bemüht (vgl. 2 Kön 9; 4,1; auch Ri 6,11ff). So beruht die zunehmende Einsicht in die Andersartigkeit und Ausschließlichkeit des Jahweglaubens wenigstens zum Teil auf der prophetischen Bewegung, die in Elia verkörpert ist (*R.Rendtorff* u.a.). Die gesamte Auseinandersetzung ließe sich als Verwirklichung des ersten Gebots verstehen; Elia setzt es der Tradition nach zumindest sachlich voraus und wendet es verschärft an – bis hin zu seinen Folgen.

Nach der Überlieferung kommt er der Forderung des Bundesbuches: »Wer anderen Göttern opfert, soll gebannt werden« (Ex 22,19) durch Ausrottung der Baalpropheten nach (1 Kön 18,40) und droht dem König den Tod an, der von Baal Genesung erwartet und bei ihm ein Orakel einholen will (vgl. 2 Kön 1,3f mit Ex 23,13).

In der Szene, in der Elia zum Ursprung des Jahweglaubens, an den Horeb, zurückkehrt, nimmt der Prophet den Schuldaufweis des Volksganzen vorweg: »Israel hat deinen Bund (LXX: dich) verlassen« (1 Kön 19,10.14); aber das Gericht findet an den Getreuen (19,17f) seine Grenze.

4. Bei Elias Nachfolger Elisa (Elischa) erscheint die Beziehung zwischen dem prophetischen einzelnen und der Gruppe in einem *Lehrer-Schüler-Verhältnis.* Die »Prophetensöhne« »sitzen vor Elisa« (2 Kön 4,38; 6,1; vgl. 2,15ff; 4; 9), sei es, um sich zu ekstatischen Übungen zusammenzufinden (*H.C.Schmitt*) oder eher vom Meister bestimmte Lehre zu empfangen. Diese Schülerschar scheint zeitweilig ein gemeinsames Leben zu führen: Sie treffen sich in einem bescheiden eingerichteten Raum, nehmen Mahlzeiten zusammen ein und sind vielleicht an einem Zeichen am Kopf erkennbar (1 Kön 20,38ff; vgl. 2 Kön 2,23); auch tragen die Propheten eine Tracht, den Propheten«mantel« (1 Kön 19,13.19; 2 Kön 1,8; 2,8.13f; Sach 13,4; vgl. Mk 1,6). Das Verhältnis ist eher persönlicher als institutioneller Natur, darum kaum vergleichbar mit ägyptischen Weisheitsschulen zur Beamtenerziehung oder griechischen Philosophenschulen. Welche Tradition in diesem Kreis gepflegt wurde, wird nicht ausdrücklich gesagt. Ist in ihm die Sammlung der Elia- und Elisageschichten erfolgt?

Nach diesem Vorbild wird man sich jedenfalls die Überlieferung der Worte der großen Schriftpropheten denken; denn ihre Botschaft ist kaum, wie im alten Orient üblich, im Tempel aufbewahrt worden, weil sie selbst ein gebrochenes Verhältnis zum Kult hatten (Am 7,10ff u.a.). Zwar erfahren wir bei Amos von einer ähnlichen Gemeinschaft nichts, aber im Jesajabuch ist ausdrücklich bezeugt, daß der Prophet seine Botschaft seinen Schülern übergab (8,16; 30,8), und Jeremia diktierte seine Worte dem Freund Baruch (Jer 36). In den Prophetenbüchern werden gewisse Er-Berichte (wie Am 7,10ff; Jes 7; 20) und manche Zusätze, die den Stil des Meisters nachahmen oder jedenfalls seinen Einfluß verraten, diesen Schülerkreisen entstammen. Vielleicht erklären sich durch ihre Vermittlung auch Beziehungen zwischen den »großen« Propheten selbst. So läuft eine gewisse Überlieferungskette von Hosea zu Jeremia und, stärker gebrochen, weiter zu Ezechiel, eine andere von Jesaja zu Deuterojesaja (Jes 40–55), dessen Botschaft wieder Tritojesaja (Jes 56–66) aufnimmt. Aus dem gleichen Grunde könnten sogar diese Anhänge an das Jesajabuch namenlos erfolgt sein: Die späteren Propheten zählten sich zur Schule ihres Vorgängers. Zwar sind solche Überlegungen nicht mehr als Vermutungen, allgemein stimmt aber die Botschaft der großen Propheten seit Amos in wesentlichen Zügen überein.

5. Am Gegenüber von Einzelprophet und Gruppe wird schließlich die Auseinandersetzung zwischen *Heils-* und *Unheilspropheten* deutlich. Nach der Einzelerzählung 1 Kön 22, in der zum ersten Male ein Gegensatz innerhalb der israelitischen Prophetie bezeugt ist, sucht »der König von Israel« (Ahab) durch Propheten Jahwe zu befragen, um den Ausgang eines geplanten Krieges gegen die Aramäer zu erfahren. Rund vierhundert Propheten sagen ihm in der Formelsprache des Jahwekrieges die Niederlage des Feindes voraus: »Zieh hinauf, und der Herr wird (die Stadt) in die Hand des Königs geben!« Auch Micha ben Jimla, der als Unheilskünder (»er weissagt nichts Gutes, sondern nur Böses« V 8.18) bekannt ist und hinzugezogen wird, sagt zunächst Glück und Sieg voraus. Erst auf die Aufforderung hin, nichts als die Wahrheit zu sprechen, erzählt er seine beiden Visionen von Israel, das Schafen gleich auf den Bergen zerstreut ist, und von dem Lügengeist, der aus der himmlischen Thronschar die Propheten befällt.

Diese Geschichte – mag sie auch nachträglich ausgestaltet sein – weist bis in die Einzelheiten hinein auf die kommende Prophetie voraus. Die Thronratvision erinnert im Wortlaut an Jesajas Berufung (Jes 6; u.§ 14b2,2). Während in den früheren prophetischen Zukunftsworten an den König das Volk von dem angesagten Unheil nur mitbetroffen war, wird jetzt ausdrücklich Israel insgesamt (V 17 »ich sah ganz Israel zerstreut«) einbezogen. Zwar ist nur von einem Einzelgeschehen die Rede, und die Deutung (»sie haben keinen Herrn, ein jeder kehre heim in Frieden«) nimmt den umfassenden Charakter zurück: Mit dem Tod des Königs ist das Ende des Krieges gegeben. Kündigt sich in der Vision aber nicht die radikale Unheilsansage über das eigene Volk an, die später Amos und andere aussprechen?

Der Unterschied zwischen der Unheilsbotschaft Michas und der Heilszusage der Prophetenschar läßt zugleich Freiheit bzw. Bindung gegenüber dem König sichtbar werden. Anders als beim Jüngerkreis Elisas ist die Beziehung zum König so eng, daß sie »seine Propheten« genannt werden (1 Kön 22,22f). Als Hofpropheten erscheinen ja bereits die Einzelgestalten der Frühzeit: Gad, »der Seher Davids«, oder Natan, die beide auch anklagend vor den König treten können (2 Sam 12; 24,11ff). Bindung an den Hof braucht also keineswegs notwendig Abhängigkeit zu bedeuten (vgl. Num 22,37f; 24,13), auch das Gegenüber von Gruppe und einzelnem ist nicht unbedingt mit dem Gegensatz von Bindung und Freiheit identisch.

Propheten, wie Elia, können dem Regenten den Tod ansagen (1 Kön 21; 2 Kön 1; vgl. 1 Sam 13,13f; 15,28; 1 Kön 14,10ff). Wenn sie den kommenden König designieren (2 Kön 9; vgl. 1 Kön 11,29ff), verurteilen sie zugleich indirekt den amtierenden Herrscher, ja die bestehende Dynastie. So ließe sich die Vorgeschichte der Schriftprophetie weitgehend als Auseinandersetzung mit dem Königtum verstehen (vgl. § 12a,4).

Die Erzählung von Micha ben Jimla ist schließlich darin zukunftweisend, daß sie den Gegensatz zwischen den Schriftpropheten und den vielen Propheten vorwegnimmt. Nach 1 Kön 22 beruft sich Micha ben Jimla mit seinem Drohwort auf die gleiche Tradition des heiligen Krieges wie die Prophetenschar, die dem ins Feld ziehenden König dienstbar ergeben den Sieg weissagt (V 6.17). Damit stehen sich – wie in der Begegnung Jeremias und Hananjas (Jer 28) – die beiden verschiedenen Urteile jeweils als Gottesworte gegenüber; den Hörern ist die Entscheidung nicht abgenommen. Die Prophetie steht zwar in einer Tradition, aber sie reicht als Kriterium zur Beurteilung der Situation nicht aus; das »Wissen« von Heil und Unheil für Gegenwart oder Zukunft läßt sich nicht allein aus der Überlieferung ableiten.

Auch in der Stellungnahme zum Königtum Jehus wird deutlich, wie grundverschieden ein Urteil über dasselbe Ereignis ausfallen kann. Nach 2 Kön 9f rottet Jehu – nach der Salbung durch einen Prophetenschüler – das amtierende Herrscherhaus Ahabs aus. Um dieser Bluttat willen wird das Haus Jehus in einem Gotteswort des Propheten Hosea (1,4) verworfen: »Ein Königtum, das seine Macht in Israel mit Blutvergießen begründet, kann nur Jahwes Nein erwarten.« (*H.W. Wolff*, z.St.) Im deuteronomistischen Königsbuch (2 Kön 10,30) gilt das gelungene Werk der Vertilgung der Baalgläubigen als Gott wohlgefällig. Kann die Zweideutigkeit der Geschichte – oder der Maßstab ihrer Beurteilung – klarer hervortreten?

Nur selten reihen sich die Schriftpropheten mit ihren Vorgängern in eine Front ein (vor allem Hosea: 6,5; vgl. Jer 28,8 u.a.); der größte Teil der Aussagen über die Prophetie ist polemisch. Schon Jesaja geht gegen »Priester und Prophet« vor, die »vom Wein taumeln« (28,7ff; vgl. 9,13f; 29,10), und Micha tadelt:

»So spricht Jahwe über die Propheten,
die mein Volk verführen,

Heil rufen,
wenn sie mit ihren Zähnen etwas zu beißen haben,
aber dem den Krieg erklären,
der ihnen nichts in den Mund
(bzw. nicht nach ihrem Wunsch) gibt:
Darum wird es Nacht über euch werden ohne Gesicht
und Finsternis ohne Wahrsagerei.
Die Sonne wird über den Propheten untergehen
und der Tag sich über ihnen verfinstern.«
(Mi 3,5f; vgl. Jer 6,13f; 8,10)

Denen, die ihre Verkündigung von der Bezahlung abhängig machen, kündet Micha das Ende ihres Offenbarungsempfangs, damit ihrer prophetischen Tätigkeit, an. Gottes Schweigen ist Anzeichen des Gerichts (Mi 3,4; u.Exk. 7,1). So beansprucht Micha ein höheres, ja ein ausschließliches Wissen von der Zukunft zu haben. Gegenüber jenen Propheten urteilt er von sich (3,8):

»Doch ich bin erfüllt mit Kraft, ... Recht und Stärke,
Jakob seine Sünde, Israel seine Verfehlung vorzuhalten.«

Die anders konstruierte Angabe »(mit) Jahwes Geist«, die die gleich geartete Dreierreihe unterbricht, ist wohl Zusatz; er deutet die Befähigung ausdrücklich als Gabe Gottes.

Demnach kann Micha das Volk insgesamt als schuldig verstehen. Dieses Wort wirkt wie eine Vorform von Jeremias Auseinandersetzungen. Er führt heftige Angriffe gegen die, die zwar im Namen Jahwes reden, aber Lügen, Träume und ihre eigenen Wünsche von sich geben: Jahwe hat sie nicht gesandt (14,13ff; 23,9ff; 27,9ff; vgl. Ez 13; Klgl 2,14; 4,13; u.§ 14b9). Den Begriff »Pseudo-Prophet« kennt allerdings erst die griechische Übersetzung.

Jeremias Gegner scheinen jedenfalls teilweise im Kult angestellt zu sein (Jer 29,26f; 26,1ff), so daß es wenigstens in seiner Zeit – was für die Frühzeit nicht sicher nachweisbar ist – neben den Priestern einen prophetischen Berufsstand im Kult gab.

Sind diese mit den Hofpropheten (1 Kön 22) identisch, da der Jerusalemer Tempel ein »Reichsheiligtum« (vgl. Am 7,13) war? Worte solcher Kultpropheten wird man in den göttlichen Ichreden der Psalmen (wie Ps 2,7ff; 110,1), vielleicht auch in Zusätzen zu Prophetenbüchern sehen dürfen. Waren gar Nahum und Habakuk, die kurz vor dem Exil auftraten, oder der erst nach der Katastrophe von 587 v.Chr. wirkende Obadja Kultpropheten? Jedenfalls konnten die Gegner der Schriftpropheten nicht nur Heil, sondern auch Unheil ansagen (Mi 3,5) – allerdings nicht dem Volksganzen; dies blieb den Schriftpropheten vorbehalten (vgl. *J.Jeremias*).

6. Möglicherweise ebenfalls zur Abgrenzung gegenüber charismatischen Gruppen berufen sich die Schriftpropheten in der Regel auf das Wort, nicht auf den »Geist« (o.Exk. 4,2).

Nur das Ezechielbuch berichtet – im Anschluß an ältere Prophetenüberlieferungen (1 Kön 18,12.46 u.a.) – von der Geistergriffenheit des Propheten (Ez 3,12ff u.a.).

Zudem treten ekstatische Erscheinungen bei den Schriftpropheten stark zurück, sind zumindest keine notwendigen Begleiterscheinungen des Offenbarungsempfangs. Beruht ein Wort wie:

»Gebrochen ist mein Herz in meinem Innern,
es schlottern alle meine Glieder,
ich wurde wie ein Betrunkener
und wie jemand, den der Wein bezwungen hat,
durch Jahwe und durch seine heiligen Worte«
(Jer 23,9; vgl. Jes 21,3f; Hab 3,16;
später Dan 8,18; 10,8.16f)

noch auf ekstatischen Erlebnissen, oder werden die Ausdrücke nur bildhaft-übertragen verwendet, um die persönliche Betroffenheit auszusagen?

Nicht einmal das Fasten (vgl. Dan 9,3; 10,2ff), »das sonst auf der ganzen Welt als Mittel, sich für Offenbarungen vorzubereiten, gilt, kommt bei Amos und seinen Nachfolgern vor« (*H.Gunkel*, XIX).

Weil die Propheten Gott – außer in der Vision – im andringenden *Wort* erfahren, können sie einerseits ihr Auftreten mit der zwanghaften Notwendigkeit ihres Redens verteidigen (Am 3,8), andererseits das empfangene und weiterzugebende Wort von ihren eigenen Gedanken oder Wünschen unterscheiden (Jer 18,2; 28,6.12ff; 42,7; vgl. 2 Sam 7,2ff; 1 Kön 22,13ff; Hab 2,1). Das Wort ist anscheinend nicht immer und ohne weiteres zugänglich, sondern stellt sich ein: »Fanden sich Worte von dir, so verschlang ich sie« (Jer 15,16).

Schon die legendenhaft ausgestaltete Bileamerzählung läßt den Seher betont sagen: »Das Wort, das Gott mir in den Mund legt, das muß ich reden« (Num 22,38; vgl. 22,18; 23,12.20; 1 Kön 22,14 u.a.), und Jesaja deutet gelegentlich die von ihm durch Gottes »Hand« erfahrene Gewalt an (8,11; vgl. Ez 3,14). Erst recht sprechen die Konfessionen Jeremias klagend den Zwang aus, unter dem der Bote steht:

»Du hast mich betört, Jahwe,
und ich ließ mich betören,
du bist mir zu stark geworden
und hast mich überwältigt ...
Dachte ich aber: Ich will seiner nicht mehr gedenken
und nicht mehr in seinem Namen reden,
da war's in meinem Herzen wie brennendes Feuer,
verhalten in meinen Gebeinen;
vergeblich mühte ich mich, es auszuhalten,
ich konnte es nicht.«
(Jer 20,7.9; vgl. 15,17)

Jeremias Berufungsgeschichte (1,5; aufgenommen Jes 49,1.5) greift insofern noch über solche Bekenntnisaussagen hinaus, als sie die persönliche Bestimmung Jeremias zu seiner Aufgabe in die Zeit vor die Geburt (vgl. vom König § 12a,1) verlegt und damit die Unausweichlichkeit des Gefordertseins zum Ausdruck bringt. Gott entschied über den Menschen, bevor dieser selbst entscheiden konnte (u.§ 14b2,3).

Mit gewissem Vorbehalt darf man auch Paulus, der sich ebenfalls von Mutterleib an ausgesondert weiß (Gal 1,15), in seinem Selbsturteil anführen (1 Kor 9,16): »Ananke (Zwang) liegt auf mir; denn wehe mir, wenn ich nicht verkündigen würde!« Wie bei dem Propheten sind bei dem Apostel Botschaft und Leben ineinander verwoben.

b) Die Verkündigung

1. Prophetenwort und -buch

Von den Vorgängern der Schriftpropheten, wie Natan oder Elia, erfahren wir hauptsächlich oder ausschließlich in Einzelerzählungen, die zu einem »Sagenkranz« verbunden wurden. Worte sind nur in diesem Handlungs- und Erzählzusammenhang bewahrt. Demgegenüber sind die – zunächst mündlich ergangenen, dann niedergeschriebenen – Worte der sog. Schriftpropheten meist selbständig, ohne Handlungsrahmen, erhalten; schon die Überlieferung des ältesten Schriftpropheten (Am 1,1) ist überschrieben: »Worte des Amos«.

Die Mehrzahl der Prophetenworte sind Unheilsankündigungen mit deren Begründung; diese Struktur ist schon bei den Vorschriftpropheten gegeben. Nach dem Justizmord an Nabot erhält Elia den Auftrag, dem König bis zu Nabots Weinberg entgegenzugehen und zu sagen:

»So spricht Jahwe:
Hast du gemordet
und schon das Erbe angetreten? . . .
'Darum' spricht Jahwe:
An dem Ort, an dem die Hunde das Blut Nabots geleckt haben,
werden die Hunde auch dein Blut lecken.«
(1 Kön 21,19; vgl. 2 Kön 1,3f.6; Am 7,16f u.a.)

Das Wort ist zweigeteilt; es nennt den an Ort und Stelle offenkundigen Tatbestand, um aus der Schuld die Strafansage zu folgern (»darum«). Sie wird ausdrücklich durch die sog. Botenformel »so spricht Jahwe« autorisiert; im Prophetenmund ist Gottes Wort gegenwärtig.

Der eine, begründende Teil ist auf die Vergangenheit oder Gegenwart bezogen, verweist mit der Tatbestandsfeststellung bzw. Situationsanalyse auf menschliche

Schuld, wird darum Scheltrede, Anklage oder auch Schuldaufweis genannt. In diesem Teil verbirgt sich die prophetische Kritik an Gottesdienst, Gesellschaft oder Politik. Der andere, auf die Zukunft gerichtete Teil zieht mit dem Drohwort, d.h. der Straf-, Unheils- oder Gerichtsankündigung, die Folgerung.

C.Westermann, der die »Grundformen prophetischer Rede« (1960) darstellt, faßt zusammen (TheolAT 110f): Die für die sog. Schriftprophetie »beherrschende Sprachform ist die durch die Anklage begründete Gerichtsankündigung. Sie ist also zweiteilig: Sie kündigt Kommendes an, das durch einen gegenwärtigen Tatbestand begründet ist.«

Der Übergang zur Schriftprophetie, etwa von Elia zu Amos (um 760 v.Chr.), vollzieht sich kaum zufällig. Die Worte betreffen kaum mehr Einzelvergehen, gewinnen jetzt in Schuldaufweis wie Adressatenkreis Allgemeinbedeutung und haben deshalb einen Erzählzusammenhang weniger oder nicht mehr nötig. So richten sie sich nur noch selten an einzelne (Am 7,10ff; Jes 22,15ff; Jer 39,15ff; 45 u.a.), wie früher an den König (Jes 7; Jer 37f); in diesen Fällen bedürfen sie einer Situationsangabe. Häufiger wenden sich die Worte an Gruppen (so an die vornehmen Frauen: Am 4,1f; Jes 3,16ff; 32,9ff; auch 5,8ff u.a.), zumal an das Volksganze, etwa:

»Jahwe fuhr fort, zu mir (weiterhin) zu reden:
›Weil dieses Volk verachtet hat
die sanft fließenden Wasser Schiloachs
– und 'zerfließt' vor Rezin und dem Remaljasohn –,
darum, siehe, läßt der Herr aufsteigen über sie
die Wasser des (Euphrat-)Stromes,
die großen und starken
– den König von Assur und all seine Herrlichkeit –.
Er steigt über alle seine Betten
und tritt über alle seine Ufer,
dringt ein in Juda,
überschwemmt und überflutet,
bis (das Wasser) an den Hals reicht.‹« (Jes 8,5–8a)

Das bildhaft gestaltete Wort scheint nachträglich, wenn auch sachgemäß, ergänzt zu sein: sowohl durch die mit Gedankenstrichen angedeuteten Erläuterungen, die Zusätzen in Jes 7,17.20 entsprechen, als auch durch eine zu 8,9f überleitende Zusage V 8b.

Die grundlegende Unterscheidung von Tat Gottes und Tat des Menschen spiegelt sich in diesem Wort gleich zweimal wider: Die Anklage (V 6) verweist auf ein Handeln des Menschen (Judas/Jerusalems), die Zukunftsansage (V 7–8a mit der Ankündigung von Gottes Eingreifen V 7a und dessen Folge V 7b–8a) auf ein Tun Gottes, das wiederum ein menschliches Handeln (der Großmacht Assur) zur Folge hat.

Großes und Kleines stehen sich im Bild gegenüber; die sichtbare, vor Augen liegende Wirklichkeit wird umgewertet. Die »sanft fließenden Wasser Schiloachs«, wohl ein schmaler Bewässerungskanal Jerusalems, versinnbildlichen die im Vergleich schwach erscheinende Macht Jahwes, der das Volk statt glaubendem Vertrauen vielmehr Verachtung entgegengebracht hat (V 6) – im Gegenüber zur Militärmacht der Assyrer, die im großen Strom des Euphrat verkörpert ist, der durch seine Überschwemmung Vernichtung bringt. Dabei spricht das Gotteswort (wie schon Jes 6,10; auch 8,11f u.a.) statt von »meinem Volk« eher distanzierend von »diesem Volk«. Die fremde Großmacht steht im Dienst dieses Gottes: »Er läßt aufsteigen«, so daß die Wasser des Euphratstromes »bis zum Hals reichen« (vgl. Jes 30,28; Ps 69,2f).

Bei den älteren Schriftpropheten wird mehrfach nur die Zukunftsansage als Gotteswort eingeführt (Am 3,9–11; 4,1f u.a.); das entspricht sachlich den Visionen, die zumeist künftige Ereignisse – als Tat Gottes – ankündigen. Ist die Anklage dann Wort des Propheten?

In der oft als göttliche Ichrede ergehenden Zukunftsansage liegt jedenfalls kein »reines« Wort Gottes vor, das von den sprachlichen Eigenarten des Propheten frei wäre.

Beide Teile, Anklage und Zukunftsansage, treten gelegentlich selbständig auf, stellen üblicherweise aber eine Einheit dar. Ihr kommt sachliche Bedeutung zu: Zum einen ist das Unheil kein Schicksal oder Fatum, vielmehr Gottes Tat, die von ihm zuvor angekündigte Strafe. Zum andern wird durch die Begründung, welche den Adressaten in seiner Situation benennt, die Zukunftsansage den Hörern »bejahbar« (*H.W.Wolff*); sie können das Unheil als Strafe für ihre Schuld anerkennen.

Im *Weheruf* sind jene beiden Teile insofern vereint, als das »Wehe« bereits eine Todesdrohung (vgl. 1 Kön 13,30; Jer 22,18) enthält, die den Täter bei seinem Tun behaftet: »Wehe denen, die das Böse gut und das Gute böse nennen!« (Jes 5,20f) Jedoch kann auch im Wehewort die Zukunft ausdrücklich als Tat Gottes angesagt werden (Jes 5,8ff; Mi 2,1ff; vgl. Am 5,18; 6,1; Jes 29,1; 30,1; 31,1; Hab 2,6ff u.a.).

Die Propheten bedienen sich unterschiedlicher Redeformen.
Angesichts der Mannigfaltigkeit unterscheidet *H.Gunkel* (SAT II/2^{2}, XLVI): Neben der Gattung, »in der das eigentümlich Prophetische nach Inhalt und Form am deutlichsten hervortritt«, der Zukunftsankündigung und, wie allerdings hinzuzufügen ist, deren Begründung, finden sich manche Gattungen, die »nicht ursprünglich prophetisch«, vielmehr von den Propheten übernommen, für ihre Aufgabe genutzt und in ihre Verkündigung eingegliedert sind.

»Will man einen Propheten, auch der höchsten Art, richtig verstehen, so muß man stets zuerst danach fragen, welches Ereignis der nächsten Zukunft er zu verkündigen aufgetreten ist« (XXXII); dies ist seine »Hauptaufgabe« (XLVI). Andere Gattungen haben sie »mit ihrem besonderen prophetischen Inhalt erfüllt« (LVI).

Die Propheten können mit der Totenklage wie klagekundige Frauen (Am 5,1f; Ez 19; 27; 28,10ff; vgl. Jer 9,16.19; Ez 32,16), mit dem Kultbescheid ähnlich einem Priester (Am 4,4f; 5,21ff; Jes 1,10ff) oder wie ein marktschreierischer Verkäufer (55,1ff) auftreten.

Mit jenen Beispielen sind zugleich Art und Weise prophetischer Verkündigung charakterisiert: Sie ergeht nicht als wohlgeformte Rede mit fortlaufendem Gedankengang, erst recht nicht primär schriftlich, sondern in kurzen, nach Form, Inhalt und Sinn selbständigen Einzelsprüchen. Sie sind von Anfang an klar verständlich und durchweg rhythmisch-poetisch, oft anschaulich-bildhaft (Am 3,12; 5,19; Hos 5,12.14; 13,7f; Jes 1,3.5.8; 7,20; 28,20; Jer 8,7 u.a.; auch einmal als Gleichnis Jes 5,1–7) gestaltet. Seit Amos werden Einzelworte gesammelt; ihre Verbindung untereinander ist weithin sekundär. Daneben finden sich allerdings manche größere Kompositionen (wie Am 1,3–2,16 oder Jes 9,7–20; 5,25–29). Auch sind – oft poetisch gestaltete – Worte in Ichberichten (wie Jes 6; Jer 1) oder Erberichten (wie Hos 1) erhalten.

Gemäß der Beauftragung des Propheten zur *mündlichen* Verkündigung: »Auf, geh!« (2 Kön 1,3; vgl. 1 Kön 21,18 u.a.), »Gehe hin und sprich!« (Am 7,15f; Jes 6,9; vgl. Jer 1,7; 2,2; Ez 3,4) und der Anrede »Höre!« (Am 7,16) tritt er im unmittelbaren Gegenüber zu den Hörern auf. Symbolisch werden Jeremia »Worte in den Mund gelegt« (1,9; vgl. 15,16.19) – zum Sprechen (vgl. 2,2 »Rufe!«; Jes 40,6 gegenüber 29,11f; 34,16). In einem Wort wie »Höret das Wort Jahwes, ihr Fürsten von Sodom, . . . Volk von Gomorrha!« (Jes 1,10) klingt mit der Schärfe prophetischer Kritik die lebendige Rede nach. Für das Verständnis des Prophetenworts ist dieser – ursprüngliche, allerdings oft nur erschließbare – Situationsbezug, die Anrede (durch den Propheten als Sprecher) an den Adressaten, entscheidend wichtig.

Allerdings sind aus dem vielgestaltig gewachsenen Buch – zumal durch Beachtung der Redeformen, abgrenzender Formeln, auch Wechsel der Adressaten u.a. – die Prophetenworte erst wieder zu gewinnen und ihre Situation zu rekonstruieren. Dieser Rückschluß läßt sich nur mit Vorsicht und gelegentlich unter Vorbehalt vornehmen, ist aber wahrscheinlich, kann nämlich jene formalen Gegebenheiten erklären. Schwierig ist der Rückschluß auf die mündliche Verkündigung dort, wo abgrenzende Redeformeln nicht erhalten sind oder spätere Ergänzungen die Überlieferung zu stark überarbeitet haben.

Über seine ursprüngliche, aktuelle Situation (in mündlicher Verkündigung) hinaus kann das Wort in Wortsammlungen oder bei der *Niederschrift* schon früh – vielleicht gar durch den Propheten selbst (vgl. Jes 8,1; 30,8), nach seinem Diktat (so Jer 36,4.32) oder durch seine Schüler (Jes 8,16; vgl. 50,4; 2 Kön 4,38ff; 6,1) – neue Adressaten in einer späteren Situation, damit einen erweiterten Sinn, erhalten.

Gelegentlich recht zeitnah wirkende Berichte über den Propheten in dritter Person (bes. der sog. Baruchbericht des Jeremiabuches; vgl. Am 7,10–17; Hos 1; Jes 7; 20) lassen sich aus der Tätigkeit von Prophetenjüngern erklären. Vermutlich haben sie die Prophetenworte überliefert, miteinander verknüpft und ergänzt. Haben sie auch – gleich zu nennende – Beziehungen zwischen den Schriftpropheten selbst vermittelt?

Bei der Niederschrift der Prophetenworte wirken verschiedene Motive mit. Ein Ansatz liegt schon früh vor: Da das angekündigte Gericht zunächst ausbleibt (vgl. Jes 5,18f; Ez 12,21ff; auch Jer 1,11f; 17,15) und der Prophet bei seinen Hörern statt auf Zustimmung vielmehr auf Spott und Ablehnung stößt (Hos 9,7; Am 7,10ff; Jes 8,12f; 28,9; 30,10f; bes. Jer 20; 26ff), kann er seine Botschaft »versiegeln« lassen –

in der Hoffnung, daß die Zukunft seine Verkündigung bestätigt und ihm Recht gibt (Jes 8,16f; 30,8; vgl. Hab 2,2f). Jeremias Behinderung (36,5; vgl. 26,24) bildet einen Anlaß für die Anfertigung der Buchrolle. So werden die prophetischen Worte gleichsam in der Zwischenzeit, zwischen Ansage und Eintreffen der Zukunft, aufgezeichnet. Die Niederschrift bezeugt als eine andere Form der Verkündigung – auch angesichts der Hörunwilligkeit der Zeitgenossen – weiterhin die Zukunftsbedeutung des Prophetenwortes (vgl. Ez 2,3ff).

Ein weiteres Motiv für die Niederschrift bildet die (Teil-)Erfüllung der Zukunftsankündigung (nach Am 1,1 »zwei Jahre vor dem Erdbeben«, also schon bald); mit ihr erscheint die Wahrheit des prophetischen Anspruchs durch den Lauf der Dinge bestätigt.

Bei der Zuordnung der Texte zueinander können thematisch verwandte, »kerygmatische Einheiten« entstehen. So sind in Hos 1–3 Wortsammlung und Berichte zu einer Komposition verknüpft; sie möchte zeigen, »wie sich die persönliche Lebensgeschichte Hoseas ... in seiner Verkündigung widerspiegelte« (*W.Rudolph*, 25f) oder umgekehrt die Botschaft in seinem Leben.

Im Hoseabuch bieten Kap. 4–14 »nicht eine lose Spruchsammlung, sondern eine höchst durchdachte Zusammenfassung der Botschaft Hoseas« – als »Werk von Schülern«. So berücksichtigt *J.Jeremias* (ATD 24/1, 1983, Vorwort) den Sachverhalt, daß das Prophetenbuch »als schriftlicher Text vorliegt, hinter dem die mündlich gesprochenen Worte nicht immer eindeutig erkennnbar werden«.

Überhaupt sucht heutige Auslegung – über Form- und Überlieferungsgeschichte hinaus, zu ihrer Ergänzung, nicht zu ihrem Ersatz – mit Kompositionskritik bzw. Redaktionsgeschichte die vorliegende Letztgestalt des Textes, den sog. Endtext, ernstzunehmen.

Demnach entstand das Buch in einem langen, oft schwer durchschaubaren Vorgang in verschiedenen Wachstumsstadien: von der mündlichen Verkündigung über die nachträgliche Niederschrift, die Zusammenstellung der Einzeltexte oder Wortsammlungen mit der Verbindung der Worte untereinander, die Hinzufügung von Ergänzungen (vgl. schon Jer 36,32) und redaktionelle Überarbeitungen zu einer umfassenden Komposition, der vorliegenden »Ganzheit«.

Das vorliegende Jeremiabuch bietet gleichsam eine Vorform der sog. Kanon- oder Wortlautsicherungsformel »nichts hinzu-, nichts davontun« (Dtn 4,2; 13,1): »kein Wort wegnehmen« (Jer 26,2), Ergänzungen finden aber noch statt (36,32).

Wenn die Ausgrenzung von Texten mit der sog. Unechtheitserklärung nicht willkürlich sein will, müssen die literarkritischen Beobachtungen möglichst durch weitere, etwa sprachlich-stilistische, historische, form- oder überlieferungsgeschichtliche, Gründe gestützt werden und sollten möglichst unabhängig von der persönlichen Gesamtauffassung des Auslegers sein, so daß Argumente und Erklärungsweise (Hypothese) unterscheidbar bleiben. Geistesgeschichtliche Gründe sind in der Regel nur dort überzeugend, wo tiefe geschichtliche Einschnitte eindeutige Spuren hinterlassen haben. Exilisch-nachexilische Texte, wie die Heilsweissagungen des Haggai- und Sacharjabuches, sprechen zudem eine andere Sprache, nehmen dabei vielfach Einsichten der Propheten des 8./7.Jh. auf.

Der verbleibende Grundbestand ist auf seine Kohärenz oder seine innere Stimmigkeit abzuhorchen: Fügen sich die Worte in einen Aussage- und Verkündigungszusammenhang ein, oder widersprechen sie sich, so daß der Prophet den Einwänden der Hörer leicht ausgeliefert wäre? Eine entsprechende Frage stellt sich bei den Heilsverheißungen: Heben sie die Gerichtsdrohungen auf?

Auf die Bedeutung der Nachträge, die sich an das Prophetenwort anschließen, macht *H.W.Hertzberg* (Beiträge 79f) schon 1936 aufmerksam: Die Nachgeschichte läßt »erkennen, daß dieses Gotteswort nicht starr und buchstabenmäßig aufgefaßt wurde. Aus Sinn und Geist, manchmal auch aus dem Wortlaut des früher Geoffenbarten erkennt der Spätere den seiner Zeit entsprechenden Gotteswillen. Die Ergänzer und Anordner wissen sich dabei weithin als legitime Fortsetzer der älteren Gottesoffenbarung.«

Die Bezeichnung solcher aktualisierenden Erweiterungen als »Fort-schreibung« (*W.Zimmerli*) oder »re-lecture« macht deutlich: Es handelt sich um Anreicherung eines Grundbestands, Weiterarbeit der Prophetenschule und Späterer am schriftlich vorliegenden Wort. In den Schichtungen wird ein Gefälle oder Wachstum des Textes erkennbar, so daß er nicht flächig, sondern hintergründig gelesen werden kann. Jüngere Erfahrungen wurden mit den früheren verbunden; spätere Generationen deuteten ihr Schicksal mit Hilfe prophetischer Überlieferung, verstanden sich vom prophetischen Wort oder Text her. So verhalf er zu grundsätzlichen Einsichten – in Gottes Wirken – für unterschiedliche Zeiten.

Darum kann gegenüber den sog. »echten« Worten, die sich mit der Wahrscheinlichkeit, die historisch-kritischer Analyse möglich ist, auf den Propheten selbst zurückführen lassen, auch das sog. »unechte« – d.h. nicht vom Propheten selbst stammende – Gut zweifellos sachlich »echte«, d.h. bedenkenswerte, hilfreiche und wahre, Aussagen enthalten.

Insbesondere scheint die sog. *deuteronomistische* Schule, wie manche Buchüberschriften erschließen lassen, für die Sammlung und Gestaltung der Prophetenworte bedeutsam gewesen zu sein. Deuteronomistische Sprachelemente finden sich in den Prophetenbüchern in unterschiedlicher Weise und Häufigkeit, gelegentlich im Amos- (2,4f; 3,7 u.a.), wohl noch weniger im Jesajabuch (wie 1,4b; 5,24b), beherrschend im Jeremiabuch (7; 9,12f; 11; 19,3ff u.a.).

Ist bereits die Art der Sammlung der »Worte des Amos« (1,1) durch die »Worte« der *Weisen* (wie Spr 30,1) angeregt? Jedenfalls sind Weisheitskreise an der Redaktion der Prophetenbücher beteiligt (Hos 14,10 u.a.). Etwa das Jeremiabuch kann situativ ausgesprochene Einsichten verallgemeinern (vgl. Jer 17,9 gegenüber 17,1 oder 23,18 gegenüber 23,22). Liegt hier gar eine eigene weisheitliche Redaktionsschicht (vgl. Jer 9,22f; 17,5ff u.a.) vor?

Nachdem das angedrohte Unheil (durch die Ereignisse von 722 bzw. 587/6 v.Chr.) eingetreten ist, die Wirklichkeit nachträglich die Wahrheit der Propheten bestätigt zu haben scheint, haben die Betroffenen andere Absichten und Ziele.

Das Nachdenken über das »Warum« führt zum Bekenntnis der *Schuld*. Man sucht die Schuld des Volkes auch im Ungehorsam gegenüber dem göttlichen Gebot oder dem prophetischen Wort und versteht die Propheten jetzt als Warner und Bußrufer, deren Mahnungen ungehört verhallten (vgl. 2 Kön 17,13; Sach 1,4 u.a.; u. Abs. 10). Im Rückblick verlagert sich darum der Ton.

Aber auch die Gerichtsankündigung kann weitergetragen werden (vgl. Am 2,4f u.a.).

Gewisse *Doxologien* in den Prophetenbüchern (Am 4,13; 5,8; 9,5f; vgl. Jes 12) scheinen einerseits die prophetische Botschaft als wahr, so das ergangene Gericht als gerecht, andererseits trotz Verwirklichung als noch nicht endgültig abgegolten, so als weiterhin zukunftsbedeutsam, zu bezeugen.

Vor allem schaut man »im Finstern« nach »Licht« aus, ergänzt die prophetische Überlieferung um *Heilsverheißungen* (wie Am 9,11ff), so daß die Prophetenbücher – wohl durch die prophetische Botschaft (wie Jes 1,21–26; Ez 37 u.a.) angeregt – nach dem Schema Unheil (für Israel und die anderen Völker) und Heil aufgebaut sind.

Weil sich die Intentionen vom Propheten zu den Betroffenen oder späteren Generationen entscheidend verlagert haben, ist die Unterscheidung zwischen »echtem« und redaktionellem Gut keineswegs gleichgültig, sondern für das Verständnis der prophetischen Botschaft inhaltlich bedeutsam.

Dabei birgt die Nach- oder Wirkungsgeschichte nicht unerhebliche Spannungen; sie stellen die Auslegung gelegentlich vor die Frage: Welche Aussage hat den Vorrang? Halten die redaktionellen Zusätze die tiefen Einsichten der sog. Schriftpropheten durch, fügen sich in sie ein, setzen sie so weiterhin voraus oder schränken sie ein? Da die Zusätze weder selbständig entstanden noch überliefert sind, beanspruchen sie wohl auch keine Eigenständigkeit. Lassen sie sich darum für sich lesen? Welchen »Stellenwert« hat für die Interpretation dieses Sich-Einfügen in die prophetische Überlieferung? Verstehen die Nachträge die prophetische Botschaft als allgemeingültige, zeitlose Lehre, oder bekennen sie zugleich die Fortgeltung der Zukunftsansagen und vertreten ihre Intention in diesem Rahmen?

Über wechselnde Adressaten und Situationen hinweg bestehen innerhalb der Verkündigung der sog. Schriftpropheten *Gemeinsamkeiten.* Etwa Jesaja scheint Einsichten, die Amos gegenüber dem Nordreich gewinnt, auf das Südreich zu übertragen. Jeremia greift deutlich Themen oder Motive seiner Vorgänger, zumal Hoseas, einschließlich ihrer Begrifflichkeit auf und führt sie in eigener Prägung weiter. So unterschiedlich die Schriftpropheten in ihrer räumlichen und zeitlichen Situation wie ihrer Einzelargumentation sind, so viel Verbindendes haben sie – nicht nur in ihren Redeformen oder Themen (»Tag Jahwes«, Kult- oder Sozialkritik, Israel als untreue Frau u.a.), sondern auch in ihrer Zukunftsgewißheit.

Die Schriftpropheten sind nicht unabhängig voneinander aufgetreten. Wie kommen die Gemeinsamkeiten aber zustande? Gelegentlich findet sich die Aufnahme des Wortlauts (Am 8,2 in Ez 7; vgl. Hos 14,5 mit Jer 3,22; auch Hos 11,8f mit Jer 31,3.18–20 u.a.).

Die Verbindung erklärt sich zunächst aber kaum nur durch literarische Abhängigkeit, besteht eher durch mündliche Überlieferung (vgl. das Zitat von Mi 3,12 in Jer 26,18), eventuell vermittelt durch Prophetenschüler (Jes 8,16 u.a.).

Wie immer sich die Zusammenhänge erklären, in ihnen kommt die Einheit der Prophetie als solcher zur Geltung. Allerdings bewahren Amos und Jesaja, Hosea und Jeremia oder Ezechiel in ihren Beziehungen zueinander je ihre unverwechselbare Eigenart. So finden sich neben oder in dem Gemeinsamen unübersehbar individuelle Züge.

Über diese von vornherein in der Verkündigung der Propheten gegebenen Gemeinsamkeiten hinaus oder von ihnen ausgehend gibt es zunehmend Abhängigkeiten und Zusammenhänge innerhalb der Prophetenbücher. Zumal in exilisch-nachexilischer Prophetenliteratur läßt sich vielfach beobachten, daß sie prophetische Überlieferung aufnimmt oder gar »zitiert« und abwandelt, eben so aktualisiert.

»Je jünger biblische Prophetentexte sind, desto mehr nehmen sie auf ältere Prophetenworte Bezug ... Während sich anfangs nur jeweils zwei Prophetenbücher gegenseitig berühren – etwa Amos und Hosea oder aber Nahum und Habakuk –, greifen in nachexilischer Zeit die späteren Prophetenbücher schon die Worte vieler, wenn nicht aller älteren Propheten auf. Daraus geht deutlich hervor, daß die späteren Propheten ebenso wie die späteren Stimmen in älteren Prophetenbüchern ... nicht nur nach Gottes Willen fragten, wie er durch einen einzelnen der älteren Propheten ausgesprochen worden war, sondern nach dem, was alle älteren Propheten miteinander verband. Anders ausgedrückt: Sie fragten nach dem Gesamtwillen Gottes, wie er sich aus der Summe aller seiner Worte ergab ... Sie wollten ihren Zeitgenossen den Willen Gottes vermitteln, wie er bei keinem einzelnen Propheten allein, sondern nur bei allen Propheten gemeinsam greifbar ist.« (*J.Jeremias*, FAT 13, 32f)

2. Visionen und Berufungserzählungen

1. Schon den ersten sog. Schriftpropheten Amos trifft nach einem rückblickenden Bericht über sein öffentliches Auftreten (7,10ff) wegen seiner Botschaft gegen König und Volk das Verbot: »In Bet-El darfst du nicht mehr prophezeien!« Zur Rechtfertigung seiner Verkündigung antwortet er (7,15):

»Jahwe nahm mich hinter der Herde weg, sprach zu mir:
›Geh, prophezeie zu meinem Volk Israel!‹«

Läßt sich dieser knappe, nicht weiter ausgeführte Hinweis auf die Berufung mit den in Ichform berichteten zwei Visionspaaren (7,1–8.9; 8,1–2.3) verbinden und so konkretisieren? In ihnen scheint Amos sowohl zeitlich (von der Spätsaat 7,1f bis zum Herbst 8,1f) als auch sachlich einen »Weg« (*G.v.Rad*) geführt zu werden, auf dem ihm die anfänglich geäußerte Fürbitte ausgeschlagen wird und das Gericht härtere Ausmaße anzunehmen scheint.

Da die in der ersten Vision eintretende Heuschreckenplage, wie die nachträgliche, sachlich richtige Erläuterung (7,1b) ausführt, erst nach der Königsmahd ergeht, scheint sie wie auch das zweite Visionsgeschehen (7,4: das Feuer fraß außer der unterirdischen Urflut »den Anteil« des Ackers) zunächst den (freien) Bauern zu treffen. Die geschaute Vernichtung der Ernte sowie des Ackerfeldes bedeutet ein schweres Los, das aber noch nicht »Wirklichkeit« wird.

Im ersten Visionspaar wagt Amos, in das Geschehen einzugreifen. Seine Fürbitte (7,2) nimmt mit Anrede, Bitte (»Ich sprach: Herr, verzeih!«) und folgender Begründung (»Wie kann Jakob bestehen, denn er ist so klein?«) Psalmensprache, die Grundform des Klagelieds, auf. Gott gewährt statt Vergebung Aufhebung der geschauten Strafe: »Es soll nicht geschehen!« Beim nächsten Mal (7,5) lautet die Bitte nur noch »Laß ab!«; im zweiten Visionspaar ist sie Amos nicht mehr möglich (vgl. »nicht mehr« 7,8; 8,2). Das Ziel der vierten Vision, mit ihr der beiden Paare, spricht die Gottesrede aus:

»Gekommen ist das Ende für mein Volk Israel.« (Am 8,2)

Das Wort muß einen tiefen Eindruck hinterlassen haben, da es im Alten Testament mehrfach nachklingt (vgl. die Auslegung Ez 7 für das Südreich; Gen 6,13 nach priesterschriftlicher Darstellung für die Menschheit; Klgl 4,18; Dan 8,17 u.a.).

Diese harte Einsicht scheint etwas grundsätzlich Neues zu sein, so zuvor weder dem alten Orient noch Israel selbst bekannt.

a) Jetzt wird nicht mehr nur der König (2 Kön 1 u.a.), sondern das eigene Volk (das Nordreich Israel) insgesamt und direkt bedroht, und zwar durch eine unbedingte Unheilsansage. Die ältere Rechtstradition suchte Unrecht zu beseitigen (»So sollst du das Böse aus deiner Mitte ausrotten« Dtn 13,6 u.a.; vgl. Jos 7; auch Lev 17,4.9.14 u.a.), die einzelnen Übeltäter oder die schuldige Gruppe zu bestrafen, damit der vorgegebene Heilszustand des Volksganzen wiederhergestellt wird oder die Gemeinschaft wieder Heil erfährt. Rechtstexte, die ein Gericht über ganz Israel ins Auge fassen (Dtn 28; Lev 26; auch Ex 32,9ff u.a.), sind in der vorliegenden Form jünger.

Israels Tradition vor den Schriftpropheten enthält wohl nur die Möglichkeit von (Heil oder) Unheil für den einzelnen oder eine Gruppe im Volk, kennt allem Anschein nach nicht eine Unheilsansage über das Volksganze: »Amos ist der erste, der die weder in der Sippenweisheit Altisraels noch in der älteren zentralen kultischen Verkündigung belegbare Botschaft vom Gericht Jahwes über ganz Israel ausruft.« (*H.W. Wolff*, Amos' geistige Heimat, 1964, 58f)

b) Die Gerichtsansage scheint erst im Laufe von Amos' Verkündigung konkretere Gestalt zu bekommen, kann jedenfalls durch die Ankündigung eines Eingriffs Gottes (9,1ff, vgl. 3,2; 6,10; 4,12), eines Krieges (2,14ff; 3,6.11; 5,3; 6,14) mit Deportation (5,5.27; 7,11.16f u.a.), seltener eines Erdbebens (2,13; vgl. 9,1; dazu 1,1) erfolgen oder in ihrer Art und Weise offenbleiben (5,2.19f). Ist das Gericht also gewiß, das konkrete »Wie«, die Näherbestimmung seiner Verwirklichung, noch unbestimmt?

c) Die Schuld des Volkes wird in Amos' Fürbitte »Vergib doch!« vorausgesetzt (7,2; die Bedeutung der dritten Vision 7,7f, Anklage oder eher Zukunftsansage, ist umstritten). Das drohende Unheil ist also keine blinde Katastrophe, sondern Strafe. Allerdings fehlt eine ausdrückliche Begründung; die Entfaltung des »Warum«, die nähere Motivation, scheint erst nachträglich zu erfolgen.

In Weiterführung einer Beobachtung von *A. Weiser* – »Die Gewißheit des Endes steht dem Propheten fest, ehe er die Begründung in einzelnen Mißständen des Lebens seiner Zeitgenossen findet« (Die Profetie des Amos, 1929, 310f) – bemerkt *G.v.Rad*: »In den Visionen hat Amos nur erfahren, daß Jahwe nicht mehr vergeben wolle. Aber was nicht mehr vergeben werden könne, worin die Verfehlungen Israels bestanden, das zu erkennen und zu benennen hat Jahwe seinem Propheten überlassen.« »Offenbar ist dem Propheten zuerst nur das Daß des Endes und des Gerichtes mitgeteilt worden, während er über das Wie erst unter besonderen Umständen und gewiß nicht ohne eigenes Nachdenken und Beobachten Gewißheit erhielt . . . Amos ist in einem Volk umhergegangen, dessen Todesurteil gesprochen war. Von da her sah seine Umgebung mit einem Male anders aus, und jetzt erst wurden Mißstände als unerträgliche offenbar. So sehen wir den Amos vor allem mit der Aufgabe einer schlagenden Motivation des kommenden Unheils beschäftigt.« (TheolAT II^4, 141.138f; aufgenommen von *H.W.Wolff*, 123)

d) Die Ankündigung des »Endes« Israels »sieht den drohenden Untergang als eine bereits vollzogene Tatsache« (*A.Weiser*, z.St.). Der Prophet lebt also in Naherwartung: Die angesagte Zukunft ist für die Zeitgenossen bedrängend aktuell.

Die Botschaft des ersten Schriftpropheten kann man weitgehend als Entfaltung jenes Ziel- und Spitzensatzes der beiden Visionspaare verstehen (*H.W.Wolff*, 124): »Alles, was sonst über Israels Zukunft von Amos gesagt wird, legt diesen härtesten Satz aus.« So kann Amos über das lebende Israel die Totenklage anstimmen:

»Gefallen ist,
nicht mehr steht auf die Jungfrau Israel,
hingestreckt liegt sie auf ihrem Boden,
niemand richtet sie mehr auf.«
(Am 5,2; vgl. 3,12; 5,16f.18ff; 6,9f u.a.)

Was das »Ende« bedeutet, wird – nach der Einleitung der Visionen, die auf Gott verweist – durch die Gottesrede näher bestimmt; so wird die Zukunft nochmals ausdrücklich als Wirken Gottes oder von ihm herbeigeführtes Geschick bezeichnet: »Ich will nicht mehr (schonend) vorübergehen.«
(7,8; 8,2; vgl. 5,17; dazu u.Abs.3)

Aus einer Situation, in der Amos dem Volk bereits Unheil ansagte, werden die von ihm empfangenen Visionen nur noch schwer verständlich. So gehören sie am ehesten in den Anfang von Amos' Wirksamkeit, als Anstoß seiner Botschaft, obwohl sie keinen Auftrag zur Verkündigung enthalten (Am 3,8):
»Der Herr Jahwe redet – wer wird nicht prophezeien?«

Bei der ebenfalls im Ichstil gehaltenen fünften Vision (Am 9,1–4) lautet die Einleitung nicht mehr: »So ließ der Herr mich schauen«, sondern: »Ich sah den Herrn«. »Subjekt« und »Objekt« sind vertauscht; wahrscheinlich liegt ein anderer Visionstyp vor: Gott vermittelt nicht als Urheber das Gesicht, sondern ist selbst »Inhalt« der Vision.

Meinen die beiden ersten Visionen, die andeutend von einem »Bildenden« (7,1) und »Rufenden« (7,4) sprechen, unmittelbar Gott oder eine himmlische Gestalt? Nach dem vorliegenden Text bieten die zweite und dritte Vision (7,4.7) eine – vielleicht nachträgliche – Verbindung zwischen den beiden Formen von Am 7,1 und 9,1, so daß Gott zugleich Urheber und »Inhalt« der Vision ist (vgl. »stehend auf« 7,7; 9,1). Nach der vierten Vision (8,1f) ist Gott nur hörbar, jetzt wird er zugleich sichtbar.

»Die vierte Vision hatte nur gesagt, *daß* das Ende kommt, jetzt wird ausgeführt, *wie* unentrinnbar es eintritt.« (*H.W. Wolff*, 388) So zieht die fünfte Vision erläuternd gleichsam die Folgerung: »Ich sah den Herrn stehend über dem Altar« bedeutet für das Heiligtum Gericht (vgl. 3,14; 5,5 u.a.), das ausdrücklich »alle« einbezieht.

Die Unentrinnbarkeit des kommenden Gerichts, in einem anderen Bildwort (Am 5,19) am Schicksal einer Einzelperson ausgemalt, wird hier – in der Verbindung von mythischen Vorstellungen und Wirklichkeit – für die Gemeinschaft so farbig-einprägsam veranschaulicht, daß selbst die Gefangenschaft keine Fluchtmöglichkeit bietet:

»Kein Flüchtiger von ihnen soll entfliehen
und kein Entronnener entrinnen.
Wenn sie in die Unterwelt einbrechen,
so wird sie meine Hand von dort holen.
Und wenn sie zum Himmel hinaufsteigen,
so werde ich sie von dort herabstürzen.
Und wenn sie sich auf dem Gipfel des Karmel verstecken,
so werde ich sie dort aufspüren und fassen.
Und wenn sie sich vor meinen Augen auf dem Grund des Meeres verbergen,
so gebiete ich dort der Schlange, sie zu beißen.
Und wenn sie vor ihren Feinden in Gefangenschaft ziehen,
so gebiete ich dort dem Schwert, sie zu töten.« (Am 9,1–4)

Dieses weit ausgreifende Wort ist mit der Botschaft des Propheten verbunden – etwa durch: a) die Ankündigung des Erdbebens (wie 2,13; vgl. 1,1), b) die Aussage der Unentrinnbarkeit in einer ähnlich gearteten Strafe (wie 5,19; vgl. Jes 5,5f; 1 Kön 19,17 u.a.) bzw. die Bestreitung eines »Rests« (wie Am 3,12; 6,10; 8,10 u.ö.), c) die Aufnahme mythischer Vorstellung (wie Am 7,4). Für die »Echtheit« sprechen auch: d) die Erwähnung des Karmels im Norden (aufgenommen 1,2?). e) Am 9,1 bildet wohl ein Vorbild für die Vision Jes 6. f) Der universale Horizont wird als im 8.Jh. mögliche Sichtweise des Glaubens durch Jes 6,3, außerdem g) die Proklamation von Gottes Macht über das Totenreich durch Hos 13,14; Jes 7,11 bestätigt. h) Am 9,4 wird wohl schon von Jeremia (24,5.8f »zum Guten – zum Bösen«), jedenfalls dem Jeremiabuch (39,16 u.a.) vorausgesetzt und weitergeführt.

Die ausgewählten Beispielsätze machen deutlich, wie wenig der Gott, den Amos verkündet, ein »Nationalgott« ist (o.§ 6b). Jeweils wird ein Raum genannt, der außerhalb, sei es auf- oder abwärts, »oberhalb« oder »unterhalb« erfahrbarer Wirklichkeit liegt, dem Menschen – zumindest dem Lebenden – eigentlich unzugänglich ist. Der mythische Raum ist Gott nicht entzogen. An der Auffassung, nach der die Toten von Gottes »Hand abgeschnitten« sind (Ps 88,6; u.Exk. 8), nimmt schon Amos eine Einschränkung vor, wie sie das Sprüchebuch (Spr 15,11) formuliert: »Totenreich und Unterwelt liegen offen vor Jahwe.« Der Himmel, sonst Gott vorbehalten und dem Menschen verschlossen oder nur durch Offenbarung aufgeschlossen (vgl. Gen 11,4f; 28,12 u.a.), wird hier zum Fluchtziel (vgl. Ps 139,8; Hi 20,6; Spr 30,4; auch Jes 14,13f). Da Gott den Menschen von dort »herabholt«, scheint der Himmel – wie die Unterwelt – hier nicht Gottes Wohnstätte zu sein. Gottes Macht reicht bis dorthin; für ihn sind die Grenzen aufgehoben. Schließlich ist der Meeresboden ein geradezu »absurder Zufluchtsort« (*H.W. Wolff*, 392). Die

Schlange, hier eher ein mythisches (Jes 27,1; Hi 26,13) als ein wirkliches (vgl. Am 5,19) Tier, wird in ihrer Existenz nicht geleugnet, aber von Gott in Dienst genommen und bekommt so – wie »das Schwert«, d.h. die Völker (vgl. Am 9,4a mit 5,27; 6,14 u.a.) – die Aufgabe, Gottes Beschluß zu vollstrecken. Ist sie von sich aus ein Wesen, das verschlingt, so erhält sie diese Funktion erst auf Befehl (Jon 2,1), den vor Gott fliehenden Menschen zu fassen. Die in der Schlange verkörperte Macht ist Gott unterstellt, der sich ihrer wie anderer dämonisch-mythischer Wesen (o.§ 6b) bedienen kann.

So reicht Gottes Hand einerseits über die vorstellbaren Bereiche der Welt hinaus, zielt andererseits auf den Menschen:

»Ich werde meine Augen auf sie richten
zum Unheil und nicht zum Guten.«
(Am 9,4; vgl. Mi 2,3; auch Jer 38,4; 24,5.8)

2. Auch die Wirkungsgeschichte beider Visionstypen ist unterschiedlich. Wird die Form, mit ihr die entscheidende Grundeinsicht, beider Visionspaare (Am 7f) von Jeremia (1,11ff; 24) aufgenommen, so Amos' fünfte Vision von Jesaja (Kap. 6). Wie Amos Gott »über dem Altar« eines Nordreichheiligtums schaut, so sieht etwa zwei Jahrzehnte später Jesaja Jahwe, der über den Jerusalemer Tempel hinausragt.

Gemeinsam sind: die Ichrede »Ich sah den Herrn«, die Ortsangabe »auf« bzw. »über« dem Heiligtum und die Zielbestimmung, die Unheilsansage. Jeweils sind die »Schwellen« des Heiligtums betroffen (Am 9,1; Jes 6,4). Jes 6 ist von der Ziontradition (o.§ 13) her ausgestaltet.

In beiden Fällen wird Gottes Gestalt – gleichsam in Anwendung des Bilderverbots – nicht beschrieben; es wird nicht gesagt, wie Gott aussieht, nur seine hochragende Stellung wird angedeutet (vgl. die Kritik am Hochmut Jes 2,17; 3,16ff; 32,9ff; auch Am 6,8 u.a.). Schließlich bedeutet in Am 9 wie in der ausführlicheren, eigengeprägten Darstellung Jes 6 Gottes Gegenwart an dem Ort, an dem Gottesdienst gehalten, Gemeinschaft mit Gott erfahren wird, Gericht.

Der Ichbericht Jes 6 (V 1–11), der durch die Aussagen »ich sah – ich sprach – ich hörte« gegliedert ist, eröffnet wohl die älteste Sammlung, die sog. Denk- oder Urschrift (Jes 6,1–8,18 mit Zusätzen); sie wird von dem Kehrversgedicht (Jes 9,7ff mit dem Ziel in 5,[25.]26–30) und den Weheworten (5,8ff; 10,1ff) umrahmt. Da Jes 7 kein Ich-, sondern ein Erbericht ist, kann Jes 6 nicht von vornherein auf Jes 7 hin verfaßt und so die Einheit Jes 6–8 nicht von Jesaja selbst, sondern erst von seinen Schülern (vgl. 8,16 in dem vermutlich ursprünglichen Schluß 8,16–18) zusammengestellt sein.

Jes 6,1 nennt das früheste Datum des Jesajabuches. Die Entsündigung (6,6f) befähigt Jesaja erst zur Bereitschaftserklärung, Sendung und Weitergabe der Botschaft, gehört also wohl zur Einsetzung in das »Amt«. So spiegelt Jes 6 wahrscheinlich die Berufung zum Propheten wider.

Bei Elisa erfolgt die Berufung durch Elia (1 Kön 19,19ff; 2 Kön 2; vgl. Num

11,16f.24ff), bei den sog. Schriftpropheten direkt durch Gott. Verrät schon diese Art der Beauftragung, daß sie in der Gesellschaft kein von vornherein allgemein anerkanntes, in bestimmter Nachfolge übertragenes Amt innehaben, in das sie in einem öffentlichen Akt eingeführt werden konnten?

Berufungsberichte, die keineswegs von allen Propheten erhalten sind, finden sich in zweierlei Gestalt: in einem *Zwiegespräch* mit Gott – dem sog. Berufungsformular mit Beauftragung, Einwand durch Hinweis auf das eigene Unvermögen oder die Schwierigkeit der Aufgabe, Bekräftigung der Sendung mit Zusicherung des Beistands und Zeichen (Jer 1; vgl. Ex 3f; Ri 6,11ff, 1 Sam 9) – oder in einer *Thronratvision* (Jes 6; 40; Ez 1; vgl. auch 1 Kön 22,10ff; Sach 1,7ff; Hi 1f). Wie etwa in Ex 3; Jer 1 begegnen hier die Verben »gehen« und »senden« (Jes 6,8f; vgl. Ez 2,3f; 3,1.4.11; auch Jer 14,14f; 26,12.15; Hag 1,12; Sach 4,9 u.a.).

Außerdem setzt die sog. Frühzeitverkündigung Jesajas (Kap. 2–5) wohl das in Jes 6 dargestellte Widerfahrnis voraus (vgl. 5,9 mit 6,11; auch 1,15; 3,8f; 5,14.17.27ff u.a.). Schließlich nehmen Ezechiel (Kap. 1) und Deuterojesaja (Jes 40,1–8) die Form der Thronratvision zur Berufung auf. Die Audition Jes 40 ist in der szenischen Darstellung zwar weitaus zurückhaltender, schließt sich – zumal mit dem »Rufen« der wohl himmlischen »Stimme« oder der weltweit wirkenden »Herrlichkeit« – aber an Jes 6 an.

Zu Beginn der ältesten Sammlung bildet Jes 6 (V 1–11) am ehesten die Begründung wie die Beglaubigung des Auftritts Jesajas als Propheten und zugleich die Begründung seiner Botschaft, der Unheilsansage.

Schon von Micha ben Jimla (1 Kön 22,19ff; o.§ 14a2,5) ist eine – in ihrer Datierung allerdings umstrittene – Vision überliefert: »Ich sah Jahwe auf seinem Thron sitzen«. Demgegenüber bietet Jes 6 in zumindest dreifacher Weise eine Veränderung, am ehesten eine Vertiefung oder auch Zuspitzung: a) Schaut Micha in den himmlischen Thronrat, so spielt die Szene Jes 6 zugleich im himmlischen und irdischen Tempel. b) Erwächst bereits aus Michas Vision eine Gerichtsansage, die zur Betörung des Königs führt, so zielt Jes 6 umfassend auf die Verstockung »dieses Volkes«; zugleich gewinnt die Aussage über die konkrete Situation hinaus eine mehr grundsätzliche Bedeutung. c) Sieht Micha nur, wie »der Geist« auftritt, der zum Lügengeist wird, so wird Jesaja selbst beauftragt. Indem der Mensch vom Zeugen zum Teilnehmer, vom Zuschauer zum Boten wird (vgl. Jer 23,22a), kann die Vision in ein Berufungsgeschehen (mit Entsündigung) übergehen.

Auf die ihm zuteilgewordene Vision und Audition antwortet Jesaja (6,5) mit einem doppelten Schuldbekenntnis: für sich selbst und zugleich – gleichsam stellvertretend, weil nur er Gottes Anwesenheit erfährt und auch allein diese Einsicht gewinnt – für sein Volk. Das Volksganze ist, wie Jesaja mit seiner (späteren) Verkündigung bestätigt und entfaltet, schuldig (1,2f.4.10; 10,6; 30,9; 31,2 u.a.), und er weiß sich selbst nicht ausgenommen, vielmehr darin mit seinem Volk eins.

Erst nach dem Eingeständnis »Wehe mir!« wird Jesaja in einer – über das Hören und Sehen hinaus mit der Mundberührung auch das Fühlen einschließenden – Symbolhandlung mit einem Deutewort von Schuld befreit. Die Reinigungszeremonie und der Zuspruch der Vergebung befähigen ihn zur Übernahme des Auftrags; Entsündigung und Sendung folgen aufeinander und gehören zusammen. Auf Gottes Frage im himmlischen

Thronrat »Wer soll für uns gehen?« wagt Jesaja mit der Bereitschaftserklärung zu antworten: »Sende mich!« und wird in Dienst genommen: »Geh und sprich!« Der Prophet tritt gleichsam auf seiten Gottes, damit anders als in seinem Schuldbekenntnis dem Volk gegenüber.

Der folgende sog. *Verstockungsauftrag*, der von vornherein die Wirkung des Wortes einbezieht: »Höret, doch verstehet nicht!«, enthält zumindest zwei Aspekte. Einerseits ist die Verkündigung mehr als nur das Angebot einer letzten Möglichkeit. Selbst Mahnungen (»Höret!«) oder Warnungen, die auf Abwehr des Unheils zielen – weil sie, wie die Begegnung von König und Prophet (Jes 7) exemplarisch zeigt, bewußt überhört werden – führen nur das Gericht herbei. Andererseits vollzieht sich auch die Ablehnung prophetischer Botschaft, damit Ungehorsam und Schuld, nicht ohne oder gegen Gottes Willen (»Verstehet nicht!«).

So enthebt der sog. Verstockungsauftrag die Betroffenen keineswegs ihrer Verantwortung; vielmehr liegen, wie die Verkündigung des Propheten bezeugt und ausführt, Nicht-Wollen (Jes 1,2f.4; 28,12; 30,9.15 u.a.) und Nicht-Können (vgl. aus Jesajas Spätzeit 29,9f; sachlich 1,15 u.a.) der Hörer ineinander. Ihre Einsichtslosigkeit gilt zugleich als Gottes Fügung; Wirken Gottes und Handeln des Menschen schließen sich keineswegs aus. Das Scheitern der Verkündigung wird in das Gotteswort hinein- und so vorweggenommen. Auf diese Weise ist der sog. Verstockungsauftrag auch ein Zeugnis für die Unwiderruflichkeit der Unheilsansage.

Entsprechend macht die Verstockung des Pharaos, das »Hart-Machen« seines Herzens (Ex 7,3 P; vgl. 9,12 u.a.), ein freies Entscheiden keineswegs unmöglich. Vielmehr vermag er auf eine zuvor nicht angekündigte Weise selbständig zu reagieren, die weisen Zauberer zu berufen (7,11). Mithin heißt es – anders als bei diesen Magiern (8,14; 9,11) – statt »er konnte nicht« auch »er wird nicht hören« (7,4) bzw. »er hörte nicht« (7,13 u.a.). So hat und behält der Pharao die Fähigkeit, entgegen den Zeichen zu handeln. Die Vorhersehung oder Vorherbestimmung durch Gott und menschliches Verhalten, die Eigenwilligkeit des Pharaos, schließen sich nicht gegenseitig aus; beides ist vielmehr zugleich möglich und gegeben. Demnach umfaßt Verstockung wenigstens zwei Momente: das Wissen um den Ausgang einer Entscheidung, sei es einer Aktion oder Reaktion, und das Wollen dieses Ausgangs. Darum tritt der Pharao, auch wenn er sich widersetzt, nicht aus Gottes Willen heraus; indem der Pharao seinem eigenen Sinn folgt, handelt er in Gottes Absicht.

Der an Jesaja ergehende sog. Verstockungsauftrag bezieht sich nicht auf den fremden Herrscher oder auf den eigenen König (vgl. 1 Sam 16,14; 1 Kön 22,19ff), sondern das eigene Volk: »Aussagen, die von der Verstocktheit Israels gemacht werden, finden sich erst bei den großen Propheten.« (*F.Hesse*, Das Verstockungsproblem im Alten Testament, 1955, 40)

Der sog. Verstockungsauftrag ist Ausdruck der Härte des Gerichts (vgl. 8,14f) und nimmt zugleich die *Wirkung* prophetischer Botschaft, das Scheitern seiner Verkündigung, in das Gotteswort hinein und vorweg. – Wird die in Jes 6 wiedergegebene harte Einsicht nicht entschärft, wenn man sie als Niederschlag späterer Erfahrungen des Propheten, als Erkenntnis aus dem Rückblick, deutet?

»Wer dem Wort von der Verstockung dadurch beizukommen sucht, daß er es indirekt, d.h. als das sekundäre Ergebnis einer theologischen Reflexion versteht, also etwa als den Ausweg aus einem theologischen Dilemma, oder als eine Erklärung für eine religiös-psychologische Gesetzmäßigkeit, der hat in hermeneutischer Hinsicht von vornherein einen Standort außerhalb des Textes bezogen.« (*G.v.Rad*, TheolAT II^4, 159f)

Gewiß ist der Unterschied zwischen »Jesajas Erleben« (*K.Budde*), dem persönlichen Widerfahrnis und der nachträglich gestalteten, allein zugänglichen Niederschrift nicht aufhebbar. Der vorliegende Bericht jedenfalls sieht die Verstockung »dieses Volkes« (V 9f) wie die unbedingte Gerichtsansage (V 11) als Jesaja zuvor in der (Berufungs-)Vision zuteilgewordene Einsicht an.

»Verstockung dürfte sich wohl so vollziehen, daß zwar wahre prophetische Botschaft ergeht, diese aber nicht mehr verstanden, geglaubt und realisiert werden kann, weil man schon Gefangener seiner Untaten, seines bösen Denkens ist. Durch das Nichtbeachten und Ablehnen des Prophetenwortes verrennt man sich noch weiter ... Da die Verstockung eine Umkehr unmöglich macht, treibt sie direkt in die Heillosigkeit hinein und ist somit bereits Gerichtsvollzug.« (*R.Kilian*, EdF 200, 1983, 128)

Innerhalb der sog. Denk- oder Urschrift Jesajas (6,1–8,18) bietet die Begegnung zwischen Prophet und König, die in einem vermutlich von einem Schüler (vgl. 8,16) abgefaßten Erbericht dargestellt wird, ein anschauliches Beispiel für die Verstockung der Hörer; sie gewinnt ihre »Konkretion in der Glaubensverweigerung des Ahas« (*H.Wildberger*, BK X/I, 241). Zwar kündet Jesaja angesichts der bevorstehenden Belagerung Jerusalems den Untergang beider Angreiferstaaten an, erneuert vielleicht auch die der davidischen Dynastie oder dem Zion gegebene Verheißung, stellt sie aber unter eine Bedingung und verleiht ihr einen drohenden Akzent: »Glaubt ihr nicht, so bleibt ihr nicht« (7,9). Diese bedingte Unheilsdrohung wandelt sich im Verlauf der Szene, da der König wohl hört, aber nicht versteht und das angebotene Heil ausschlägt, in eine unbedingte Unheilsansage (7,16f). So gehört das Angebot des Glaubens im Ablauf der Ereignisse in eine ungenutzt verstrichene Situation.

»Ahas wird zwar zum richtigen Tun aufgefordert, aber er ist bereits so sehr Gefangener seiner eigenen Pläne, daß er für das Angebot Jahwes nicht mehr frei ist. Er begreift nicht mehr, um was es wirklich geht. So verstrickt er sich noch weiter in sein eigenes Denken und zieht sich dadurch das Gericht zu. Die Botschaft des Propheten, so positiv sie auch gemeint sein mag, treibt ihn in sein Unheil hinein.« (*R.Kilian*, NEB, 56)

Auch in diesem Fall ist dem König die Entscheidung nicht abgenommen, die Freiheit der Betroffenen (etwa gegenüber dem Zeichenangebot Jes 7,11f) nicht aufgehoben. Wiederum bilden Theonomie und Autonomie keine Gegensätze; denn Gottes Entscheid (Jes 6,9f) liegt auf anderer »Ebene« als die menschliche Entscheidung, umgreift sie vielmehr.

Jesajas Einsicht (6,9f) hat verschiedentlich Nachwirkungen; das Thema mit entsprechender Ausdrucksweise klingt bei anderen Propheten (Jer 5,21; 6,10; Ez 12,2; vgl. 2,3ff; 3,5ff.26f; auch Jes 42,18ff; 43,8) und noch im Neuen Testament (Mk 4,11f Par.; vgl. Röm 11,8 u.a.) nach.

Mit seiner klagenden Frage »Wie lange?« zielt Jesaja (6,11) auf ein Ende seiner schweren Sendung oder (genauer) auf eine Begrenzung der Verstokkung, erhält jedoch eine Antwort, die keine Möglichkeit für ein Ausweichen vor dem Gericht offenläßt.

Wird mit der Frage ein Unterschied erahnbar zwischen dem, was Jesaja durch die Überlieferung von Gott weiß oder auch als Mensch hofft, und dem, was er als Prophet erfährt und weiterzugeben hat? Bei aller Direktheit bleibt die Zukunftsansage (6,11) insofern allgemein, als sie (ähnlich Am 8,1f) das »Wann«, den Zeitpunkt, offenläßt und das »Wie«, die Art und Weise des Gerichts, nur andeutet.

Auch eine *nähere* Begründung für den sog. Verstockungsauftrag mit der abschließenden Gerichtsansage ergeht nicht, vielmehr klingt eine Motivation nur eben im Bekenntnis (V 5 »Volk mit unreinen Lippen«; vgl. 29,13) an. So wird zwar eindeutig, daß die Strafe keinen Unschuldigen trifft, jedoch fehlt eine eingehende Situationsanalyse oder Zeitkritik, die aus dem Verhalten künftiges Ergehen folgert. Dabei kommt die Schuld des Volkes in Jesajas eigenem Wort, die Zukunftsansage jedoch im Gotteswort zum Ausdruck.

Anscheinend hat der Prophet seinerseits die Aufgabe, die Einsicht in die Schuld des Volkes in seiner Botschaft auf verschiedenen Bereichen, etwa mit der Sozialkritik (5,7.8ff u.a.), der Kultkritik (1,10ff; vgl. 29,1.13 u.a.) oder auch mit Bildworten (1,2f; 5,1–7), zu entfalten, so die zunächst nur angedeutete Begründung auszuführen.

Jesaja nimmt sowohl die Schuldeinsicht als auch die Zukunftsansage in seiner Verkündigung auf. Über das Gottesprädikat »heilig« (5,19 u.a.) hinaus kehren wichtige Stichworte, wie »hören, sehen, verstehen« (6,9f), wieder: »das Werk Jahwes nicht sehen« (5,12; vgl. 5,19; 22,11), »nicht hören (wollen)« (1,19; 28,12; 30,9; auch 9,12; 30,2 u.a.), »nicht verstehen« (1,3; vgl. 5,19; 11,2) oder »dieses Volk da« (8,6.11 u.a.).

Die Jesaja auf seine Frage »Wie lange?« zuteilgewordene Ankündigung der Verwüstung von Haus und Stadt »ohne Bewohner« (6,11) wirkt in seiner Verkündigung nach (5,9; vgl. 1,7; 5,14.17; 7,16; 18,6f; 32,13f; schon Am 3,15; 5,11; 6,8ff u.a.).

Die beiden – gemäß recht einmütigem Urteil der Ausleger – nachträglich angehängten V 12f (mit dem Übergang zur Rede von Gott in dritter Person) gestalten V 11 aus und künden ausdrücklich auch dem letzten Zehntel, dem Rest, das Ende an, sagen also keine Bewahrung *vor* dem Gericht an.

Erst die drei Schlußworte vollziehen mit einem nicht ganz klaren Bild die Wende vom Unheil zum Heil: Der Stumpf des abgeschlagenen Baumes bzw. der neue Trieb ist »heiliger Same«. So nehmen die beiden letzten Verse von der Härte des umfassenden Gerichts, in dem selbst das letzte Zehntel nicht verschont bleiben soll, nichts zurück, verheißen keinen »Rest«, lassen aber (ähnlich 11,1: »ein Reis aus dem Stumpf«) aus der Wurzel neues Leben hervorgehen (aufgenommen Esr 9,2).

3. Die Berufungserzählung Jeremias (1,4–9.10) geht insofern noch über Jes 6 hinaus, als sie hinter die Zeit der Beauftragung zurückgreift; Gottes Ernennungswort (Designation V 5) teilt die vorgeburtliche Bestimmung mit; das Erkanntwerden durch Gott geht dem Erkennen des Menschen voraus. Mit einer entsprechenden Gottesrede »Ich setze dich ein« wird Jeremia später – verschärfend – zum Prüfer (6,27) bestellt und »für dieses

Volk zur ehernen, unbezwingbaren Mauer« (Jer 15,20; vgl. 1,18) gemacht. Dasein und Aufgabe sind für den Propheten gleichsam identisch, so daß die Unterscheidung von Amt und Person unmöglich wird: Er ist für seinen Auftrag geschaffen und ausgesondert, damit letztlich in seinem Lebensvollzug unausweichlich und ganz gefordert (vgl. 16; 15,17; 20,7f).

Der Einwand (V 6), mit dem sich der Betroffene dem Auftrag zu entziehen sucht, argumentiert von der Gegenwart her und damit gegenüber der vorgeburtlichen Erwählung zeitlich zu kurz, enthält auch kein grundsätzliches »Nein«, sondern nur ein »Noch-nicht«. Die Jugend äußert sich in einem Mangel an Redegewandtheit (vgl. 1 Kön 3,7; Ex 4,10; 6,12). Fehlt Jeremia noch die Mündigkeit, in der Versammlung der Vollbürger aufzutreten?

Dem Widerspruch begegnet Gott, indem er in der Abweisung des Einwands (V 7f mit Sendung und Zusage des Beistands) den Berufenen nicht aus der Verpflichtung entläßt, ihn vielmehr bei seiner Aufgabe behaftet, dadurch Bedrohung, Verfolgung und Leiden nicht ausschließt, ihn aber nicht alleinläßt, ihm vielmehr seine Anwesenheit zusichert, so nicht *vor*, jedoch *in* der Gefahr bewahrt. Damit gibt das Gotteswort den Grund an, der dem Menschen die Übernahme der Aufgabe und die Überwindung der Angst ermöglicht.

Wie der Klagelaut »Ach, Herr Jahwe« (1,6; vgl. 4,10; 14,13 u.a.) ansatzweise eine Redeform aufgreift, die später ähnlich in Jeremias Klagen (wie 8,4ff; 12,7ff) und Konfessionen vielfältig zur Ausgestaltung kommt, so wird die Beistandszusage »Ich bin mit dir, dich zu retten« (1,8) von der Antwort auf die Konfession (15,20f; vgl. 1,18f) aufgenommen und entfaltet.

Das Reden auf Befehl (V 7b) wird in der »Eingabe« des Wortes (V 9) sinnfällig. Zur Bestätigung des Auftrags vollzieht Gott (oder läßt vollziehen; vgl. Jes 6,7; Jer 23,22) eine nicht nur hörbare, sondern jetzt sichtbare Handlung. In Jesajas Thronratvision findet sich ein ähnlicher Akt zeichenhafter Nähe Gottes – allerdings mit verschiedenem Sinn. Die Berührung des Mundes, Bereitstellung oder Befähigung zum Prophetenamt, geschieht an Jesaja (6,7) durch einen Seraphen zur Reinigung, Entsündigung, an Jeremia (1,9; vgl. 15,16) durch Gott selbst zur Worteingabe oder -übertragung. So ist der Ritus dort eher Voraussetzung des Botenauftrags, hier die Bevollmächtigung selbst.

Da Riten und Symbole ihrem Wesen nach mehrdeutig sind, bedarf die zeichenhafte Handlung des erläuternden Wortes (1,9b). Es bestimmt den eigentlichen Inhalt der Verkündigung noch nicht näher (vgl. Ez 2,4); er wird dem Propheten erst in einer weiteren Vision (Jer 1,13f) oder jeweils in der Situation zuteil. Dann kann sich das »eingegebene Wort« in seiner Intention kundtun (5,14).

Nach der auf die Konfession ergehenden Antwort soll Jeremia als Gottes Sprecher »wie mein Mund« (15,19; vgl. 15,16; auch Ex 4,6) auftreten. Obwohl Jeremia

Gottes »Worte in den Mund gelegt« (1,9) sind, gibt es allerdings Szenen (28,11; 42,7), in denen er aktuell auf Gottes Wort warten muß.

Im Schlußvers der Berufungserzählung (1,10), der wohl nachträglich Jeremias gesamte Botschaft zu umfassen sucht, erscheint der Prophet als Amtsträger Gottes, der sein souveränes und universales Wirken, seine Macht über die Völker (vgl. 18,7ff), auf seinen Boten überträgt, der Gottes Handeln ankündigt.

Während die Vision Jes 6 in eine Audition übergleitet, findet sich in der Audition Jer 1 (V 9) ein Visionselement. Wie in Jes 6 erst der fast allgemein als Zusatz verdächtigte Schluß (6,13bß) über das Gericht hinausblickt, sind in Jer 1 Unheil und Heil erst nachträglich (V 10) verknüpft; so ist in beiden Texten die Heilsverheißung ergänzt. In den beiden Visionspaaren Am 7,1–8; 8,1f und Jes 6 (trotz V 9–11) ist der eigentliche Inhalt der Botschaft des Propheten noch nicht näher, im ursprünglichen Text von Jer 1 (V 4–9) überhaupt noch nicht angegeben, sondern wird erst von der zweiten Vision (1,13f) umrissen.

Die beiden folgenden Visionen (Jer 1,11f.13f) bilden ein zusammengehörendes Paar.

Gewisse Formmerkmale – wieder Selbstbericht mit Dialog einschließlich bestimmter Redewendungen (»Was siehst du, Amos/Jeremia?«) – sind durch Amos' Visionen, insbesondere durch das zweite Paar (Am 7,7f; 8,1f), vorgegeben (vgl. Jer 24,1; auch Sach 3,1) und werden abgewandelt, etwa durch die einleitende sog. Wortereignisformel (vgl. Jer 13,3.8; 16,1 u.a.).

Da »das Wort Jahwes an« Jeremia bei der zweiten Vision nach dem vorliegenden Kontext (1,4.11) eigentlich zum dritten statt »zum zweiten Male« (V 13) »ergeht«, sind die zwei Visionen literarisch kaum ursprünglich mit dem Berufungsbericht verknüpft, wohl aber sachlich mit ihm verbunden.

Beide weisen – mit eröffnender Frage, Antwort und Deutung – einerseits dieselbe Struktur auf. Die sog. Vergewisserungsfrage »Was siehst du?« ist nötig, damit die Antwort das »Bild«, das Geschaute, in Sprache überführt; erst so wird das Wortspiel möglich. Andererseits fehlen innerhalb der zweiten Vision bei der persönlichen Anrede der Name (nur 1,11: »Was siehst du, Jeremia?«) sowie die Bestätigung der Wahrnehmung (nur V 11: »Du hast recht gesehen«). So zielt die erste von vornherein auf die zweite Vision; der zunächst nur allgemeine Inhalt (vgl. 1,9; 18,2 u.a.) wird dort entfaltet und bestimmt.

Zum prophetischen Auftrag scheinen von vornherein (1,6ff) die Auseinandersetzung mit Gegnern sowie die Anfechtung zu gehören, die dann in den sog. Konfessionen breit entfaltet wird. Wie Jeremia »erkannt« und »geheiligt« ist (1,5), bevor er selbst erkennen und einwilligen kann, so richtet sich die Vision mit der Zusage (1,12): »Ich wache über mein Wort, es auszuführen« vorweg gegen möglicherweise aufkommende, durch die bisherige Geschichte der Prophetie (Jes 5,18f u.a.) begründete, von Jeremia aber (noch) nicht ausgesprochene Zweifel.

Nimmt Jes 40,1–8 (außer Jes 6) mit der Folge von Berufung und Bekenntnis zur Beständigkeit des Gotteswortes nicht den in Jer 1 vorgegebenen Zusammenhang von Berufung und Zusage der Wirksamkeit des Gotteswortes auf?

Dieses »Wort« kann seinem Gehalt nach nur auf Zukunft ausgerichtet sein; die allgemeine Aussage findet in der zweiten Vision ihre Konkretion und inhaltliche Zuspitzung. Sie nimmt die – Amos wohl als erstem zuteilgewordene und von ihm ausgesprochene – Unheilsahnung über das Volksganze auf:

»Von Norden wird das Unheil entfacht
über alle Bewohner des Landes.«
(Jer 1,14; vgl. 13,9; 16,5; 19,11 u.a.)

Erneut fehlt zunächst sowohl eine Motivation (»Warum«) wie eine nähere Bestimmung (»Wie« und »Wann«) des bevorstehenden Unheils. Erst im Laufe der Zeit scheint Jeremia seine Drohung durch die Beschreibung eines »Feindes aus dem Norden« (4,5ff; vgl. die Erweiterung 1,15), später noch genauer durch die Ankündigung der Babylonier oder gar der Person Nebukadnezzars (25,9 u.a.) spezifiziert zu haben.

4. *Ezechiels* Berufungserzählung (Ez 1–3) verbindet beide Formen, die Thronratvision Jes 6 und das Zwiegespräch Jer 1, miteinander und gestaltet die empfangenen Anregungen aus; außerdem ist der Text nachträglich durch weitere Motive ergänzt. In einer Vision der göttlichen Herrlichkeit tragen vier vierflügelige Lebewesen, kerubenähnliche Mischwesen (vgl. Ez 10,1ff), mit verschiedenen Gesichtern eine kristallene Platte, die Himmelsfeste darstellend (vgl. Ex 24,10; Apk 4,6); über ihr ist, wie vorsichtig-zurückhaltend angedeutet wird (o.§ 6c,6), auf einem thronähnlichen Gebilde etwas anzusehen wie eine menschenähnliche Gestalt (Ez 1,26). Gottes Thron, mit Rädern (in einem Nachtrag 1,15ff) ausgestaltet, erscheint im fernen (4,13; 11,15) Land, bei den Verbannten im Exil. Bei der Beauftragung wird Ezechiel angeredet: »Menschensohn, stell dich auf die Füße!« Er wird zu Israel insgesamt, dem »Haus Widerspenstigkeit«, gesandt. Die Übergabe des Gotteswortes in den Mund des Propheten, die sich in einer zeichenhaften Handlung, dem Essen einer mit Ach und Wehe beschriebenen Rolle, vollzieht, und die Ermahnung zur Furchtlosigkeit mit der Zusage einer harten Stirn, der Standhaftigkeit in Anfeindungen, enthalten deutlich Anklänge an Jeremias Berufungsbericht (1,8f) und Konfessionen (15,16.20; vgl. 1,17ff). Einerseits wird die Verantwortung der Hörer betont (2,5: »mögen sie hören oder es lassen«), andererseits im Anschluß an Jesajas Einsichten die Wirkung bzw. Wirkungslosigkeit vorhergesehen (3,7): »Sie wollen nicht auf mich hören; denn das ganze Haus Israel hat eine harte Stirn und ein starres Herz.« Dabei wird die Erkenntnis, »daß es einen Propheten in Israel gibt« (2 Kön 5,8; vgl. 4,8; 17,24), verschärft zu der Erwartung (Ez 2,5): Erst im Rückblick werden die Hörer erkennen, »daß ein Prophet unter ihnen *war*«.

3. Die Umkehrung von Heil in Unheil

Hatte man die Propheten zunächst als Dichter, Weissager oder Gesetzesausleger – als »Handhaber und Zeugen Moses und seines Amts« (M.Luther) – gewürdigt, so kam im 19. Jahrhundert nach der Spätdatierung der Priesterschrift und ihrer Kultgesetze vor allem durch *B.Duhm* und *J.Wellhausen* (Prolegomena zur Geschichte Israels, [6]1927, 398) eine andere Sicht auf: Die Propheten »predigen nicht über gegebene Texte«. *B.Duhm* (Das Buch Jesaja, [4]1922, 220) urteilte wohl mit Recht: »Die seit Amos aufkommende Eschatologie isolierte diese Propheten.«

Weil sie trotz tiefer Verwurzelung in der Tradition »etwas fundamental Neues« (II^4, 191) bringen, widmete ihnen *G.v.Rad* in seiner »Theologie« einen eigenen, zweiten Band – aus der Einsicht in die grundlegende Besonderheit dieses Teils des Kanons: Pentateuch und Geschichtswerke blicken auf die Heilstaten Gottes zurück und suchen sie zu aktualisieren, während die Propheten die für ihre Gegenwart entscheidende Gottestat – zunächst Gericht und erst in ihm Heil – von der Zukunft erwarten.

»Der sicherste Prüfstein für die Anlage einer Theologie des AT ist aber das Phänomen der Prophetie ... Die Verkündigung der Propheten läßt sich ... den Glaubensvorstellungen Israels nicht organisch anhängen. So überwältigend vielseitig sie auslädt, so hat sie doch ihren Ausgangspunkt in der Überzeugung, daß die bisherige Geschichte Israels mit Jahwe abgelaufen ist und daß Jahwe mit Israel ein Neues beginnen wird.« (TheolAT I^4, 142)

Demnach hat »sich im Verhältnis der Propheten zu den heilsbegründenden Erwählungstraditionen der Väter-, der Sinai- und Exodus-, der Zion- und Davidtradition ein tiefgehender Bruch ereignet ... Sie sahen dasselbe Israel, das sich doch weithin noch von Jahwe geschützt und gesegnet glaubte, unter dem totalen göttlichen Gericht stehen. Sie haben aber nicht als Reformer dazu aufgerufen, dem in diesen Überlieferungen offenbar gewordenen Heilswillen Jahwes besseren Gehorsam zu leisten. Das Entscheidende war doch dies, daß sie ihren Zeitgenossen die Berufung auf das dort angebotene Heil geradezu verwehrt und nur einen sehr schmalen Weg zu einem Heil gesehen haben, das Jahwe überhaupt erst schaffen wird.« (TheolAT II^4, 343f)

Gegenüber dem Versuch, die prophetische Gerichtsdrohung als Folge des Gesetzes zu verstehen (*W.Zimmerli*, Das Gesetz und die Propheten, 1963) wandte *G.v.Rad* (TheolAT II^4, 421 Anm. 12) ein: »Nach wie vor aber möchte ich die Gerichtsbotschaft der vorexilischen Propheten von diesem Vorstellungskreis (Bund/Erwählung, Fluch) abrücken und in ihr etwas Neues sehen ... Sie sahen den heilsamen Bezug Jahwes zu Israel überhaupt als gelöst an«, so daß »von einer Zukehr Jahwes zu Israel nur aufgrund ganz neuer Heilssetzungen gesprochen werden« konnte.

Mit der prophetischen Verkündigung, nach der sich Gottes Herrschaft im Leiden des Volkes erweisen soll, wird aus der in Israels Geschichte hineingesprochenen Verheißung Drohung unmittelbar bevorstehenden, schon die Gegenwart prägenden Gerichts.

Für die Propheten ist die Zukunft schon »gekommen« (Am 8,2; Hos 9,7 u.a.). In Gottes Augen und damit für Jesaja (7,4) sind die beiden Jerusalem angreifenden Staaten bereits »qualmende Brennholzstummel«. Mit ähnlicher Gewißheit tritt Micha (3,6f) seinen »heils«prophetischen Gegnern entgegen. Die Propheten müssen mit solcher Naherwartung die Spannung zur Situation aushalten.

Schon Jesaja trifft der Spott der Zeitgenossen, weil sich seine – auf die in Bälde bevorstehende Zukunft bezogene – Drohung nicht verwirklicht. Er antwortet mit einem »Wehe«; es gilt denen, »die sagen: Es beeile sich, es komme rasch sein Werk, damit wir es sehen; es nahe, es treffe (doch) ein der Ratschluß des Heiligen Israels!« (Jes 5,19; vgl. die in 8,12f; 28,9; 30,11 spürbare Reaktion der Hörer; auch Jer 17,15 u.a.)

Dicht vor der Katastrophe muß sich Ezechiel gegen einen ähnlichen Einwand

(12,25) wehren: »Die Tage ziehen sich in die Länge; aus ist es mit aller Schau.« So ist das Problem der Gültigkeit und Wirksamkeit des Prophetenwortes, das eine die Gegenwart bedrängende Zukunft ansagt, vorgezeichnet. Insofern entspricht Zephanjas Ankündigung (1,7.14ff) eines *dies irae* »Nahe ist der Tag Jahwes!« sinngemäß prophetischer Botschaft.

Darf man sie wegen ihrer Naherwartung, ihres allgemeinen Charakters und wegen der Ankündigung eines tiefen »Bruchs«, durch den »das Neue jenseits davon nicht mehr als die Fortsetzung des Bisherigen verstanden werden kann« (*G.v.Rad*, TheolAT II[4], 124f), »eschatologisch« nennen? Allerdings blicken die Propheten noch nicht (wie später etwa Dan 8,17; 10,14) auf die »Endzeit«.

Gewiß wollen die Propheten keinen neuen Glauben begründen, predigen keinen neuen Gott, lehren den bekannten Gott aber neu erkennen. Sie gebrauchen den – ihnen aus dem Gottesdienst oder von der Familie her vertrauten – Namen Jahwe weiter, wahren betont die Ausschließlichkeit (Hos 3,1; 13,4; Jes 2,17; 30,1f; Jer 2 u.a.; o.§ 6b,3), geraten mit ihrer Botschaft aber in harten Gegensatz zur gültigen Glaubensüberlieferung. Sie nehmen vorgegebene Traditionen auf, können aus ihnen auswählen, sie abändern, überbieten, ja bis zur Verkehrung des ursprünglichen Sinns umgestalten. Erinnerung kann in Erwartung, Heil in Unheil umschlagen.

Gewiß enthält die Anknüpfung an Tradition ein Anerkennen und Bewahren der Vergangenheit; für die Bedeutung der Tradition im Kontext ist aber die ihr abgewonnene oder gar abgerungene Aussage-Absicht entscheidend.

So wird die Überlieferung vom Krieg, den Jahwe zugunsten Israels führte, zur Ankündigung eines Kriegs gegen Israel (Am 2,13ff; Jer 4,5 u.a.; o.§ 7,3). Ein »fremdes Werk« (Jes 28,21; vgl. 29,14; Jer 21,4ff; 25,9 u.a.) wird Jahwe vollbringen. Großmächte, die ihre Siege ihren Göttern zuschreiben, gelten den Propheten als Werkzeuge des einen Gottes, der durch sie sein Gericht vollstreckt (Am 5,27; 6,14; Jes 7,18f; 8,7f; 10,5ff; 28,2 u.a.).

Es kann nicht nur die Zerstörung der Städte (Am 6,8; Jes 5,9.14.17; 6,11; Mi 1,6.12; Jer 4,7.25f u.a.), sondern auch die Vertreibung Israels aus dem Lande (Am 7,11.17; Jes 6,11f; vgl. 2 Kön 21,12ff) einschließen, so daß die verheißene Landnahme, mit ihr ein Stück Heilsgeschichte des Volkes, rückgängig gemacht wird (Hos 8,13; 9,3.6; 11,5; vgl. 9,17: »Flüchtlinge unter den Völkern«).

Schon Amos könnte die Passatradition, nach der Jahwe an Israel »vorüberzieht« (*ᶜabar* Ex 12,23.12), kritisch aufnehmen, wenn dem Propheten einerseits in den Visionen das Gotteswort zuteil wird: »Ich gehe nicht mehr (an meinem Volk schonend) vorüber« (Am 7,8; 8,2), und er andererseits in seiner Verkündigung das Drohwort (5,17) weitergibt: »Ich schreite durch deine Mitte.« Sollte kein wörtlicher Rückbezug vorliegen, besteht zumindest sachlich ein Gegensatz zu dem alljährlich mit dem Passaritus lebendig erhaltenen Heilsglauben. Vergegenwärtigt das Passa die Befreiung und spricht das in der Vergangenheit erfahrene Heil der jeweils gegenwärtigen Generation neu zu (o.§ 9b,1), so steht nach Amos eine für Israel entscheidende Gottestat noch aus.

Ähnlich weiß Hosea der bei Moses Berufung ergehenden Zusage der wirksamen Gegenwart Gottes bei seinem Volk »Ich werde dasein« (Ex 3,14; vgl. 3,7 »mein Volk«) mit dem Deutewort zum Symbolnamen seines zweiten Sohnes »Nicht-mein-Volk« (Hos 1,9) für die Zukunft zu widersprechen:

»Ihr seid nicht (mehr) mein Volk,
und ich, ich werde nicht (mehr) für euch dasein.«

Hier wird ausdrücklich ein »Nein«, »Nicht« bzw. »Nicht-mehr« zum Kern der Tradition gesprochen.

Wie der einzelne Beter erfahren kann, daß sich Gott entzieht (Ps 22 u.a.), so haben die Propheten dem Volk die harte Botschaft auszurichten, daß der nahe zum fernen (Jer 23,23), sich verbergenden (Jes 8,17; 45,15; vgl. 29,14 u.a.) Gott wird, der sich entzieht (Hos 5,6; Jes 1,15; Mi 3,4.7 u.a.),

Gott selbst ist nicht mehr, wie die *Psalmen* (18,3; vgl. Jes 30,29; 17,10) in Vertrauensaussagen bekennen, Burg oder verläßlicher Fels, sondern wird zum »Stein des Anstoßes, Fels des Strauchelns« (Jes 8,14; vgl. Hos 5,14 u.a.).

Auch sonst kann der Prophet Psalmensprache abwandeln (Jes 8,17; 28,15 u.a.). Weil Israel »Schutz« und »Zuflucht« (vgl. Ps 27,1 »Jahwe ist meines Lebens Schutz« u.a.) oder »Hilfe« und »Vertrauen« nicht bei Gott, sondern bei Ägypten sucht, findet es statt Schutz Schande (Jes 30,2f; 31,1).

So können die Propheten dem Glauben, daß Gott Israel letztlich gnädig zugeneigt ist und Schuld vergibt, mit der Einsicht entgegentreten, daß die Zeit des Erbarmens vorbei ist (Hos 1,6.9; Jer 16,5; vgl. Am 3,2; Jes 22,14; 28,22 u.a.). Ähnlich Hosea (5,14 u.a.) formuliert *Jeremia* gelegentlich schroff. Das Bild eines Läuterungsgerichts (Jes 1,21ff) kann Jeremia (6,30; vgl. 7,29 u.a.) so steigern, daß das Volk nicht mehr geläutert werden kann: »Nennt sie verworfenes Silber; denn Jahwe hat sie verworfen!«

Demgemäß hält Jeremia – wohl in seiner Nachfolge ähnlich Ezechiel – die Heilsverkündigung für Wunschdenken und Lüge (Jer 6,13f; 8,11.14f; 14,11ff; 23,9ff; Ez 13,3ff; u. Abs. 9).

So können die sog. Schriftpropheten Wünsche und Hoffnungen ihrer Zeit zerstören (vgl. Am 5,18ff). Alttestamentliche Prophetie zeigt, daß Religionskritik nicht nur »von außen« an der Religion geübt wird, sondern zu ihr selbst gehören, genauer: aus dem Glauben erwachsen kann, insofern zugleich eine Auseinandersetzung des Glaubens mit sich selbst ist.

4. Schuldaufweis

Seit Amos' Drohung »Ich suche an euch heim alle eure Schuld« (3,2) durchzieht die Einsicht, daß das Volksganze seine Aufgabe versäumt, die

Botschaft der Schriftpropheten. »Israel hat sich verunreinigt«, klagt Hosea (5,3; vgl. 1,2; 3,1).

Jesaja hält sein angesichts des heiligen Gottes ausgesprochenes Schuldbekenntnis »Ich wohne in einem Volk unreiner Lippen« (6,5) in den wechselnden Situationen seiner Verkündigung durch: »Sie sind ein widerspenstiges Volk, verlogene Söhne« (30,9; vgl. 1,2f; 31,2), »wehe dem sündigen Volk!« (1,4; vgl. 1,10; 10,6). Im Gegenüber zu den »Heils«-Propheten umschreibt Micha (3,8) seinen Auftrag: »Jakob seine Sünde zu künden und Israel seine Verfehlung.«

Jeremia bestätigt in der Anrede: »Ihr alle habt euch gegen mich aufgelehnt« (2,29; vgl. 2,5.11.13.32; 3,21 u.a.); »mein Volk ist töricht« (4,22) und fordert auf:

»Durchstreift die Gassen Jerusalems,
seht doch und forscht
und sucht auf ihren Plätzen,
ob ihr einen findet,
ob einer da ist, der Recht übt,
nach Wahrhaftigkeit strebt –
so will ich euch vergeben!« (5,1; vgl. Mi 7,1ff)

In verschärfter Form wiederholt sich in Israel, was von Sodom (Gen 18,17ff) erzählt wird: Gott sucht die wenigen Gerechten oder gar den einen vergeblich. Ezechiel, der wie Jeremia (6,9.17.27; vgl. schon Hos 8,1; 5,8; auch Jes 21,6ff; Hab 2,1) zum Prüfer oder Wächter bestimmt wird (Ez 3,16ff; 33,1ff), fängt die Schuldverfallenheit des Volkes in dem geradezu stereotypen Namen »Haus Widerspenstigkeit« (2,3ff; 3,9; 12,2ff u.a.) ein. Noch der Exilsprophet Deuterojesaja kann von dem »blinden Volk, das doch Augen hat, und den Tauben, die doch Ohren haben« (Jes 43,8; vgl. 42,18f) sprechen. So heben die Propheten die – für die Weisheitsliteratur typische – Unterscheidung von gerecht und schuldig faktisch auf.

Die Bereiche, in denen die Propheten die Schuldverfallenheit des Volkes aufweisen, sind verschieden; auf je eigene Weise decken sie Mißstände im sozialen, politischen und gottesdienstlichen Leben auf und setzen damit unterschiedliche Schwerpunkte: Amos vorwiegend in der Sozial-, Hosea mehr in der Kultkritik (Zuneigung zur Baalreligion, Übertretung des zweiten Gebots), Jesaja auch in der Außenpolitik. Allerdings sprechen die Propheten durchweg mehrere Themen an, die auch ineinander übergehen können (Hos 3,4; 8,4; Jes 1,10ff u.a.).

a) Sozialkritik

»Sie verstehen nicht, das Rechte zu tun«, faßt Amos (3,10; vgl. Jes 5,7 u.a.) seine Sozialkritik zusammen. Er tadelt die herrschenden Zustände in schonungsloser Schärfe:

»Sie verkaufen den Unschuldigen um Geld
und den Armen wegen eines Paars Schuhe.

Sie treten in den Staub das Haupt des Geringen
und drängen die Elenden beiseite.«
(Am 2,6f; vgl. 5,11; 6,4ff; 8,4ff u.a.)
»Sie häufen Gewalttat auf
und Unrecht in ihren Palästen.« (3,10; vgl. 6,12)

Hosea erscheinen Einzelvergehen als Mangel an eher grundsätzlicher Einsicht:

»Es ist keine Treue, kein Gemeinschaftssinn
und keine Gotteserkenntnis im Lande.«
(4,1f; vgl. 6,4.6; o.Exk. 3,5)

Jesaja, dessen Verkündigung durch Thema und Stichwort »Gerechtigkeit« geprägt ist, ruft das »Wehe« über denen aus, »die Haus an Haus reihen und Acker an Acker rücken, bis kein Platz mehr ist« (Jes 5,8; vgl. Mi 2). Diese Weheworte wirken im vorliegenden Kontext wie Beispiele für die Einsicht, die er im Zielpunkt seines Gleichnisses vom Weinberg durch den Kontrast anschaulich zur Sprache bringt:

»Er hoffte auf Rechtspruch,
doch siehe da: Rechtsbruch,
auf Guttat,
doch siehe da: Bluttat.« (Jes 5,7; u.Abs. 7)

Ähnlich betont etwa Jeremia den engen Zusammenhang zwischen dem Verhältnis zu Gott und zum Mitmenschen, wenn der Prophet dem König Jojakim Bereicherung, Bedrückung, ja Blutvergießen vorwirft und ihm als Vorbild seinen Vater Josia/Joschija vorhält:

»Dein Vater – hat er nicht auch gegessen und getrunken
›und es sich gut sein lassen‹?
Er aber übte Recht und Gerechtigkeit.
Er führte die Sache des Elenden und Armen.
Heißt das nicht mich erkennen? –
ist der Spruch Jahwes.« (Jer 22,15f)

Der Vater war »bei aller Heiterkeit der Lebensführung ernst in der Erfüllung der wahren Königspflicht« (*W.Rudolph*, z.St.), ein gerechter Herrscher, der Schutzlosen zu ihrem Recht verhalf, damit Gottes Willen entsprach. Allerdings liegt im Zusammenhang kein Aufruf zu besserem Tun und Lassen, sondern eine Anklage vor, die den König bei seinem Tun behaftet.

Einige Themen der Sozialkritik lassen sich etwa mit den Stichworten umreißen: Bedrückung von Armen (Am 2,6ff; 4,1; 8,6; Jes 3,14ff; Jer 39,10; Mi 2,8; 3,2f; vgl. 2 Kön 4,1), Handelsbetrug (Am 8,4f; Mi 6,10f; vgl. Zeph

1,11), Ansammlung von Haus- und Grundbesitz (Jes 5,8ff; Mi 2,1f), Errichtung von Prachtbauten auf Kosten der Armen (Am 3,10.15; 5,11), Luxus als Zeichen von Hochmut (Jes 3,16f.24; vgl. Am 6,1), Rechtsbeugung (5,10.12.15.24; 6,12; Jes 1,17.21.23; 5,23; 10,1f; Mi 3,9ff; Sach 8,16; vgl. Spr 17,15), Amtsmißbrauch (Jes 3,1ff; Zeph 3,3f u.a.).

Im einzelnen treten gewisse Unterschiede zwischen den Propheten wieder deutlich hervor.

Beispielsweise nennt Amos noch nicht die Gruppe, die nach Jesaja (1,17.23; 10,1f; vgl. Jer 5,28; Sach 7,9f; Mal 3,5) wie dem Recht (Ex 22,20f u.a.; o.Exk. 3,2) – als selbst nicht rechtsfähig – besonderer Fürsorge bedarf: die *Witwen* und *Waisen*.

Während sich Amos (7,10ff) nur im Einzelfall mit einem *Priester* auseinandersetzen muß, beziehen Hosea (4,4ff; 6,9; vgl. Mi 3,11) und Jeremia (2,8; 4,9 u.a.) die Priester, Micha (3,5ff) und zumal Jeremia (23,9ff; 27f; vgl. Jes 28,7; Zeph 3,4; Ez 13) auch die *Propheten* in die Kritik an den oberen Schichten ein.

Jesaja droht Jerusalem die Beseitigung von »Stütze und Stab«, d.h. der die Gesellschaft tragenden Ämter, an (3,1ff; vgl. 1,21ff; 10,1ff). Im Nordreich kann Hosea gar das Königtum als ohne oder gar gegen Gottes Willen eingerichtete Institution verstehen (8,4; 13,11; vgl. 1,4; 3,4; dazu o.§ 12a,5).

Dabei entwerfen die Propheten in ihrer radikalen Kritik durchweg kein heilvolles Zukunftsbild einer gerechten Gesellschaft (vgl. aber Ansätze Jes 11,4f; Joel 3,1f u.a.), begnügen sich vielmehr weithin mit dem Schuldaufweis oder eher gelegentlich (wie Am 5,24; Jes 1,16f; vgl. Hos 6,6; Mi 6,8) mahnendem Aufruf zu gerechtem Handeln.

Leidet das Gesamtvolk, wenn sich ein Teil vergeht? Wie die eher partielle Anklage Am 2,6ff in eine mehr generelle Zukunftsansage übergeht, die mit dem Untergang des Heeres den Schutz für alle raubt (2,13ff), so wird die Kritik an den Palästen weitergeführt:

»Ich verabscheue die Hoffart Jakobs,
ich hasse seine Paläste;
so werde ich die Stadt preisgeben
und was sie füllt.« (Am 6,8)

Einige Zitate aus der Forschungsgeschichte, welche die Eigenart und Schärfe prophetischer Aussagen zum Ausdruck bringen wollen, mögen die viel diskutierte und umstrittene Intention der Sozialkritik beleuchten:

»Nicht die Sünde des Volkes, an der es ja nie fehlt und deretwegen man in jedem Augenblick den Stab über dasselbe brechen kann, veranlaßt sie (die Propheten) zu reden, sondern der Umstand, daß Jahwe etwas tun will, daß große Ereignisse bevorstehen.« (*J.Wellhausen*, Israelitische und jüdische Geschichte, ^{9}1958, 107)

»Ebensowenig wie in der auswärtigen war die Stellungnahme der Propheten in der inneren Politik, so prononciert sie hervortraten, *primär* politisch oder sozialpolitisch motiviert.« (*Max Weber*, Das antike Judentum. Gesammelte Aufsätze zur Religionssoziologie III, ^{3}1963, 291)

Amos »kommt über die Negation des Bestehenden nicht hinaus, erreicht aber gerade damit seine analytische und seine angreifende Schärfe« (*M.Fendler*, EvTh 33, 1973, 53).

»Ein neues Bild von Gesellschaft wird nicht entworfen. Selten ist auch die Erwartung, daß die alte Gesellschaftsordnung wiederhergestellt werden würde.« (*G.Wanke*, KuD 18, 1972, 11)

Insofern sind die Propheten weniger Reformer als Kritiker. Fragen sie grundsätzlich, wieweit unter den bestehenden Verhältnissen (in Gesellschaft, Wirtschaft, Recht) Gerechtigkeit überhaupt noch möglich ist?

Die »Parteinahme« für eine benachteiligte Gruppe kann übergleiten in Schuldaufweis, der aufzeigt, daß das Gute und Rechte, was gefordert wäre, nicht getan wird (vgl. Jes 1,23 mit 1,17; u.Abs. 8).

Wieweit wird von den prophetischen Anklagen nur eine Oberschicht angesprochen? Amos deckt kaum nur die Schuld einer Oberschicht auf (z.B. Am 2,6b; 8,5; vgl. Hos 6,4 u.a.).

Das entscheidende (methodisch-hermeneutische) Problem der Exegese läßt sich in die Frage fassen: Darf man aus der Negation, der Kritik in der prophetischen Verkündigung, Positives erschließen und entwickeln, den Schuldaufweis in Mahnung oder Forderung verwandeln – mit dem Ziel, das angekündigte Gericht zu vermeiden?

Die Intention eines Textes ist allerdings nicht ohne Anhalt am Wortlaut zu finden. Auch sollte die Sozialkritik nicht isoliert werden, bildet vielmehr einen gewichtigen Teil des Schuldaufweises, der letztlich das Gesamtvolk trifft (Hos 4,2; Jes 1,10; 5,7 u.a.) – wie die Kultkritik oder auch die Zukunftsansage (vgl. etwa Am 5,27 nach 5,24 u.a.). Ist die Kritik an Gruppen insofern nicht in die Kritik am Gesamtvolk integriert?

Den Propheten sind wohl bestimmte, seien es rechtliche oder weisheitliche, Grundforderungen vorgegeben, an die sie anknüpfen können. Wie könnten ihre Anschuldigungen – zumal in ihrer Zuspitzung und Verallgemeinerung (wie Hos 4,2) – sonst überhaupt einsichtig sein?

Allerdings sind die Maßstäbe, nach denen die Propheten urteilen, umstritten. Berufen sie sich auf – älteres – Recht, wie das Bundesbuch? Eher liegt eine mehr nur indirekte, sachliche Übereinstimmung vor (vgl. Am 2,8 mit Ex 22,25; Jes 1,17.23 mit Ex 22,20f u.a.). Viele Anklagen sind nicht durch Gebote gedeckt, und ausdrückliche, wörtliche Rückbezüge sind selten. Auch die gelegentlich auftretenden Gemeinsamkeiten mit dem Dekalog (Hos 4,2; Jer 7,9; Mi 2,2; o.Exk. 3,2) können sich durch gemeinsame Überlieferung erklären.

Vertreten die Propheten eine bestimmte frühe Gesellschafts- und Wirtschaftsstruktur (Mi 2,2: Mann – Haus – Feld – Erbe), eine die Gegebenheiten und Grundforderungen des Lebens umgreifende weisheitliche »Ordnung« (Spr 22,22; 14,31; 19,17), Recht und Gerechtigkeit (Am 5,7.24; 6,12; Jes 5,7; Mi 3,9 u.a.), das Rechte (Am 3,10) oder Gute (Jes 1,16f; Mi 3,2; 6,8)?

Die verschiedenen Möglichkeiten müssen sich nicht gegenseitig ausschließen; eher kann eine Motivation neben die andere treten. Die Propheten haben hier – in ihrer Gottgebundenheit oder auch angesichts ihrer Zukunftsansage – wohl eine große Freiheit.

Anders als das drohende Gericht eröffnet das verheißene *Heil* (u.Abs. 10) neue Lebensmöglichkeiten. Der erwartete Herrscher etwa wird Gerechtigkeit bringen (Jes 11,4), oder Joel (3,1f; vgl. Jer 31,34) hegt die Hoffnung auf Gleichheit der Alters- und Sozialgruppen. Auf Grund der von späteren Propheten angesagten Heilszukunft lassen sich Folgerungen für das Heute ziehen; sie schließen auch das Rechtsverhalten ein (Jes 56,1; vgl. 60,1 u.a.).

b) Kultkritik

Die Amos in den beiden Visionspaaren überkommene Einsicht vom »Ende« Israels (8,2) schließt eine Kultkritik ein, wie Amos in einer weiteren Vision, in der Gott drohend »über dem Altar steht« (9,1; vgl. 7,9), erfahren muß und in eigenen Worten weitergibt:

»Kommt nach Bet-El und frevelt!« (Am 4,4)
»Sucht nicht Bet-El,
nach Gilgal geht nicht,
und nach Beerscheba zieht nicht;
denn Gilgal muß in die Verbannung gehen,
und Bet-El wird zum Unheil werden!« (5,5; vgl. 3,14; 8,10)

Hosea nimmt mit anderer Begründung die Drohungen gegen Altäre und Höhenheiligtümer auf:

»Die Altäre dienen ihm zum Sündigen.« (8,11)
»Er selbst zerbricht ihre Altäre,
zerstört ihre Malsteine.« (10,2; vgl. 10,8; 12,12)

Micha (3,12) wie Jeremia und Ezechiel übertragen die über die Nordreichheiligtümer ausgesprochenen Unheilsansagen auf den Zion: »Ich werde diesem Haus tun wie Schilo.« (Jer 26,13; 7,14; o.§ 13,6)

Wie die Propheten den Aufruf zur Wallfahrt ironisch aufnehmen (Am 4,4; Jer 7,12), so können sie in ihrer Opferkritik die Sprache des Kults nachahmen, überbieten und in ihrem Sinn verkehren (o.§ 9c). Während der Priester ein fehlerhaftes Tier als ordnungsgemäß vollziehbares Opfer zurückweist (Lev 22,19ff; Mal 1,8.13f), kann der Prophet Opfer generell ablehnen, und zwar – analog den Zukunftsansagen – in göttlicher Ichrede:

»Ich hasse, ich verwerfe eure Feste
und kann eure Versammlungen nicht riechen . . .
Eure Gaben nehme ich nicht wohlgefällig an,
das Opfer eures Mastviehs sehe ich nicht an.«
(Am 5,21f; vgl. 4,4f; Hos 3,4; 8,13; 9,4;
Jes 1,10ff; 43,23f; Jer 6,20; 7,21)
»An Güte/Treue habe ich Gefallen –
und nicht an Schlachtopfer . . .« (Hos 6,6)
Demnach sind Feste und Feiertage nicht ausgenommen:
»Ich mache ein Ende all ihrer Freude,
ihrem Fest, ihrem Neumond, ihrem Sabbat
und all ihren Feiern.«
(Hos 2,13; vgl. 9,5; Jes 1,13f; 29,1)

Die dem Propheten aufgetragene Zukunftsankündigung hat also tief in seine Kultkritik eingewirkt. Sie kann bis zur Ablehnung des Gebets reichen und damit einem Volk, das Gott »mit seinen Lippen ehrt, mit seinem Herzen aber fern ist« (Jes 29,13), bestreiten, daß es die Gemeinschaft mit Gott im Gottesdienst (1,10ff) bewahren kann:

»Wenn ihr eure Hände ausbreitet,
verhülle ich meine Augen vor euch;
auch wenn ihr noch soviel betet,
ich höre es nicht!«
(Jes 1,15; vgl. Jer 14,12)

Der Prophet kann sogar selbst einbezogen werden. Wie schon Amos indirekt (7,7ff nach 7,2.5), so wird Jeremia direkt die Fürbitte verboten:

»Bete nicht für dieses Volk, daß es ihm gut gehe!«
(14,11; vgl. 7,16; 11,14; trotz 15,11; 18,20; 27,13 u.a.)
»Selbst wenn Mose und (oder) Samuel vor mich träten,
hätte ich kein Herz (wörtlich: keine Seele) für dieses Volk.«
(15,1; vgl. 6,30; 7,29; 16,5 u.a.)

Das Eintreten für das Volk vor Gott in der Fürbitte gehört vornehmlich zum prophetischen Amt (Gen 20,7; 1 Sam 9,8f; 15,11; auch Ps 99,6; 106,23). So findet sich ein solches Verbot erst bei den sog. Schriftpropheten.

Desgleichen können sie – wie die früheren Propheten (1 Sam 9,9f; 1 Kön 14,5; 22,5 u.a.) – in der Not »gesucht« und »befragt« werden, aber erfolglos (Jer 21,2; 37,7; 42; Ez 14; 20,1.31; vgl. Jes 30,2; 31,1).

c) Kritik des religiösen Selbstbewußtseins

Mögen die Zeitgenossen den Propheten ihre Heilsgewißheit (vgl. Mi 3,11) und Gottes Bereitschaft zur Vergebung entgegengesetzt haben, so können die Propheten mit einer Kritik des religiösen Selbstbewußtseins antworten. Für Amos (3,2; vgl. 9,7) bedeutet Israels Vorrecht keine Zukunftsgarantie, sondern besondere Verantwortung, ja Ahndung der Schuld. Andere Propheten können das Selbstverständnis Israels, Volk oder Sohn Gottes zu sein, in einen Vorwurf kehren, so statt der Anrede »mein Volk« die distanzierend-herabsetzende Bezeichnung »dieses Volk da« wählen (Jes 6,9; 8,6.11; 29,13f; Jer 7,16 u.a.) oder statt von »meinen Söhnen« von »mißratenen, störrischen Söhnen« sprechen (Jes 1,4; 30,1.9; 31,2; Jer 3,14; 4,22; vgl. § 12b,7). Nach Ezechiel (15,1–6) gleicht Israel gar dem unbrauchbaren Rebholz, das nur zum Verbrennen taugt.

Mehr als ein halbes Jahrtausend später erneuert Johannes der Täufer, der sich mit einem Prophetenmantel umhüllt (Mk 1,6; vgl. 1 Kön 19,13.19 u.a.), sowohl die Kritik am religiösen Selbstbewußtsein (Mt 3,9) als auch die Botschaft vom künftigen Zorn Gottes (Mt 3,7; vgl. Jes 5,25; Zeph 1,14ff u.a.).

5. Symbol- oder Zeichenhandlungen

Wie schon ihre Vorgänger (1 Kön 19,19; 22,11 u.a.) können die Schriftpropheten ihre Verkündigung in Symbolhandlungen der Öffentlichkeit anschaulich und eindringlich vor Augen führen, damit das sonst nur Hörbare ansatzweise auch sichtbar werden lassen und die angesagte Zukunft zeichenhaft (Jes 20,3; Ez 4,3 u.a.) vorwegnehmen. Wie Jesaja (Kap. 20) »nackt und barfuß« darstellt, daß die Assyrer die Ägypter »nackt und barfuß« in Gefangenschaft treiben, so trägt Jeremia (Kap. 27f) zunächst ein hölzernes, dann ein eisernes Joch, um die Unterwerfung unter Babylon leibhaft vorzuführen. Oder er zerbricht am Stadttor vor Zeugen (vgl. Jes 8,2) einen Krug mit der Ankündigung:

»So spricht Jahwe Zebaot:
Ebenso zerbreche ich dieses Volk und diese Stadt,
wie man Töpfergeschirr zerbricht,
so daß es nicht mehr heil werden kann.«
(Jer 19,11; ähnlich 13,9f; vgl. 34,2 u.a.; auch Ez 4f)

Ein solcher Akt will nicht als »wirksame Handlung« verstanden werden, die »gleich einer Zauberhandlung das künftige Geschehen« auch herbeiführt (*W.Rudolph,* z.St.); vielmehr liegt die Kraft gemäß dem als Ichrede gestalteten Deutewort (19,11) allein bei Gott, der dem Propheten den Auftrag erteilt hat und die angesagte Zukunft verwirklicht.

Selbst die Familie des Propheten kann in das Geschehen einbezogen werden. Die Söhne Jesajas vertreten mit ihren Namen »Der Rest, der zurückkehrt« und »Eilebeute-Raschraub« (7,3; 8,3) zeichenhaft (8,18) die Botschaft des Vaters. Nach dem vorliegenden Text des Erberichts Hos 1 (V 2–9 mit Zusatz V 5.7) ist Hoseas Frau Symbol der Schuld Israels, die Kinder sind lebende Zeichen kommenden Unheils. Im Ichbericht Hos 3 (V 1–4 mit Zusatz V 5) symbolisiert die Frau sowohl die Schuld des Volkes als auch das Gericht. Das Leben der Ehebrecherin ohne Mann bedeutet den bevorstehenden Entzug von Königtum und Kult. Eher noch tiefer schneidet der Auftrag, keine Familie zu gründen, keine Trauer zu bezeugen und festliche Geselligkeit zu meiden (Jer 16; vgl. Ez 24,15ff), in den persönlichen Bereich ein; denn diese Symbolhandlung, mit der Jeremia als einzelner die allen drohende Zukunft vorabbildet, ist keine zeitlich begrenzte Aktion, sondern bestimmt sein ganzes Leben. Die Begründung gibt ein ungemein hartes Gotteswort, das wohl den Symbolnamen von Hoseas Tochter »Ohne Erbarmen« mit dem Deutewort »Ich werde mich des Hauses Israel nicht mehr erbarmen« (1,6) aufgreift und auf das Südreich überträgt:

»Ich habe diesem Volk mein Heil entzogen,
die Güte und das Erbarmen.«
(Jer 16,5; vgl. 6,14.30; 7,29 u.a.)

6. Disputationsworte

Schon bei dem ersten sog. Schriftpropheten finden sich auch *Fragen*; sie verweisen mit elementaren Beobachtungen etwa durch Verknüpfung zweier Ereignisse auf einen Zusammenhang oder tragen gar einen ironisch-polemischen Unterton:

»Brüllt der Löwe im Wald, wenn er keine Beute hat? . . .
Fällt ein Vogel auf die Erde,
wenn ihn kein Wurfholz traf? . . .« (Am 3,3–6)
»Laufen etwa Rosse auf Felsen,
oder pflügt man mit Rindern ›das Meer‹?« (Am 6,12; vgl. 9,7)

Das Disputationswort, auch »Diskussionswort« oder »Streitgespräch« genannt, ist von Haus aus keine prophetische oder priesterlich-kultische Redeform. Mag sie dem Meinungsstreit in einer von Fall zu Fall wechselnden Situation des Alltagslebens oder weisheitlicher Schuldisputation entstammen, jedenfalls schimmert ein weisheitlicher Hintergrund durch; so findet sich dieselbe Frageform, wiederum verbunden mit dem Naturvergleich, im Hiobbuch:
»Wächst das Schilfrohr hoch, wo kein Sumpf ist?
Wird das Nilgras groß ohne Wasser?«
(Hi 8,11; vgl. 6,5f; 8,3; 27,8ff; Spr 6,27f; 30,4;
Jes 10,15; 28,24; 29,16; auch Ex 4,11 u.a.)

Auch das in eine Frage gekleidete Bildwort der Bergpredigt »Sammelt man etwa Trauben von Dornen oder Feigen von Disteln?« (Mt 7,16) formuliert allgemeiner Erfahrung ohne weiteres Zugängliches, ja eigentlich Selbstverständliches; die im Raum der Natur oder vielmehr im Umgang des Menschen mit der Natur gewonnene, unbestreitbare Erkenntnis von einem bestehenden, unauflöslichen Zusammenhang wird dann auf einen anderen Lebensbereich übertragen.

Im Disputationswort tritt der Prophet nicht mit Zukunftsansage oder Schuldaufweis dem Hörer gegenüber, sondern geht auf Einwände gegen seine Botschaft ein, setzt sie also einschließlich einer Reaktion voraus. Er stellt sich mit seinen Hörern insofern auf einen Boden, als er mit den Fragen seine Gesprächspartner zum Nachdenken zu bewegen, seine Zeitgenossen von dem Recht oder gar der Notwendigkeit seiner Verkündigung zu überzeugen, zur rechten Einsicht zu führen sucht. So verteidigt Amos seine – bereits ausgesprochene und in Zweifel gezogene – Gerichtsbotschaft nach einer Kette von Fragen:

»Geschieht ein Unheil in der Stadt, das Jahwe nicht gewirkt hat?« (3,6)

Ist Gottes Freiheit auch zum Unheil, damit zugleich zu der vom Propheten ausgesprochenen Unheilsankündigung, strittig (vgl. Mi 3,11; Jer 39,16; auch 5,12; 14,9; 23,17 u.a.)? In der Auseinandersetzung mit den Hörern sind ihre Argumente oder Einwände allerdings nicht überliefert, obwohl die Situation gelegentlich (so in einem Zitat Jes 40,27; Hag 1,2; vgl. Mal 1,2.6 u.a.) zu Wort kommt.

Über die Frageform hinaus scheint sich im Laufe der Zeit – von Amos über Jeremia zu dem Exilspropheten Deuterojesaja oder auch zu Maleachi – ein strengerer Aufbau herauszubilden. Dabei *kann* das Disputationswort von einer freieren Gestalt eine stärker geprägte Form gewinnen, so daß sich eine Redeform mit zwei Hauptteilen (»Basis« und »Folgerung«) ergibt.

Der als Vergleich dienende, anschaulich-bildhafte Vorgang muß aus einem Raum kommen, in dem sich Regelmäßiges oder Selbstverständliches vollzieht. Indem der Inhalt in eine Frage gekleidet wird, werden die Hörer einbezogen; sie werden zu einer Stellungnahme mit einer eindeutigen – zustimmenden – Antwort gedrängt. Aus dem Gebiet, in dem sich nach allgemein übereinstimmender Beobachtung oder Auffassung ein eindeutiger Vorgang abspielt, wird eine Folgerung für einen strittigen Bereich gezogen.

In einem zweigliedrigen Wort, in dem Jeremia den Hauptvorwurf seiner Frühzeit aufnimmt, »mein Volk« habe Gott »verlassen« (2,11.13 u.a.), vergleicht er in Weiterführung des Bildes von der Brautzeit (2,2) Israel mit einer Frau:

»Vergißt wohl eine Jungfrau ihren Schmuck,
eine Braut ihren Gürtel?
Aber mein Volk hat mich vergessen –
seit zahllosen Tagen.«
(Jer 2,32; vgl. »vergessen« 3,21; 13,25; auch 18,14f)

Das Volk zeigt ein Verhalten, das einer Braut fremd wäre; was unvorstellbar oder eigentlich unmöglich ist, geschieht hier. Ähnlich kann eine übliche, fast reflexhafte Reaktion im menschlichen Alltag dem unerklärlichen Handeln des Volkes gegenübergestellt werden; dabei geht eine Doppelfrage in ein klagendes »Warum« über, bevor sich die anklagende Feststellung anschließt:

»Fällt auch jemand und steht nicht wieder auf,
wer sich abkehrt, kehrt er nicht wieder um?
Warum wendet sich dieses Volk ab . . .?«
Sie halten fest am Trug,
weigern sich umzukehren.«
(8,4f; vgl. 13,23; von den Propheten: 14,14; 23,26)

Sind solche Worte, die das Verhalten des Volkes beschreiben, nicht eigentlich paradox? Sie haben das Ziel, Unbegreifliches oder Widersinniges hervorzukehren, und suchen es doch eindrücklich, einprägsam oder gar einsichtig wie überzeugend darzustellen.

Amos kann die bekenntnismäßig fest geprägte »Herausführung« auch von Nachbarvölkern aussagen und in göttlicher Ichrede Israel mit den weitab wohnenden, dunklen (vgl. Jer 13,23) Nubiern vergleichen (Am 9,7):
»Seid ihr mir nicht wie die Kuschiten (Luther: Mohren)?«

Die Einsicht, daß Gott auch die Geschichte ferner Völker lenkt, zielt auf Israel (6,2):
»Seid ihr besser als jene Reiche?«

Auch Jeremias Gang zur Werkstatt des Töpfers, der aus einem mißratenen Gefäß nach Gutdünken ein anderes formt, führt zu einem – wieder zweiteiligen – als Anrede ergehenden Disputationswort; der alltägliche Vorgang dient als Vergleich (»wie – so«) für Gottes Verhalten zum Volk:

»Kann ich nicht wie dieser Töpfer mit euch verfahren,
Haus Israel? Spruch Jahwes.
Siehe, wie (der) Ton in der Hand des Töpfers
so seid ihr in meiner Hand, Haus Israel.«
(Jer 18,6; vgl. 2,31; 5,9.29; 9,8)

Das Deutewort ist weder trostvolle Verheißung einer Erneuerung noch unmittelbar Unheilsansage. Vielmehr führt die Frage im Rahmen der symbolischen Demonstration die Freiheit und Souveränität Gottes vor Augen: Die Beziehung Gott-Volk ist anders, als die Zeitgenossen annehmen. An der Freiheit des Töpfers, nach eigenem Willen zu verfahren, wird die uneingeschränkte Verfügungsmacht Gottes, die auch die Möglichkeit zum Gericht einschließt, erkennbar; insofern gewinnt die symbolisch gedeutete Handlung einen drohenden Unterton.

Er klingt bei Fragen auch sonst an, sei es in der Tempelrede oder gegenüber den Propheten:
»Ist denn dieses Haus . . . in euren Augen
eine Räuberhöhle geworden?
Aber auch ich kann sehen. Spruch Jahwes.« (Jer 7,11)
»Bin ich (denn) ein Gott aus der Nähe – Spruch Jahwes –,
und nicht (vielmehr) ein Gott aus der Ferne?
Oder kann sich jemand in Schlupfwinkeln verbergen,
ohne daß ich ihn sehe – Spruch Jahwes –,
bin nicht ich es,
der Himmel und Erde füllt? . . .«
(Jer 23,23f; vgl. 16,17; 23,28; Am 9,3; Jes 29,15)

Gottes Nähe ist Sinnbild des Heils (Ps 34,19; 69,19; Jes 46,12f; 55,6 u.a.), Gottes Ferne Anzeichen oder gar Vollzug des Gerichts, so daß der Klagende in der Not Gott bitten kann (Ps 22,12.20): »Sei nicht fern!«

Im Rahmen seiner Trostbotschaft greift der Exilsprophet Deuterojesaja die Redeweise des Disputationswortes auf, sucht die Klage der Verbannten über die Gottverlassenheit (Jes 40,27) zu beantworten, indem er dem Volk bereits bekanntes Wissen geltend macht, nach Inhalt und Form vorgegebenes Reden von Gott in seiner bleibenden Gegenwartsbedeutung aufdeckt und den Hörern neu zuspricht:

»Weißt du nicht, hast du nicht gehört:
ein ewiger Gott ist Jahwe,
der Schöpfer der Enden der Erde?
Er wird nicht müde und wird nicht matt.
Unergründlich ist seine Einsicht.« (Jes 40,28f)

Über die Unausmeßbarkeit und Unvergleichlichkeit Gottes (40,12ff) hinaus spricht das Wort von Gottes Macht, die er nicht für sich behält (V 31; vgl. § 19,7): »Die auf Jahwe harren, erhalten neue Kraft.«

Schließlich nimmt Maleachi (im 5.Jh.) die Redeweise auf und gestaltet sie – zumal mit Einreden der Hörer – in einer Reihe von Disputationsworten aus. So greift Mal 2,10ff das bei Deuterojesaja begegnende Thema Schöpfung auf, bezieht es (wie Jes 43,1.15 u.a.) auf Israel und formuliert im Anschluß an das Bekenntnis von Dtn 6,4 »Jahwe ist *einer*«:
»Haben wir nicht alle *einen* Vater?« (Mal 2,10; vgl. § 12b,5)

7. Geschichtsrückblicke

Die Propheten schauen nicht nur in Zukunft und Gegenwart, sondern auch in die Vergangenheit – in Geschichtsrückblicken mit kritischem Akzent. Beispielsweise erinnert Hosea (wie 12,10; 13,4) an den Ursprung des Volkes in Ägypten:

»Als Israel jung war, gewann ich es lieb.
Aus Ägypten rief ich meinen Sohn.
Wie 'ich' sie auch rief,
sie liefen von mir weg ...« (Hos 11,1f; o.§ 12b,6)

Trotz der Gottes Liebe erweisenden Berufung wandte sich das Volk vom fürsorglichen Vater ab – den Baalen zu. So wirkt die Darstellung, nach der Gottes Zuwendung keine Entsprechung gefunden hat, als Anklage.

Geschichtsrückblicke begegnen in knapper Form schon bei Amos (2,9; 9,7; umstritten: 4,6ff), ausführlicher bei Hosea (9,10ff), dann breit ausgestaltet vor allem bei Ezechiel.

In seinem umfangreichen Kehrversgedicht zieht Jesaja (9,7ff mit dem Zielpunkt in 5,25–29) aus dem Blick in die Geschichte des Nordreichs – mit den Heimsuchungen Gottes und den Reaktionen Israels – das Fazit: »Das Volk kehrte nicht um zu dem, der es schlug« (9,12); noch hat sich Gottes »Zorn nicht gewandt« (9,11.16.20), das Gericht, aus dem »niemand rettet«, steht bevor (5,29). Auch hier dient der Rückblick in die Vergangenheit als Schuldaufweis, letztlich zur Begründung der Zukunftsansage.

Bestimmte Worte lassen sich als *bildhaft* verlebendigte oder gar gleichnishaft ausgestaltete Geschichtsrückschau in Kurzfassung verstehen. Wie schon Hosea (11,1f) das Nordreich Israel als ungehorsamer Sohn erscheint, so stellt Jesaja gegenüber:

»Söhne habe ich großgezogen . . .;
sie aber sind von mir abgefallen.« (Jes 1,2; vgl. § 12b,7)

Ein solches Wort verweist andeutend-metaphorisch auf die Geschichte der Fürsorge Gottes, um von ihr das Verhalten des Volkes abzuheben, so Einsicht in Gottes »Recht«, vielmehr: in Gottes liebevolles Handeln (»Ich tat«), und des Menschen überraschendes Unrecht (»sie aber«) zu wecken.

Wie eine Ausformung dieses Bildworts wirkt Jesajas Lied und *Gleichnis vom Weinberg*, der trotz aller Fürsorge nur herbe Früchte bringt (Jes 5,1–7; abgewandelt aufgenommen Jer 2,21).

Im Gleichnis (vgl. 2 Sam 12) wird ein mehr oder weniger alltäglicher Vorgang zu Überdurchschnittlichem und Außergewöhnlichem verdichtet und so anschaulich. Gemäß hebräischem Denken, das die Eigenschaft einer Person gerne als Handlung schildert, wird hier die Eigenart bzw. der Charakter des Weinbergbesitzers, seine Freundlichkeit und Güte, in seiner mühevollen Sorgfalt erkennbar; aus ihr erwächst seine Hoffnung.

Obwohl vorweg für den Ertrag gesorgt ist, bleibt das zu erwartende Ergebnis allerdings aus; Aufwand und Ertrag stehen in einem Mißverhältnis: Die Reben bringen »stinkende, faule Beeren«.

Ein Besserungsversuch wird nicht mehr unternommen. Wenn Jesaja (5,5f) im Namen des Besitzers ankündet, was mit dem Weinberg geschehen soll, so klingt in der Ich-Rede wie in der Radikalität der dreifachen Maßnahme innerhalb des Gleichnisses die prophetische Gerichtsdrohung (1,15; 5,14; 32,14 u.a.) nach; eine sog. gestaffelte Strafe (vgl. Am 5,19 u.a.) schließt ein Vorbeistehlen am Gericht oder das Überleben eines Restes aus: Hecke und Mauer werden niedergerissen, was dem Wild freien Zugang verschafft; außerdem wird die Pflege aufgegeben, so daß die Reben von Disteln und Dorngestrüpp überwuchert werden; schließlich wird den Wolken geboten, keinen Regen mehr zu spenden, damit selbst unter so harten Bedingungen ein Fortbestand der Weinstöcke ausgeschlossen bleibt.

Die Deutung des Gleichnisses stellt unter Aufnahme des Leitworts »hoffen« Gottes Erwartung und seine Enttäuschung über die menschliche Wirklichkeit gegenüber. Die »Lieblingspflanzung« versagte. Die Früchte sind ungenießbar, die Taten aber nicht nur unbrauchbar, sondern Unrecht:
»Er hoffte auf Rechtsspruch
und siehe da Rechtsbruch.« (5,7; im Kontext ausgestaltet 5,8ff)

Das Gleichnis versteht soziales Handeln als »Frucht« (vgl. Mt 7,16), damit als Folge des empfangenen Heilsgutes. Dabei dient die Natur als Vergleich (vgl. Jer 8,7), obwohl ihr das Moment freier Entscheidung fehlt. Auf dem eigentlich Selbstverständlichen liegt der Ton: »Natürlich«, nämlich der Regelhaftigkeit der Erfahrung entsprechend, wäre ein anderes Verhalten. Insofern ist die Reaktion unerklärbar, unfaßbar.

Solche Bildworte, die ähnlich den Schöpfungsgeschichten menschliche Verantwortung als Antwort auf Gottes Zuwendung verstehen und zugleich den Fehlweg aufdecken, halten gleichsam eine doppelte Erkenntnis fest:

Zum einen ist das Böse nicht vom schöpfungsgemäßen Ursprung des Volkes her gegeben, sondern gleichsam selbst, dem Gang der Dinge widersprechend und damit unverständlicherweise, erworben. Von den lichten Anfängen hebt sich die Gegenwart um so krasser ab.

Ist zum andern nach solchen Geschichtsrückblicken das Gottesvolk statt am »Gesetz«, nämlich an der Forderung »Du sollst«, nicht vielmehr an der Zuwendung Gottes oder – vorsichtiger formuliert – trotz seiner Fürsorge gescheitert?

Woran »hat Israel versagt? Am Gesetz Jahwes? ... Versagt hat Israel an dem Heilswalten Jahwes«. Nicht am Gesetz Gottes, »sondern an seinem Heilswillen ist es gescheitert.« (*G.v.Rad,* TheolAT II[4], 423)

Ist nach jenen Worten das Böse dem Volk nicht von Urbeginn mitgegeben, sondern gleichsam erst erworben, so gehen andere Worte einen Schritt weiter zurück. Schon Hosea (12,4) kann die Schuld in Aufnahme und verschärfender Deutung der Überlieferung von Jakob, dem Ahnherrn Israels, bis zum Ursprung zurückverfolgen: »Im Mutterleib betrog er seinen Bruder.«

Hosea zielt auf eine Einsicht, in der Vergangenheit und Gegenwart ineinanderfließen: »Die Schuld des gegenwärtigen Volkes ... ist schon im Erzvater, der als ›heros eponymos‹ das spätere Volk verkörpert ..., sichtbar und hat sich seit seinen Tagen ... durchgehalten.« (*J.Jeremias,* 153)

Vgl. die Aufnahme in Jes 43,27f u.a.

Jeremia deutet an, daß das Ganze – »seit je« (2,20; vgl. 2,32 »seit zahllosen Tagen«) – schuldig ist. Als Ezechiel in seinen Bildreden und Geschichtsrückblicken (15f; 20; 22,15ff; 23) die kritische Einsicht seiner Vorgänger aufnimmt, formuliert er ein »totales Verdikt über Israels gesamte Geschichte von ihren ersten Anfängen her« (*W.Zimmerli,* 88*). So scheint sich das Volk von seiner Vergangenheit her in einem Raum von Schuld vorzufinden.

Demnach ist »die Einseitigkeit dieser Geschichtsbetrachtung, deren Zweck es war, die zu allen Zeiten gleichbleibende Sünde Israels nachzuweisen, nicht zu verkennen« (*H.Gunkel,* LXVI).

Diese kritische Geschichtsschau der Propheten nimmt das sog. *deuteronomistische* Geschichtswerk in seinem umfangreichen Rückblick in die Vergangenheit von der Inbesitznahme des Landes bis zum Ende der Königszeit, entworfen aus der Sicht der Exilszeit, auf (u.IV). Was bei den Propheten (wie im Gleichnis Jes 5,5f) noch Zukunft ist, ist in den Königsbüchern Vergangenheit. So bestätigt dieses als Geschichtsbetrachtung angelegte Schuldbekenntnis die Erfüllung der prophetischen Unheilsansagen und ist zugleich eine Rechtfertigung Gottes.

8. Mahnworte
Feststellungen der Umkehrunwilligkeit

Im Vergleich mit der Gesamtbotschaft verwenden die Schriftpropheten – abgesehen von den nachträglich stark überarbeiteten Prosareden des Jeremiabuches – eher nur ausnahmsweise Mahnworte, die zu einem bestimmten Verhalten, sei es Tun oder Lassen, auffordern.

Von Mahnworten, wie »Sucht mich!« (Am 5,4), »Lernt Gutes tun!« (Jes 1,17), »Zerreißt eure Herzen, nicht eure Kleider!« (Joel 2,13; vgl. Jer 4,4) läßt sich eine formal oder sachlich negierte Redeweise als Warnworte abheben, wie »Sucht nicht Bethel!« (Am 5,5), »Hört auf, Böses zu tun!« (Jes 1,16) oder »Vertraut nicht!« (Jer 7,4.12), auch die spezielle Mahnung »Kehrt um!« (Jer 3,22 u.a.; u.Abs. 11.12) als Bußruf.

Jene Unterscheidungen werden von der Bezeichnung »Mahnworte« in einem weiteren, allgemeinen Sinn umgriffen. Sie können mit einer Begründung (»denn«) versehen sein; auch kann sich eine Folge (»damit«) anschließen.

Nach Herkunft, Thema oder Hauptstichworten sind die Mahnworte uneinheitlich, gehören ursprünglich verschiedenen Lebensbereichen (»Sitz im Leben«) an, wie Kult, Krieg, Recht (z.B. 1 Kön 3,25; Hos 2,4ff) oder Weisheit (Spr 19,20; 22,17ff; vgl. »Höre!« 1,8 u.a.).

Die sog. *priesterliche Tora* (*J.Begrich*), die ursprünglich mündlich ergangene »Weisung« der Priester (Jer 18,18; Ez 7,26; Hos 4,6 u.a.; vgl. Hag 2,10ff; o.§ 9c,3.5) an Laien, fordert zu kultischen Handlungen, wie Opfern oder Wallfahrten, auf. Die prophetischen Nachahmungen (»Kommt nach Bethel . . .!« Am 4,4f; 5,4.21–24; »Eßt Fleisch!« Jer 7,21; Jes 1,10ff; vgl. 66,2f; Hos 6,6; Mal 1,10) weisen für die prophetische Verkündigung charakteristische Veränderungen auf, so Verallgemeinerung und Umkehrung des priesterlichen Urteils oder Verlagerung der Begründung in die Zukunft (wie Am 5,5).

In *Krieg*sansprachen kann aufgerufen werden zum Kampf: »Stoßt ins Horn, erhebt den Kriegsruf!« (Hos 5,8; 8,1; Jer 51,27f; Joel 1,1; 4,9), zur Furchtlosigkeit: »Verzagt nicht!« (Dtn 20,3), »Hüte dich!« (Jes 7,4) oder umgekehrt zur Flucht: »Flieht, wendet euch, rettet euer Leben!« (Jer 6,1; 49,8.30; 51,6.45 u.a.).

Der Aufruf zur *Volksklage* (o.§ 9b4) fordert zum auch symbolisch-rituell dargestellten Trauern auf:
»Umgürtet die Trauergewänder, klagt und heult; denn . . .«
(Jer 4,8; 6,26; 14,31; 32,11–14; Joel 1,5.11.13f; 2,12f)

Für das Verständnis prophetischer Botschaft ist allerdings weniger die Herkunft als die Verwendung, die sog. *Funktion* und *Intention* der Mahnworte in ihrem Kontext wichtig.

In den Texten, die den Auftrag des Propheten bedenken (wie Jes 6; Jer 1; Ez 2f; Mi 3,8 u.a.), auch in Visionen (wie Am 7f; Jer 24), tritt der mahnende Aufruf, vorsichtig geurteilt, zurück (vgl. Jes 6,9f).

So darf man in den Mahnworten kaum erst die eigentliche Absicht prophetischer Verkündigung sehen.

Allerdings ist diese Folgerung in der Forschung stark umstritten; insbesondere in der Beurteilung der Mahnworte weichen die Interpretationsansätze weit voneinander ab. Sind selbst die Zukunftsansagen – entgegen ihrem Wortlaut (wie Am 1,3ff: »Ich nehme nicht zurück«) – letztlich als Warnungen zu verstehen und gewähren damit die Möglichkeit, das bevorstehende Unheil abzuwenden? Etwa nach *G.Fohrer* (BZAW 99, 1967, 264) ist »die wirkungsmächtige Ankündigung der kommenden Dinge ... in Wirklichkeit vorerst konditional und gewinnt ihren endgültigen Charakter auf Grund der Korrelation zwischen menschlichem und göttlichem Verhalten und Handeln durch die Entscheidung des Menschen für oder gegen Gott. Darum, daß die richtige Entscheidung getroffen wird, ringt der Prophet.«

Manche Mahnworte gehen in Anklagen oder Gerichtsansagen über, suchen sie zu unterstützen, einsichtig zu machen oder gar zu verschärfen:

»Geht doch ... und gebt wohl acht und sehet zu,
ob so etwas je geschehen ist!
Hat je ein Volk Götter vertauscht?
Dabei sind sie keine Götter!
Mein Volk aber hat seine (meine) Herrlichkeit vertauscht
gegen einen Nichtsnutz.«
(Jer 2,10f; vgl. Am 4,4f; 5,5; Hos 2,4ff; 10,12f; 12,7ff;
Jes 8,12ff; 28,22 u.a.)

Im Jeremiabuch finden sich ähnliche Aufrufe, selbst Erfahrungen zu machen (3,2f; 5,1; 6,16; 7,12; 18,13; 30,6; vgl. 2,19.23; 5,21; 8,14; schon Am 3,9; 6,2).

Andere Worte räumen dem Hörer ausdrücklich die Möglichkeit der Wende ein – aber als verspielte Chance:

»In Umkehr(?) und Ruhe liegt euer Heil,
in Stillesein und Vertrauen besteht eure Stärke –
aber ihr habt nicht gewollt.«
(Jes 30,15; vgl. 28,12; 30,9.12 u.a.)

Der symbolische Name von Jesajas Sohn Schear-Jaschub (7,3) ist kaum »Der Rest, der umkehrt«, sondern analog zu dem Namen des anderen Sohnes »Eilebeute-Raubebald« (8,3f) zu übersetzen: »Der Rest, der zurückkehrt«, nämlich aus dem Krieg. Dabei ist der Rest eher Zeichen des Gerichts (Jes 1,8; 17,3.5f; 30,14.17; vgl. Am 3,12; Hi 1,13ff) und wird erst im Rückblick als Träger des Heils verstanden (Jes 1,9; 4,2ff; 11,11ff; bes. 6,13 mit Esr 9,2).

Auch Jeremia stellt Angebot und Ablehnung gegenüber; so wird die Aufforderung zum Schuldaufweis. Der rechte Lebensweg wurde nicht betreten:

»Tretet auf die Wege (von alters) und seht
und fragt die Pfade der Vorzeit,
welches der Weg zum Glück ist, und den geht,
so werdet ihr Ruhe finden für euer Leben!
Sie aber sagten: Wir gehen nicht!

Ich bestellte Wächter über 'sie'.
Hört auf den Schall der Trompete!
Sie aber sagten: Wir hören nicht!« (Jer 6,16f; vgl. 2,25)

Einzelne Worte sind in ihrer Deutung besonders umstritten. Amos scheint wenigstens einmal die Strenge der Gerichtsdrohung mit dem Gotteswort zu durchbrechen (5,4): »so werdet ihr leben!« Die auch weisheitlicher (Spr 7,2; 21,21 u.a.) wie kultisch-priesterlicher (Lev 18,5; Ez 18,9ff) Überlieferung bekannte Zusage des Lebens steht unter einer Bedingung: Leben empfängt oder bewahrt nur, wer Gott sucht – allerdings nicht an den Heiligtümern (Am 5,5). Wie hat das »Suchen« aber zu erfolgen, sei es im Wort des Propheten oder durch Rechttun (5,14.24)?

Die kaum von Amos stammende Erläuterung 5,14f schränkt die bedingte Zusage doppelt ein und nähert sie damit der Gerichtsansage wieder an: Die Gnade gilt bloß einem »Rest« und selbst diesem nur »vielleicht«.

Die ungemein harten kultkritischen Äußerungen Jes 1,10–17, eine ironische Überbietung priesterlicher Weisung, enden in dem Aufruf:

»Hört auf, böse zu handeln,
lernt, Gutes zu tun, suchet das Recht! . . .«

Die Einleitung (1,10) redet Israel und seine Führer als Volk von Sodom und Gomorra an, d.h. als Leute von verwerflichem Verhalten, die dem Gericht entgegengehen. Über die Distanzierung von Opfern und Festtagen hinaus wird es in der Abweisung des Gebets (1,15) bereits Gegenwart: »Ich verhülle meine Augen vor euch.« Zudem steht zwischen der Kritik am Gottesdienst und dem Aufruf zum Rechttun die Anklage: »Eure Hände sind voll Blut(schuld)«. Wieweit besteht dann noch die Möglichkeit zur Läuterung: »Wascht, reinigt euch!« (1,16; vgl. 1,18; 22,14)? Kann die Mahnung unter diesen Umständen mehr als Schuldaufweis (vgl. 1,23; auch 5,7 u.a.) sein, oder hat man den offenen Schluß (ähnlich Hos 6,6; Mi 6,8) als Appell zu verstehen? Eher gilt beides: Die Mahnung ist gewiß ernst gemeint, kann die vorausgegangene Gerichtsansage aber wohl nicht aufheben.

Auch wenn man die Entscheidung in bestimmten Fällen (wie Jer 4,1ff) offenlassen und die Schriftpropheten keineswegs gleich beurteilen möchte (vgl. bes. Zeph 2,1–3), wird man folgern dürfen, daß Mahnworte zumeist auf die Einsicht zielen: »Wenn ich dir rate, so hörst du doch nicht« (Jer 38,15; vgl. Jes 7).

Eine entsprechende Feststellung können die Propheten mit dem Stichwort »umkehren« treffen:

»Das Volk kehrte nicht um
zu dem, der es schlug.« (Jes 9,12; vgl. 6,10; Am 4,6ff; Hos 11,5)
»Warum geht dieses Volk fehl . . .
in immerwährendem Fehlgang,
hält am Trug fest,
will nicht umkehren?« (Jer 8,4f)

So kann *H.W.Wolff* (Studien zur Prophetie, 1987, 41) seine Untersuchung zum Thema zusammenfassen: »Zur Hauptsache geht die prophetische Verkündigung davon aus, daß die Umkehr erfolgen sollte, daß sie aber nicht erfolgt ist. Eben darum kündet sie das Gericht Gottes an ... Das wird bestätigt durch diejenigen Texte, in denen die Propheten von ihrem Auftrag sprechen. Nirgendwo ist hier zu hören, daß Jahwe ihnen eine Mahnpredigt befohlen habe ... Dem Auftrag zur Gerichtsverkündigung entspricht die Masse der überlieferten Prophetenworte. Sie decken Schuld auf und künden Jahwes Strafe an.«

Gewisse Aussagen vor allem Hoseas und Jeremias spitzen die prophetische Erfahrung gar zu der Einsicht zu, daß Israel das Gute nicht (mehr) tun kann:

»Ihre Taten erlauben ihnen nicht,
zu Jahwe zurückzukehren.«
(Hos 5,4; vgl. 4,16; 5,6; 7,2; 11,7; 13,12)

Auf das sog. Bußlied »Auf, laßt uns zu Jahwe zurückkehren!« (Hos 6,1–3) ergeht als Antwort (6,4): »Eure Treue ist wie Morgengewölk, wie Tau, der früh vergeht.«

Über die Erfahrung, daß sich das Volk nicht ändert (Jer 2,32; 18,15), ja sich nicht ändern will, »sich weigert« (8,5), geht die Jeremia schon früh aufgebrochene Einsicht hinaus, daß das Volk seine Schuld nicht reinwaschen (2,22), rechtlich nicht umkehren kann (3,1 nach Dtn 24,1ff). Auch mit der Frageform des Disputationswortes sucht Jeremia – in der Nachfolge Hoseas – seine Hörer von ihrer Beharrlichkeit beim Bösen, der Unveränderlichkeit ihres Wesens, damit der Unmöglichkeit zur Umkehr zu überzeugen:

»Verändert etwa ein Mohr seine Haut
oder ein Leopard seine Flecken?
Genausowenig könnt ihr Gutes tun,
die ihr gewohnt seid, böse zu handeln!«
(Jer 13,23; vgl. 2,22.33; 4,22; 6,10.27ff; 9,4 u.a.)

Aus dem klaren Sachverhalt, der niemandem zweifelhaft ist, wird auf das Verhalten des Menschen geschlossen; das Böse hat solche Gewalt über ihn, daß er es nicht mehr abstreifen kann.

»Wer einmal gewohnt ist, Böses zu tun, der kann nicht mehr davon lassen und sich zum Guten zurückwenden, sowenig der Neger seine Hautfarbe wechseln oder der Panther sein geflecktes Fell ablegen kann. Jeremia will hier nicht sagen, daß die Sünde dem Menschen angeboren ist, sondern daß sie ihm zur zweiten Natur werden kann« (*W.Rudolph,* z.St.) – genauer: geworden ist.

Im Rahmen der Heilserwartung (u.Abs. 10) gewinnen Mahnworte eine neue Aufgabe: Sie rufen auf, sich in die Zukunft einzustimmen, die zugesagte Lebensmöglichkeit an- und vorwegzunehmen.

Die exilisch-nachexilische Zeit kann im Ruf »Kehrt um!« den Kern prophetischer Predigt überhaupt sehen, die allerdings überhört wurde (Sach 1,3f; u.Abs. 11).

Prophetenworte wollen etwa in Geschichtsrückblicken, Disputationsworten (wie Am 3,6; Jer 18,6), Bildworten oder einer Gleichnisrede (Jes 5,1–7) *Erkenntnis* herbeiführen. Andere Prophetenworte können beklagen, daß sie nicht stattfindet: »Israel aber hat keine Einsicht« (1,3; vgl. 5,12f; 6,9 u.a.). Für den Zukunftsherrscher wird »der Geist der Erkenntnis« erwartet (11,2; vgl. 9,5; auch 11,9; 19,21 u.a.).

Nach der Überlieferung ist schon Elia (1 Kön 18,36f.39; 17,24; auch 20,13.28; 2 Kön 4,9), jedenfalls Hosea (4,1.6.12; 5,4; 6,6; 13,4) und Jeremia (1,5; 2,8.19.23; 3,13; 4,22; 5,4f; 8,7; 9,2.5; 22,16; vgl. 31,34) das »Erkennen« als Ziel wichtig, das Selbsterkenntnis und Anerkennung einschließt. Ezechiel faßt eine Intention seiner Botschaft in der Ankündigung zusammen: »erkennen, daß ich Jahwe bin« (5,13; 6,10; 12,15; 17,21.24 u.ö.; bezogen auf den Propheten: 2,5; 33,33).

9. Jeremias Konfessionen und der Gegensatz »wahre« – »falsche« Prophetie

1. Prophetentexte sind durchweg nicht unter biographischem Blickwinkel geschrieben und erweisen sich darum gegenüber der Rückfrage nach der Person des Propheten, etwa seinem Werdegang oder seiner »Entwicklung«, spröde oder gar abweisend. Schon die gegebene Form, erst recht die Absicht des Textes, Botschaft an die Hörer zu sein, zielen vom Ursprung in der Subjektivität weg; persönliche Regungen verbergen sich in den an andere gerichteten Worten.

Nur gelegentlich findet sich ein Zeugnis für die Reflexion über die Aufgabe der Propheten, ihre Erfahrungen, ihre Zweifel oder ihre Gewißheit. Schon von Elia (1 Kön 17,1; vgl. 18,15; 2 Kön 3,14; 5,16) ist eine Ichrede überliefert, die auf seine Stellung vor Gott verweist: »So wahr Jahwe, der Gott Israels, lebt, vor dem ich stehe.« Von den sog. Schriftpropheten sind mehrfach Ichberichte (etwa von Visionen Am 7f; Jes 6 oder Zeichenhandlungen, wie Hos 3; Jes 8) erhalten, die in ihrem Kern bis zum Propheten selbst zurückreichen. Er kann als Person mit Eigennamen angeredet werden (Am 7,8; 8,2): »Was siehst du, Amos?« Jeremia (1,11; 24,3; vgl. Sach 5,2) nimmt die Form auf: »Was siehst du, Jeremia?« und antwortet im Ichstil. Jesaja kann zurückblicken: »Als die Hand (mich) packte« (Jes 8,11; vgl. »mein Volk« 3,12.15; 5,13 u.a.) und in Zuspitzung von Vertrauensaussagen im Psalter bekennen (Jes 8,17):

»Ich will harren/hoffen auf Jahwe,
der sein Antlitz vor dem Haus Jakobs verbirgt.«

Das Wort, das man eine »prophetische Konfession« (*O.Kaiser*) nennen kann, erscheint im Rückblick wie ein Vorläufer der Konfessionen Jeremias. Wie Jesaja klagt: »Ich muß bitter weinen« (22,4), so äußert sich Micha (1,8): »Klagen muß ich und heulen«. Werden die Propheten angesichts ihrer

Gotteserfahrungen und der Erfahrungen, die sie wegen ihrer Botschaft mit den Zeitgenossen machen müssen, nicht in besonderer Weise ihres »Ichs« inne?

Jedenfalls kommt bei *Jeremia* vom Einwand »Ach, Herr« bei der Berufung an (1,6) die Klage tiefer und ausführlicher zu Wort (8,18–23; vgl. 4,19–21; 23,9 u.a.): »Mein Herz ist krank.« Bezieht sich Gottes Verborgenheit in Jesajas Worten (8,14.17; 29,9f.13f) auf das Volk, so ist Jeremia über seine prophetischen Gegner (23,23) hinaus selbst betroffen, da er mit seinen Anfechtungen unter der Ferne Gottes leidet. Jesajas »Wehe mir!« (6,5) wird in Jeremias Konfessionen zugespitzt und breit ausgestaltet:

»Wehe mir, meine Mutter, daß du mich geboren!«
(15,10; vgl. 20,14f; aufgenommen Hi 3)
»Nie saß ich heiter im Kreis der Fröhlichen,
unter dem Druck deiner Hand bleibe ich einsam.«
(Jer 15,17; vgl. die Symbolhandlung 16,1ff)
»Du erweisest dich mir wie ein Trugbach,
als unzuverlässiges Gewässer!«
(15,18 gegenüber 2,13; vgl. 17,13; auch Exk. 7,3)

Die Konfessionen nehmen die Gattung der Klagepsalmen auf und gestalten sie für die besondere prophetische Situation um, so daß sich auf diese Weise Übereinstimmungen und Besonderheiten erklären (*W.Baumgartner*, 1917). Die Form der Klage begegnet bei Jeremia auch sonst, und die Konfessionen weisen Berührungen mit seiner Botschaft auf. Zudem finden sich (etwa in Jer 15,10.16ff; 20,8f) Motive, die in den Klagepsalmen so nicht belegt sind. Schon Ezechiel (2,8ff nach Jer 15,16), die Gottesknechtlieder (bes. Jes 49,1.5f; o.§ 11e) und der Hiobdialog scheinen Jeremias Berufungsgeschichte oder Konfessionen vorauszusetzen und weiterzuführen.

2. Den inneren Anfechtungen entsprechen äußere Auseinandersetzungen. Sie zeigen sich auch im Gegensatz zu den sog. Heilspropheten (o.§ 14a2,5).

Das Alte Testament nennt verschiedene, aber kaum allgemein einleuchtende Kriterien für die Unterscheidung zwischen »wahrer« und »falscher« Prophetie,
wie die Lebensführung (Jer 6,13; 23,10f.13f; 29,23; vgl. Mi 3,5),
die Selbstverteidigung des Propheten durch Verweis auf seine Berufung durch Gott (Am 7,14; Jer 26,12 u.a.),
die Bestreitung der Vollmacht des Gegners (23,16ff; vgl. Mi 3,6f),
die Kontinuität prophetischer Tradition (Jer 28,8) bzw. die Analogie (26,17ff)
oder die Art bzw. das Medium des Offenbarungsempfangs (Wort gegen Traum Jer 23,28; u.Exk. 7,3).

Wieweit sind solche Eigenarten oder Unterschiede aktuell-situationsbezogen oder grundsätzlich? Vor allem: Wieweit sind sie Außenstehenden zugänglich?

Dtn 13,2ff ordnet die Bewahrung der Ausschließlichkeit des Glaubens über die Fähigkeit, Wunder zu vollbringen, damit über einen Aspekt der Realität.

Erst recht weicht der Verweis auf die Erfüllung prophetischer Zukunftsansage

(1 Kön 22,28; Jer 28,9; Dtn 18,20ff; vgl. Num 23,19; 1 Sam 9,6 u.a.) aus der Entscheidungssituation aus und ist höchstens in der Rückschau – eingeschränkt – brauchbar.

So fehlt im strengen Sinn ein allgemein überzeugendes, ausreichendes Wahrheitskriterium für die Botschaft des Propheten – es sei denn das höchst subjektive, daß er mit seiner Person für seine Verkündigung eintreten und leiden muß (Am 7,10.16; Jer 11,18ff; 18,18ff; 20; 26; 37ff). Allerdings gibt es Eigenarten, insofern Unterscheidungsmerkmale der Verkündigung der sog. Schriftpropheten, die sich mit Anklage und Zukunftsansage an das Volksganze richten.

Jeremias Einsicht und Vorwurf enthält ein Urteil, das nicht ohne weiteres allgemein nachvollziehbar ist, eher selbst prophetische Einsicht voraussetzt:

»Das Gesicht ihres (eigenen) Herzens verkünden sie,
nicht, was aus Jahwes Mund (kommt).«
(23,16; vgl. V 30f; Ez 13,3)

Ähnlich in Gottes Ichrede formuliert (23,21):
»Ich habe die Propheten nicht gesandt – sie aber laufen.
Ich habe nicht zu ihnen geredet – sie aber weissagen.«

Zwar verkünden Propheten auf Grund ihrer Gesichte (vgl. Num 23,3f u.a.) und treten im Namen Jahwes auf (Jer 23,25), wie Hananja, Jeremias »Gegenspieler«, die Botenformel »so spricht Jahwe« benutzt (28,2.11), ohne aber nach Jeremias Einsicht von Gott beauftragt zu sein. Weil den Propheten kein Gotteswort (mehr) anvertraut wird, ist der Inhalt ihrer Verkündigung selbst erdacht: »Trug ihres Herzens« (Jer 23,26; vgl. 14,14; Ez 13,3).

Was Micha (3,6f; o.§ 14a2,5) für die Zukunft voraussagt: Den Propheten wird es »Nacht werden ohne Gesicht«, sie erhalten keine Antwort Gottes mehr, setzt Jeremia in seiner Gegenwart als gegeben voraus und scheint insofern Michas Einsicht zu bestätigen. In beiden Fällen äußert sich die Überlegenheit des Schriftpropheten in seinem Anspruch, über die Offenbarung der anderen urteilen oder gar ihre Worte erklären zu können.

Mit der Einsicht, daß der nahe zum fernen Gott wird (Jer 23,23; vgl. Jes 1,15; 8,17 u.a.) gehen die Schriftpropheten über die Botschaft der sog. Heilspropheten hinaus, die eher mit der Glaubenstradition übereinstimmen. Dagegen kann ihr Jeremia wie schon die Schriftpropheten vor ihm kritisch gegenübertreten (vgl. beispielhaft die Tempelrede Jer 7; 26; o.Abs. 2).

Demgemäß hält Jeremia – und in seiner Nachfolge Ezechiel – denen, die nach seiner Auffassung zur Unzeit Schalom »Heil, Frieden« verkündigen (Jer 6,14; 23,17; als Einzelfall: 28,1ff.10f), entgegen: Die Zeit des Heils ist vorbei (Jer 4,10; 8,11.14f; 12,12; 16,5; Ez 13,10.16). Darum hält Jeremia die Heilsverkündigung für Wunschdenken und Lüge (Jer 6,13; 14,13f; 23,9ff; 28,15f; vgl. 29,8f; Ez 13,3ff; Mi 3,5). So sind Gotteserkenntnis und Zukunftseinsicht verbunden.

In der Rückschau aus exilisch-nachexilischer Situation scheint Klgl 2,14 noch einmal zur Auseinandersetzung unter den Propheten Stellung zu nehmen:

»Deine Propheten erschauten dir Lug und Trug (Tünche)
und deckten deine Schuld nicht auf,
um dein Geschick zu wenden.
Sie erschauten dir Sprüche der Lüge und Verführung.«

Die sog. Heilspropheten erscheinen »in einer deutlichen Distanzierung als ›deine Propheten‹ ... Als wahre prophetische Aufgabe wird das Aufdecken der Schuld des Volkes bezeichnet, so wie es der Prophet Micha von sich selbst gesagt hat (Mi 3,8). Im Lichte dieses Wortes erscheint Micha geradezu als Gegenbild der falschen Heilspropheten.« (*H.J.Boecker,* z.St.)

Dabei gehört die Formulierung »das Geschick wenden« wohl zur exilisch-nachexilischen Interpretation der prophetischen Aufgabe.

10. Heilsworte

Schon bei den sog. Vorschriftpropheten wecken kurze Heilssprüche Hoffnung auf eine bessere Zukunft, in der es keine Sorgen um das bloße Leben mehr gibt:

»So spricht Jahwe, der Gott Israels:
Der Mehlkrug soll nicht leer werden,
und die Ölflasche soll nicht versiegen ...« (1 Kön 17,14)
»Man wird essen und noch übriglassen.« (2 Kön 4,43)

Die Natan-Verheißung greift mit der Ankündigung einer Dynastie auf Dauer (2 Sam 7; o.Exk. 5,4) gar weit über die lebende Generation hinaus. Werden solche Intentionen von den sog. Schriftpropheten aufgenommen und weitergeführt?

Trotz ihrer radikalen Einsichten haben die Schriftpropheten – anscheinend noch nicht Amos, wohl aber Hosea, Jesaja, Micha, Jeremia oder Ezechiel – keineswegs nur Unheil, sondern auch Heil angesagt. Allerdings sind gegenüber den Drohworten die Verheißungen bei weitem in der Minderzahl. Überdies bleibt das Problem »Echtheit oder Unechtheit« – Wort des Propheten, seiner Schüler oder erst der Spätzeit? – in diesem Textbereich besonders verwickelt und umstritten. Gewiß ist ein erheblicher Teil der Heilsworte, wie Sprache und Inhalt verraten, jünger und der Hinterlassenschaft der Propheten nachträglich beigegeben (Am 9,11ff u.a.). Es ist jedoch unmöglich, ihnen die Verheißungen insgesamt abzusprechen und für Zusätze aus späterer Situation zu halten, so strittig die Entscheidung im Einzelfall bleiben mag. Außerdem scheint die exilisch-nachexilische Prophetie (DtJes, TrJes, Hag, Sach) ältere Heilserwartungen aufzunehmen und weiterzuführen; schon Jeremia schließt sich in seinen Verheißungen an Hosea an.

Demnach kommt der Frage entscheidende Bedeutung zu: Bleibt die prophetische Botschaft letztlich unausgeglichen oder gar widerspruchsvoll, weil der Prophet zu verschiedenen Zeiten und vor wechselnden Hörerkreisen Unterschiedliches, ja Gegensätzliches – einmal Unheil, einmal Heil – ansagen konnte? Heben sich Gerichts- und Heilsansage gegenseitig auf oder lassen sie einen inneren Sachzusammenhang spüren?

Die Heilsworte stellen die Hörer nicht vor ein Entweder-Oder, lassen sie nicht wählen, eröffnen keine Alternative gegenüber dem Gericht. Bei so tiefer Schulderkenntnis und harter Gerichtsdrohung ist das Heil auch kaum – zumindest in der Regel nicht – als Zustand gedacht, den der Mensch bewahren oder gar sichern kann. Wie wird dann die Wende erwartet?

Die Zweiteilung des Prophetenwortes in Anklage und Ankündigung von Gottes Eingreifen in die Geschichte kann insofern zum Ansatz für eine Erwartung jenseits des Gerichts werden, als dasselbe »Ich«, das die Unheilsankündigung wie etwa die Kultkritik bestimmt, auch das künftige Heil setzt:

»Ich gehe nicht mehr schonend vorüber« (Am 7,8; 8,2; vgl. 3,2),
»ich verwandle« (8,10), »hasse, verschmähe« (5,21f),
»ich reiße und gehe davon« (Hos 5,14), »zerstöre« (Mi 1,6),
»ich verschließe meine Augen, höre nicht mehr« (Jes 1,15),
»ich räche, läutere, mache wie zuvor« (Jes 1,24–26),
»ich gründe« (Jes 28,16),
»ich sehe zum Guten an« (Jer 24,5),
»ich bringe Lebensodem in euch« (Ez 37,5f),
»ich gebe ein neues Herz« (Ez 36,26).

Der erste Schriftprophet, der unbestreitbar nicht nur Gericht androht, sondern auch Heil verheißt, *Hosea*, kann beides verbinden, indem er eine Rückkehr zum Ursprung ansagt. Die Vorstellung klingt schon bei Amos (in Bezug auf die Aramäer: 1,5; 9,7) an, wird von Hosea auf Israel übertragen und ausgestaltet. Die Rückführung in die Wüste oder nach Ägypten – wegen der veränderten Weltsituation zugleich erweitert um die Deportation nach Assur – bedeutet einerseits, daß die gesamte Geschichte seit der Landnahme bis zur Gegenwart getilgt wird, und macht andererseits einen Neubeginn möglich (2,16f; 8,13; 9,3.10; 11,5.11; 12,10). Gottes Erbarmen stellt sich seinem Zorn entgegen; so vollzieht sich ein Wandel in Gott selbst:

»Wie könnte ich dich preisgeben, Ephraim,
dich hingeben, Israel?
Wie könnte ich dich preisgeben wie Adam,
dich Zeboim gleichmachen

(d.h.: wie Sodom und Gomorra behandeln)?
Mein Herz kehrt sich gegen mich,
mein Mitleid entbrennt mit Macht.
Nicht vollstrecke ich meinen heißen Zorn,
nicht will ich Ephraim wiederum verderben.
Denn Gott bin ich und nicht ein Mensch,
in deiner Mitte ein Heiliger.«
(Hos 11,8f; aufgenommen Jer 31,20;
vgl. Jes 43,25 »um meinetwillen«; auch 54,6ff)

Die Verheißung kann sogar die Unbußfertigkeit des Volkes voraussetzen:

»Ich heile ihre Abtrünnigkeit,
ich liebe sie aus freien Stücken.«
(Hos 14,5; aufgenommen Jer 3,22; vgl. 3,12; 31,3)

Ähnlich wie Hosea kann *Jesaja* Unheilsdrohung und Verheißung so verbinden, daß er das Heil als Erneuerung verlorener Vergangenheit erwartet. In Form eines Leichenlieds stellt er die traurige Gegenwart der Stadt Jerusalem (vgl. § 13,6) ihrer herrlichen Vergangenheit entgegen und kündigt ihr eine Läuterung durch den Eingriff Gottes an, so daß das »Hernach« dem »Einst«, das Noch-nicht-Vorhandene dem Nicht-mehr-Vorhandenden entspricht:

»Wie ist zur Hure geworden
die treue Stadt,
erfüllt mit Recht!
Gerechtigkeit wohnte in ihr ...
Deine Richter will ich machen wie zuvor
und deine Ratgeber wie zu Beginn.
Danach wird man dich (wieder) nennen:
›Ort des Rechts, treue Stadt‹.« (Jes 1,21.26)

Deutlich ist das Heil nicht Fortsetzung oder Weiterentwicklung des Bestehenden, sondern Neuanfang in oder nach dem Gericht.

Innerhalb der in ihrer »Echtheit« umstrittenen Jesajaworte bietet Jes 1,26 insofern einen festen Anhalt, als sich das Heilswort in eine Anklage mit Unheilsansage einfügt und sie abschließt. Die Verheißung vom »Reis aus dem Stumpf« (Jes 11,1–5; o.§ 12d) hat eine ähnliche Struktur. Auch das Bekenntnis »ich hoffe« auf den »sich verbergenden« Gott (8,17) könnte Unheil und Heil verbinden – zumindest im vorliegendem Kontext (vor Jes 9). Deutet die Wendung nicht an, daß sich Gott »eigentlich« nicht »verbergen« möchte? Schließlich findet sich das Bildwort von einer »Grundlegung im Zion« (28,16f; o.§ 13) im Zusammenhang einer Gerichtsansage.

Jeremia erfährt in seiner Vision von den beiden Körben mit guten bzw. ungenießbar schlechten Feigen (24,1–5.8) zwar – über seine bisherige Botschaft (1,13f; 16,5 u.a.) hinaus – von der Aufteilung des Volkes auf zwei Gruppen, bietet den Hörern aber keineswegs eine Wahlmöglichkeit an, sondern kündet denen, die mit der Verbannung das Gericht schon erlebt haben, Heil und den Daheimgebliebenen weiterhin Unheil an. Die Heilszusage wird im Brief an die Exulanten (29,5ff) ausgestaltet.

Jeremia schreibt den Brief zwischen der ersten Eroberung Jerusalems 597 v.Chr. und der Zerstörung von Stadt und Tempel 587 v.Chr. an den Volksteil, der unter König Jojachin ins babylonische Exil (2 Kön 24,10ff; vgl. Ez 1,2) geführt wurde. Erinnert der Briefkopf an das Gericht, unter dem die Adressaten in ihrer Situation zu leiden haben (V 4 in Übereinstimmung mit V 7; 1,14; 4,6; 13,9 u.a.), so tragen die Mahnungen des eigentlichen Briefinhalts, der in einer Begründung ausklingt, Heilscharakter:

»Baut Häuser und wohnt (in ihnen),
pflanzt Gärten und eßt ihre Frucht!
Nehmt euch Frauen, zeugt Söhne und Töchter! ...
Suchet das Wohl der Stadt (bzw. des Landes),
in die ich euch weggeführt habe!
Betet für sie zu Jahwe;
denn ihr Wohl ist auch euer Wohl!«

Die paarweise einander zugeordneten Imperative sagen (entgegen Drohworten wie Am 5,11; vgl. Dtn 28,38ff u.a.) menschlichen Handlungen Erfolg zu. Allerdings bedeutet das scheinbar Selbstverständliche, Hausbau und Familiengründung, für die Angeredeten eher ein Ärgernis; weil sie auf baldige Rückkehr hoffen (Jer 28,3f), erregt der Brief Anstoß (29,28: »es dauert noch lange«).

So kann nicht nur prophetische Unheilsdrohung, sondern auch Verheißung menschlichen Wünschen widersprechen; das Heil kommt, aber anders als gedacht. Es ragt im Genuß der Erträge eigener Arbeit, im Fortbestand des Volkes, in der Teilhabe an Frieden und Wohl des fremden Landes sowie in der Gewißheit, daß Gott weit außerhalb der Heimat die Fürbitte für die Fremden (vgl. Gen 20,7; Ex 10,17) erhört, in die bestehende Gerichtssituation hinein. *Schalom* vollzieht sich – in Weiterführung der Tempelrede Jer 7; 26 – auch außerhalb Jeru-schalems. Bedeutet die Fürbitte zugleich eine Form des Gottesdienstes in der Fremde?

Was in den an die Erzväter gerichteten Verheißungen verbunden war, wird gleichsam aufgespalten, insofern sich der Mehrungssegen »schon jetzt«, die Verheißung der Landnahme bzw. Heimkehr aber »noch nicht« erfüllt. Von ihr ist erst in einem weiteren, wohl nachträglichen Briefteil (V 10–13.14) die Rede, der die konkreten Weisungen (V 5–7) allgemeiner ausgestaltet. Dessen Sprache (»Gedanken des Heils«, »suchen – finden«) nimmt später Jes 55,6.8f auf.

Noch während der Belagerung Jerusalems durch die Babylonier sagt Jeremia mit einer *Symbolhandlung* auch den Jerusalemern und Judäern neues Leben in oder nach der Zerstörung an. In seiner Gefangenschaft erhält der Prophet den Auftrag, einen Acker in Anatot, der Jeremia laut Erbrecht zusteht, zu kaufen – als Hinweis auf eine andere Zukunft:

»Man wird in diesem Lande wieder Häuser, Äcker, Weinberge kaufen.« (32,15; vgl. 40,9f)

Das Wort, das ein »Ihr« meidet, kündet nicht allgemein den unmittelbar Angeredeten die Bewahrung im noch bevorstehenden oder sich bereits anbahnenden Gericht an. Allerdings sagt Jeremia Einzelpersonen Errettung im Gericht zu, so Ebedmelech (39,15–18) und Baruch (45,1–5), stark eingeschränkt Zedekia (34,1–7; vgl. 37,17ff; auch nach der Katastrophe: 42,10ff).

Erst recht verheißt Jeremia (32,15) kein neues Staatswesen, keine politische oder nationale Größe, sondern kündet (wie 29,5–7) ein »Wohl« eher in familiärer Struktur an. Dabei bleibt der Widerspruch zur aktuellen Situation deutlich.

So bietet Jer 32 (V 6b–15) ein eindrückliches Beispiel prophetischer Heilsansage vor dem Eintreffen oder der vollen Verwirklichung des angesagten Unheils. Das Wort macht dabei erneut künftiges Heil nicht von Buße oder menschlichem Verhalten abhängig, sondern kündet eine gewiß eintretende Zukunft an.

Dies gilt auch für die Verheißung vom neuen Bund (Jer 31,31–34; o.Exk. 5,6), die die prophetische Gerichts- und Heilsbotschaft gleichsam begrifflich zusammenfaßt.

Wie Jeremia den Erwartungen der Jerusalemer auf Bewahrung der Stadt vor dem Ärgsten entgegentritt (24,8; 37,6ff), so widerspricht er mit seinen Heilszusagen (24,5; 29,5ff) dem Selbstverständnis der Exilierten. Ausdrücklich wendet sich *Ezechiel* mit seiner Vision von der Wiederbelebung Israels (37,1–12) gegen die eigens zitierte Klage der Verbannten:

»Vertrocknet sind unsere Gebeine, unsere Hoffnung ist dahin.« (Ez 37,11; vgl. 33,10; Jes 40,27; 49,14).

Die an dieses Bildwort anknüpfende Vision beschreibt das künftige Heil als Schöpfungshandeln.

Von Gottes »Hand« ergriffen, wird Ezechiel »im Geist« zu dem öden Feld der Totengebeine geführt und dort überraschend vor die Frage gestellt: »Können diese Gebeine wieder lebendig werden?« Die Antwort lautet weder ja noch nein, äußert keine Hoffnung, bestreitet sie aber auch nicht, scheint vielmehr die vom Menschen nicht beantwortbare Frage zurückzugeben und so die Möglichkeit offenzulassen: »Du weißt es.« Daraufhin erhält Ezechiel selbst den Auftrag, in den visionären Zustand einzugreifen, statt wie sonst den Zeitgenossen jetzt den toten Gebeinen zuzurufen: »Hört!« Kann die Vollmacht des Propheten deutlicher zum Ausdruck kommen als hier, wo er das lebenspendende Wort des Schöpfers weitergeben soll, damit sich im Rahmen menschlicher Erfahrung Unmögliches vollzieht?

Auf Grund der Anrede fügen sich die verstreuten toten Gebeine – Sinnbild der Verzweiflung und des Unvermögens »des ganzen Hauses Israel« –

wieder zusammen und erhalten analog der Schöpfungsvorstellung von Gen 2,7 belebenden Geist. So wandeln sich die Todesstarre der Vergangenheit und die Trostlosigkeit der Gegenwart in hoffnungsvolle Zukunft. Hier wird erst recht keine Vorbedingung, wie Umkehr der Betroffenen, erwähnt; sie würde auch die Szene zerstören.

Im Rahmen seiner Trostbotschaft an die Exilierten überträgt *Deuterojesaja* das sog. Heilsorakel mit der Zusage »Fürchte dich nicht!«, das sich ursprünglich auf eine Person bezieht (Gen 21,17f; 1 Sam 1,17), auf das – als Person angeredete – Volk (Jes 43,1ff u.a.).

Auch können die über die Väter, die Menschheit oder den König ausgesprochenen Verheißungen trotz der Verwirklichung, dem »Schon-jetzt« der Erfüllung, in ein »Noch-nicht« oder »Noch-einmal« verwandelt und Israel zugesprochen werden (Jes 51,2; 54,7f; 55,3; vgl. Hos 2,1 u.a.).

Umkehr von Unheil in Heil

Wie die prophetische Gerichtsankündigung eine Umkehrung von Heilstraditionen enthalten kann (o. Abs. 2), so kann die Verheißung eine *Umkehrung* der Gerichtsansage darstellen.

Der Umbruch wird nicht selten durch das Stilmittel der Umbenennung veranschaulicht:
»Zu Nicht-mein-Volk spreche ich: Mein Volk bist du!«
(Hos 2,25 gegenüber 1,9; vgl. 2,1; Jes 1,21.26; 62,2.4.12 u.a.)

Dem – erfolglosen – »Suchen«, das Gerichtsworte androhen, entspricht in Heilsworten die Zusage des »Findens« (vgl. Hos 5,6.15; Am 8,11f mit Jer 29,13; Jes 55,6; 65,1), dem Nicht-Hören die Verheißung des Erhörens (Am 5,22f; Jes 1,15; Mi 3,4.7 gegenüber Jer 29,12; Jes 30,19; 58,9; 65,24), der Vergeblichkeit eigener Mühe die Gewißheit des Erfolgs (Am 5,11; Hos 4,10; Zeph 1,13 gegenüber Am 9,14; Jer 29,5.28; Jes 65,21ff u.a.). Nach dem Bild von Jes 11,1 wächst das neue Reis erst aus dem Stumpf hervor (o.§ 12d).

Taube sollen hören, Blinde sehen, Arme sich freuen, Uneinsichtige Erkenntnis gewinnen (Jes 29,18f.24).

Gelegentlich werden Gericht und Heil als Tat Gottes unmittelbar gegenübergestellt:
»Wie ich sann übelzutun, so werde ich wiederum sinnen wohlzutun.«
(Sach 8,14f; vgl. 8,13; Jer 29,11; Jes 60,15)
»Der Israel zerstreute, sammelt es wieder.«
(Jer 31,10; vgl. 29,4.10; auch 1,10; Sach 10,8ff; Jes 54,7 u.a.)

Jahwe erniedrigt und erhöht (Ez 17,24), schlägt und heilt (Jes 19,22; vgl. 1 Sam 2,6 u.a.).

Das Tun des Menschen, das in der die Gerichtsansage begründenden Anklage so deutlich zur Sprache kommt, kann im Rahmen der Heilszusage kein tragendes Motiv mehr sein; denn die Verheißungen werden, von Ausnahmefällen (wie Jer 35,18f; 45,3ff) abgesehen, in der Regel nicht mit menschlichem Verhalten begründet. Vielmehr kann eine Erneuerung des Menschen auf Grund der Vergebung von Schuld (Jer 31,34; Jes 44,22; 54,6ff; vgl. Sach 13) oder durch Ausgießung des Geistes (Jes 44,3; Ez 39,29; Joel 3; Sach 12,10; o.Exk. 4) erwartet werden:

»Ich gebe euch ein neues Herz,
und einen neuen Geist bringe ich in euer Inneres.
Ich nehme das steinerne Herz aus eurem Leib heraus
und gebe euch ein fleischernes Herz.«
(Ez 36,26; vgl. 11,19; Jer 24,7; 32,39f)

So wird die von den Propheten beklagte Hartherzigkeit (Ez 2,4; vgl. Jes 6,9; 29,13; Jer 17,1 u.a.) aufgehoben.

Auch wird der Mensch aufgerufen, sich mit seinem Tun, mit Freude oder Buße, auf die Heilszukunft, einzulassen:

»Kehre um, du Abtrünnige Israel, – Spruch Jahwes –
ich blicke nicht (mehr) ungnädig auf euch;
denn gnädig bin ich, . . . trage nicht ewig nach.
Nur erkenne deine Schuld! . . .«
(Jer 3,12f; vgl. Hos 14,2ff u.a.)
»Kehre um zu mir; denn ich habe dich erlöst!«
(Jes 44,22; vgl. 55,6f; Ez 18,21ff u.a.)

So wird die Rück- oder Umkehr gleichsam zur Wende nach vorn. Ist damit nicht die Redestruktur vorgegeben, in der das Markus- und Matthäus-Evangelium die Botschaft Jesu (Mk 1,15; Mt 4,17; vgl. 3,2; Lk 21,28) zusammenfassen?

Buße ist nicht Vorbedingung des Heils, vielmehr ist dieses Voraussetzung und Begründung für den Aufruf zur Umkehr. Diese Struktur behalten spätere Worte bei; der Mensch soll in seiner Einstellung wie in seinem Verhalten die Folgerung aus der angesagten Zukunft ziehen oder gar im Heute das Morgen ansatzweise vorwegnehmen:

»Frohlocke und freue dich, Tochter Zion;
denn siehe, ich komme
und wohne in deiner Mitte!« (Sach 2,14 bzw. 2,11)

Ähnlich diesem Aufruf zur Freude (Sach 9,9f; Zeph 3,14f; vgl. Jes 54,1; Ps 97,1) können der eschatologische Hymnus (Jes 42,10–13; 44,23; 48,20f: 52,9f) oder auch eine Heroldsinstruktion (Jes 40,9f; vgl. 52,7f; Jer 4,5 u.a.) zur Einstimmung auf Künftiges aufrufen.

Zur Reaktion des Menschen auf verheißenes Heil gehört der Umgang mit dem Nächsten; aus der Erwartung der »Gerechtigkeit« Gottes werden Folgerungen für »gerechtes, rechtes« Handeln des Menschen gezogen:

»Wahrt das Recht und übt Gerechtigkeit;
denn nahe ist mein Heil, daß es komme,
und meine Gerechtigkeit, daß sie sich offenbare!« (Jes 56,1)
»Auf, werde licht; denn dein Licht kommt,
und die Herrlichkeit Jahwes strahlt auf über dir.« (60,1)

Weil der Mensch künftiges Heil in seinem Verhalten ein Stück weit vorwegnehmen kann, vollzieht sich im Rahmen der Heilszusage allmählich – etwa ab der Exilszeit – ein tiefgreifender Wandel. Nicht nur gewinnt das Mahnwort eine andere Dimension; auch der *einzelne* wird jetzt von der prophetischen Botschaft, die sich zunächst mehr an Gruppen oder das Volksganze wandte, stärker angesprochen:

»Der Gottlose lasse seinen Weg und der Übeltäter seine Gedanken
und kehre um zu Jahwe, damit er sich seiner erbarme, zu unserem Gott;
denn er ist reich an Vergebung.«
(Jes 55,7; vgl. 44,5; 56,3ff; Sach 8,21.23 u.a.)

Nach dem Sprichwort »Die Väter essen saure Trauben, und den Söhnen werden die Zähne stumpf« (Ez 18,2; Jer 31,29; vgl. zur Deutung: Ez 18,19; 33,10; Klgl 5,7) hat die zweite Generation, wie es vielfach geschichtlicher Erfahrung entspricht, die Folgen zu tragen. Gegen das Zitat, das wohl das Selbstverständnis der Exilierten wiedergibt, setzt Ez 18 die Verantwortung des einzelnen – mit der sich im Lauf der Erörterung ergebenden, wieder an ein Disputationswort erinnernden Frage:
»Sollte ich wirklich 'am' Tod des Gottlosen Gefallen haben
– spricht der Herr Jahwe –
und nicht vielmehr daran,
daß er sich von seinem Wandel bekehre und lebe?«
(Ez 18,23; vgl. 33,11)

11. Wirkung

Mit ihrer Botschaft stoßen die Propheten weithin auf Spott (Hos 9,7; Jes 5,19; 28,9; Jer 17,5; Ez 12,22), Zweifel und Ablehnung (Jes 7; Jer 36ff; 43,2; vgl. Jes 53,1). Schon Amos wird am Königshof angezeigt und ausgewiesen; denn »das Land vermag alle seine Worte nicht zu ertragen« (7,10). So kann der Prophet Redeverbot erhalten (Am 2,12; 7,16; Jer 11,21; vgl. Jes 30,10f), verfolgt, verklagt werden (Jer 20; 26; auch Jes 53 ?) – ein Schicksal, das später sprichwörtlich wird (Neh 9,26 u.a. bis Mt 5,12; 23,29ff).

Hohe Anerkennung wird den Propheten eher erst im Rückblick zuteil (nach Ez 2,5; 33,33 sollen die Angeredeten »erkennen, daß unter ihnen ein Prophet gewesen ist«). In der Exilssituation erscheint die Zukunftsansage mit ihrer Verwirklichung sogar als Wahrheitserweis des Glaubens (Jes 41,22ff; 43,9f; 44,25f u.a.).

In seiner Gegenwart ist das prophetische Zukunftswort letztlich nicht ausgewiesen; seine Erfüllung ist entweder Erwartung oder Erkenntnis aus der Rückschau. Zwar kann der Prophet hoffen: Gott tut, wie er redet, weil er über sein Wort »wacht« (Jer 1,11f; vgl. 4,28; Ez 12,25.28; 17,24; auch 1 Kön 22,27f u.a.); aber in der Situation vermag der Prophet dem Hörer nur seine Botschaft entgegenzuhalten (Am 7,10ff; Jer 26 u.a.) oder sie für die Zukunft aufzubewahren (Jes 8,16–18; 30,8; vgl. 8,1f; Jer 36).

Weil die Geschichte die prophetischen Unheilsdrohungen im großen und ganzen bestätigte, werden die Worte auch unter diesem Gesichtspunkt gesammelt; das Kriterium der Erfüllung spielt bei der Entstehung der Prophetenbücher (o.§ 14b1) eine Rolle.

Hat Amos ein Erdbeben angedroht (2,13; 9,1), so weiß die Überschrift des Buches anzugeben, daß Amos »zwei Jahre vor dem Erdbeben« auftrat (1,2), bekennt also die Verwirklichung seiner Zukunftsankündigung. Allerdings werden manche Prophetenworte nie »erfüllt«, dennoch aufbewahrt. Zudem wird selbst nach Eintreffen der Unheilsansagen prophetische Botschaft als weiterhin gegenwartsbedeutsam und zukunftsträchtig überliefert, auch ergänzt – zumal im Nachdenken über die Schuld und im Ausblick nach Heil. Deuten die Prophetenbücher mit ihrem üblichen Aufbau – zunächst Unheil (für Israel und die Fremdvölker), dann Heil (für Israel) – eine Abfolge eschatologischer Ereignisse an? Zugleich wird die Schuld des Volkes stärker im Ungehorsam gegenüber dem göttlichen Gebot (Am 2,4; Jes 2,7f.20; Jer 10 u.a.) gesucht.

Im Rückblick aus exilisch-nachexilischer Zeit gilt der Bußruf »Kehrt um!« als Zusammenfassung prophetischer Botschaft (Sach 1,3f; vgl. 2 Kön 17,13; Klgl 2,14).

In der nachexilischen *Jona*-Erzählung erscheint nach der aus verschiedenen Nationen zusammengesetzten Schiffsmannschaft, die zur Anerkennung des Schöpfer geführt wird (1,5–16), die Weltstadt Ninive als Vorbild der Umkehr (vgl. Jer 18,7f). Angesichts von Gottes weltweiter Güte (Jon 4,2.11) bleibt Jona – entsprechend der Erfahrung, welche die Schriftpropheten mit Israel machen mußten (Jes 30,9 u.a.) – starrsinnig. Die Erzählung endet in einer Frage Gottes, die Einsicht wecken möchte.

Insbesondere stellt die sog. deuteronomistisch-jeremianische Redaktion Jeremia (in den Prosareden wie Jer 7,3.5–7; 26,3–5; 36,3.7; auch 23,22) als Mahner und Warner dar, dessen Wort überhört wurde (18,11f; 36,31 u.a.). Dadurch stimmt sie zwar die Verkündigung des Propheten um, bleibt ihm aber nahe, da der Umkehrruf durchweg als Schuldaufweis dient. Der Prophet kann warnen, weil er genau weiß, was kommen wird; denn – so bekennt ein Zusatz zum Amosbuch (3,7) – »der Herr Jahwe tut nichts, ohne daß er seinen Rat seinen Knechten, den Propheten, offenbart hätte«.

Exkurs 7
Gottes »Wort«

1. Den in der Regel scheinbar selbstverständlichen Vorgang von Wortempfang und -weitergabe sprechen die Propheten gelegentlich unmittelbar aus oder reflektieren ihn – in den wenigen Fällen, in denen sie die Wirksamkeit des Gotteswortes ausdrücklich zur Geltung bringen. Schon der älteste Schriftprophet, Amos um 760 v.Chr., verweist zu seiner Verteidigung auf den Zwang, der auf ihm lastet:

»Der Löwe brüllt – wer fürchtet sich nicht,
der Herr Jahwe redet – wer wird nicht zum Propheten?«
(3,8; vgl. Jer 20,7ff)

Doch kann der Mensch auch die Erfahrung machen, daß ihm kein Wort zuteil wird; muß er vergeblich nach einem Gotteswort suchen, dessen er zur Lebensorientierung bedarf, besteht tiefer Grund zur Besorgnis (1 Sam 28,6.15f). Gottes Schweigen bewirkt nicht nur, sondern ist bereits die Situation unentrinnbaren Gerichts, wie eine – im Amosbuch wohl jüngere – Zukunftsdrohung anschaulich vor Augen führt:

»Siehe, es kommen Tage – spricht der Herr Jahwe –,
da werde ich einen Hunger ins Land senden,
nicht Hunger nach Brot noch Durst nach Wasser,
sondern, 'das Wort' Jahwes zu hören.
Dann schwankt man von Meer zu Meer
und schweift von Norden nach Osten,
um das Wort Jahwes zu suchen,
aber man wird es nicht finden.«
(Am 8,11f; vgl. Hos 5,6; von Propheten: Mi 3,4.6f; Ez 7,26)

2. Bei Jesaja wird das Wort zum Handlungsträger der Geschichte:

»Ein Wort sandte der Herr gegen Jakob,
und es fiel nieder in Israel.« (9,7)

Ähnlich einer Überschrift oder einem vorangestellten, zusammenfassenden Motto leitet der Vers einen Geschichtsrückblick ein, der göttliche Heimsuchungen beschreibt, die das Nordreich trafen, ohne die nötige Buße zu wecken. Treten Anredecharakter und Inhalt des Wortes dabei nicht zu weit hinter seiner machtvoll-zerstörerischen Wirkung zurück? »Es ist nicht ein Wort als Träger einer Botschaft, die man hören soll, sondern eines Geschehens, das man zu spüren bekommt« (*H. Wildberger*, z.St.). Doch reißt ein solcher Gegensatz auseinander, was im Text ineinanderliegt. Das von Gott »gesandte« ist gewiß das vom Propheten gesprochene Wort, das als Ursache der Katastrophe gilt (vgl. Hos 6,5).

3. Ausdrücklich bezeugt später *Jeremia,* daß das Gotteswort die prophetische Verkündigung meint, die jedoch an Gottes Macht teilhat; es scheint das Gericht nicht nur anzukündigen, sondern sogar herbeizuführen:

»Siehe, ich mache meine Worte in deinem Mund zu Feuer
und dies Volk zu Holzscheiten, daß es sie verzehre« (5,14)
nimmt die Zusage bei der Berufung (1,9) auf und bestätigt sie:
»Siehe, ich lege meine Worte in deinen Mund.«
Zudem betont eine eigene Vision:
»Ich wache über meinem Wort, es auszuführen.«
(1,11; vgl. 18,2; 32,8; 34,5; 37,17 auch Ez 12,25.28 u.a.)

Auf »das Wort Jahwes«, das Jeremia widerfährt, verweist die sog. Wortereignisformel (oft in alt wirkenden Überlieferungen, wie Selbstberichten, Visionen oder Symbolhandlungen Jer 1,4.11.13; 13,3.8; 16,1; 18,5; 24,4 u.a.). So ist die Rede vom »Wort Jahwes« im Jeremiabuch fest verwurzelt (vgl. den Einwand »Wo ist das Wort Jahwes? Es treffe ein!« 17,15; 37,17); ja, »Wort« bildet geradezu ein Charakteristikum der Prophetie (18,18). Jeremias Bildrede (15,16):
»Fanden sich Worte von dir, so verschlang ich sie.
Dein 'Wort' ward mir zur Wonne und Herzensfreude«
wird Ezechiel (2,8–3,3) zum visionären Erlebnis: Die Buchrolle, die mit Klagen, Ach und Wehe – d.h. den Unheilsankündigungen oder eher deren Wirkungen – beschrieben ist, »wurde in meinem Munde süß wie Honig«.

Obwohl Jeremia das Wort gerne annimmt, können sich dessen Wirkungen, wohl durch die Reaktion der Hörer, gegen ihn richten (20,8; vgl. 15,10.15):
»Jahwes Wort wurde mir zum Schimpf und Hohn den ganzen Tag.«

Solche allgemein-grundsätzlichen Aussagen finden sich kaum zufällig gerade bei Jeremia, der in aktueller Auseinandersetzung mit seinen prophetischen Gegenspielern über das Ergehen des Wortes nachdenkt. Dabei wird er zur Unterscheidung zwischen altbekannten Offenbarungsweisen getrieben, indem er den Traum vom Wort her kritisiert, und gelangt »wohl erstmalig geradezu zu einer Definition des Wortes Jahwes« (*J.Jeremias,* EvTh 1971, 319):

»Der Prophet, der einen Traum hat,
erzähle einen Traum.
Wer aber mein Wort hat,
der rede mein Wort – wahrheitsgetreu.
Was haben Stroh und Weizen
miteinander gemein? . . . Spruch Jahwes.« (23,28)

In älterer wie in späterer Zeit gilt der Traum als möglicher Weg göttlicher Offenbarung (Gen 31; 37; 40; 1 Kön 3; Joel 3,1; Dan 7,1). Die elohistische Darstellung des Pentateuchs betont mit dem Mittel des Traums Gottes Transzendenz in seiner Zuwendung zum Menschen (Gen 20,3; 28,12; 46,2). Gelegentlich klingt eine gewisse Zurückhaltung gegenüber dem Traum an (Dtn 13,1ff; Jer 27,9; 29,8; Sach 10,2; bes. Num 12,6–8). Demnach trifft Jeremia hier eine ungewöhnliche, wenn nicht einmalige Unterscheidung.

In diesem Zusammenhang stellt Jeremia die angekündigte zerstörende Gewalt des Gotteswortes (»zu Feuer« 5,14), dessen Wirkmächtigkeit er selbst erfahren mußte (»wie brennendes Feuer« 20,9), in einem Disputationswort (23,29) dar, das seine Einsicht eindringlich und allgemein überzeugend zu formulieren sucht:

»Ist nicht mein Wort wie Feuer – Spruch Jahwes –
und wie ein Hammer, der Felsen zerschlägt?«

Gewiß liegt hier keine »Definition« vor, die Sein und Wesen des Wortes zu bestimmen sucht, wohl aber ein bildhafter Vergleich, der Kraft und Wirksamkeit des Wortes sowohl veranschaulicht als auch behauptet (vgl. 15,16; 20,7ff).

4. Darf man schon bei Jeremia oder erst bei dem namentlich unbekannten Exilspropheten *Deuterojesaja*, der sich schon auf die Erfüllung des Wortes seiner Vorgänger berufen kann (Jes 44,26; vgl. 41,22f u.a.), von einer »Theologie des Wortes« sprechen? Jedenfalls finden sich hier zwei schon durch ihre Stellung auffällige, geradezu programmatisch wirkende Bekenntnisse zur Macht des Gotteswortes. Leitet die Zusicherung der Verläßlichkeit des Gotteswortes das Jeremiabuch (1,11f) ein, so bilden sie hier den Rahmen um das Buch (Jes 40,8; 55,10f). Der Einsicht »Alles Fleisch ist Gras« – d.h. menschliche Macht, selbst die Gewalt der babylonischen Bedrücker, ist vergänglich (40,6ff; 51,12) – tritt die Zusicherung entgegen:

»Das Wort unseres Gottes besteht in Ewigkeit.«

Behält das Wort Festigkeit und Dauer im Raum des Irdisch-Vergänglichen, so vermag es sich in der andersgearteten Wirklichkeit durchzusetzen und verdient darum auch gegen den Augenschein Vertrauen. Obwohl überraschend allgemein formuliert, will die Aussage doch nicht zeitlos, sondern aus ihrer Situation verstanden sein. Das bleibend gültige Wort ist die Verheißung vom Ende des Exils und von der Offenbarung göttlicher Herrlichkeit vor aller Welt (40,1f.5).

In Ezechiels Vision von der Wiederbelebung des im Exil hoffnungslosen Volkes erhält der Prophet den Auftrag, tote Gebeine mit dem lebenspendenden Wort des Schöpfers anzureden (Ez 37,4ff; o.§ 14b10).

Auch die Schlußsätze des Deuterojesajabuches, die noch einmal die Botschaft dieses Propheten zusammenfassend bekräftigen, zielen auf Befreiung und Heimkehr: »In Freude werdet ihr ausziehen!« (Jes 55,12f) Selbst das vielzitierte Gegensatzpaar »meine Gedanken – eure Gedanken, meine Wege – eure Wege« (55,9) bringt kaum, wie man es üblicherweise versteht, Gottes Ferne und Freiheit, damit die Uneinsichtigkeit menschlichen Schicksals, zum Ausdruck, sondern will Gottes heilvolle Nähe zusprechen (vgl. Jer 29,11 »Gedanken zum Heil und nicht zum Unheil«). Erwächst jener Gegensatz nicht aus der Auseinandersetzung mit dem Selbstverständnis der Zeitgenossen, die kleingläubig-zweifelnd von sich denken: »Mein Geschick ist vor Jahwe verborgen« (Jes 40,27; 49,14)? In diesem Zusammenhang »hat die Prophetie wohl das Umfassendste ausgesprochen über das Wort Jahwes und seine Auswirkung ...; die Dimensionen sind bis auf das letzte Denkmögliche und auch bis ins theologisch Grundsätzliche ausgeweitet« (*G.v.Rad*, TheolAT II[4], 102):

»Wie Regen und Schnee vom Himmel herabfallen
und dorthin nicht zurückkehren,
ohne daß sie die Erde getränkt,
befruchtet und zum Sprossen gebracht haben,
so daß sie Samen zum Säen und Brot zum Essen schenkt –
so wird mein Wort wirken,
das aus meinem Munde ausgeht:
Es kehrt nicht leer zurück,
ohne daß es vollbracht hat, was ich wollte,
und ihm gelungen ist, wozu ich es sandte.« (Jes 55,10f)

Wenn auch die Wendung vom »Befruchten« des Regens an den Mythos vom Vater Himmel erinnert, der die Mutter Erde durch den als Samen gedachten Regen begattet, so ist die Vorstellung doch nur ein Bild. Der Unterschied beider Vorgänge in Natur und Geschichte bleibt gewahrt, wo die Gemeinsamkeit in der unbedingten Zuverlässigkeit des Geschehens entdeckt wird. Ähnlich dem Jeremiazitat (»mein Wort *wie* Feuer« 23,29), aber nun in ausgeführterer Gestalt, will der Vergleich »wie – so« die Wirksamkeit des Wortes anschaulich machen. Dem Wort wird gleichsam schöpferische, jedoch keine naturhafte oder gar magische Kraft zugeschrieben. Wieder ist weder ein unbestimmt-inhaltsleeres noch ein objektiviertes, sondern das durch den Propheten ergehende Wort der Verheißung gemeint (vgl. Jes 44,26; 45,23). Wie schon in Jes 9,7 »Ein Wort sandte der Herr« kann darum der Terminus »senden«, der der Prophetenbeauftragung entlehnt ist (6,8; 61,1; Jer 1,7 u.a.), auf das Wort übertragen werden: »Ihm soll gelingen, wozu ich es sandte« (vgl. Ps 107,20; 147,15.18). Damit geht etwas vom Charakter des Propheten selbst auf das Wort über. Es erscheint »in der Funktion eines Gottesboten« (*L.Dürr*), ist bevollmächtigt, bleibt aber in Dienst gestellt. Als Subjekt des Satzes wird es zum Träger einer eigenen Handlung, aber (noch) nicht zu einer Hypostase, einer substanzhaft gedachten Wesenheit oder personal selbständigen Mittlergestalt, die neben Gott oder gar an seine Stelle tritt.

Droht nicht die Gefahr, daß das Wort in solchen Texten zur mythischen Größe überhöht wird? Gewiß bringen sie den dynamischen Charakter und damit die Bedeutung des Wortes pointiert zur Geltung. Die aktuelle Situation und mit ihr »Inhalt« wie »Sachgehalt« des Wortes treten zurück, gehen aber keineswegs verloren – wenn man die Texte nicht aus ihrem Kontext löst. Bleibt dann nicht sogar der Anredecharakter des Wortes gewahrt? »In Israel sind die altorientalischen Vorstellungen von der schöpferischen Macht des göttlichen Wortes auf Jahwe übertragen worden« (*H.J.Kraus*, zu Ps 147,15ff). Gilt dieses Urteil uneingeschränkt? Zweifellos finden sich in Israels Umwelt auffällig ähnliche Aussagen.

Altorientalische Zeugnisse preisen Erhabenheit und Gewalt, aber auch Dauer und Zuverlässigkeit des göttlichen Wortes: »Das Wort, das oben die Himmel zerreißt, ... unten die Erde erschüttert« bzw. »Dein Wort läßt Recht und Gerechtigkeit erstehen« (bei *L.Dürr*, 9.17).

So ist auch in dieser Hinsicht ein altorientalischer Einfluß auf Israel möglich oder wahrscheinlich. Bemerkenswert bleibt allerdings, daß Texte, die sich am ehesten an altorientalische Vorbilder anlehnen, innerhalb prophetischer Literatur, ja wohl im Alten Testament überhaupt, erst in später Zeit – nach einem langen Weg des Glaubens und Denkens – auftauchen. Sind »mythisch-objektiv« klingende Aussagen über ein gleichsam selbständig wirkendes Gotteswort in Israel erst möglich, nachdem durch den geschichtlichen Zusammenhang wie den Kontext klargestellt ist, daß die Bezogenheit auf den Menschen nicht verlorengeht?

§ 15 Die Weisheit

1. Anders als geschichtliche Erfahrung scheint Israels »Weisheit« auf einem vorgegebenen Wissen aufzuruhen, in das der Jahweglaube allmählich gestaltend eindringt. Aussagen von Gott, wie sie sich in den Sprüchen finden, begegnen – vom Gottesnamen Jahwe allerdings abgesehen – ähnlich oder gar gleich auch in altorientalischen Texten. Gibt es in älterer Zeit in diesem Bereich gegenüber der Umwelt überhaupt »Sondergut«, eigene theologische Einsichten? Die Frage wird unterschiedlich beantwortet.

»Die Weisheit Salomos war größer als die Weisheit aller Söhne des Ostens und als alle Weisheit Ägyptens.« Ein solcher Vergleich (1 Kön 5,10) wäre bei Mose oder einem Propheten, wie Jeremia, unmöglich. Von dem an sie ergehenden und von ihnen weiterzugebenden, sei es verheißenden, gebietenden oder auch drohenden, Gotteswort läßt sich nicht urteilen: es ist »mehr bzw. größer als«. Dies ist anders auf dem Feld der auf Einsicht bedachten Weisheit, die schlicht feststellt, wie die Dinge sind, rät, mahnt oder warnt.

Dem Alten Testament sind auf diesem Gebiet die Beziehungen zur Umwelt bewußt. Es kann kleinere Spruchsammlungen direkt von Ausländern (Spr 30,1; 31,1) herleiten, wie auch Hiob, Vorbild der Gottesfurcht, »ein Mann im Land Uz« (1,1) ist.

Ein Abschnitt des Sprüchebuches (22,17–23,11) läuft weithin der ägyptischen Weisheitslehre des Amenemope (vor 1000 v.Chr.) parallel.

Überhaupt war Ägypten das Land, in dem weisheitliches Denken gepflegt wurde und eine reiche Weisheitsliteratur entstand. Imhotep, Baumeister der ersten

Pyramide (der Stufenpyramide von Saqqara, um 2600 v.Chr.), galt als der älteste Weisheitslehrer und Vorbild des Schreiberstandes. In der Tat war diese Literatur vorwiegend für die Schreiber- bzw. Beamtenschulen bestimmt, der Schüler wurde als »Sohn« des Lehrers angeredet. Ähnlich war die Situation im Zweistromland.

Die Weisheitsliteratur – d.h. zunächst die Sprüche bzw. Proverbien, dann der Prediger bzw. Kohelet und das Hiobbuch – ist wohl der Bereich des Alten Testaments, der die engsten Berührungen mit dem alten Orient aufweist.

Wieweit bedeutet die Beobachtung dieses Zusammenhangs überhaupt eine Einschränkung, einen Einwand gegen den Anspruch und die Geltung weisheitlicher Einsicht? Kann man nicht auch aus Lebenserfahrungen, die außerhalb des eigenen Raumes, ja außerhalb des eigenen Glaubens gemacht wurden, Anregungen empfangen? Die Übereinstimmung mit Erfahrungen anderer – einschließlich des Gespürs für die Grenzen der Erkenntnis – kann den Wert eigener Erfahrungen bestätigen.

2. Die im Alten Testament erhaltenen weisheitlich geprägten Bücher sind jüngeren Datums und erst in den »Schriften«, dem dritten Teil des hebräischen Kanons, vereint. Dennoch braucht Israels Weisheit kein spätes, nachexilisches Phänomen zu sein; denn sie konnte mannigfache Anregungen aus dem alten Orient, vorab aus Ägypten, empfangen. Außerdem setzen bereits die ersten Schriftpropheten Weisheitsdenken voraus:

»Wehe denen, die in ihren eigenen Augen weise
und vor sich selbst verständig sind!«
(Jes 5,21; vgl. 1,2f; 5,20; 11,2; auch Am 6,12; Jer 8,7 u.a.; dazu § 14b,7)

So können die Propheten weisheitliche Erkenntnis aufnehmen oder ihren Zeitgenossen, die sich selbst weise dünken, entgegenhalten (Jes 31,2; vgl. 29,14): »Auch er, Jahwe, ist weise!« Überhaupt findet sich weisheitliches Gedankengut, das auch in jüngeren Prophetenschriften oder Zusätzen (Jes 40,12ff; 44,25; 47,10ff; Jer 17,5ff) wie im Psalter (Ps 37; 49; 73 u.a.) begegnet, weit über die Weisheitsliteratur hinaus.

So wird es in der Königszeit zumindest Einzelsprüche gegeben haben, wenn nicht am Hof bald Spruchsammlungen zusammengestellt wurden (Spr 25,1 berichtet von einer Zusammenstellung durch die »Männer Hiskias«, z.Z. Jesajas). Als älteste Sammlungen gelten meist Spr 10–22 (V 16) und 25–29. Noch der Spätzeit erscheint Salomo als Urheber und Verkörperung der Weisheit (1 Kön 3; 5; Spr 1,1; 10,1; 25,1; vgl. Koh 1,1.12; Hld 1,1). Literarisch äußert sie sich jedoch auf höchst unterschiedliche Weise; gewiß war ein weiter Weg des Denkens und der Erfahrung zurückzulegen, bis in jüngerer, nachexilischer Zeit umfangreiche, theologisch reflektierte

Kompositionen, wie der Hiobdialog und das Predigerbuch, entstehen konnten.

3. Die Bezeichnung »weise«, die die einschlägigen Schriften des Alten Testaments prägt und miteinander verbindet, tritt in der entsprechenden altorientalischen Literatur zurück oder fehlt ganz. So spricht man in der Ägyptologie allgemeiner von »*Lebenslehren*«; Anliegen und Hauptinhalt dieses Schrifttums sind mit dem Begriff gut getroffen.

Der Weise bedenkt menschliches Verhalten – in der Welt wie gegenüber dem Nächsten – und dessen Folgen, gibt überlieferte, altbewährte wie eigene Lebenserfahrung weiter. In ihr ist praktisches, kunstfertigsachkundiges Wissen (wie es etwa der Handwerker hat: Jes 40,20; 1 Kön 7,14; Ex 28,3; 31,3 u.a.) mit mehr theoretischem verbunden, in poetische Sprache gefaßt und so weitergebbar. Weisheit erwächst aus einem Bemühen um Verständnis der natürlichen und sozialen, der dinglichen und persönlichen Umwelt, sucht wiederkehrenden Erfahrungen eine gewisse Regelmäßigkeit abzulauschen, hilft damit dem Menschen, sich zurechtzufinden, auf Gefahren aufmerksam zu werden und Schaden zu meiden.

Die Sprüche können Lebenszusammenhänge widerspiegeln, wie man sie etwa im menschlichen Miteinander findet; dabei wird auch Hintergründiges aufgedeckt:

»Auch beim Lachen kann das Herz voll Gram sein.«
(Spr 14,13; vgl. 15,16f)
Aber:
»Leuchtende Augen erfreuen das Herz,
gute Botschaft labt das Gebein.« (15,30)
»Eine sanfte Antwort stillt den Zorn,
aber ein kränkendes Wort weckt Ärger.«
(15,1; vgl. 15,13; 16,24; 17,22 u.a.)

Derartige Beobachtungen halten fest, wie das Leben im Erfreulichen wie im Unangenehmen eben ist; es tut gut, sich auf solche und ähnliche Zusammenhänge einzustellen, sich in sie einzufügen oder einzu»ordnen«. Hilft diese Einsicht nicht, das Leben zu bestehen – für sich und andere? Wer die gegebenen Zusammenhänge, solche Regeln oder »Ordnungen« beachtet und sich auf sie einläßt, insofern das Leben nimmt, wie es ist oder – vorsichtiger ausgedrückt – wie es der Erfahrung erscheint, ist »weise«. Vielleicht darf man die kaum zu bestreitende Einsicht auch bildhaft verstehen und damit verallgemeinern:

»Durch Weisheit wird ein Haus erbaut.«
(24,3; vgl. 14,1)

Wer weisheitliche Einsicht hört und befolgt, sich in gegebene Ordnungen einzufügen versteht – sich für das Gute und Rechte einsetzt, nicht unbescheiden ist, bedächtig mit der Zunge umgeht (18,21) usw. –, hat Glück, Ansehen, Erfolg, gewinnt Leben:

»Die Lehre des Weisen ist eine Quelle des Lebens,
den Fallstricken des Todes zu entgehen.«
(13,14; vgl. 12,28; 15,24; 19,8 u.a.; von der Gottesfurcht: 14,27)

Allerdings sind Erfahrungen nicht immer eindeutig, ja können in wechselnden Situationen gegensätzlich sein (26,4f; 11,24; 17,27f; 18,25 u.a.). So kommt es auf die Erkenntnis der rechten Zeit an (15,23; vgl. 25,11; Koh 3,1ff).

Das Alte Testament besitzt kein echtes Äquivalent für den in Ägypten entscheidenden Begriff der Maat. Sie repräsentiert das rechte Maß wie die gerechte Ordnung in Gesellschaft und Welt und ist zugleich als Göttin personifiziert.

Als hebräische Bezeichnung für »Ordnung« kommt, abgesehen von Aspekten in Spr 1–9, weniger *ḥokmah* »Weisheit« als *mischpaṭ* »Gewohnheit, Lebensweise, Brauch, Ordnung« (Jer 8,7; Jes 28,26; vgl. Koh 8,5f) in Frage. Möglich sind auch *däräk* »Weg, Verhalten« (Spr 14,2.8.12; 15,9; 30,18f; vgl. Gen 19,31; 31,35 u.a.) oder *hoq* »Bestimmung, Regel, Gesetz, Ordnung« (Spr 8,29; Ps 148,6 u.a.). Solche Begriffe spielen in der Spruchweisheit insgesamt aber kaum eine entscheidende Rolle.

Israel kennt kaum eine einzige Welt, Geschichte und menschliches Verhalten durchziehende Grundordnung als feste, alles übergreifende Gesamtstruktur, sucht eher verschiedene, wechselnde Regelmäßigkeiten, Ordnungsbeziehungen oder Ordnungsgefüge zu entdecken. »Es geht jedenfalls in Israel nicht um eine Weltordnung insgesamt . . ., sondern um Einzelordnungen.« (*H.J.Hermisson,* Studien 190f Anm. 2)

So werden die mannigfachen Vergleiche zwischen natürlicher und menschlicher Welt (Spr 25,3.14; 26,1ff.11 u.a.), in die sich ein Schuß Humor einmischt (26,14; vgl. 22,13), verständlicher. Wie sie auf den Menschen zielen, so ist eine Naturweisheit, die sich im Alten Testament nur ansatzweise findet (1 Kön 5,13), auf den Menschen bezogen (vgl. die Zahlensprüche Spr 30,15ff; auch Ps 104; Hi 38ff u.a.).

Ist die Einstellung, die in den Sentenzen zu Wort kommt, nicht eher eine Bemühung, dem Leben Regeln abzulauschen, ein Wahrnehmen und Nachvollziehen, als ein gewaltsames Sich-Bemächtigen, ein »Konstruieren« oder »Konstituieren« von Ordnung? Die Autoren der Sprüche, die oft vorsichtig-tastend formulieren, sind kaum mit den – eigentlich ebenfalls differenzierter zu sehenden, ihre Auffassung zudem erst allmählich zuspitzenden – Freunden Hiobs gleichzusetzen.

Von ihrer Herkunft und ihrer Zielsetzung her ergibt sich, daß Weisheit weniger auf das Volk (Spr 14,31; 11,14; 28,15; 29,2.18) als den *einzelnen* bezogen ist, weniger das Verhalten des rechten Israeliten als des Menschen (16,1.9; 19,11.22; 28,14 u.a.) schlechthin bedenkt. Dabei tritt gegenüber den ägyptischen »Lebenslehren« ein spezielles Beamtenethos zurück; die Sprüche sind nicht an einen bestimmten Stand oder eine Gruppe gebunden, sie wollen jedermann anreden. Erklärt sich dieser Unterschied auch daher, daß alttestamentliche Weisheit nicht nur am Hof (vgl. 23,1ff; 31,1; dazu die Königsprüche 16,10ff; 20,2.8.26; 25,2ff u.a.) und in der Schule, sondern auch in der Familie (4,3f) beheimatet ist, darum ihre Ursprünge nicht nur in die Hochkulturen zurückreichen?

Berühmt ist die Weisheit der nomadischen »Söhne des Ostens« (1 Kön 5,10f; Hi 1,3; 2,11; Jer 49,7; Obd 8 u.a.). Das Alte Testament erzählt gelegentlich von weisen Frauen (2 Sam 14,2; 20,16.22). Zudem sind die Erziehung wie das Verhalten zu Vater und auch Mutter wichtige Themen der Sprüche (10,1; 15,5.20; 17,25; 22,6.15; 23,13f.24.26; 29,15 u.a.).

Die überlieferte Belehrung, »die der Schüler im jugendlichen Alter im Elternhaus erfahren hat, . . . liefert das Fundament, auf dem der Weisheitslehrer aufbauen kann. So ist die väterliche Unterweisung ein wesentlicher Faktor einer weisheitlichen Traditionsbildung« (*O.Plöger*, zu Spr 4,2ff).

Allerdings wird sich hinter der – aus der elterlichen Unterweisung stammenden (vgl. 1,8f; 4,3f u.a.) – Anrede »Sohn« wie im Orient die Beziehung des Lehrers zum Schüler verbergen (so 4,1 u.a.?). Wer stellt in diesem vermuteten Schulzusammenhang aber die Mutter (1,8 u.a.) dar?

Gab es einen eigenen Stand der Weisen, die einen »Rat« zu erteilen hatten (Jer 18,18)? Der kluge Ratgeber war am Königshof hoch geachtet (2 Sam 16,23; vgl. Spr 14,35; 20,18; 24,6; auch die messianische Erwartung Jes 11,2).

Der Angesprochene, sei es der Sohn bzw. der Schüler oder gar der Weise selbst, soll lernen, Einsicht zu gewinnen, auf Mahnungen oder Warnungen zu hören:

»Wer Zurechtweisung haßt, ist (wie das Vieh) dumm.«
(Spr 12,1; vgl. 10,17; 13,1.18; 15,10.12; 17,10; anders 29,1)

»Ein weiser Warner« sucht »ein hörendes Ohr« (25,12), und umgekehrt gilt:

»Ein Ohr, das auf Leben erhaltende Rüge hört,
findet im Kreis der Weisen seinen Ort.
Wer Zucht verwirft, verachtet sich selbst.« (15,31f)
»Rüge nicht den Spötter, damit er dich nicht haßt;
rüge den Weisen, so wird er dich lieben!
Gib dem Weisen, so wird er noch weiser!« (9,8f)

Darf man aus diesem Drängen, auf Belehrung zu achten, schließen, daß auch der Weise nicht ohne weiteres meint, die rechte Erkenntnis schon zu besitzen, vielmehr auf Rat angewiesen bleibt?

4. Nicht nur in weisheitlichem Denken beheimatet, für es aber grundlegend ist die Einsicht, daß sich im menschlichen Leben *Tun* und *Ergehen*, Verhalten und Schicksal entsprechen. Wie Faulheit zu Armut, Fleiß zu Reichtum führt oder führen kann, so bringt Bosheit Unheil:

»Arm (bleibt), wer mit lässiger Hand tätig ist,
der Fleißigen Hand aber macht reich.«
(10,4; vgl. 11,16; 28,19; aber einschränkend 11,24)

»Wer Unrecht sät, wird Unheil ernten.« (22,8)
»Wer eine Grube gräbt, fällt hinein,
und wer einen Stein wälzt, auf den rollt er zurück.«
(26,27; vgl. Ps 7,16f; Koh 10,8f)
»Wer nach Bösem trachtet, den wird es treffen.«
(Spr 11,27; vgl. 13,21; auch 4,18f; 10,24.30; 11,18f.31; 12,21; 14,11; 24,16.20)
»Das Tun der Hände des Menschen fällt auf ihn zurück.« (12,14)
»Wie du getan hast, wird dir getan werden;
deine Tat fällt auf dein Haupt zurück.« (Obd 15)
»Wer in Unschuld wandelt, wandelt sicher,
wer aber krumme Wege geht, wird ertappt.« (Spr 10,9)

Weil im Gegensatz zur unrechten die gute Tat Heil, Leben bringt (10,2.16; 11,2.18ff; 22,8f u.a.), gilt letztlich:

»Der Gütige tut (zugleich) sich selbst Gutes.« (11,17; vgl. 11,25)

Der Tun-Ergehen-Zusammenhang entspricht ein Stück weit, wenn auch mit Ausnahmen, allgemeiner Erfahrung, wird jedoch um so weniger eindeutig, je mehr Personen er als Handelnde und Betroffene übergreift (vgl. Ez 18,2; dazu o.§ 14b,10). Wieweit erscheinen jene Erfahrungssätze in einer größeren, weniger übersichtlichen Gemeinschaft oder gar im Volk noch angemessen?

Der Unrecht-Unheil- und der Guttat-Heil-Zusammenhang können dabei verschieden gewichtet werden. Kann das Unheil als schicksalgewirkt erscheinen, so der Heilsweg als Gottes Führung:

»Jahwe kennt den Weg der Gerechten,
aber der Frevler (Gottlosen) Weg vergeht.«
(Ps 1,6; vgl. 1 Sam 2,9; Spr 19,17 u.a.)

»Die Auffassung von schicksalwirkender Tat wird also nicht in der gleichen Weise nach der positiven wie nach der negativen Seite hin entfaltet; sie wird hinsichtlich der Guttat viel öfter mit dem Handeln Jahwes verkoppelt als hinsichtlich der Übeltat« (*K.Koch*, GAufs I, 80).

Statt von – einmaligem – Verhalten redet eine große Zahl von Sprüchen von einer – ständigen, gleichbleibenden, grundsätzlichen – Haltung oder Lebenseinstellung des Menschen, die sich in verschiedenen Taten äußern mag. Ja, die Gegenüberstellung Gerechter – Frevler, Weiser – Tor o.ä. unterscheidet »israelitische Weisheit von ihrer Umwelt; was dort nur ganz am Rande festzustellen war, ist hier zum tragenden Element geworden« (*H.H.Schmid*, 155). Durch die Kontrastbegriffe schließen solche Aussagen (bes. 10,1ff) über die bloße Beobachtung von Sachverhalten hinaus Wertungen ein. Verbirgt sich in ihnen die Aufforderung, sich auf seiten des Weisen, Gerechten oder Fleißigen zu schlagen? Ausdrücklich wird der Anredecharakter erst in den Mahnworten, die mit Hinweis auf den Tun-Ergehen-Zusammenhang zu versöhnlichem Handeln aufrufen können:

»Hungert dein Feind (Hasser), gib ihm Brot zu essen,
und dürstet ihn, gib ihm Wasser zu trinken;
denn feurige Kohlen häufst du auf sein Haupt,
und Jahwe wird es dir vergelten!«
(Spr 25,21f; zitiert Röm 12,20; vgl. Spr 24,17f.19f; Ps 37,1f)

In manchen Mahnungen und Warnungen erinnern die Sprüche an den Dekalog (28,24; 6,20ff; 19,5 u.a.; o.Exk. 3,2); doch suchen sie Einsicht zu wecken, während er unbedingt und vorbehaltlos fordert.

Ist auch in jenen Sprüchen, die den Zusammenhang von Tun und Ergehen als menschliche Erfahrung schlicht feststellen (wie Spr 22,8f; 26,27), ein Gottesbewußtsein vorausgesetzt? Wird Gott hier als Wächter der gleichsam gesetzmäßig gegebenen Ordnung verstanden, oder hat sie der Schöpfer (»Urheber«) in den Ablauf der Welt eingegeben? Mit dem Gottesglauben tritt in den Tun-Ergehen-Zusammenhang, ob dies von vornherein erkannt und ausgesprochen wird oder nicht, nicht nur ein personales Element, sondern auch ein Moment der Freiheit ein (vgl. 16,1.9; 19,21; 21,1.31 u.a.). Deutlich ist jedenfalls innerhalb prophetischer Verkündigung, daß Gott selbst das Schicksal offenbart und als Strafe für die Tat in Zukunft herbeiführt (Am 4,1f; Jes 5,8f; Jer 22,17f u.a.).

Schon im alten Orient erschien der Tun-Ergehen-Zusammenhang, den man auch als »synthetische Lebensauffassung« (*K.H.Fahlgren*) oder »schicksalwirkende Tatsphäre« (*K.Koch*) charakterisiert hat, keineswegs nur als naturgegebene, selbsttätige Ordnung, sondern auch als Wirken eines Gottes – etwa verbunden mit Mahnungen zu sozialem Verhalten:

»Schmiede keine (bösen) Pläne unter den Menschen;
denn Gott straft mit Gleichem!«
(Ptahhotep; TUAT II/2, 201)
»Spanne nicht deinen Bogen
und schieße nicht deinen Pfeil auf den Gerechten,
damit nicht der Gott ihm zu Hilfe kommt
und ihn auf dich zurückfallen läßt!«
(Sprüche Achiqars 126; AOT 460; TUAT II/2, 328)
»Gib Brot zu essen, gib Wein zu trinken!
Wer um Almosen bittet, den bekleide und ehre!
Darüber freut sich sein Gott über ihn,
das gefällt (dem Sonnengott) Schamasch,
er vergilt es ihm mit Gutem.« (AOT 292; TUAT III/1, 166)

Ähnlich zieht das Alte Testament aus dem Glauben, daß Gott »dem Menschen gemäß seiner Tat vergilt« (Spr 24,12; vgl. Jer 17,10) bzw. die Tat auf den Täter »zurückwendet« (Ps 28,4; 94,2), ethische Konsequenzen:

»Wer sich des Geringen erbarmt, leiht Jahwe;
er wird ihm seine (gute) Tat vergelten.«
(Spr 19,17; vgl. o. zu 25,21f)

Daß die Armen auf Gott vertrauen können, ist dem Alten Testament so wichtig, daß es in die aus der ägyptischen Weisheitslehre des Amenemope übernommenen Sprüche (22,17ff) dieses Bekenntnis einfügt (22,23; 23,11; auch 22,19) und ähnlich vielfach ausspricht (14,21.31; 17,5; 21,13; 22,9; 24,11f; auch Ex 22,22f.26f u.a.).

Vergeltung, die Herstellung des Tun-Ergehen-Zusammenhangs, ist Gott vorbehalten, allein seine Sache. Wie dem Menschen geraten wird, seine »Werke« bzw. »Wege« auf Jahwe zu »wälzen«, ihm zu befehlen bzw. anheimzugeben (Spr 16,3; Ps 37,5), so kann Hoffnung auf Gott zum Verzicht auf persönliche Vergeltung führen:

»Sprich nicht: ›Ich will Böses vergelten!‹
Harre auf Jahwe; er wird dir helfen!«
(Spr 20,22; vgl. 2,7f; 24,12.29; 1 Sam 24,13; auch Röm 12,19)

5. Bei ihrem Bemühen, die Stellung des Menschen in seiner Umwelt zu bestimmen, ist sich die Weisheit der Grenzen menschlicher Einsicht bewußt, unterscheidet Begreifbares von Unbegreifbarem. Der Mensch, auch der König, bleibt sich selbst entzogen:

»Wasserbächen gleich ist das Herz des Königs in Jahwes Hand;
er leitet es, wohin es ihm immer gefällt.« (Spr 21,1; vgl. 25,2)
»Des Menschen Herz erdenkt sich seinen Weg,
aber Jahwe lenkt seinen Schritt.«
(16,9; vgl. 19,21; 21,30f; Gen 50,20)
»Dem Menschen (gehören) die Entwürfe des Herzens,
aber von Jahwe (kommt) die Antwort der Zunge.« (Spr 16,1)

Die Verknüpfung von Denken bzw. Wollen und Handeln, Planen und Ausführen, ja von Denken und Reden bleibt geheimnisvoll, unerkennbar und unverfügbar. Trotz »vieler Überlegungen« (19,21) bleibt der Lebensweg dem Menschen undurchschaubar:

»Wie kann der Mensch seinen Weg verstehen?«
(20,24; vgl. Jer 10,23; Ps 37,23 u.a.)

Darum geziemt sich Bescheidenheit oder Demut, nämlich das Wissen um die eigenen Grenzen. Deutlich spürt die Weisheit die Schranken des Erkenntnisvermögens oder auch der Selbsteinschätzung und bleibt ihrer eingedenk:

»Jeder Hochmütige ist Jahwe ein Greuel.«
(Spr 16,5; vgl. 16,18f; 22,4; 30,13 u.a.)
»Vor dem Sturz überhebt sich des Menschen Herz,
jedoch vor der Ehre (steht) Demut.«
(18,12; vgl. 14,12; 15,33; 21,4; 28,11; 29,23 u.a.)

»Siehst du einen Mann, der sich selbst für weise hält –
ein Tor hat mehr Hoffnung als er.«
(26,12; vgl. 3,5ff; 21,30; auch Jes 5,21; Jer 9,22f)

Der Mensch erfährt seine Begrenztheit, geht aber deutend über sie hinaus, weiß Gott jenseits der Grenze – allerdings nicht in fernem Hintergrund, versteht Gott vielmehr als diese wahrnehmbare Welt und menschliches Dasein durchdringende und bestimmende Macht. So kann der Mensch in dem, was ihm zuteil wird, ein Aktiv, im Widerfahrnis Fügung, im Schicksal Geschick erkennen. In jenem dem Menschen schwer oder nicht zugänglichen Raum des Ereignishaften, in dem Unberechenbaren, auch Rätselhaften des Lebens kann das Alte Testament – weit über den Denkbereich der Weisheit hinaus (Gen 30,2; Ex 21,13 u.a.) – nicht bloße Zufälligkeit sehen, sondern das Wirken Gottes gewahr werden.

Gelegentlich verweisen die Sprüche zugespitzt auf Kontingentes, dem Menschen Unverfügbares, damit auf Gottes Freiheit: Wirft man das Los, »all sein Entscheid kommt von Jahwe« (Spr 16,33).

Gottes Werk ist es, Undurchschaubares zu setzen und nicht zu offenbaren. Anders als der König (Spr 25,2b) kann Gott »ein Geheimnis Geheimnis sein lassen, und in dem, was er nicht enthüllt, zeigt er, wie er ist« (*O.Plöger*, 298):
»Gottes Ehre ist es, eine Angelegenheit zu verbergen.« (25,2a)

Entsprechend ist zwischen dem Urteil des Menschen über sich selbst und der – tieferen, letztlich allein gültigen – Einsicht Gottes zu unterscheiden:

»Alle Wege des Menschen sind rein (recht) in seinen Augen,
der aber die Geister prüft, ist Jahwe.«
(16,2; 21,2; vgl. 14,12; 17,3; 20,27; 24,12)
»Wer darf sagen: ›Ich habe mein Herz lauter erhalten,
ich bin rein von meiner Sünde‹?«
(20,9; vgl. Koh 7,20f; Hi 4,17; 14,4 u.a.)

Die Frage nach dem, was dem Menschen zugänglich ist oder verschlossen bleibt, stellt sich auch gegenüber geheimen Regungen. Darum wird auch die Unterscheidung von Innen und Außen, Offenem und Verborgenem, Sichtbarem und Unsichtbarem bedacht – einprägsam in einer außerhalb der Spruchsammlung erhaltenen weisheitlichen Formulierung:

»Der Mensch sieht auf das Augenfällige,
Jahwe aber sieht das Herz an.« (1 Sam 16,7)
»Totenreich und Unterwelt liegen offen vor Jahwe,
erst recht die Herzen der Menschen.«
(Spr 15,11; vgl. die an Hi 38f erinnernden Fragen Spr 30,4)
»An jedem Ort sind die Augen Jahwes,
blicken auf Böse wie Gute.«
(Spr 15,3; vgl. 5,21; Hi 34,21f; Ps 14,2; 33,13ff u.a.)

Der Habgier (Spr 28,25) wie der Angst (29,25) wird – die Erfahrung übergreifend – entgegengehalten:

»Wer Jahwe vertraut, wird erquickt« (28,25)
bzw. »beschützt« (29,25; vgl. 18,10)
»Wer auf Jahwe vertraut – wohl ihm!«
(16,20; vgl. Ps 118,8 u.a.)

Gelegentlich formuliert die Spruchweisheit kontrastvoll:
»Vertraue auf Jahwe mit deinem ganzen Herzen,
aber auf deine Einsicht stütze dich nicht!«
(Spr 3,5; vgl. 3,7; 21,30; 22,19; 30,5)
»Der Segen Jahwes ist es, der reich macht,
und nichts fügt (eigene) Mühe ihm hinzu.«
(10,22; vgl. 21,31; auch Ps 127,1f)

Erst recht stellt Jer 9,22f eigene Fähigkeiten durch »nicht – sondern« der Gotteserkenntnis gegenüber:
»Ein Weiser rühme sich nicht seiner Weisheit,
und der Starke rühme sich nicht seiner Stärke,
ein Reicher rühme sich nicht seines Reichtums,
sondern dessen rühme sich, wer sich rühmen will:
zu verstehen und mich zu erkennen, daß ich Jahwe bin,
der Treue, Recht und Gerechtigkeit auf Erden wirkt;
denn an solchen (Menschen bzw. Handlungen)
habe ich Wohlgefallen,
ist der Ausspruch Jahwes.«

Gehört zu weisheitlichem Erkennen, da durchweg nicht allgemein von »Gott« gesprochen, sondern der aus der Glaubensüberlieferung vertraute – von daher auch bestimmte – Namen Jahwe genannt wird, nicht implizit auch ein Bekennen?

Gottes Urteil hilft, zwischen Recht und Unrecht zu unterscheiden; denn falsche Waage, verkehrtes Herz oder lügnerische Zunge sind »Jahwe ein Greuel« (Spr 11,1.20; 12,22; 15,9.26; 17,15 u.a.). Er ist Schutz wie Schöpfer der Armen (14,31; 17,5; o.§ 11f,5). Ihm verdankt aber auch der Reiche sein Leben; so wird unter den sozialen Gegensätzen eine grundlegende Gemeinsamkeit der Menschen entdeckt:

»Reich und arm begegnen sich;
der sie alle (d.h. beide) schuf, ist Jahwe.«
(Spr 22,2; vgl. 16,4.11; 20,12; 29,13)

Trotz so gewichtigen – insgesamt allerdings eher vereinzelten – Aussagen darf man die weisheitliche Denkbemühung kaum ohne Vorbehalt einer »Schöpfungstheologie« zuordnen, es sei denn, der Begriff werde so ausgeweitet, daß er die Wirklichkeitserfahrung des Menschen überhaupt umfaßt.

In Korrektur seiner früheren Auffassung, nach der die Weisheit »anthropozentrisch« nach dem Glück des einzelnen »autonomen« Menschen fragt (ZAW 51, 1923, 177ff), betont *W.Zimmerli* später (Gottes Offenbarung, 1963, 302) eher zu stark: »Die Weisheit des Alten Testamentes hält sich ganz entschlossen im Horizonte der Schöpfung. Ihre Theologie ist Schöpfungstheologie.«

Einige Sprüche verweisen auf »Liebe« oder »Barmherzigkeit«:

»Wer ein Vergehen zudeckt, trachtet nach Liebe.«
(Spr 17,9; vgl. auch 14,21.31 u.a.)
»Wer seine Sünden bedeckt, hat kein Glück,
wer aber bekennt und unterläßt, findet Erbarmen.«
(28,13; vgl. Ps 32,3ff)
»Durch Güte (bzw. Gnade) und Treue wird Schuld bedeckt (d.h. gesühnt).« (Spr 16,6)
»Alle (!) Vergehen deckt Liebe zu.« (10,12)

Dabei übt die Weisheit gegenüber dem Kult, jedenfalls dem Opferkult, unverkennbar Zurückhaltung (o.§ 9c,6).

Sind solche Aussagen auf menschliches Handeln oder auch auf Gottes Barmherzigkeit zu beziehen? Jedenfalls kennt die Spruchweisheit Phänomene und Verhaltensweisen, die den Tun-Ergehen- oder den Haltung-Schicksal-Zusammenhang nicht als feststehendes, ausnahmslos gültiges »Gesetz« verstehen, vielmehr aufbrechen können oder auf andere Weise neu in Kraft setzen.

Kann schon die Spruchweisheit das Vernehmen und Wahrnehmen des Menschen als Gabe Gottes verstehen:

»Ein hörendes Ohr und ein sehendes Auge –
Jahwe hat sie beide gemacht« (Spr 20,12; vgl. 2,6),

so kann dem Alten Testament die Einsicht als Gabe Gottes gelten, um die der Mensch bitten muß:

»Lehre (uns), unsere Tage zu zählen,
damit wir ein weises Herz gewinnen!«
(Ps 90,12; vgl. 39,5; 51,8; 1 Kön 3,9ff u.a.)

6. Erscheint die Weisheit in dem ursprünglich wohl selbständigen Lied Hi 28 als eine dem Erz vergleichbare, dinghafte, dem Menschen jedoch unerreichbare Größe, so wird sie in der vermutlich jüngsten Sammlung des Sprüchebuches, in der die Worteinheiten weit länger sind (Kap. 1–9), personifiziert. Wirken darin altorientalische Vorstellungen von einer weiblichen Gottheit nach? Die Weisheit empfiehlt sich selbst (Spr 1,20ff) und grenzt sich gegenüber Frau Torheit ab (9,1ff), wird aber noch nicht oder höchstens ansatzweise zu einer selbständigen Hypostase neben Gott.

Hat nach Spr 3,19f »Jahwe in Weisheit die Erde gegründet«, so gilt sie noch als Eigenschaft Gottes (vgl. Ps 104,24), wird aber in Spr 8,22ff zum Erstling der Schöpfungswerke. Obwohl sich die Weisheit selbst vorstellt, verweist sie zunächst auf Gott; er bleibt (wie 3,19) betont Subjekt des Einleitungssatzes:

»Jahwe schuf mich als Anfang seines Waltens,
als erstes seiner Werke, vorlängst ...
Als die Urfluten noch nicht waren, wurde ich geboren ...
Als er den Himmel errichtete, war ich dabei,
als er den Kreis (das Himmelsgewölbe oder den Horizont)
über dem Urmeer festsetzte,
als er die Wolken droben befestigte,
als er die Quellen des Urmeeres 'stark machte',
als er dem Meer seine Grenze setzte ...
Da war ich ihm zur Seite als Liebling (Kind, kaum: Werkmeister)
und war (seine) Wonne Tag für Tag,
spielte vor ihm alle Zeit.« (Spr 8,22–30)

Die Weisheit ist weder göttlich noch ewig, vielmehr geschaffen, aber vor allem Seienden. Ihr ehrwürdiges Alter, die Anwesenheit bei der Erschaffung der Welt sowie ihre Nähe zu Gott erweisen ihre Überlegenheit. Ihre Bedeutung, ja Notwendigkeit für den Menschen (V 31ff, bes. V 35) ist das Ziel der Rede: »Wer mich findet, findet Leben und erlangt Wohlgefallen vor Jahwe.«

Eine Einsicht, die sich schon in der älteren Weisheit findet: »Die Jahwefurcht ist eine Quelle des Lebens« (14,26f; vgl. 15,16 u.a.), führt darüber hinaus und wird zum Grundgedanken der Sammlung von Kap. 1–9, damit zugleich zum Motto des ganzen Buches:

»Die Jahwefurcht ist der Anfang der Weisheit.«
(Spr 1,7; vgl. 9,10; 15,33; Ps 111,10; Hi 28,28)

Ist die Ehrfurcht vor Jahwe der Eingang oder das Hauptstück der Weisheit, so ist sie damit endgültig in den alttestamentlichen Glauben eingefügt (vgl. Jer 9,22f).

7. Die Weisheit bleibt mit dem Glauben verbunden, als sich tiefgreifende Zweifel am Recht ihrer Erkenntnis einstellen. Nach den Sprüchen entscheidet die Einstellung des Menschen über seine Zukunft:

»Die Hoffnung der Gerechten bringt Freude,
aber die Erwartung der Frevler wird zunichte.«
(Spr 10,28; vgl. 11,7.23; 24,20; Hi 4,6; 8,13)

Das Selbstverständnis und Verhalten des Menschen (des »Gerechten« bzw. »Frevlers«) bestimmt, ob seine Hoffnung wahr oder verfehlt, recht oder unrecht ist. In dieser Aussage verbirgt sich der Glaube an die von Gott aufrechterhaltene gerechte und heilsame Ordnung, die dem, der sich an sie hält, Zukunft gewährt, während derjenige, der ihr widerstrebt, scheitert. Dieses Vertrauen geht *Kohelet* verloren; ihm wird die Unterscheidung, nach der nur »der Böse keine Zukunft hat« (Spr 24,20), fraglich:

»Es gibt Gerechte, denen es nach dem Tun der Frevler ergeht,
und es gibt Frevler, denen es nach dem Tun der Gerechten ergeht.«
(Koh 8,14; vgl. 7,15; 9,2)

Dieser »Prediger« (wie Luther den Namen übersetzt) schrieb seine Reflexionen oder Sentenzen wohl im 3.Jh.v.Chr. und mag dabei nicht nur durch altorientalische Vorbilder (vgl. *O.Loretz*), sondern auch durch die »frühhellenistische Popularphilosophie« (*R.Braun* u.a.), speziell die Skepsis, angeregt sein. Er ist ein eigenständiger oder gar eigenwilliger Denker, der auf weisheitlichen Erkenntnissen aufbaut, um über sie hinauszuschreiten und ihnen gegenüberzutreten. Zwar gesteht er zu, daß Weisheit mehr Nutzen bringt als Torheit: »Der Weise hat seine Augen im Kopf, der Tor aber tappt im Finstern« (2,13f; vgl. 4,5f.13; 8,1; 9,17ff u.a.), jedoch hat dieser Vorzug keinen Bestand (1,17; 2,16 u.a.). Auch sonst findet sich dies »Zwar – aber« (3,10ff; 8,12ff).

Wie gelegentlich der Psalmenbeter »Ich bin jung gewesen, alt geworden, aber nie sah ich den Gerechten im Stich gelassen« (Ps 37,25; vgl. Spr 24,30ff) schreibt Kohelet gerne im Ichstil (1,12ff u.a.), macht aber gegenteilige Erfahrungen: »Unter der Sonne«, d.h. auf Erden, herrscht Unrecht (3,16; 4,1; 5,7; 8,9), Umkehrung der Ordnung (10,6f); der Mensch ist böse (8,6.11).

»Bei den Menschen gibt es keinen Gerechten auf Erden,
der (nur) Gutes täte und nicht sündigte.«
(7,20; vgl. Spr 20,9; Hi 4,17; 9,2; 14,4; 15,14;
auch Ps 14,2f; 143,2; Gen 6,5; 8,21; 1 Kön 8,46 u.a.)

Kohelet radikalisiert jene ältere Frage nach der Begrenztheit menschlicher Einsicht: »Wie kann der Mensch seinen Weg verstehen?« (Spr 20,24) zu dem Zweifel (Koh 6,12):

»Wer weiß, was für den Menschen im Leben gut ist?«

So fragt Kohelet nicht mehr nach hier oder da aufspürbaren Ordnungsbezügen, sondern nach dem Ganzen des Daseins (1,3; vgl. 3,9):

»Was hat der Mensch für Gewinn bei all seiner Mühe?«

Es sind vor allem drei ineinander verflochtene Grundgedanken, die Kohelet über den Ansatz der Weisheit hinaus fragen lassen, was als Ertrag des

Lebens bleibt, und ihm zugleich Zurückhaltung in der Antwort aufnötigen. Sie betreffen das Verhältnis von Tun und Ergehen, die Zukunft und den Tod.

Zum einen: Der Gerechte kann umkommen, der Frevler lange leben (8,14; 7,15). Zwischen Tun und Ergehen, Handeln und Schicksal besteht kein einsichtiger Zusammenhang, der den Lebensablauf erklären und sinnvoll machen könnte.

»Weil aber das Urteil über die böse Tat nicht bald vollstreckt wird, darum füllt sich das Herz der Menschen damit (d.h.: er wird ermutigt), Böses zu tun.« (8,11)

Zum anderen: »Der Mensch kennt nicht seine Zeit«, ist Zeit und Zufall ausgeliefert (9,11f; vgl. 3,1ff). Insbesondere die Zukunft ist dem Menschen verborgen: »Wer kann dem Menschen sagen, was nach ihm unter der Sonne sein wird?« (6,12; vgl. 3,22; 8,6f; 10,14 u.a.) Den Erfolg seiner Mühe muß er einem anderen überlassen (2,18f.21; 5,12ff). Baut die Weisheit auf dem Grundsatz auf: »Das Gedenken an den Gerechten bleibt zum Segen, während der Name der Gottlosen verwest« (Spr 10,7; vgl. 24,20), so gibt Kohelet – wie schon die Propheten (Jer 5,1; 6,28f u.a.) – diese Zweiteilung auf:

»Es gibt kein Andenken an den Weisen,
ebensowenig wie an den Toren.« (2,16; vgl. 1,11; 9,5)

Zum dritten: Der Fromme wie der Gottlose, der Reine wie der Unreine haben ein und dasselbe Geschick (9,2ff; 2,14ff); der Tod hebt nicht nur soziale, sondern auch ethische und religiöse Unterschiede auf:

»Das Geschick des Menschen ist gleich dem Geschick des Viehs.
Ein und dasselbe Geschick haben sie.
Wie dieses stirbt, so sterben auch jene.
Einen (gleichen) Odem haben sie alle.
Alle gehen an einen Ort.
Alle sind aus Staub geworden,
und alle kehren zu Staub zurück.«
(3,19f; vgl. 9,2ff; u.Exk. 8,3)

Kann schon die Spruchweisheit (6,6; vgl. 30,25) den Menschen zum Beobachten auffordern, wie: »Geh zur Ameise, du Fauler, sieh ihren Weg (ihr Verhalten) und werde klug!«, so vergleicht Kohelet (3,18f.21) den Menschen mit dem »Vieh«, der Tierwelt insgesamt (vgl. 9,4).

Infolge der Bedrängnis durch die Unerkennbarkeit der Lebensordnung und durch das allgemeine Todesschicksal preist Kohelet als Gabe Gottes (3,12f; 5,18; 6,2 u.a.) »die Freude, da es unter der Sonne für den Menschen nichts Besseres gibt, als daß er esse, trinke und sich freue. Das kann ihn begleiten in seiner Mühsal« (8,15; 2,24f; 3,22; 5,17ff; 9,7ff). Selbst auf die

Aufforderung, es mit der Lebensfreude zu versuchen, kann aber der Einspruch erfolgen: »Auch dies ist eitel« (2,1; vgl. 2,3–11; 11,10; dazu das Motto 1,2; 12,8). Ist der Tod dann nicht vorzuziehen (2,17; 4,2f; vgl. 1 Kön 19,4; Hi 3 u.a.)?

Trotz aller Skepsis ist Kohelet kein Tor, der »in seinem Herzen spricht: Es ist kein Gott« (Ps 14,1; vgl. § 19,3). Vielmehr nimmt Kohelet den Lauf der Welt wie das Auf und Ab des Lebens »aus Gottes Hand« (2,24f); was der Mensch hat, ist Gottes Gabe (3,13; 5,17f; 9,9 u.a.). Die mannigfachen Phänomene des Daseins werden – auch in ihrer Undurchsichtigkeit – aus dem Gegenüber zu dem einen Gott verstanden; was er bestimmt, vermag der Mensch nicht zu ändern: »Man kann nichts hinzufügen und nichts wegnehmen. Gott hat es so gemacht, daß man ihn fürchte« (3,14; vgl. 6,10; 7,13; 9,1). Nicht Gott, aber die Erkennbarkeit seines Wirkens wird geleugnet: Der Mensch kann es nicht erfassen (3,11; 8,17; 11,5; vgl. 7,24.29). So betont Kohelet den Unterschied zwischen Gott und Mensch (5,1): »Gott ist im Himmel, und du bist auf Erden.«

Nicht einmal sich selbst, »weder Liebe noch Haß« (9,1), kann der Mensch wirklich erkennen, und die Zeit, in der er steht und die sich an ihm vollzieht, ist ihm nicht greifbar. In einer Kette von Gegensatzpaaren, die einerseits die Zwiespältigkeit menschlicher Erfahrung wiedergibt, andererseits die Ganzheit des Lebens umschreiben möchte, verweist Kohelet (3,3–8) auf die Zeit, in der sich der Mensch vorfindet oder die er zu gestalten hat:

»Zeit zum Einreißen, Zeit zum Bauen,
Zeit zum Weinen, Zeit zum Lachen, ...
Zeit zum Umarmen, Zeit zum Sich-Trennen,
Zeit zum Suchen, Zeit zum Verlieren, ...
Zeit zum Schweigen, Zeit zum Reden,
Zeit zum Lieben, Zeit zum Hassen,
Zeit zum Kampf, Zeit zum Frieden.«

Diesen Wechsel bzw. diese oft nur schwer vereinbare Polarität sucht die »Gottesfurcht« wiederum vom Grund her zusammenzudenken: Gott hat alles »gemacht« (3,11.14), auch den »bösen« Tag:

»Am guten Tag sei guter Dinge,
am bösen Tag bedenke:
Diesen wie jenen hat Gott gemacht!«
(7,14; vgl. 1,13)

Die Geschichte mit dem Bekenntnis zu Führung und Rettung Gottes sowie der (prophetische) Ausblick auf Gottes Zukunft treten bei Kohelet ganz zurück; doch an der Ausschließlichkeit des Glaubens, damit am ersten Gebot, hält er streng fest (bes. 7,14). Er schweigt von Dank und Hoffnung, betont die Gottesfurcht (3,14; vgl. 5,6; aber ohne Übermaß: 7,16f). Weiß Kohelet nur um Gottes Vorsehung, nicht um Gottes Liebe, ist es ein Glaube ohne Vertrauen?

Wo die Psalmen die Überlieferung oder gar Kohelets Sprache aufnehmen, können sie seine Einsicht bestätigen:
»Nur ein Hauch ist alles Menschliche.«
(Ps 39,12; vgl. 49,13.21)
Sie fügen diese Betrachtung oder Erfahrung aber in die Klage und das Bekenntnis ein, halten der Frage »Wer weiß?« (Koh 6,12) gleichsam entgegen:
»Er weiß, ... ist eingedenk, daß wir Staub sind.«
(Ps 103,14ff; vgl. 39,5ff; 78,39; 90)

8. Anders als bei Kohelet ist die Einstellung im *Hiobbuch*, das ein wenig früher entstanden, von seinen Anfängen in der Hioberzählung (Kap. 1–2; 42,7ff) über die Gestaltung des Dialogs (Kap. 4–31 nach der Klage Kap. 3) bis zur Einfügung von Zusätzen (wie Kap. 28; 32–37) aber über einen längeren Zeitraum (etwa 5.–3.Jh.) gewachsen sein mag. Kohelet (6,10) wie Hiob (bes. 9,12ff.19.32f) ist die Einsicht gemeinsam, daß der Mensch nicht mit Gott zu rechten vermag. Trotz Eingeständnis seiner Hilflosigkeit gibt Hiob aber nicht auf. Am Glauben und Leiden dieses Nicht-Israeliten (aus dem Lande Uz) zeigt das Alte Testament auf, was »Gottesfurcht« heißt (1,1; 2,3; vgl. Ez 14,14).

Vorausgesetzt ist, daß Hiob unschuldig leidet (9,21; 23,10ff; 27; 31) – ein Problem, das schon der alte Orient in verschiedenartigen Texten bedenkt (vgl. RTAT 157ff; TUAT III/1, 110ff).

Hiob ist »unsträflich, ganz« (1,1; bestätigt 1,8; 2,3). Was ihm zustößt, ihm Gemeinschaft und Gesundheit raubt, bleibt unbegreiflich. *Eine* »Erklärung« des Lebens (vgl. Spr 20,24) geben die Hiob nicht zugänglichen Himmelsszenen. (Ähnlich wird die überschriftartig deutende Themaangabe der Erzählung Gen 22,1a »Gott versuchte Abraham« dem Betroffenen nicht mitgeteilt.)

Erfahrungen des Propheten Jeremia, die als Folge seiner besonderen Aufgabe zumal in den Konfessionen dargestellt sind, werden in Hiobs Klage als menschliches Geschick verallgemeinert (vgl. Hi 3 mit Jer 15,10; 20,14ff u.a.).

Die Freunde, die zunächst neben oder mit Hiob schweigen (2,11ff), werden nach seiner Klage in ihren Äußerungen zunehmend schärfer, halten in ihren immer härteren Vorwürfen trotz Hiobs Einwänden am Zusammenhang von Tun und Ergehen, von Schuld und Leiden, der doch durchbrochen zu sein scheint, starr fest (4,7ff bis 22,5ff).

Für Hiob ist es das wahrhaft Bedrängende und Erschütternde, daß Gott selbst ihn – letztlich grundlos – verfolgt, bedrückt (6,4; 7,12ff; 10,8ff; 16,9ff; 19,6ff), »Hoffnung zunichte macht« (14,19):

»Er brach mich nieder um und um, und ich fahre dahin,
er riß meine Hoffnung aus wie einen Baum.« (19,10)

Hiob kann nicht nur klagen, auch anklagen, bleibt im Hader aber mit Gott verbunden, den er anredet: »Laß ab!« (7,16ff; vgl. 10,20; 13,21; 14,6)

Gegen den Gott, der ihm das Recht nimmt (27,2; vgl. 9,20ff; 23,1ff), ruft Hiob den Gott an, der ihm in der Not hilft und für sein Recht eintritt:

»Im Himmel ist mein Zeuge
und mein Bürge in der Höhe.« (16,19–21)
»Ich weiß, daß mein Löser (Rechtshelfer) lebt ...
Auch ohne Fleisch werde ich Gott schauen.«
(19,25f; vgl. Exk. 8,7)

Als Hiob wirklich die ersehnte (19,7; 30,20; 31,35–37: »O daß doch!«) Antwort (Kap. 38f; 40f) erhält, wird er über Gottes Weltregiment belehrt, zum Nachdenken genötigt, auf die Grenzen des Geschöpfs und seiner Einsicht hingewiesen: Hiob erfährt sich »als begrenzt in Zeit, Macht, Wissen und Können vor dem in allem und von Anfang an wirkenden, unendlich überlegenen und unbegreiflichen Gott« (*E. Würthwein*, Wort und Existenz, 1970, 215). So gibt Hiob doch Gott Recht, »widerruft« seine Klagen und Anklagen und kehrt nach allem Aufbegehren zur Demut vor Gott zurück:

»Von Hörensagen hatte ich von dir gehört,
nun aber hat mein Auge dich gesehen.
Darum widerrufe ich
und bereue in Staub und Asche.«
(42,5f; vgl. 2,8; 40,3)

Gott entscheidet für Hiob gegen die Freunde (42,7): »Ihr habt nicht recht von mir geredet wie mein Knecht Hiob«, und dieser übt für sie Fürbitte (42,8f). In der Wende des Geschicks wird Hiob das Verlorene reich erstattet (42,10ff) – was er von sich aus nicht erbeten hatte, wird ihm »dazugegeben« (vgl. Mt 6,33). So scheint die Erzählung am Schicksal eines einzelnen und seinem Verhalten das Bekenntnis darzustellen: »Jahwe macht arm und macht reich, erniedrigt und erhöht« (1 Sam 2,6ff; Dtn 32,39).

Der Beter von Ps 73, der ebenfalls von dem Mißverhältnis zwischen Tun und Ergehen der Menschen bedrängt wird, geht einen Schritt weiter als das Hiobbuch: Den Glaubenden »hält« Gott selbst im Tod (V 23ff; u.Exk. 8,8).

IV
Die Spätzeit

1. Ist die rund vier Jahrhunderte umfassende Epoche des israelitischen Königtums recht gut überschaubar, so sind die historischen Nachrichten über die exilische und nachexilische Zeit geringer. Die endgültige Eroberung Jerusalems durch Nebukadnezzar 587/6 v.Chr. zerbrach gleich dreifach die sichtbaren Fundamente oder zeichenhaften Bürgschaften des Jahweglaubens: Tempel, Daviddynastie und Landbesitz.

»Deine heiligen Städte sind zur Wüste geworden,
Zion ist zur Wüste geworden,
Jerusalem zur Einöde.
Unser heiliges, herrliches Haus,
in dem unsere Väter dich lobten,
ist ein Raub der Flammen geworden.«
(Jes 64,9f; vgl. Klgl 1,10; 2,1; 4,12; 5,18; Hag 2,3)
»Der Herr hat seinen Altar verworfen,
sein Heiligtum preisgegeben.« (Klgl 2,7)
»Unser Lebenshauch, der Gesalbte Jahwes, wurde gefangen.« (4,20)

Die Geschichte machte die Verwirklichung jahrhundertealter Verheißungen rückgängig, bzw. die Verheißungen erwiesen sich selbst als geschichtlich überholt. Die (Heils-)Propheten hatten »Trug und Tünche geschaut«, falsche Auskunft erteilt (Klgl 2,14). Dagegen hatten sich die prophetischen Drohungen, nach denen sich Gottes Macht im Leiden des Volkes erweisen werde, erfüllt:

»Der Herr hat sich als Feind erwiesen, Israel vertilgt.« (2,5)
»Jahwe hat vollbracht, was er vorhatte,
sein Wort erfüllt,
was er seit frühen Tagen befohlen,
hat niedergerissen ohne Erbarmen,
den Feind über dich frohlocken lassen,
das Horn (die Macht) deiner Bedränger erhoben.« (2,17)

Ein solcher Einschnitt brachte notwendig tiefgreifende Änderungen in Israels Gottesverständnis mit sich, am Verlust ist der Glaube aber zugleich gewachsen. Doch gab es keinen völligen Bruch, da die Babylonier im wesentlichen wohl nur die Oberschicht deportierten und anscheinend der größere Teil der Bevölkerung im Lande blieb (2 Kön 25,12; Jer 39,10; 40,6). Diese »Alt-Judäer« scheinen den Gottesdienst auf dem Tempelplatz auch nach Zerstörung des Heiligtums fortgesetzt zu haben (vgl. Jer 41,4ff); erst das spätere sog. chronistische Geschichtswerk (rückblickend in die Vergangenheit die Chronik, für die näher gegenwärtige Zeit Esra und Nehemia) nimmt eine Unterbrechung des Kults in Jerusalem an (vgl. 2 Chr 36,17ff; Esr 1). So bestand selbst in Palästina eine gewisse Kontinuität, auch hier wurden Überlieferungen bewahrt und weitergeführt. Von jetzt ab war das Volk aber gespalten. Die noch im Lande Ansässigen hatten sich neu zu besinnen; erst recht trieb die »Gola« – die Deportierten der Jahre 597 und 587/6 (2 Kön 24,12–16; 25,11; Jer 52,28–30) – das theologische Denken weiter. Man kann sich fragen, welcher Seite jeweils die Neuansätze zuzuschreiben sind. Jedenfalls treten vom Exil ab einige Züge immer schärfer hervor, die nicht so sehr der Vergangenheit verhaftet sind, als vielmehr auf die künftige Entwicklung verweisen. So ergibt sich in mancherlei Hinsicht das Recht, die Anfänge des *Judentums* eben in exilisch-nachexilische Zeit, zumindest seit Esra, zu verlegen; aus dem einstigen Stämmeverband wurde die jüdische »Gemeinde« (Ex 12,3.6 P; vgl. Num 1 u.a.).

Über das Ergehen der nach Babylon umgesiedelten Judäer ist wenig bekannt. Die Zwangsverschleppten waren (trotz Jes 42,7.22; 45,2) kaum als Gefangene eingesperrt, sondern lebten in Ortschaften beieinander (Ez 3,15; Esr 2,59) als Untertanenbevölkerung, die billige Arbeitskräfte geliefert haben mag. Nach Jer 29,5f war es ihnen möglich, Häuser zu bauen, Gärten anzulegen und von dem Ertrag zu leben. Die Ältesten konnten zusammenkommen (Ez 8,1; 14,1; 20,1), so wenn einer erzählte oder vorsang (33,30–33). Aber die daheimgebliebenen Jerusalemer urteilten: »Sie sind fern von Jahwe« (11,15; vgl. 33,24). Das Land war »fremd« (Ps 137,4), »unrein« (Ez 4,13), kein Boden, auf dem man rechtmäßig Gott verehren durfte (vgl. 1 Sam 26,19; Hos 9,3f; Am 7,17; Jer 16,13). Nur Klagefeiern waren gestattet (vgl. außer den Threni bzw. Klageliedern: Sach 7,3.5; 8,19; auch Ez 11,16 u.a.; o.§ 9b,4). Zu diesen Gebetsgottesdiensten wie zur Beschneidung und zum Einhalten der Sabbatruhe bedurfte man nicht des Tempels. So blieb die Sehnsucht nach dem Zion stark (Ps 137; Jer 51,50).

Trotzdem kehrten die Exilierten nicht geschlossen in ihre Heimat zurück, nachdem sie (nach der Eroberung Babylons durch Kyros 539 v.Chr.) unter persischer Herrschaft die Möglichkeit erlangten. Viele verharrten – trotz mehreren Rückwanderergruppen (vgl. Esr 2; 7) – freiwillig in der Fremde; aus der zwangsweise deportierten Gola wurde die *Diaspora*. Wie günstig sich die Lebensbedingungen in persischer Zeit gestalten konnten, zeigen die in Nippur gefundenen Geschäftsurkunden des Bankhauses »Muraschu und Söhne« aus dem 5.Jh., in denen sich auch Namen von Judäern finden. So wandelte sich in der Fremde notwendig die Sozialstruktur: Die Juden wurden zu Kaufleuten. Doch bildete sich die Diaspora keineswegs nur aus der babylonischen Exilsgemeinde. Die Verbannung der Israeliten des Nordreichs nach Assyrien und Medien war fast anderthalb

Jahrhunderte vorausgegangen (2 Kön 15,29; 17,6; vgl. 18,11). Dabei hatten die Eroberer die noch härtere Taktik befolgt, die Unterworfenen unter fremde Völker zu zerstreuen, damit sie allmählich in ihnen aufgingen und mit dem Zusammenhalt untereinander auch ihre Eigenart verlören. Schließlich folgte den Wirren nach 587 eine Auswanderung der Judäer nach Ägypten auf der Flucht vor der Rache der Bayblonier (2 Kön 25,26; Jer 43,7; 44,1; 24,8; vgl. auch Dtn 17,16; Sach 10,10). Eine Diaspora in Ägypten ist außerdem durch die *Elephantine*-Papyri bezeugt, die von einer Militärkolonie auf der Nilinsel stammen. Dort taten im 6. und 5.Jh.v.Chr. jüdische Söldner Dienst, die einen eigenen Tempel mit wohl synkretistischem Kult hatten, in dem neben Jahwe die Gottheiten Anat-Bet-El bzw. Anat-Jahu und Ascham-Bet-El (»Name Bet-Els«; vgl. 2 Kön 17,30) – vielleicht als Hypostasen Jahwes – verehrt wurden.

Seit der Zeit des letzten babylonischen Königs Nabonid lassen sich auch jüdische Siedlungen in Arabien vermuten. Bis nach Griechenland wurden jüdische Sklaven verkauft (Am 1,6.9; Joel 4,6.8; Ez 27,13; vgl. 2 Chr 21,16f; auch Obd 20 von Exulanten in Kleinasien). Dabei bot nicht nur das Kriegswesen (mit Söldnertum, Deportation, Flucht oder Sklaverei) Anlaß zur Entstehung der jüdischen Diaspora, nicht weniger entscheidend war das Handelswesen. In der näheren und weiteren Umwelt Palästinas vergrößerten sich die Handelskolonien (vgl. schon 1 Kön 20,34; 10,28f) zu festen Niederlassungen. Als im persischen Großreich und zumal nach der Alexanderherrschaft in hellenistischer und römischer Zeit die Welt stärker erschlossen war, lockte die Auswanderung. Schließlich gab es beträchtliche Judengemeinden nicht nur in den kleineren Nachbarländern (Jer 40,11), in Ägypten (Jes 19,18–20) und Mesopotamien, sondern im ganzen Mittelmeerraum, ja in der gesamten damals bekannten Welt (11,11f; 1 Makk 15,16–24; Apg 2,9–11). Berühmte Zentren der griechisch sprechenden Diaspora waren Alexandria in Unterägypten, wo die Septuaginta entstand, und Antiochien in Syrien; hier wurden alttestamentliche Überlieferung und hellenistischer Geist miteinander vermittelt.

Nach dem Siegeszug des Kyros (vgl. Jes 44,28f; Esr 1,1) war auch das Heimatland Juda aus einer babylonischen zu einer persischen Provinz geworden. Entgegen den Verheißungen des Exilspropheten Deuterojesaja (Jes 40ff) erfolgte die Heimkehr der Verbannten nicht einheitlich, erst recht nicht wunderhaft, sondern allmählich in einzelnen Schüben und unter armseligen Bedingungen. »Israeliten können wieder im Verheißungslande leben, aber unter fremden Herren, und der Tempel ist zwar wieder erbaut, aber er ist nicht das Zentrum eines in seinem Lande vereinten Volkes« (*O.H.Steck*, 455). Schon Esr 3 erzählt von einem Altarneubau und der Grundsteinlegung des *Tempels;* der Wiederaufbau geschah aber nicht mehr unter der Regierung des Kyros, der die Erlaubnis erteilt hatte (Esr 6,3–5; vgl. 5,13–16; in nachträglicher, um die Erlaubnis zur Rückkehr erweiterter Fassung: 1,1–4), sondern erst etwa zwei Jahrzehnte später, in den Jahren 520–515 v.Chr., auf Drängen der Propheten *Haggai* und *Sacharja* hin (Esr 5,1f; 6,14f). Dagegen blieben ihre messianischen Hoffnungen, die sich auf den Davididen Serubbabel richteten (Hag 2,21–23; Sach 4; 6,9–15; o.§ 12d,7), unerfüllt; das Königtum wurde nicht mehr erneuert.

Später sorgten *Nehemia,* der zunächst Mundschenk des Perserkönigs, dann Statthalter in Juda war (Neh 1,14; 5,14), nach außen mit dem Mauerbau um Jerusalem (Neh 2–7; 12,27–43) und *Esra,* der »Priester« und »Schreiber« (Esr 7,11ff u.a.), nach innen mit der Verpflichtung auf das Gesetz (Neh 8) für die Festigung und Absonderung der Gemeinde (Verbot der Mischehe: Esr 9f; Neh 13,3.23ff; vgl. Mal 2,11f). War das »Gesetz des Himmelsgottes«, das Esra in Begleitung einer Rückwanderergruppe aus Babel mitbrachte (Esr 7,12ff), das Deuteronomium, die Priesterschrift (einschließlich des Heiligkeitsgesetzes Lev 17–26) oder nicht doch bereits das Pentateuchganze?

In diesen Auseinandersetzungen (Neh 2,10.19; 3,33ff; schon Hag 2,14?) zeichnete sich die Abtrennung der *Samaritaner* ab, die dann im 4. oder 3.Jh. unwiderruflich wurde (Sach 11,14; Joh 4,20). Zu dieser Zeit lag der Pentateuch als vorgegebener Kanon und bindendes Gesetz bereits vor und wurde von den Samaritanern mit übernommen. Erst später vollzog sich die endgültige Bildung des Prophetenkanons (etwa im 3.Jh.) und schließlich der Heiligen Schrift als ganzer (um 100 n.Chr.).

Nachdem Alexander der Große im Jahre 332 das Erbe des Perserreiches angetreten hatte, fiel Palästina bei der Aufteilung des Herrschaftsgebietes in die Diadochenreiche für ein Jahrhundert (301–198 v.Chr.) unter die Oberhoheit der ägyptischen Ptolemäer, dann der syrischen Seleukiden. Als Antiochus IV. Epiphanes im Zuge seiner Hellenisierungspolitik sogar in den jüdischen Kult eingriff, erhoben sich die Makkabäer zum Befreiungskrieg. Zur Erinnerung an die neue Tempeleinweihung im Jahre 164 v.Chr. feierte man später das Chanukkafest (o.§ 9b,4). In dieser Zeit der Bedrängnis entstand aus älterer Überlieferung das Danielbuch, mit dem die apokalyptische Literatur eingeleitet wurde.

Der Diaspora half die Entstehung der Synagoge, in einer fremden Umwelt den Glauben zu bewahren. Sie ist erst seit dem 3.Jh.v.Chr. sicher bezeugt, ihre Anfänge sind im einzelnen unbekannt. Weitab vom Jerusalemer Heiligtum ermöglichte sie die regelmäßige Versammlung am Sabbat, in der aus dem dann kanonisierten Gesetz und den Propheten vorgelesen wurde (vgl. Neh 8, bes. V 8; auch Lk 4,15ff). So trat im jüdischen Gottesdienst insgesamt das Opfer zugunsten von Schriftauslegung und Gebet zurück. Doch hielten die Auswanderer die Beziehung zur Heimat aufrecht (2 Makk 2,18 u.a.). Zu den großen Wallfahrtsfesten, wie Passa, wurde Jerusalem regelmäßig besucht (vgl. Sach 14,16ff von den Völkern); aus späterer Zeit sind auch Abgaben an den Tempel bezeugt. Als die Verbindungen nach der Zerstörung von Heiligtum und Stadt durch die Römer in den Jahren 70 und 135 n.Chr. gewaltsam abbrachen, überstand der jüdische Glaube mit der Synagoge auch diesen harten Eingriff. Palästina selbst nahm die Gottesdienstform der Diaspora an.

2. Das Leben im Exil zwang Israel, mehr und mehr die Ausschließlichkeit seines Glaubens zu betonen. Wenn es sich in der Fremde nicht auflösen wollte, mußte es sich auf seine Eigenart besinnen; es wahrte die Überlieferung und ließ Besonderheiten hervortreten. Alte, früher nicht grundlegende, kultische Bräuche erhielten neue, ausschließende Bedeutung: Die *Beschneidung* wurde jetzt zum »Bundeszeichen« (Gen 17 P).

Die Beschneidung ist ein auf verschiedenen Kontinenten verbreiteter – in wechselnder Form sowie in unterschiedlichem Alter zwischen Geburt und Reife durchgeführter – Brauch; seine Ursprünge verlieren sich im Dunkel der Vorgeschichte. Wenn das Alte Testament einerseits berichtet, daß der Ritus mit Steinwerkzeugen (Ex 4,25; Jos 5,2f) geübt werden konnte, scheint er in sehr frühe Zeit zurückzugehen; er blieb in der Form bewahrt, in der er zunächst vorgenommen wurde. Andererseits überliefert es (Jer 9,25; vgl. Ez 32,19.28ff), daß die Beschneidung bei Ägyptern, Israels östlichen Nachbarvölkern und auch den Arabern (vgl. Gen 17,25f) üblich war; nur die Philister, von anderer geographischer und geschichtlicher Herkunft (vgl. Am 9,7), gelten als »unbeschnitten« (Ri 14,13; 1 Sam 14,16 u.a.).

Ist die Beschneidung ein Israel vorgegebener Ritus, so ist er nicht von vornherein auf den Jahweglauben bezogen, sondern mußte erst in ihn integriert werden; beide sind nach der dunklen Erzählung Ex 4,24–26 (o.§ 6a3,5) allerdings schon früh verbunden. – Wie der Gegensatz zu den »unbeschnittenen« Philistern bestätigt, übte schon das vorstaatliche Israel die Beschneidung ganz selbstverständlich. Allerdings gewann sie ihre grundlegende Bedeutung als Unterscheidungs- und Bekenntnismerkmal des Jahweglaubens erst im Exil, da der Ritus im babylonischen Raum unbekannt war. Im Zusammenhang mit dieser Aufwertung stehen gewisse Wandlungen in Gestaltung und Sinngebung des Ritus:

a) In der Frühzeit scheint nach Andeutungen des Alten Testaments (Jos 5,2ff; vgl. Ex 4,25; von Fremden: Gen 34,14f.24f) die Beschneidung bald nach der Geburt nicht schlechthin selbstverständlich gewesen zu sein; zumindest gab es Ausnahmen. Erst in der jüngeren Priesterschrift (Gen 17,10ff; vgl. 21,4; Lev 12,3) ist die später (vgl. Lk 1,59; 2,21; Phil 3,5) gültige Regel bezeugt, alle Söhne im Alter von acht Tagen zu beschneiden. Durch diesen Akt wird die Zugehörigkeit zur Volks- und Religionsgemeinschaft kaum erst herbeigeführt, aber bestätigt und bekundet.

b) Die Beschneidung soll auch an einheimischen und fremdstämmigen Sklaven erfolgen (Gen 17,12f), so daß sie wie im Land ansässige beschnittene Fremde am Passamahl teilnehmen können (Ex 12,44.48f). In solchen Regelungen wird die enge Verbindung von Volks- und Religionsgemeinschaft gelockert; nicht die Volks-, sondern die Religionszugehörigkeit gibt den Ausschlag. Die »Gemeinde« (12,47) erweist sich größer als das Volk.

c) Vor allem wird die Beschneidung gedeutet als »Zeichen des Bundes zwischen mir und euch« (Gen 17,11). Abraham und seine Nachkommen sollen der Verheißung, dem »ewigen Bund, dir Gott zu sein« (17,7), mit der Übernahme des – ebenfalls durch ein Gotteswort (17,9ff) begründeten – Ritus entsprechen. So soll Israel im Wechsel der Generationen den Bund zeichenhaft »bewahren« (17,10), anerkennen, bestätigen und fortführen. Die Beschneidung ist »der Akt der Aneignung, des Bekenntnisses zu der Heilsoffenbarung Gottes und das Zeichen ihrer Annahme« (*G.v.Rad,* z.St.).

Auch das strenge Einhalten des *Sabbatgebotes* als »immerwährende Bundesverpflichtung« wurde zum entscheidenden »Zeichen« (Ex 31,16f) für die Zugehörigkeit zum Jahweglauben (Siebentagewerk in Gen 1; Ex 16; Jes 56,2ff; 58,13f; Jer 17; Neh 10,32; 13,15ff u.a.; vgl. Exk. 2). Als drittes Merkmal traten die *Speisegesetze* hervor, die insbesondere den Genuß von Blut und Unreinem – einschließlich dem für den Adonis- und Mysterienkult (Jes 65,4f; 66,17) wichtigen Schwein – verbieten (Gen 9,4; Lev 11; 17,10ff; Dtn 12,16.23f; Ez 33,25; Sach 9,7; Dan 1,5ff; 2 Makk 6,18ff; 7; Apg 10,14; 15,28f; zu den Waschungen vor Tisch: Mt 15,2; Mk 7,3f; Joh 2,6).

Weil nur die Tora als Unterpfand des Gemeinschaftswillens Gottes die Abgrenzung des Gottesvolkes gewährleistete, konnte das Gesetz, das ursprünglich nur den einzelnen Ungehorsamen traf, schließlich das Gottesverhältnis selbst bestätigen und bewahren. Erst dann war es möglich, durch Übernahme der Gebote die Zugehörigkeit zum Gottesvolk zu gewinnen. Hier war »ein Volk, zerstreut und abgesondert zwischen den Völkern; seine Gesetze sind verschieden von denen jedes anderen Volks« (Est 3,8). Diese Unterscheidung konnte – seit spätpersischer Zeit – zu Konflikten führen (vgl. Zeph 3,19; Est 2,9f.20; 3,2ff; Dan 3; 6).

Trotzdem konnte noch in nachexilischer Zeit der Götzendienst zur Gefahr werden (Sach 10,2; 13,2; von Baumkulten: Jes 1,29; 57,5; 65,3f; 66,17). So blieb das erste Gebot nötig.

3. Über Niederschrift und Ausgestaltung der Gesetze, auch die Bearbeitung der Prophetenbücher hinaus entstand gerade während des Exils und in der Folgezeit ein Großteil alttestamentlicher Literatur. Der Rückblick auf die Vergangenheit half, die eigene Lage zu bestimmen.

Die *Klagelieder* (Threni) und gewisse Psalmen beklagen das Verlorene (Ps 74,1.9; vgl. Ps 79): »Warum, Gott, verstößt du uns auf immer? Kein Prophet ist mehr da. Niemand unter uns weiß, wie lange.«

Das *deuteronomistische Geschichtswerk* (Dtn – 2 Kön) entwirft ein umfassendes Bild von der Mosezeit bis zur Gegenwart. Als Maßstab für die Beurteilung der Ereignisse dienen das erste und zweite Gebot (Ri 2,10ff; 1 Kön 11; 16,30ff; 2 Kön 17,35ff u.a.) bzw. die Forderung der Kultzentralisation, die das Deuteronomium erhebt (Josias Reform, 622 v.Chr.); das eingetretene Unheil wird als Verwirklichung der prophetischen Drohungen anerkannt (o.Exk. 5,5).

Anders als die »Rechtssatzungen« des Bundesbuchs (Ex 21,1; vgl. 24,3.7) wird das Deuteronomium als *Tora* »Weisung« verstanden (Dtn 1,5; 31,9; vgl. Jos 1,7f; 2 Kön 17,13; Mal 3,22; u.Exk. 9,3). Diesem Mose-Wort wird die Prophetie zu- oder untergeordnet (Dtn 18,9ff; vgl. Ex 7,1f P; später Mt 7,12 u.a.).

Dagegen setzte die *Priesterschrift* mit ihrer theologischen Besinnung bei der Schöpfung (Gen 1) ein und gestaltete die Frühgeschichte des Volkes vor der Landnahme.

Während beide Geschichtswerke im strengen Sinne ohne eschatologische Hoffnung bleiben und höchstens verborgen die Möglichkeit einer neuen Zukunft offenlassen, verheißen – wie schon Jeremia (24; 29; 32) – die *Propheten* Ezechiel und Deuterojesaja eine Wende. In der Verkündigung Ezechiels vollzieht sich ein Umbruch von der Gerichts- zur Heilsbotschaft (Ez 34ff, bes. 37). Der Anonymus Deuterojesaja setzt in einer Zeit, in der die Gemeinschaft zwischen Gott und Volk zerbrochen zu sein scheint (Ez 37,11; Jes 40,27; 49,14), mit dem Ruf »Tröstet, tröstet *mein* Volk, spricht *euer* Gott« ein, der Frondienst ist zu Ende, die Schuld bezahlt (40,1f). Deuterojesajas Botschaft ist, auf einen Nenner gebracht, eschatologische Naherwartung: Eine neue Zeit ist angebrochen. Der Prophet läßt bereits Gottes Kommen und seine Königsherrschaft ausrufen: »Siehe da, euer Gott!« (40,9), »Dein Gott ist König geworden!« (52,7; o.§ 11a,6; 12e). Der Gegensatz zwischen dem kommenden Neuen und dem vergangenen Alten wird so stark, daß Deuterojesaja ihn sogar begrifflich unter die Gegenbildung »das Frühere« und »das Neue« faßt. Weil Gott »Neues« schafft, gilt es, nicht mehr an die zurückliegende Geschichte des Heils und Unheils zu denken:

»Gedenket nicht mehr des Früheren,
und das Vergangene beachtet nicht mehr!
Siehe, nun schaffe ich Neues!
Schon sproßt es, merkt ihr es nicht?«
(Jes 43,18f gegenüber Dtn 32,7; vgl. Jes 46,13; 48,3.6)

Sog. eschatologische Hymnen rufen zur Freude über künftige, bereits anbrechende Ereignisse auf (Jes 42,10–13; 44,23; 49,13; 52,9f): »Singet Jahwe ein neues Lied!«

»Wie ich geschworen habe,
daß die Wasser Noachs
nicht mehr die Erde überfluten sollen,
so habe ich geschworen,
dir nicht mehr zu zürnen,
dich nicht mehr zu schelten.«
(54,9; vgl. 49,14f; 55,3; o.§ 12a,7)

Die Hoffnung richtet sich auf einen zweiten Exodus (Jes 52,12; vgl. Hos 2; Ez 20) mit Heimkehr (Jes 44,26ff; 51,3.11 u.a.) und auf Sammlung des Volkes – etwa im Gebet:

»Hilf uns, Jahwe, unser Gott,
und sammle uns aus den Völkern!« (Ps 106,47; vgl. 147,2;
Jes 43,5–7 o.§ 12b,8; Mi 2,12f o.§ 11a,6;
auch Jes 11,11f; 27,12f; 62,11f; Sach 10,6ff; Dtn 30,3f u.a.)

Die Völker sollen sogar auf Gottes Geheiß herbeikommen, um selbst die verstreuten Israeliten heimzubringen:

»Siehe, ich hebe meine Hand zu den Völkern,
richte mein Panier den Nationen auf,
damit sie deine Söhne im Gewand herbeibringen,
deine Töchter auf den Schultern getragen werden.«
(Jes 49,22; vgl. 60,4)

Zu verstehen, aber nicht gutzuheißen ist es, wenn sich die Hoffnung über die Aufhebung der Not hinaus auf die Vertauschung von Not und Schmach richten kann, so daß die Peiniger Pein zu tragen haben (Jes 49,26 u.a.) oder die Diener zu Herrschern werden (14,2; 49,23; 60,20). Solche Aussagen von der Demütigung der Unterdrücker verlieren aus dem Blick, daß alle am Heil teilhaben sollen (40,5; 45,23f u.a.). Immerhin bleibt einerseits zu bedenken, daß die Bestrafung bzw. »Rache« (34,8; 35,4; 47,3 u.a.; vgl. 1,24 gegen Israel) Gott selbst überlassen bleibt, Vergeltung also nicht Sache des Menschen ist (1 Sam 24,13; Spr 20,22; 24,12.29 u.a.). Andererseits zielt auch die Erwartung einer Erniedrigung der Gewalthaber auf Gotteserkenntnis aller (Jes 45,14; 49,26; vgl. Ex 9,14; Dan 2ff).

Anscheinend trägt die exilisch-nachexilische Zeit schwer an Spott und Verachtung der Völker (Klgl 2,15ff; Ps 44,14f) bis hin zu der höhnischen Frage (79,4.10; Joel 2,17): »Wo ist ihr Gott – mit seiner Macht?« Darum kann die Hoffnung aufkommen, Israel möge bei den Völkern in Ansehen stehen (Zeph 3,20; Ez 36,15 u.a.). Wenn Gott die ersehnte Wende eintreten läßt, die Umwandlung der Verhältnisse vollzieht, braucht Israel kein Klagelied mehr zu singen, sondern kann ein Loblied anstimmen; Trauern wird sich in Jauchzen verwandeln:

»Wenn Jahwe das Geschick Zions wendet,
werden wir sein wie Träumende.
Dann ist unser Mund voll Lachens,
unsere Zunge voll Jubel.
Dann sagt man unter den Völkern:
›Jahwe hat Großes an ihnen getan.‹« (Ps 126,1f)

4. Mit der Wandlung des Gottesvolkes zur Diasporagemeinde kommt ein Prozeß in Gang, der mehr und mehr zu Übertritten Fremder zum Jahweglauben führt (vgl. § 17,2), so daß die Judenschaft in der Zerstreuung schließlich um ein Mehrfaches über die in der Heimat Ansässigen anwächst. Die ausschließliche und bildlose Gottesverehrung bildet den Hauptanreiz zum Anschluß an die jüdische Gemeinde. Glaube und aufgeklärtes Denken können dabei eine Verbindung eingehen; denn gegenüber den menschlichen Gottheiten der Mythen vermag der Glaube an den unvorstellbaren, weltüberlegenen Gott zu bestehen (u.§ 19,2). Die Bedeutung der Geschichte tritt dabei zurück, die Kontinuität zur Vergangenheit stellt entscheidend das erste und zweite Gebot dar.

Dem Zuwachs nach außen steht aber eine allmähliche Auflösung des Gottesvolkes nach innen gegenüber. Die Hoffnung auf Einheit hat in der gegenwärtigen Wirklichkeit keinen Anhalt. Im Gegenteil: in der Zeit, die sich die Sammlung der Zerstreuten wünscht, ist die Gemeinde selbst auseinandergefallen. Schon in der prophetischen Verkündigung bahnt sich in der Erwartung eines »Restes« (1 Kön 19,17f; Zeph 3,12f u.a.) eine Scheidung an. Diese *Trennung im Volk* ist in nachexilischer Zeit vollzogen, der Spalt wird zunehmend tiefer und offenkundiger (vgl. etwa Jes 65; Mal 3,14ff). Verschiedene theologische Richtungen treten sich gegenüber, die sich schließlich in neutestamentlicher Zeit zu bestimmten Gruppen und Parteiungen verfestigen.

Ausdrücklich stellt Ps 1 den einen urbildhaft Gerechten der Mehrzahl der Gottlosen gegenüber; damit tritt die Spannung von Minderheit und Mehrheit im Gottesvolk selbst auf. Besteht die »Gemeinde der Frommen« (Ps 149,1 u.a.) nicht mehr aus allen? Dergleichen war dem alten Israel unbekannt. Nicht mehr die Zugehörigkeit zum Volk, sondern das Verhalten des *einzelnen* entscheidet über den Bezug zu Gott. Während früher die Gemeinschaft durch das Volksganze vorgegeben war, so konstituiert sich jetzt die Gemeinde mehr und mehr von den einzelnen Gliedern her (vgl. Jes 44,5; 55,7; Ez 18 u.a.); erst der gemeinsame Glaube schließt zu einer Einheit zusammen. Ps 1 hebt sogar die Gemeinschaft mit den Gottlosen auf; allerdings ergibt die vorgenommene Unterscheidung kein statisches Nebeneinander zweier Größen, seine Intention ist gerade pädagogisch, durch die Schwarzweißmalerei auf den rechten Weg zu locken.

Die beginnende Auflösung der Gemeinde spiegelt sich vielfältig, wenn auch oft weniger scharf, im Psalter wider. Mögen etwa »fromm« oder »gottesfürchtig« einmal jedem Israeliten gegolten und »arm« oder »demütig« soziale Not oder Krankheit angezeigt haben, so bestimmen diese Ausdrücke als Ehrennamen später einen Teil im Volksganzen, der von einem anderen Teil abgegrenzt ist. Weil der eigentliche Streitpunkt das Gottesverständnis ist, spitzt sich die Unterscheidung zu: einerseits die Frommen oder Gottesfürchtigen – andererseits die Gottlosen, die Arme bedrücken (vgl. Dank- und Weisheitslieder, wie Ps 34,17ff; 37,28f; 49; 73; Mal 3,16). Wenn auch beide Gruppen vielleicht schon eine eigene Gemeinschaft bilden, so stehen sie sich hier doch noch nicht – wie seit der Makkabäerzeit (1 Makk 2,42; 7,13) – als festgefügte, scharf voneinander getrennte Klassen oder Parteien gegenüber. Die »Frommen« sind vielmehr noch allgemein die, die Gott suchen (Ps 22,27), ihn lieben (145,19f), auf seine Güte hoffen (147,11) und so ihn loben (52,11; 145,10). Sie sind auf Gott angewiesen, weil sie selbst »zerbrochen« sind (34,19f; 51,18f); und eben weil sie Hilfe bedürfen, erhalten sie sie zugesagt (37,39f). Insofern zeigt sich an ihnen, wie es um den Menschen steht, und doch versteht sich nicht jeder in dieser Weise.

Der Zwiespalt, der in der Gegenwart durch die Gemeinde hindurchläuft, bestimmt sogar einen Teil der Zukunftserwartungen. Auch den Generationen nach dem Exil kann noch das Gericht angekündigt werden. Das vorfindliche Israel ist nicht schlechthin der erhoffte »Rest« (so Hag 1,14; 2,2; Esr 9,8.13ff; Neh 1,2f u.a.); die Läuterung steht noch bevor (Sach

13,8f; 14,2; vgl. Jes 65,6f u.a.). Selbst am Ende dieses Lebens macht die Scheidung nicht halt. Dan 12,2 (u.Exk. 8,6) verkündet eine doppelte Auferstehung, den einen zum Leben, den anderen zur Schmach. Hier wird die seit langem verborgene Spannung zwischen *ecclesia visibilis* und *invisibilis* endgültig offenbar.

§ 16 Die Psalmen

»Du bist der Heilige,
der thront über den Lobgesängen Israels«

bekennt Ps 22 (V 4) die Erhabenheit Gottes, der im »Du« angeredet wird. Die notvolle Situation des Sprechers bringt vorweg die klagend-anklagende Frage zum Ausdruck:

»Mein Gott, mein Gott,
warum hast du mich verlassen? ...
Ich rufe ..., doch du antwortest nicht.«

Die Erfahrung der Gottverlassenheit und der Lobpreis sind verbunden. In dieser Spannung kann die Erinnerung an die Vergangenheit des Volkes (V 5) eine Hilfe bieten: »Auf dich vertrauten unsere Väter ..., und du rettetest sie«, wie sich der Beter die eigene Vergangenheit, seine Lebensgeschichte (V 10f), vor Augen hält: »Vom Mutterleib an bist du mein Gott.« Enthält und bewahrt die Anrede, die Hinwendung zu einem »Du«, trotz erfahrener Gottesferne nicht einen Akt des Vertrauens?

Die späte Zeit, die dem Psalter die Überschrift »Loblieder« gab, hat »die gesamte betende Anrede Israels, einschließlich der vielen Klagepsalmen und der mehr didaktisch meditierenden Psalmen, als einen einzigen vielstimmigen Lobpreis Jahwes verstanden.« (*G.v.Rad,* TheolAT I^4, 367f)

So umfaßt der Psalter verschiedenartige Weisen des Redens von Gott – letztlich wohl *zwei,* mit Lobpreis und Klage bereits angedeutete *Grundformen.*

1. Als Preis Gottes richtet sich der *Hymnus* bzw. das Loblied nicht eigentlich auf Gott, sondern verkündigt Gott den Menschen. Anderen wird von seinen Taten erzählt. Die Aufforderung an eine Gruppe oder die Gemeinde »Singt, lobt!« (in Kurzform: Hallelu-ja »Lobt Jahwe!«) wird mit dem Bericht fortgesetzt, der zugleich Begründung (»denn«) und Vollzug

des Aufrufs ist. So heißt Gott loben, seine Macht durch Nacherzählung seiner Taten anerkennen und öffentlich verkündigen; denn Gottes Macht zeigt sich in dem, was er – zumal an Menschen oder darüber hinaus in der Schöpfung – tut.

Im Bericht läßt sich ein allgemeinerer und ein konkreterer Teil, eine Aussage über Gottes Sein bzw. Wesen und Gottes Taten unterscheiden (vgl. als Beispiel das Mirjamlied Ex 15,21; o.§ 4a). Auch Gottes Macht, Hoheit oder Güte wird gepriesen (Ps 117; 136; o.§ 2). Gottes »Sein« wie »Wesen« äußert sich in seinem »Wirken« (Ps 115; u.§ 19,3).

Zumindest in älterer Zeit kann das Gotteslob auch außerhalb eines abgegrenzten Raumes und einer festen Zeit erklingen (vgl. Ex 15,20), gewinnt oder hat seinen eigentlichen Ort (»Sitz im Leben«) aber im Gottesdienst. Die versammelte Gemeinde singt das Lied, oder es wird vor ihr angestimmt.

Ps 100,4 (vgl. 95,6; 96,8) fordert zum Einzug in den Tempel auf. Dort werden Hymnen mit Musikbegleitung (Ps 150; 33,2f; 147,7), vielleicht in verschiedenen Chören (vgl. Ps 135,1f.19f; 118,2ff) oder im Wechsel von Chor und einzelnem, einem Vorbeter, gesungen.

Die Nacherzählung von Jahwes Taten vollzieht sich auch in hymnischen *Prädikationen,* sei es in Partizipien oder Relativsätzen (wie »der Himmel und Erde gemacht hat«; vgl. Ps 104,2ff; 136,3ff; Am 4,13; Jes 40,22f; 42,5 u.a.). Diese Struktur stellt eine altorientalische, von Israel übernommene, noch dem Neuen Testament (Röm 4,17: »der die Toten lebendig macht« u.a.) vertraute Redeweise dar.

Ist das Gotteslob, da es Gott nicht anredet, im strengen Sinn »Gebet«? Jedenfalls kann der Hymnus, etwa in den Prädikationen (»der alle deine Schuld vergibt«; Ps 103,3f), Gebetscharakter annehmen.

Die Erzählung der einmaligen Tat Gottes (wie Ex 15,21) kann zu einem ausführlichen Geschichtsrückblick ausgedehnt werden. So entstehen die sog. *Geschichtspsalmen* (bes. Ps 78; 105; 106; vgl. 135; 136; Ex 15 u.a.; o.§ 2 und 6c), die Gottes Handeln in der Vergangenheit vergegenwärtigen.

Der an eine Gruppe gerichtete Aufruf zum Lob gestaltet sich im *Hymnus des einzelnen,* der möglicherweise als Vorbeter in der Gemeinde auftritt, zur Aufforderung an das eigene Selbst:
»Ich will singen.« (Ex 15,1–18; vgl. Ps 8)
»Lobe den Herrn, meine Seele!« (Ps 103; 104; 146; vgl. 1 Sam 2,1–10)

Mit ähnlichen Wendungen »ich rufe an« oder »ich will besingen« werden schon zwei umfangreiche ugaritische Hymnen eingeleitet (Schachar und Schalim sowie Nikkal, KTU I.23 und 24; vgl. TUAT II/3, 350ff; *W.Herrmann,* BZAW 106, 1968; ARTU 117ff.141ff).

Gottes Macht in der Schöpfung besingen die sog. *Schöpfungs-* bzw. *Naturpsalmen* (Ps 8; 19A; 104; vgl. 24,1f; 29; 33; 89,6ff; 93; 95,4ff; 136; 139; 148; die Doxologien Am 4,13; 5,8f; 9,5 u.a.; o.§ 11ef).

Gottes Königsherrschaft ist das Thema der sog. *Thronbesteigungs-* oder *Jahwe-Königs-Lieder* (Ps 47; 93; 96–99; o.§ 11a,6; vgl. Ps 24; 29; 103,19; 145,13 u.a.).

Die Schöpfungs- und Thronbesteigungspsalmen verkünden die *universale* Macht oder Weltherrschaft, zugleich die Herrlichkeit Gottes. Ps 148 (vgl. 145, 10; 89,6; auch Jes 42,10ff) fordert alle Kreaturen zum Lob Gottes, damit zur Anerkennung seiner Macht, auf. So soll das Lob Gottes über die Gemeinde (Ps 22,23) hinaus weltweit erschallen: »Alles, was Odem hat, lobe Jahwe!« (150,6;

vgl. 33; 96–99; 145; 148). Selbst »die Himmel erzählen die Ehre Gottes« (19,2; vgl. 29,1f).

2. Verkündet der Hymnus (vor der Gemeinde) Gottes Macht, so ruft das *Klagelied* Gott an, er möge mit seiner Macht helfend eingreifen, die Not wenden: »Herr, vergib doch!« (Am 7,2; vgl. 1 Kön 8,30ff), »Sei gnädig!« (Ps 4,2; 6,3; vgl. Gen 18,3) oder »Hilf doch, laß wohlgelingen!« (Hosianna Ps 118,25; vgl. 3,8).

Wie man den König bitten kann: »Hilf, o König!« (2 Sam 14,4) oder die Baalpropheten ihren Gott herbeirufen: »Baal, erhöre uns!« (1 Kön 13,26.36f), so wendet sich der Beter an Jahwe. Mit Anrufung Gottes und Bitte ist diese Redeform im eigentlichen Sinne Gebet, Anrede an Gott (*tefilla* Ps 6,10; 90,1; besonders in der Unterschrift zu einer Teilsammlung Ps 72,20).

Der statt Bittlied übliche Name Klagelied ist durch die der Bitte beigegebene Begründung veranlaßt, welche die Situation des Beters beschreibt: »denn ich bin hinfällig« (Ps 6,3; vgl. V 7f), »wie Wasser bin ich hingeschüttet« (22,15ff), »ich bin müde vom Rufen« (69,4).

Wie die Bitte (Ri 16,28 u.a.) so findet sich die Klage gelegentlich selbständig, so in der charakteristischen Warum-Frage:
»Warum lebe ich?« (Gen 25,22; vgl. 27,46; Ri 15,18; 21,3)

Die Erfahrung der Gottverlassenheit bildet ein entscheidendes Motiv oder gar die eigentliche Not:
»Warum, Jahwe, stehst du fern?« (Ps 10,1; vgl. 22,1; 74,1)
»Wie lange verbirgst du dein Antlitz vor mir?« (13,2; vgl. 79,5; 80,5; 89,47)
»Warum sollen die Völker sagen:
Wo ist ihr Gott?« (79,10; 115,2)
»Zu dir rufe ich, . . . schweige nicht!« (28,1; vgl. 77,2; 83,2)
»Du mein Gott, dich suche ich.« (63,2)

Solche Psalmen beschreiben durchweg keine bestimmte, individuell-einmalige, sondern eher eine typische oder exemplarische Not, weil sie in wechselnden Situationen nachsprechbar sind oder gar sein wollen.

Ist der Klagepsalm von Haus aus kultgebunden, oder nimmt die Gemeinde den Psalm – erst mit der Sammlung, vielleicht auch mit Abwandlungen oder Zusätzen – in ihren Gebets- und Liederschatz auf? Ursprungs- und Verwendungsort können verschieden sein.

Die Klagelieder des einzelnen (Ps 3–7; 13; 22 u.a.) können im Gottesdienst, anscheinend aber auch außerhalb gebetet werden. Die Überschrift nennt Ps 102 »Gebet eines bzw. für einen Elenden, wenn er verzagt ist und vor Jahwe seine Klage ausschüttet.« Gelegentlich können die Psalmen auf Einzelsituationen verweisen, wie: »Ich gedenke deiner vom Lande des Jordan und des 'Hermon' her« (Ps 42,7). So scheint der ursprünglich zusammengehörige Ps 42/43 fern vom Heiligtum verfaßt zu sein (vgl. Ps 42,7; vom Krankenlager: Jes 38,2f.9; Ps 63,7 u.a.), aber im gottesdienstlichen Raum weiterzuleben.

Gebete oder Lieder außerhalb des Psalters können ebenfalls in individuellen Situationen verankert sein (1 Sam 2; Jon 2; Jes 38,10ff; Hi 3; auch Gen 16,7ff.13; vgl.

Hinweise auf ein »Ich« vor der Gemeinde Ps 22,23.26; 26,12; 52,11; 66,16; 111,1 u.a.; das Motiv der Geburt Ps 22,10; 51,7; 139,13ff; Jer 1,5). Jeremia (bes. Kap. 15; 20) oder Hiob sprechen ihr persönliches Leid in Klageliedern aus.

In den individuellen Klageliedern (Ps 3,2 u.a.), die etwa auf Krankheit (wie 38,13.20; 41,6–9; 69,20ff) oder Anklage und Gericht anspielen, ist – ähnlich wie bei Jeremia (18,18ff; 20,10) oder im Hiobbuch – von *Feinden* die Rede, die den einzelnen verleumden oder verfolgen. Sie werden oft in Bildern geschildert: als feindliches Heer (Ps 3,7; 9,16 u.a.) oder als wilde Tiere (7,3; 10,8f; 17,12; 22,13f u.a.). Trotz Hinweisen auf Völker oder feindliche Heere (7,7ff; 9,16ff u.a.) handelt es sich im wesentlichen nicht um auswärtige Feinde, sondern um Gegner *innerhalb* des Gottesvolkes. Am wahrscheinlichsten »ist die Deutung auf persönliche Feinde eines ›privaten‹ – unschuldig angeklagten, verfolgten, leidenden – Beters, die ihn durch den Mißbrauch ihrer Macht, vor allem durch Verleumdung, Fluch, falsche Aussagen ... schädigen wollen« (*K.-H.Bernhardt,* ThWAT I, 159).

Der eigentliche Streitpunkt ist das Gottesverhältnis. So spitzt sich die Gegnerschaft auf den Gegensatz: gerecht-fromm-arm-demütig auf der einen Seite, gottlos-frevlerisch auf der anderen Seite zu (vgl. Ps 49; 73; 92,6ff; 94; 101; 109 u.a.).

In den individuellen Klage- und Dankliedern ist »der Ort, wo sich die Religion der Psalmen mit dem Tode auseinandersetzt«, genauer mit »der Todesnähe« oder dem »Preisgegebensein an die Unterwelt« (*H.Gunkel,* EinlPs 185.220). Tod und Scheol »Unterwelt« bedeuten noch nicht das faktische Lebensende, sondern den sich in das Leben hinein erstreckenden Machtbereich, Gefahr oder Nähe des Todes. So meint die erbetene Befreiung aus der Scheol in der Regel nicht ein Leben nach dem Tode, sondern Rückkehr in dieses Leben (vgl. Ps 103,4; 39,6f; u.Exk. 8).

Wie der Mensch als einzelner etwa mit Krankheit (Jes 38), Anklage, Verfolgung, Vereinsamung (Ps 38,12; 41,10; vgl. Jer 15,17) oder in der Gemeinschaft etwa mit Krieg und Naturkatastrophen (vgl. 1 Kön 8,33ff) Leid erfahren kann, so gibt es neben dem Klagelied des einzelnen das *Volksklagelied.*

Dieses wurde bei einer öffentlichen Trauerfeier, dem »Fasten«, angestimmt (Jon 3; Joel 1f). Aus den nach der Zerstörung Jerusalems und des Tempels regelmäßig durchgeführten Klagefeiern (o.§ 9b,4) mag sich erklären, daß die Volksklagepsalmen durchweg nachexilisch sind (Ps 44; 74; 79; auch 83; 85 und außerhalb des Psalters die Threni, bes. Klgl 5; schon Jer 14 u.a.). Die Situation spiegelt sich in den Bitten und Klagen des umfangreichen Volksklagelieds Jes 63f wider:

»Ach, daß du den Himmel zerrissest und führest herab!« (63,19)
»Nun aber, Jahwe, du bist unser Vater ...
Zürne doch nicht, Jahwe, allzusehr,
nicht für immer gedenke unserer Sünde!
Ach, blicke her! Dein Volk sind wir alle.« (64,7f)

Wie mit hymnisch geprägten Geschichtspsalmen kann Israel mit der Volksklage seine geschichtliche Vergangenheit verstehen und darstellen. Dabei tritt im Volksklagelied Dan 9 das Schuldbekenntnis (V 4–14 mit Bittruf V 15–19) beherrschend in den Vordergrund.

3. Von Elementen des Klagelieds her oder als dessen Folge lassen sich das Dank- und Vertrauenslied verstehen.

Kann der Beter im sog. Lobgelübde für den Fall der Rettung aus der Not Lob und Dank versprechen: »Ich will Jahwe danken« (Ps 7,18; 13,6; vgl. vom »Wir« Ps 79,13), so stimmt er nach erfahrener Hilfe das *Danklied* (*Toda*) an, um Gott mit der Erzählung der Errettung »inmitten der Gemeinde zu preisen« (Ps 22,35), seinen »Ruhm zu verkündigen« (51,17).

Vor geladenen Gästen (Ps 22,27) erklingt beim Dankopfer (Ps 66,13; 116,17; Jon 2,10; vgl. Lev 7,12ff) das Danklied (vgl. Ps 30; 32; Jes 38,10ff). Ja, rechtes Dankopfer ist das Danklied (Ps 50,14f.23; 69,31f).

Der Beter handelt gleichsam entsprechend der dreigliedrigen Folge von Klage/ Bitte – Zusage der Hilfe – Dank: »Rufe mich an in der Not, so will ich dich erretten – und du sollst mich preisen!« (Ps 50,15; vgl. 142,8)

Bittet der Klagende »Wenn ich rufe, erhöre mich!« (Ps 4,2 u.a.), so kann der Dankende zurückblicken:
»Aus meiner Not rief ich zu Jahwe, und er erhörte mich;
aus dem Schoß der Unterwelt rief ich um Hilfe, du hörtest meine Stimme.«
(Jon 2,3; vgl. Gen 21,17; Ps 18,7; 22,6; 40,2; 120,1; Jer 29,12; Jes 65,24 u.a.; auch Hi 38,1; 40,1 gegenüber 19,7; 30,20; 31,25)

Überhaupt bieten die Psalmen nicht nur »Antwort«, Reaktion des Menschen auf Gottes Walten, sondern enthalten gelegentlich auch Gottesworte (wie in den Königspsalmen Ps 2,7–9; 110,1.4).
»Unser Gott kommt und schweigt nicht.« (50,3; vgl. die Gottesrede V 7ff; ähnlich 81,7ff; 95,8ff; auch Jer 15,19ff u.a.).

So kann die Hilfe dem Beter (zuvor) *zugesprochen* werden:
Todkranke »schrieen zu Jahwe in ihrer Not . . .;
er sandte sein Wort, daß es sie heile.« (Ps 107,19f)
»Ich rief deinen Namen an, Jahwe,
aus der Tiefe der Grube.
Du hast meine Stimme gehört . . .
Du nahtest, als ich dich anrief,
sprachst: ›Fürchte dich nicht!‹« (Klgl 3,55–57)

Dieses sog. priesterliche Heilsorakel (*J.Begrich*) ist in den Psalmen (12,6; 35,3; 40,2; 91,15; 119,25.81 u.a.) nur andeutungsweise bezeugt, aber in Erzähltexten belegt (1 Sam 1,17f; vgl. Gen 21,17; auch Ex 3,7.9; 6,5f u.a.), wird vom Exilspropheten Deuterojesaja aufgenommen und auf das Volksganze übertragen:
»Fürchte dich nicht; denn ich habe dich erlöst!« (Jes 43,1ff; 41,8ff;
vgl. 50,4 »den Müden ein Wort« auszurichten)

Der Beter kann sich selbst besinnen und sich aufrufen:
»Was bist du so aufgelöst meine Seele, so unruhig in mir?
Harre auf Gott!« (Ps 42,6.12; 27,14; 37,3ff)

Das Danklied preist einerseits Gott wegen seines Eingreifens (in der Anrede; vgl. 118,21ff) und sucht andererseits diese Erfahrung weiterzugeben, wendet sich so an andere, greift über die Einzelsituation hinaus und gewinnt damit einen belehrend-didaktischen Zug (Gott in 3.Person):
»Es ist besser, auf Jahwe zu vertrauen,
als sich auf Menschen zu verlassen.«
(118,8f; vgl. 32,1f.10)

»Befiehl Jahwe deinen Weg
und vertraue auf ihn; er wird es ausrichten!«
(37,5.3.7; vgl. im Klagelied 55,23)

Obwohl die Klage einen anklagenden Ton bekommen kann, hält der Beter am Vertrauen zu Gott fest, indem er sich vergangenes Heil, zumal Gottes Taten für die Gemeinde, vergegenwärtigt (22,5.10f; 44,2–4; 74,2 u.a.).

Im Bekenntnis der Zuversicht spricht das Klage- oder Danklied das Vertrauen aus: »Du bist meine Zuflucht« (32,7; 71,3), »meine Hoffnung« (71,5; vgl. Jer 14,8; 17,3; auch Ps 13,6; 54,2; 142,6 u.a.). Aus solchen Vertrauensäußerungen könnte sich das *Vertrauenslied*, das von Gott in dritter Person redet, verselbständigt haben: »Jahwe ist mein Licht und mein Heil.« (Ps 27)

Auf ihn richtet sich das Vertrauen, daß er auch »im finstern Tal« den einzelnen (23; vgl. Jer 15,20 u.a.) wie die Gemeinde (in den Zionsliedern Ps 46; 48; auch 125 u.a.) geleitet. Da das Vertrauenslied einen generellen Zug annehmen kann, ist es wichtig, die Bezogenheit des Bekenntnisses auf die Not nicht zu vergessen.

Nicht wenige Psalmen zeigen *weisheitlichen* Einfluß (etwa Ps 37; 49; 73; 90,12 u.a.; auch die Tora-Psalmen 1; 19 B; 119), und dieser scheint im Laufe der Zeit zuzunehmen.

Ps 1 bietet eine nachträgliche, überschriftartige Deutung, die den Psalter als Tora bzw. »Weisung« zu verstehen scheint (vgl. am Schluß der Prophetenbücher Mal 3,22–24). In diesem Proömium sind Ps 1 und der – vielleicht messianisch gedeutete – Königspsalm Ps 2 zu einer Einheit verbunden (Apg 13,33 zitiert in einem Teil der Textzeugen Ps 2,7 als »ersten Psalm«). Die abschließende Ergänzung »Wohl dem, der auf ihn traut!« (2,12b) bezieht sich kaum auf den König bzw. Messias (vgl. 2,2b), sondern auf Gott (was an Jes 9,6b erinnert).

4. Die Frage nach dem Alter, nach Zeit und Ort der *Entstehung* in der Geschichte Israels, gestaltet sich bei den Psalmen schwierig; die Datierung bleibt oft umstritten und unsicher. Der Psalter enthält Lieder und Gebete aus verschiedenen Jahrhunderten; konkret-eindeutige Bezüge sind insgesamt selten. Einerseits nehmen die Psalmen vorgeprägte Ausdrucksweise auf, andererseits wollen sie vorsprechen, an individuellen Erfahrungen Anteil geben (z.B. Ps 32,1f). So tritt Persönlich-Einmaliges oder gar Biographisches gegenüber dem Mitteilbaren zurück. Dienten einige Psalmen, auch wenn sie nicht als »Formulare« oder »Rituale« konzipiert waren, vielleicht gar Generationen als Anleitung zum Nach- und Mitsprechen, bezogen sich also schon früh, wenn nicht seit je, auf verschiedene Situationen?

Die Mehrzahl der Psalmen ist eher exilisch-nachexilisch. Allerdings kennt schon der alte Orient ähnliche Lieder, zumal Klagelieder (mit Sündenbekenntnis), und die Propheten des 8. und 7.Jh. setzen Psalmenmotive voraus (Am 7,2.5; Jes 8,14.17 u.a.; vor allem Jeremias Konfessionen). Auch sind bestimmte Psalmenmotive oder -teile zumindest überlieferungsgeschichtlich oder gar literarisch älter, etwa der Königspsalm Ps 2 (ohne V 12b) oder Ps 24,1f; 29 (ohne V 11); 46–48; 93 (wohl ohne V 5) u.a.

Gelegentlich können die Psalmen außerisraelitische Vorbilder (z.B. in Ps 29; 93) aufgreifen, allerdings mit charakteristischen Zusätzen (29,11; 93,5); häufiger nehmen die Psalmen eher nur fremde Überlieferungen auf (wie in Ps 19; 104), allerdings wiederum von den Eigenarten des eigenen Glaubens durchdrungen.

Abgesehen von den (historisierenden) Überschriften, lassen sich zumal am Ende von Psalmen nicht selten recht eindeutig Zusätze ausmachen (31,20f; 90,13ff; 130,7f; auch die Doxologien: 72,18ff; 89,53 u.a.).

Der Anhang zu Ps 22 (V 28ff) enthält eindeutig eine eschatologische Erwartung. Einige Texte (wie Ps 1,5 oder 130,8; auch Jahwe-Königs-Lieder) sind für – nachträgliche – eschatologische Deutung offen.

Insgesamt verweisen mancherlei Aussagen oder Anspielungen in verschiedenen Psalmen mehr oder weniger deutlich auf einen gottesdienstlichen Hintergrund (Ps 24,3ff.7ff; 46,9; 47,6; 48,13f; 68,25ff; vgl. auch 30,1; 92,1; 100,1; 1 Chr 16 u.a.). Bei dem Versuch einer Näherbestimmung stößt man allerdings rasch an Grenzen des Wissens.

Unter den verschiedenen methodischen Zugangsmöglichkeiten oder Interpretationsweisen erweist sich die formgeschichtliche als besonders aufschlußreich. Sie geht von der Wechselwirkung von Form und Inhalt aus und kann durch Beachtung der Abwandlung der Form wie der Motive auch die Aussageabsicht des einzelnen Textes aufdecken.

Eine Weiterführung bildet die überlieferungsgeschichtliche Rückfrage nach der »geistigen Welt« bzw. dem Überlieferungszusammenhang, dem der Psalm entstammt, und nach dem Umgang mit dem vorgegebenen Gut, so daß im Gemeinsamen wieder Eigenes hervortritt.

Form- oder überlieferungsgeschichtliche Untersuchungen werden durch redaktions- oder kompositionsgeschichtliche Beobachtungen ergänzt, die Zusammenhänge der Gebete oder Lieder untereinander, deren gegenseitige Beeinflussung oder redaktionelle Hinzufügungen zu erfassen suchen.

Trotz unterschiedlicher wissenschaftlicher Zugangsweisen behalten die Psalmen, die Erfahrungen einzelner und Erinnerungen der Gemeinschaft bewahren, etwas Eigenartiges, das sich eher meditativem Nachvollzug erschließt.

5. Einzelne Psalmen können dem konkreten Anlaß entwachsen, die Überlieferung, in der sie entstanden sind, grundsätzlicher fassen und ins *Allgemein-Menschliche* übergreifen.

So erkennt Ps 8 Ohnmacht und Hoheit des Menschen, fragt von dem »Herrscher«, der königliche Attribute trägt und »wenig niedriger als Gott gemacht« ist: »Was ist der Mensch?«

Das Volksklagelied Ps 90 benennt nicht mehr eine bestimmte Notlage des Volkes, sondern bedenkt die Vergänglichkeit des Daseins überhaupt: »Du läßt den Menschen zu Staub zurückkehren.« In der Sterblichkeit des Menschen zeigt sich Gottes Zorn, aber dieser Gott wird als »Zuflucht« angeredet.

Auch das Motiv des Schuldbekenntnisses (z.B. Ps 38,5.19) kann sich verselbständigen; etwa die Klagelieder des einzelnen Ps 51 und 130, sog. Bußpsalmen, tragen Gott die Sündhaftigkeit vor: »Wenn du Sünden anrechnetest, Herr, wer kann bestehen?«

Dieser Ruf aus der Tiefe (Ps 130) bittet nicht mehr um Rettung aus konkreter Bedrängnis, sei es Krankheit, Anklage oder Feindeshand, sondern allein um Nicht-Anrechnung der Sünde; er ersehnt das erlösende als vergebendes Wort.

6. Intentionen der Psalmen, zumal der Klagepsalmen, haben zumindest einen doppelten Aspekt:

In oft bildhaft-dichterischer Sprache fangen sie vielfältige Lebenssituationen, auch schwer zu verstehende und zu bestehende, ein, ermöglichen, nicht stumm zu bleiben, geben dankbarer Freude wie Ängsten und Nöten Ausdruck. Dabei fassen die Psalmen auch Anfechtungen und Zweifel des Glaubens in Worte, nehmen klagend-anklagende Fragen in die Anrede, die Ausrichtung auf Gott, hinein. So bedenken die Beter ihre Lage und sehen doch nicht nur auf sich selbst.

Die gegensätzlichen, freud- wie leidvollen Erfahrungen beziehen die Psalmen auf Gott, wenden sich in strenger Konzentration oder gar unüberbietbarer Einseitigkeit an ihn, der als letzter Urheber des Unheils wie des Heils um Hilfe gebeten wird, bezeugen auch den verborgenen, fernen Gott als anrufbar (Ps 22; vgl. 13,2; Hi 3) und bekennen vielfältig seine Zuwendung (Ps 23; 33; 103; 113,6f; 136 u.a.). »Der in der Höhe thront und in die Tiefe schaut« (Ps 113,5–7; vgl. 138,6 u.a.). Wie die Not im »Tiefsten« (Ps 130) Gottesferne, so ist das ersehnte Heil die Gottesnähe. Die Ausschließlichkeit des Glaubens, die es unmöglich macht, daß der Mensch von der Gottheit, die ihn schlägt, zu einer anderen Gottheit flieht, die ihn aus der Not befreit, bildet die Grundentscheidung und das Bindeglied für die verschiedenen Redeformen des Psalters. Klage-, Dank- oder Vertrauenslieder geben Antwort auf die Frage:

»Woher kommt mir Hilfe?
Meine Hilfe kommt von Jahwe, der Himmel und Erde gemacht hat.« (Ps 121,1f)

Dabei kann der Psalter die Exklusivität des Gottesverhältnisses, die oft unausgesprochen wie selbstverständlich gilt, auch ausdrücklich vor Augen führen.

Hat der Beter von Ps 51 als Begründung der Bitte um Vergebung seine Einsicht in seine Situation (V 5) dargelegt:

»Meine Frevel erkenne ich,
und meine Verfehlung steht immer vor mir«,

so wandelt er diese Erkenntnis in ein Bekenntnis (V 6) um:

»An dir allein habe ich gefehlt (gesündigt)
und getan, was unrecht ist in deinen Augen,
auf daß du recht behältst in deinem Wort.« (Vgl. Ps 32)

Dieses »an dir allein«, das betont voransteht, deutet kaum unmittelbar auf eine Verfehlung gegenüber Gott durch Götzendienst. Jedenfalls läßt die nachträgliche Überschrift das Gebet in einer anderen, persönlich-schicksalhaften Situation gesprochen sein: »Ein Psalm Davids, als der Prophet Natan zu ihm kam, nachdem er zu Batseba eingegangen war.« Anlaß der Verankerung in der Szene wird Davids Schuldbekenntnis »Ich habe an Jahwe gesündigt« (2 Sam 12,13) sein, das Ps 51 zuspitzt. Demnach ist die Schuld am Nächsten Schuld vor Gott (ähnlich Gen 39,9 u.a.; o.Exk. 3).

Diese Einsicht hat Ps 51 durch das »allein« noch verschärft und verallgemeinert, nämlich wohl nicht mehr auf einen einzelnen Fehltritt, sondern grundsätzlich auf menschliches Sein und Verhalten bezogen. Dabei nimmt Ps 51 prophetische Schuldeinsicht und Verheißung (Ez 36,26 u.a.) auf, deutet sie aber in Bitte (V 12) um: »Schaffe mir, Gott, ein reines Herz!«

Geloben die Klagepsalmen, Gott zu danken, indem sie sein heilvolles Eingreifen weitererzählen, so erhebt der Beter von Ps 71 (V 15f) dieses Verhalten zur Ausschließlichkeit:

»Mein Mund soll erzählen deine Gerechtigkeit,
den ganzen Tag deine Hilfe ...
Ich will kundtun deine Gerechtigkeit allein!«
(Vgl. »allein« 72,18; 83,19; 86,10; 136,4; 148,13 u.a.)
»Mein Glück steht nur bei dir.« (16,2; vgl. 73,25; u.Exk. 8,8)

Entsprechend kann die Antwort auf die Frage »Was erhoffe ich, Herr?« statt auf ein bestimmtes Geschehen mit inhaltlich-sachlichen Zukunftsvorstellungen auf Gott (39,8; vgl. 71,5; 130,5ff) verweisen: »Mein Harren gilt (nur) dir!«

§ 17 Hoffnung für die Völker

Seit die Einheit des Volkes mit dem Exil verlorengeht, richtet sich die Hoffnung keineswegs nur auf das Heil des Volkes (o. IV,2), sei es auf Wiederbelebung, Mehrung, Sammlung, Rückführung in die Heimat, Ruhe vor Feinden, Befreiung von Schuld oder neue Gottesgemeinschaft. Andere Worte begnügen sich damit nicht, sprengen diese Grenze, schließen die Völker ein, hegen Hoffnung für die Welt. Alle sollen den einen Gott anerkennen und so am Heil teilhaben.

1. Diese Einsicht, die ältere prophetische Erwartungen (wie Jes 2,17 »Erhaben ist Jahwe allein an jenem Tag«) aufgreift, aber weit über sie hinausführt, scheint zunächst bei Deuterojesaja aufzubrechen. Die Offenbarung

der »Herrlichkeit« Jahwes steht unmittelbar bevor; *alle* Welt wird sie sehen (Jes 40,5; 52,10; o.§ 11b,2) und erfahren:

»Mir wird sich beugen jedes Knie,
und jede Zunge wird schwören:
Nur in Jahwe ist Heil und Stärke.«
(Jes 45,23f; vgl. 45,6.14; 49,7 u.a.)

Übernehmen die Völker das Bekenntnis zu dem einen Gott, wird die Ausschließlichkeit des Glaubens durchgehalten. Für das Ziel einer Gotteserkenntnis aller wird als »Bote« (42,19) und »Zeuge« (43,10.12; 44,8) das – recht wenig geeignete (43,8; 42,18f) – Gottesvolk in Auftrag genommen:

»Siehe, ein Volk, das du nicht kennst, wirst du rufen,
und die dich nicht kannten, laufen dir zu –
um Jahwes, deines Gottes, des Heiligen Israels willen.«
(Jes 55,5; vgl. 65,1; vom Gottesknecht: 49,6; 42,6)

2. Diese Zeugenschaft Israels vor den Völkern meint (noch) nicht »aktive Missionsarbeit, bewußte Heidenbekehrung und Proselytengewinnung« (*P.Volz*, KAT IX, 168). Doch kündigt sich in der Hoffnung eine Wandlung an, die sich allmählich vollzieht. Ganz neu ist »die Möglichkeit der bekenntnismäßigen Hinwendung von Fremden zu Jahwe in den Gesichtskreis des Israel der Exilszeit getreten« (*W.Zimmerli*, GAufs II, 194f). So ist die Diasporagemeinde nicht nur Verlust, sondern auch Gewinn; die Anhängerschaft des Glaubens weitet sich durch Übertritt Fremder allmählich aus (Jes 56,3.6; 14,1; Est 9,27 u.a.). Die Einheit an einem Ort wird eingetauscht gegen den Zuwachs an vielen Orten und gegen die Hoffnung, die alle Wirklichkeit überbietet.

Sogar das Gesetz, das auf Absonderung und Reinheit des Gottesvolkes bedacht ist, kann, wenn auch zögernd, Fremden Zutritt gewähren. Vom Bundesbuch (Ex 22,20ff; 23,9) über das Deuteronomium (5,14; 16,10ff; 29,9ff) zu priesterschriftlichen Texten (Num 15,15f; Ex 12,48f u.a.) wächst die Tendenz, den im Land ansässigen Fremden dem Israeliten in Glaubenssachen gleichzustellen (Lev 19,34; vgl. Dtn 10,18f): »Wie ein Einheimischer von euch soll euch der Schutzbürger gelten ... Du sollst ihn lieben wie dich selbst.«

Darüber hinaus wird auch dem Ausländer, dem das Gemeindegesetz des Deuteronomiums (23,2–9) den Zugang ausdrücklich verwehrt, der Anschluß an die nachexilische Gemeinde mit Opfer und Gebet unter gewissen Bedingungen – wie »Jahwes Namen zu lieben, den Sabbat zu halten, am Bund festzuhalten« – gewährt (Jes 56,3.6f).

Mag früher dieser oder jener einzelne den einen Gott anerkannt oder gar sich der Gemeinde angeschlossen haben (2 Kön 5,15; Ex 18,11; vgl. 12,32), die Zukunft soll eine Verzehnfachung des Gottesvolkes bringen:

»In jenen Tagen werden zehn Männer aus Völkern aller Sprachen einen Juden beim Rocksaum fassen und sagen:
›Wir wollen mit euch gehen; denn wir haben gehört, daß Gott bei euch ist.‹«
(Sach 8,23; vgl. Jes 14,1)

Wie hier werden – mit den Schlagworten geurteilt – »Universalismus« und »Partikularismus« vielfach zusammengedacht; das Heil des Ganzen hängt an einem Teil. Ähnliche Verheißungen bewahren oft, aber keineswegs immer eine Mittlerschaft Israels. Jedenfalls wird Deuterojesajas Erwartung, daß sich alle Völker zu dem einen Gott bekennen, auf vielfältige Weise weitergetragen:

»Viele Völker werden Jahwe anhangen an jenem Tage und werden sein Volk sein.«
(Sach 2,15; vgl. 8,20ff; 14,16)
»Vor 'ihm' werden niederfallen alle Geschlechter der Völker.«
(Ps 22,28; vgl. 67,4; 72,17; 83,9; 86,9; 100; 102,6;
Jes 66,23; auch 1 Kön 8,43.60; 2 Kön 19,15.19; Ez 38,23 u.a.)

Das für Israel grundlegende Geschehen am Sinai soll sich wiederholen und dann alle Völker einbeziehen (Jes 25,6 in Ausweitung von Ex 24,10f; o.§ 5d,6). Nicht einmal Ägypten und Assur, Sinnbilder fremder Großmacht, bleiben ausgenommen: Den Ägyptern wird sich Gott »zu erkennen geben«, so daß sie sich ihm zuwenden (Jes 19,21f).

Ein wichtiges Erzählmotiv spielt das »Erkennen« der Ägypter bereits in der ausgestalteten Exodustradition, zumal in den Plagengeschichten (Ex 5,2; 7,17; 8,6.18 bzw. 8,10.22 J; vgl. 7,5; 14,4.18 P). Sie berichtet auch vom Anschluß von fremdem »Mischvolk« (12,38; vgl. Num 11,4).

Ein Segenswort (Jes 19,25) faßt in einer Art Dreierbund Ägypten als Gottes eigenes Volk, Assur und Israel zusammen:

»Gesegnet sei mein Volk, Ägypten,
das Werk meiner Hände, Assur,
und mein Eigentum, Israel.«

»Da ist nichts mehr von einem engen Heilspartikularismus geblieben«, obwohl »der heilsgeschichtliche Vorrang Israels als des primären Offenbarungsempfängers und Offenbarungswerkzeugs« nicht aufgegeben wird. »Aus dem einstigen Gegeneinander wird ein Miteinander«; so gilt »Gottes Segen nicht mehr Israel allein, sondern in ihm werden zugleich die Völker gesegnet« (*O.Kaiser*, z.St.).

3. Nach dem wohl bekanntesten Zukunftsbild des Alten Testaments soll der Jerusalemer Tempelberg – in eschatologischer Umdeutung der Ziontradition (Ps 48,3 u.a.; o.§ 13) – zum höchsten Berg werden und damit

seine weltweite Bedeutung auch äußerlich sichtbar machen (Jes 2,2–4 = Mi 4,1–3):

»Es wird geschehen im Verlauf der Tage:
Fest gegründet sein wird der Berg mit dem Haus Jahwes,
auf dem Gipfel der Berge,
die Hügel überragen.
Da werden alle Völker zu ihm strömen,
viele Nationen sich aufmachen und sprechen:
›Auf, laßt uns hinaufziehen zum Berg Jahwes,
zum Hause des Gottes Jakobs,
damit er uns seine Wege lehre
und wir auf seinen Pfaden wandeln!‹
Denn von Zion wird Weisung ausgehen
und das Wort Jahwes von Jerusalem.
Er wird zwischen den Völkern Recht sprechen
und für viele Nationen feststellen, was recht ist.
Dann werden sie ihre Schwerter zerschlagen zu Pflugscharen
und ihre Lanzen zu Winzermessern.
Kein Volk wird mehr gegen ein anderes das Schwert erheben,
und sie werden das Kriegshandwerk nicht mehr lernen.«

Begeben sich die Wallfahrer üblicherweise mit einem wohl gesungenen Aufruf »Wir wollen zum Haus Jahwes gehen« auf den Weg (Ps 122,1; Jer 31,6; Sach 8,21), so fassen hier die Völker diesen Entschluß, und zwar aus eigenem Antrieb. Alle Welt sucht am Zion Rat; denn das Heiligtum ist auch Ort der Rechtsfindung (1 Kön 8,31f; Dtn 17,8ff u.a.). Eine »Bekehrung« der Völker zu dem einen Gott wird hier nicht erwartet, wohl aber ihre Bereitschaft, auf seinen Schiedsspruch zu hören und das Zusammenleben entsprechend zu gestalten.

Wie es Aufgabe des erwarteten Herrschers ist, ohne Ansehen der Person wahrhaft Recht zu schaffen (Jes 11,3–5), so wird Gott den Völkern Rechtshilfe leisten. »Richten« meint weniger »Verurteilen« als durch »Entscheiden, Schlichten« einen Streitfall klären, und »Zurechtweisung« besteht im »Feststellen, was recht ist«. Darum vollzieht sich der Übergang vom Thema »Gerechtigkeit« zum Thema »Frieden« leicht; es geht weiterhin um Konfliktlösung. Das Hören auf Gottes Weisung veranlaßt die Völker zur Friedfertigkeit untereinander.

Der Krieg wird in doppeltem Sinn abgeschafft: a) Rüstungswerkzeuge werden zerschlagen, aus Waffen werden Ackergeräte hergestellt. Das Eisen dient nicht zur Tötung des Menschen, sondern zur Erleichterung seiner Arbeit. b) Damit Anwendung von Waffen nicht nur in der Gegenwart, sondern auch in aller Zukunft unmöglich ist, wird das Soldatenhandwerk »nicht mehr gelernt« (vgl. Jer 31,34). Hier setzt die Weissagung mit ihrem Gegenbild zur Wirklichkeit deutlich nicht das »Weltende«, sondern den Fortgang der Geschichte voraus – allerdings einer Geschichte unter völlig gewandelten Bedingungen.

Daß Gott Waffen zerbricht, ist eine im Alten Testament nicht selten ausgesprochene Erwartung (Hos 1,4; 2,20; Hag 2,22; Ps 46,10 u.a.; vgl. Sach 9,10). Hier schaffen die Völker, durch Gottes Rechtswort befriedet und über seinen Willen belehrt, selbst, und zwar wiederum freiwillig, ihre Waffen ab. Es bedarf ihrer nicht mehr.

In Mi 4,4 wird das Leben ohne Angst bildkräftig ausgemalt: »Jedermann wird unter seinem Weinstock und unter seinem Feigenbaum sitzen, und niemand schreckt ihn auf.« So wird skizzenhaft angedeutet, was der Friede unter den Völkern für den einzelnen bedeutet (vgl. Dtn 20,5f). Damit wird von der Zukunft für jedermann und allezeit erhofft, was Israel allein und nur zeitweilig einmal erfahren haben soll (1 Kön 5,4f; vgl. Sach 3,10).

Nach dem prophetischen Blick in die Zukunft der Völker kehrt der Schlußvers in die Gegenwart und zur Gemeinde zurück. Sie antwortet, vielleicht nach der Verlesung der Weissagung im Gottesdienst, im Anschluß an das Wallfahrtslied der Völker mit einem Aufruf (Jes 2,5): »Haus Jakob, auf laßt uns wandeln im Licht Jahwes!« oder mit einem Bekenntnis (Mi 4,5): »Wir wandeln (jetzt schon) im Namen Jahwes, unseres Gottes, auf immer.«

In dieser Zukunftsschau von einer Völkerwallfahrt zum Zion hat Israel keine Mittlerstellung. Nach den Verheißungen Hag 2 und Jes 60, in denen die Überlieferung auf die nachexilische Situation bezogen ist, haben die Völker allerdings eine dienende Rolle. Nach Hag 2,6–9 wird Gott in Kürze Himmel und Erde erschüttern, damit die Völker ihre Schätze herbeibringen (vgl. Sach 6,15; Ps 68,32; Jes 18,7; Zeph 3,10). Aber nicht Israel soll sie empfangen; vielmehr soll mit ihrer Hilfe das neu zu errichtende Gotteshaus das zerstörte sogar an Glanz übertreffen: »Mein – nämlich Gottes – ist das Silber, mein das Gold.« Nach Jes 60 ziehen die Völker, wieder aus eigenem Antrieb, dem am Zion aufstrahlenden Licht entgegen und tragen dabei neben ihren Kostbarkeiten vor allem Israels Söhne und Töchter herbei (V 4.9; vgl. 49,22; 66,20; 14,2), so daß sich die Heimkehr Israels auf wunderbare Weise vollzieht.

Daß sich solche Hoffnung an einem bestimmten Ort, dem Zion, festmacht, ist zu einer Zeit, in der »alle Völker jeweils im Namen ihres Gottes wandeln« (Mi 4,5), wohl nötig; denn an dem lokalen Haftpunkt bleibt der Glaube zugleich geschichtlich verankert. Allerdings gewinnt der Zion weltweite Bedeutung – als Ort, »an dem sich alle Völker versammeln« (Jer 3,17; vgl. Jes 11,10; 66,23; Sach 14,16).

»Mein Haus wird ein Bethaus heißen für alle Völker.«
(Jes 56,7; vgl. zu 49,6; Sach 9,10 u.a.; o.§ 12d–e)

4. Gelegentlich vermag sich die universale Hoffnung allerdings noch stärker von der partikularen Bindung zu lösen. In seiner immer weiter aus-

greifenden Erwartung kann das Alte Testament auch die Ortsbindung aufgeben. Weil Gott jedem Ort gleich nahe ist, brauchen die Völker nicht nach Jerusalem zu pilgern, sondern können in ihrer Heimat bleiben:

»Es 'erscheint' Jahwe über ihnen;
denn er 'läßt' hinschwinden alle Götter der Erde.
Ihn werden verehren alle Inseln der Völker,
jedermann von *seiner* Stätte.«
(Zeph 2,11; vgl. 3,9f)

Im gleichen Sinne kann Hoffnung von einer Zeit wissen, in der die Völker keineswegs nur in Jerusalem, sondern überall reine Opfer darbringen (Mal 1,11; vgl. Jes 19,21), ja Gott sich – außerhalb der strengen Erbfolge in Israel – aus den Völkern Priester und Leviten auswählt (Jes 66,21).

In solcher Hoffnung für die Welt überschreitet alttestamentlicher Glaube – in Auseinandersetzung mit aller Selbstgenügsamkeit – seine Grenzen. Gibt nicht gerade diese Erwartung den »Völkern aller Sprachen« ein Recht, sich auf das Alte Testament zu berufen?

§ 18 Die Apokalyptik

Das »Gesetz« will die Reinheit des Gottesvolkes bewahren und ist insofern auf partikulare Ausschließlichkeit bedacht. Im Gegensatz dazu ist die Apokalyptik kosmisch-universal ausgerichtet: Sie hofft, daß sich der Gott des Volkes als Gott der Welt offenbart. Während die Gemeinde insgesamt die prophetischen Erwartungen als bereits mehr oder weniger erfüllt ansieht und ihre Wirklichkeit als die Gott entsprechende Lebensweise versteht, hält ein Teil fest, daß die prophetischen Erwartungen noch Zukunft sind. Dieser apokalyptische Glaube erfaßt also nicht mehr die Gesamtheit, sondern lebt mehr in kleineren Gruppen innerhalb der Gemeinde. »Das Gesetz ist für alle, die Geheimwissenschaft für die Auserwählten« (*P. Volz*, 5). So schließen sich Gesetz und Apokalyptik nicht aus, beide bilden aber keine Einheit; sie können nebeneinander bestehen, sich auch gegeneinander wenden, bis schließlich das orthodoxe Judentum nach dem Scheitern des Bar-Kochba-Aufstands (135 n.Chr.) apokalyptische Vorstellungen so gut wie ganz abstößt.

Daß Gott ein kommender Gott ist, ist prophetische Botschaft, die die Apokalyptik nur aufgreift und weiterführt, aber damit zugleich umwandelt. Sie betont noch stärker als die Propheten den Bruch, den die Zukunft gegenüber Vergangenheit und Gegenwart bringt; zugleich wird die prophetische Kritik an der Gegenwart erheblich verschärft.

Gerade die Worte der nachexilischen Propheten, die ihre großen Vorgänger beerben, machen deutlich, daß die Prophetie in ihrer Spätzeit – insbesondere Ez 38f; Joel (Kap. 3f); Sach 12–14; Jes 24–27 – wenigstens apokalyptische Motive vorbereitet und umgekehrt die Apokalyptik vielfach prophetisches Traditionsgut (Gottes- und Messiasherrschaft, Gericht über Israel und die Völker, Zerstörung oder Rettung Jerusalems u.a.) aufnimmt und umdeutet.

Auch in der Art der Verkündigung zeigen sich Gemeinsamkeiten. Wie die Propheten (Am 7f; Ez 8–11; 40ff; erst recht Sach 1–6) empfangen und erzählen die Apokalyptiker ihre Offenbarung in Visionen und Auditionen (Dan 7–12). Waren die prophetischen Worte ursprünglich knapp und rhythmisch geformt, so werden sie später umfangreicher und können schließlich sogar in gehobene Prosa übergehen. In der Apokalyptik ist dieser Weg zum Ziel gekommen: Sie verkündet kaum mehr mündlich, sondern schriftlich. Damit ist ein wesentlicher Unterschied gegeben; aber er ist nicht schlagartig eingetreten, sondern hat sich langsam herausgebildet. Trotz der großen Kluft, die Prophetie und Apokalyptik in ihren Haupterscheinungen voneinander trennt, bestehen Verbindungen im Wesentlichen, nicht nur in Einzelheiten. Die Eigenarten der Apokalyptik – um die üblichen, aber umstrittenen Schlagworte zu gebrauchen: der Dualismus mit der strengen Gegenüberstellung von Gott und Welt, die Äonenlehre mit der Periodeneinteilung der Zeit, der Determinismus der Geschichte, die Transzendenz der Gottesherrschaft und die Pseudonymität der Literaturwerke – stellen sich erst allmählich heraus.

a) Vergangenheit und Zukunft

1. Die Apokalypsen sind wie die Worte der Propheten an die Menschen ihrer Zeit gerichtet, also Anrede und Anspruch zugleich. Beide Verkündigungsweisen sind – als Deutungen ihrer Gegenwart – jeweils auf ihre Situation bezogen, nur machen die apokalyptischen Zukunftsvisionen die Bindung an ihre Zeit nicht mehr ausdrücklich, sondern verbergen sie geradezu in der *Pseudonymität.* Als Autoren erscheinen berühmte Personen der eigenen Geschichte: Propheten, Gesetzeslehrer oder Weise, wie Esra, Baruch, Jesaja, Elia, Mose oder Abraham; man greift aber auch über die nähere oder fernere Vergangenheit zurück bis in die Vorzeit zu Adam und Henoch. Dies ist wiederum nicht völlig neu: Israel hat die Feste und Gesetze historisiert, das Deuteronomium oder Ps 90 Mose zugeschrieben.

Für die Propheten waren Raum und Zeit des Empfangs und der Weitergabe der Botschaft so wichtig, daß sie beides angeben konnten (Jes 6,1; 7,1–3; Ez 1,1f; 40,1 u.a.). Noch in der nachexilischen Epoche sind im Haggai- und Sacharjabuch Worte bis auf den Tag genau datiert (Hag 1,1; Sach 1,7; 7,1 u.a.). Doch tritt dieser Gegensatz – die Propheten lassen ihre Worte unter ihrem Namen ausgehen (Am 1,1), die Apokalyptiker berufen sich auf andere – wieder nicht unmittelbar auf. Wohl kein Prophetenbuch ist ohne Ergänzungen geblieben, in denen Unbekannte ihre Zukunftshoffnungen der Autorität des Propheten unterstellen. Seitdem der Autor der Botschaft »Tröstet, tröstet mein Volk« (Jes 40–55) seinen Namen verschwiegen hat, bleiben über Einzelworte hinaus ganze Abschnitte oder Bücher (Jes 56–66; 24–27; Sach 9–14; Mal) anonym. Selbst der erste erzählende Teil des Danielbuches (Kap. 1–6) spricht noch ohne Verfasserangabe von Daniel in der dritten Person; erst der zweite, visionäre Teil (Kap. 7–12) gibt die Anonymität auf und geht in die Pseudonymität über, indem er sich auf jenen Weisen am Hof Nebukadnezzars zurückführt.

Diese Wandlung ist nicht zufällig, sondern sachbedingt; sie beruht auf einer Änderung im Verständnis der Tradition (vgl. Jes 34,16; Dan 9,2). Schon recht früh läßt sich belegen, daß Propheten die Botschaft ihrer Vorgänger aufnehmen (o.§ 14a2,4; 14b). Faßt die Forderung von Recht, Liebe und Demut (Mi 6,8) Intentionen von Amos, Hosea und Jesaja zusammen? Tritojesaja führt (Jes 60–62) Sätze Deuterojesajas im Wortlaut an, unterlegt ihnen aber einen anderen Sinn; bei späteren Propheten, wie Joel, finden sich vielfach Zitate aus der prophetischen Literatur. Das Sacharjabuch (1,4ff; 7,7) hält seinen Hörern bzw. Lesern ausdrücklich den Umkehrruf der »früheren Propheten« vor; überhaupt deuten mancherlei Ergänzungen in den Prophetenbüchern die überlieferten Worte neu. So kann – in später Zeit – der Prophet seine Autorität durch Verweis auf frühere Verkündigung stützen; er sagt sein eigenes Wort, indem er fremdes auslegt. Dieses Verhältnis zur Tradition wird im Laufe der Zeit noch enger (vgl. die Aufnahme und Weiterdeutung der »70 Jahre« von Jer 25,11; 29,10 über Sach 1,12; 2 Chr 36,20f in Dan 9). Schließlich wird der Kanon ausgebildet, der den ständigen Rückbezug auf das schriftlich vorliegende Gotteswort ermöglicht. Weil die Deutung der Gegenwart durch die Texte der Vergangenheit geschieht, müssen sich die apokalyptischen Visionen als Vorhersagen aus der Vor- oder Frühzeit verstehen und darum pseudonym auftreten. Die Geheimnisse der Zukunft sind der Allgemeinheit noch verborgen, nur bestimmten Leuten bereits in der Gegenwart offenbar. Nach der Aufforderung: »Aber du, Daniel, verbirg die Worte und versiegle das Buch bis zur Endzeit!« ergeht die Bekräftigung: »Verborgen und versiegelt bleiben diese Worte bis zur Endzeit« (Dan 12,4.9; vgl. 8,26). Das Entscheidende ist längst geweissagt, jetzt wird es (wenigen) enthüllt, weil die Endzeitereignisse, die alle angehen, bevorstehen.

2. Das Wissen aus der Vorzeit betrifft die Zukunft. »Das Gesicht bezieht sich auf die *Endzeit*« (Dan 8,17; vgl. 2,28f; 11,27ff; 12,6.13 mit Anklang an Am 8,2; Ez 7). Der Seher Henoch leitet seine Rede über den kommenden Gerichtstag ein (1,2): »Nicht für das gegenwärtige Geschlecht dachte ich nach, sondern für das künftige.« Die apokalyptische Schau enthüllt die Geheimnisse des Weltenlaufs, insbesondere das Wann und Wie. Welt- wie Geschichtsbetrachtung und Zukunftshoffnung sind ihr Thema. »Die Welt

hat ihre Jugend verloren, die Zeiten nähern sich dem Alter« (4 Esra 14,10). Die leitende Frage lautet: Was bringt die Zukunft, was macht Gott in der Endzeit?

Die Antwort geben *Visionen*, die in weit höherem Maß als prophetische Zukunftsansagen die kommenden Geschehnisse ausmalen. Die Bilder knüpfen weniger (wie etwa Am 7; Jer 1) an alltägliche Erscheinungen an, sondern zeigen eher Phantastisches (Dan 2,31ff) und nehmen stärker mythisches Gut auf. Gelegentlich gestalten die Bilder Vergleiche aus, die sich schon in der prophetischen Verkündigung finden (wie Symbole von Tieren und Bäumen). Die Träume oder Gesichte bedürfen der *Deutung*, die durch Weise oder Engel (Dan 1,17; 5,11f; 8,15ff; vgl. Sach 1,9.13ff; schon Gen 40f u.a.) geschieht. Daniel »kann Geheimnisse enthüllen« (2,47), weil in ihm »der Geist der heiligen Götter« wohnt (4,6) und der Himmelsgott Geheimnisse zu offenbaren vermag (2,28ff; vgl. Gen 41,38f).

Oft verlieren sich die Bilder auch ins Unsagbare: »etwas, das aussah wie« (Dan 7,13 u.a; vgl. schon Ez 1). Mag damit die Unbestimmbarkeit der Zukunft zur Geltung kommen, so will die Apokalyptik doch gerade die Zukunft vorhersehen, ja in Zeitangaben bestimmen (Dan 7,25; 8,14; 12,7; bes. 9,24ff); denn der Frevel hat sein »Maß«, das am Ende voll sein wird (8,23). Die Weltgeschichte läuft nach späterer Auffassung von Anfang an in festgelegten Perioden auf ihr Ziel zu; jedes Geschehen hat seine Stelle in der Zeitenfolge (Hen 85ff.93), so daß noch bevorstehende Ereignisse berechenbar werden. Dieser Gedanke eines *Weltenplans* Gottes führt die prophetische Verkündigung weiter, daß Gott einen Plan mit der Geschichte hat (vgl. Jes 14,27; 28,29; 46,11; auch Koh 3,14f; 6,10 u.a.). Jetzt erscheint die Zukunft nicht mehr unter dem Charakter des Neuen (wie Jes 43,19: »Siehe, ich schaffe Neues«), sondern als das bereits Bekannte; sie kann in ähnlicher Weise gewußt werden wie die Vergangenheit.

Dennoch bleiben die *Vorstellungen* von dem, was kommen wird, mannigfach. So gibt es stärker diesseitige oder jenseitige, nationale oder universale Erwartungen, Zukunftshoffnungen mit und ohne messianisches Reich usw. Die einzelnen Aussagen können so weit voneinander abweichen, daß sie sich als Vorstellungen widersprechen und sich gegenseitig ausschließen. Hier kommt zur Geltung, daß sie auf verschiedenen Überlieferungsstoffen aufbauen. Erst recht wechseln die Angaben über die Dauer der Welt. Aber die Grundhaltung, mit der man der Geschichte entgegentritt, ist einheitlich. Die Hoffnung, *daß* die Wende kommt, ist allen gemeinsam, nur das *Wie* wird verschieden vorgestellt.

b) Dualistische Züge

Eine gleichbleibende Grundhaltung ist schon durch das Gegenüber von göttlicher und menschlicher Macht, Zukunft und Gegenwart, gut und böse gegeben.

1. Drohten die Propheten zunächst Unheil über Israel und die Nachbarvölker (Am 1f u.a.) an, so wird das Gericht später auf alle Völker ausgedehnt. Sacharja (2,1–4) sieht in seiner Vision von vier Hörnern, die von vier Schmieden zerstört werden, daß alle Völker, die das Gottesvolk zerstreut haben, von Gott niedergeworfen werden. Die Vierzahl meint die Weltganzheit; konkrete Feindesmächte sind kaum mehr im Blick. Erst recht werden in den eschatologischen Bildern von Sach 12 und 14, die einen Völkerkampf »an jenem Tag« vor Jerusalem ausmalen, keine Namen mehr genannt, wie auch keine Begründung mehr für den Ansturm der Feinde und die Wende der Not gegeben wird. (Doch kann das kommende Gotteshandeln auch durch Hinweis auf menschliche Schuld vom Vorwurf der Willkür befreit werden, so Jes 24,5f.20; 26,21.) Darum bringt der Übergang von der Prophetie zur Apokalyptik einen *Verlust an Historie,* nämlich an unmittelbarem und unmittelbar ausgesprochenem Geschichtsbezug, mit sich; die Erwartungen geben den historischen Anhalt immer mehr auf. Indem aber die Geschehnisse ihre geschichtliche Bestimmtheit verlieren, erhalten sie einen Rang, der über ihre Bedeutung als Einzelereignisse weit hinausgeht. Das Historische wird generalisiert, und so gewinnt das Individuelle universalen Charakter. So trägt die hochmütige Stadt in den Liedern der Jesaja-Apokalypse (Jes 25,1ff; 26,1ff) keinen Namen mehr, wird aber damit zum Symbol der Weltstadt; oder das Mahl der Ältesten am Sinai (Ex 24,11) wird ausgeweitet zum Festmahl, an dem alle Völker teilnehmen (Jes 25,6).

In diesem Zusammenhang stehen die Erwartungen eines kommenden *Gerichts,* die prophetische Zukunftsansagen aufnehmen, steigern und in einen weltweiten Rahmen spannen. Deuten die Propheten die Weltgeschichte ihrer Zeit, in der die altorientalischen Großmächte im Raum Palästinas erscheinen, so greift die apokalyptische Schau über Einzelbegebenheiten hinaus. In das Gericht werden nicht nur alle Lebewesen einbezogen (Zeph 1,2f), sondern auch der Himmel (Jes 24,4.21; vgl. Ez 32,7 u.a.). Irdische und himmlische Feinde werden entmachtet; nichts bleibt unverändert. Dadurch wird einerseits die Geschichte unendlich ausgeweitet, andererseits das Weltganze in die Erwartungen hineingenommen. Historie und Kosmos werden identisch. Der gesamte Raum wird bestimmt und begrenzt von der Zeit, die »einen neuen Himmel und eine neue Erde« (Jes 65,17) heraufführt. Wie die Welt vor dem Schöpfer, so wird auch die Geschichte vor dem kommenden Gott zur Einheit.

Das Gericht, das die spätere apokalyptische Literatur immer weiter ausmalt, vollzieht – wie in den prophetischen Drohworten – Jahwe selbst. Doch wird es jetzt ausschließlich als Gottes Tat erwartet. Einst »halfen« die Völker »zum Unheil« (Sach 1,15), indem sie Gottes Willen vollstreckten, so Assur (Jes 10,5ff) wie Babylon (Jer 51,20ff), ja noch Kyros (Jes 41,25; 45,1). Jetzt handelt Gott allein und unmittelbar – »ohne Menschenhand« (Dan 2,34.45; 8,25). Wieder entspricht also der Geschichtsverlust einer Verschärfung der theologischen Aussage. Göttliche und irdische Macht werden zu sich ausschließenden Größen.

Darf man Ansätze für diese Unterscheidung in Ex 14,13f; Sach 4,6 (vgl. § 7,3) u.a. suchen?

»Die menschlich-autonome Weltpolitik, auch schon zur Zeit der assyrisch-babylonischen Herrschaft erkennbar, konnte gleichwohl insofern dem Glauben Israels eingeordnet werden, als sie als Hybris gegenüber einem Auftrag Jahwes angesehen wurde, der im Zusammenhang mit jenen Weltmächten an seinem Volk strafend und begnadigend handelte. Ein Israel aber, als Bestandteil der fremden Mächte politisch entmündigt, konnte die Diskrepanz zwischen autonomer Weltmacht und seinem Glauben an die Königsherrschaft Gottes nur mit Hilfe einer dualistischen Konzeption ausgleichen und hat dies auch zunehmend getan. Daß eine dualistische Weltbetrachtung dem Alten Testament nicht eigentümlich gewesen ist, soll gewiß nicht bestritten werden; aber es erscheint als sachlich nicht gerechtfertigt, in der Aneignung dualistischer Elemente dann einen Fehltritt oder Abfall vom Glauben zu sehen, wenn in der Auseinandersetzung mit der dem Glauben Israels entgleitenden Geschichte mit Hilfe einer solchen dualistischen Betrachtung dem Bekenntnis neue Impulse und Kräfte zugeführt werden konnten.« (*O.Plöger*, KAT XVIII, 125)

Um diese kosmische Relevanz der kommenden Ereignisse auszusagen, nehmen die eschatologisch-apokalyptischen Erwartungen mythische Motive auf; denn der *Mythos*, dem der historisch-individuelle Bezug fehlt, ist ja kosmisch orientiert. So kann der Kampf mit dem Meeresdrachen zum Symbol für die Vernichtung der Weltreiche werden (Jes 27,1). Überhaupt werden mythische Vorstellungen weniger auf Gott selbst als auf die fremden Mächte bezogen, die sie zugleich verbergen und bezeichnen sollen (vgl. Ez 31; Dan 4 vom Weltenbaum; auch Ez 29; 32 u.a.). Der Mythos hat längst seine ursprüngliche Bedeutung verloren, die Vorstellungen sind zu gewissen festen Bildern erstarrt, die immer weiter ausgestaltet werden können. Die wachsende Mythologie ist in hohem Maß Stilmittel, das die Zukunft näher zu beschreiben und in ihrer Bedeutung darzustellen hilft.

In der Abfolge von *vier Weltreichen* suchen die Visionen des Danielbuches die Geschichte insgesamt zu überblicken. »Diese vier Weltreiche umfassen zwar von Haus aus nur den Zeitraum vom Exil bis zum Ende (vgl. Dan 1,1ff), aber sie bilden trotzdem zunächst ›die Geschichte‹; es ist die Zeit, in der Israel aus der eigenen nationalen Schranke herausgehoben, in die Welt eingegliedert war.« (*P.Volz*, 141)

Die Einheit der Geschichte wird in Dan 2 durch eine menschliche *Kolossalstatue* dargestellt, die vom Kopf zu den Füßen von Gold über Silber und Bronze in Ton und Eisen übergeht. In diesem Bild vermischen sich eigentlich drei verschiedene Vorstellungen, die in solcher Form im Alten Testament vorher nicht begegnen, die Israel vielmehr, getrennt oder teilweise schon miteinander vereint, vorfand: Die Welt erscheint in Gestalt eines Menschen (der Makrokosmos im Mikrokosmos), die Weltalter werden mit Metallen verglichen, und die Weltreiche vereinen sich zu einer Vierzahl. Der Apokalyptiker denkt wohl konkret an die Herrschaft der Neubabylonier unter Nebukadnezzar, die Meder, Perser und Alexander den Großen, dessen Gebiet an die Ptolemäer in Ägypten und die Seleukiden in Syrien aufgeteilt wurde. Jedenfalls wird das Bild zeitlich gedeutet. So gewaltig auch jedes Reich ist, seine Zeit ist befristet (vgl. Dan 11,24.27). Alles hat seine Zeit (Koh 3,1) – das ist das apokalyptische Grundgesetz; »denn er hat auf der Waage den Äon gewogen, er hat die Stunden mit dem Maße gemessen und nach der Zahl die Zeiten gezählt« (4 Esra 4,36f; 13,57f; Hen 92,2). Obwohl die vier Weltreiche aufeinanderfolgen, wird die ganze Kolossalstatue der Vision auf einmal »ohne Menschenhand« (vgl. Dan 8,25) von einem herabfallenden Stein völlig zerstört, der zu einem die ganze Erde erfüllenden Berg anwächst. Er symbolisiert das Königtum Gottes, das alles weltliche Regiment vernichtet und mit dem letzten Reich menschlicher Herrschaft überhaupt ein Ende setzt.

In der Vision von Dan 7 werden die *vier* Königreiche durch vier aus dem Meer aufsteigende *Tiere* repräsentiert. Das letzte Tier ist das bedeutendste; denn es stellt die Gegenwart (mit Antiochus IV.) dar und wird darum am eingehendsten beschrieben. Die Zeichnung der Mischwesen, die später noch reicher ausgestaltet wird (4 Esra 11f), mag durch altorientalische Vorstellungen angeregt sein. Auf sie geht auch das Bild vom Chaosmeer zurück, das anscheinend dazu dient, die Geschichte von der Vorzeit bis zur Endzeit zu überblicken. Nach einer himmlischen Gerichtssitzung wird das vierte Tier getötet, aber auch seine drei Vorgänger werden entmachtet. Anstelle der tierischen Herrschaft tritt eine menschliche. Jemandem, »der aussieht wie ein Mensch«, wird die Regierungsgewalt übertragen. Wie in den meisten messianischen Weissagungen der Zukunftskönig erst auftritt, als der Krieg beendet ist, so daß er nur als Friedensfürst wirkt, so kommt der *Menschensohn* erst, als die feindlichen Mächte besiegt sind (vgl. § 12e). Aber sein Regiment ist himmlischer Art. So kann ihm das Reich »der Heiligen des Höchsten« entsprechen (7,13.18ff) – ursprünglich Gottes Hofstaat, jetzt ist unter dem Namen jedoch Israel inbegriffen. Weit stärker, als es prophetische Erwartungen betonten, wird in der apokalyptischen Vision herausgestellt, daß die Zukunft nicht innerhalb geschichtlicher Möglichkeiten liegt, sondern von oben kommt, aus dem Jenseits herbeigeführt wird.

In beiden Darstellungen (Dan 2 und 7) ist höchstens in der Abfolge der verschiedenen Großreiche so etwas wie eine geschichtliche Entwicklung im Blick, sie vollzieht sich aber nach einem vorher gesetzten Plan Gottes. Ein Reich löst das andere ab, bis das Ende hereinbricht. Kündigt sich in diesen Bildern eine deterministische Geschichtsschau an? Noch sind die Aussagen der beiden Visionen nicht gleich: Die Metalle nehmen an Wert und Stärke ab, die Tiere steigern jeweils ihre Gewalttätigkeit und Grausamkeit. Auch sind nicht alle Reiche gleich geschildert. Es bleibt innerhalb der schematischen Darstellung Raum für die Verschiedenartigkeit der einzelnen geschichtlichen Phänomene und damit für die Veränderung der Situation. Doch das Entscheidende ist für die Visionen der Zusammenhang der Geschichte angesichts ihres Endes: »Was der Weltgeschichte nach der Apokalyptik ihre letzte Einheit bei aller Vielfalt der Erscheinungen ... gibt, ist ihr Gegenüber zur Gottesherrschaft« (*M.Noth*, 273).

2. Der Gegensatz zwischen Gottes- und Menschenherrschaft wird nicht ausschließlich, aber doch vorwiegend zeitlich verstanden: Jetzt ist die Zeit

der Frevler, dann bricht die Zeit Gottes an (Dan 8,23; 11,36). Die Gegenwart ist begrenzt, die Zukunft ewig. *Gegenwärtiger* und *kommender Äon* stehen sich als zwei grundverschiedene Epochen gegenüber. Der Gegensatz erscheint zunächst mehr unausgesprochen – denn auch diese Begrifflichkeit bildet sich erst allmählich aus –, wird aber später ausdrücklich: »Der Höchste hat nicht einen Äon geschaffen, sondern zwei« (4 Esra 7,50). Die offenbarte Zukunft kommt gewiß, auch wenn sich Gott eine Frist vorbehält (Hab 2,2f; Ps 75,3). Obwohl den Hoffnungen Deuterojesajas auf den Anbruch der Königsherrschaft Gottes die Verwirklichung versagt blieb, halten seine prophetischen Nachfolger an der Naherwartung fest (vgl. Jes 60,1). Haggai, der statt in der verheißenen Heilszeit in armseligen wirtschaftlichen Verhältnissen lebt, kündigt das Weltende im Zusammenhang mit dem Tempelwiederaufbau und der Einsetzung Serubbabels zum Messias an (Hag 2,6–9.20–23). Die Hoffnung wird wieder enttäuscht, sucht aber Hoffnung zu bleiben. Trotz immer neu erfahrener Nichterfüllung verbinden die Späteren ihre Erwartung jeweils mit den Zeichen ihrer Zeit (vgl. Joel 1,2). Die Ereignisse der Gegenwart scheinen das nahe Ende zu verraten, bis sie vergehen und das Ende noch aussteht. Auch die Naherwartung des Danielbuches bestätigt sich trotz zeitlicher Korrektur (12,11f) nicht, dennoch läßt die Glut der Erwartung in der folgenden apokalyptischen Literatur keineswegs nach.

So hat die Apokalyptik die prophetische Hoffnung zugleich aufgenommen und verändert. Sagen die Propheten eine Zukunft an, die die Gegenwart bedrängt und bestimmt, so kann die Apokalyptik zwei sich ablösende Zeitalter unterscheiden. Das Neue bedeutet jetzt – in einem gegenüber der prophetischen Botschaft verschärften Sinn – das Ende des Alten. Aber auch hier finden sich gewisse Übergänge von der Prophetie zur Apokalyptik. Etwa Deuterojesajas Zukunftsankündigungen gehen weit über innergeschichtliche Erwartungen hinaus (Jes 40,4; 49,9ff u.a.). In Sacharjas Nachtgesichten (1,7–6,8) ist die Wende so nahe, daß sie im Himmel bereits Gegenwart ist; dort sind schon alle Widerstände überwunden, die Gottlosigkeit ist beseitigt (5,5–11). Die Apokalyptik führt diesen Gedanken weiter: Die Heilsgüter sind im Himmel präsent und kommen von dort fertig herab. Am bekanntesten ist das Bild vom himmlischen Jerusalem (4 Esra 7,26; 13,36; Apk 21). So erscheint der Gegensatz von jetzt und einst in der räumlichen Gegenüberstellung von oben und unten; hier wirken altorientalische Vorstellungen über die Entsprechung von himmlischer und irdischer Ordnung nach (o.§ 6b,4). Tatsächlich ist die vorgegebene Mythologie aber charakteristisch umgeprägt: Aus dem parallelen Nebeneinander oder Übereinander, das zugleich besteht, wird ein zeitliches Nacheinander. Der Himmel ist die Zukunft der Erde; das Heil ist um so gewisser, weil es bereits »vorhanden« ist. Diente die altorientalisch-mythische Vorstellung ursprünglich zur Sicherung der bestehenden Verhältnisse, so will die Weltsicht in ihrem neuen Zusammenhang gerade die Aufhebung der sichtbaren Wirklichkeit ansagen. Der Gegensatz ist dynamisch, nicht mehr statisch festgelegt.

3. Mit dem Ende von Frevel und Sünde bringt die Zukunft »ewige Gerechtigkeit« (Dan 9,24). So entspricht der Zeitenwechsel dem Gegenüber von *böse* und *gut*. Zwar hat die allgemeine Meinung Gott mit dem Heil verbunden (Mi 3,11); sonst brauchte Amos (3,6) das Volk nicht zu der Erkenntnis zu führen: »Geschieht ein Unheil in der Stadt, und Jahwe hat es nicht gewirkt?« Aber seit je konnte man auch den »bösen Sinn« von Jahwe herleiten (1 Sam 16,14; 19,9; 1 Kön 22,22; vgl. § 6b,6). Mehr und mehr wird jedoch Jahwe das Gute vorbehalten, das Böse in einer eigenen persönlichen Macht verkörpert (vgl. 2 Sam 24,1 mit 1 Chr 21,1): im Satan, der ursprünglich nur die Stelle eines – nach Gottes Willen handelnden – Versuchers oder Anklägers im himmlischen Hofstaat innehatte (Hi 1f; Sach 3,1f). Die Apokalyptik baut dann diese Gedanken weiter aus zum Gegensatz von bösem Reich und Gottesherrschaft.

Im wesentlichen ist die Apokalyptik eine israelitische Bewegung, die hauptsächlich aus der Prophetie hervorgeht, in der sich außerdem weisheitliche (*G.v.Rad*) und andere Überlieferungen sammeln. Zu ihnen werden auch fremde Einflüsse gehören. Allerdings sind die Auffassungen über die Entstehung der Apokalyptik keineswegs einhellig, sondern höchst unterschiedlich.

Dualistische Tendenzen scheinen in Israel durch die Einwirkung der *persischen* Religion verstärkt worden zu sein. Sie erklärte die Welt aus dem Widerspiel von gut und böse – später repräsentiert durch Ormazd bzw. Ahura Mazda, den Schöpfer des Guten, und den bösen Geist Ahriman. Die Israeliten nachexilischer Zeit waren sowohl in der palästinischen Heimat wie in der Fremde zwei Jahrhunderte lang, von Kyros bis zu Alexander dem Großen, persische Untertanen. So sind Berührungen mit der iranischen Religion leicht möglich; ihr sind die in der Spätzeit des Alten Testaments aufkommenden Begriffe, wie Reich Gottes, Auferstehung, Weltgericht und Engellehre, vertraut. Doch ist es schwierig, das genaue Alter der iranischen Vorstellungen zu bestimmen; erst recht läßt sich die Abhängigkeit alttestamentlichen Gedankenguts von ihnen nicht eindeutig nachweisen. Es bleiben aber gewisse Ähnlichkeiten, vielleicht Anregungen, und wohl auch die Übernahme bestimmter Einzelmotive.

Schon der persische Dualismus konnte aber durch einen Monotheismus überhöht werden. Ahura Mazda galt als Weltenherr, der Himmel und Erde entstehen ließ und den Gestirnen den Weg bestimmte. In den Gathas des Awesta, die Zarathustras Verkündigung in Versform wiedergeben, wird Ahura einmal sogar als der Schöpfer aller Dinge, des Guten und des Bösen, des Lichts wie der Finsternis, beschrieben:

Zarathustra fragt den guten Gott: »Danach frage ich dich, sag es mir ehrlich, o Lebensherr: Welcher Meister schuf Licht und Finsternis? Welcher Meister schuf Schlaf und Wachen?« (Yasna 44,5; *H.Humbach*, Die Gathas des Zarathustra I, 1959, 117)

Deuterojesaja könnte – von allen Datierungsproblemen einmal abgesehen – geradezu diese Äußerung aufgreifen, braucht jedenfalls nicht gegen den persischen Dualismus zu polemisieren, wenn er Gott sagen läßt:

»Ich bin Jahwe und keiner sonst,
der ich das Licht bilde und die Finsternis schaffe,
der ich das Heil wirke und das Unheil schaffe.
Ich bin Jahwe, der all dies tut.« (Jes 45,7)

Wahrscheinlich kommt der Prophet in Zuspitzung der Überlieferung (Am 3,6; 1 Sam 2,6f u.a.) eigenständig zu seiner Aussage, in der er mit ungewöhnlicher Schärfe Gott allem übrigen gegenüberstellt. Das Paar »Heil und Unheil« bezeichnet wie »Himmel und Erde« die Universalität: Gott schafft das Ganze. Mit dieser Unterscheidung von Gott und Welt wird alttestamentliches Gottesverständnis in äußerster Radikalität zum Ausdruck gebracht. Im Zeitalter des Hellenismus sucht man dieses Reden von Gott zu bewahren oder gar noch zu verschärfen, indem man das Kausaldenken (»Aus Nichts wird nichts«) aufnehmen und negieren kann: Gott machte Himmel, Erde und was darin ist »nicht aus Seiendem« bzw. verschärft »aus nicht Seiendem« (2 Makk 7,28 u.a.; vgl. Röm 4,17; o.§ 11f,3).

4. Der Allmacht dieses Gottes bleibt das Reich des Todes nicht entzogen. Als die spätere Apokalyptik die *Auferstehungshoffnung* (Dan 12,1–3; u.Exk. 8) aufnimmt, gewinnt sie zunehmend an universaler Weite:

»In jenen Tagen wird die Erde die, welche in ihr angesammelt sind, zurückgeben, und auch die Scheol wird wiedergeben, was sie empfangen hat, und die Hölle wird, was sie schuldet, herausgeben.« (Hen 51,1)

Die Menschen sollen an der Wende der Welt teilhaben; doch bringt die Zukunft Heil wie Unheil. Die prophetische Erwartung eines Gerichts wird – ausgeweitet zur Sichtung der Menschheit – für jenes Leben übernommen:

»Denn es gibt ein Gericht nach dem Tode, wann wir zu neuem Leben gelangen; da wird der Name der Gerechten kund, der Frevler Taten werden offenbar.« »Mehr sind der Verlorenen als der Erlösten.« (4 Esra 14,35; 9,15)

Wer am kommenden Dasein teilhat – alle oder nur die Gerechten? –, bleibt umstritten. Auch die Vorstellungen darüber, wie das neue Leben aussehen wird, sind verschieden; immer stärker werden sie durch den nicht alttestamentlichen Gegensatz von Leib und Seele geprägt. Indem die Auferstehung nicht mehr symbolisch die Wiedererweckung des Volkes darstellt (Ez 37), sondern universal erwartet wird, wird sie zugleich individuell verstanden. Das eine entspricht dem anderen; denn das Gericht ergeht nach den Taten des einzelnen. Die Einheit des Volkes mußte wohl zerbrechen, bevor der einzelne ein Weiterleben nach dem Tode ersehnte. So ist die Auferstehungshoffnung zugleich durch die Frage nach Gottes Gerechtigkeit getragen: Hält Gott denen die Treue, die ihm im Leben bis zum Tode treu sind? Der Glaube will sich nicht damit zufriedengeben, daß irdische Zustände schicksalhaft-unveränderlich sind, wie es der Prediger (Koh 3,19ff; 9,2ff) beklagt.

5. Die apokalyptischen Hoffnungen entziehen sich also nicht durch Flucht in eine herrliche Zukunft einfach ihrer *Gegenwart,* um die Welt dem Bösen zu überlassen. Sie wollen vielmehr in einer Zeit der Bedrängnis Trost spenden, Mut zum Durchhalten machen (vgl. Dan 3; 6): Der Glaube kann die Drangsal mit Gelassenheit tragen; denn die Unterdrückung währt nicht lange! Ihr Ende ist schon abzusehen – darum die zeitlichen Berechnungen (bes. Dan 12,7.11f). Wenn sich auch alle Hoffnung auf ein abschließendes Handeln Gottes ausrichtet, so gehört doch nicht erst die Zukunft Gott. Die Legenden des Danielbuches zielen auf die Anerkennung Gottes durch den babylonischen Großkönig (2,46f; 3,28f; 4,29; 5,18ff; 6,26f). Seine Macht ist durch Gottes Allmacht begrenzt (4,14; 5,26ff). So steht die Gottesherrschaft nicht nur nach der Zeit des Zornes bevor, sondern erweist sich bereits in der Gegenwart:

»Sein Reich ist ein ewiges Reich,
und seine Herrschaft währt von Geschlecht zu Geschlecht.«
(Dan 3,33; 4,31ff; 6,27; vgl. § 11a)

Exkurs 8
Tod und Hoffnung gegen den Tod

1. Im Ablauf des menschlichen Lebens sind gewisse Zeiten und Ereignisse, nämlich die Übergänge von einem Status zu einem anderen – vor allem Anfang und Ende des Lebens, der Wechsel von der Kindheit in die Erwachsenenwelt, die Eheschließung, aber auch Saat, Ernte und Neujahr –, in besonderem Maße mythischer Deutung ausgesetzt und werden mit bestimmten Riten (nach *A.v.Gennep rites de passage* genannt) umgeben. Eine solche Übergangszone stellt auch der Tod dar. Infolgedessen wird dem Tod oder auch dem Totenreich, wie indirekt Grabbeigaben und direkt literarische Zeugnisse lehren, in den meisten Kulturen eine gewisse Macht über die Lebenden zugesprochen. Dagegen übt das Alte Testament schon gegenüber der Speisung (vgl. Dtn 26,14) und erst recht der Verehrung der Toten strenge Zurückhaltung. Nicht einmal der König, der nach seinem Tod gemäß ägyptischem Glauben mit der Gottheit (Osiris) identisch wurde, empfängt in Israel göttliche Ehren (vgl. die Königspsalmen 89,48f; 144,3; auch o.§ 12a).

Der Gedanke eines Lebens nach dem Tode war in alttestamentlicher Zeit also nicht unmöglich. Die ägyptische Religion war stark von der Erwartung eines Jenseitsgerichts beherrscht, und es gab ein ausgedehntes für den Toten bestimmtes Spruchgut (Pyramidentexte, Sargtexte, Totenbuch). Erhofften die Ägypter eine Teilhabe des Königs und später jedes Menschen am Schicksal des Osiris, so ist im mesopotamischen – wie im syrisch-palästinischen – Raum ein Auferstehungsglaube nicht nachweisbar, wenn auch Jenseitsvorstellungen keineswegs fehlen (Gilgamesch, Innana-Ischtar, Tammuz). Die Wiederkehr des toten Gottes (etwa Baals) zur Erde wurde nicht mit dem Los der Menschen gleichgesetzt (vgl. § 11c,2). Wenn beim Aufkommen der Auferstehungshoffnung im späten Alten Testament überhaupt fremde Einflüsse nachwirken sollten, sind sie eher im Zoroastrismus zu suchen.

Zwar mag es in Israel hier und da *Totenbefragung* gegeben haben, weil der Totengeist dem Volksglauben als persönliches Wesen mit außergewöhnlichen, den Menschen verborgenen Kenntnissen gelten konnte (1 Sam 28,7f.13; vgl. Jes 8,19; 19,3), doch waren Totenbeschwörung wie Zauberei verboten und mit Todesstrafe bedroht (Lev 19,31.28; 20,6.27; Dtn 18,10f; 2 Kön 21,6; 23,24 u.a.).

Demgemäß erfährt Saul, der in Todesangst seinem eigenen Verbot (1 Sam 28,3.9) zuwiderhandelt und die sog. Hexe von Endor nötigt, den Geist eines Toten (Samuel) herbeizurufen, nur, was er ohnehin ahnt (V 17–19; vgl. 15,28): »Jahwe hat dir das Königtum entrissen ... Morgen wirst du mit deinen Söhnen bei mir (d.h. bei den Toten) sein.«

So kann man mit *G.v.Rad* (TheolAT I^4, 289f; II^4, 371) urteilen: »Soweit wir geschichtlich zurückblicken können, hat sich der Jahweglaube mit einer besonderen Unduldsamkeit gegen alle Formen des Totenkultes gewendet.« Es wäre »ganz falsch, auf der einen Seite die Macht der Versuchung zu unterschätzen, die von dieser Sphäre ausging, auf der anderen Seite die Enthaltungskraft, die Israel aufbieten mußte, um jeder sakralen Gemeinschaft mit seinen Toten zu entsagen«. Dem Bereich des Todes hat »der Jahweglaube mit besonderem Eifer jede mythische Dignität abgesprochen«.

Zweifellos kommt diese kritische Haltung aus dem Glauben an den Gott, der sich in der Geschichte erweist und *Ausschließlichkeit* der Verehrung für sich beansprucht (vgl. Dtn 18,9ff). Wie die Hinwendung zu fremden Göttern ist Totenbefragung Übertretung des ersten Gebots. So schließt die Herrschaft Gottes über die Lebenden eine Herrschaft der Toten – sei es zum Schaden oder doch zum Nutzen der Lebenden – aus, und das Alte Testament erklärt den gesamten Bereich des Todes für unrein (Num 19,11ff; Lev 11,24ff).

2. Wohl dieser kritische Vorbehalt gegenüber der Sphäre der Toten erlaubte es dem Alten Testament zunächst nicht, das Todesproblem auf andere Weise in den Glauben zu integrieren; die Abgrenzung gegenüber dem Totenkult bedeutete Zurückhaltung in Vorstellungen über den Zustand

des Menschen nach dem Tod und ließ darum auch wenig Raum für eine Hoffnung gegen den Tod.

Möglicherweise waren gewisse Auferstehungsvorstellungen, wie man vielleicht Hos 6,1–3 (o.§ 11c,3) und in höherem Maße Ez 37 (o.§ 14b,10) entnehmen kann, Israel bekannt. Jedenfalls hat es die ihm aus der Umwelt vertrauten mythischen Vorstellungen vom Lebensbaum, Lebenskraut oder Lebenswasser nur in Andeutungen (Gen 3,22) oder als Metaphern (Spr 3,18; 11,30; 13,14; vgl. Jer 2,13 u.a.) übernommen, so die Sterblichkeit des Menschen letztlich nicht mythisch begründet.

Demgegenüber scheinen Israels Anschauungen vom Tod weithin altorientalisch vorgegeben und zunächst noch wenig vom eigenen Glauben durchdrungen zu sein. Darum können ganz verschiedenartige Vorstellungen über die Toten unausgeglichen nebeneinanderstehen. Die Wendung »sich zu den Vätern legen« bzw. »versammeln« (Gen 47,30; 49,29 u.a.) läßt daran denken, daß der Tote mit seinen Vorfahren – in demselben Familiengrab? – vereint wird. Daneben spricht man vom »Hinabfahren ins Totenreich bzw. die Unterwelt« (37,35 u.a.), in der die Verstorbenen als »Totengeister« ein bloßes Schattendasein führen (Ps 88,11; Jes 26,14.19; vgl. 8,19; 29,4). Das individuelle Grab und die mythisch-kosmische Unterwelt gehen ineinander über; auch »Erde«, »Grube« oder »Staub« sind gebräuchliche Umschreibungen für jenen lebensfeindlichen Raum der Tiefe.

Jedenfalls ist der Einschnitt zwischen der Welt der Toten und der der Lebenden beunruhigend tief. Der Tod raubt dem Menschen, was er sich mühselig erworben hat (Ps 49,18; Hi 1,21; 15,29; vgl. Mt 6,19f u.a.), und löst ihn aus aller *Gemeinschaft*. Da es in der Unterwelt »weder Wirken noch Planen, weder Erkenntnis noch Weisheit« (Koh 9,10) gibt, erfährt ein Vater, wenn er tot ist, nicht einmal, wie es seinen Kindern im weiteren Leben ergeht:

»Seine Söhne kommen zu Ehren,
aber er weiß es nicht;
sie werden gering,
doch er merkt es nicht.« (Hi 14,21)

Aber auch der Tote selbst entschwindet mehr oder weniger rasch dem Gedächtnis der Nachkommen. So heißt die Unterwelt »Land des Vergessens« (Ps 88,13; vgl. 31,13). Nicht nur die Gemeinschaft mit Familie und Volk, selbst die Gemeinschaft mit Gott bricht ab:

»Nicht lobt dich die Unterwelt,
der Tod preist dich nicht;
die zur Grube hinunterfahren,
harren nicht auf deine Treue.
Der Lebende, nur der Lebende, lobt dich.«
(Jes 38,18f; vgl. Ps 6,6; 30,10; 115,17 u.a.)

Gottes Gegenwart ist zunächst dort, wo erzählt wird, »was er Gutes getan hat« (Ps 103,2; vgl. 22,23ff u.a.). Teilnahme am Lob der Werke Gottes – eben dies ist den Toten unmöglich:

»Willst du an den Toten Wunder tun,
können Schatten aufstehen, dich zu preisen?
Wird im Grab von deiner Huld erzählt,
von deiner Treue im Abgrund?
Werden deine Wunder in der Finsternis kund,
dein Heil im Land des Vergessens?« (Ps 88,11–13)

3. So redet das Alte Testament auffällig nüchtern und illusionslos vom Tod – als dem »Gang aller Welt« (Jos 23,14; 1 Kön 2,2), dem Land ohne Wiederkehr (2 Sam 12,23; 14,14; Hi 7,9f; 16,22 u.a.). Erst mit dem Ende des Lebens findet auch die Mühseligkeit des Lebens ihr Ende:

»Unser Leben währet siebzig Jahre,
und wenn es viel (wörtlich: stark) wird, achtzig Jahre –
und der Hauptanteil davon (wörtlich: sein Stolz)
ist Mühsal und Beschwer.« (Ps 90,10; vgl. Gen 3,19)

Darum führt der Tod dem Menschen die ganze Hoffnungslosigkeit des Daseins vor Augen. Menschliches Leben gleicht in seiner Vergänglichkeit der Natur, nein, es ergeht ihm schlimmer als ihr; denn ein Baum hat mehr Grund zur Hoffnung als der Mensch:

»Der Mensch, vom Weibe geboren,
ist kurzlebig und voller Unruhe.
Wie eine Blume geht er auf und wird abgeschnitten,
flieht wie ein Schatten und hat keinen Bestand ...
Der Baum kann Hoffnung haben:
Auch wenn er umgehauen wird, schlägt er wieder aus ...
Selbst wenn seine Wurzel in der Erde alt wird
und sein Stumpf im Erdreich stirbt,
sobald er Wasser spürt, sproßt er wieder
und treibt Zweige wie ein (junges) Reis.
Der Mensch aber stirbt und schwindet dahin, ...
er legt sich nieder und steht nicht mehr auf.« (Hi 14,1f.7–12)

Nach Kohelet haben die Lebenden nur in einer Hinsicht einen Vorteil; er besteht für den Prediger eben im Vorauswissen des Todes, d.h. im Sein-zum-Tode:

»Alle trifft *ein* (und dasselbe) Geschick,
den Gerechten und den Ungerechten, ...
den Reinen und den Unreinen,
den, der opfert, und den, der nicht opfert.

Dem Guten ergeht es wie dem Sünder,
dem, der schwört, wie dem, der das Schwören meidet ...
Wer noch zur Schar der Lebenden ›gehört‹, hat Zuversicht;
denn ein lebender Hund ist besser als ein toter Löwe.
Die Lebenden wissen freilich (nur), daß sie sterben müssen;
die Toten jedoch – sie wissen gar nichts mehr.
Kein Lohn wird ihnen zuteil;
denn ihr Andenken ist vergessen.«
(Koh 9,2–5; vgl. 3,19ff; o.§ 15,6; auch Ps 49,13.21)

Für das Alte Testament ist der Mensch eine Einheit, nicht eine unsterbliche Seele in vergänglichem Leib:

»Staub bist du, und zu Staub sollst du zurückkehren.«
(Gen 3,19; vgl. 18,27; Ps 90,3; 103,14 u.a.)

Was den Menschen beim Tode verläßt, ist nicht eine unvergängliche Seele, sondern die von Gott geschenkte Lebenskraft (104,29; vgl. Gen 2,7 mit 6,3; Hi 33,4 mit 34,14f).

»Wer weiß,
ob der Geist des Menschen auffährt zur Höhe,
der Geist des Viehs aber hinabfährt zur Erde?«
(Koh 3,21; vgl. 3,19)

Bleibt diese skeptische Frage des Predigers noch im Rahmen jener alten Anschauung (Koh 12,7), oder lehnt die Frage bereits – ähnlich wie später die Sadduzäer (vgl. Lk 20,27) – die (hellenistische) Vorstellung ab, daß der »Geist« nach dem Tod des Menschen zum Himmel »auffährt«?

Jedenfalls ist dem Alten Testament die Auferstehungshoffnung, die im Neuen Testament als Voraussetzung des Glaubens und aller Rede von Gott erscheinen kann (vgl. 1 Kor 15,32), weithin fremd. Der Hebräerbrief (11,17–19) deutet den schweren Gang Abrahams zum Altar, um seinen einzigen Sohn zu opfern: »Im Glauben hat Abraham Isaak dargebracht, als er versucht wurde ... Er dachte nämlich, daß Gott mächtig sei, auch von den Toten aufzuerwecken.« Der Abraham des Alten Testaments beugt sich dem göttlichen Befehl aus »Gottesfurcht« (Gen 22,12), d.h. im glaubenden Gehorsam ohne Hoffnung auf Auferstehung.

4. Dennoch wird der Tod vom Glauben her bedacht; ein neutrales *Schicksal* kennt das Alte Testament nicht: »Du, Gott, lässest die Menschen zum Staube zurückkehren« (Ps 90,3ff). Selbst für den »Prediger« bleibt der Mensch »in Gottes Hand« (Koh 9,1 u.a.). Wie das Leben Gottes Schöpfung (Gen 1f; Ps 36,10 u.a.), so ist der Tod Gottes Fügung. »Israel kannte den Tod überhaupt nicht als eine selbständige mythische Mächtigkeit; die Macht des Todes war im Grunde Jahwes eigene Macht. Der Tod war kein letzter

Feind, sondern ein Handeln Jahwes am Menschen« (*G.v.Rad*, TheolAT I^4, 403). So braucht auch der Glaube, der nur von diesem Leben und noch nichts von einer Gottesgemeinschaft nach dem Tode weiß, angesichts des Todes nicht zu schweigen (Ps 90; Hi 1,21; 2,10 u.a.).

Jene Einsicht ist jedoch Ergebnis intensiver Auseinandersetzungen. Eine Reihe von Texten läßt noch ahnen, daß Dämonen als Urheber von Krankheit und Tod galten – sie sind nun Jahwe unterstellt und erfüllen seinen Willen (Num 21,6ff; Hos 13,14; Ps 78,49; 2 Sam 24,15f u.a.; vgl. § 6b,6). Auch der Tod kann gelegentlich als selbst handelndes, gleichsam persönliches Wesen auftreten (Jes 5,14; Jer 9,20 u.a.); einmal heißt er – in Aufnahme altorientalischer, später in der griechisch-römischen Antike weiterlebender Vorstellungen vom Herrscher der Unterwelt – sogar »König der Schrecken« (Hi 18,14; vgl. Ps 94,20). Die in diesem Titel versteckte Anschauung wird allerdings erst von der nachalttestamentlichen Apokalyptik ausgebaut.

Der Psalmist kann Gott um Einsicht in die Vergänglichkeit des Lebens bitten (Ps 39,5; 90,11f), und wer dem Tode nahe gekommen ist, ihm aber entrinnen konnte, dankt:

»Jahwe, du hast meine Seele aus dem Totenreich heraufgebracht,
mich zum Leben zurückgerufen
aus der Schar derer, die zur Grube fahren.«
(Ps 30,4; vgl. 16,10; 18,5ff; 33,19; 56,14; 103,4; 116,8; Jon 2,3 u.a.)

Sind solche Aussagen bildlich-uneigentlich, eventuell gar dichterisch übertrieben oder real gemeint? Die Frage wird von den Auslegern verschieden beantwortet. Zweifellos war der Psalmist nicht im strengen Sinne tot; dennoch meint der Beter, der so spricht, keineswegs nur, einer Todesgefahr entkommen zu sein, und will nicht nur von Vorstellungen, sondern von der Wirklichkeit des Todes reden. Das ist möglich, weil der Tod als Macht gilt, die sich schon in diesem Leben auswirkt – in Krankheit, Siechtum, Verfolgung, kurz: in Einsamkeit und Gottesferne. Die Gewalt des Todes zeigt sich bereits in der Nähe des Todes (Ps 88,4; 107,18 u.a.; *C.Barth*). Aussagen wie:

»Jahwe tötet und macht lebendig,
er stößt in die Grube und führt herauf.
Der Herr macht arm und macht reich,
er erniedrigt und erhöht . . .« (1 Sam 2,6f u.a.)

denken zunächst an die Befreiung von dieser ins Leben eingreifenden Todesmacht, aber sie bekennen – gleichsam in konkreter Anwendung des ersten Gebots auf die Spannweite oder gar Polarität des menschlichen Daseins – die alleinige Zuständigkeit des einen Gottes für Tod und Leben.

J.Hempel (Heilung als Symbol und Wirklichkeit im biblischen Schrifttum, [2]1965, 271) urteilt: »Die Konzentration auch der Todes- und Unheilsmacht, zugleich aber auch ihre Abwehr, auf Jahve und auf ihn *allein* in seiner Einzigkeit und seiner Heiligkeit ist einer der wesentlichsten Eigenvorgänge der israelitischen Religion.«

5. Insgesamt ist es für das Alte Testament charakteristisch, daß dieses gegenwärtige, irdische Leben trotz seiner Vergänglichkeit mit Freude und Dankbarkeit von Gott hingenommen und vor Gott geführt wird. Doch geht diese »Einheit von Diesseits und Jenseits« allmählich verloren bzw. wird überboten. Das Bekenntnis »Deine Gnade ist besser als Leben« (Ps 63,4) scheint die Wirklichkeit aufzuspalten – zwischen Glaube und Erfahrung.

Ursprünglich mochte man sich mit der Einsicht zufriedengeben, daß beim Tod des einzelnen das Volk als Gemeinschaft bestehen bleibt und der einzelne im Gedächtnis der Nachwelt (Spr 10,7; Ps 112,6; vgl. 34,17; Koh 9,5), in den eigenen Nachkommen (Rut 4,10; Sir 30,4ff) oder auf einem Denkmal (vgl. Jes 56,5) weiterlebt. Doch konnte man sich, zumal sich die Eingebundenheit des einzelnen in die Gemeinschaft dann zu lösen begann, nicht immer mit derartigen – letztlich vorläufigen – Antworten begnügen. Wie wird der Glaube angesichts des Todes zur Hoffnung *gegen* den Tod? Sie geht von verschiedenen Ansätzen aus.

6. Den König begrüßt man mit der Akklamation: »Er möge leben«, »ewig (lange Zeit) leben!« (1 Kön 1,24.31; vgl. Ps 21,5 u.a.) Dem Gehorsamen ist *langes Leben* verheißen (Ex 20,12; Dtn 4,40; Lev 18,5; Spr 3,1f; 10,27 u.a.). Frühzeitiger Tod gilt als Strafe (1 Sam 2,32; vgl. Gen 38,7; Jer 28,16f; Ps 55,24 u.a.), und von wenigen in besonderem Maße Gesegneten weiß man zu erzählen, daß sie alt und lebenssatt starben (Gen 25,8; 35,29; Hi 42,17 u.a.). Diese nur im Rückblick getroffene Feststellung spricht gewiß nicht die allgemeine oder auch nur die allgemein mögliche Lebenserwartung aus. Doch wird die in solchen Aussagen verborgene Hoffnung später auf jedermann bezogen und bildkräftig ausgemalt; so gilt vom neuen, künftigen Jerusalem:

»Greise und Greisinnen werden sitzen
auf den Plätzen Jerusalems,
ein jeder mit dem Stab in der Hand
wegen seines hohen Alters.« (Sach 8,4; vgl. 12,8)
»Nicht mehr hört man in ihr
den Laut des Weinens und den Laut des Klagens.
Es gibt dort kein Kind mehr von wenigen Tagen,
keinen Greis, der seine Lebenszeit nicht erfüllt;
denn als jung gilt, wer mit hundert Jahren stirbt.«
(Jes 65,19f; vgl. 66,7ff; 49,20f)

Ja, im künftigen messianischen Reich wird der Friede so weltweit sein, daß selbst die Tiere kein Blut mehr vergießen, Lamm und Wolf, Kalb und

Löwe, Kind und Schlange miteinander spielen können (Jes 11,6ff; 65,25; o.§ 11f,6). Gewiß ist der Tod damit nicht beseitigt, aber die Hoffnung auf ein Leben ohne Blutvergießen ausgesprochen – ähnlich wie in der Ziontradition und Prophetie gemeinsamen Hoffnung, daß Gott die Waffen vernichtet (Ps 46,10; Hos 2,20; Sach 9,10; vgl. Jes 2,4; 9,4 u.a.).

7. Ansatz und Grund für die aufkeimende Hoffnung gegen den Tod wird das – dem ersten Gebot entsprechende – Bekenntnis, daß auch *das Totenreich Gottes Macht nicht entzogen* ist: »Totenreich und Unterwelt liegen offen für Jahwe« (Spr 15,11), »nackt und ohne Hülle« (Hi 26,6):

»Wenn ich mich in der Unterwelt lagerte,
da bist du auch.«
(Ps 139,8; vgl. Am 9,2; Hos 13,14; Hi 11,7f; auch Jes 7,11)

Diesen Glauben spricht Hiob einmal in paradoxer Weise aus. In seiner aussichtslosen Lage vermag er nicht mehr (wie die Klagepsalmen) Bewahrung *vor* dem Tode zu ersehnen. Hiob weiß nur noch Gott zu bitten, er möge ihn *in* der Unterwelt verbergen; dort, in der äußersten Ferne, scheint der Mensch Ruhe zu finden, bis Gottes Zorn vergangen ist. Doch zu diesem Zeitpunkt soll der gnädige Gott in dem Lande, in dem man Gottes nicht »gedenkt«, Hiobs »gedenken«:

»Ach, daß du mich im Totenreich verstecktest,
mich verbärgest, bis sich dein Zorn gewendet hat,
mir ein Ziel setztest und – meiner gedächtest!« (Hi 14,13)

Diese für das Alte Testament zunächst ganz ungewöhnliche Aussage ist durch eine doppelte Paradoxie geprägt: Gott soll Hiob an den Ort bringen, der seinem Herrschaftsbereich entnommen ist, um da helfend einzugreifen, wo er eigentlich nicht mehr helfen kann. Hiob wünscht sich freiwillig den Tod, zumindest den Aufenthalt im Totenreich, aber auch die Rückkehr aus dem Tod. Gewiß ist damit die Grenze des Todes nicht endgültig überschritten – der so gerettete Mensch bleibt sterblich (vgl. 1 Kön 17,17ff; 2 Kön 4,18ff) –, aber sie hat etwas von ihrer Starrheit und Endgültigkeit verloren. Der Mensch wagt nun, in einem Bereich zu denken, zu glauben und schließlich auch zu hoffen, der den Lebenden unzugänglich ist (vgl. Hi 19,25f).

In der Konsequenz dieses Ansatzes liegt es, daß sich Gottes Machtbereich auch auf die Bewohner der Unterwelt erstreckt. Nach Hi 26,5 existieren sie nicht mehr teilnahmslos, sondern empfinden Furcht vor Gott. In einem jüngeren Zusatz zu Ps 22 (V 28–32) führt das Bekenntnis zur Ausschließlichkeit der Herrschaft Gottes sogar zur Korrektur der alten Vorstellung, daß die Toten Gott nicht loben, also Gottes Macht nicht anerkennen können:

»Nur vor ihm werden niederfallen
alle, die in der Erde schlafen;
vor ihm beugen sich alle,
die zum Staub hinabfuhren.« (Ps 22,30)

Demnach sollen mit »allen Geschlechtern der Völker« (V 28) auch die Toten in die Königsherrschaft Gottes einbezogen werden, so daß sie keine Grenzen kennt. Unter Rückgriff auf den gleichen traditionsgeschichtlichen Zusammenhang – Gottes Königtum über die ganze Welt – verheißt die sog. Jesaja-Apokalypse ein Freudenmahl, das Jahwe als König auf dem Zion allen Völkern bereitet und das Ende aller Trauer bringt (Jes 24,21–23; 25,6–8). Dazu gehört nach Meinung eines Ergänzers auch der Sieg über den Tod:

»Jahwe wird den Tod für immer vernichten.«
(Jes 25,8; vgl. 26,19: »Deine Toten werden leben.«)

Auf diese Weise wird die ältere Hoffnung, nach der Gott die Schädlinge des Menschen – seien es die wilden Tiere oder die Waffen – vertilgt, um ein Blutvergießen ein für allemal zu unterbinden, in radikal verschärfter Form aufgenommen: Der Tod wird nicht nur aufgeschoben, indem ein früher Tod des Menschen verhindert wird, sondern endgültig aufgehoben, so daß das schlimmste Leid auf Erden ein Ende nimmt. Hier wird der Tod nicht mehr als das von Gott gefügte Geschick verstanden, sondern – unter Zuspitzung der alten Vorstellungen, die von der Macht des Todes wissen – als Gegenüber Gottes. Die Aussage, daß der »König des Schreckens« (Hi 18,14) ein *Feind* ist, der Gott unterliegen wird (1 Kor 15,26), ist nicht mehr fern.

In genuin alttestamentlich geprägter Sprache kündet Dan 12,2 nach einmütiger Auffassung nun im strengen Sinne eine *Auferstehung* der Toten an, die freilich nicht allen Menschen zuteil wird, sondern auf Israel beschränkt bleibt. Aber auch das Gottesvolk wird, wie schon die Propheten androhten (vgl. aus der Spätzeit Sach 13,8), nicht in seiner Gesamtheit die Herrlichkeit erfahren; weiterhin wird das Heil nicht ohne Gericht erwartet. Die Geretteten sind im Buch des Lebens verzeichnet:

»Viele von denen, die im Land des Staubes schlafen, werden erwachen –
die einen zum ewigen Leben, die anderen zur ewigen Schmach.«
(Dan 12,2; vgl. 2 Makk 7,9; o.§ 18b,4)

Sogar die Erwartung, die die Todesgrenze überschreitet, kennt eine Scheidung – kann irgendwo deutlicher werden, daß das Alte Testament auch in der Hoffnung kritisch bleibt?

8. In dieser Zukunftsschau kommt mit der Frage nach Gottes *Gerechtigkeit* angesichts des Todes (vgl. Dan 11,33ff; 12,3) ein weiterer Ansatz zur

Hoffnung gegen den Tod zur Geltung. Von derselben Frage ist Ps 73 bewegt. Wie läßt sich die Gewißheit »Lauter Güte ist Gott gegen die, die reinen Herzens sind« (V 1) trotz der Zwiespältigkeit des Daseins aufrechterhalten? Dabei brechen dem Psalmenbeter Glaube und Erfahrung, Gottvertrauen und irdisches Glück auseinander. In einer Aussage wie: »Du bist mein Herr, mein Glück steht *nur* bei dir« (Ps 16,2) scheint sich eine Unterscheidung zwischen der Lebenserfüllung und dem Gottesverhältnis anzubahnen; denn die Gottesgemeinschaft (16,8) achtet der Beter höher als die Gaben des Daseins. »Dieses Auseinanderhalten von Gnade und Leben war etwas völlig Neues in Israel.« (*G.v.Rad,* TheolAT I[4], 416) Ps 73 geht noch darüber hinaus. Er stellt jeweils das wahre, geglaubte Geschick des Gottlosen wie des Gottvertrauenden dem erkennbaren, vor Augen liegenden Schicksal gegenüber, erwartet nicht »nur« die Unterwerfung der Toten oder des Todes unter Gottes Herrschaft, sondern bekennt – allerdings nur für den einzelnen (vgl. vom Gottesknecht Jes 53,8ff) – eine *Gottesgemeinschaft,* die sich im Tod durchhält:

»Doch bleibe ich *stets* bei dir,
du hast meine rechte Hand ergriffen.
Nach deinem Rat leitest du mich
und nimmst mich *hernach* (in) Herrlichkeit auf.
Wen habe ich im Himmel (außer dir)?
Bin ich bei dir, begehre ich nichts auf Erden.
Mögen mein *Fleisch* und mein *Herz vergehen* ... –
Gott ist auf ewig mein Teil.« (Ps 73,23–26)

Das »Hernach« entspricht, auch dem Wortlaut nach, dem zuvor geschilderten »Ende« der Frevler (V 17) und kann darum nicht – wie in den meisten Klage- und Dankpsalmen – eine Rettung vor dem Tod, sondern nur, behutsam angedeutet, eine Bewahrung *im* Tod meinen. Dieser Glaube an ein Bei-Gott-Bleiben, das mit dem Tod nicht abbricht, scheint die alte mythische Vorstellung einer Entrückung (Gen 5,24; 2 Kön 2) aufzunehmen, ohne sie irgendwie auszumalen (vgl. Ps 49,16: »er wird mich entrükken«). In ähnlicher Weise ist die nur anklingende Überlieferung vom himmlischen Hofstaat (»Wen habe ich im Himmel?«) ganz ihrer mythischen Gestalt entkleidet, um die Ausschließlichkeit, Einzigartigkeit des Gottesverhältnisses anzuzeigen. Auch der theologisch gefüllte Begriff eines »Rates« oder »Planes« Gottes, der Gottes Geschichtswirksamkeit umschreibt (Jes 14,24–27; Ps 33,10f), ist auf den einzelnen übertragen. Dabei hat die Geschichte ihren eindeutig-einsichtigen Charakter verloren: Der Psalmist weiß um Gottes Führung, obwohl sein Schicksal dem widerspricht. Selbst wenn »Fleisch« und »Herz«, d.h. das individuelle Dasein und Wollen, vergehen – die Gemeinschaft mit Gott ist unverlierbar (vgl. Hi 19,25f: »auch ohne Fleisch werde ich Gott schauen«). Diese Erwartung nimmt eine Vertrauensaussage wie »Deine Gnade und Wahrheit werden mich *immer* behüten« (Ps 40,12; vgl. 23,6; 27,4 u.a.) angesichts des Todes ernst. Gottes Nähe bedeutet nicht Vermeidung, Beseitigung der Not, aber ein Bleiben im Ende. Bricht damit nicht die Wirklichkeit auseinander? Das Vor-Augen-Liegende ist nicht (mehr) das Ganze, nicht das Entscheidende. Trotzdem weicht dieses Bekenntnis nicht in den Entwurf farbiger Bilder vom Jenseits, vom Leben nach dem Tode, aus, sondern begnügt sich mit der Hoffnung auf ein Sein bei Gott.

Üblicherweise wird die Wurzel der im späteren Alten Testament aufkeimenden Jenseitshoffnung im Glauben an eine individuelle Vergeltung oder an Gottes Gerechtigkeit bzw. Treue gefunden, die auch im Tod zu dem hält, der Gott im Leben vertraute. Zweifellos ist dieses Motiv dort entscheidend, wo die Auferstehung von einzelnen oder Gruppen (Dan 12,3; 11,33; vgl. Ps 73) erwartet wird. Doch darf als Movens einer Hoffnung gegen den Tod nicht das im ersten Gebot Gestalt gewordene Bekenntnis zur Ausschließlichkeit der Macht Gottes vergessen werden, die keine Macht neben sich duldet und darum einerseits den Tod als Gottes eigenes Werk integriert, andererseits die Toten in die Herrschaft Gottes einbezieht und damit auch den Tod überwindet (Jes 25,8). Dabei brauchen fremde (iranische) Einflüsse, die allerdings höchst unsicher bleiben, nicht einmal geleugnet zu werden, zumal das Alte Testament ja auch altorientalische Vorstellungen vom Tod aufnahm. Jedenfalls setzt es seinen Glauben auch gegen den Tod ein und durchbricht in der Zukunftserwartung selbst die Schranke, die man ihm oft zum Vorwurf gemacht hat: die Diesseitigkeit seiner Glaubensaussagen.

Exkurs 9
Zum Thema »Gesetz« im Alten Testament

Die Frage nach der Bedeutung des »Gesetzes« im alttestamentlichen Glauben erwächst kaum aus dem Alten Testament selbst, sondern wird ihm von außen gestellt (vgl. Gal 3 gegenüber Röm 7,12; Joh 1,17).

1. Ist die Bezeichnung »Gesetz« überhaupt geeignet, die mannigfachen Phänomene im Alten Testament angemessen zu erfassen? Zumindest ist sie nur unter Einschränkungen anwendbar.

Die alttestamentlichen Gebote sind durchweg weder eine allgemeingültige, für die Menschheit kraft göttlicher Autorität verbindliche Forderung (vgl. aber das Verbot des Totschlags Gen 9,6; auch Gen 2,16f; 4,6ff) noch vom Staat erlassene Gesetze (vgl. jedoch 2 Kön 22f; auch Esr 7). Außerdem betreffen die Gebote keineswegs nur »Äußerliches«, sondern schließen das »Innere« ein (»im Herzen« Lev 19,17f u.a.).

Alttestamentliche Rechtssätze finden sich einerseits in verschiedenen Sammlungen, wie Dekalog (Ex 20; Dtn 5; o.§ 6a1,3; Exk. 3), Bundesbuch (Ex 21,1–23,19 mit Rahmen 20,22–26; 23,20–33), Deuteronomium (mit Gesetzeskern Dtn 12–

26) oder sog. Heiligkeitsgesetz (Lev 17–26; o.§ 11b,4). Rechtssätze schließen andererseits einen großen Formenreichtum ein, wie Todesrechtssätze (Ex 21,12.15–17; vgl. Lev 20,9ff), Fluchworte (Dtn 27,16–25 mit Rahmen 27,15.26), Prohibitive »Du wirst/sollst nicht« (Ex 20; Lev 18,7ff u.a.; vgl. die Tempeleinlaßliturgien Ps 15; 24) oder sog. kasuistisches bzw. konditional formuliertes Recht (Ex 21,2ff.18ff), das den Ältesten bei der Gerichtsbarkeit im Tor gedient haben mag. Selbst die Opfergesetze (o.§ 9c) haben verschiedene Gestalt.

Nach Herkunft, Form und Inhalt beziehen sich die Gesetze auf unterschiedliche Bereiche des Lebens, des Rechts wie des Kults, und haben unterschiedliche Aufgaben; auch die Bezeichnungen (*tora, mischpaṭ, choq, miṣwa, dabar* u.a.) wechseln. In dieser Vielfalt verbirgt sich zugleich eine lange, wechselvolle Geschichte.

2. In älterer Zeit umschreiben die Gebote mehr das Gottesverhältnis, als daß sie es beschreiben. Vielfach negativ formuliert (Lev 18; Dtn 27,16ff; Ex 21,12ff; vgl. 20,13ff), stecken sie gleichsam die Grenzen dieses Raumes ab. Rechtssätze suchen das Wohl der Gemeinschaft zu bewahren und den einzelnen Übertreter, der aus ihr herausfällt, zu erfassen, um »das Böse aus Israel zu entfernen« (Dtn 24,7; vgl. Lev 17,4 u.a.).

Wie der Dekalog sich weithin damit begnügt, »gewissermaßen an den Rändern eines weiten Lebenskreises Zeichen aufzustellen«, so enthalten auch andere Gebotsreihen »keine Maximalforderungen Jahwes . . .; es werden ja nur im Negativen, d.h. nach der Seite des Jahwe absolut Mißfälligen hin, die Merkmale dessen bezeichnet, der Jahwe angehört. Innerhalb des von den Geboten derart umsteckten Lebensraumes liegt ein weites Gebiet sittlichen Handelns, das durchaus unnormiert bleibt.« Die Gebote verlangen »in bestimmten Randsituationen ein Bekenntnis zu Jahwe« (*G.v.Rad,* TheolAT I[4], 208).

3. Der in der Spätzeit wichtigste Begriff *Tora* meint zunächst die – mündliche – konkrete einzelne »Weisung«, die hilft, sich im Leben zurechtzufinden, sei es durch den Rat von Vater und Mutter oder des Weisheitslehrers (Spr 4,1ff; 6,20ff; u.a.; o.§ 15,2), sei es durch die Belehrung des Priesters (Hag 2,10ff; Mi 3,11; Jer 18,18; Ez 7,26; Dtn 17,11; 33,10 u.a.; o.§ 9c,3).

Tora »ist nicht ein festes Gesetz, sondern lebendige Weisung von Fall zu Fall«. Auch als »Tradition im Besitz der Priester« ist sie »noch immer im Wachsen und Werden und kein abgeschlossenes, öffentliches und jedem bekanntes Gesetz« (*J.Wellhausen,* Grundrisse zum Alten Testament, 1965, 75f).

Vom Deuteronomium ab, das vorgegebene Gesetze zusammenfaßt, interpretiert und aktualisiert, nimmt der Begriff Tora allgemeinumfassende Bedeutung an, so daß er alle Gebote, Satzungen und auch weitere Überlieferungen einschließt (Dtn 1,5; 4,44f; 17,18f; 31,9–12; vgl. 2 Kön 22,8.11;

auch Hos 4,6; 8,1 u.a.). Er umschreibt »das Ganze der heilsamen Willenszuwendungen Jahwes an Israel« (*G.v.Rad,* TheolAT I^4, 235). So bezeugen die »Tafeln des Bundes« (Dtn 9,9ff; 4,13 u.a.) Gottes Zuwendung und Gebot. Die Tora, Zeichen und Unterpfand der Fortwirkung des Bundes, ist Gottes gute Gabe, dem Volk weder schwer noch fern, vielmehr erfüllbar (30,11–14; vgl. 6,6): »Ganz nahe ist dir das Wort in deinem Mund und in deinem Herzen, es zu tun.« Sie bedeutet Leben:

»Siehe, ich lege dir heute vor das Leben und das Gute (Glück), den Tod und das Böse (Unglück) . . . Wähle das Leben, auf daß du lebst, du und deine Nachkommen, indem du Jahwe, deinen Gott, liebst, auf seine Stimme hörst und dich fest an ihn hältst.« (30,15–20; vgl. Ez 18,9.17.23)

Wohlergehen und langes Leben in dem von Gott geschenkten Lebensraum, dem Land, ist dem einzelnen bei Erfüllung der Gebote, wie der Elternehrung, verheißen (Dtn 5,16.33 u.a.). Ist insoweit ein langes, gelungenes Leben vom Gehorsam abhängig?

Dabei bleibt das Deuteronomium als Moserede aus dem Rückblick in die Geschichte eingefügt. Es schärft mit einer Vielfalt von Formulierungen den Gehorsam (»heute«) ein; jedoch braucht dieser die Gemeinschaft Gott – Volk nicht erst zu schaffen bzw. zu begründen (vgl. Dtn 7,6ff; 9,6; o.Exk. 6).

»Es gibt kein Gesetz, das die Herstellung dieser sakralen Ordnung (den Bund) selber regelt . . . Auf keinen Fall waren diese Gebote dem Bund in einem konditionalen Sinne vorgeordnet.« (*G.v.Rad,* TheolAT I^4, 207) »Dem Empfang der Gebote ist die Erwählung durch Jahwe vorausgegangen . . . Das Heilsereignis der Übereignung Israels an Jahwe ist unabtrennbar von der Bindung an gewisse Normen.« (TheolAT II^4, 417)

»Das Gebot, die große Sammlung von Geboten, ist eben sogleich nach der grundlegenden Heilstat feierlich verkündet worden, Indikativ und Imperativ stehen in einem klaren Nacheinander, aber doch auch in einem unlöslichen Miteinander am Anfang der Geschichte Israels und sind so dieser ganzen Geschichte verpflichtend gegenwärtig.« (*R.Smend,* Gesetz 27)

4. Nach der Zerstörung des Tempels tritt mit dem Exil ein Wandel ein: Das Einhalten der Gebote, zumal von Sabbat (o.Exk. 2) und Beschneidung (o. IV,2), wird zum Unterscheidungsmerkmal von anderen Religionen, zum zeichenhaften Ausdruck und zur Lebensform des eigenen Glaubens.

Anders als in der älteren Zeit bildete – nach *M.Noth* (GSt 114f) – nicht die nachexilische Gemeinde in Heimat und Diaspora »die Voraussetzung für Bestehen und Geltung des Gesetzes, sondern das Gesetz als das voraussetzungslos Primäre schuf diese Gemeinschaft, die nichts anderes war als die Vereinigung derjenigen Menschen, die sich dem Gesetz in allen seinen Punkten unterwarfen«. – Demgegenüber betont *H.J.Kraus,* daß das Gesetz keine »absolute Größe«, sondern Gottes »Weisung« ist und Freude bringt.

Die – weisheitlich bestimmten – sog. Gesetzespsalmen (Ps 1; 19,8ff; 119) beschreiben Schönheit und Verläßlichkeit des Gotteswortes: »Deine Tora ist meine Lust.« (Ps 119,77 u.a.; vgl. 40,9) Ps 1 ruft das »Wohl« bzw. »Heil« über denjenigen aus, der unablässig über Jahwes Tora nachsinnt. Ist mit ihr über das Deuteronomium hinaus (vgl. Jos 1,8) schon der Pentateuch, die Schrift gemeint? Dabei gilt die Tora keineswegs als Last, sondern als Lebenskraft des Menschen: »Er ist wie ein Baum, gepflanzt an Wasserbächen.«

Nach Ez 20,25 gab Gott (mit dem Gebot der Darbringung menschlicher Erstgeburt, die ausgelöst wurde) Israel »Satzungen, die nicht gut waren, Ordnungen, die es nicht am Leben erhalten sollten«. – Eine Kritik an Opfern enthält insbesondere Jes 43,22ff (o.§ 9c,5–6).

Insgesamt bleibt ein Grundzug deutlich: Gottes Verheißung (Ex 3; 6), Rettung und Fürsorge (Ex 14–17) gehen allen Gesetzen (Ex 21ff) voraus. Der ihnen zusammenfassend vorangestellte Dekalog (Ex 20) spiegelt dieselbe Struktur wider, wenn er vor allen Forderungen im Vorspruch an die Tat Gottes erinnert und die von ihm gewährte Gemeinschaft bezeugt. Erst aus der Zusage »dein Gott« ergeben sich die Gebote.

Ähnlich geht dem Bedingungssatz: »Wenn ihr nun meine Stimme hört und meinen Bund haltet, sollt ihr mein Eigentum sein« die Erinnerung voraus: »Ihr selbst habt gesehen . . ., wie ich euch auf Adlersflügeln trug und euch zu mir brachte.« (Ex 19,4f; vgl. Dtn 14,1f; 27,9f u.a.)

Insofern braucht die Rechtsordnung, damit menschliches Tun, diese Gemeinschaft nicht erst hervorzubringen und zu begründen.

§ 19 Das alttestamentliche Erbe

1. »Jenes irrationale Element, das die Jahwereligion den Weg von der Religion einer nomadischen Sippe zur Weltreligion hat gehen lassen« (*G.Fohrer*), wird nicht zuletzt von der im ersten Gebot ausgesprochenen *Ausschließlichkeit* her verständlich. Sie unterscheidet einerseits alttestamentlichen Glauben von den Nachbarreligionen, bildet andererseits das Kriterium, mit dem Israel aus den mannigfachen Vorstellungen seiner Umwelt auswählte und umprägte, was es sich aneignete. Darum wirkt das erste Gebot der Sache nach auch dort, wo es nicht eigens ausgesprochen wird. Es beherrscht weite, wenn nicht gar alle Teile des Alten Testaments und stellt so etwas wie den gemeinsamen Einheitspunkt, die integrierende

Mitte, dar. Das Alte Testament versucht, so von Gott – aber auch so vom Menschen (Ps 16,2; 51,6; 73,25 u.a.) – zu reden, daß das erste Gebot durchgehalten wird, sei es in der Auseinandersetzung mit fremden Religionen, im Verständnis der Natur und ihren Gaben, in der Orientierung innerhalb der vergangenen Geschichte wie der politischen Gegenwart und erst recht in der Erwartung der Zukunft.

Die Herausforderung durch die je neue Situation sucht der Glaube aufzunehmen, indem er sie an der Ausschließlichkeit mißt und von ihr her deutet. So ist das erste Gebot eine Art Leitfaden oder Richtungsanzeiger im Verständnis der Wirklichkeit, Kriterium bei der Verarbeitung der wechselnden menschlichen Erfahrungen. In der Variabilität und Kontingenz der Geschichte gilt es, die Exklusivität des Glaubens zu wahren.

Demnach wird man die Tragweite des ersten Gebots kaum überschätzen können, auch wenn seine Folgen keineswegs von vornherein offenkundig und ein für allemal gegeben sind, sondern sich erst allmählich schärfer herausstellen. Auch der Glaube hat seine Geschichte (§ 1).

2. Im Laufe dieser Geschichte hat Israel immer schärfer den Unterschied zwischen seinem *Gott und* den *Göttern* der Umwelt erkannt. Die Forderung der Ausschließlichkeit schloß zunächst nur für Jahwegläubige die Verehrung fremder Götter aus; mit der Zeit wurde jedoch der Fremdgötterkult überhaupt verspottet und verfemt, auch wenn er von anderen Völkern geübt wurde. Die Ausweitung des ersten (und zweiten) Gebots ließ andere Götter zu »Nichtsen« werden. Schon der Prophet Hosea geht gegen Götterbilder vor, weil sie von Menschen »gemacht« sind (8,4.6; 13,2). Die Spätzeit charakterisiert die fremden »Götter von Silber und Gold« als »Menschenwerk« (Dtn 4,28; 2 Kön 19,18; Jer 1,16; 25,6f u.a.) und beschreibt ironisch die Herstellung ihrer Bilder (in Zusätzen zu Prophetenbüchern: Jes 2,8.18.20; 10,10f; 17,8; 31,7; 40,19f; 41,6f; 44,9ff; Jer 10; Hab 2,18f u.a.). »Wie kann sich ein Mensch Götter machen? Sie sind ja nicht Gott!« (Jer 16,20) In solchen Schilderungen haben sich Gottesglaube und rationales Denken zu gemeinsamer Frontstellung verbunden. Die alte Zeit wäre von dieser Kritik nicht getroffen worden; denn für sie war das Bild nicht mit der Gottheit identisch (o.§ 6c,4). Später sind Gott und Welt so unterschieden, daß alles Weltliche nicht mehr göttlich sein kann. So kündigt sich in der Götzenpolemik bereits die Überlegenheit des israelitisch-jüdischen Glaubens an einen einzigen Gott, der nicht im Bild verehrt werden kann, über jeden Polytheismus an (vgl. Dan 3; auch Röm 1,23).

Dennoch hat das Alte Testament die Existenz der Götter wohl nie strikt geleugnet. Ihm galten die Götter nicht als »nichts«, sondern als »nichtsnutzig«; es bestreitet weniger ihr Vorhandensein als ihre *Macht* und Wirkung. Die entscheidende Frage lautet: Was können die fremden Götter tun?, nicht: Gibt es Götter?

»Wer formt auch einen Gott
oder gießt ein Bild, daß es nichts nütze?« (Jes 44,10)

Der Klagende wirft sich vor dem selbstgemachten Götzen nieder und fleht ihn an: »Rette mich; denn du bist mein Gott!« (Jes 44,17) Wie laut er aber auch schreit, »er antwortet nicht, er hilft ihm nicht aus der Not« (46,7). Der Maßstab, mit dem das Alte Testament die Gottheit der Götter prüft, ist also, ob sie zu helfen vermögen, so daß menschliches Vertrauen gerechtfertigt ist (vgl. Hab 2,18; Jer 2,28; 11,12). Die Götter sind aber nicht einmal zu dem imstande, was Menschen vermögen. Von den Bildern gilt:

»Sie haben einen Mund, reden aber nicht,
sie haben Augen, sehen aber nicht,
sie haben Ohren, hören aber nicht,
sie haben eine Nase, riechen aber nicht,
sie haben Hände, greifen aber nicht,
sie haben Füße, gehen aber nicht,
sie geben keinen Laut mit ihrer Kehle.«
(Ps 115,5–7; vgl. 135,15ff; Dtn 4,28; Dan 5,23)

Gewiß spricht aus dieser Aussage wieder das aufgeklärte Denken der Spätzeit, das den Glauben der »Heiden« darum nicht trifft, weil sie ihren Gottheiten ja gerade das zutrauen, was hier nur negiert wird. Das Kriterium, das an die Götzen angelegt wird, ist aber jeweils das gleiche: Sie werden an ihrem Tun gemessen (Jes 41,24: »euer Tun ist nichts«). Mögen sie auch Organe haben, sie können sie nicht gebrauchen. Sonst bestimmt hebräisches Denken die Dinge von daher, was sie vollbringen; es faßt Organ und Funktion, Sein und Tun als Einheit auf. Gleichsam gegen seine eigene Intention reißt es hier den Zusammenhang von Organ und Tätigkeit auseinander. Die Wirksamkeit bleibt jedoch der Maßstab. Die Gottesbilder haben keinen »Geist« (Jer 10,14; 51,17; Hab 2,19; Ps 135,17), d.h. weder Atem noch Leben, und damit keine Fähigkeit, etwas zu vollbringen. Weil ihnen die Kraft zur Tat fehlt, sind sie »Nicht-Gott«, »Hauch«, »Trug« oder gar »Nichtse« im Vergleich mit dem Schöpfer (Dtn 32,21; Jes 41,29; Ps 96,5; 97,7 u.a.).

3. Mit der gleichen Fragestellung tritt das Alte Testament auch dem eigenen Gott gegenüber. Die Taten Jahwes und der fremden Götter können verglichen werden (Ex 15,11ff; Dtn 4,32ff; 32,37ff u.a.). Hosea (13,4) gibt im Gotteswort die Ausschließlichkeitsforderung als Zuspruch von Gottes hilfreicher Gegenwart weiter:

»Einen Gott außer mir kennst du nicht,
und einen Helfer außer mir gibt es nicht.«

Auch in der Dekalogeinleitung »Ich bin Jahwe, *dein* Gott« ruht der Ton zunächst auf Gottes huldvoller Zusage. Aus ihr folgen erst die Gebote; sie erwachsen aus der Autorität, die der Zuspruch beansprucht. So darf die Forderung, die das erste Gebot auf das Handeln des Menschen erhebt, nicht in dem Sinne mißverstanden werden, daß das Alte Testament im Grunde Gesetz sei (o.Exk. 9).

Hosea kann in der Parallelaussage für »Gott« schlicht »*Helfer*« einsetzen; denn für das Alte Testament bedeutet eben Gott zu sein: eingreifen zu können. So nimmt Deuterojesaja die Verkündigung auf: »Außer mir ist kein Helfer!« (Jes 43,11; vgl. 45,21; 46,4; 64,3; auch Ex 15,26: »Ich bin Jahwe, dein Arzt«). Gottes Gottheit zeigt sich in der Macht, die er auf Erden ausübt. Das setzt der Prophet aber nicht schlicht voraus, sondern sucht es den Hörern in seinen Disputationsworten (40,12ff) mit einsichtigen Argumenten verständlich zu machen:

»Alle Völker sind wie nichts vor ihm,
für nichts und nichtig gelten sie ihm.« (Jes 40,17)

Wie wenig mit diesem Bekenntnis den Völkern das Sein abgesprochen wird, zeigt der Parallelsatz im Bild, der die Negation durch starke Kontraste vorstellbar machen will:

»Fürwahr, Völker sind wie ein Tropfen am Eimer,
und wie ein Staubkorn an der Waage gelten sie ihm.« (V 15)

Wie der Tropfen das Wasser im Schöpfeimer nicht vermehrt und das Staubkorn den Ausschlag der Waage nicht ändert, so »zählen« die Völker nichts vor Gott; denn sie vermögen nichts. »Nichts« leugnet das »es kann«, nicht das »es gibt«. »Was ist wirklich?« wird beantwortet durch: »Was ist wirksam?« Ähnlich gilt Deuterojesaja in seinen Gerichtsreden die Geschichte als Wahrheitskriterium: Wer hat das rechte Wort gesagt und mit ihm das Geschehen kundgetan? (41,2ff; 43,9; 48,14) Wie Gottes Geist die »Richter« zu Kriegführern macht, so ist der Perser Kyros zur Weltherrschaft fähig, weil Jahwe ihn erweckt hat.

Zwar verkünden Deuterojesajas Vorgänger Gott nicht als heilvolle, sondern als unheilvolle, aber eben damit auch als wirksame Macht. Ihre Botschaft ist ja: Jetzt ist die Zeit für Gottes Eingreifen gekommen (Am 3,2.6; 5,18ff u.ö.). Jesaja ruft das »Wehe« über seine Zeitgenossen aus, weil sie »das Werk Jahwes nicht beachten und das Tun seiner Hände nicht sehen« (5,12; vgl. 5,19).

Der Psalter hat eine ähnliche Intention. Der Hymnus preist:
»Lobe Jahwe, meine Seele,
und vergiß nicht alle seine Wohltaten.« (Ps 103,2)

Die Klagelieder wenden sich bittend an Gott: Was tust du? (Ps 13; 22), die Danklieder erzählen, was Gott getan hat, und die Vertrauenslieder, was er tut, damit man sich auf ihn verläßt (Ps 23). Wenn die Feinde dem Beter entgegenhalten: »Wo ist dein Gott?« (42,4), so fragen sie nicht nach Gottes Aufenthalt, sondern dem Erscheinen seiner helfenden Macht.

Der Verständige »fragt nach Gott«; nur »der Tor spricht in seinem Herzen: Es ist kein Gott« (Ps 14,1f; vgl. Spr 19,3). Wo im Alten Testament einmal solche Zweifel an Gott aufkommen, entstammen sie eher einem praktischen als einem theoretischen Atheismus, beziehen sich nicht so sehr auf die Existenz als auf die Wirksamkeit Gottes im menschlichen Leben: »Er ahndet nicht« (Ps 10,4.11); »Jahwe tut weder Gutes noch Böses« (Zeph 1,12; vgl. Mal 2,17; 3,14f; Jer 5,12; Ps 73).

Schließlich setzt Ps 115,3 (vgl. 135,6; Jona 1,14) den Völkern und ihren Göttern das Bekenntnis entgegen: »Er tut, was ihm gefällt.« Um Gottes Freiheit zu bezeugen, wird auf seine Tat verwiesen. (Darin liegt das Recht von Luthers Übersetzung: »Er *kann* machen, was er will«; vgl. Dan 4,29; Röm 4,21.)

Gottes Wirklichkeit wird als Wirksamkeit erfragt und bekannt. Gottes Sein ist Tun, sein Tun Sein. So kann Ps 103 abwechselnd von Gottes Prädikaten und seinen Werken reden:

»Gerechtigkeit übt Jahwe
und Rechtshilfen an allen Bedrückten.« (V 6)
»Barmherzig und gnädig ist Jahwe,
langmütig und reich an Huld.«
(V 8; vgl. Ex 34,6f; Ps 145,8; Jon 4,2 u.a.; o.§ 2,1)

In diesem mehrfach bezeugten Bekenntnissatz spricht das Alte Testament nicht von Gott, indem es seine Taten erzählt, sondern beschreibt – unter weisheitlichem Einfluß – grundsätzlich, allgemein- und immergültig Gottes Wesen. Selbst dann werden Gottes Eigenschaften aber als seine Taten verstanden, so daß der Psalm (103,10) fortfahren kann:

»Nicht nach unseren Sünden handelt er an uns,
und nicht nach unseren Verfehlungen vergilt er uns.«

Weil das Alte Testament Gott als wirksame Macht bekennt, versteht es Gott aus seinem Verhältnis zum Menschen und zur Welt. Nur bei Gottesaussagen, die direkt oder indirekt den Menschen und die Welt einbeziehen, wird ja dieses »Wesen« Gottes erkennbar und sagbar. Der erste Satz der Schöpfungsgeschichte »Am Anfang schuf Gott Himmel und Erde« (Gen 1,1) weiß nichts – wie die theogonischen Mythen aus Israels Umwelt – von einem Anfang Gottes, setzt aber gleich mit dem Ereignis ein: »Gott schuf die Welt.« Ein »Vorher« wird nicht berührt. Gewiß kann in der Doxologie Gottes Ewigkeit vor der Welt verkündigt werden:

»Bevor Berge geboren wurden,
Erde und Festland in Wehen lagen,
bist du, Gott, von Ewigkeit zu Ewigkeit.« (Ps 90,2)

Auch dieser Satz will aber nicht eigentlich Gottes Präexistenz festhalten, wie er »an und für sich« ist, sondern redet Gott als den – im Wechsel der Generationen – bleibenden Grund des Vertrauens an, auf den jedermann zu jeder Zeit bauen kann (vgl. Ps 102,26ff). Ähnlich prägt Deuterojesaja (40,12ff) so eindringlich Gottes Unvergleichlichkeit ein, damit die Verzweifelten neu hoffen lernen.

4. Aus dieser Aussageabsicht werden zugleich die alttestamentlichen Anthropomorphismen verständlich. Sie gestatten, von Gott in Beziehung zum Menschen zu reden und damit Gottes Wirklichkeit im Zusammenhang mit der Zeit zu denken, während von den untauglichen Götzen gilt: Sie »reden nicht, sehen nicht, hören nicht«; d.h., sie können nicht auf die Geschehnisse eingehen. So wollen die Anthropomorphismen nicht nur bekräftigen, daß Gott persönlich begegnet; sie lassen darüber hinaus Gottes Existenz als eine *»geschichtliche«*, nämlich auf die Geschichte bezogene, verstehen. Das tritt deutlich an Texten hervor, die berichten: Was Gott tut und damit wie Gott ist, steht nicht seit Urzeiten fest, sondern ändert sich in der Zeit. Er handelt mit Abraham um sein Verhalten zu Sodom (Gen 18,17ff). Auf Grund von Moses Einspruch und Fürbitte läßt er sich umstimmen: »Jahwe ließ sich das Unheil gereuen, das er seinem Volk gedroht hatte anzutun« (Ex 32,14; vgl. Joel 2,13; auch Jona 4,2 für die Völker). Nach Hosea (11,8) ringt Gott mit sich selbst: »Mein Herz kehrt sich wider mich.«

Die Erwählung des ersten Königs Saul oder der Stadt Jerusalem wird später zurückgenommen (1 Sam 15; 2 Kön 23,27). Fremdvölker, die Jahwe nach prophetischer Verkündigung zunächst in Dienst nimmt, verwirft er später (Jes 10,5ff; Jer 51,20ff).

Darüber hinaus bekundet das Alte Testament durch den Wechsel der Gottesnamen im Pentateuch auch im großen noch ein Bewußtsein von Wandlungen Gottes von der Erzväterzeit bis zur Landnahme, obwohl es die Identität des Gottes der Väter mit dem Sinaigott bekennt (Ex 6,2f P u.a.). Einen ähnlich tiefen Umbruch bringt die Prophetie, die das Verhältnis von Gott und Volk aufkündigen und neu von der Zukunft erwarten kann (vgl. Exk. 5,6 zu Jer 31,31ff). Die Ansage kommenden Gerichts kann sogar zu einem Widerspruch gegen Mose führen (vgl. Hos 1,9 mit Ex 3,10–14). Selbst Moses Fürbitte würde Gott nicht umstimmen (Jer 15,1): »Wenn auch Mose und Samuel vor mich träten . . .«

Die historische Einsicht, daß Israels Gottesverständnis von der Wüstenzeit über das Leben im Kulturland, in der Königs- und der Exilszeit bis zur jüdischen Gemeinde eine Geschichte hat, verschärft also in gewissem Sinne nur, was das Alte Testament selbst sagt. Es bekennt die Identität Gottes trotz verschiedener, ja höchst verschiedenartiger Aussagen von Gott.

Man hat nicht immer das gleiche von Gott gedacht. Das ist auch nicht anders möglich, wenn das Alte Testament Gottes Wirklichkeit im Verhältnis zum Menschen zur Geltung bringen will. Falls man sich also nicht mit der bloßen Feststellung des Wandels der Gottesaussagen begnügt, muß man folgern: Gott hat darum im Alten Testament eine Geschichte, weil er »geschichtlich« verstanden wird. Aus dem Bekenntnis zu Gottes Wirklichkeit als Wirksamkeit folgt die Einsicht in Gottes »Geschichtlichkeit« als Geschichtsbezogenheit. Deshalb trifft für das Alte Testament nicht zu, daß statt Gott und Geschichte vielmehr Gott und Ewigkeit zusammengehören. Nicht der Unterschied (Ps 102,26f u.a.), wohl aber der Gegensatz von Ewigkeit und Zeit ist dem Alten Testament so nicht gemäß. »Ewigkeit« meint eher die Dauer und Beständigkeit in der Zeit, gleichsam eine intensive Zeitlichkeit.

Vielleicht ist damit auch die Grenze der Rede von Gottes »Geschichtlichkeit« angedeutet. Der Mensch erfährt seine Zeitlichkeit angesichts des Todes; aber das Alte Testament bekennt: Du bist der Gott, der nicht stirbt (Hab 1,12; o.§ 11c,4); das Vertrauen zu ihm kann bleiben. Auch sonst haben die Anthropomorphismen im Alten Testament ihre Schranke: Wie geschlechtliche Vorstellungen abgewehrt werden, so wird Allzu-Menschliches von Gott ferngehalten (z.B. Ps 50,12f).

5. Im Laufe der Geschichte läßt sich immer wieder beobachten, daß das Alte Testament *verallgemeinert,* was ursprünglich nur einzelnen galt. Der prophetische Geist soll jedermann zuteil werden (Joel 3), die Gnadenerweisungen an David werden allen verheißen (Jes 55,3), der Erzvätersegen wird nicht nur Israel, sondern allen Völkern zugesprochen (Gen 12), wie sie auch alle am künftigen Frieden teilhaben (Jes 2) oder das neue von Gott gewährte Mahl feiern sollen (25,6; o.§ 17). So *überschreitet* das Alte Testament selbst alle *Grenzen,* die ihm gesetzt sind, schließlich sogar die Grenze des menschlichen Lebens (Ps 73,23f; Jes 25,8 u.a.; o.Exk. 8).

In dieser Hinsicht gibt es auch für den Gott des Alten Testaments keine letzten Schranken. Er vermag die Bindungen an seinen Ort zu lösen (o.§ 5d,4) und die Bindung an sein Land (Ez 1), gelegentlich sogar an sein Volk (Jes 66,21; Mal 1,11; Zeph 2,11; o.§ 17,4) aufzusprengen. Übernommene Vorstellungen können universal ausgeweitet werden; so erstreckt sich Gottes Königsherrschaft über jeden Raum und jede Zeit (Ps 103,19; 145,13). Anders gesagt: Das Alte Testament spricht immer schärfer Gottes *Transzendenz* aus.

Galt der Sinai ursprünglich als die Stätte der Gottesgegenwart, so scheint schon der Jahwist die Distanz zwischen Gott und dem irdischen Ort vergrößern zu wollen, wenn nach seiner Darstellung »Jahwe auf den Sinai herabsteigt« (Ex 19,18.20; o.§ 5d,4). Der *Himmel* wird zu Gottes Bereich, von dem er aufbricht, redet und in menschliches Handeln eingreift (Gen 11,5; 21,17; Ex 20,22; 1 Kön 22,19ff; Mi 1,3; Ps 2,4; Jes 66,1 u.a.). Dieser Gedanke vom himmlischen Wohnort Gottes ist wohl schon in vorexilischer Zeit durch Vorstellungen der Umweltreligionen mitbestimmt; denn die Nachbarvölker kannten mancherlei Himmelsgottheiten (wie Baal Schamaim, den »Herrn des Himmels«). Deutlicher tritt fremder Einfluß in der Spätzeit hervor, die in Anlehnung an persische Terminologie Jahwe »Gott des Himmels« nennt (Esr 1,2; 5,11f; Neh 1,4f; Jona 1,9; vgl. Koh 5,1 »Gott ist im Himmel und du auf Erden«). Schließlich wird »Himmel« zur Bezeichnung von Gott selbst (Dan 4,23 u.ö.).

Wenn auch die Schöpfungsgeschichte (Gen 1) in die Vergangenheit und die Apokalyptik in die Zukunft blicken, so steht doch in beiden Aussagebereichen ein »jenseitiger« Gott der Welt als ganzer gegenüber; wohl aus diesem Grunde nehmen Schöpfungsprädikationen seit der Exilszeit zu (o.§ 11f,5). Eben weil der Gott vom Sinai in seiner Transzendenz zum einzigen Weltenherrn wird, können die Völker in den Jahweglauben einbezogen werden; denn sie sind – in der Erwartung – selbst an ihrem Ort Gott nahe (Zeph 2,11). Der Glaube an Gottes Weltüberlegenheit ermöglicht der Diaspora das Leben in der Fremde oder drängt gar zur Mission.

6. Um Gottes Ferne und Nähe, Abwesenheit und Anwesenheit zugleich auszusagen, weiß das Alte Testament von Unterschieden in Gott. Nach deuteronomisch-deuteronomistischer Auffassung wohnt nur Gottes »Name« an der von ihm erwählten Stätte, für die Priesterschrift ist allein Gottes »Herrlichkeit« auf Erden gegenwärtig (o.§ 6c,6).

Zwischen Jenseits und Diesseits, Gott und Mensch treten *Mittlerwesen.* Schon nach älteren Theophanieberichten kann ein Bote Gott innerhalb des menschlichen Lebensbereichs vertreten; Gott wird hörbar, sichtbar nur der Engel (Ex 3,2ff; Ri 6,11ff; vgl. Gen 16; 21ff u.a.). Er ist von Gott unterschieden, obwohl er wie Gott auftritt und spricht (21,17; Ri 13,21f). Diese Vorstellung wird später mehr und mehr ausgebaut.

In Sacharjas Nachtgesichten hat »zu dem unsichtbaren und verborgenen Gott jenseits aller Welt . . . niemand Zutritt als allein der Engel, der als Mittler zwischen dem Außen und Innen des Himmels das offenbarende Handeln Gottes der Welt übermitteln läßt, wie er andererseits alles Beten und Geschehen in der Welt übermittelt bekommt und vor Gottes Thron trägt. Auch der prophetische Offenbarungsempfang kann für Sacharja nur durch diesen Mittlerengel erfolgen; eine unmittelbare Bezogenheit zu dem in seinem Wort willensmächtig andringenden Gott kennt Sacharja nicht mehr.« (*F.Horst,* HAT I/14, 212)

Schließlich vergrößern sich die Engelscharen zu »Tausenden und Abertausenden, ja Unzählbaren« (Dan 7,10); aus diesem Kreis treten wieder besondere »Fürsten« mit Namen hervor (Dan 8,16; 10,13 u.a.).

Gottes »Hand« (Ex 14,8; Ez 37,1; Esr 7,6.9 u.a.) oder göttliche Eigenschaften, wie Geist, Weisheit, aber auch das Wort können Gottes Wirken auf Erden darstellen, ohne schon zu *Hypostasen,* d.h. zu eigenständigen Wesenheiten neben Gott, zu werden.

Selbst der *Gottesname* ist von diesem Transzendieren betroffen: »Jahwe« wird – auch auf Grund des strenger aufgefaßten dritten Gebots (vgl. Lev 24,16) – durch »Herr« (Adonaj, Kyrios) bzw. durch »der Name« (Lev 24,11 u.a.) ersetzt, wenn man nicht allgemein von »Gott« spricht (vgl. 2 Sam 6,9 mit 1 Chr 13,12; Hiob; Kohelet; sog. elohistischer Psalter Ps 42–83 u.a.). Weil Jahwe als Gott des Himmels und der Erde, als der einzige Herr der Welt, verstanden wird (Dtn 3,24; Ps 13,26; Klgl 3,41; Jon 1,9), kann der Eigenname, der Israels Gott von anderen unterscheidet, zurücktreten. Das Wort »Gott« wird zum Eigennamen, mit dem Gott im Gebet angeredet wird (Ps 51,3 u.a.). Damit kommt zugleich der Unterschied zwischen Gott und Mensch schärfer zum Ausdruck:
»Wie könnte der Mensch vor Gott gerecht sein?«
(Hi 25,4; vgl. 9,2.32; Koh 5,1; auch Hos 11,9; Jes 31,3; Ez 28,2.9 u.a.)

7. Auf verschiedene Weise müht sich das Alte Testament, Gott und Welt zu unterscheiden. So vermag nach der Deutung des Bilderverbots im Deuteronomium (4,12ff; o.§ 6c,5) nichts Weltliches Gott abzubilden, so daß sich Gott der Vorstellung entzieht. Eine Frage wie »Wem wollt ihr Gott vergleichen?« (Jes 40,18; vgl. § 11g) bringt die Intention des ersten und zweiten Gebots, die Ausschließlichkeit wie die Nichtabbildbarkeit Gottes, zur Geltung. Mit einem eigenen Terminus (*bara'*; o.§ 11f,3) nimmt das Alte Testament Gottes »Schaffen« aus der Gleichheit menschlichen Wirkens heraus. Wenn sich für Gottes Schöpfertätigkeit in der Welt nichts Vergleichbares findet, entzieht sie sich der Anschaulichkeit. Das Alte Testament hat hier aufgegeben, sich die göttliche Tat vorzustellen. Auch sonst kennt es Worte, die der Rede von Gott vorbehalten sind, wie »vergeben«, oder mehr oder weniger ausschließlich für sie verwendet werden, wie »Zorn« oder »erwählen«. Solche theologischen Begriffe möchten – wiederum der Intention des ersten und zweiten Gebots entsprechend – die Einzigkeit und Unvorstellbarkeit Gottes wahren; sie suchen Gottes Tat von welthaftem Geschehen zu unterscheiden, damit Gott unvergleichlich zu denken (im Bild: Jes 55,9; Ps 103,11f). So läßt sich in ganz verschiedener Hinsicht beobachten, wie das Alte Testament auf die Angemessenheit der Gottesvorstellungen bedacht ist. Es ringt geradezu um die rechte Aussage von Gott.

Bei allem erliegt das Alte Testament nicht der Gefahr, die Gottesaussagen so zu abstrahieren, daß die menschliche Wirklichkeit verlorengeht. Gottes Transzendenz meint nicht eine Absolutheit, die keine Beziehung mehr zuläßt, Gottes Erhabenheit nicht, daß er sich von der Welt gelöst und die Menschen verlassen habe (vgl. Ps 73,11; Hi 22,13f; Klgl 3,44). Dem Alten Testament bedeutet Gottes Hoheit gerade: Gott ist jedermann nahe. »Jahwe ist nahe denen, die zerbrochenen Herzens sind«; der Erhabene und Heilige will »bei den Zerschlagenen und Demütigen wohnen, um den Geist der Gebeugten zu beleben« (Jes 57,15; vgl. 61,1; 66,1f; Ps 33,13ff; 113,5ff u.a.). Die Vorstellung von Gottes Wohnen im Himmel besagt zugleich die Verantwortlichkeit des Menschen vor Gott, denn der Himmel ist der Ort, von dem aus der Bereich des Menschen sichtbar wird:

»Vom Himmel her blickt Jahwe,
sieht alle Menschenwesen.
Von der Stätte seines Thrones schaut er
auf alle Bewohner der Erde.« (Ps 33,14; vgl. 14,2 u.a.)

Die Unterscheidung von oben und unten entspricht vor allem der Differenz von Geben und Empfangen; der Himmel schenkt, was die Erde braucht (Jes 55,10f). So schließt Gottes Jenseitigkeit Gottes Diesseitigkeit nicht aus; denn Gott wird in seiner Wirksamkeit von der Welt unterschieden. Die Vorstellung von Gottes Außer- und Überweltlichkeit will ja aussagen, daß Gott allem Weltlichen an Macht überlegen ist; Gottes Jenseitigkeit ist sein Vermögen (vgl. Gen 1; Jes 66,1f; o.§ 7,3). Von seiner Allmacht gibt Gott den Menschen ab; sie zeigt sich in der Kraft, die er denen spendet, die sie nötig haben:

»Er gibt den Müden Kraft
und den Ohnmächtigen Stärke in Fülle.
Jünglinge werden müde und matt,
junge Männer straucheln,
aber die auf Jahwe harren, erhalten neue Kraft ...,
daß sie laufen und nicht müde werden,
daß sie gehen und nicht matt werden.« (Jes 40,29ff)

Mit seinem vielfältigen Erzählen und Erwarten, Klagen und Loben, Bezeugen und Bedenken hilft das Alte Testament dem Menschen angesichts »des Himmels, des Werks deiner Finger«, nach sich selbst zu fragen und sich zugleich – in bekennender Anrede – einzugestehen, daß er von Gottes Vor- und Fürsorge lebt:

»Was ist der Mensch,
daß du seiner gedenkst?« (Ps 8,4f; vgl. 144,3)

§ 20 Elemente biblischer Theologie

Eine Betrachtung, die über das Alte Testament insofern hinausführt, als sie dessen Zugehörigkeit zum biblischen Kanon einbezieht, hat zwei verschiedenartige Momente zu berücksichtigen: einerseits den Anspruch des Neuen wie des Alten Testaments zu wahren, je sein eigenes Wort zu sagen, andererseits nach der sachlichen Gemeinsamkeit bzw. gemeinsamen Sache beider Testamente zu fragen. So handelt es sich um eine spannungsvolle Einheit, die für ein »Ja – Aber«, für Übereinstimmung und Widerspruch, Raum läßt oder gar mit dem Umbruch ein »Ja und Nein« übergreift.

G.v.Rad (EvTh 24, 1964, 390) betont »die fortwährenden Traditionsbrüche, die Neueinsätze, m.e.W. die unglaublichen Spannungen innerhalb der alttestamentlichen Überlieferungen«, um so »auch bei dem Schritt vom AT zum NT genügend Raum« zu lassen. Eben durch Hervorhebung der tiefen Einschnitte im alttestamentlichen Überlieferungsvorgang selbst sucht *v.Rad* über die Gegenüberstellung oder den Gegensatz von Altem und Neuem Testament, »die reine Negation«, hinaus eine Verbindung zwischen den Testamenten zu gewinnen, trotz und in der Diskontinuität Kontinuität zu entdecken.

1. Nur als Weg auf das Neue Testament hin ist das Alte Testament nicht ausreichend verstanden; es bleibt außer dem Nach- auch das Neben- und Miteinander zu bedenken. Etwa mit seinem Zeugnis vom Schöpfer, mit seinen Erzählungen von Erfahrungen des Glaubens angesichts menschlichen Geschicks, von Höhen und Tiefen des Lebens, Zweifeln und Anfechtungen oder mit seinen Psalmengebeten hat das Alte Testament ein eigenes Gewicht. So wird die »*Diesseitigkeit*« oder »*Weltlichkeit*« des Alten Testaments mit Recht geschätzt:

»Gott ist mitten in unserem Leben jenseitig ... So ist es alttestamentlich« urteilt *D.Bonhoeffer* (Widerstand und Ergebung, [3]1985, 308). Von anderen Voraussetzungen her kommt *A.A.van Ruler* (Die christliche Kirche und das Alte Testament: BEvTh 23, 1955, 82) zu ähnlichen Aussagen: »Im Alten Testament ist ... diese Treue gegenüber der Erde und der Zeit viel deutlicher sichtbar.« »Im Alten Testament findet sich eine Hochschätzung des Natürlichen, des Leiblichen, des Diesseitigen, eine Weltoffenheit, die unwillkürlich ein Gegengewicht gegen asketische und weltflüchtige Tendenzen bildet.« (*H.Graß*, Christliche Glaubenslehre II, 1974, 97)

Diese Lebens- oder Weltbezogenheit des Alten Testaments ist – abgesehen etwa vom Hohenlied, kaum aber vom »Prediger« Kohelet – zumindest in der Gestalt, in der sie im Alten Testament überliefert ist, von der Eigenart seines Glaubens mitgetragen und geprägt.

2. Dem Alten Testament haben sich – im Gefolge der Ausschließlichkeit und im Verlauf der Glaubensgeschichte – grundsätzliche Einsichten über den Menschen und das Verhältnis von Gott und Mensch, gleichsam »Strukturen« des Glaubens, erschlossen. Es gibt sie dem christlichen Glauben weiter, der sie – teils mit anderem Gehalt – bewahrt, so Kontinuität in der Diskontinuität alttestamentlichen und christlichen Glaubens anzeigt.

a) Die Unterscheidung von Gott und Welt bzw. Gott und Mensch sowie von göttlichem und menschlichem Handeln

Das Alte Testament bekennt, daß Gott den Menschen bis in Taten, Worte, ja Gedanken hinein durchschaut, nicht nur »was vor Augen ist«, sondern ins Herz sieht (1 Sam 16,7; Spr 15,3.11; Ps 33,13ff; Jer 17,9f; auch Jes 11,3 u.a.). Gott ist überall in der Welt, auch in mythisch fernen, dem Menschen eigentlich unzugänglichen *Räumen* (Am 9,2ff; Hi 14,13f u.a.); kein Ort ist überhaupt gott-los, Gottes Macht und Anwesenheit entzogen. Er ist bei dem Menschen allseitig, ihn umgebend und umgreifend, gegenwärtig; von solcher Allwissenheit und Allgegenwart Gottes spricht Ps 139 nicht in blasser Allgemeinheit, vielmehr innerhalb der »Du«-Anrede in persönlicher Betroffenheit: »Wohin könnte ich vor deinem Angesicht fliehen?«

Gott umgreift den Raum (Jer 23,24; 1 Kön 8,27; Jes 66,1 u.a.) wie die *Zeit*. Auch in Bezug auf die Zeit wird für Gott eine Begrenzung bestritten: Es gibt weder ein

Vorher noch ein Nachher; er ist in keine Genealogie eingebunden (Jes 43,10; 44,6; auch Gen 1,1; Ps 90,2 u.a.), der Vergänglichkeit entzogen (102,26f; vgl. Hab 1,12). Wie Gottes Anwesenheit an allen Orten ausgesagt werden kann, so wird Gottes Ewigkeit zugleich als Bleiben in der Zeit, als seine Gegenwart im Wechsel der Generationen, verstanden (Ps 90; vgl. 103,14ff u.a.).

Das Alte Testament bezeugt Gottes Ferne und Nähe (Jer 23,23), Verborgenheit und Offenbarung, erzählt vom lebendigen, wirkenden (Ex 3,14 u.a.), ja zornigen, bereuenden Gott, der sich Menschen zuwendet, als »sich verbergender Gott« aber auch ein dunkles Angesicht tragen kann (Jes 8,17; 45,15; vgl. 28,21; 29,14; auch Gen 22; Hiob u.a.), in Gericht und Heil handelt. »Meine Seele dürstet nach dir, dem lebendigen Gott.« (Ps 42,3; vgl. 63,2 u.a.; o.§ 11c)

Menschliches und göttliches Tun kann das Alte Testament durch »nicht – sondern« gegenüberstellen, etwa dem Rühmen eigener Weisheit oder Stärke die Erkenntnis Gottes sowie seines Wirkens entgegenhalten (Jer 9,22f; vgl. Dtn 7,7f; Sach 4,6; Dan 9,18f u.a.). »Nicht uns, Jahwe, nicht uns, sondern deinem Namen gib Ehre!« (Ps 115,1; vgl. 100,3)

Kann das Alte Testament vom König Gottesfurcht verlangen (Dtn 17,18), so kann es in den sog. messianischen Weissagungen einen König erhoffen, der »arm« und auf Gottes Hilfe angewiesen ist (Sach 9,9f; o.§ 12d). Auf den erwarteten Herrscher, der einen Ehrennamen wie »starker Gott« (Jes 9,5) erhält, kann das Gottesprädikat »einer, einzig« (Dtn 6,4; Mal 2,10; Sach 14,9) übertragen werden: »der *eine* Hirte« (Ez 34,23; 37,24 im Anschluß an Hos 2,2). Zudem vermag das Alte Testament zwischen Gott und seiner Gegenwart auf Erden, etwa in seinem Namen, seiner Herrlichkeit, seinem Wort oder Geist zu unterscheiden (o.§ 6c,6; 19,6).

Gelegentlich kann schon das Alte Testament ein anderes, neues Bekenntnis zu einem neuen Handeln Gottes erwarten (Jer 16,14f = 23,7f; vgl. auch Jes 48,20: »Verkündet es mit Jubelruf . . ., sprecht: ›Erlöst hat Jahwe . . .!‹«).

In der Spätzeit tritt in verschiedenen Literaturbereichen der Gottesname »Jahwe« zurück (o.§ 19,6). So bekennt der Glaube im Wandel der Zeiten und Wechsel der Namen (ausdrücklich Ex 6,2f) die Identität Gottes, der sich auf verschiedene Weise als der eine kundtut.

Spricht der Satz »Niemand kann zwei Herren dienen . . .« (Mt 6,24) nicht als weisheitliche, scheinbar selbstverständliche Einsicht aus, was das Alte Testament in seiner Geschichte des Glaubens an Einsicht gewonnen hat? Das Neue Testament nimmt – sei es aus dem Alten Testament oder einer aus ihm in zwischentestamentlicher Zeit erwachsenen jüngeren Tradition – das Bekenntnis zu dem einen, einzigen Gott, damit die Ausschließlichkeit des Glaubens bzw. das erste Gebot, auf (vgl. Mk 10,17f; 12,29ff; Mt 4,10; 6,33; 22,37f; 23,9; 24,36; 1 Thess 1,9; Röm 3,29f; 1 Kor 8,4.6; 12,6; Gal 3,20; 4,8f; Eph 4,6; 1 Tim 1,17; 2,5; 6,15; 1 Petr 1,3; 5,10f; Joh 17,3; Apg 3,13; 14,15; 17,16ff; Apk 1,4.8 u.a.).

Die neuen Erfahrungen an Botschaft, Leben und Geschick Jesu werden so gedeutet, daß die Ausschließlichkeit des Glaubens, mit ihr die Gewißheit der Identität Gottes, gewahrt bleibt. Ältere neutestamentliche Zeugnisse verstehen Ostern als Tat Gottes, so daß die urchristliche Gemeinde – schon vor Paulus – ihr Bekenntnis zu Jesus als Bekenntnis zu Gott aussagt, der sich im Heilshandeln an Jesus bekundet hat. Weiß das Alte Testament Gott zu benennen: »der tötet und lebendig macht« (Dtn 32,39; 1 Sam 2,6f; Ez 17,24; Jes 45,7 u.a.; auch Röm 4,17; Lk 1,51ff), so bezeugt das Neue Testament »den lebendigen und wahren Gott«

(1 Thess 1,9f) als den, »der ... auferweckt hat« (Gal 1,1; Röm 8,11; 10,9 u.a.). Im frühen Osterzeugnis (1 Kor 15,3f) ist der Rückbezug auf die »Schriften« explizit (vgl. Röm 1,1f; 3,21; 15,4; Lk 24,27).

Der Christushymnus Phil 2,5–11 nennt als Ziel: »zur Ehre Gottes, des Vaters«. Der Römerbrief endet in seiner vorliegenden Gestalt (16,27; vgl. 11,36; 1 Kor 15,57; 2 Kor 1,3; 2,14 u.a.) mit einem breiten Lob, welches das alttestamentliche »Allein« aufnimmt: »Dem allein weisen Gott sei Ehre!« Ähnlich läßt die Weihnachtsgeschichte (Lk 2,11.14) dem Zuspruch »Euch ist heute der Heiland geboren« das Lob folgen: »Ehre sei Gott ...«

Paulus kann sich in seinem Selbstzeugnis prophetischer Selbstaussage anschließen (vgl. Gal 1,15 mit Jer 1,5; Jes 49,1; auch 1 Kor 1,9) und sich etwa auch bei seiner Kritik an der Weisheit auf das Alte Testament berufen (Jes 29,14; 1 Kor 1,19). Gibt Paulus mit seiner Hoffnung, daß »sich auch der Sohn selbst dem unterwerfen wird, der ihm alles unterworfen hat, damit Gott sei alles in allem«, nicht letztlich der alttestamentlichen Erwartung Raum, daß »an jenem Tag der Herr einzig sei« (vgl. 1 Kor 15,28 mit Sach 14,9; auch Jes 2,17; 24,23; 60,19f u.a.)?

Gewiß besteht zwischen Altem und Neuem Testament keine problemlose Kontinuität. Nach jenen Zeugnissen erhebt sich die Spannung zwischen Altem und Neuem Testament aber über dem Bekenntnis zu dem einen Gott, geht von der Identität mit der Ausschließlichkeit des Glaubens aus oder ergibt sich gar erst aus ihr. Setzt das »Zwar – Aber«, »Ja und Nein« des Neuen zum Alten Testament damit und insofern nicht ein grundsätzliches, selbstverständliches »Ja« voraus?

Das erste Gebot wird nicht nur durch das »Christusgeschehen« neu ausgelegt, sondern auch dieses selbst wird so gedeutet, daß die Intention des ersten Gebots gewahrt bleibt – bis hin zu der in der Alten Kirche entfalteten Trinitätslehre, die das erste Gebot nicht aufheben will, vielmehr in der Unterschiedenheit Einheit und Unteilbarkeit Gottes bezeugt.

Bestehen aus verschiedenen Gründen nicht Vorbehalte gegenüber der Bezeichnung »(strenger, reiner) Monotheismus« (o.§ 6b)? Eher ist sie im Sinne der Ausschließlichkeit des Glaubens zu verstehen und von ihr her das folgende Urteil zu lesen:

»Der strenge alttestamentliche Monotheismus« hat, wie *H.Graß* (ebd. 97f) formuliert, »den Glauben der Kirche geprägt. Es war nicht möglich, daß Christus als zweite Gottheit neben Gott trat oder gar Gott verdrängte. Noch die Trinitätslehre will die Einheit Gottes wahren. Das Alte Testament ist das monotheistische Gewissen der Kirche.« Dabei bietet das Alte Testament eine Gegenwehr gegen die Vorstellung vom »Tod« Gottes, »sperrt sich am stärksten gegen einen unlebendigen, abstrakten Gottesbegriff«.

b) Das Bekenntnis zum Schöpfer, im Neuen Testament aufgenommen, durch das Alte Testament vorgegeben und in ihm breiter entfaltet

»Der Himmel und Erde – das Meer und alles, was in ihnen ist – gemacht hat« (Ps 146,6; vgl. 121,2; aufgenommen Apg 4,24 u.a.). Das Alte Testament bezeugt auch die Erschaffung des einzelnen (Ps 22,10f; 139,16; Jer 1,5 u.a.) und bedenkt die Stellung des Menschen in der Kreatur und der Welt (Ps 8; 104 u.a.).

»Er sprach, und es geschah.« (Ps 33,9; vgl. 148,5; Jes 40,26 u.a.; Röm 4,17) So kann das Alte Testament Gottes Freiheit oder die Unvergleichbarkeit, Analogielosigkeit seines Schaffens (*bara'*; vgl. § 11f) und zugleich seine Verbundenheit mit dem Geschöpf (Ps 103,13f u.a.) betonen. »Ist nicht er dein Vater, der dich geschaffen hat?« (Dtn 32,6; vgl. Jes 63,16; 64,7; Mal 2,10)

Das alttestamentliche Bekenntnis überläßt einerseits die Welt nicht anderen Mächten: Der Schöpfer ist als Herr der Geschichte und der Welt »gegenwärtig, sie sind seine Geschichte und seine Welt; diese können nie so im Argen liegen, daß sie lebens- und weltverneinenden Mächten anheimfallen« (*H.Graß*, ebd. 97).

Das Bekenntnis schließt andererseits den Glauben an die Identität von Schöpfer und Retter oder Erlöser ein: Der Schöpfer will das Heil, und der Retter ist seit »Anfang« wirksam (vgl. Jes 43,1; 44,6; 45,18 u.a.).

Diese Einsicht hält die frühe Kirche gegen Marcion oder auch die Gnosis fest. *H.Braun* (ZThK 59, 1962, 30) kann urteilen: »Ohne daß die Verfasser des Neuen Testaments von alttestamentlich-jüdischem Denken geprägt gewesen wären, wäre das hellenistische Christentum in Ekstase und Mystik aufgegangen.«

Jenem Zusammenhang entspricht zugleich ein »ganzheitliches« Verständnis von Heil, das sich nicht nur auf das Innere, die »Seele«, bezieht, sondern die Schöpfung und menschliches Miteinander mitumfaßt.

c) Das Bekenntnis, daß sich Gott in geschichtlichen Ereignissen offenbart, in ihnen wirkt – ohne Trennung von Welt- und Heilsgeschichte

»Es ist das Eigentümliche der christlichen Theologie, daß in ihr die Rede ist vom Handeln Gottes in der Geschichte, . . . und eben dieses ist ein und vielleicht das bedeutsamste Erbe der alttestamentlichen Tradition.« (*R.Bultmann*, Glauben und Verstehen II, 1952, 240)

Dem Alten Testament sind »gedenken«, »Gedächtnis« wichtige Phänomene (§ 2; 9b1,3). Dabei kann das alttestamentliche Zeugnis die Einsicht der Verborgenheit von Gottes Wirken in den Ereignissen (vgl. 2 Sam 17,14; Gen 50,20 u.a.) oder auch den Unheilscharakter der Geschichte (insbesondere in den prophetischen Geschichtsrückblicken, wie Jes 9,7ff u.a.) einschließen.

d) Das Bekenntnis zur Freiheit und Zusage oder eingegangenen »Bindung«, zur Heiligkeit und Gnade Gottes, die Vergebung von Schuld gewährt

Das Alte Testament weiß Gott als den »Heiligen« (Jes 6; 40,25; 1 Sam 2,2 u.a.; o.§ 11b), der »das Herz der Geschlagenen belebt« (Jes 57,15; vgl. Ps 34,19; 113,6f u.a.). »Gnädig, barmherzig . . .« lautet ein Bekenntnissatz (o.§ 2,1).

Psalmen preisen Gottes Gnade angesichts menschlicher Vergänglichkeit und Schuldverfallenheit: »Aus der Tiefe rufe ich, Herr, zu dir!« (Ps 130) »Wohl dem, dessen Übertretung vergeben, dessen Sünde bedeckt ist! Wohl dem Menschen, dem Jahwe die Schuld nicht zurechnet!« (Ps 32,1f; vgl. 51; Klgl 3,22f.31f; Jer 3,12f; 31,31–34; Jes 43,25; 54,7–10 u.v.a.)

Das Verhältnis zu Gott kann ausdrücklich als »glauben« (Jes 7,9; 28,16; Ps 106,12.24 u.a.) oder »vertrauen« (Jer 17,5.7 u.a.) verstanden werden. Sowohl der Segen (Num 6,24ff; Ps 90,17; 121,8 u.a.) als auch die Zusage von Gottes Gnade (Ps 103,8ff; 130,3f; Jes 54,10; Klgl 3,31f u.a.) werden im christlichen Gottesdienst auch mit alttestamentlichen Wendungen zugesprochen.

e) Das Verständnis vom Menschen als Gottes »Bild«, eine nicht erst zu erwerbende, dem Menschen und seinem Handeln vielmehr vorgegebene Würde, als deren Folge er in der Welt verantwortlich und gegenüber dem Mitmenschen verpflichtet ist (vgl. Gen 1,26ff; 4; 9,6)

Das Alte Testament versteht den Menschen »ganzheitlich« – ohne Trennung von sterblichem Leib und unsterblicher Seele oder Körper und Geist. Anthropologische Begriffe, wie »Fleisch« bzw. »Leib«, »Herz« oder »Seele«, meinen weniger einen Teil im Menschen als einen Aspekt oder eine Dimension des Menschen, ihn in bestimmter Hinsicht (Ps 42f): »Was bist du so unruhig, meine Seele«, d.h. mein Ich?

Zumal der Dekalog, dem die Zusage »dein Gott« vorausgeht, vermittelt in seiner Wirkungsgeschichte den inneren Zusammenhang von Gottesverständnis und Umgang mit dem Nächsten, von Glauben und Ethik (o.Exk. 3), die auch Regungen des Herzens (Lev 19,17; Ps 15,2; 24,4 u.a.) umfaßt.

Antwortet der Mensch mit der Liebe zu Gott (Dtn 6,5; 7,8f; 10,12ff u.a.) und zum Mitmenschen (Dtn 10,19; Lev 19,18.34) nicht auf Gottes Liebe (Dtn 7,7f; auch Hos 11,1.4.8f; 14,5) oder Zuwendung? Bildhaft wird Gottes Fürsorge gegenüber menschlichem Verhalten in kritischen Geschichtsrückblicken (wie Hos 11; Jes 1,2f; 5,1–7 u.a.; o.§ 14b,7) dargestellt.

Dabei vertritt das Alte Testament eine realistische Sicht vom Menschen, welche »Vorbilder« nicht ausnimmt, nicht als unfehlbare »Helden« glorifiziert, Sachverhalte nicht zu beschönigen braucht. Alttestamentliche Erzählungen (etwa von Saul, Elia u.a.) zeigen Möglichkeiten und Grenzen des Menschseins, gute und böse Seiten – zumeist in offen-ehrlicher, illusionslos-nüchterner Sicht des Menschen.

Nach Gen 4 begeht bereits die zweite Generation einen Mord; das menschliche Herz mit seinen Gebilden erscheint als »böse von Jugend auf« (Gen 6,5; 8,20). Weder die Erzväter, Abraham oder Jakob, noch Mose oder David handeln stets vorbildlich. Abraham gibt als eine seiner ersten Taten seine Frau als seine Schwester aus (Gen 12,10ff). Jakobs Hinterlist (Gen 27,35f; vgl. 25,36) verfolgt Hosea (12,4f) bis in die Zeit vor der Geburt. Von David wird die Geschichte mit Batseba (2 Sam 11f) erzählt. Mose wird von leidenschaftlichem Zorn (Ex 2,11f; 32,19ff) gepackt, verwickelt sich in Schuld (Num 20,1ff, bes. V. 12; vgl. 27,12ff; Dtn 3,23ff; 32,48ff u.a.). Wie anders als der ungehorsame, zweifelnde »Hebräer« Jona wird der gottesfürchtige Hiob aus der Fremde, dem »Land Uz«, gezeichnet!

Die Psalmen helfen, Not und Schuld des Menschen angesichts seiner Vergänglichkeit auszusprechen. Dabei weiß das Alte Testament um den Zwiespalt zwischen Schuld und Schicksal (vgl. bes. Jeremias Konfessionen Jer 15,10.16f; Jes 53; Hiob u.a.) und bezeugt auf weite Strecken die Einsicht: »Kein Lebender ist vor dir gerecht.« (Ps 143,2; vgl. 1 Kön 8,46 u.v.a.; o.Exk. 3,3)

f) Die Verheißung und die Hoffnung

Das Alte Testament gibt mit der Erwartung der Königsherrschaft Gottes, den sog. messianischen Weissagungen (vgl. das Zitat von Sach 9,9 in Mt 21,4f) oder der Hoffnung für die Völker sowie auf ein Ende von Leid und Tod Anregungen und Anhalt für die christliche Hoffnung.

Schöpfung kann im Alten Testament als Neu-Schöpfung verstanden (Jes 43,19; 65,17; 66,22), auch im persönlich-individuellen Gebet (Ps 51,12) erhofft werden:

»Schaffe mir, Gott, ein reines Herz, und einen beständigen Geist gib mir neu in meinem Inneren!«

Selbst Texte, die nicht von sich aus eine Verheißung oder Erwartung enthalten, können durch die Diskrepanz von »Anspruch« und gegebener Situation einen ungedeckten Anteil, einen »Überschuß«, in sich bergen, der sich als Unabgeschlossenheit oder Offenheit verstehen läßt und in Erwartung umschlagen kann. So ermöglicht oder veranlaßt die Nicht-Übereinstimmung von Aussage und Wirklichkeit nachträglich eine eschatologische Deutung.

Prophetenworte können Nicht-Wirkliches als Nicht-mehr- oder Noch-nicht-Wirkliches ansehen (Jes 1,21.26; auch 2,2 gegenüber Ps 48,3 u.a.). Was der Lobgesang des himmlischen Chores als bereits gegenwärtig beschreibt: »Die Fülle der ganzen Erde ist seine Herrlichkeit!« (Jes 6,3; vgl. Ps 72,19), wird im Anschluß an die messianische Weissagung Jes 11 zur eschatologischen Erwartung (11,9f; vgl. 40,5; Num 14,21).

Wieweit entspricht eine Proklamation »Jahwe ward König. Es jubele die Erde!« (Ps 97,1 u.a.) – zumal in einer Zeit, in der »ein jedes Volk im Namen seines Gottes wandelt« (Mi 4,5; vgl. Jes 26,13) – möglicher Erfahrung, oder verbirgt sich in ihr eine Erwartung (vgl. Jes 52,7; Sach 14,9 u.a.)?

In der Nach-, Auslegungs- oder Wirkungsgeschichte eines Textes kann sich gelegentlich ein »hintergründiger, tieferer, vollerer« Sinn (»*sensus plenior*«) ergeben.

Die Ankündigung der Geburt und der Name Immanuel »Gott mit uns« (Jes 7,14) enthalten ein im Verlauf der Szene (7,16f) ungenutztes, so unabgegoltenes Element. Es liegt nahe, diese Ansage mit dem folgenden Wort 9,5f (»ein Kind ist uns geboren«) zu verbinden und so in einer späteren Deutung (»relecture«) Jes 7; 9 und 11 als Erwartung zusammenzusehen. Eine Ergänzung zu der messianischen Weissagung Mi 5 (V. 2) scheint Jes 7,14 (vielleicht mit 7,3) aufzunehmen (vgl. Mt 1,21ff).

Decken solche die erfahrbare Wirklichkeit überbietenden oder vertiefenden Aussagen (wie Jes 6,3) etwas dem gewöhnlichen Auge Verhülltes, Geheimnisvolles auf, meinen letztlich die verborgene – vielleicht im Gottesdienst ausgesprochene, ansatzweise, vorbildhaft erlebte – Wahrheit des Glaubens, sprechen bildhaft die Anwesenheit Gottes aus? Erst recht greift die Aufforderung (Ps 46,9f) über alle Erfahrung hinaus: »Kommt und schaut die Werke Jahwes . . ., der Kriegen ein Ende bereitet bis zum Ende der Erde!«

Gegen die Zwiespältigkeit, die Brüchigkeit oder gar die Bruchstückhaftigkeit des Lebens und der Welt hofft das Alte Testament etwa auf:

Verkündigung des Friedens bzw. Heils an die Völker (Sach 9,10; vgl. Jes 42,1–4; 49,6), ein Leben ohne Blutvergießen, Frieden unter den Völkern mit Umschmiedung der Waffen (Jes 2,4; vgl. Lk 2,14: »Friede auf Erden«), Anerkennung des einen Gottes durch alle (Jes 45,6.23; 25,6f; Zeph 2,11; 1 Kön 8,43.60; Ps 22,28f u.a.; o.§ 17), ein neues Herz (Ez 36,26; Ps 51,12; vgl. Jer 24,7; 31,33f), Aufhebung des Leids und des Todes (Jes 25,8; vgl. 1 Kor 15,26), einen neuen Himmel und eine neue Erde (Jes 65,17; 66,22; vgl. Apk 21,1.5).

Die vom Alten Testament erwartete, hier und da (Ps 100; vgl. 47,10 u.a.) vielleicht schon erfahrene Einbeziehung der Völker hat mit der Verkündigung von »Frieden den Fernen und Frieden den Nahen« (Eph 2,17 nach Jes 57,19), mit der Ausweitung des Gottesvolkes, eine Grenze abgebaut. Ist damit die erhoffte Anerkennung des einen Gottes durch die Völker aber »erfüllt«?

Die Verheißung vom »neuen Bund«, die den Einklang des göttlichen und menschlichen Willens »vom Kleinsten bis zum Größten« erwartet (Jer 31,31–34; o.Exk. 5,6), hat die christliche Gemeinde auf sich bezogen (1 Kor 11,25 u.a.). Zudem hat sie das schon im Alten Testament begegnende Liebesgebot (Lev 19,18.33) als Zusammenfassung und »Erfüllung« der Gebote (Röm 13,9f; vgl. Mk 12,28ff u.a.) verstanden, damit gleichsam den Inhalt der Tora »Weisung« – jedenfalls der sog. zweiten Tafel des Dekalogs – genauer gefaßt und die Übereinstimmung von göttlichem und menschlichem Willen kaum mehr überbietbar zum Ausdruck gebracht. Wird und bleibt die erhoffte oder vielmehr zugesagte Einmütigkeit von Gott und Mensch, die unmittelbare Gotteserkenntnis »vom Kleinsten bis zum Größten« trotzdem nicht nur ansatzweise, exemplarisch oder zeichenhaft Wirklichkeit? Insofern ist die Verheißung von Jer 31,31ff eigentlich oder letztlich noch nicht »erfüllt«.

Enthält das Alte Testament demnach nicht auch für den christlichen Glauben noch uneingelöste Zukunftserwartungen bzw. Verheißungen, die eher »bestätigt« (Röm 15,8; vgl. 2 Kor 1,20) und vergewissert als außer Kraft gesetzt und abgetan sind? Insofern blickt er nicht nur auf das Alte Testament zurück, sondern auch mit ihm gemeinsam auf Gottes Zukunft aus.

Den Abschluß dieses Buches bilde ein Zitat, das Grundanliegen des Alten und Neuen Testaments vereint. Sowohl in der Erwartung (»von Angesicht zu Angesicht« Ez 20,35; »Auge in Auge« Jes 52,8.10 u.a.) als auch in dem Doppelaspekt von Aktiv und Passiv »erkennen« und »erkannt werden« (Jer 1,5; 24,7; 31,34 u.a.) nimmt Paulus mit seinem Urteil (1 Kor 13,12; vgl. 2 Kor 5,7) alttestamentliche Einsichten auf:

»Wir sehen jetzt (mittelbar) durch einen (trüben) Spiegel in rätselhafter Weise, dann aber von Angesicht zu Angesicht. Jetzt erkenne ich stückweise; dann aber werde ich erkennen, wie ich erkannt bin.«

Literatur

Es werden die üblichen Abkürzungen verwendet, wie sie etwa in *S.Schwertners* »Abkürzungsverzeichnis« (Ergänzungsband zur »Theologischen Realenzyklopädie« = TRE, ^{2}1994) und zusätzlich im Lexikon ThWAT (VI, 1989, VII–XXVIII) gebraucht werden.

ANET(.S)	=	*J.B.Pritchard* (Hg.), Ancient Near Eastern Texts Relating to the OT (.Supplement) (^{3}1969)
AOT	=	*H.Greßmann* (Hg.), Altorientalische Texte zum Alten Testament (^{2}1926)
ARTU	=	*J.C.de Moor*, An Anthology of Religious Texts from Ugarit (1987)
KAI	=	*H.Donner – W.Röllig*, Kanaanäische und aramäische Inschriften (1962/4)
KTU	=	*M.Dietrich – O.Loretz – J.Sanmartin*, Die keilalphabetischen Texte aus Ugarit: AOAT 24/1 (1976) = The Cuneiform Alphabetic Texts from Ugarit: Abhandlungen zur Literatur Alt-Syrien-Palästinas und Mesopotamiens 8 (^{2}1995)
RTAT	=	*W.Beyerlin* (Hg.), Religionsgeschichtliches Textbuch zum Alten Testament: GAT 1 (1975.^{2}1985)
TGI	=	*K.Galling* (Hg.), Textbuch zur Geschichte Israels (^{2}1968. ^{3}1979)
THAT	=	Theologisches Handwörterbuch zum Alten Testament (I, 1971; II, 1976)
ThWAT	=	Theologisches Wörterbuch zum Alten Testament (I–VIII, 1973ff)
TUAT	=	*O.Kaiser* (Hg.), Texte aus der Umwelt des Alten Testaments (1982ff)

A.Falkenstein – W.v.Soden bezieht sich auf die Sammlung »Sumerische und akkadische Hymnen und Gebete« (1953) der Verfasser. Textzitate aus dem nach-alttestamentlichen Schrifttum werden nach der Übersetzung von *E.Kautzsch* u.a. angeführt.

Darstellungen der Theologie des AT (= TheolAT)

W.Eichrodt, Theologie des AT I (1933.^{8}1968); II (1935.^{7}1974); III (1939.^{7}1974); *L.Köhler*, Theologie des AT: NTG (1936.^{4}1966); *Th.C.Vriezen*, Theologie des AT in Grundzügen (o.J.); *G.v.Rad*, Theologie des AT I (1957; geändert ^{4}1962.^{10}1992); II (1960; geändert ^{4}1965.^{10}1993); *G.Fohrer*, Theologische Grundstrukturen des AT: TBT 24 (1972); *W.Zimmerli*, Grundriß der atl. Theologie: ThW 3 (1972.^{6}1989); *C.Westermann*, Theologie des AT in Grundzügen: GAT 6 (1978.^{2}1985); *H.D.Preuß*, Theologie des AT I (1991); II (1992); *A.H.J.Gunneweg*, Biblische Theologie des AT (1993); *O.Kaiser*, Der Gott des AT I: UTB.W 1747 (1993); *A.Deissler*, Die Grundbotschaft des AT (1972.1995); *J.Schreiner,* Theologie des AT: NEB 1 (Ergänzungsband zum AT) 1995.

Überblicke über die Geschichte der Disziplin

E.Würthwein, Zur Theologie des AT: ThR 36 (1971) 185–208; *G.F.Hasel,* OT Theology. Basic Issues in the Current Debate (1972.[2]1975. ND 1987) (vgl. *ders.,* The Problem of the Center in the OT Theology Debate: ZAW 86, 1974, 65–82; *ders.,* A Decade of OT Theology. Retrospect and Prospect: ZAW 93, 1981, 165–183); *W.H.Schmidt,* »Theologie des AT« vor und nach Gerhard von Rad (1972): Vielfalt II (u.§ 14b,2) 155–179; erweitert in: *Ders. – W.Thiel – R.Hanhart,* AT. GKT 1 (1989), bes. 72ff; *W.Zimmerli,* TRE VI, 426–455; *H.Graf Reventlow,* Hauptprobleme der atl. Theologie im 20. Jahrhundert: EdF 173 (1982); *Ders.,* Hauptprobleme der biblischen Theologie im 20. Jahrhundert: EdF 203 (1983); *M.Oeming,* Gesamtbiblische Theologien der Gegenwart (1985.[2]1987); *H.Graf Reventlow,* Zur Theologie des AT: ThR 52 (1987) 221–267.

Darstellungen der Religionsgeschichte Israels

R.Smend, Lehrbuch der atl. Religionsgeschichte: SThL ([2]1899); *K.Marti,* Geschichte der Israelitischen Religion ([5]1907); *E.König,* Geschichte der Atl. Religion ([3.4]1924); *G.Hölscher,* Geschichte der israelitischen und jüdischen Religion: STö.T 7 (1922); *W.O.E.Oesterley – Th.H.Robinson,* Hebrew Religion ([5]1937); *H.Ringgren,* Israelitische Religion: RM 26 (1963.[2]1982); *G.Fohrer,* Geschichte der israelitischen Religion (1969); *O.Kaiser,* AT. Vorexilische Literatur: *U.Mann* (Hg.), Theologie und Religionswissenschaft (1973) 241–268; *H.Schmid,* AT. Exilische und nachexilische Literatur: ebd. 269–285; *W.Zimmerli,* The History of Israelite Religion: *G.W.Anderson* (Hg.), Tradition and Interpretation (1979) 351–384; *R.Albertz,* Religionsgeschichte Israels in alter Zeit I–II: GAT 8 (1992).

§ 1. Die Fragestellung

V.Hamp, Monotheismus im AT (1959): Weisheit und Gottesfurcht (1990) 180–185; *K.Koch,* Der Tod des Religionsstifters (1962): Stud. zur atl. und altorientalischen Religionsgeschichte (1988) 32–60; *F.Baumgärtel,* Der Tod des Religionsstifters: KuD 9 (1963) 223–233; *Ders.,* Das Offenbarungszeugnis des AT im Lichte der religionsgeschichtlich-vergleichenden Forschung: ZThK 64 (1967) 393–422; *R.Rendtorff,* Die Entstehung der israelitischen Religion als religionsgeschichtliches und theologisches Problem (1963): GSt zum AT. TB 57 (1975) 119–136 (vgl. 137–151); *C.Westermann,* Das Verhältnis des Jahweglaubens zu den außerisraelitischen Religionen: GSt I (1964) 189–218; *O.Eißfeldt,* Israels Religion und die Religionen seiner Umwelt (1967): KS V (1973) 1–20; *H.W.Wolff,* Jahwe und die Götter in der atl. Prophetie (1969): GSt. TB 22 ([2]1973) 418–441; *H.D.Preuß,* ThWAT I, 305–308; *H.Graf Reventlow,* Die Eigenart des Jahweglaubens als geschichtliches und theologisches Problem: KuD 20 (1974) 199–217; *H.H.Schmid,* Altorientalische Welt in der atl. Theologie (1974), bes. 145–164; *H.D.Preuß,* ThWAT II, 1–5; *W.H.Schmidt,* Die Frage nach der Einheit des AT (1987): Vielfalt II (u.§ 14b,2) 190–214 (vgl. 215–232).

§ 2. Bekenntnisse und Überlieferungen

G.v.Rad, Das formgeschichtliche Problem des Hexateuch (1938): GSt zum AT. TB 8 (^{4}1971) 9–86; *M.Noth,* Überlieferungsgeschichte des Pentateuch (1948.^{3}1966).

Vgl. generell (mit weiterer Literatur zur Pentateuchforschung): *O.Kaiser,* Einleitung ins AT (^{5}1984); *R.Smend,* Die Entstehung des AT: ThW 1 (^{5}1995); *E.Zenger u.a.,* Einleitung ins AT (1995); *R.Rendtorff,* Das Alte Testament. Eine Einführung (^{5}1995); *W.H.Schmidt,* Einführung ins AT (^{5}1995).

L.Rost, Das kleine geschichtliche Credo: Das kleine Credo und andere Stud. zum AT (1965) 11–25; *W.Richter,* Beobachtungen zur theologischen Systembildung: FS M.Schmaus I (1967) 175–212; *N.Lohfink,* Zum »kleinen geschichtlichen Credo« Dtn 26,5–9 (1971): Stud. zum Deuteronomium und zur deuteronomistischen Literatur I. SBAB 8 (1990) 263–290; *G.Wallis,* Die geschichtliche Erfahrung und das Bekenntnis zu Jahwe im AT (1976): Mein Freund hatte einen Weinberg. BEAT 23 (1994) 171–187; *S.Kreuzer,* Die Frühgeschichte Israels in Bekenntnis und Verkündigung des AT: BZAW 178 (1989) (vgl. *A.H.J.Gunneweg,* ThR 56, 1991, 202–205); *R.G.Kratz,* Die Gnade des täglichen Brotes: ZThK 89 (1992) 1–40; *D.Matthias,* Die Geschichtstheologie der Geschichtssummarien in den Psalmen: BEAT 35 (1993); *H.P.Mathys,* Dichter und Beter: OBO 132 (1994); *J.van Oorschot,* Nachkultische Psalmen und spätbiblische Rollendichtung: ZAW 106 (1994) 69–86.

§ 3. Der Gott der Väter

Forschungsgeschichte:
H.Weidmann, Die Patriarchen und ihre Religion im Licht der Forschung seit Julius Wellhausen (1968); *E.Blum,* Die Komposition der Vätergeschichte: WMANT 57 (1984) 461ff.

A.Alt, Der Gott der Väter (1929): KS I (1953) 1–78 (grundlegend); *A.Jepsen,* Zur Überlieferungsgeschichte der Vätergestalten (1953/54): Der Herr ist Gott (u.Exk. 1) 46–75; *O.Eißfeldt,* El und Jahwe (1956): KS III (1966) 386–397; *Ders.,* Jahwe, der Gott der Väter (1963): KS IV (1968) 79–91 (vgl. 92–98; V, 1973, 50–62); *V.Maag,* Malkut Jhwh (1960): Kultur, Kulturkontakt und Religion (1980) 145–169; *K.T.Andersen,* Der Gott meines Vaters: StTh 16 (1962) 170–188 (Literaturbesprechung); *F.M.Cross,* Yahweh and the Gods of the Patriarchs: HThR 55 (1962) 225–259; *Ders.,* Canaanite Myth and Hebrew Epic (1973) 1ff; *J.Schreiner,* Segen für die Völker in der Verheißung an die Väter (1962): Segen für die Völker (1987) 196–226; *M.Haran,* The Religion of the Patriarchs: ASTI 4 (1965) 30–55 (Lit.); *H.Seebass,* Der Erzvater Israel: BZAW 98 (1966); *H.Hirsch,* Gott der Väter: AfO 21 (1966) 56–58 (vgl. ANET.S 628f); *H.D.Preuß,* ThWAT I, 485–509; *D.Vetter,* THAT II, 325–328; *O.Kaiser* (o.§ 1) 245ff; *H.Vorländer,* Mein Gott: AOAT 23 (1975); *J.van Seters,* Abraham in History and Tradition (1975); *C.Westermann,* Genesis 12–50: EdF 48 (1975); *Ders.,* Die Verheißungen an die Väter: FRLANT 116 (1976); *Ders.,* BK I/2, 129ff (Lit.); *Ders.,* BK I/3; *A.Ammassari,* La religione dei patriarchi (1976), bes. 233ff; *K.Koch,* šaddaj (1976): Stud. (o.§ 1) 118–152; *Ders.,* Die Götter, denen die Väter dienten: ebd. 9–31; *R.Martin-Achard,* TRE I, 364–372 (vgl. 372–387); *H.Seebass,* Landverheißungen an die Väter: EvTh 37 (1977) 210–229; *R.Albertz,*

Persönliche Frömmigkeit und offizielle Religion: CThM.BW 9 (1978) (dazu *J.Conrad,* Welche Bedeutung hatte die Familie für die Religion Altisraels?: ThLZ 105, 1980, 481–488); *W.McKane,* Studies in the Patriarchal Narratives (1979); *H.-P.Müller,* Gott und die Götter in den Anfängen der biblischen Religion: *O.Keel* (Hg.), Monotheismus (u.§ 6b) 99–142; *J.A.Emerton,* The Origin of the Promises to the Patriarchs in the Older Sources of the Book of Genesis: VT 32 (1982) 14–32; *H.Seebass,* Gehörten Verheißungen zum ältesten Bestand der Väter-Erzählungen?: Bib 64 (1983) 189–210; *U.Worschech,* Abraham. Eine sozialgeschichtliche Studie: EHS.T 225 (1983); *E.Blum* (o.), bes. 429ff; *J.Scharbert,* Die Landverheißungen als »Urgestein« der Patriarchentradition: FS M.Delcor. AOAT 215 (1985) 359–368; *M.Köckert,* Vätergott und Väterverheißungen: FRLANT 142 (1988) (vgl. *L.Schmidt,* Eine radikale Kritik an der Hypothese von Vätergott und Väterverheißungen: ThR 54, 1989, 415–421); *R.Albertz,* TRE XVI, 292–298; *H.Cazelles,* Der persönliche Gott Abrahams und der Gott des Volkes Israel: FS A.Deissler (1989) 46–61; Die Väter Israels. FS J.Scharbert (1989); *H.-J.Zobel,* TRE XVI, 461–466 (vgl. 466–468); *J.C.de Moor,* The Rise of Yahwism: BEThL 91 (1990), bes. 229ff; *H.Schmid,* Die Gestalt des Isaak: EdF 274 (1991), bes. 73ff; *R.Albertz,* Religionsgeschichte Israels (o. vor § 1) I, bes. 45ff; *L.Schmidt,* Väterverheißungen und Pentateuchfrage: ZAW 104 (1992) 1–27 (Lit.); *K.van der Toorn,* Ilib and the ›God of the Father‹: UF 25 (1993) 379–387; *I.Fischer,* Die Erzeltern Israels: BZAW 222 (1994); *V.Fritz,* Jahwe und El in den vorpriesterschriftlichen Geschichtswerken: FS O.Kaiser (1994) 111–126; *B.B.Schmidt* (u.Exk. 8).

Zum Historischen:
R.de Vaux, Die hebräischen Patriarchen und die modernen Entdeckungen (1959); *M.Noth,* Die Ursprünge des alten Israel im Lichte neuer Quellen (1961): Aufs. zur biblischen Landes- und Altertumskunde II (1971) 245–272 (vgl. *M.Wagner,* Beiträge zur Aramaismenfrage im atl. Hebräisch: FS W.Baumgartner. VT.S 16, 1967, 335–371); *R.de Vaux,* Die Patriarchenerzählungen und die Geschichte (1965); *Ders.,* Histoire ancienne d'Israël I (1971) 157ff, bes. 256ff; *J.Henninger,* Über Lebensraum und Lebensformen der Frühsemiten (1968); *R.Martin-Achard,* Actualité d'Abraham (1969); *J.Scharbert,* Patriarchentradition und Patriarchenreligion: VF 19 (1974) 2–22 (Lit.); *Th.L.Thompson,* The Historicity of the Patriarchal Narratives (1974); *M.Weippert,* Die Landnahme der israelitischen Stämme in der neueren wissenschaftlichen Diskussion (1976) 102ff; *J.H.Hayes – J.M.Miller* (Hg.), Israelite and Judaean History (1977) 70ff; *W.Leineweber,* Die Patriarchen im Licht der archäologischen Entdeckungen: EHS.T 127 (1980).

Die Heiligtumslegenden:
H.Gunkel, Genesis (^{3}1910.^{9}1977) XXIIIf; *C.A.Keller,* Über einige atl. Heiligtumslegenden: ZAW 67 (1955) 141–168; 68 (1956) 85–97; *J.Lindblom,* Theophanies in Holy Places in Hebrew Religion: HUCA 32 (1961) 91–106; *C.Westermann,* Arten der Erzählung in der Genesis: TB 24 (1964) = Die Verheißungen an die Väter: FRLANT 116 (1967) 9–91, bes. 83ff; *L.Schmidt,* Menschlicher Erfolg und Jahwes Initiative: WMANT 38 (1970) 22ff; *W.H.Schmidt,* BK II/1, 113ff.

Zu Gen 22 vgl. außer den Kommentaren: *H.Graf Reventlow,* Opfere deinen Sohn: BSt 53 (1968); *R.Kilian,* Isaaks Opferung: SBS 44 (1970) 11ff; *G.v.Rad,* Das Opfer des Abraham (1971); *T.Veijola,* Das Opfer des Abraham – Paradigma des Glaubens aus dem nachexilischen Zeitalter: ZThK 85 (1988) 129–164.

Zu Gen 28,10–22 vgl. außer den Kommentaren: *O.Eißfeldt,* Der Gott Bethel (1930): KS I (1962) 206–233; *V.Maag,* Zum Hieros Logos von Bethel (1951): Kultur (o.) 29–37; *E.L.Ehrlich,* Der Traum im AT (1953) 27f; *H.Donner,* Zu Gen 28,22: ZAW 74 (1962) 68–70; *W.Richter,* Traum und Traumdeutung im AT: BZ 7 (1963) 202–220, bes. 210f; *G.Fohrer u.a.,* Exegese des AT (1973.[6]1993) 180ff; *K.Jaro* , Die Stellung des Elohisten zur kanaanäischen Religion: OBO 4 (1974), bes. 179ff; *A.de Pury,* Promesse divine et légende cultuelle dans le cycle de Jacob I–II (1975); *E.Otto,* Jakob in Bethel: ZAW 88 (1976) 165–190; *C.Houtman,* What did Jacob see in his dream at Bethel?: VT 27 (1977) 337–351; *R.Couffignal,* Le songe de Jacob: Bib 58 (1977) 342–360; *(H.Barth -) O.Steck,* Exegese des AT (1971.[10]1984.[13]1993) 177ff; *C.Westermann,* BK I/2, 548ff (Lit.); *R.Rendtorff,* Jakob in Bethel: ZAW 94 (1982) 511–523; *K.Berge,* Die Zeit des Jahwisten: BZAW 186 (1990), bes. 147ff; *N.Wyatt,* Where did Jacob Dream his Dream?: SJOT 2 (1990) 44–57; *J.-M.Husser,* Le songe et la parole: BZAW 210 (1994), bes. 93ff; *S.McEvenue,* A Return to Sources in Genesis 28,10–22?: ZAW 106 (1994) 375–389; *L.Schmidt,* El und die Landverheißung in Bet-El: FS O.Kaiser (1994) 156–168.

Zu Gen 32,23–32 vgl. außer den Kommentaren: *K.Elliger,* Der Jakobskampf am Jabbok (1951): KS zum AT. TB 32 (1966) 141–173; *H.J.Stoebe,* Der heilsgeschichtliche Bezug der Jabbok-Perikope: EvTh 14 (1954) 466–474; *O.Eißfeldt,* Non dimittam te, nisi benedixeris mihi (1957): KS III (1966) 412–416 (vgl. IV, 1968, 92–98); *R.Barthes,* La lutte avec l'ange: Analyse structurale exégèse biblique (1961) 27–39 (Lit.); *R.Martin-Achard,* Un exégète devant Genèse 32.23–33: ebd. 41–62; *O.Kaiser,* Die mythische Bedeutung des Meeres: BZAW 78 ([2]1962) 95ff; *S.Mittmann,* Die Steige des Sonnengottes (Ri. 8,13): ZDPV 81 (1965) 80–87, bes. 83f; *(J.Frazer -) Th.H.Gaster,* Myth, Legend, and Custom in the OT (1969) 205ff; *R.Coote,* The Meaning of the Name Israel: HThR 65 (1972) 137–142; *H.-J.Hermisson,* Jakobs Kampf am Jabbok (Gen 32,23–33): ZThK 71 (1974) 239–261; *F.Diedrich,* Die Anspielungen auf die Jakob-Tradition in Hos 12: FzB 27 (1977); *G.Hentschel,* Jakobs Kampf am Jabbok (Gen 32,23–33) – eine genuin israelitische Tradition?: Dienst der Vermittlung. EThSt 37 (1977) 13–37; *L.Schmidt,* Der Kampf Jakobs am Jabbok (Gen. 32,23–33): ThViat 14 (1977/78) 125–143; *A.de Pury,* Jakob am Jabbok, Gen 32,23–33, im Licht einer alt-irischen Erzählung: ThZ 35 (1979) 18–34 (Lit.); *E.Blum,* Die Komplexität der Überlieferung: DBAT 15 (1980) 2–55; *H.Utzschneider,* Das hermeneutische Problem der Uneindeutigkeit biblischer Texte – dargestellt an Text und Rezeption der Erzählung von Jakob am Jabbok (Gen 32,23–33): EvTh 48 (1988) 182–198.

§ 4. Der Auszug aus Ägypten

O.Eißfeldt, Baal Zaphon, Zeus Kasios und der Durchzug der Israeliten durchs Meer (1932); *M.Noth,* Der Schauplatz des Meerwunders: FS O.Eißfeldt (1947) 181–190; *A.Lauha,* Das Schilfmeermotiv im AT: VT.S 9 (1963) 32–46; *H.Lubscyk,* Der Auszug Israels aus Ägypten (1963); *G.Fohrer,* Überlieferung und Geschichte des Exodus (1964) (Lit.); *K.v.Rabenau,* Die beiden Erzählungen vom Schilfmeerwunder in Exod 13,17–14,31: ThV 1 (1966) 7–29; *S.Herrmann,* Israels Aufenthalt in Ägypten (1970) (Lit.); *J.M.Schmidt,* Erwägungen zum Verhältnis von Auszugs- und Sinaitradition: ZAW 82 (1970) 1–31; *R.de Vaux,* Histoire ancienne d'Israël I (1971) 305ff; *W.Groß,* Die Herausführungsformel: ZAW 86 (1974) 425–453 (Lit.);

G.W.Coats, History and Theology in the Sea Tradition: StTh 29 (1975) 53–62; *P.Weimar – E.Zenger,* Exodus (1975); *S.I.L.Norin,* Er spaltete das Meer (1977); *M.Görg,* Ausweisung oder Befreiung?: Kairos 20 (1978) 272–280; *H.C.Schmitt,* »Priesterliches« und »prophetisches« Geschichtsverständnis in der Meerwundererzählung Ex 13,17–14,31: FS E.Würthwein (1979) 139–155; *F.-E.Wilms,* Wunder im AT (1979) 146ff; *J.Scharbert,* Das »Schilfmeerwunder« in den Texten des AT: FS H.Cazelles. AOAT 212 (1981) 395–417; *H.D.Preuß,* ThWAT III, 795–822, bes. 804ff; *J.A.Soggin,* Das Wunder am Meer und in der Wüste: FS M.Delcor. AOAT 215 (1985) 379–385; *P.Weimar,* Die Meerwundererzählung: ÄAT 9 (1985); *J.L.Ska,* Le passage de la Mer: AnBib 109 (1986); *F.Kohata,* Die Endredaktion (R^P) der Meerwundererzählung: AJBI 14 (1988) 10–37; *H.F.Fuhs,* ThWAT VI, 84–105, bes. 93ff; *H.Lamberty-Zielinski,* Das »Schilfmeer«: BBB 78 (1993); *H.Utzschneider,* Die Renaissance der atl. Literaturwissenschaft und das Buch Exodus: ZAW 106 (1994) 197–223.

Exkurs 1: »Erlösung«

J.J.Stamm, Erlösen und Vergeben im AT (1940); *A.Jepsen,* Die Begriffe des Erlösens im AT (1957): Der Herr ist Gott (1978) 181–191; *J.J.Stamm,* THAT I, 383–394; *Ders.,* THAT II, 389–406; *H.Ringgren,* ThWAT I, 884–890; *H.Cazelles,* ThWAT VI, 514–522; *R.Kessler,* »Ich weiß, daß mein Erlöser lebet«: ZThK 89 (1992) 139–158.

§ 5. Die Offenbarung am Sinai

Forschungsüberblicke:

R.Smend, Das Mosebild von Heinrich Ewald bis Martin Noth (1959): Die Methoden der Moseforschung. GSt 2. BEvTh 100 (1987) 45–115; *E.Osswald,* Das Bild des Mose: ThA 18 (1962); *H.Schmidt,* Mose. Überlieferung und Geschichte: BZAW 110 (1968) (vgl. *ders.,* Der Stand der Moseforschung: Jud 21, 1965, 194–221); *W.H.Schmidt,* Exodus, Sinai und Mose: EdF 191 (1983.^{3}1995) (Lit).

H.Greßmann, Mose und seine Zeit (1913); *M.Noth,* Das zweite Buch Mose. Exodus: ATD 5 (1959.^{8}1988); *W.Beyerlin,* Herkunft und Geschichte der ältesten Sinaitraditionen (1961); *H.Seebass,* Mose und Aaron. Sinai und Gottesberg (1962); *H.Gese,* Bemerkungen zur Sinaitradition (1967): Vom Sinai zum Zion. BEvTh 64 (^{2}1984) 31–48; *L.Perlitt,* Bundestheologie im AT: WMANT 36 (1969); *W.Zimmerli,* Erwägungen zum »Bund«: FS W.Eichrodt (1970) 171–190; *Ders.,* Grundriß (o. vor § 1) 39ff; *J.M.Schmidt* (o.§ 4); *E.Zenger,* Die Sinaitheophanie (1971); *Ders.,* Israel am Sinai (1982) 114ff; *R.de Vaux* (o.§ 4) 369ff; *E.W.Nicholson,* Exodus and Sinai in History and Tradition (1973); *B.Zuber,* Vier Stud. zu den Ursprüngen Israels (1976) (Lit.); *J.Jeremias,* Theophanie: WMANT 10 (1965.^{2}1977), bes. 194ff; *D.J.McCarthy,* Treaty and Covenant (^{2}1978), bes. 243ff; *L.Perlitt,* Sinai und Horeb (1977): Deuteronomium-Stud. FAT 8 (1994) 32–49; *G.Sauer,* Vom Exoduserleben zur Landnahme: ZThK 80 (1983) 26–32; *P.Maiberger – C.Dohmen,* ThWAT V, 819–838 (Lit.); *E.Aurelius,* Der Fürbitter Israels: CB.OT 27 (1988); *B.Renaud,* La théophanie du Sinaï: CRB 30 (1991); *C.Dohmen,* Der Sinaibund als Neuer Bund nach Ex 19–34: Der neue Bund im Alten (u.Exk. 5) 51–83.

a) Ex 19

J.Jeremias (o.) 100ff; *G.J.Davies*, Hagar, el-Heğra and the location of Mt Sinai: VT 22 (1972) 152–163 (Lit.); *K.Jaroš* (o.§ 3e) 99ff; *R.Rendtorff*, Der Text in seiner Endgestalt. Überlegungen zu Ex 19: FS K.Koch (1991) 459–470.

b) Ex 24

Th.C.Vriezen, The Exegesis of Exodus XXIV 9–11: OTS 17 (1972) 100–133; *E.W.Nicholson*, The Interpretation of Exodus XXIV 9–11: VT 24 (1974) 77–97; *Ders.*, The Antiquity of the Tradition in Exodus XXIV 9–11: VT 25 (1975) 69–79; *Ders.*, The Origin of the Tradition in Exodus XXIV 9–11: VT 26 (1976) 148–160; *E.Kutsch*, Neues Testament – Neuer Bund? (1978) 27–37 (Lit.); *H.F.Fuhs*, Sehen und schauen: FzB 32 (1978) 258ff; *F.-L.Hossfeld* (u.§ 6a,1) 190–204; *E.Ruprecht*, Exodus 24,9–11 als Beispiel lebendiger Erzähltradition: FS C.Westermann (1980) 138–173.

c) Ex 34

H.Kosmala, The So-Called Ritual Decalogue (1962): Studies, Essays and Reviews I (1978) 12–42; *F.-E.Wilms*, Das jahwistische Bundesbuch in Exodus 34 (1973) (Lit.); *J.Halbe*, Das Privilegrecht Jahwes Ex 34,10–26: FRLANT 114 (1975); *E.Otto*, Das Mazzotfest in Gilgal (1975); *H.Cazelles*, L'alliance du Sinaï en Ex 34,10–27: FS M.Delcor. AOAT 215 (1985) 57–68; *J.Scharbert*, Jahwe im frühisraelitischen Recht: Gott, der einzige (u.§ 6b) 160–183; *L.Schwienhorst-Schönberger*, Das Bundesbuch Ex 20,22 – 23,33: BZAW 188 (1990); *J.Schreiner*, Kein anderer Gott!: FS O.Kaiser (1994) 199–213.

d) Der Gott von Sinai

J.M.Schmidt (o.§ 4) (Lit.); *H.-J.Zobel*, Der frühe Jahweglaube in der Spannung von Wüste und Kulturland: ZAW 101 (1989) 342–365.

§ 6. Die Charakteristika des Jahweglaubens

a) Der Jahwename

1. »Ich bin Jahwe«

E.Norden, Agnostos theos (1923) 177ff; *E.Schweizer*, Ego eimi (1939.[2]1965) 12ff; *W.Zimmerli*, Ich bin Jahwe (1953): Gottes Offenbarung. TB 19 (1963.[2]1969) 11–40; *Ders.*, Grundriß (o. vor § 1) 12ff.94ff; *K.Elliger*, Ich bin der Herr – euer Gott: KS zum AT (1966) 211–231; *H.Ringgren*, ThWAT II, 368–375; *J.A.Bühner*, Der Gesandte und sein Weg (1977); *H.Thyen*, RAC XVII, 147–213.

Zum Dekalog:

Forschungsüberblicke:
R.Smend (o.§ 5) 45–115, bes. 53ff; *J.J.Stamm*, Dreißig Jahre Dekalogforschung: ThR

27 (1961) 189–239.281–305 (Lit.); *Ders.*, Der Dekalog im Lichte der neueren Forschung (²1962); erweitert: *Ders. – M.E.Andrews*, The Ten Commandments in Recent Research: SBT 2 (1967); *E.Osswald* (o.§ 5); *E.Zenger*, Eine Wende in der Dekalogforschung?: ThRv 64 (1968) 189–198 (Lit.); *B.Lang*, Neues über den Dekalog: ThQ 164 (1984) 58–65.

H.Schmidt, Mose und der Dekalog: FS H.Gunkel (1923) 78–119; *L.Köhler*, Der Dekalog: ThR 1 (1929) 161–184; *H.H.Rowley* (u.Exk. 2); *H.Schneider*, Der Dekalog in den Phylakterien von Qumrân: BZ 3 (1959) 13–31; *H.Graf Reventlow*, Gebot und Predigt im Dekalog (1962); *G.Fohrer*, Das sogenannte apodiktisch formulierte Recht und der Dekalog (1965): Stud. zur atl. Theologie und Geschichte. BZAW 115 (1969) 120–148; *E.S.Gerstenberger*, Wesen und Herkunft des »apodiktischen Rechts«: WMANT 20 (1965); *E.Nielsen*, Die zehn Gebote: AThD 8 (1965); *J.Schreiner*, Die zehn Gebote im Leben des Gottesvolkes (1966); *H.Gese*, Der Dekalog als Ganzheit betrachtet (1967): Vom Sinai zum Zion (o.§ 5) 63–80; *A.Jepsen*, Beiträge zur Auslegung und Geschichte des Dekalogs (1967): Der Herr ist Gott (o.Exk. 1) 76–95; *A.Phillips*, Ancient Israel's Criminal Law (1970); *G.Liedke*, Gestalt und Bezeichnung atl. Rechtssätze: WMANT 39 (1971); *K.Berger*, Die Gesetzesauslegung Jesu I: WMANT 40 (1972); *M.Lestienne*, Les dix »paroles« et le décalogue: RB 79 (1972) 484–510; *W.H.Schmidt*, Überlieferungsgeschichtliche Erwägungen zur Komposition des Dekalogs: VT.S 22 (1972) 201–220 (Lit.); *V.Wagner*, Rechtssätze in gebundener Sprache und Rechtssatzreihen im israelitischen Recht: BZAW 127 (1972); *B.Reicke*, Die zehn Worte in Geschichte und Gegenwart: BGBE (1973); *H.Schüngel-Straumann*, Der Dekalog – Gottes Gebot?: SBS 67 (1973); *N.Lohfink*, Die These vom »deuteronomistischen« Dekaloganfang – ein fragwürdiges Ergebnis atomistischer Sprachstatistik (1977): Stud. zum Deuteronomium (o.§ 2) 263–290; *E.W.Nicholson*, The Decalogue as the Direct Address of God: VT 27 (1977) 422–433; *S.Ben Chorin*, Die Tafeln des Bundes (1979); *A.Lemaire*, Le Decalogue: FS H.Cazelles. AOAT 212 (1981) 259–290; *L.Perlitt*, TRE VIII, 408–413 (Lit.); *F.-L.Hossfeld*, Der Dekalog: OBO 45 (1982); *F.Crüsemann*, Bewahrung der Freiheit: KT 78 (1983); *C.Levin*, Der Dekalog am Sinai: VT 35 (1985) 165–191; *A.Graupner*, Zum Verhältnis der beiden Dekalogfassungen Ex 20 und Dtn 5: ZAW 99 (1987) 308–329; *N.Lohfink*, Kennt das AT einen Unterschied von »Gebot« und »Gesetz«? (1989): Stud. zur biblischen Theologie. SBAB 16 (1993) 206–238; *P.D.Miller*, The Place of the Decalogue in the OT and Its Law: Interp 43 (1990) 229–242; *M.Weinfeld*, Deuteronomy 1–11: AncB 5/1 (1991); *C.Dohmen*, Der Dekaloganfang und sein Ursprung: Bib 74 (1993) 175–195; *W.H.Schmidt – H.Delkurt – A.Graupner*, Die Zehn Gebote im Rahmen atl. Ethik: EdF 281 (1993) (Lit.); *R.G.Kratz*, Der Dekalog im Exodusbuch: VT 44 (1994) 205–238; *T.D.N.Mettinger*, Aniconism – A West Semite Context for the Israelite Phenomenon?: *W.Dietrich – M.A.Klopfenstein*, Ein Gott allein? (u. b) 159–178.

2. Der Name »Jahwe«

Forschungsüberblicke:

R.Kittel, RE VIII (³1900) 529–541; *A.Schleiff*, Der Gottesname Jahwe: ZDMG 90 (1936) 679–702; *R.Mayer*, Der Gottesname Jahwe im Lichte der neuesten Forschung: BZ 2 (1958) 26–53 (Lit.); *J.Kinyongo*, Origine et Signification du nom divin Yahvé: BBB 35 (1970); *W.H.Schmidt*, BK II/1, 169ff.

O.Grether, Name und Wort Gottes im AT (1934); *G.Quell,* ThWNT III, 1056–1080 (Lit.); *S.Herrmann,* Der atl. Gottesname (1966): GSt (u. 4) 76–88; *W.v.Soden,* Jahwe »Er ist, Er erweist sich« (1966): Bibel und Alter Orient. BZAW 162 (1985) 78–88; *L.Delekat,* Yahó-Yahwáe und die atl. Gottesnamenkorrekturen: FS K.G.Kuhn (1971) 23–75; *E.Jenni,* THAT I, 701–707; *R.de Vaux* (o.§ 4) 321ff; *H.B.Huffmon,* Yahweh and Mari: FS W.F.Albright (1971) 283–289; *F.M.Cross,* Canaanite Myth and Hebrew Epic (1973) 60ff (Lit.); *M.Görg,* Anfänge israelitischen Gottesglaubens: Kairos 18 (1976) 256–264; *H.Cazelles,* Pour une exégèse de Ex 3,14: Dieu et l'Être. EAug (1978) 27–44; *D.J.McCarthy,* Exod 3:14: CBQ 40 (1978) 311–322; *M.Rose,* Jahwe: ThSt 122 (1978); *Ders.,* TRE XVI, 438–441; *W.H.Schmidt,* Der Jahwename und Ex 3,14: FS E.Würthwein (1979) 123–138; *M.Weippert,* RLA V, 246–253; *H.-P.Müller,* Der Jahwename und seine Deutung Ex 3,14 im Licht der Textpublikationen aus Ebla: Bib 62 (1981) 305–327 (Lit.); *M.Saebø,* Offenbarung oder Verhüllung?: FS H.W.Wolff (1981) 43–55 (Lit.); *R.Bartelmus,* HYH: ATSAT 17 (1982) 226ff; *D.N.Freedman – P.O'Connor,* ThWAT III, 533–554; *J.S.Croatto,* Yo soy él que estoy: FS L.Alonso-Schökel (1983) 147–159; *E.A.Knauf,* Yahwe: VT 34 (1984) 467–472; *C.R.Gianotti,* The Meaning of the Divine Name YHWH: BS 142 (1985) 38–51; *G.Fischer,* Jahwe unser Gott: OBO 91 (1989); *J.S.Croatto,* Die relecture des Jahwe-Namens: EvTh 51 (1991) 39–48; *J.P.Floss,* »Ich bin mein Name«: FS H.Richter (1991) 67–80; *R.S.Hess,* The Divine Name Yahweh in Late Bronze Age Sources: UF 23 (1991) 181–188; *D.E.Aune,* RAC XVII, 1–12.

3. Jahwe – Gott der Midianiter?

W.Vischer, Jahwe, der Gott Kains (1929); *L.Köhler* (o. vor § 1) 27f; *C.H.W.Brekelmans,* Exodus XVIII and the Origins of Yahwism in Israel: OTS 10 (1954) 215–224; *K.-H.Bernhardt,* Gott und Bild (1956) 125ff; *H.H.Rowley,* Mose und der Monotheismus (1957): From Moses to Qumran (1963) 35–63; *R.Knierim,* Exodus 18 und die Neuordnung der mosaischen Gerichtsbarkeit: ZAW 73 (1961) 146–171; *A.H.J.Gunneweg,* Mose in Midian (1964): Sola Scriptura (1983) 36–44; *H.Heyde,* Kain, der erste Jahwe-Verehrer (1965); *M.Weippert* (o.§ 3) 105f; *C.Westermann,* BK I/1, 383 (Lit.); *A.Cody,* Exodus 18,12: Bib 49 (1968) 153–166; *J.Kinyongo* (o.) 7ff.39ff; *R.de Vaux* (o.§ 4) 313ff.

4. Jahwe – Gott Moses?

Forschungsüberblicke:
o.§ 5; dazu *R.J.Thompson,* Moses and the Law in a Century of Criticism (1970).

H.Gunkel, RGG^2 IV, 230–237; *R.Smend* (o.§ 5); *E.Osswald,* RGG^3 IV, 1151–1155; *H.Cazelles u.a.,* Moses in Schrift und Überlieferung (1963); *S.Herrmann,* Mose (1968): GSt zur Geschichte und Theologie des AT. TB 75 (1986) 47–75; *Ders.,* Das Werden Israels (1962): ebd. 101–119; *G.Widengren,* What do we Know About Moses?: FS D.H.Davies (1970) 21–47; *L.Perlitt,* Mose als Prophet (1971): Deuteronomium-Stud. (o.§ 5) 1–19; *G.W.Coats,* Mose in Midian: JBL 92 (1973) 1–10; *R.Rendtorff,* Mose als Religionsstifter?: GSt (o. § 1) 152–171; *W.H.Schmidt,* Jahwe in Ägypten: Kairos 17 (1976) 43–54 (vgl. BK II/1, 144ff); *Ders.,* Exodus, Sinai und Mose (o.§ 5); *Ders.,* Mose: *P.Antes* (Hg.), Große Religionsstifter (1992); *E.A.Knauf,* Midian: ADPV (1988); *E.Zenger,* TRE XXIII, 330–341 (Lit.).

b) Das erste Gebot

Zum alten Orient:
R.Mayer, Monotheistische Strömungen in der altorientalischen Umwelt Israels: MThZ 8 (1957) 97–113; *E.Otto*, Monotheistische Tendenzen in der ägyptischen Religion: WO 2 (1955) 98–110; *Ders.*, Die Geschichten des Sinuhe und der Schiffbrüchigen als »lehrhafte Stücke«: ZÄS 93 (1966) 100–111, bes. 107ff; *E.Hornung*, Der Eine und die Vielen (1971.[4]1990) (Lit.); *H.Ringgren*, ThWAT I, 286–291; *H.D.Preuß*, Verspottung fremder Religionen im AT (1971) 23ff (Lit.); *O.Keel* (Hg.), Monotheismus im Alten Israel und seiner Umwelt: BiBe 14 (1980); *J.Assmann*, Ägypten (1984) 23f (Lit.); *J.C.de Moor* (o.§ 3); *M.Weippert*, Synkretismus und Monotheismus: *J.Assmann – D.Harth* (Hg.), Kultur und Konflikt (1990) 143–179; *O.Keel – C.Uehlinger* (u. zu c).

Zum Alten Testament:
B.Balscheit, Alter und Aufkommen des Monotheismus (1938); *F.Baumgärtel*, RGG[3] IV, 1113–1115 (Lit.); *R.Knierim*, Das erste Gebot: ZAW 77 (1965) 20–39; *W.H.Schmidt*, Das erste Gebot: TEH 165 (1970); *W.Zimmerli*, Grundriß (o. vor § 1) 100ff; *J.Jeremias*, Kultprophetie und Gerichtsverkündigung in der späten Königszeit Israels: WMANT 35 (1970), bes. 140ff; *N.Lohfink – J.Bergman*, ThWAT I, 210–218; *M.Rose*, Der Ausschließlichkeitsanspruch Jahwes (1975); *E.Nielsen*, »Weil Jahwe unser Gott ein Jahwe ist«: FS W.Zimmerli (1977) 288–301; *H.Wildberger*, Der Monotheismus Deuterojesajas: ebd. 506–530 = Ders., Jahwe und sein Volk: TB 66 (1979) 249–273; *W.Berg*, Die Eifersucht Gottes: BZ 23 (1979) 197–211 (Lit.); *V.Maag*, Zum ersten Gebot: Kultur (o.§ 3) 342–346; *B.Lang* (Hg.), Der einzige Gott (1981); *A.Ohler*, Die vielen Götter und der eine Gott: KatBl 107 (1982) 726–735; *E.Haag* (Hg.), Gott, der einzige: QD 104 (1985); *W.Groß*, Yhwh und die Religionen der Nicht-Israeliten: ThQ (1989) 34–44; *K.Koch*, Die hebräische Sprache zwischen Polytheismus und Monotheismus: Spuren (u.§ 11f) 25–64; *E.Zenger* (Hg.), Der eine Gott und die Göttin: QD 135 (1991); *N.Lohfink*, Das AT und sein Monotheismus (1983): Stud. zur biblischen Theologie (o.§ 6) 133–151; *W.Dietrich –M.A.Klopfenstein* (Hg.), Ein Gott allein?: OBO 139 (1994); *D.Patrick*, Is the Truth of the First Commandment Known by Reason?: CBQ 56 (1994) 423–441; *Ders.*, The First Commandment in the Structure of the Pentateuch: VT 45 (1995) 107–118; *W.H.Schmidt*, Erwägungen zur Geschichte der Ausschließlichkeit des atl. Glaubens: VT.S 61 (1995) 289–314; *F.Stolz*, Einführung in den biblischen Monotheismus (1996).

c) Das zweite Gebot

J.Hempel, Jahwegleichnisse der israelitischen Propheten (1924): Apoxysmata. BZAW 81 (1961) 1–29; *E.Th.Obbink*, Jahwebilder: ZAW 47 (1929) 264–274; *H.Schrade*, Der verborgene Gott (1949); *W.Zimmerli*, Das zweite Gebot (1950): Gottes Offenbarung (o.§ 6a) 234–248; *W.Vischer*, Du sollst dir kein Bildnis machen: FS K.Barth (1956) 764–772; *K.-H.Bernhardt* (o.§ 6a,3); *C.H.Ratschow – B.Gemser*, RGG[3] I, 1268–1273; *J.Hempel*, Das Bild in Bibel und Gottesdienst (1957); *C.R.North*, The Essence of Idolatry: FS O.Eißfeldt. BZAW 77 (1958) 151–160; *G.v.Rad*, Aspekte atl. Weltverständnisses (1964): GSt zum AT. TB 8 ([4]1971) 311–331; *Ders.*, Weisheit in Israel (1970) 229ff; *J.Ouellette*, Le deuxième commandement: RB 74 (1967) 504–516; *E.Hornung* (o. b); *H.D.Preuß* (o. b) 16ff.279ff (Lit.);

W.Zimmerli, Das Bilderverbot in der Geschichte des alten Israel (1971): Stud. zur atl. Theologie und Prophetie. TB 51 (1974) 247–260; *Ders.,* Grundriß (o. vor § 1) 103ff; *W.H.Schmidt,* Ausprägungen des Bilderverbots?: FS G.Friedrich (1973) 25–34; *K.Jaroš* (o.§ 3e); *C.Link,* Das Bilderverbot als Kriterium theologischen Redens von Gott: ZThK 74 (1977) 58–85; *P.Welten,* BRL², 100–119; *H.Haag,* Das Bild als Gefahr für den Glauben (1979): Das Buch des Bundes. KBANT (1980) 261–274; *T.D.N.Mettinger,* The Veto on Images and the aniconic God in Ancient Israel: *H.Biezais* (Hg.), Religious Symbols and their Functions. SIDA 10 (1979) 15–29; *P.Welten,* TRE VI, 515–521 (Lit.); *J.Hahn,* Das »Goldene Kalb«: EHS.T 154 (1981); *H.Funke,* RAC XI, 659–828; *C.Dohmen,* ThWAT IV, 1009–1015; *Ders.,* Das Bilderverbot: BBB 62 (²1987); *J.Assmann* (o.) 50ff (Lit.); *A.H.J.Gunneweg,* Bildlosigkeit Gottes im Alten Israel: Henoch VI (1984) 257–270; *H.-J.Hermisson,* Gottes Freiheit – Spielraum des Menschen: ZThK 82 (1985) 129–152; *S.Schroer,* In Israel gab es Bilder: OBO 74 (1987); *J.Heller,* Anthropomorphismen und Chrematomorphismen im AT: An der Quelle des Lebens. BEAT 10 (1988) 129–148; *R.S.Hendel,* The Social Origins of the Aniconic Tradition in Early Israel: CBQ 50 (1988) 365–382; *B.J.Diebner,* Anmerkungen zum sogenannten »Bilderverbot« in der Torah: DBAT 27 (1991) 46–57; *E.Schwab,* Die Tierbilder und Tiervergleiche des AT: BN 59 (1991) 37–43; *C.Uehlinger,* NBL I (1991) 871–892; *M.Dietrich – O.Loretz,* »Jahwe und seine Aschera«: UBL 9 (1992); *O.Keel – C.Uehlinger,* Göttinnen, Götter und Gottessymbole: QD 134 (1992.²1993) (vgl. *H.Weippert,* BZ 38, 1994, 1–28); *O.Keel,* Das Recht der Bilder, gesehen zu werden: OBO 122 (1992) (vgl. *J.F.Quack,* ZDPV 110, 1994, 190–193); *F.Hartenstein,* Der Beitrag der Ikonographie zu einer Religionsgeschichte Kanaans und Israels: VF 40/1 (1995) 74–85 (Lit.); *K.Koenen,* »Süßes geht vom Starken aus« (Ri 14,14). Vergleiche zwischen Gott und Tier im AT: EvTh 55 (1995) 174–197.

Zu den Nachwirkungen:

H.L.Strack – P.Billerbeck, Kommentar zum NT aus Talmud und Midrasch IV/I (1956) 385ff; *J.Gutmann* (Hg.), No Graven Images (1971); *K.Schubert,* Das Problem der Entstehung einer jüdischen Kunst: Kairos 16 (1974) 1–13 (Lit.); *G.Stemberger,* Das klassische Judentum (1979) 219ff (Lit.); *W.H.Schmidt u.a.,* Die Zehn Gebote (o.§ 6a,1) 160ff, bes. 163 (Lit.).

d) Der Geschichtsbezug

Zum alten Orient:

W.v.Soden, Leistung und Grenze sumerischer und babylonischer Wissenschaft (1956) 61ff; *R.C.Dentan* (Hg.), The Idea of History in the Ancient Near East (1955); *E.A.Speiser,* The Biblical Idea of History in its Common Near Eastern Setting (1957): Oriental and Biblical Studies (1967) 187–212; *Ders.,* The Idea of History in Ancient Mesopotamia (1955): ebd. 270–312; *H.Otten,* RLA III, 216–221; *E.Otto,* Geschichtsbild und Geschichtsschreibung in Ägypten: WO 3 (1966) 161–176; *E.Hornung,* Geschichte als Fest (1966); *B.Albrektson,* History and the Gods (1967); *H.Cancik,* Grundzüge der hethitischen und atl. Geschichtsschreibung (1976); *J.Assmann,* Das kulturelle Gedächtnis (1992).

Zum Alten Testament:

H.Gese, Geschichtliches Denken im Alten Orient und im AT (1958): Vom Sinai zum Zion (o.§ 5) 81–98; *A.Alt,* Die Deutung der Weltgeschichte im AT: ZThK 56

(1959) 129–137; *H.Wildberger,* Jesajas Verständnis der Geschichte (1963): Jahwe und sein Volk. TB 66 (1979) 75–109 (vgl. *ders.,* BK X/1, 188f); *G.v.Rad,* Das Werk Jahwes (1966): GSt zum AT II. TB 48 (1973) 236–244 (vgl. *ders.,* TheolAT II[4], 168ff); *J.Barr,* Alt und Neu in der biblischen Überlieferung (1967) 61ff; *H.D.Preuß,* Jahweglauben und Zukunftserwartung (1968), bes. 71ff; *R.Smend,* Elemente atl. Geschichtsdenkens (1968): Die Mitte des AT. GSt 1. BEvTh 99 (1986) 160–185; *A.Rupp,* Geschichte und Seinzusammenhang: BiOr 26 (1969) 19–26; *J.R.Wilch,* Time and Event (1969); *E.Hammershaimb,* History and Cult in the OT: FS W.F. Albright (1971) 269–282; *F.Hesse,* Abschied von der Heilsgeschichte (1971); *C.Westermann,* Zum Geschichtsverständnis des AT: FS G.v.Rad (1971) 611–619; *N.W.Porteous,* OT and History: ASTI 8 (1970/1) 21–27; *M.Weippert,* Fragen des israelitischen Geschichtsbewußtseins: VT 23 (1973) 415–442 (Lit.); *H.H.Schmid,* Das atl. Verständnis von Geschichte in seinem Verhältnis zum gemeinorientalischen Denken: WuD 13 (1975) 9–21; *W.Jaeschke,* Auf der Suche nach den eschatologischen Wurzeln der Geschichtsphilosophie (1976) 99ff; *A.H.J.Gunneweg,* Vom Verstehen des AT (u.§ 19–20) 46ff; *R.Rendtorff,* Geschichtliches und weisheitliches Denken im AT: FS W.Zimmerli (1977) 344–353; *J.R.Porter,* OT Historiography: Tradition and Interpretation (o.§ 1) 125–162 (Lit.); *H.Graf Reventlow,* Hauptprobleme der atl. Theologie (o. vor § 1) 65–137; *R.Schmitt,* Abschied von der Heilsgeschichte?: EHS.T 195 (1982); *J.van Seters,* In Search of History (1983); *K.Koch,* TRE XII, 569–586 (Lit.); *J.A.Soggin,* Geschichte als Glaubensbekenntnis – Geschichte als Gegenstand wissenschaftlicher Forschung: ThLZ 110 (1985) 162–172; *J.van Seters,* Der Jahwist als Historiker: ThSt 134 (1987); *W.Werner,* Stud. zur atl. Vorstellung vom Plan Jahwes: BZAW 173 (1988); *Th.Krüger,* Geschichtskonzepte im Ezechielbuch: BZAW 180 (1989); *D.R.Daniels,* Hosea and Salvation History: BZAW 91 (1990) (vgl. *H.-D.Neef,* Bib 73, 1992, 265–270); *V.Fritz,* Weltalter und Lebenszeit: ZThK 87 (1990) 145–162.

Exkurs 2: Das Sabbatgebot

E.Jenni, Die theologische Begründung des Sabbatgebotes im AT (1956); *E.Kutsch,* RGG[3] V, 1258–1260 (Lit.); *H.-J.Kraus,* Gottesdienst in Israel ([2]1962) 88ff; *D.Correns* (Hg.), Schebiit: Die Mischna I/5 (1960); *H.H.Rowley,* Moses and the Decalogue (1951/52): Men of God (1963) 1–36, bes. 27ff; *E.Lohse,* ThWNT VII, 1–35; *N.Lohfink,* Zur Dekalogfassung von Dtn 5 (1965): Stud. zum Deuteronomium (o.§ 2) 193–209; *A.R.Hulst,* Bemerkungen zum Sabbatgebot: FS Th.C.Vriezen (1966) 152–164; *F.Stolz,* Sabbat, Schöpfungswoche und Herbstfest: WuD 11 (1971) 159–175; *M.Tsevat,* The Basic Meaning of the Biblical Sabbath: ZAW 84 (1972) 447–459; *F.Mathys,* Sabbatruhe und Sabbatfest: ThZ 28 (1972) 241–262; *H.W.Wolff,* Anthropologie des AT: KT 91 ([6]1994) 200ff; *A.Lemaire,* Le sabbat à l'époque israélite: RB 80 (1973) 161–185 (Lit.); *N.Negretti,* Il Settimo giorno (1973); *F.Stolz,* THAT II, 863–869; *N.-E.Andreasen,* Recent Studies of the OT Sabbath: ZAW 86 (1974) 453–469 (Lit.); *G.Robinson,* The Origin and Development of the OT Sabbath: Diss. Hamburg (1975); *F.Gölz,* Vom biblischen Sinn des Sabbat: ThBeitr 9 (1978) 243–256; *E.Otto,* TRE XI, 96–106, bes. 103f (Lit.); *E.Kutsch,* Der Sabbat – ursprünglich Vollmondtag?: KS zum AT. BZAW 168 (1986) 71–77; *E.Haag,* Vom Sabbat zum Sonntag: TThSt 52 (1991); *Ders.,* ThWAT VII, 1040–1057 (Lit.); *W.H.Schmidt u.a.,* Die Zehn Gebote (o.§ 6a,1) 164ff (Lit.); *H.A.McKay,* Sabbath and Synagogue (1994).

Exkurs 3: Zur atl. Ethik

J.Hempel, Das Ethos des AT: BZAW 67 (^{2}1964); *H.v.Oyen,* Ethik des AT (1967); *E.Osswald,* Hiob 31 im Rahmen der atl. Ethik: ThV 1 (1970) 9–26; Essays in OT Ethics. FS J.P.Hyatt (1974); *G.Wallis,* Natur und Ethos (1976): Mein Freund hatte einen Weinberg (o.§ 2) 145–169; *A.H.J.Gunneweg (– W.Schmithals),* Leistung: BiKon (1978); *W.H.Schmidt,* Aspekte atl. Ethik: *J.Moltmann* (Hg.), Nachfolge und Bergpredigt (1981) 12–36; *L.Ruppert,* Der Umgang mit den Volksangehörigen: *J.Horstmann* (Hg.), Und wer ist mein Nächster? (1982) 1–36; *R.Smend,* TRE X, 423–435 (Lit.); *E.Würthwein (– O.Merk),* Verantwortung: BiKon (1982); *W.C.Kaiser,* Toward OT Ethics (1983); *H.P.Mathys,* Liebe deinen Nächsten wie dich selbst: OBO 71 (1986.^{2}1990); *W.H.Schmidt u.a.,* Die Zehn Gebote (o.§ 6a,1), bes. 151 (Lit.); *E.Otto,* Theologische Ethik des AT: ThW 3,2 (1994).

§ 7. Die »Kriege Jahwes«

Zum Krieg:

F.Schwally, Semitische Kriegsaltertümer I. Der heilige Krieg im alten Israel (1901); *H.Fredriksson,* Jahwe als Krieger (1945); *G.v.Rad,* Der heilige Krieg im alten Israel (1951.^{5}1969); *O.Bauernfeind,* ThWNT VI, 501–515; *E.Nielsen,* La Guerre considérée comme une religion et la Religion comme une guerre: StTh 15 (1961) 93–112; *R.Bach,* Die Aufforderung zur Flucht und zum Kampf im atl. Prophetenspruch (1962); *R.Smend,* Jahwekrieg und Stämmebund: FRLANT 84 (1963.^{2}1966); Warfare in the Ancient Near East: Iraq XXV (1963) 110–193; *A.Noth,* Heiliger Krieg und Heiliger Kampf im Islam und Christentum (1966); *F.Stolz,* Jahwes und Israels Kriege (1972); *M.Weippert,* »Heiliger Krieg« in Israel und Assyrien: ZAW 84 (1972) 460–493 (Lit.); *P.D.Miller,* The Divine Warrior in Early Israel (1973) (vgl. *M.Weippert,* Bib 57, 1976, 126–132); *H.H.Schmid,* Heiliger Krieg und Gottesfrieden im AT: Altorientalische Welt (o.§ 1) 91–120; *P.Weimar,* Die Jahwekriegserzählungen in Exodus 14, Josua 10, Richter 4 und 1 Samuel 7: Bib 57 (1976) 38–73; *M.Rose,* »Entmilitarisierung des Krieges?«: BZ 20 (1976) 197–211; *P.C.Craigie,* The Problem of War in the OT (1978); *J.Ebach,* Das Erbe der Gewalt (1980); *M.C.Lind,* Yahweh is a Warrior (1980); *N.Lohfink* (Hg.), Gewalt und Gewaltlosigkeit im AT: QD 96 (1983); *H.E.v.Waldow,* The Concept of War in the OT: HBTh 6 (1984) 27–48; *A.Rofé,* The Laws of Warfare in the Book of Deuteronomy: JSOT 32 (1985) 23–44; *G.H.Jones,* The Concept of Holy War: *R.E.Clements* (Hg.), The World of Ancient Israel (1989) 299–321; *Sa-Moon Kang,* Divine War in the OT and in the Ancient Near East: BZAW 177 (1989) (Lit.); *A.van der Lingen,* Les guerres de Yahvé: LeDiv 139 (1990); *J.A.Soggin,* TRE XX, 19–25; *A.Ruffing,* Jahwekrieg als Weltmetapher (1992); *Th.van der Way,* Göttergericht und »Heiliger« Krieg im Alten Ägypten: Stud. zur Archäologie und Geschichte Altägyptens 4 (1992); *E.Otto,* Das Kriegslager – die Wiege der altisraelitischen YHWH-Religion?: FS K.-D.Schunck. BEAT 37 (1994) 357–373; *C.Schäfer-Lichtenberger,* Bedeutung und Funktion von Herem in biblisch-hebräischen Texten: BZ 38 (1994) 270–275.

Zum Frieden:

C.Westermann, Der Frieden im AT (1969): GSt II (1974) 196–229; *H.H.Schmid,* šalôm: SBS 51 (1971); *Ders.,* TRE XI, 605–610 (Lit.); *H.Graf Reventlow,* Friedensverheißungen im AT und NT: Friede über Israel 62 (1979) 99–109.147–153; *W.Thiel,*

Aspekte des Friedens im AT: *K.-W.Tröger* (Hg.), Nachfolge und Friedensdienst (1983) 12–23; *F.J.Stendebach*, ThWAT VIII, 12–46 (Lit.).

Exkurs 4: Gottes »Geist«

A.Jepsen (u.§ 14a,2) 12–42; *F.Baumgärtel*, ThWNT VI, 357–366 (Lit.); *D.Lys*, »Rûach« (1962); *R.Albertz – C.Westermann*, THAT II, 726–753; *K.-D.Schunck*, Wesen und Wirksamkeit des Geistes (1976): AT und Heiliges Land. GSt I. BEAT 17 (1989) 137–151; *Ders.*, Wesen und Wirken des Geistes nach dem AT: SLAG 18 (1979) 7–30; *C.Westermann*, Geist im AT: EvTh 41 (1981) 223–230; *Z.Weisman*, The Personal Spirit as Imparting Authority: ZAW 93 (1981) 225–234; *W.H.Schmidt*, TRE XII, 170–173 (Lit.); *R.Koch*, Der Geist Gottes im AT (1991).

§ 8. Der Stämmeverband

M.Noth, Das System der zwölf Stämme Israels (1930.1980); *R.Smend*, Die Bundesformel (1963); *Ders.*, Zur Frage der altisraelitischen Amphiktyonie (1971): Zur ältesten Geschichte Israels. GSt 2 (1987) 210–216; *G.E.Mendenhall*, Recht und Bund in Israel und dem Alten Vorderen Orient (1960); *K.Baltzer*, Das Bundesformular (1960); *S.Herrmann*, Das Werden Israels (1962): GSt (o.§ 6a4) 101–119; *G.Fohrer*, AT – »Amphiktyonie« und »Bund«?: Stud. zur atl. Theologie und Geschichte (o.§ 6a) 84–119 (Lit.); *G.Schmitt*, Der Landtag von Sichem (1964); *F.Nötscher*, Bundesformular und »Amtsschimmel«: BZ 9 (1965) 181–214; *E.v.Schuler*, Die Kaškäer (1965) 71ff (zu einer Zwölfstämmegruppe von Halbnomaden im Norden Kleinasiens); *D.J.McCarthy*, Der Gottesbund im AT (1966), erweitert: OT Covenant (1972) (Lit.); *Ders.*, Treaty and Covenant ([2]1978); *C.Barth*, Theophanie, Bundesschließung und neuer Anfang am dritten Tage: EvTh 28 (1968) 521–533; *R.Martin-Achard*, La signification de l'Alliance dans l'AT d'aprés quelques récents travaux: RThPh 101 (1968) 88–102; *N.Lohfink*, Beobachtungen zur Geschichte des Ausdrucks ›Volk Jahwes‹ (1971): Stud. zur biblischen Theologie (o.§ 6) 99–132; *R.de Vaux*, Histoire ancienne d'Israël II (1973) 19ff; *H.Weippert*, Das geographische System der Stämme Israels: VT 23 (1973) 76–89; *A.D.H.Mayes*, Israel in the Pre-Monarchy Period: VT 23 (1973) 151–170; *Ders.*, Israel in the Period of Judges: SBT 29 (1973); *C.H.J.de Geus*, The Tribes of Israel (1976) (vgl. ZAW 84, 1972, 383f); *S.Tengström*, Die Hexateucherzählung (1976) 48ff; *O.Bächli*, Amphiktyonie im AT (1977) (vgl. VT 19, 1979, 238ff); *M.Metzger*, Probleme der Frühgeschichte Israels: VF 22 (1977) 30–43; *H.Seebass*, Erwägungen zum altisraelitischen System der zwölf Stämme: ZAW 90 (1978) 196–220; *N.K.Gottwald*, The Tribes of Yahweh (1979); *W.Thiel*, Die soziale Entwicklung Israels in vorstaatlicher Zeit ([2]1985) 10ff; *H.Mölle*, Der sogenannte Landtag zu Sichem: FzB 43 (1980); *W.R.Wifall*, The Tribes of Yahweh: ZAW 95 (1983) 197–209; *N.P.Lemche*, ›Israel in the Period of the Judges‹ – The Tribal League in Recent Research: StTh 38 (1984) 1–28; *C.Sigrist – R.Neu* (Hg.), Ethnologische Texte zum AT I. Vor- und Frühgeschichte Israels (1988); *J.D.Martin*, Israel as a Tribal Society: *R.E.Clements* (o.§ 7) 95–117; *R.Neu*, Von der Anarchie zum Staat. Entwicklungsgeschichte Israels vom Nomadentum zur Monarchie im Spiegel der Ethnosoziologie (1992).

Exkurs 5: »Bund«

Außer der Literatur zu § 8: *R.Kraetzschmar*, Die Bundesvorstellung im AT (1896); *J.Begrich*, Berit (1944): GSt zum AT. TB 21 (1964) 55–66; *A.Jepsen*, Berith (1961):

Der Herr ist Gott (o.Exk. 1) 196–210; *N.Lohfink,* Die Landverheißung als Eid (1967); *L.Perlitt,* Bundestheologie im AT (o.§ 5); *H.-P.Müller,* Ursprünge und Strukturen atl. Eschatologie: BZAW 109 (1969) 173ff; *W.Zimmerli,* Sinaibund und Abrahambund (1960): Gottes Offenbarung (o.§ 6a) 205–216; *Ders.,* Erwägungen zum »Bund«: FS W.Eichrodt (1970) 171–190; *Ders.,* Grundriß (o. vor § 1) 39ff; *E.Kutsch,* Verheißung und Gesetz: BZAW 131 (1972) (Lit.) (vgl. *ders.,* THAT I, 339–352); *Ders.,* »Ich will euer Gott sein«. berit in der Priesterschrift: ZThK 71 (1974) 361–388; *Ders.,* Von der Aktualität atl. Aussagen für das Verständnis des NT: ZThK 74 (1977) 273–290; *Ders.,* NT – Neuer Bund? (1978); *Ders.,* TRE VII, 397–403; *M.Weinfeld,* ThWAT I, 781–808 (Lit.); *W.Eichrodt,* Darf man heute noch von einem Gottesbund mit Israel reden?: ThZ 30 (1974) 193–206; *L.Wächter,* Die Übertragung der Beȓtvorstellung auf Jahwe: ThLZ 99 (1974) 801–816; *J.Bright,* Covenant and Promise (1976); *J.Barr,* Some Semantic Notes on the Covenant: FS W.Zimmerli (1977) 23–38; *W.Thiel,* Die Rede vom »Bund« in den Prophetenbüchern: ThV 9 (1977) 11–36 (vgl. *ders.,* HĒFĒR B^{E}RÎT. Zum Bundesbrechen im AT: VT 20, 1970, 214–229); *C.Westermann,* BK I/2, 136ff.307 (Lit.) (vgl. *ders.,* Genesis 17 und die Bedeutung von berit: ThLZ 101, 1976, 161–170); *R.Martin-Achard,* Qumran et son milieu: RThPh 110 (1978) 299–306; *W.Groß,* Bundeszeichen und Bundesschluß in der Priesterschrift: TThZ 87 (1978) 98–115; *G.Gerleman,* Die »Besonderheit«: Stud. zur atl. Theologie (1980) 24–37; *J.Scharbert,* ›Berît‹ im Pentateuch: FS H.Cazelles (1981) 163–170; *Ders.,* Der Bund zwischen Jahwe und Israel: Ausgewählte Themen der Theologie des AT II (1983) 159–227 (Lit.); *P.Kalluveettiel,* Declaration and Convenant: AnBib 88 (1982); *C.Levin,* Die Verheißung des neuen Bundes in ihrem theologiegeschichtlichen Zusammenhang ausgelegt: FRLANT 137 (1985); *S.Herrmann,* »Bund« eine Fehlübersetzung von »b^{e}rīt«?: GSt (o.§ 6a,4) 210–220; *E.W.Nicholson,* God and his People. Covenant and Theology in the OT (1986) (vgl. *N.Lohfink,* BZ 34, 1990, 296–298); *R.Davidson,* Covenant Ideology in Ancient Israel: *R.E.Clements* (o.§ 7) 323–347; *V.Hamp,* Der neue Bund mit Israel: Weisheit und Gottesfurcht (1990) 233–250; *W.H.Schmidt,* Zukunftsgewißheit und »nachlaufende Erkenntnis«: FS K.Koch (1991) 161–181, bes. 173ff; *E.Zenger,* Israel und die Kirche im einen Gottesbund?: KuI 2 (1991) 99–114; *Ders.* (Hg.), Der neue Bund im Alten. Stud. zur Bundestheologie der beiden Testamente: QD 146 (1993); *F.-L.Hossfeld,* Bund und Tora in den Psalmen: FS J.Maier. BBB 88 (1993) 66–77; *R.Koch,* Die Bundesmoral im AT (1994); *G.Braulik* (Hg.), Bundesdokument und Gesetz. Stud. zum Deuteronomium: HBS 4 (1995); *W.Groß,* Neuer Bund oder Erneuerter Bund. Jer 31,31–34 in der jüngsten Diskussion: *B.J.Hilberath – D.Sattler* (Hg.), Vorgeschmack. Ökumenische Bemühungen um die Eucharistie (1995) 89–114; *N.Lohfink,* Bund als Vertrag im Deuteronomium: ZAW 107 (1995) 215–239; *R.Rendtorff,* Die »Bundesformel«: SBS 160 (1995) (vgl. *ders.,* JBL 108, 1989, 385–393).

Exkurs 6: »Erwählung«

Th.C.Vriezen, Die Erwählung Israels nach dem AT (1953); *K.Koch,* Zur Geschichte der Erwählungsvorstellung in Israel: ZAW 67 (1955) 205–226; *P.Altmann,* Erwählungstheologie und Universalismus im AT (1964); *O.Bächli,* Die Erwählung des Geringen im AT: ThZ 22 (1966) 385–395; *F.Hesse,* Erwägungen zur religionsgeschichtlichen und theologischen Bedeutung der Erwählungsgewißheit Israels: FS Th.C.Vriezen (1966) 125–137; *H.-J.Zobel,* Ursprung und Verwurzelung des Erwählungsglaubens Israels: ThLZ 93 (1968) 1–12; *H.Wildberger,* Die Neuinterpretation des Erwählungsglaubens Israels in der Krise der Exilszeit: FS W.Eichrodt (1970) 307–324 = Ders., Jahwe und sein Volk: TB 66 (1979) 192–209; *Ders.*, THAT I, 275–300; *J.Bergman – H.Ringgren – H.Seebass*, ThWAT I, 592–608; *H.Seebass*, TRE X, 182–189 (Lit.); *H.-J.Hermisson*, Zur Erwählung Israels: FS G.Krause (1982) 37–66; *J.Scharbert*, »Erwählung« im AT im Licht von Gen 12,1–3: Ausgewählte Themen II (o.Exk. 5) 143–156 (Lit.).

§ 9. Heiligtümer, Feste und Opfer

a) Die Heiligtümer

Zu den Ortsheiligtümern (vgl. § 3e):
H.W.Hertzberg, RGG³ III, 156–160 (Lit.); *H.-J.Kraus*, Gottesdienst in Israel (²1962) 149ff; *W.H.Irwin*, Le sanctuaire central Israélite avant l'établissement de la monarchie: RB 72 (1965) 161–184; *K.-D.Schunck*, Zentralheiligtum, Grenzheiligtum und »Höhenheiligtum« in Israel (1971): AT und Heiliges Land (o.Exk. 4) 105–113; *Ders.*, ThWAT I, 662–667; *P.Welten*, Kulthöhe und Jahwetempel: ZDPV 88 (1972) 19–37; *Ders.*, BRL² I, 194f; *A.Kuschke*, ebd. 333–341 (Lit.); *P.H.Vaughan*, The meaning of bamâ in the OT (1974); *M.Haran*, Temples and Temple-Service in Ancient Israel (1978); *M.Ottosson*, Temples and Cult Places in Palestine (1980); *A.Biram* (Hg.), Temples and High Places in Biblical Times (1981); *D.Kellermann*, TRE XIV, 677–679; *P.Werner*, Die Entwicklung der Sakralarchitektur in Nordsyrien und Südostkleinasien (1994); *W.Zwickel*, Der Tempelkult in Kanaan und Israel: FAT 10 (1994).

Zu Zelt und Lade:
E.Kutsch, RGG³ IV, 197–199; *Ders.*, RGG³ VI, 1894 (Lit.); *J.Maier*, Das altisraelitische Ladeheiligtum (1965); *M.Görg*, Das Zelt der Begegnung (1967); *F.J.Helfmeyer*, Die Nachfolge Gottes im AT (1968) 186ff; *Th.A.Busink*, Der Tempel von Jerusalem I–II (1970.1980); *G.Fohrer*, Die Ladeerzählung (1971): Stud. zu atl. Texten und Themen. BZAW 155 (1981) 3–10; *J.Jeremias*, Lade und Zion (1971): Das Königtum Gottes in den Psalmen (u.§ 11a) 167–182; *J.Gutmann*, The History of the Ark: ZAW 83 (1971) 22–30; *R.Schmitt*, Zelt und Lade als Thema atl. Wissenschaft (1972) (Forschungsgeschichte); *K.Koch*, ThWAT I, 128–141; *H.-J.Zobel*, ebd. 391–401 (Lit.); *F.Schicklberger*, Die Lade-Erzählung des ersten Samuelbuches (1973); *H.J.Stoebe*, Das erste Buch Samuelis (1973), bes. 154ff; *A.F.Campbell*, The Ark Narrative (1975); *Ders.*, Yahweh and the Ark: A Case Study in Narrative: JBL 98 (1979) 31–43; *E.Otto* (o.§ 5c) 199ff; *V.Fritz*, Tempel und Zelt: WMANT 47 (1977); *K.Rupprecht*, Der Tempel von Jerusalem: BZAW 144 (1978) 51ff; *P.Welten*, Lade – Tempel – Jerusalem: FS E.Würthwein (1979) 169–183; *J.Dus*, Zur bewegten Geschichte der israelitischen Lade: AION 41 (1981) 351–383; *B.Janowski*, Sühne als Heilsgeschehen: WMANT 55 (1982) 320ff (Lit.); *K.Koch*, ThWAT IV, 744–750; *N.Lohfink*, Zur deuteronomistischen Zentralisationsformel (1984): Stud. zum Deuteronomium und zur deuteronomistischen Literatur II. SBAB 12 (1991) 147–177; *M.Metzger*, Königsthron und Gottesthron: AOAT 15/1 (1985) 309ff; *B.Janowski*, Keruben und Zion (1991): Gottes Gegenwart in Israel (1993) 247–280.335f (Lit.); *T.Staubli*, Das Image der Nomaden im Alten Israel und in der Ikonographie seiner seßhaften Nachbarn: OBO 107 (1991), bes. 207ff.222ff; *C.Houtman*, Wie fiktiv ist das Zeltheiligtum von Exodus 25–40?: ZAW 106 (1994) 107–113.

b) Die Feste

R.Rendtorff, Der Kultus im alten Israel (1956): GSt (o. § 1) 89–109 (Überblick); *E.Kutsch*, RGG^3 II, 910–917 (Lit.); *H.-J.Kraus* (o.Exk. 2) 40ff; *Ders.*, Gottesdienst im alten und im neuen Bund (1965): Biblisch-theologische Aufs. (1972) 195–234; *R.de Vaux*, Das AT und seine Lebensordnungen II (1962) 341–380 (Lit.); *R.Martin-Achard*, Essai biblique sur les fêtes d'Israel (1974); *B.Kedar-Kopfstein*, ThWAT II, 730–744; *H.Groß*, Kult und Kanon des AT: Kernfragen des AT (1977) 105–121; *E.Otto* (*T.Schramm*), Fest und Freude (1977); *G.Sauer*, Israels Feste und ihr Verhältnis zum Jahweglauben: FS W.Kornfeld (1977) 135–141; *M.Haran* (o.§ 9a) 289ff; *L.Wächter*, Der jüdische Festkalender: ZdZ 34 (1980) 259–267; *Ders.*, Das jüdische Festjahr: Die Christenlehre 35 (1982) 194–203; *F.-E.Wilms*, Freude vor Gott (1981); *E.Otto*, TRE XI, 96–106; *B.J.Diebner*, TRE XIV, 5–28 (Lit.); *P.J.Budd*, Holiness and Cult: *R.E.Clements* (o.§ 7) 323–347.

1. Das Passa-Mazzenfest

J.Pedersen, Passahfest und Passahlegende: ZAW 52 (1934) 161–175; *L.Rost*, Weidewechsel und altisraelitischer Festkalender (1943): Das kleine Credo (o.§ 2) 101–112; *S.Mowinckel*, Die vermeintliche »Passahlegende« Ex 1–15: StTh 5 (1951) 66–88; *H.-J.Kraus*, Zur Geschichte des Passah-Massot-Festes im AT: EvTh 18 (1958) 47–67; *E.Kutsch*, Erwägungen zur Geschichte der Passafeier und des Massotfestes: ZThK 55 (1958) 1–35 (vgl. *ders.*, RGG^3 II, 911f); *J.B.Segal*, The Hebrew Passover (1963); *N.Füglister*, Die Heilsbedeutung des Pascha (1963); *P.Laaf*, Die Pascha-Feier: BBB 36 (1970) (vgl. *F.Langlamet*, RB 79, 1972, 126ff); *H.Haag*, Vom alten zum neuen Pascha (1971); *R.de Vaux* (o.§ 4) 344ff; *O.Keel*, Erwägungen zum Sitz im Leben des vormosaischen Pascha und zur Etymologie von *bqh*: ZAW 84 (1972) 414–434; *F.J.Stendebach*, Das Verbot des Knochenzerbrechens bei den Semiten: BZ 17 (1973) 29–38; *L.Rost*, Josias Passa: Stud. zum AT (1974); *E.Otto* (o.§ 5c); *R.Schmitt*, Exodus und Passah: OBO 7 (1975.^{2}1982); *J.Halbe*, Passa – Massot im deuteronomischen Festkalender: ZAW 87 (1975) 147–168; *J.Henninger*, Les Fêtes de printemps chez les sémites et la Pâque Israélite (1975); *B.N.Wambacq*, Les origines de la *Pesah* israélite: Bib 57 (1977) 206–224; *Ders.*, Les Massôt: Bib 61 (1980) 31–54; *Ders.*, Pessah – Massôt: Bib 62 (1981) 499–518; *J.Schreiner*, Ex 12,21–23 und das israelitische Pascha: FS W.Kornfeld (1977) 69–90; *M.Haran* (o.§ 9a) 317ff; *M.Delcor*, Reflexion su la Pâque du temps de Josias d'après 2 Rois 23,21–33: Henoch IV (1982) 205–218; *J.Scharbert*, Das Pascha als Fest der Erlösung im AT: FS J.G.Ploeger (1983) 21–30; *W.H.Schmidt* (o.§ 5) 52ff (Lit.); *D.Kellermann*, ThWAT IV, 1074–1081 (Lit.); *G.Stemberger*, Pesachhaggada und Abendmahlsberichte (1987): Stud. zum rabbinischen Judentum. SBAB 10 (1990) 357–374; *M.Köckert*, Leben in Gottes Gegenwart. Zum Verständnis des Gesetzes in der priesterschriftlichen Literatur: JBTh 4 (1989) 29–61, bes. 46ff; *E.Otto*, ThWAT VI, 659–682 (Lit.); *K.Grünwaldt*, Exil und Identität. Beschneidung, Passa und Sabbat in der Priesterschrift: BBB 85 (1992) (Lit.); *S.Bar-On*, Zur literarkritischen Analyse von Ex 12,12–17: ZAW 107 (1995) 18–30; *P.Weimar*, Zum Problem der Entstehungsgeschichte von Ex 12,1–14: ebd. 1–17.

2. Das Ernte- oder Wochenfest

E.Lohse, ThWNT VI, 44–53, bes. 45–49; *E.Otto*, ThWAT VII, 1000–1027 (Lit.).

3. Das Lese- oder Laubhüttenfest

E.Kutsch, Verheißung und Gesetz (1973) 153ff (Lit.); *J.C.de Moor,* New Year with Canaanites and Israelites I–II (1972); *J.H.Eaton,* Kingship and the Psalms (1976), bes. 102ff; *S.Springer,* Neuinterpretation im AT (1979).

4. Weitere Feste

Zum Purimfest: Die Kommentare zum Estherbuch von *H.Bardtke* (KAT XVII/5, 1963), *E.Würthwein* (HAT I/18, ²1969) und *G.Gerleman* (BK XXI, 1973); *J.C.H.Lebram,* Purimfest und Estherbuch: VT 22 (1972) 208–222.
Zu Chanukka: *W.Dommershausen,* ThWAT III, 20–22.
Zur Volksklagefeier: *H.W.Wolff,* Der Aufruf zur Volksklage (1964): GSt zum AT (²1973) 392–401 (Lit.); *J.Jeremias,* Kultprophetie (o.§ 6b) 146ff.

c) Die Opfer

L.Rost, Erwägungen zum israelitischen Brandopfer (1958): Das kleine Credo (o.§ 2) 112–119; *Ders.,* Stud. zum Opfer im Alten Israel: BWANT 113 (1981); *R.Hentschke,* RGG³ IV, 1641–1647 (Lit.); *H.H.Rowley,* The Meaning of Sacrifice in the OT: From Moses to Qumram (o.§ 6a,3) 67–107; *R.de Vaux* (o.§ 9b) 259f; *Ders.,* Les sacrifices de l'AT (1964); *R.Schmid,* Das Bundesopfer in Israel (1964), bes. 75ff; *G.Bornkamm,* Lobpreis, Bekenntnis und Opfer (1964): GAufs. III (1968) 122–139; *A.H.J.Gunneweg,* Leviten und Priester: FRLANT 89 (1965); *H.-J.Hermisson,* Sprache und Ritus im altisraelitischen Kult (1965) 29ff; *R.Rendtorff,* Stud. zur Geschichte des Opfers im Alten Israel (1967); *B.A.Levine,* In the Presence of the Lord (1974); *J.Milgrom,* Cult and Conscience (1976); *D.Kellermann,* ThWAT I, 463–472; VI, 105–124; *K.Koch,* ThWAT II, 857–870; *C.Dohmen,* ThWAT IV, 787–801.987–1001; *H.J.Boecker,* Überlegungen zur Kultpolemik der vorexilischen Propheten: FS H.W.Wolff (1981) 169–180 (Lit.); *E.Haag,* Opfer und Hingabe im AT: FS J.G.Ploeger (1983) 333–346; *A.Schenker* (Hg.), Stud. zu Opfer und Kult im AT: FAT 3 (1992); *I.Willi-Plein,* Opfer und Kult im atl. Israel: SBS 153 (1993); *C.K.Saßmann,* Die Opferbereitschaft Israels: EHS.T 529 (1995); *T.Seidl,* ThWAT VIII, 101–111.

§ 10. Die Bedeutung kanaanäischer Götter

M.H.Pope – W.Röllig, Die Mythologie der Ugariter und Phönizier: *H.W.Haussig,* Wörterbuch der Mythologie I. Götter und Mythen im Vorderen Orient (1965) 217–312; *M.J.Mulder,* Kanaanäische Goden in het OT (1965) (Lit); *W.F.Albright,* Yahweh and the Gods of Canaan (1968); *H.Gese,* Die Religionen Altsyriens: RM X/2 (1970) 1–232; *J.C.de Moor,* Semitic Pantheon: UF 2 (1970) 187–228; *W.Helck,* Betrachtungen zur großen Göttin und den ihr verbundenen Gottheiten (1971), bes. 149ff; *F.M.Cross,* Canaanite Myth and Hebrew Epic (1973); *K.Jaro* (o.§ 3e); *O.Negbi,* Canaanite Gods in Metal (1976); *M.Hörig,* Dea Syria (1979); *H.-J.Zobel,* ThWAT IV, 224–243; *F.Stolz,* TRE XVII, 539–556 (Lit.); *B.Langemeyer,* Versuche einer Integration der kanaanäischen Fruchtbarkeitsreligion in den Glauben an Jahwe: Franziskanische Stud. 69/1–2 (1987) 69–78; *I.Cornelius,* The Iconography of the Canaanite Gods Reshef and Baʿal: OBO 140 (1994); *P.W.Haider u.a.* (Hg.), Religionsgeschichte Syriens (1996).

Zu Ugarit:
E.Jacob – H.Cazelles, Ras Shamra: DBS IX (fasc. 52–53, 1979) 1124–1466; *D.Kinet,* Ugarit: SBS 104 (1981); KTU; TUAT II/3 (1988) 299–358; ARTU; RTAT 205ff; *O.Loretz,* Ugarit und die Bibel (1990) (Lit.); *S.v.Reden,* Ugarit und seine Welt (1991) (vgl. *N.Cholidis,* UF 23, 1991, 446f); *G.J.Brooke* (Hg.), Ugarit and the Bible: UBL 11 (1994).

a) Der Gott El

O.Eißfeldt, El im ugaritischen Pantheon (1951); *Ders.,* El und Jahwe (1956): KS III (1966) 386–397; *M.H.Pope,* El in the Ugaritic Texts (1955); *H.Schmid,* Jahwe und die Kulttraditionen von Jerusalem: ZAW 67 (1955) 168–197; *W.Röllig,* El als Gottesbezeichnung im Phönizischen: FS J.Friedrich (1959) 403–416; *R.Rendtorff,* El, Ba'al und Jahwe (1966): GSt (o.§ 1) 172–187; *H.Weismann,* Die Patriarchen und ihre Religion im Licht der Forschung seit J.Wellhausen (1968) 113ff; *U.Oldenburg,* The Conflict between El and Ba'al in Canaanite Religion (1969); *F.Stolz,* Strukturen und Figuren im Kult von Jerusalem (1970) 126ff; *W.H.Schmidt,* THAT I, 142–149; *F.M.Cross,* ThWAT I, 259–279; *C.F.Schaeffer,* El, Elat et Asherat: FS A.Dupont-Sommer (1971) 137–150; *W.Schatz,* Genesis 14 (1972) 207ff; *E.Otto,* El und Jhwh in Jerusalem: VT 30 (1980) 316–329; *M.H.Pope,* The Status of El at Ugarit (1987): UBL 10 (1994) 47–61; *H.-J.Zobel,* ThWAT VI, 131–151; *J.C.de Moor* (o.§ 3) 234ff; *H.Niehr,* Der höchste Gott: BZAW 190 (1990); *R.Rendtorff,* 'El als israelitische Gottesbezeichnung: ZAW 106 (1994) 4–21.

b) Der Gott Baal

O.Eißfeldt, Ba'alšamêm und Jahwe (1939): KS II (1963) 171.198; *A.S.Kapelrud,* Baal in the Ras Shamra Texts (1952); *M.J.Mulder,* Ba'al in het OT (1962); *N.C.Habel,* Yahweh versus Baal (1964); *K.L.Vince,* The Establishment of Baal at Ugarit (1965); *J.C.de Moor,* The Seasonal Pattern in the Ugaritic Myth of Ba'lu (1971); *P.J.van Zijl,* Baal (1972); *J.C.de Moor – M.J.Mulder,* ThWAT I, 706–727 (Lit.); *R.A.Oden,* Ba'al šamen and 'El: CBQ 39 (1977) 457–473; *D.Kinet,* Ba'al und Jahwe (1977); *M.S.Smith,* The Ugaritic Baal Cycle: VT.S 55 (1994); *I.Cornelius* (s.o.); *K.Engelken,* ZAW 108 (1996 233–248.

Zu anderen Gottheiten:
J.H.Croon, RAC XIII, 1190–1232 (Lit.); *S.M.Olyan,* Ashera and the Cult of Yahweh in Israel: SBL.MS 34 (1988); *U.Worschech,* Der Gott Kemosch: UF 24 (1992) 393–401; *St.A.Wiggins,* A Reassessement of ›Ashera‹: AOAT 235 (1993) (vgl. *F.Zeeb,* UF 25, 1993, 512–515); *C.Frevel,* Aschera und der Ausschließlichkeitsanspruch YHWHs: BBB 94,1–2 (1995). Vgl. auch § 6b und c.

§ 11. Die neuen Gottesaussagen

O.Loretz (o.§ 10) 96ff; *J.C.de Moor,* The Rise of Yahwism (o.§ 3) 101ff; *G.Wallis,* Aufnahme und Überwindung kanaanäischer Vorstellungen und Eigenarten durch Alt-Israel: Mein Freund hatte einen Weinberg (o.§ 2) 89–99.

a) Das »Königtum« Gottes

P.Volz, Das Neujahrsfest Jahwes (1912); *S.Mowinckel,* Psalmenstudien II. Das Thronbesteigungsfest Jahwäs und der Ursprung der Eschatologie (1922.1961); *O.Eißfeldt,* Jahwe als König (1928): KS I (1962) 172–193 (vgl. KS V, 1973, 216–221); *M.Buber,* Königtum Gottes (1932.³1956) = Werke II (1964) 485ff; *H.Gunkel – J.Begrich,* Einleitung in die Psalmen (1933.⁴1984) 94ff; *A.Alt,* Gedanken über das Königtum Jahwes: KS I (1953) 345–357; *H.Schmid* (o.§ 10a); *D.Michel,* Stud. zu den sog. Thronbesteigungspsalmen (1956): *P.H.A.Neumann* (Hg.), Zur neueren Psalmenforschung. WdF 192 (1976) 367–399; *V.Maag* (o.§ 3); *W.H.Schmidt,* Königtum Gottes in Ugarit und Israel: BZAW 80 (1961.²1966) (Lit.); *E.Lipiński,* La royauté de Yahwé dans la poésie et le culte l'Ancien Israël (1965); *J.de Fraine,* La royauté de Yahvé dans les textes concernant l'arche: VT.S 15 (1966) 134–149; *H.-M.Lutz* (u.§ 13); *F.Langlamet,* Les Récits de l'Institution de la Royauté (I Sam. VII–XII): RB 77 (1970) 161–200, bes. 177ff (Lit.); *J.A.Soggin,* THAT I, 908–920, bes. 914ff (Lit.); *H.Wildberger,* BK X/1, 244f; *K.H.Schelkle,* Königsherrschaft Gottes: BiLe 15 (1974) 120–135; *M.Görg,* Gott-König-Reden in Israel und Ägypten: BWANT 105 (1975); *J.H.Ulrichsen,* JHWH mālāk: VT 27 (1977) 361–374; *J.Coppens,* La royauté de Yahvé dans le Psautier: EThL 53 (1977) 297–362; *Ders.,* La royauté de Yahvé dans le Psautier: EThL 54 (1978) 1–59; *E.Otto (– T.Schramm)* (o.§ 9a) 46ff; *H.-J.Kraus,* BK XV/1, 94ff; *Ders.,* BK XV/3, 28ff; *J.Gray,* The Biblical Doctrine of the Reign of God (1979); *H.Groß,* Der Universalitätsanspruch des Reiches Gottes nach dem AT: FS E.Schick (1979) 105–119; *F.Guggisberg,* Die Gestalt des Mal'ak Jahwe im AT: Diss. Neuchâtel (1979); *F.Stolz,* Erfahrungsdimensionen im Reden von der Herrschaft Gottes: WuD 15 (1979) 9–32; *W.Dietrich,* Gott als König: ZThK 77 (1980) 251–268; *P.Welten,* Königsherrschaft Jahwes und Thronbesteigung: VT 32 (1982) 297–310; *V.Maag,* Hiob (1982) 50ff; *T.D.N.Mettinger,* YHWH SABAOTH: Studies in the Period of David and Salomon and other Essays (1982) 109–138; *Ders.,* The Dethronement of Sabaoth: CB.OT 18 (1982); *O.Camponovo,* Königtum, Königsherrschaft und Reich Gottes in den frühjüdischen Schriften: OBO 58 (1984); *H.-J.Fabry,* ThWAT IV, 266–270; *K.Seybold,* ThWAT IV, 947–956; *J.Jeremias,* Das Königtum Gottes in den Psalmen: FRLANT 141 (1987); *O.Loretz,* Ugarit-Texte und Thronbesteigungspsalmen: UBL 7 (1988); *M.Z.Brettler,* God is King. Understanding an Israelite Metaphor: JSOT.S 76 (1989) (vgl. *H.Irsigler,* BZ 36, 1992, 135–137); *B.Janowski,* Das Königtum Gottes in den Psalmen (1989): Gottes Gegenwart (o.§ 9a) 148–213.334f (Lit.); *R.Scolarick,* Trishagion und Gottesherrschaft. Ps 99 als Neuinterpretation von Tora und Propheten: SBS 138 (1989); *H.Spieckermann,* »Die ganze Erde ist seiner Herrlichkeit voll«: ZThK 87 (1990) 415–436; *M.Hengel – A.M.Schwemer* (Hg.), Königsherrschaft Gottes und himmlischer Kult: WUNT 55 (1991); *H.Irsigler,* Gott als König in Berufung und Verkündigung Jesajas: FS N.Füglister (1991) 127–154; *Ders.,* Thronbesteigung in Psalm 93?: FS H.Richter (1991) 155–190; *N.Lohfink,* Der Begriff des Gottesreichs vom AT her gesehen: Stud. zur biblischen Theologie (o.§ 6) 152–205; *K.A.Deurloo,* »JHWH ist König geworden« geschichtlich verstanden: *H.Pavlincová – D.Papoušek* (Hg.), The Bible in cultural Context (1994) 81–86; *J.C.L.Gibson,* The Kingship of Yahweh against its Canaanite Background: Ugarit and the Bible (o.§ 10) 101–112; *J.Schaper,* Psalm 47 und sein »Sitz im Leben«: ZAW 106 (1994) 262–275; *K.Koenen* (u.§ 16) 60ff.

b) Der »heilige« Gott

R.Otto, Das Heilige (1917) 74ff; *R.Asting,* Die Heiligkeit im Urchristentum (1930) 1–34; *J.Hänel,* Die Religion der Heiligkeit (1931); *H.Ringgren,* The Prophetical Conception of Holiness (1948); *F.Horst,* RGG³ III, 148–151 (Lit.); *M.Noth,* »Die Heiligen des Höchsten« (1955): GSt zum AT (³1966) 274–290; *R.Rendtorff,* Die Offenbarungsvorstellungen im Alten Israel (1961): GSt (o.§ 1) 39–59; *W.H.Schmidt,* Wo hat die Aussage: Jahwe »der Heilige« ihren Ursprung?: ZAW 74 (1962) 62–66; *F.Nötscher,* Vom Alten zum Neuen Testament (1962) 128f (Lit.); *C.W.Brekelmans,* The Saints of the Most High and their Kingdom: OTS 14 (1965) 305–329; *C.J.Labuschagne,* The Incomparability of Yahweh in the OT (1966); *R.Hanhart,* Die Heiligen des Höchsten: VT.S 16 (1967) 90–101; *H.W.Jüngling,* Der Tod der Götter (1969) 46ff; *H.Wildberger,* BK X/1, 248ff; *F.Stolz,* Jahwes Unvergleichlichkeit und Unergründlichkeit: WuD 14 (1977) 9–24; *C.Westermann,* THAT I, 794–811, bes. 802ff; *H.-P.Müller,* THAT II, 589–609; *F.M.Cross,* ThWAT I, 259–279, bes. 271ff; L'expression du sacré dans les grandes religions I. Proche-Orient ancien et traditions bibliques: HoRe I (1978); *G.Bettenzoli,* Geist der Heiligkeit (1979); *G.Giesen,* Die Wurzel schbʿ »schwören«: BBB 56 (1981); *B.Kimpel,* Philosophies of Life of the Ancient Greeks and Israelites (1981); *J.Scharbert,* Der ›heilige‹ Gott: Ausgewählte Themen der Theologie des AT I (1982) 53–55 (Lit.); *A.van Selms,* The Expression ›The Holy One of Israel‹: FS J.P.M.van der Ploeg (1982) 257–269; *D.Kellermann,* TRE XIV, 697–703; *W.Kornfeld – E.Ringgren,* ThWAT VI, 1179–1204; *H.-D.Neef,* Gottes himmlischer Thronrat: AzTh 79 (1994).

c) Der »lebendige« Gott

W.W.Graf Baudissin, Adonis und Esmun (1911) 450ff; *H.Junker,* »Der Lebendige« als Gottesbeiname im Alten Reich: AÖAW.PH (1954,12) 169–191; *G.Widengren,* Sakrales Königtum im AT und im Judentum (1955) 69ff; *F.F.Hvidberg,* Weeping and Laughter in the OT (1962) (vgl. *W.Schottroff,* ZDPV 89, 1973, 99–104 [Lit.]); *W.H.Schmidt,* Baals Tod und Auferstehung: ZRGG 15 (1963) 1–13 (Lit.); *E.M.Yamauchi,* Tammuz and the Bible: JBL 84 (1965) 283–290; *Ders.,* Cultic Prostitution: FS C.H.Gordon. AOAT 22 (1973) 213–222; *H.-J.Kraus,* Der lebendige Gott (1967): Biblisch-theologische Aufs. (1972) 1–36 (Lit.); *A.Ohler,* Mythologische Elemente im AT (1969) 140ff; *C.Colpe,* Zur mythologischen Struktur der Adonis-, Attis- und Osiris-Überlieferungen: FS W.v.Soden (1969) 23–44; *F.Nötscher,* Altorientalischer und atl. Auferstehungsglauben (mit Literaturnachtrag von *J.Scharbert,* ²1970); *G.Schmuttermayer,* Psalm 18 und 2. Samuel 22 (1971) 182ff (Lit.); *H.-J.Zobel,* Der kanaanäische Hintergrund der Vorstellung vom lebendigen Gott (1975): AT – Literatursammlung und Heilige Schrift. BZAW 212 (1993) 117–135; *G.Gerleman,* THAT I, 554f; *S.Erlandsson,* ThWAT II, 612–619; *H.Ringgren,* ebd. 874–898; *W.H.Ph.Römer,* Einige Überlegungen zur ›Heiligen Hochzeit‹ nach altorientalischen Texten: FS J.P.M.van der Ploeg (1982) 411–427; *S.Kreuzer,* Der lebendige Gott: BWANT 116 (1983); *W.Fauth,* Sakrale Prostitution im Vorderen Orient und im Mittelmeerraum: JAC 31 (1988) 24–39 (vgl. *ders. – M.-B.v.Srtitzky,* RAC XV, 73–82); *Chr.Schäfer-Lichtenberger,* JHWH, Hosea und die drei Frauen im Hoseabuch: EvTh 55 (1995) 114–140.

d) Die Theophanie

A.Weiser, Die Darstellung der Theophanie in den Psalmen und im Festkult: Glaube und Geschichte im AT (1961) 303–321; *F.Schnutenhaus,* Das Kommen und Erscheinen Jahwes im AT: ZAW 76 (1964) 1–21; *J.Jeremias,* Theophanie (o.§ 5) (Lit.); *E.Jenni,* »Kommen«, im theologischen Sprachgebrauch des AT: FS W.Eichrodt (1970) 251–261; *Ders.,* THAT I, 267f; *G.Wehmeier,* THAT II, 272–290, bes. 282ff; *H.D.Preuß,* ThWAT I, 562ff.

e) Der Chaosdrachenkampf

H.Gunkel, Schöpfung und Chaos in Urzeit und Endzeit (1895. ^{2}1921); *O.Kaiser* (o.§ 3e) (Lit.); *J.Jeremias* (o.§ 11d) 26ff.90ff; *W.H.Schmidt* (o.§ 11a) 43ff; *R.Hillmann,* Wasser und Berg. Kosmische Verbindungslinien zwischen dem kanaanäischen Wettergott und Jahwe: Diss. Halle (S.) (1965); *A.Ohler* (o.§ 11c) 71ff, bes. 101ff; *F.Stolz* (o.§ 10a) 14ff; *C.Westermann,* BK I/1, 39ff.190f; *M.Wakeman,* God's Battle with the Monster (1973); *S.I.L.Norin* (o.§ 4); *E.Lipiński,* ThWAT IV, 521–527; *J.Day,* God's Conflict with the Dragon and the Sea (1985); *H.-J.Fabry,* ThWAT V, 384–397.407f; *C.Auffrath,* Der drohende Untergang. »Schöpfung« in Mythos und Ritual im Alten Orient und in Griechenland: RGVV 39 (1991); *R.Mosis,* »Ströme erheben, Jahwe, ihr Tosen . . .«: FS N.Füglister (1991) 223–255; *T.Podella,* Der »Chaoskampfmythos« im AT: FS K.Bergerhof. AOAT 232 (1993) 283–329 (Lit.).

f) Die Schöpfung

H.Gunkel (o.§ 11e); *G.v.Rad,* Das theologische Problem des atl. Schöpfungsglaubens (1936): GSt. TB 8 (1958.^{4}1971) 136–147 (vgl. *ders.,* TheolAT I^{4}, 149ff und TheolAT II^{4}, 254f); *R.Rendtorff,* Die theologische Stellung des Schöpfungsglaubens bei Deuterojesaja (1954): GSt (o.§ 1) 209–219; *K.-H.Bernhardt,* Zur Bedeutung der Schöpfungsvorstellung für die Religion Israels in vorexilischer Zeit: ThLZ 85 (1960) 821–824; *W.H.Schmidt,* Die Schöpfungsgeschichte der Priesterschrift: WMANT 17 (1964.^{3}1974) (Lit.); *L.R.Fisher,* Creation at Ugarit and in the OT: VT 15 (1965) 313–324; *J.P.Hyatt,* Was Yahweh Originally a Creator Deity?: JBL 86 (1967) 369–377; *O.Loretz,* Schöpfung und Mythos (1968); *A.Ohler* (o.§ 11c) 117ff; *E.Haag,* Der Mensch am Anfang (1970); *L.I.J.Stadelmann,* The Hebrew Conception of the World (1970); *O.H.Steck,* Die Paradieserzählung (1970): Wahrnehmungen Gottes im AT. TB 70 (1982) 9–116 (vgl. 221ff.240ff); *Ders.,* Der Schöpfungsbericht der Priesterschrift: FRLANT 115 (1975.^{2}1981) (vgl. *W.H.Schmidt,* ThLZ 104, 1979, 801–803); *Ders.,* Welt und Umwelt: BiKon (1978) (vgl. ThZ 34, 1978, 202–211; KuD 23, 1977, 277–299); *G.Pettinato,* Das altorientalische Menschenbild (1971); *W.H.Schmidt,* THAT I, 336ff.736ff; *H.Wildberger,* THAT II, 560ff; *N.C.Habel,* »Yahweh, Maker of Heaven and Earth«: JBL 91 (1972) 321–337; *C.Westermann,* BK I/1; *Ders.,* Schöpfung: ThTh 12 (1971.1983); *Ders.,* Gen 1–11: EdF 7 (1972) (Lit.); *Ders.,* Schöpfung und Evolution (1983): GSt III (1984) 27–38; *R.Martin-Achard,* Remarques sur la signification théologique de la Création selon l'AT: RHPhR 52 (1972) 3–11; *H.H.Schmid,* Schöpfung, Gerechtigkeit und Heil (1973): Altorientalische Welt in der atl. Theologie (o.§ 1) 9–30; *Th.M.Ludwig,* The Traditions of the Establishing of the Earth in Deutero-Isaiah: JBL 92 (1973) 345–357 (Lit.); *R.Albertz,* Weltschöpfung und Menschenschöpfung: CThM 3 (1974); *C.Houtman,* De Hemel in het OT (1974) = Der Himmel im AT: OSt 30 (1993); *V.Notter,* Biblischer Schöpfungsbericht und ägyptische Schöpfungsmythen (1974); *F.de Liagre-Böhl – H.A.Brongers,* Weltschöpfungsgedanken in Alt-Israel: Persica 7 (1975/78) 69–136; *L.Vosberg,* Stud. zum Reden vom Schöpfer in den Psalmen (1975); *A.Angerstorfer,*

Der Schöpfergott des AT (1979); *J.Ebach,* Weltentstehung und Kulturentwicklung bei Philo von Byblos (1979); *A.S.Kapelrud,* Die Theologie der Schöpfung im AT: ZAW 91 (1979) 159–170; *W.H.Schmidt,* Schöpfung durch das Wort im AT. Ein Weg von Gen 2 zu Gen 1 (1979): Vielfalt I (u.§ 12a) 61–79; *K.-D.Schunck,* Die Auffassung des AT von der Natur (1979): AT und Heiliges Land (o.Exk. 4) 153–170; *W.Zimmerli,* Der Mensch im Rahmen der Natur nach den Aussagen des ersten biblischen Schöpfungsberichts: ZThK 76 (1979) 139–158; *J.Bergmann,* ThWAT I, 769ff; *R.Luyster,* Wind and Water: ZAW 93 (1981) 1–10; *R.Oberforcher,* Die Flutprologe als Kompositionsschlüssel der biblischen Urgeschichte (1981); *H.Weippert,* Schöpfer des Himmels und der Erde: SBS 102 (1981); *H.Graf Reventlow* (o.§ 6d) 148ff (Lit.); *U.Mann,* Schöpfungsmythen (1982); *H.Seebass,* Gott der Schöpfer nach dem AT: Der Gott der ganzen Bibel (1982) 152ff; *W.Berg,* Die Theologie der Schöpfung im AT: *J.Scharbert,* Ausgewählte Themen II (o.Exk. 5) 1–75 (Lit.); *R.Maser,* Sonne und Mond: Kairos 25 (1983) 41–67; *K.Koch,* Gestaltet die Erde, doch heget das Leben! (1983): Spuren des hebräischen Denkens. GAufs. I (1991) 223–237; *M.Metzger,* Eigentumsdeklaration und Schöpfungsaussage: FS H.-J.Kraus (1983) 37–51; *E.Otto,* Schöpfung als Kategorie der Vermittlung von Gott und Welt in biblischer Theologie: ebd. 53–68; *H.D.Preuß,* Biblisch-theologische Erwägungen eines Alttestamentlers zum Problemkreis Ökologie: ThZ 39 (1983) 68–101; *L.Schmidt,* Schöpfung – Natur und Geschichte: *H.J.Boecker u.a.* (Hg.), AT (1983.^{5}1995); *B.W.Anderson* (Hg.), Creation in the OT (1984); *P.Doll,* Menschenschöpfung und Weltschöpfung in der atl. Weisheit: SBS 117 (1985); *J.Jeremias,* Die Verwendung des Themas Schöpfung im AT: *W.Lohff – H.C.Knuth* (Hg.), Schöpfungsglaube und Umweltverantwortung (1985) 101–145; *K.Eberlein,* Gott der Schöpfer – Israels Gott: BEAT 5 (1986.^{2}1989); *H.Gross,* Die Schöpfung als Bund: FS J.Ratzinger (1988) 127–136; *C.Dohmen,* Schöpfung und Tod: SBB 17 (1988); *C.Frey,* Neue Perspektive; Literaturbericht: ZEE 33 (1989) 217–232 (Lit.); *B.Janowski,* Das Königtum Gottes in den Psalmen (1989): Gottes Gegenwart (o.§ 9a) 148–213, bes. 205ff; *Ders.,* Tempel und Schöpfung (1990): ebd. 214–246; *H.Spieckermann,* Heilsgegenwart (u.§ 16) 21–86; *M.Schubert,* Schöpfungstheologie bei Kohelet: BEAT 15 (1989); *H.Groß,* Die Allmacht des Schöpfergottes. Hi 26,5–14: FS H.Reinelt (1990) 75–84; *O.Loretz* (o.§ 10) 153ff; Schöpfung und Neuschöpfung. JBTh 5 (1990) (dort bes. *J.Jeremias,* Schöpfung in Poesie und Prosa im AT, 11–36); *C.Auffrath* (o.§ 11e); *W.Herrmann,* Wann wurde Jahwe zum Schöpfer der Welt?: UF 23 (1991) 165–180; *C.Link,* Schöpfung: HST 7/2 (1991); *H.D.Preuß,* TheolAT I, 259ff (Lit. Anm. 635); *M.Welker,* »Was ist Schöpfung?«: EvTh 51 (1991) 208–224; *C.Dohmen,* Schöpfer des Himmels und der Erde: *M.Lutz-Bachmann u.a.* (Hg.), Gottesnamen. Schriften der Diözesenakademie Berlin 7 (1992) 32–54; *J.Jeremias,* Schöpfung und Verantwortung im AT: GlLern 7 (1992) 105–116; *W.H.Schmidt,* Gott und Böses (1992): Vielfalt II (u.§ 14b,2) 267–282; *H.-J.Zobel,* Das Schöpfunghandeln Jahwes im Zeugnis der Propheten: FS H.D.Preuß (1992) 191–200; *R.Albertz,* Schöpfung: HWP 8 (1993) 1389–1393; *B.Janowski,* Gefährten und Feinde des Menschen (1993); *C.Streibert,* Schöpfung bei Deuterojesaja und in der Priesterschrift: BEAT 8 (1993); *M.Banks – G.Baumann,* Im Anfang war . . .? Gen 1,1ff und Prov 8,22–31 im Vergleich: BN 71 (1994) 24–52; *S.Bickel,* La Cosmogonie Egyptienne: OBO 134 (1994); *C.Levin,* Tatbericht und Wortbericht in der priesterschriftlichen Schöpfungserzählung: ZThK 91 (1994) 115–133; *S.Talmon,* Das biblische Verständnis der Schöpfung: Israels Gedankenwelt in der Hebräischen Bibel. GAufs. III (1995) 119–148.

Zu *qnh* mit dem Gottesprädikat »Erwerber/Schöpfer der Erde«:
W.H.Schmidt, THAT II, 650–659, bes. 657f; *H.-J.Zobel,* ThWAT VI, 131–151, bes. 145f; *O.Loretz* (o.§ 10), bes. 153ff; *K.-H.Bernhardt,* TRE XXII, 414–417; *E.Lipiński,* ThWAT VII, 63–71, bes. 67ff.

g) Übernahme und Aneignung

Lit. zur Unvergleichlichkeit s.o. b.
K.Seybold, ThWAT IV, 1–7, bes. 4f.

§ 12. Das Königtum

a) Der König

K.F.Euler, Königtum und Götterwelt in den altaramäischen Inschriften Nordsyriens: ZAW 56 (1938) 272–313; *R.Labat,* Le caractère religieux de la royauté assyro-babylonienne (1939); *I.Engnell,* Studies in Divine Kingship (1943); *H.Frankfort,* Kingship and the Gods (1948); *S.H.Hooke* (Hg.), Myth, Ritual and Kingship (1958); *G.Widengren,* Religionsphänomenologie ([2]1969) 360ff (Lit.); *H.Brunner,* Grundzüge der altägyptischen Religion (1984) 64ff; *J.Day,* Molech (1989); *J.Aboud,* Die Rolle des Königs und seiner Familie nach den Texten von Ugarit: FARG 27 (1994); *D.O'Conner – D.P.Silverman,* Ancient Egyptian Kingship: PÄ (1994).

A.Alt, Das Königtum in den Reichen Israel und Juda (1951): KS II (1959) 116–134; *M.Noth,* Gott, König, Volk im AT (1950): GSt zum AT ([3]1966) 188–299; *J.de Fraine,* L'aspect religieux de la royauté israélite (1954); *G.Widengren,* Sakrales Königtum im AT und im Judentum (1955); *S.Mowinckel,* He that Cometh (1956); *K.-H.Bernhardt,* Das Problem der altorientalischen Königstheologie im AT: VT.S 8 (1961) (Lit); *A.R.Johnson,* Sacral Kingship in Ancient Israel ([2]1967); *R.de Vaux* (o.§ 9b) I ([2]1964) 149ff; *Ders.,* Le roi d'Israël, vassal de Yahvé: Bible et Orient (1967) 287–301; *J.Scharbert,* Heilsmittler im AT und im Alten Orient (1964); *J.A.Soggin,* Das Königtum in Israel (1967) (Lit.); *Ders.,* Der Beitrag des Königtums zur israelitischen Religion: VT.S 23 (1972) 9–26; *N.Poulsen,* König und Tempel im Glaubenszeugnis des AT (1967); *G.Wallis,* Die Anfänge des Königtums in Israel (1963): Geschichte und Überlieferung. AzTh II/13 (1968) 45–65; *H.J.Boecker,* Die Beurteilung der Anfänge des Königtums in den deuteronomistischen Abschnitten des 1. Samuelbuches: WMANT 31 (1969); *J.Gray,* Sacral Kingship in Ugarit: Ugaritica VI (1969) 289–302; *F.Langlamet,* L'Institution de la Royauté: RB 77 (1970) 186ff (Lit.); *L.Schmitt* (o.§ 3e); *G.Sauer,* Die Bedeutung des Königtums für den Glauben Israels: ThZ 27 (1971) 440–461; *W.H.Schmidt,* Kritik am Königtum (1971): Vielfalt und Einheit atl. Glaubens I (1995) 171–192; *K.Seybold,* Das davidische Königtum im Zeugnis der Propheten (1972); *T.Veijola,* Die ewige Dynastie (1975); *Ders.,* Das Königtum in der Beurteilung der deuteronomistischen Historiographie (1977); *J.H.Eaton,* Kingship and the Psalms (1976); *T.D.N.Mettinger,* King and Messiah (1976); *S.S.Patro,* Royal Psalms in Modern Scholarship: Diss. Kiel (1976); *T.Ishida,* The Royal Dynasties in Ancient Israel (1977); *J.Kegler,* Politisches Geschehen und theologisches Verstehen: CThM 8 (1977); *F.Crüsemann,* Widerstand gegen das Königtum: WMANT 49 ([2]1985); *A.D.H.Mayes,* The Rise of the Israelite Monarchy: ZAW 90 (1978) 1–19; *H.-J.Kraus,* BK XV/3, 134ff; *J.R.Fears,* RAC XI,

1103–1159; *M.-J.Seux,* RLA VI, 141–173; *L.Schmidt,* König und Charisma im AT: KuD 28 (1982) 73–87; *S.Timm,* Die Dynastie Omri: FRLANT 124 (1982); *R.Smend,* Der Ort des Staates im AT: ZThK 80 (1983) 245–261; *N.-E.Andreasen,* The Role of the Queen Mother in Israelite Society: CBQ 45 (1983) 225–234; *H.Ringgren – K.Seybold – H.-J.Fabry,* ThWAT IV, 926–957; *S.Wagner,* Das Reich des Messias. Zur Theologie atl. Königspsalmen: ThLZ 109 (1984) 865–874; *M.Görg,* Stud. (o.§ 6); *W.Fauth,* Diener der Götter – Liebling der Götter: Saec 39 (1989) 217–247; *J.P.Weinberg,* Der König im Weltbild des Chronisten: VT 39 (1989) 415–437; *K.W.Whitelam,* Israelite Kingship: *R.E.Clements* (o.§ 7) 119–139; *L.Schmidt,* TRE XIX, 327–333; *A.Moenikes,* Die grundsätzliche Ablehnung des Königtums in der Hebräischen Bibel: BBB 99 (1995); *C.Sigrist – R.Neu* (Hg.), Ethnologische Texte zum AT I. Die Entstehung des Königtums (1995).

b) Der Sohn Gottes

G.Quell, ThWNT V, 959–974; *G.Fohrer,* ThWNT VIII, 340–354 (Lit.); *H.-J.Kraus,* RGG³ VI, 1233f; *E.Hübner,* Credo in Deum patrem?: EvTh 23 (1963) 646–672; *P.Humbert,* Yahvé Dieu géniteur?: AsSt 18/19 (1965) 247–251; *J.Jeremias,* Abba (1966); *W.Schlißke,* Gottessöhne und Gottessohn im AT (1973); *E.Jenni,* THAT I, 1–17; *J.Kühlwein,* ebd. 316–325; *Ders.,* ebd. 732–736; *H.Ringgren,* ThWAT I, 1–19; *J.Bergmann – H.Ringgren – H.Haag,* ebd. 668–682; *P.A.H.de Boer,* Fatherhood and Motherhood in Israelite and Judean piety (1974); *H.Haag,* Sohn Gottes im AT: TThQ 154 (1974) 223–231; *Ders.,* »Sohn Gottes« in der Sprache und Begrifflichkeit des AT: Conc 18 (1982) 177–181; *V.Huonder,* Israel Sohn Gottes (1975); *L.Perlitt,* Der Vater im AT (1976): Allein mit dem Wort (1995) 81–131; *A.Schenker,* Gott als Vater – Söhne Gottes (1978): Text und Sinn. OBO 103 (1991) 1–53; *H.P.Stähli,* Knabe – Jüngling – Knecht: BET 7 (1978); *H.Bartelmus,* Heroentum in Israel und seiner Umwelt: AThANT 65 (1979); *G.Delling,* RAC XI, 1159–1185; *J.Scharbert,* Sohn Gottes: Ausgewählte Themen I (o.§ 11b) 29–34 (Lit.); *C.Colpe,* RAC XII, 19–58; *G.Vanoni,* »Du bist doch unser Vater« (Jes 63,16). Zur Gottesvorstellung des Ersten Testamentes: SBS 159 (1994).

c) Das Ebenbild Gottes

L.Köhler, Die Grundstelle der Imago-Dei-Lehre, Genesis I,26: ThZ 4 (1948) 16–22; *F.Horst,* Der Mensch als Ebenbild Gottes (1950): Gottes Recht (1961) 222–234; *J.J.Stamm,* Die Gottebenbildlichkeit des Menschen im AT (1959); *W.H.Schmidt* (o.§ 11f) 132ff (Lit.); *H.Wildberger,* Das Abbild Gottes: ThZ 21 (1965) 245–259.481–501 = Ders., Jahwe und sein Volk: TB 66 (1979) 110–145; *O.Loretz – E.Hornung,* Die Gottesebenbildlichkeit des Menschen (1967) (Lit.); *O.Loretz* (o.§ 11f) 66ff; *C.Westermann,* BK I/1, 51f.203ff (Lit.); *J.Barr,* The Image of God in the Book of Genesis: BJRL 51 (1968) 11–26; *L.Scheffczyk* (Hg.), Der Mensch als Bild Gottes: WdF 124 (1969); *E.Otto,* Der Mensch als Geschöpf und Bild Gottes in Ägypten: FS G.v.Rad (1971) 335–348; *J.M.Miller,* In the »Image« and »Likeness« of God: JBL 91 (1972) 289–304; *J.J.Stamm,* Zur Frage der Imago Dei im AT: FS K.Guggisberg (1974) 243–253; *T.N.D.Mettinger,* Abbild oder Urbild? »Imago Dei« in traditionsgeschichtlicher Sicht: ZAW 86 (1974) 403–424 (Lit.); *H.Wildberger,* THAT II, 556–563; *H.D.Preuß,* ThWAT II, 273–277; *J.Ebach,* Die Erschaffung des Menschen als Bild Gottes: WPKG 66 (1977) 198–217; *J.Jervell,* TRE VI, 491f; *W.Groß,* Die Gottebenbildlichkeit des Menschen im Kontext der Priesterschrift: TThQ 161 (1981)

244–264; *E.Zenger*, Gottes Bogen in den Wolken: SBS 112 (1983) 84ff; *B.Ockinga*, Die Gottebenbildlichkeit im Alten Ägypten und im AT (1984); *G.A.Jónnson*, The Image of God: CB.OTS 26 (1988); *W.Groß*, Die Gottesebenbildlichkeit des Menschen nach Gen 1,26.27 in der Diskussion des letzten Jahrzehnts: BN 68 (1993) 35–48; *U.Rüterswörden*, Dominium Terrae: BZAW 215 (1993).

d) Der Messias

H.Greßmann, Der Messias: FRLANT 43 (1929); *S.Mowinckel* (o.§ 12a); *E.Kutsch*, Salbung als Rechtsakt im AT und im Alten Orient (1963); *S.Herrmann*, Die prophetischen Heilserwartungen im AT (u.§ 14b,10); *M.Rehm*, Der königliche Messias (1968); *J.Coppens*, Le messianisme royal (1968); *W.H.Schmidt*, Die Ohnmacht des Messias (1969): Vielfalt I (o.§ 12a) 154–170 (vgl. II, 233–253, bes. 241ff); *U.Kellermann*, Messias und Gesetz (1971); *K.Seybold* (o.§ 12a); *L.Schmitt* (o.§ 12a) 172ff; *J.Becker*, Messiaserwartung im AT (1977); *H.Gese*, Der Messias: Zur biblischen Theologie. BEvTh 78 (1977.[2]1983) 128ff; *H.Groß*, Der Messias im AT: Kernfragen des AT (1977) 66ff; *P.Höffken*, Heilszeitherrschererwartung im babylonischen Raum: WO 9 (1977) 57–71; *H.Cazelles*, Le messie de la Bible (1978) = Atl. Christologie (1983); *H.Graf Reventlow*, Hauptprobleme der biblischen Theologie (o. vor § 1) 50f; *R.Kilian*, Jes 1–39: EdF 200 (1983) 5ff (Lit.); *K.Seybold*, ThWAT V, 46–59 (Lit.); *H.Strauß*, Messianisch ohne Messias: EHS.T 232 (1983); *Ders.*, TRE XXII, 617–621 (Lit.); *J.Scharbert*, Der Messias im AT. Ausgewählte Themen der Theologie des AT III (1984) 1–98; *N.Lohfink*, Der Messiaskönig und seine Armen kommen zum Zion (1988): Stud. zur biblischen Theologie (o.§ 6) 294–314; *E.-J.Waschke*, Die Frage nach dem Messias im AT als Problem atl. Theologie und biblischer Hermeneutik: ThLZ 113 (1988) 321–332; *U.Struppe* (Hg.), Stud. zum Messiasbild im AT: SBAB 6 (1989); *A.Laato*, Josiah and David Redivivus: CB.OTS 33 (1992); *H.Seebass*, Herrscherverheißungen im AT: BThSt 19 (1992); Der Messias. JBTh 8 (1993).

e) Der Gottesknecht

H.Haag, Der Gottesknecht bei Deuterojesaja: EdF 233 (1985) (Lit.); *B.Janowski* (o.§ 9a); *Ders.*, Gottesknecht und Sündenbock: Gottes Gegenwart (o.§ 9a) 281–326.336f; *M.Metzger* (o.§ 9a); *Ders.*, Thron und Herrlichkeit: FS S.Herrmann (1991) 237–262; *O.H.Steck*, Gottesknecht und Zion. GAufs. zu Deuterojesaja: FAT 4 (1992).

§ 13. Der Zion

A.Alt, Jerusalems Aufstieg (1925): KS III ([2]1968) 243–257; *M.Noth*, Jerusalem und die israelitische Tradition (1950): GSt zum AT ([3]1966) 172–187 (vgl. 346–371); *H.Schmid* (o.§ 10a); *N.W.Porteous*, Jerusalem-Zion: The Growth of a Symbol: FS W.Rudolph (1961) 235–252; *Th.C.Vriezen*, Jahwe en zijn Stad (1962); *J.Schreiner*, Sion-Jerusalem. Jahwes Königssitz (1963); *H.Gese*, Der Davidsbund und die Zionserwählung (1964): Vom Sinai zum Zion (o.§ 5) 113–129; *G.Fohrer*, ThWNT VII, 291–318; *G.Wanke*, Die Zionstheologie der Korachiten (1966); *R.de Vaux*, Jérusalem et les Prophètes (1966): Interpreting the Prophetic Tradition (1969) 275–300; *H.Schmidt*, Israel, Zion und die Völker: Diss. Zürich (1966); *A.Kuschke*, Der Tempel

Salomos und der »syrische Tempeltypus«: FS L.Rost (1967) 124–132 (Lit.); *H.-M.Lutz,* Jahwe, Jerusalem und die Völker (1968); *H.H.Schmid,* Gerechtigkeit als Weltordnung (1968), bes. 11f.74f; *Th.A.Busink,* Der Tempel von Jerusalem I (1970) (Lit.); *M.Metzger,* Himmlische und irdische Wohnstatt Jahwes: UF 2 (1970) 139–158; *F.Stolz* (o.§ 10a) (Lit.); *S.Talmon,* Die Bedeutung Jerusalems in der Bibel: *W.Ekkert* (Hg.), Jüdisches Volk – gelobtes Land (1970) 135–152; *D.Baltzer,* Ezechiel und Deuterojesaja (u.§ 14b,1) 27ff; *R.Bach,* »Der Bogen zerbricht, Spieße zerschlägt und Wagen mit Feuer verbrennt«: FS G.v.Rad (1971) 13–26; *J.Jeremias* (o.§ 9a); *K.-D.Schunck,* Juda und Jerusalem in vor- und frühisraelitscher Zeit (1971): AT und Heiliges Land (o.Exk. 4) 97–104; *R.J.Clifford,* The Cosmic Mountain in Canaan and the OT (1972) 131ff; *J.J.M.Roberts,* The Davidic Origin of the Zion Tradition: JBL 92 (1972) 329–344; *W.Schatz* (o.§ 10a); *O.H.Steck,* Friedensvorstellungen im alten Jerusalem: ThSt 111 (1972) (Lit.); *E.Otto* (o.§ 9b); *Ders.,* Jerusalem (1980); *F.L.Horton,* The Melchizedek Tradition (1976); *F.Huber,* Jahwe, Juda und die anderen Völker beim Propheten Jesaja (1976) 233ff; *K.Rupprecht* (o.§ 9a); *V.Fritz* (o.§ 9a); *H.-J.Kraus,* BK XV/1, 94ff; *Ders.,* BK XV/3, 88ff; *M.Tsevat,* ThWAT III, 930–939; *T.D.N.Mettinger,* The Dethronement (o.§ 11a); *R.Kilian* (o.§ 12d) 40ff (Lit.); *H.Brunner,* Die Gerechtigkeit: ZRGG 39 (1987) 210–225; *M.Küchler – C.Uehlinger* (Hg.), Jerusalem. Texte – Bilder – Steine (1987); *J.J.M.Roberts,* Jahwe's Foundation in Zion (Isa 28:16): JBL 106 (1987) 27–45; *H.Schwier,* Tempel und Tempelzerstörung (1989); *O.H.Steck,* Zion als Gelände und Gestalt (1989): Gottesknecht und Zion (o.§ 12e) 126–145; *E.Haag,* Zion und Schilo: FS H.Reinelt (1990) 85–115; *J.Marböck,* Exodus zum Zion: ebd. 163–179; *H.Niehr* (o.§ 10a); *J.Scharbert,* Das historische Umfeld von Psalm 48: FS N.Füglister (1991) 291–306; *U.Sperling,* Das theophanische Jahwe-Überlegenheitslied. Forschungsbericht und gattungskritische Untersuchung der sog. Zionslieder: EHS.T 426 (1991); *B.Janowski,* Keruben und Zion (1991): Gottes Gegenwart (o.§ 9a) 247–280.335f (Lit.); *H.Spieckermann,* Stadtgott und Gottesstadt: Bib 73 (1992) 1–31; Zion. Ort der Begegnung. FS L.Klein: BBB 90 (1993) (dort bes. *O.Keel,* Fern von Jerusalem, 439–502); *K.Bieberstein – H.Bloedhorm,* Jerusalem: BTAVO.B 100/1–3 (1994); *E.Zenger,* Zur redaktionsgeschichtlichen Bedeutung der Korachpsalmen: FS W.Beyerlin. HBS 1 (1994) 175–198 (Lit.); *W.Zwickel,* Die Tempelquelle Ezechiel 47: EvTh 55 (1995) 140–154; U.Wagner-Lux – H. Brakman – K. Thraede, RAC XVII, 631–764.

Zur Verehrung von »Schemesch«/Sonne:
Th.Hartmann, THAT II, 987–999 (Lit.); *H.-P.Stähli,* Solare Elemente im Jahweglauben des AT: OBO 66 (1985); *J.Glen Taylor,* Yahweh and the Sun: JSOT.S 111 (1993); *E.Lipiński,* ThWAT VIII, 306–314 (Lit.); *B.Janowski,* JHWH und der Sonnengott. Aspekte der Solarisierung JHWHs in vorexilischer Zeit: *J.Mehlhausen* (Hg.), Pluralismus und Identität (1995) 214–241.

§ 14. Die Prophetie

B.Duhm, Israels Propheten ([2]1922); *H.Gunkel,* Einleitung: *H.Schmidt,* Die großen Propheten. SAT II/2 ([2]1923) XVIIf; *M.Buber,* Der Glaube der Propheten (1950): Werke II (1964) 231–484; *R.Rendtorff,* ThWNT VI, 796–813; *H.W.Wolff,* Hauptprobleme atl. Prophetie: GSt zum AT (1964.[2]1973) 206–231; *Ders.,* Stud. zur Prophetie: TB 76 (1987); *J.Lindblom,* Prophecy in Ancient Israel (1962); *G.v.Rad,* TheolAT II ([4]1965); *G.Fohrer,* Stud. zur atl. Prophetie: BZAW 99 (1967); *W.Zim-*

merli, Grundriß (o. vor § 1) 84ff.159ff (Lit.); *J.Jeremias*, THAT II, 7–26 (Lit.); *W.McKane*, Prophecy and the Prophetic Literature: Tradition and Interpretation (o.§ 1) 163–188 (Lit.); *H.-P.Müller*, ThWAT V, 140–163; *H.-J.Zobel*, Prophet in Israel und Juda (1985): AT (o.§ 11c) 77–95; *Ders.*, Das Ich des Psalmisten und das Ich des Propheten: ebd. 181–197; *G.Wallis* (Hg.), Zwischen Heil und Gericht (1987); *Ders.* (Hg.), Erfüllung und Erwartung. Stud. zur Prophetie auf dem Weg vom Alten zum Neuen Testament (1990); *R.P.Caroll*, Prophecy and Society: *R.E.Clements* (o.§ 7) 203–225; *J.Becker*, Historischer Prophetismus und biblisches Prophetenbild: FS H.Reinelt (1990) 11–23; *H.Donner*, »Forscht in der Schrift und lest!« Ein Beitrag zum Verständnis der israelitischen Prophetie (1990): Aufs. zum AT. BZAW 224 (1994) 199–212; *R.Then*, ›Gibt es denn keinen mehr unter den Propheten?‹ Zum Fortgang der atl. Prophetie in frühjüdischer Zeit: BEAT 22 (1990); Prophetie und geschichtliche Wirklichkeit im alten Israel. FS S.Herrmann (1991); *A.D.H.Mays*, Prophecy and Society in Israel: FS R.N.Whybray. JSOT.S 162 (1993) 25–42; *J.Jeremias*, Das Proprium der atl. Prophetie: ThLZ 119 (1994) 483–494 = *Ders.*, Hosea und Amos: FAT 13 (1996) 20–33; *K.Koenen*, Heil den Gerechten – Unheil den Sündern! Ein Beitrag zur Theologie der Prophetenbücher: BZAW 229 (1994); *J.Blenkinsopp*, Geschichte der Prophetie in Israel (i.V.).

a) Die Vorgeschichte

1. Außerhalb Israels

J.Lindblom, Zur Frage des kanaanäischen Ursprungs des israelitischen Prophetismus: BZAW 77 (1958) 89–104; *W.v.Soden*, Verkündigung des Gotteswillens durch prophetisches Wort in den altbabylonischen Briefen aus Mari (1950): Bibel und AO (o.§ 6a2) 19–31; *M.Noth*, Geschichte und Gotteswort im AT (1949): GSt zum AT (^{3}1966) 230–247; *C.Westermann*, Die Mari-Briefe und die Prophetie in Israel (1963): GSt I (1964) 171–188; *H.Schult*, Vier weitere Mari-Briefe »prophetischen« Inhalts: ZDPV 82 (1966) 228–232; *F.Nötscher*, Prophetie im Umkreis des alten Israel: BZ 10 (1966) 161–197; *F.Ellermeyer*, Prophetie in Mari und Israel (1968) (dazu JBL 89, 1970, 78–81); *J.F.Ross*, Prophecy in Hamath, Israel and Mari: HThR 63 (1970) 1–28; *W.L.Moran*, New Evidence from Mari on the History of the Prophecy: Bib 50 (1969) 15–56; *K.Koch*, Die Briefe »prophetischen Inhalts« aus Mari (1972): Stud. (o.§ 1) 153–188 (Lit.); *A.Closs*, Prophetismus und Schamanismus aus der religionsethnologischen Perspektive: Kairos 14 (1972) 200–213; RTAT 146ff (Lit.); *E.Noort*, Untersuchungen zum Gottesbescheid in Mari (1977); *A.Schmitt*, Prophetischer Gottesbescheid in Mari und Israel (1982); *H.Ringgren*, Prophecy in the Ancient Near East: Israel's Prophetic Tradition (1982) 1–11; *L.Wächter*, Prophetie in der Umwelt des Alten Testaments: *G.Wallis* (Hg.), Von Bileam bis Jesaja (1984) 9–31; *M.Weippert*, Aspekte israelitischer Prophetie im Lichte verwandter Erscheinungen des Alten Orients: FS K.Deller. AOAT 220 (1988) 287–319; *J.Hoftijzer – G.van der Kooij* (Hg.), The Balaam Text from Deir ʿAlla Re-evaluated (1991); *H.M.Batstad*, No Prophets? Recent Developments in Biblical Prophetic Research and Ancient Near Eastern Prophecy: JSOT 57 (1993) 39–60; *R.P.Gordon*, From Mari to Moses. Prophecy at Mari and in Ancient Israel: FS R.N.Whybray. JSOT.S 162 (1993) 63–79.

2. In Israel

A.Jepsen, Nabi (1934); *R.Rendtorff*, Erwägungen zur Frühgeschichte des Prophetentums in Israel (1962): GSt (o.§ 1) 220–242; *G.Fohrer*, Elia (^{2}1968); *O.H.Steck*, Überlieferung und Zeitgeschichte in den Elia-Erzählungen (1968); *J.Jeremias*, Kultprophetie (o.§ 6b) 128ff; *L.Schmidt* (o.§ 12a); *K.-H.Bernhardt*, Prophetie und Geschichte: VT.S 22 (1972) 20–46; *W.Dietrich*, Prophetie und Geschichte (1972); *H.C.Schmitt*, Elisa (1972); *Ders.*, Prophetie und Tradition: ZThK 74 (1977) 255–272; *H.Schweizer*, Elischa in den Kriegen (1974); *S.Herrmann*, Ursprung und Funktion der Prophetie im alten Israel (1976); *G.Hentschel*, Die Elijaerzählung (1977); *M.Haran*, From early to classical prophecy: VT 27 (1977) 385–397; *H.Seebass*, TRE IX, 498–502.506–509; *G.Wallis* (Hg.), Von Bileam bis Jesaja (o.); *W.Thiel*, Jahwe und Prophet in der Elisa-Tradition: FS H.D.Preuß (1992) 93–103; *E.Würthwein*, Stud. zum Deuteronomistischen Geschichtswerk: BZAW 227 (1994), bes. 102ff; Was suchst du hier, Elia? Ein hermeneutisches Arbeitsbuch. FS W.H.Schmidt – H.Seebass: Hermeneutica 4 (1995); *W.Dietrich – T.Naumann*, Die Samuelbücher: EdF 287 (1995).

b) Die Verkündigung

Neuere Forschungsberichte: *P.H.A.Neumann* (Hg.), Das Prophetenverständnis in der deutschsprachigen Forschung seit Heinrich Ewald: WdF 307 (1979); *J.Jeremias*, Grundtendenzen gegenwärtiger Prophetenforschung: EvErz 36 (1984) 6–22 = *Ders.*, Hosea und Amos: FAT 13 (1996) 1–19 (vgl. 20ff.272ff; Lit.); *E.Osswald*, Aspekte neuerer Prophetenforschung: ThLZ 109 (1984) 641–650; *W.H.Schmidt*, Einführung (o.§ 2) 430ff (Lit.).

Zur Eigenart prophetischer Verkündigung:
C.Westermann, Grundformen prophetischer Rede (^{5}1978); *W.H.Schmidt*, Zukunftsgewißheit und Gegenwartskritik. Grundzüge prophetischer Verkündigung: BSt 64 (1973) (Lit.); *Ders.*, »Rechtfertigung des Gottlosen« in der Botschaft der Propheten (1981): Vielfalt I (o.§ 12a) 214–225; *L.Markert – G.Wanke*, Die Propheteninterpretation: KuD 22 (1976) 191–220; *J.M.Schmidt*, Ausgangspunkt und Ziel prophetischer Verkündigung im 8.Jh.: VF 22/1 (1977) 65–82 (Lit.); *H.W.Wolff*, Die eigentliche Botschaft der klassischen Propheten (1977): Stud. zur Prophetie. TB 76 (1987) 39–49; *W.Zimmerli*, Wahrheit und Geschichte in der atl. Schriftprophetie: VT.S 29 (1978) 1–15.

1. Prophetenwort und -buch

H.W.Hertzberg, Die Nachgeschichte atl. Texte innerhalb des AT (1935): Beiträge zur Traditionsgeschichte und Theologie des AT (1962) 69–80; *W.Zimmerli*, Vom Prophetenwort zum Prophetenbuch: ThLZ 104 (1979) 481–496; *J.Jeremias* (s.o.).

Beziehungen zwischen den Propheten:
– Hosea und Jeremia
K.Groß, Die literarische Verwandtschaft Jeremias mit Hosea: Diss. Berlin (1930); *Ders.*, Hoseas Einfluß auf Jeremias Anschauungen: NKZ 42 (1931) 241–256.327–343; *A.Deissler*, Das »Echo« der Hosea-Verkündigung im Jeremiabuch: FS J.Schreiner (1982) 61–75; *T.Naumann*, Hoseas Erben. Strukturen der Nachinterpretation im Buch Hosea (1991); *J.Jeremias*, Hoseas Einfluß auf das Jeremiabuch: FS M.Saebø (1994) 112–134 = *Ders.*, Hosea und Amos: FAT 13 (1996) 122–141; *M. Schulz-Rauch*, Hosea und Jeremia: CThM.BW 16 (1996).

– Amos und Jesaja
R.Fey, Amos und Jesaja: WMANT 12 (1963).
– Amos und Jeremia
J.M.Berridge, Jeremia und die Prophetie des Amos: ThZ 35 (1979) 321–341; *W.Beyerlin,* Reflexe der Amosvisionen im Jeremiabuch: OBO 93 (1989).
– Micha und Jeremia
J.-H.Cha, Micha und Jeremia: BBB 107 (1996).
– Jesaja und Jeremia
U.Wendel, Jesaja und Jeremia: BThSt 25 (1995).
– Jeremia und Ezechiel
W.Zimmerli, BK XIII/1, 67*ff; *D.Vieweger,* Die literarische Beziehung zwischen den Büchern Jeremia und Ezechiel: BEAT 26 (1992) (vgl. BZ 32, 1986, 15–34).
– Jesaja und Deuterojesaja
R.Rendtorff, Zur Komposition des Buches Jesaja (1984): Kanon und Theologie (1991) 141–161 (vgl. 162–179); *R.Albertz,* Das Deuterojesaja-Buch als Fortschreibung der Jesaja-Prophetie: FS R.Rendtorff (1990) 241–256.
– Ezechiel und Deuterojesaja
D.Baltzer, Ezechiel und Deuterojesaja: BZAW 121 (1971).
– Prophetie und das Deuteronomium
H.-J.Zobel, Hosea und das Deuteronomium (1985): AT (o.§ 11c) 97–113; *K.Zobel,* Prophetie und Deuteronomium: BZAW 199 (1992).

2. Visionen und Berufungserzählungen

F.Horst, Die Visionsschilderungen der atl. Propheten: EvTh 20 (1960) 193–205; *W.Zimmerli,* BK XIII/1, 28*.40*f.276; *B.O.Long,* Prophetic Call Traditions and Reports of Visions: ZAW 84 (1972) 494–500; *Ders.,* Reports of Visions among the Prophets: JBL 95 (1976) 353–365; *C.Jeremias,* Die Nachtgesichte des Sacharja: FRLANT 117 (1977) (Lit.); *G.Bartczek,* Prophetie und Vermittlung (1980); *J.E.Miller,* Dreams and Prophetic Visions: Bib 71 (1990) 401–404; *J.Jeremias,* Das unzugängliche Heiligtum. Zur letzten Vision des Amos (Am 9,1–4): FS K.Baltzer. OBO 126 (1993) 155–167 = *Ders.,* Hosea und Amos: FAT 13 (1996) 244–256.

E.Kutsch, Gideons Berufung und Altarbau: ThLZ 81 (1956) 75–84; *N.Habel,* The Form and Significance of thc Call Narratives: ZAW 77 (1965) 297–323; *A.H.J.Gunneweg,* Ordinationsformular oder Berufungsbericht in Jeremia 1: FS E.Benz (1967) 91–98; *R.Kilian,* Die prophetischen Berufungsberichte: Theologie im Wandel (1967) 356–376; *W.Zimmerli,* BK XIII/1, 16–21; *W.Richter,* Die sog. vorprophetischen Berufungsberichte: FRLANT 101 (1970); *L.Schmidt,* Die Berufung Jeremias: ThViat 13 (1975/76) 189–209; *J.Schreiner,* Jeremias Berufung (1975): Segen für die Völker (o.§ 3) 72–85; *Ders.,* Die Berufung zum Propheten. Jer 1,4–19 (1974): ebd. 86–107; *Ders.,* ›Prophet für die Völker‹ in der Sicht des Jeremiabuches (1973): ebd. 108–124; *W.H.Schmidt,* BK II/1, 123–129 (Lit.); *B.O.Long,* TRE V, 676–684 (Lit.); *W.Zimmerli,* Visionary experience in Jeremiah: FS P.R.Ackroyd (1982) 95–118; *J.G.Ploeger,* Zum Propheten berufen. Jer 1,4–10: FS Katholisches Bibelwerk (1983) 104–118; *D.Vieweger,* Die Spezifik der Berufungsberichte Jeremias und Ezechiels im Umfeld ähnlicher Einheiten des AT: BEAT 6 (1986); *E.Ruprecht,* Ist die Berufung Jeremias ›im Jünglingsalter‹ und seine ›Frühverkündigung‹ eine theologische Konstruktion der dtr. Redaktion des Jeremiabuches?: FS C.Westermann (1989) 79–91; *W.Thiel,* »Vom Norden her wird das Unheil eröffnet«. Zu Jer 1,11–16: FS O.Kaiser. BZAW 185 (1989) 231–245; *W.H.Schmidt,* »Prophetie und Wirklichkeit«: FS S.Herrmann (1991) 348–363; *H.C.Schmitt,* Das sog. vorprophetische Berufungsschema: ZAW 104 (1992) 202–215; *G.Wanke,* Jeremias Berufung (Jer 1,4–10): FS H.D.Preuß (1992) 132–144; *W.H.Schmidt,* Jeremias Berufung (1993): Vielfalt und Einheit atl. Glaubens II (1995) 112–127.

3. Umkehrung von Heil in Unheil

L.Perlitt, Die Verborgenheit Gottes (1971): Allein mit dem Wort (o.§ 12b) 11–25; *K.Seybold,* Das davidische Königtum im Zeugnis der Propheten: FRLANT 107 (1972) 115ff (zu Jer 23 u.a.); *A.H.J.Gunneweg,* Heil im Gericht (1976): Sola Scriptura (1983) 107–115; *N.Kilpp,* Niederreißen und Aufbauen. Das Verhältnis von Heilsverheißung und Unheilsverkündigung bei Jeremia und im Jeremiabuch: BThSt 13 (1990); *J.Jeremias,* Umkehrung von Heilstraditionen im AT: FS H.D.Preuß (1992) 309–320.

4. Schuldaufweis

Zur Sozialkritik:

H.Donner, Die soziale Botschaft der Propheten im Lichte der Gesellschaftsordnung Israels (1963): *P.H.A.Neumann* (s.o.) 493–514; *K.Koch,* Die Entstehung der sozialen Kritik bei den Profeten (1971): Spuren (o.§ 11f) 146–166.290f (Lit.); *G.Wanke,* Zu Grundlagen und Absicht prophetischer Sozialkritik: KuD 18 (1972) 1–17; *M.Fendler,* Zur Sozialkritik des Amos: EvTh 33 (1973) 32–53; *W.Kornfeld,* Die Gesellschafts- und Kultkritik atl. Propheten: FS Kardinal König (1980) 181–200; *G.Fleischer,* Von Menschenverkäufern, Baschankühen und Rechtsverkehrern: BBB 74 (1989); *A.D.H.Mayes,* Prophecy and Society in Israel: FS R.N.Whybray. JSOT.S 162 (1993) 25–42.

Zur Kultkritik:

H.J.Boecker, Überlegungen zur Kultpolemik der vorexilischen Propheten: FS H.W.Wolff (1981) 169–180 (Lit.); *A.B.Ernst,* Weisheitliche Kultkritik: BThSt 24 (1994).

5. Symbolhandlungen

G.Fohrer, Die Gattungen der Berichte über symbolische Handlungen der Propheten (1952): Stud. zur atl. Prophetie (o.) 92–112; *Ders.,* Die symbolischen Handlungen der Propheten: AThANT 54 ([2]1968); *W.Zimmerli,* BK XIII/1, 42*ff.103ff; *G.Wanke,* Jeremias Besuch beim Töpfer: FS G.Fohrer. BZAW 150 (1980) 151–162; *C.Brekelmans,* Jeremiah 18,1–12 and Its Redaction: *P.-M.Bogaert* (Hg.), Le Livre de Jérémie. BEThL 54 (1981) 343–350.

6. Disputationsworte

J.Begrich, Stud. zu Dtjes: TB 20 ([2]1963) 48–53; *E.Pfeiffer,* Die Disputationsworte im Buche Maleachi: EvTh 19 (1959) 546–568; *H.J.Boecker,* Bemerkungen zur formgeschichtlichen Terminologie des Buches Maleachi: ZAW 78 (1966) 78–80; *H.-J.Hermisson,* Diskussionsworte bei Dtjes: EvTh 31 (1971) 665–680 (kritisch); *A.Meinhold,* Die theologischen Vorsprüche in den Diskussionsworten des Maleachibuches: FS H.J.Boecker (1993) 197–209; *L.Ruppert,* Die Disputationsworte bei Dtjes in neuem religionsgeschichtlichen Licht: Stud. zur Literaturgeschichte des AT. SBAB 18 (1994) 199–210; *W.H.Schmidt,* »Kann ich nicht mit euch verfahren wie dieser Töpfer?« Disputationsworte im Jeremiabuch (1994): Vielfalt II (o.§ 14b,2) 140–152.

7. Geschichtsrückblicke

Lit. o.§ 6d.
G.Fohrer, Prophetie und Geschichte (1964): Stud. zur atl. Prophetie (o.) 265–293; *J.Vollmer,* Geschichtliche Rückblicke und Motive in der Prophetie des Amos, Hosea und Jesaja: BZAW 119 (1971).

8. Mahnworte

G.Warmuth, Das Mahnwort: BET 1 (1976); *K.A.Tångberg,* Die prophetische Mahnrede: FRLANT 143 (1987).

9. Konfessionen

W.Thiel, Ein Vierteljahrhundert Jeremia-Forschung: VF 31/1 (1986) 43–47; *S.Herrmann,* Jeremia. Der Prophet und das Buch: EdF 271 (1990) 129–139.

W.Baumgartner, Die Klagegedichte des Jeremia: BZAW 32 (1917); *A.H.J.Gunneweg,* Konfessionen oder Interpretation im Jeremiabuch (1970): Sola Scriptura (1983) 61–82; *P.Welten,* Leiden und Leidenserfahrung im Buch Jeremia: ZThK 74 (1977) 123–150; *F.B.Hubmann,* Untersuchungen zu den Konfessionen Jer 11,18–12,6 und 15,10–21: FzB 30 (1978); *N.Ittmann,* Die Konfessionen Jeremias: WMANT 54 (1981) (vgl. *H.Graf Reventlow,* ThLZ 108, 1983, 888–895); *J.Vermeylen,* Essai de Redaktionsgeschichte des »Confessions de Jérémie«: *P.-M.Bogaert* (o.§ 14b,5) 239–270; *F.Ahuis,* Der klagende Gerichtsprophet: CThM 12 (1982) (vgl. *H.Graf Reventlow,* ThLZ 108, 1983, 888–895); *R.Brandscheidt,* Gotteszorn und Menschenleid: FThSt 41 (1983) 236ff; *T.Polk,* The Prophetic Persona. Jeremiah and the Language of the Self: JSOT.S 32 (1984); *A.R.Diamond,* The Confessions of Jeremiah in Context. Scenes of a Prophetic Drama: JSOT.S 45 (1987); *H. J.Hermisson,* Jahwes und Jeremias Rechtsstreit: FS A.H.J.Gunneweg (1987) 309–343; *K.-F.Pohlmann,* Die Ferne Gottes – Stud. zum Jeremiabuch: BZAW 179 (1990); *D.H.Bak,* Klagender Gott – klagender Mensch: BZAW 193 (1990); *W.H.Schmidt,* Gotteserfahrung und »Ich«bewußtsein im AT (1994): Vielfalt II (o.§ 14b,2) 92–111.

Zur Diskussion »wahre – falsche Prophetie«:
W.Staerk, Das Wahrheitskriterium der atl. Prophetie: ZSTh 5 (1927/28) 76–101; *G.v.Rad,* Die falschen Propheten (1933): GSt II. TB 48 (1973) 212–223; *G.Quell,* Wahre und falsche Propheten: BFChTh 46/1 (1952); *E.Osswald,* Falsche Prophetie im AT: SGV 237 (1962); *H.-J.Kraus,* Prophetie in der Krisis: BSt 43 (1964); *Th.W.Overholt,* The Treat of Falsehood: SBT 16 (1970); *J.L.Crenshaw,* Prophetic Conflict: BZAW 124 (1971); *J.Jeremias,* Die Vollmacht des Propheten im AT: EvTh 31 (1971) 305–322, bes. 314ff; *F.-L.Hossfeld – I.Meyer,* Prophet gegen Prophet: BiBe 9 (1973); *G.Münderlein,* Kriterien wahrer und falscher Prophetie: EHS.T 33 (1974.²1979); *I.Meyer,* Jeremia und die falschen Propheten: OBO 13 (1977);

W.H.Schmidt, Zukunftsgewißheit und »nachlaufende Erkenntnis«: FS K.Koch (1991) 161–181; *H.-J.Hermisson,* Kriterien »wahrer« und »falscher« Prophetie im AT: ZThK 92 (1995) 121–139.

10. Heilsworte

S.Herrmann, Die prophetischen Heilserwartungen im AT: BWANT 85 (1965) 159ff; *S.Böhmer,* Heimkehr und neuer Bund: GTA 5 (1976); *W.H.Schmidt (– J.Bekker),* Zukunft und Hoffnung: BiKon (1981), bes. 22ff (zu Jer 29); *C.Levin,* Die Verheißung des neuen Bundes: FRLANT 137 (1985); *C.Westermann,* Prophetische Heilsworte im AT: FRLANT 145 (1987); *H.Schulte,* Persönliche Heilsorakel im Jeremiabuche: BZ 32 (1988) 257–265; *T.Odashima,* Heilsworte im Jeremiabuch: BWANT 125 (1989).

Exkurs 7: Gottes »Wort«

O.Grether (o.§ 6a,2); *L.Dürr,* Die Wertung des göttlichen Wortes im AT und im antiken Orient (1938); *G.Gerleman,* THAT I, 433–443; *J.Bergmann – H.Lutzmann – W.H.Schmidt,* ThWAT II, 89–133 (Lit.); *W.Zimmerli,* Jahwes Wort bei Deuterojesaja: VT 32 (1982) 104–124; *H.Spieckermann,* Rede Gottes und Wort Gottes in den Psalmen: FS W.Beyerlin. HBS 1 (1994) 157–173 (Lit.).

§ 15. Die Weisheit

J.Fichtner, Die altorientalische Weisheit in ihrer israelitisch-jüdischen Ausprägung: BZAW 62 (1933); *Ders.,* Gottes Weisheit. GSt zum AT: AzTh II/3 (1965); *K.Koch,* Gibt es ein Vergeltungsdogma im AT? (1955): Spuren (o. § 11f) 65–103.287ff (Lit.); *H.Gese,* Lehre und Wirklichkeit in der alten Weisheit (1958); *Ders.,* RGG[3] VI, 1574–1581; *G.Fohrer,* ThWNT VII, 476–496; *H.H.Schmid,* Wesen und Geschichte der Weisheit (1966); *H.-J.Hermisson,* Studien zur israelitischen Spruchweisheit: WMANT 28 (1968); *G.v.Rad* (o.§ 6c); *R.N.Whybray,* The Intellectual Tradition in the OT ([2]1982); *J.L.Crenshaw,* Studies in Ancient Israelite Wisdom (1976); *H.-P.Müller – M.Krause,* ThWAT II, 920–944; *H.-P.Müller,* Das Hiobproblem: EdF 84 (1978.[3]1995) (Lit.); Israelite Wisdom. FS S.Terrien (1978); *M.Gilbert* (Hg.), La Sagesse de l'AT (1979); *J.A.Emerton,* Wisdom: Tradition and Interpretation (o.§ 1) 214–237 (Lit.); *E.Hornung – O.Keel* (Hg.), Stud. zu altägyptischen Lebenslehren: OBO 28 (1979); *G.T.Sheppard,* Wisdom as a hermeneutical Construct: BZAW 151 (1980); *D.F.Morgan,* Wisdom in the OT Traditions (1981); *H.Graf Reventlow* (o.§ 11f) 183ff (Lit.); *P.J.Nel,* The Structure and Ethos of the Wisdom Admonitions in Proverbs: BZAW 158 (1982); *J.Blenkinsopp,* Wisdom and Law in the OT (1983); *A.Lemaire,* Sagesse et écoles: VT 34 (1984) 270–281; *O.Kaiser,* Ideologie und Glaube (1984); *Ders.,* Der Mensch unter dem Schicksal: BZAW 161 (1985); *P.Doll* (o.§ 11f); *H.D.Preuß,* Einführung in die atl. Weisheitsliteratur: UB 383 (1987); *D.Römheld,* Wege der Weisheit. Die Lehren Amenemopes und Proverbien 22,17–24,22: BZAW 184 (1988); *R.N.Whybray,* The Social World of the Wisdom Writers: *R.E.Clements* (o.§ 7) 227–251; *L.Boström,* The God of Sages: CB.OT 29 (1990); *J.G.Gammie u.a.* (Hg.), The Sage in Israel and the Ancient Near East (1990); *H.v.Lips,* Weisheitliche Traditionen im NT: WMANT 64 (1990); *C.Westermann,* Wurzeln der Weisheit (1990); TUAT III/1–2; *F.J.Steiert,* Die Weisheit Israels – ein

Fremdkörper im AT?: FThSt 143 (1990); *H.Delkurt*, Grundprobleme atl. Weisheit: VF 36/1 (1991) 38–71; *Ders.*, Ethische Einsichten der atl. Spruchweisheit: BThSt 21 (1993); *C.Westermann*, Forschungsgeschichte zur Weisheitsliteratur: 1950–1990: AzTh I/71 (1991); *M.Dietrich – O.Loretz*, Die Weisheit des ugaritischen Gottes El im Kontext der altorientalischen Weisheit: UF 24 (1992) 31–38; *D.E.Gowan*, Reading Job as a ›Wisdom Script‹: JSOT 55 (1992) 85–96; *H.-P.Müller*, Mensch-Umwelt-Eigenwelt: GAufs. zur Weisheit Israels (1992); *B.Willmes*, Atl. Weisheit und Jahwe-Glaube (1992); *W.Brändle*, Hiob – ein tragischer Held?: KuD 39 (1993) 282–292; *J.L.Crenshaw*, Wisdom Literature. Retrospect and Prospect: FS R.N.Whybray. JSOT.S 162 (1993) 161–178 (Lit.); *R.Shupak*, Where can Wisdom be found?: OBO 130 (1993); *J.Wehrle*, Sprichwort und Weisheit: MUS–ATSAT 38 (1993); *A.B.Ernst*, Weisheitliche Kultkritik: BThSt 23 (1994); *B.Janowski*, Die Tat kehrt zum Täter zurück: ZThK 91 (1994) 247–271 (Lit.); *A.Meinhold*, Schöpfung, Natur, Welt oder Umwelt in biblischen Weisheitstexten?: GlLern 9 (1994) 116–125; *H.Spieckermann*, Die Satanisierung Gottes: FS O.Kaiser (1994) 431–444; *G.Wallis*, Gottesvorstellung und Gotteserfahrung der atl. Weisheit: Mein Freund hatte einen Weinberg (o.§ 2) 30–51; *J.Ebach*, Hiobs Post. GAufs. (1995); *J.Hausmann*, Stud. zum Menschenbild der älteren Weisheit: FAT 7 (1995); *W.H.Schmidt*, Einführung (o.§ 2) 452ff (Lit.); *R.Scoralick*, Einzelspruch und Sammlung. Komposition im Buch der Sprichwörter Kapitel 10–15: BZAW 232 (1995).

Zu Kohelet:
H.-P.Müller, Theonome Skepsis und Lebensfreude: BZ 30 (1986) 1–19; *Ders.*, Mensch – Umwelt – Eigenwelt. GAufs. (1992); *O.Kaiser*, Schicksal, Leid und Gott: FS A.H.J.Gunneweg (1987) 30–51; *D.Michel*, Qohelet: EdF 258 (1988); *M.Schubert* (o.§ 11f); *M.Lange*, Weisheit und Torheit bei Kohelet und in seiner Umwelt: EHS.T 433 (1991); *F.J.Backhaus*, »Denn Zeit und Zufall trifft sie alle«. Stud. zur Komposition und zum Gottesbild im Buch Qohelet: BBB 83 (1993); *C.Klein*, Kohelet und die Weisheit Israels: BWANT 132 (1994); *L.Schwienhorst-Schönberger*, »Nicht im Menschen gründet das Glück«: HBS 2 (1994); *O.Kaiser*, Beiträge zur Kohelet-Forschung: ThR 60 (1995) 1–31.233–253.

IV. Die Spätzeit

E.Janssen, Juda in der Exilszeit (1956); *O.Plöger*, Theokratie und Eschatologie (1960.³1968); *K.Galling*, Stud. zur Geschichte Israels im persischen Zeitalter (1964); *S.Herrmann*, Prophetie und Wirklichkeit in der Epoche des babylonischen Exils (1967): GSt (o.§ 6a4) 179–209; *P.R.Ackroyd*, Exile and Restoration (1968); *Ders.*, Israel under Babylon and Persia: NCB IV (1970); *U.Kellermann*, Nehemia (1967); *O.H.Steck*, Das Problem theologischer Strömungen in nachexilischer Zeit: EvTh 28 (1968) 445–458; *M.Hengel*, Judentum und Hellenismus (1969.²1973); *H.G.Kippenberg*, Garizim und Synagoge (1971); *L.Perlitt*, Anklage und Freispruch Gottes: ZThK 69 (1972) 290–303; *W.Th.in der Smitten*, Esra (1973); *Ders.*, Gottesherrschaft und Gemeinde (1974); *P.R.Ackroyd*, The History of Israel in the Exilic and Post-exilic Periods: Tradition and Interpretation (o.§ 1) 320–350 (Lit.); *H.Spieckermann*, Juda unter Assur in der Sargonidenzeit: FRLANT 129 (1982); *W.Schottroff*, Arbeit und sozialer Konflikt im nachexilischen Juda: Mitarbeiter der Schöpfung (1983) 104–148 (Lit.); *Th.Willi*, Juda – Jehud – Israel: FAT (1996) (Lit.).

H.Gunkel – J.Begrich, Einleitung in die Pslamen (1933.[4]1984) (= EinlPs); *C.Westermann,* Lob und Klage in den Psalmen ([6]1983); *F.Crüsemann,* Stud. zur Formgeschichte von Hymnus und Danklied in Israel: WMANT 32 (1969); *J.Becker,* Wege der Psalmenexegese: SBS 78 (1975); *P.H.A.Neumann* (Hg.), Zur neueren Psalmenforschung: WdF 192 (1976); *E.S.Gerstenberger,* Der bittende Mensch: WMANT 51 (1980); *K.Seybold,* Beiträge zur Psalmenforschung: ThR 46 (1981) 1–18; *Ders.,* Psalmen-Kommentare: ThR 60 (1995) 113–130; *H.Graf Reventlow,* Gebet im AT (1986); TUAT II/5–6; *H.Spieckermann,* Heilsgegenwart: FRLANT 148 (1989); *R.J.Tournay,* Seeing and Hearing God with the Psalms: JSOT.S 118 (1992); *W.Burkert – F.Stolz* (Hg.), Hymnen der Alten Welt im Kulturvergleich: OBO 131 (1994); *H.P.Mathys,* Dichter und Beter (o.§ 2); *H.Millard,* Die Komposition des Psalters: FAT 9 (1994); Neue Wege der Psalmenforschung. FS W.Beyerlin: HBS 1 (1994) (Lit.); *B.Janowski,* Dem Löwen gleich, gierig nach Raub. Zum Feindbild in den Psalmen: EvTh 55 (1995) 155–173 (Lit.); *K.Koenen,* Jahwe wird kommen, zu herrschen über die Erde. Ps 90–110 als Komposition: BBB 101 (1995) (Lit.); *M.Oeming,* Die Psalmen in Forschung und Verkündigung: VF 40/1 (1995) 28–51 (Lit.); *W.H.Schmidt,* Einführung (o.§ 2) 448ff (Lit.).

§ 17. Hoffnung für die Völker

C.Westermann, Das Hoffen im AT (1952/53): GSt I (1964) 219–265; *H.Groß,* Die Entwicklung der atl. Heilshoffnung (1961): Kernfragen des AT (1977) 53–65; *W.Zimmerli,* Der Mensch und seine Hoffnung nach den Aussagen des AT: FS Th.C.Vriezen (1966) 389–403; *Ders.,* Der Mensch und seine Hoffnung nach dem AT (1968); *H.D.Preuß* (Hg.), Eschatologie im AT: WdF 480 (1978) (Lit.); *K.M.Woschitz,* Elpis. Hoffnung (1979) 219ff; *W.Groß,* YHWH und die Religion der Nicht-Israeliten: ThQ 169 (1989) 34–44; *E.Zenger,* Der Gott Abrahams und die Völker: FS J.Scharbert (1989) 413–430; Zion – Ort der Begegnung. FS L.Klein (o.§ 13); *N.Lohfink – E.Zenger,* Der Gott Israels und die Völker: SBS 159 (1994).
Lit. zum Frieden o.§ 7.

Zu Jes 2 = Mi 4:
H.Wildberger, BK X/1, 75ff (Lit.); *H.W.Wolff,* BK XIV/4, 82ff (Lit.); *Ders.,* Endzeitvorstellungen und Orientierungskrise in der atl. Prophetie: FS H.-J.Kraus (1983) 75–86; *Ders. – W.Pannenberg,* Schwerter zu Pflugscharen – Mißbrauch eines Prophetenwortes?: EvTh 44 (1984) 280–297; *W.Schottroff,* Die Friedensfeier: *Ders. – L.Schottroff,* Die Parteilichkeit Gottes. KT 80 (1984) 78–102; *L.Schwienhorst-Schönberger,* Zion – Ort der Thora. Überlegungen zu Mi 4,1–3: FS L.Klein (1993) 107–123.
Vgl. Lit. zu § 12d.

§ 18. Die Apokalyptik

a) Vergangenheit und Zukunft

W.Bousset – H.Greßmann, Die Religion des Judentums ([4]1966); *P.Volz,* Die Eschatologie der jüdischen Gemeinde im ntl. Zeitalter ([2]1943.[3]1966); *H.H.Rowley,* Apokalyptik. Ihre Form und Bedeutung zur biblischen Zeit (³1965) (Lit.); *O.Plöger* (o. IV); *Ph.Vielhauer,* Die Apokalyptik: NTApo³ II, 407–421; *M.Hengel* (o. IV) 319ff; *P.v.der Osten-Sacken,* Die Apokalyptik in ihrem Verhältnis zur Prophetie und Weisheit (1969); *J.M.Schmidt,* Die jüdische Apokalyptik (1969); *K.Koch,* Ratlos vor der Apokalyptik (1970); *E.Janssen,* Das Gottesvolk und seine Geschichte (1971); *U.B.Müller,* Messias und Menschensohn in jüdischen Apokalypsen und in der Offenbarung des Johannes (1972); *J.Maier – J.Schreiner* (Hg.), Literatur und Religion des Frühjudentums (1973) (Lit.); *H.Gese,* Anfang und Ende der Apokalyptik, dargestellt am Sacharjabuch (1973): Vom Sinai zum Zion (o.§ 5) 202–230; *W.Schmithals,* Die Apokalyptik (1973); *I.Willi-Plein,* Prophetie am Ende (1974); *Ders.,* Das Geheimnis der Apokalyptik: VT 27 (1977) 62–81; *U.Luck,* Das Weltverständnis in der jüdischen Apokalyptik: ZThK 73 (1976) 283–305; *F.Dexinger,* Henochs Zehnwochenapokalypse und offene Probleme der Apokalyptikforschung (1977); *U.Fischer,* Eschatologie und Jenseitserwartung im hellenistischen Diasporajudentum (1978); *J.C.H.Lebram,* TRE III, 192–202 (Lit.); *L.Wächter,* Apokalyptik im AT: ZdZ 9 (1979) 334–340; *E.W.Nicholson,* Apocalyptic: Tradition and Interpretation (o.§ 1) 189–213 (Lit.); *C.Münchow,* Ethik und Eschatologie (1981); *O.H.Steck,* Überlegungen zur Eigenart der spätisraelitischen Apokalyptik: FS H.W.Wolff (1981) 301–315; *K.Koch – J.M.Schmidt* (Hg.), Apokalyptik: WdF 365 (1982) (Lit.); *D.Hellholm* (Hg.), Apocalypticism in the Mediterranean World and the Near East (1983); *W.Zager,* Begriff und Wertung der Apokalyptik in der ntl. Forschung: EHS.T 23 (1989); *R.G.Kratz,* Translatio imperii: WMANT 63 (1991); *K.Koch,* Die Reiche der Welt und der kommende Menschensohn. GAufs. II (1995).

b) Dualistische Züge

M.Noth, Das Geschichtsverständnis der atl. Apokalyptik: GSt zum AT (³1966) 248–273; *K. Koch,* Spätisraelitisches Geschichtsdenken am Beispiel des Buches Daniel: HZ 193 (1961) 1–32; *R.Hanhart* (o.§ 11b); *F.König,* Zarathustras Jenseitsvorstellungen und das AT (1964) (Lit.).

Exkurs 8: Tod und Hoffnung gegen den Tod

Zum alten Orient:

W.Baumgartner, Auferstehungsglaube im Alten Orient (1933): Zum AT und seiner Umwelt (1959) 124–146; *H.Kees,* Totenglaube und Jenseitsvorstellungen der alten Ägypter (²1956); *G.Strecker,* RAC V, 461–476; *R.Stola,* Zu den Jenseitsvorstellungen im Alten Mesopotamien: Kairos 14 (1972) 258–272 (Lit.); *J.Assmann,* Zeit und Ewigkeit im Alten Ägypten (1975).

Zum Alten Testament:

G.Quell, Die Auffassung des Todes in Israel (1925.1967); *F.Nötscher* (o.§ 11c); *G.v.Rad,* Atl. Glaubensaussagen vom Leben und vom Tod (1938): Gottes Wirken in Israel (1974) 250–267; *C.Barth,* Die Errettung vom Tode in den individuellen Klage- und Dankliedern des AT (1947.²1987 mit Lit.); *R.Martin-Achard,* De la mort à la résurrection d'après l'AT (1956); *K.Schubert,* Die Entwicklung der Auferstehungslehre von der nachexilischen bis zur frührabbinischen Zeit: BZ 6 (1962) 177–214; *V.Maag,* Tod und Jenseits nach dem AT: SThU 34 (1964) 17–37; *L.Wächter,* Der Tod im AT (1967); *G.Schunack,* Das hermeneutische Problem des Todes (1967) 40ff; *G.Fohrer,* Das Geschick des Menschen nach dem Tode im AT: KuD 14

(1968) 249–262; *N.J.Tromp,* Primitive Conceptions of Death and the Nether World in the OT (1969); *L.I.J.Stadelmann,* The Hebrew Conception of the World (1970) 165ff; *G.W.E.Nickelsburg,* Resurrection, Immortality, and Eternal Life in Intertestamental Judaism (1972) (vgl. *H.-W.Kuhn,* ThLZ 101, 1976, 351–355); *G.Stemberger,* Das Problem der Auferstehung im AT (1972): Stud. (o.§ 9b,1) 19–45 (vgl. 47–88); *B.Vawter,* Intimations of Immortality and the OT: JBL 91 (1972) 158–171; *H.Wildberger,* BK X/1, 342.349ff (zu den Totengeistern); *H.W.Wolff* (o.Exk. 2) 150ff; *J.F.A.Sawyer,* Hebrew words for the resurrection of the dead: VT 23 (1973) 218–234; *U.Kellermann,* Überwindung des Todesgeschicks in der atl. Frömmigkeit vor und neben dem Auferstehungsglauben: ZThK 73 (1976) 259–282; *Ders.,* Auferstanden in den Himmel. 2 Makk 7 und die Auferstehung der Märtyrer (1979); *O.Kaiser (– E.Lohse),* Tod und Leben: BiKon (1977); *H.Gese,* Der Tod im AT: Zur biblischen Theologie (o.§ 12) 31–54; *H.-J.Kraus,* BK XVI/3, 204ff; *H.Breit,* Die Sinndeutung des Todes im AT und bei Karl Marx: FS C.Westermann (1980) 460–470; *L.Perlitt,* Der Tod im AT (1981): Allein mit dem Wort (o.§ 12b) 206–221; *P.Casetti,* Gibt es ein Leben vor dem Tod?: OBO 44 (1982); *H.Ringgren – K.-J.Illman – H.-J.Fabry,* ThWAT IV, 763–787 (Lit.); *H.Kessler,* Sucht den Lebenden nicht bei den Toten (1985) 41ff; *D.Michel,* Ich aber bin immer bei dir: *H.Becker* (Hg.), Im Angesicht des Todes I (1987) 637ff; *C.Hardmeier,* »Denn im Tode ist kein Gedenken an dich . . .« (Psalm 6,6): EvTh 49 (1988) 292ff; *M.Krieg,* Todesbilder im AT: AThANT 73 (1988); *M.A.Knibb,* Life and Death in the OT: *R.E.Clements* (o.§ 7) 395–416; *K.Koch,* ThWAT VI, 1149–1156; *L.Wächter,* ThWAT VII, 901–910; *W.Pöhlmann,* Hinabgestiegen in das Reich des Todes: GlLern 9 (1994) 30–37; *B.B.Schmidt,* Israel's Beneficent Dead: FAT 11 (1994).

Exkurs 9: Zum Thema »Gesetz« im AT

M.Noth, Die Gesetze im Pentateuch (1940): GSt zum AT. TB 6 (^{3}1966) 9–141; *G.v.Rad,* TheolAT I^4, 203ff; II^4, 413ff; *E.Würthwein,* Der Sinn des Gesetzes im AT (1958): Wort und Existenz (1970) 39–54; *Ders.,* RGG^3 II, 1513–1515; *W.Zimmerli,* Das Gesetz im AT (1960): Gottes Offenbarung (o.§ 6a) 249–276; *Ders.,* Grundriß (o. vor § 1) 94ff; *B.Lindars,* Torah in Deuteronomy: FS D.W.Thomas (1968) 117–136; *A.Jepsen,* Israel und das Gesetz (1968): Der Herr ist Gott (o.Exk. 1) 155–162; *H.-P.Müller,* Imperativ und Verheißung im AT: EvTh 28 (1968) 557–571; *H.-J.Kraus,* Zum Gesetzesverständnis der nachprophetischen Zeit (1969): Biblisch-theologische Aufs. (1972) 179–194; *H.Schmid,* Gesetz und Gnade im AT: Jud 25 (1969) 3–29; *H.Graf Reventlow,* Rechtfertigung im Horizont des AT (1971) 30ff; *H.J.Boecker,* Recht und Gesetz im AT und im Alten Orient (^{2}1984) (Lit.); *R.Smend (– U.Luz),* Gesetz: BiKon (1981); *B.S.Jackson,* The Ceremonial and the Judicial: JSOT 30 (1984) 25–50 (Lit.); *K.-D.Schunck,* Der atl. Tora-Begriff: AT und Heiliges Land (o.Exk. 4) 243–255; *K.Koch,* TRE XIII, 40–52 (Lit.); *F.Crüsemann,* Die Tora (1992); *Th.Willi* (o. zu IV) 90ff.

§ 19. Das atl. Erbe und § 20. Biblische Theologie

JBTh 1ff (1986ff).
C.Westermann (Hg.), Probleme atl. Hermeneutik (1960); *A.H.J.Gunneweg,* Vom Verstehen des AT: GAT 5 (1977.^{2}1988) (vgl. Sola Scriptura, 1983, 159ff.227ff); *H.Haag,* Das Plus des AT: Das Buch des Bundes (o.§ 6c) 289–305; *Ders.,* Vom Ei-

genwert des AT: ThQ 160 (1980) 1–16; *O.Kaiser,* Von der Gegenwartsbedeutung des AT (1984) 11–36 (vgl. ZThK 86, 1989, 1–17; ZThK 91, 1994, 1–9); *H.D.Preuß,* Das AT in christlicher Predigt (1984); *M.Oeming* (o. vor § 1); *L.Schmidt,* TRE XV, 137–143 (Lit.); *J.Schreiner,* Das Verhältnis des AT zum NT: Segen für die Völker (o.§ 3) 392–407; *D.-A.Koch,* Die Schrift als Zeuge des Evangeliums: BHTh 69 (1986); *W.H.Schmidt,* Ansätze zum Verstehen des AT (1987): Vielfalt I (o.§ 12a) 34–57 (vgl. JBTh 4, 1989, 11–28); *G.Adam,* Zur Hermeneutik atl. Texte: DtPfrBl 89 (1989); *H.Gese,* Atl. Stud. (1991), bes. 1ff.249ff.266ff; *T.Veijola,* Offenbarung als Begegnung. Von der Möglichkeit einer Theologie des AT: ZThK 88 (1991) 427–450; *E.Zenger,* Das Erste Testament (1991.³1993); *Ders.,* Am Fuß des Sinai (1993); *G.Maier,* Biblische Hermeneutik: TVG 355 (²1992); *J.Becker,* Grundzüge einer Hermeneutik des AT (1993); *C.Dohmen – F.Mussner,* Nur die halbe Wahrheit? (1993); *N.Lohfink,* Stud. zur biblischen Theologie (o.§ 6a); *B.S.Childs,* Die Theologie der einen Bibel (1994); *D.Sänger,* Die Verkündigung des Gekreuzigten und Israel: WUNT 75 (1994); *C.Dohmen – T.Söding* (Hg.), Eine Bibel – zwei Testamente: UTB.W 1893 (1995); *W.H.Schmidt,* Das Problem des AT in der christlichen Theologie: FS H.Donner. ÄAT 30 (1995) 243–251; *Ders.,* »Biblische Theologien« und »Biblische Theologie«: FS S.Wagner (1995) 31–44; *H.Graf Reventlow,* Theologie und Hermeneutik des AT: ThR 61 (1996) 48–102.123–176 (Lit.).

Register der Namen, Begriffe und Sachen (Auswahl)

Register der Bibelstellen (Auswahl)

Altes Testament

Werner H. Schmidt

Vielfalt und Einheit alttestamentlichen Glaubens

hg. von Axel Graupner, Holger Delkurt und Alexander B. Ernst

Band 1: Hermeneutik und Methodik, Pentateuch und Prophetie
262 Seiten, Paperback,
DM 68,00 / öS 497,00 /
sFr 62,00
ISBN 3-7887-1546-4

Band 2: Psalmen und Weisheit, Theologische Anthropologie und Jeremia, Theologie des Alten Testaments
298 Seiten, Paperback,
DM 78,00 / öS 570,00 /
sFr 71,00
ISBN 3-7887-1547-2

Gesamtpreis für beide Bände
DM 120,00 / öS 876,00 /
sFr 106,50
ISBN 3-7887-1548-0

Werner H. Schmidt, Dr. theol., geb. 1935, ist Professor für Altes Testament in Bonn.

NEUKIRCHENER

47497 Neukirchen-Vluyn · Postfach 101 265
Telefon (0 28 45) 3 92-222 · Fax (0 28 45) 3 36 89